Heinrich Graëtz

Histoire des Juifs
IV

La science et la poésie juive
à leur apogée

OmniaVeritas

Heinrich Graëtz
Tzvi Hirsh Graetz
(1817-1891)

Histoire des Juifs
IV
La science et la poésie juive à leur apogée

1853-1875

Publié par
Omnia Veritas Ltd

www.omnia-veritas.com

DEUXIÈME ÉPOQUE - LA SCIENCE ET LA POÉSIE JUIVE À LEUR APOGÉE 7

CHAPITRE PREMIER 9
    Saadia, Hasdaï et leurs contemporains — (928-970) 9

CHAPITRE II 40
    Fin du gaonat en Babylonie. Aurore de la civilisation juive en Espagne — (970-1070) 40

CHAPITRE III 72
    Les cinq Isaac et Yitshaki — (1070-1096) 72

CHAPITRE IV 85
    La première croisade — Juda Hallévi — (1096-1148) 85

CHAPITRE V 111
    La deuxième croisade et la première accusation de meurtre rituel dirigée contre les Juifs — (1148-1171) 111

CHAPITRE VI 130
    Situation des Juifs à l'époque de Maïmonide — (1171-1205) 130

CHAPITRE VII 151
    Époque de Maïmonide — (1171-1205) 151

CHAPITRE VIII 176
    Dissensions dans le judaïsme. Obligation de porter la rouelle — (1205-1236) .. 176

CHAPITRE IX 207
    Controverses religieuses. Autodafé du Talmud — (1236-1270) 207

CHAPITRE X 229
    Progrès de la bigoterie et de la Cabale — (1270-1325) 229

CHAPITRE XI 293
    La peste noire. Massacres des Juifs — (1325-1391) 293

CHAPITRE XII 334
    Conséquences de la persécution de 1391. Marranes et apostats. Nouvelles violences — (1391-1420) 334

CHAPITRE XIII 360
    Une légère accalmie dans la tourmente — (1420-1472) 360

CHAPITRE XIV **394**
    Recrudescence de violences à l'égard des Juifs et des Marranes — (1455-1485) 394

CHAPITRE XV **414**
    Établissement des tribunaux d'inquisition en Espagne — (1481-1485)...............414

CHAPITRE XVI **429**
    Expulsion des Juifs d'Espagne et du Portugal — (1485-1497) 429

CHAPITRE XVII **464**
    Pérégrination des Juifs et des Marranes d'Espagne et du Portugal — (1497-1520)
   464

OUVRAGES DÉJÀ PARUS CHEZ OMNIA VERITAS **489**

Deuxième époque
La science et la poésie juive à leur apogée

HEINRICH GRAËTZ

Chapitre Premier

Saadia, Hasdaï
et leurs contemporains — (928-970)

Après la disparition de la branche des Carolingiens en Germanie, au moment où, dans l'Europe chrétienne, le dernier rayon de la vie intellectuelle s'éteignait sous les ténèbres croissantes du moyen âge, la civilisation juive brillait d'un très vif éclat. Tandis que les hauts dignitaires de l'Église et la foule ignorante étaient d'accord pour condamner toute recherche scientifique comme œuvre diabolique, les chefs de la Synagogue encourageaient, au contraire, le peuple à s'instruire. Pendant trois siècles consécutifs, les docteurs juifs se montrèrent pour la plupart les principaux promoteurs de l'instruction.

Le mouvement qui se développa à cette époque, parmi les Juifs, avec une intensité si remarquable, était dû surtout à deux savants, dont l'un vivait en Orient et l'autre en Occident : c'étaient Saadia, à Sora, et Hasdaï, en Espagne. Avec l'apparition de ces deux esprits éminents commence, dans l'histoire juive, une nouvelle époque, qu'on peut qualifier de *scientifique*. Ce fut pour le judaïsme comme un nouveau printemps, une époque de jeunesse et d'activité, pendant laquelle la poésie fit entendre ses accents gais et mélodieux. Devant ce réveil intellectuel, on oublia bien vite la chute de l'exilarcat. Déjà une première fois, après la destruction du premier temple et la cessation du culte des sacrifices, une nouvelle vie religieuse avait refleuri en Israël sur des ruines. Maintenant, de nouveau, la vie religieuse des Juifs reprenait un admirable essor au moment même où, par suite de la fermeture des écoles babyloniennes, on la croyait éteinte pour toujours. Elle changea seulement de pays. Transplantée des bords de l'Euphrate en Europe, elle dépouilla peu à peu ses formes orientales pour prendre en quelque sorte un caractère européen. Saadia est le dernier représentant de la civilisation juive en Orient. Hasdaï et les autres savants qui se formèrent à son école sont les premiers promoteurs d'une civilisation judéo-européenne.

Saïd ou *Saadia ben Joseph* (892-942), de la ville de Fayyoum, dans la haute Égypte, fonda le premier une science juive parmi les rabbanites. Il fut le créateur de la philosophie religieuse au moyen âge. Son savoir était très étendu. Outre son érudition talmudique, il possédait des connaissances variées, qu'il avait acquise chez les caraïtes et les musulmans de son époque. Il avait également un sentiment très élevé de la religion et de la morale et était doué d'un caractère droit et ferme, sachant ce qu'il voulait et mettant au service de sa volonté une rare persévérance.

On sait peu de chose de sa jeunesse. Comme, de son temps, l'Égypte ne possédait pas de savants talmudistes, il faut bien admettre qu'il était redevable à sa seule intelligence de la supériorité qu'il avait acquise dans le domaine talmudique. Il était aussi très versé dans la littérature caraïte, comme aucun rabbanite ne le fut avant lui. À l'âge de vingt-trois ans, il publia, sous le titre de **Réfutation d'Anan**, un ouvrage de polémique contre les caraïtes.

On ne connaît pas le contenu de cet écrit, mais il est vraisemblable que Saadia y démontrait la nécessité de la tradition et faisait ressortir les erreurs et les inconséquences d'Anan. Un autre de ses ouvrages reproche à Anan d'avoir étendu beaucoup trop loin les degrés de parenté et représente le fondateur du caraïsme comme un ambitieux **impudent et irréligieux**, que son outrecuidance seule a éloigné du judaïsme talmudique.

À peine arrivé à l'âge d'homme, Saadia, au grand profit du judaïsme, entreprit un travail qui présentait de nombreuses difficultés. Jusqu'alors, l'étude sérieuse de la Bible était restée le privilège des caraïtes, qui avaient publié de nombreux commentaires sur l'Écriture sainte. Les docteurs rabbanites n'accordaient d'attention qu'au

Talmud. Frappé de cette infériorité des rabbanites, Saadia résolut de traduire la Bible en arabe, langue qui était alors comprise par les Juifs depuis l'extrême Occident jusqu'aux Indes ; il accompagna la traduction d'explications plus ou moins longues, selon qu'il le jugeait nécessaire. Par là, il poursuivait un triple but : rendre l'Écriture sainte accessible au peuple ; arrêter le développement du caraïsme qui, par des interprétations spécieuses, cherchait à mettre la tradition en contradiction avec la Bible ; et enfin, réagir contre les divagations des mystiques, qui prenaient à la lettre les anthropomorphismes de la Bible. Convaincu que la loi orale est d'origine divine aussi bien que la loi écrite, et persuadé, d'un autre côté, que ni l'Écriture sainte ai la tradition ne peuvent être en contradiction avec la raison, Saadia admettait que, s'il se rencontrait quand même des contradictions, elles ne pouvaient être qu'apparentes, et par sa traduction comme par son commentaire il s'efforça de les faire disparaître. Pour atteindre le but qu'il poursuivait, il dénaturait souvent le sens des mots. Aussi la traduction de Saadia, malgré l'esprit puissant et original de son auteur, présente-t-elle un défaut capital. Comme elle cherche à mettre la Bible d'accord avec la tradition et les conceptions philosophiques de l'époque, elle fait souvent dire au texte plus et autre chose qu'il ne dit en réalité.

Contrairement à l'habitude des Juifs qui écrivaient en arabe, Saadia transcrivit sa traduction en caractères arabes et non pas en caractères hébreux, pour la rendre accessible aux lecteurs musulmans.

En même temps qu'il traduisait la Bible, Saadia composa également une sorte de grammaire hébraïque en langue arabe et un lexique hébreu, connu sous le titre hébreu d'*Iggarôn*. Dans ce dernier ouvrage aussi se présentent bien des erreurs de. sens et de philologie. Cependant, Saadia a rendu des services importants par ses travaux grammaticaux et exégétiques, parce qu'il a ouvert la voie, chez les rabbanites, à l'étude de la Bible et aux recherches linguistiques. Ses erreurs mêmes furent utiles à ses successeurs.

Par ses attaques contre le caraïsme, Saadia se créa de nombreux ennemis. Auparavant, les caraïtes pouvaient porter impunément des coups au judaïsme talmudique, sans craindre aucune riposte. Aussi étaient-ils fort irrités de se voir attaqués à leur tour, et ils cherchèrent naturellement à rendre coup pour coup. De là, entre les rabbanites et les caraïtes, une lutte très ardente, qui eut cet excellent résultat de réveiller dans les deux camps l'intérêt pour les études bibliques. Un des principaux antagonistes caraïtes de Saadia fut *Salmon ben Yeruham* (*Ruhaïm*), né à Fostat en 885 et, par conséquent, âgé seulement de quelques années de plus que Saadia. D'autres caraïtes encore étaient entrés dans l'arène. Mais Saadia était toujours prompt à la riposte, se défendant avec vigueur et maintenant victorieusement tous ses arguments.

Grâce à sa vaillante polémique et à ses nombreux écrits, Saadia fut bientôt connu dans les communautés juives du khalifat de l'Afrique et de l'Orient. Sa réputation était surtout très grande dans la ville où résidait le gaon, à Sora.

À ce moment, la situation de l'académie de Sora était déplorable. En l'absence de savants, l'exilarque David ben Zakkaï avait dû placer à la tête de cette école un simple tisserand du nom de Yom Tob Kahana ben Jacob. Celui-ci était en fonctions depuis deux ans quand il mourut (928). Sur les conseils de Kohen-Cédék, gaon de Pumbadita, qui avait surtout en vue le développement de son école, l'exilarque résolut alors de laisser tomber complètement l'académie de Sora, d'en faire venir les membres restants à Pumbadita et de nommer un gaon honoraire de Sora qui aurait son siège à Pumbadita. Le fils d'un gaon de Pumbadita, du nom de Nathan ben Yehudaï, venait d'être revêtu de cette nouvelle dignité quand il mourut subitement. Pour les contemporains, la fin soudaine du gaon honoraire était un avertissement du ciel, c'était Dieu lui-même qui proclamait ainsi la nécessité de maintenir l'ancienne et vénérable académie de Sora. L'exilarque revint alors sur sa première décision et consentit à nommer de nouveau un gaon à Sora même.

Deux candidats étaient en présence, Saadia et une autre personne, peu connue, mais d'ancienne noblesse, et qui s'appelait Cémah ben Schahin. Ne sachant lequel nommer, l'exilarque David consulta Nissi Naharvani, dont l'avis lui paraissait être d'autant plus désintéressé qu'il avait décliné pour lui-même l'honneur d'être élevé au gaonat. Nissi se prononça en faveur de Cémah. Il reconnaissait cependant la grande supériorité de Saadia, qui, dit-il, *surpassait tous ses contemporains en sagesse, en piété et en éloquence*, mais il craignait *son esprit ferme et indépendant que rien n'effraie*. D'après Nissi, cette indépendance de caractère pouvait devenir une cause permanente de conflits entre Saadia et l'exilarque, et cela à un moment où ce dernier avait besoin de trouver dans le gaon de Sora un instrument docile pour réprimer l'arrogante présomption de l'académie de Pumbadita. David nomma néanmoins Saadia (mai 928).

C'était peut-être la première fois qu'on élevait à la dignité de gaon un savant du dehors, qui n'avait pas passé de nombreuses années dans les écoles talmudiques, ni franchi un à un tous les degrés de la hiérarchie. Il faut ajouter également que Saadia était connu par ses travaux scientifiques bien plus que par son érudition talmudique. Aussi peut-on dire que par la nomination de Saadia aux fonctions de gaon, la Babylonie renonçait en quelque sorte en faveur du dehors à la suprématie qu'elle avait exercée pendant sept siècles sur les Juifs de tous les pays et proclamait que pour elle les connaissances philosophiques avaient autant de valeur que la science talmudique. Le libre examen, banni des académies avec Anan, le fondateur du caraïsme, y fit sa rentrée solennelle avec le philosophe Saadia.

La personnalité de Saadia rendit un éclat momentané à l'école de Sora. Sentant la gravité des obligations qui lui incombaient, le nouveau gaon se mit au travail avec ardeur. Il essaya de combler les lacunes qui s'étaient produites dans le Collège et confia les diverses fonctions académiques à des personnes méritantes, quoique jeunes. Mais il dut bientôt reconnaître que l'ancienne splendeur de Sora avait bien pâli, que les titres emphatiques et les qualifications pompeuses des divers fonctionnaires cachaient le vide et le néant, et que toutes ces vénérables antiquités étaient condamnées à une disparition prochaine. Sans autorité dans les communautés, l'exilarcat, au lieu de chercher un point d'appui dans son accord avec les académies, était en conflit perpétuel avec elles. À la cour, il n'avait d'influence qu'en l'achetant à deniers comptants et il n'obtenait du peuple que par des exactions les sommes considérables qui lui étaient nécessaires pour payer favoris et courtisans. Les collèges académiques, de leur côté, pressuraient les communautés pour en tirer les ressources dont ils avaient besoin. Partout régnaient l'arbitraire et la violence. Ainsi, l'exilarque David excommunia les Juifs de Fars (Ramadan ?), parce qu'ils avaient refusé de contribuer à une collecte faite par son fils, et il en informa le khalife, qui leur infligea une forte amende.

Les gaonim n'avaient pas un mot de blâme pour de tels faits ! Saadia lui-même, si honnête et si courageux, était obligé de se taire, car son élection était encore de date trop récente. Du reste, sa renommée lui avait créé des ennemis, qui épiaient ses actes et ses paroles pour les tourner contre lui. D'une part, il avait pour adversaire Kohen-Cédék, le gaon de Pumbadita, affligé que son collègue de Sora le mît complètement dans l'ombre, et, d'autre part, il avait excité la haine d'Aaron (Kalb) ibn Sardjadou, de Bagdad, homme encore jeune, savant, riche et très influent. Comme il se sentait surveillé par des personnes malveillantes et que sa situation n'était pas encore très solide, il garda d'abord le silence sur les faits répréhensibles qu'il voyait commettre. Mais l'indignation l'emportant un jour sur la prudence, il s'éleva énergiquement contre la conduite coupable de ceux qui avaient la charge de représenter le judaïsme dans la Babylonie.

Voici le fait qui provoqua la protestation de Saadia. Dans un procès relatif à un héritage important, l'exilarque David, influencé par la promesse de recevoir un riche présent, avait rendu un jugement qui ne paraissait pas équitable. Pour rendre la sentence exécutoire, il demanda aux deux gaonim d'y apposer leur signature. Kohen-Cédék y consentit, mais Saadia s'y refusa, et, sur les instances des deux parties, il fit connaître les motifs de son refus. L'exilarque lui enjoignit, par l'intermédiaire de son fils Juda, de signer l'arrêt sans retard. Saadia répliqua que, dans les questions de droit, la loi prescrivait de n'avoir d'égards ni pour les grands ni pour les petits, et, malgré l'insistance de Juda et ses menaces de destitution, il persista dans son refus. Irrité de cette résistance, Juda leva la main sur Saadia et, d'un ton violent, lui ordonna encore une fois de signer. Les gens du gaon le mirent à la porte. Se considérant alors comme outragé, David révoqua le gaon, l'excommunia et nomma à sa place un homme encore très jeune, Joseph ben Jacob ben Satia. Loin de se laisser intimider, Saadia destitua à son tour l'exilarque David et, d'accord avec ses partisans, il le remplaça par son frère Josia Hassan (930).

Il se forma alors deux partis, celui de Saadia et celui de David. Le gaon était soutenu par tous les membres du Collège de Sora et par de nombreux savants de Bagdad, il avait contre lui Aaron ibn Sardjadou et probablement Kohen-Cédék avec le Collège de Pumbadita. Les deux adversaires en appelèrent au khalife Almouktadir et achetèrent à prix d'argent les bonnes grâces de ses favoris. Sur l'ordre du khalife, le vizir Ali ibn Isa, assisté de plusieurs hauts dignitaires, fit comparaître les deux partis devant lui. Il n'intervint aucune décision sous Almouktadir, sans doute à cause du grand nombre de vizirs qui se succédèrent dans les deux dernières années du règne de ce khalife et à cause des troubles qui se produisirent fréquemment pendant cette période (930-932). Saadia et Joseph ben Satia continuèrent à remplir tous les deux les fonctions de gaon de Sora, et David ainsi que son frère Josia Hassan restèrent tous les deux exilarques.

Ce ne fut qu'après la mort d'Almouktadir, tué dans une émeute (octobre 932), et à l'avènement de son successeur, le khalife Kahir, que la cause fut définitivement jugée. Kahir était extrêmement pauvre, son trésor était à sec et il avait un besoin pressant d'argent. Comme les partisans de David disposaient de ressources plus considérables que ceux de Saadia, ce fut l'exilarque qui triompha. Kahir défendit à Saadia de conserver les fonctions de gaon et peut-être même de continuer à séjourner à Sora (933). L'anti-exilarque Hassan fut exilé à Khorassan, où il mourut.

Saadia vécut pendant quatre ans (933-937) très retiré à Bagdad. Quoique sa santé et son caractère se fussent altérés à la suite des déboires qu'il avait subis, son esprit avait conservé toute sa puissance, et c'est dans sa retraite, à Bagdad, qu'il composa ses oeuvres les plus importantes et les plus originales. Il écrivit des travaux talmudiques et des prières rimées et non rimées empreintes d'une ardente piété, réunit les prières de la Synagogue dans un ordre régulier (Siddour), publia les règles du calendrier (Ibbour), soutint des discussions avec le massorète Aaron ben Ascher, de Tibériade, et se montra, en général, dans cette période, un écrivain actif et fécond.

Ses écrits les plus remarquables sont les deux ouvrages dans lesquels il a exposé ses idées philosophiques : son commentaire sur **le Livre de la Création** (*Séfér Yecira*) et son **Traité des Croyances et des Opinions**, tous deux en arabe. Ni les caraïtes ni les Arabes ne possédaient encore à cette époque un système complet de philosophie religieuse. Saadia fut le premier à créer un pareil système; il emprunta à l'école arabe des mutazilites sa méthode et quelques-unes des questions philosophiques qu'il traita -dans ses ouvrages. Quelques années auparavant, Saadia avait eu la singulière idée de publier un parallèle entre les dix commandements et les dix catégories d'Aristote.

En publiant (en 934) le **Traité des Croyances et des Opinions**, Saadia avait pour but de combattre et de rectifier les erreurs qui avaient cours sur le judaïsme parmi les incrédules et les sceptiques, et aussi dans la foule croyante mais ignorante, qui considérait comme hérétiques ceux qui se permettaient de raisonner sur les questions religieuses. *Je suis vivement peiné*, dit Saadia dans son introduction, *qu'il existe des êtres intelligents, même parmi mon peuple, qui ont une foi imparfaite et des idées religieuses absolument fausses. Les uns nient des vérités claires comme le soleil et se vantent d'être incrédules, d'autres sont plongés dans l'abîme du doute, ils sont submergés sous des flots d'erreurs, et le plus courageux nageur n'ose pas les en tirer. Étant, par la grâce de Dieu, en état de leur être utile, je considère comme un devoir de les remettre par mon enseignement dans le droit chemin... À ceux qui déclarent que la spéculation philosophique conduit à la négation et à l'incrédulité, je répondrai que pareille crainte ne peut exister que chez la foule ignorante, chez ceux, par exemple, qui croient dans notre pays que quiconque se rend aux Indes est sûr de s'enrichir, ou chez ceux qui admettent que quelque monstre semblable à un dragon avale la lune et produit ainsi l'éclipse, ou qui croient à d'autres absurdités de ce genre. On objectera peut-être que les plus éminents d'entre les docteurs juifs ont* *défendu de rechercher l'origine du temps et de l'espace, comme il est dit dans le Talmud* (Haguiga, 11) : **Celui qui se préoccupe de ce qui est en bas et en haut, de ce qui a été avant et sera après, n'est pas digne de vivre.** *Je répliquerai à ces adversaires de la philosophie qu'il n'est pas possible que le Talmud ait défendu la spéculation sérieuse, puisque notre Créateur nous l'a, au contraire, prescrite... Les Talmudistes nous défendent seulement de dédaigner complètement les livres des prophètes et d'accepter ce que la raison suggère à chacun de nous sur l'espace et le temps, parce que nous pourrions être conduits tantôt à la vérité, tantôt à l'erreur... Même dans les cas où nous atteindrions la vérité, cette vérité ne serait pas établie sur des bases solides, parce qu'elle ne serait pas confirmée par la Révélation. Mais si la philosophie est guidée par la foi, elle ne s'égarera pas, elle confirmera au contraire les vérités de la Révélation et pourra réfuter les objections faites par les incrédules contre la Révélation. On peut considérer comme acquise* **a priori** *la vérité du judaïsme révélé, puisqu'elle a été affirmée par des miracles... Mais, pourrait-on objecter, si la spéculation philosophique apporte à l'esprit la même conviction que la Révélation, celle-ci a été inutile puisque la raison humaine est capable de trouver la vérité sans l'intervention divine. À cet argument je réponds que la Révélation a été nécessaire, parce que l'esprit humain livré à ses seules facultés n'aurait découvert la vérité qu'après de longs tâtonnements, il aurait été assailli de mille doutes, et mille accidents l'auraient fait dévier du droit chemin. Dieu nous a épargné toutes ces difficultés et nous a envoyé ses messagers, qui nous ont parlé en son nom et ont confirmé leurs paroles par des miracles.*

Cette argumentation en faveur de la Révélation était devenue nécessaire à l'époque de Saadia. Car, par suite de l'influence de l'école philosophique des mutazilites, l'incrédulité religieuse avait fait dans le khalifat d'Orient de tels progrès qu'un poète arabe, Abou-l-Ala, contemporain de Saadia, pouvait dire : *Musulmans, juifs, chrétiens et mages, tous marchent dans l'erreur et les ténèbres ; il n'y a plus dans le monde que deux espèces d'hommes, les uns sont intelligents mais incrédules, les autres ont la foi mais manquent d'intelligence.* Le judaïsme n'avait point échappé aux attaques des sceptiques. On avait commencé par dénier toute autorité aux décisions des gaonim et des docteurs du

Talmud, puis peu à peu on avait mis en doute le caractère sacré de la Bible et le fait même de la Révélation.

Le principal représentant du scepticisme juif de cette époque était le rabbanite Hivi Albalchi, de la ville de Balch, dans l'ancienne Bactriane. Dans un de ses ouvrages, il s'attaqua à la Bible et fit deux cents objections contre la possibilité d'une Révélation divine. Malgré leur hardiesse, les opinions de Hivi trouvèrent des partisans, même de son temps, et furent enseignées dans certaines écoles juives. Saadia, qui avait déjà écrit en Égypte contre Hivi, s'efforça particulièrement dans son **Traité des Croyances et des Opinions** de prouver l'inanité des objections de son adversaire contre la Révélation, en même temps qu'il réfutait les arguments invoqués contre le judaïsme par les chrétiens et les musulmans.

Pendant que Saadia, banni et excommunié, composait son important et remarquable ouvrage philosophique, les circonstances étaient devenues plus favorables pour lui. Au cruel et cupide khalife Kahir avait succédé un souverain honnête et juste, Alradhi, dont le vizir, Ali ibn Isa, estimait beaucoup Saadia. Le gaon Kohen-Cédék était mort en 936 et avait été remplacé par un homme paisible, Cémah ben Kafnaï. L'exilarque David n'avait donc plus qu'un seul partisan sérieux, Aaron ibn Sardjadou. La réputation de Saadia avait, au contraire, tellement grandi que dans un nouveau procès qui venait d'éclater une des parties avait chargé le gaon exilé de la représenter contre l'exilarque David, défenseur de l'autre partie. Irrité de ce choix, qu'il considérait comme une injure personnelle, l'exilarque fit maltraiter celui qui avait fait appel à l'honnêteté et au talent de Saadia. Cet acte de violence produisit une vive émotion, on se convainquit de la nécessité de tenter un rapprochement entre le gaon et l'exilarque, et, pour réussir dans cette tentative, on invoqua l'intervention d'une personne influente de Bagdad, Kasser ben Aaron, beau-père d'ibn Sardjadou.

Kasser accepta la mission de paix qu'on lui confiait et parvint tout d'abord à réconcilier son gendre avec Saadia. Après bien des pourparlers, l'exilarque consentit enfin, à son tour, à faire la paix. Une fois ce résultat obtenu, Kasser demanda à Saadia d'oublier également et de pardonner. Le gaon accéda avec empressement à cette proposition. Quand Saadia et David se rencontrèrent, en présence d'une foule sympathique, dans la maison où devait avoir lieu la réconciliation définitive, ils s'embrassèrent cordialement et se promirent de vivre dorénavant en amis. Saadia resta pendant plusieurs jours l'hôte fêté de l'exilarque et fut rétabli avec des honneurs particuliers dans ses fonctions de gaon.

À la suite de cette réintégration, l'académie de Sora reconquit son éclat et sa supériorité sur sa rivale de Pumbadita. On la consulta des pays les plus éloignés sur des points de casuistique, et Saadia, malgré son déplorable état de santé, répondit à toutes les questions qui lui étaient soumises. La plupart de ses réponses, qui sont très nombreuses et datent en grande partie de la dernière année de son gaonat, sont écrites en arabe ; quelques-unes seulement sont rédigées en hébreu.

Après la mort de David (vers 940), Saadia fit preuve d'une grande générosité d'âme. Oubliant l'iniquité dont il avait été victime, il chercha et réussit à faire élever Juda, le fils de son ancien adversaire, à la dignité d'exilarque. Juda ne conserva ses fonctions que pendant sept mois ; il mourut, laissant un enfant de douze ans. Saadia recueillit l'orphelin dans sa maison et l'éleva avec soin, pour qu'il pût succéder un jour à son père. Il nomma provisoirement comme exilarque un parent de l'orphelin, un membre de la famille des *Benè-Haiman*, résidant à Nisibis. À peine installé, le nouveau Rèsch Galutha fut accusé, par des musulmans d'avoir outragé Mahomet, et il fut tué.

Quand le fils de Juda eut atteint l'âge d'homme, on l'investit de la dignité d'exilarque. Résolus, dans leur fanatisme, à ne pas tolérer que les Juifs eussent plus longtemps à leur tête un prince de leur religion, des musulmans, nobles et gens du peuple, formèrent un complot contre la vie de l'exilarque. En vain le khalife chercha à entraver l'exécution de ce projet. Le crime fut accompli. Pour ne pas mettre de nouvelles existences en danger, les représentants du judaïsme décidèrent de ne plus nommer d'exilarque. C'est ainsi que disparut l'exilarcat après une durée de sept siècles. Il succomba sous les coups du fanatisme musulman comme le patriarcat avait succombé auparavant en Judée sous les attaques de l'intolérance chrétienne. L'unité du judaïsme babylonien n'était plus représentée que par les académies de Sora et de Pumbadita ; mais celles-ci aussi étaient près de leur fin.

La mort de Saadia (942) amena la décadence irrémédiable de l'école de Sora. Quoique Saadia eût laissé un fils, Dossa, qui était versé dans le Talmud et la philosophie, on lui donna comme successeur son ancien rival, Joseph ben Satia. Sous ce gaon, l'académie de Sora perdit la prépondérance que Saadia lai avait assurée sur l'école de Pumbadita. Celle-ci était alors dirigée par Ibn Sardjadou, homme fort riche, établi pendant longtemps comme commerçant à Bagdad, et qui avait été élevé au plus haut grade de la hiérarchie académique sans avoir eu à franchir les échelons inférieurs et sans jamais avoir été membre du Collège. Il possédait quelques connaissances philosophiques et avait publié un ouvrage sur la philosophie et un commentaire sur le Pentateuque.

Pendant les dix-huit années qu'Ibn Sardjadou resta en fonctions (943-960), il travailla de tout son pouvoir, à l'exemple de son prédécesseur Kohen-Cédék, à étendre l'influence et l'autorité de son école. De toutes parts on lui adressait des questions rituéliques. L'académie de Sora, au contraire, déclinait de plus en plus; elle ne recevait plus de subsides du dehors et, par conséquent, ne pouvait plus entretenir d'élèves. Sa décadence devint telle que son chef, Joseph ibn Satia, l'abandonna lui-même pour se rendre (vers 948) à Bassora.

Les Juifs de Sora voyaient arriver avec douleur la fin de l'école fondée par Rab, qui, pendant plus de sept siècles, avait fait la gloire de leur communauté. Ils essayèrent donc de relever leur académie. Quatre jeunes savants furent envoyés à l'étranger pour recueillir des dons et réveiller l'intérêt des communautés juives en faveur de cette ancienne et vénérable école. Mais la fatalité paraissait conspirer contre l'académie de Sora. Les quatre délégués furent faits prisonniers, sur les côtes d'Italie, par un amiral hispano-maure, Ibn Ruhami, et expédiés, l'un en Égypte, l'autre en Afrique, le troisième à Cordoue et le dernier probablement à Narbonne. Loin d'aider à la reconstitution de l'école de Sora, ces quatre savants contribuèrent par, leur départ, involontairement, il est vrai, à précipiter la chute du gaonat. C'était l'Espagne qui allait devenir le centre de la civilisation juive.

Encouragés par la disparition de l'école de Sora et surtout par la mort de Saadia, leur plus redoutable adversaire, les caraïtes attaquèrent de nouveau les rabbanites avec une grande violence. On aurait dit qu'il s'agissait pour eux de donner le coup de grâce au rabbanisme. Salmon ben Yeruham, si vivement combattu par Saadia, arriva en toute hâte de Palestine en Babylonie pour accuser son ancien adversaire, dont la mort le garantissait contre toute nouvelle riposte, de n'avoir su défendre le Talmud qu'en l'interprétant faussement. À côté de lui, luttait avec vaillance et passion un jeune caraïte de Jérusalem, Aboulsari Sahal ben Maçliah Kohen, homme austère et fanatique, qui comprenait l'arabe, écrivait l'hébreu avec une grande élégance et passait aux yeux de ses coreligionnaires pour un savant remarquable.

Comme si c'était une question d'honneur pour les caraïtes de réfuter les arguments de Saadia, Sahal, après bien d'autres écrivains, commença par répondre aux attaques que le gaon avait dirigées contre le caraïsme. Mais il ne s'en tint pas là. Il organisa des conférences publiques, probablement à Bagdad, pour démontrer les erreurs des rabbanites, il y adjurait les assistants, par leur salut, de rejeter tout ce qui est tradition et de refuser toute obéissance aux lois établies par les académies de Sora et de Pumbadita, *personnifiées par les deux femmes coupables dont parle le prophète Zacharie, et qui ont transporté le péché en Babylonie*. Ces attaques ne restèrent naturellement pas sans réponse. Un rabbanite influent semble avoir fait appel au pouvoir séculier pour mettre fin à la propagande caraïte. Un autre rabbanite. Jacob ben Samuel, disciple de Saadia, emprunta à Sahal ses propres armes pour le combattre, il parla contre le caraïsme dans les rues et sur les places publiques.

La réplique passionnée de Sahal aux attaques de Jacob, rédigée dans un excellent hébreu, donne des renseignements intéressants sur la situation du caraïsme et du rabbanisme de ce temps. Après avoir raillé en vers élégants le mauvais style hébreu de son adversaire et accusé les rabbanites d'avoir dénaturé le judaïsme, Sahal continue en ces termes : *Je suis venu de Jérusalem pour avertir le peuple et le remettre dans le droit chemin. Que n'ai-je la force d'aller de ville en ville pour réveiller le peuple de Dieu ! Tu crois que j'ai été attiré en Babylonie par l'espoir d'un bénéfice, comme tant d'autres qui écorchent les pauvres jusqu'à l'os. Je me suis rendu ici au nom de Dieu... Pouvais-je m'abstenir de faire ce voyage quand je me sentais profondément ému devant l'impiété de mes frères et concitoyens, quand je les voyais suivre une mauvaise route, imposer un joug pesant aux ignorants, opprimer et rançonner les faibles, établir leur autorité par l'excommunication et la persécution, faire appel au bras séculier des musulmans, contraindre les pauvres à emprunter de l'argent à intérêts pour s'enrichir et pouvoir acheter l'appui des fonctionnaires ! Comment me taire quand je vois les chefs des communautés manger sans scrupule avec des non juifs, quand je m'aperçois que des membres de mon peuple adoptent des pratiques païennes, s'assoient sur des tombes, séjournent avec les morts et adressent avec ferveur cette invocation à José le Galiléen :* **Puisses-tu me guérir ! Puisses-tu me donner des enfants !** *Pour obtenir la guérison, ils se rendent en pèlerinage auprès des tombeaux d'hommes pieux, font des illuminations ou brûlent de l'encens en leur honneur... Enfants d'Israël, ayez pitié de votre âme, choisissez le bon chemin ! N'objectez pas que les docteurs caraïtes aussi sont en désaccord entre eux sur ce qui constitue véritablement la religion et qu'ainsi vous ne pouvez pas savoir où trouver la vérité. Sachez que les caraïtes ne veulent exercer aucune autorité sur vous, ils vous conseillent seulement d'examiner et de raisonner par vous-mêmes.*

Outre la polémique vigoureuse de Sahal, Jacob ben Samuel eut encore à repousser les attaques d'un autre caraïte, Yephet ibn Ali Hallévi (Abou Ali Hassan), de Bassora (950-990). Malgré ses oeuvres grammaticales et ses commentaires bibliques, malgré la grande autorité dont il jouissait parmi les caraïtes, Yephet n'est pas un écrivain sérieux. Comme tous ses coreligionnaires, il est prolixe, amphigourique et superficiel. On remarque bien vite, dans les écrits des caraïtes, qu'ils ne sont pas habitués, comme les rabbanites, à la dialectique pénétrante du Talmud ; ils manquent de précision et de profondeur. À cette époque, ces défauts étaient encore plus frappants chez les caraïtes, esclaves de la lettre et sans aucune envolée vers la spéculation élevée. Ainsi Salmon ben Yeruham, qui écrivaillait jusqu'à un âge avancé (au moins jusqu'en 957), publiant des commentaires sur le Pentateuque et les Hagiographes et d'autres travaux restés inconnus, était ennemi déclaré de toute recherche philosophique. *Malheur*, dit-il dans son commentaire sur les Psaumes, *trois fois malheur sur ceux qui délaissent la Bible pour d'autres études, consacrent inutilement leur temps à des sciences étrangères et tournent le dos à la vérité divine ! Vaine et stérile est la philosophie ! On ne trouve pas deux philosophes qui soient d'accord sur un point quelconque. Il se rencontre aussi des Juifs qui étudient la littérature arabe et sont ainsi amenés à négliger la Loi de Dieu.* Quel contraste entre Saadia et son adversaire ! Le gaon aimait la philosophie et savait l'utiliser au profit du judaïsme, Salmon ben Yeruham l'anathémisait sans la connaître et voulait s'en tenir à un judaïsme pétrifié.

Quand l'école de Sora fut fermée, Aaron ibn Sardjadou se flattait que l'école de Pumbadita resterait seule le centre de la civilisation juive ; mais ses prévisions furent trompées. Il n'assista cependant pas à la ruine de ses espérances. Ce fut seulement après sa mort que des rivalités éclatèrent à Pumbadita et amenèrent la décadence de l'académie. À force d'intrigues, Néhémia, le fils de Kohen-Cédék, était parvenu à recueillir la succession d'Ibn Sardjadou, mais il avait contre lui tout le Collège, alors présidé par un homme de haute noblesse, Scherira ben Hanania. Soutenu seulement par quelques riches personnages, il put quand même rester dans ses fonctions pendant huit ans (960-968), mais ne fut jamais reconnu comme gaon par ses adversaires.

Pendant qu'on se disputait à Pumbadita la dignité de chef d'école et, par conséquent, la direction religieuse du judaïsme, les quatre savants de Sora dont il a été question plus haut fondaient de nouvelles écoles talmudiques dans les pays où ils étaient emmenés captifs, en Égypte, en Afrique, en Espagne et en France, et ils rendaient ainsi les communautés juives de ces contrées indépendantes du gaonat. Ces quatre talmudistes s'appelaient : *Schemaria ben Elkanan*, racheté de l'esclavage à Alexandrie (Égypte) et établi ensuite à Misr (Caire) ; *Huschiel*, vendu dans un port de l'Afrique et rendu à la liberté à Kairouan ; le troisième était probablement *Nathan* ben Isaac Kohen, le *Babylonien*, qui, à ce que l'on croit, se rendit à Narbonne ; enfin le quatrième était *Moïse ben Hanok*.

Moïse ben Hanok subit de nombreuses tribulations. Étant seul marié parmi les quatre délégués de Sora, il avait emmené avec lui sa femme et son jeune fils. Sur le vaisseau, l'amiral Ibn Ruhami convoitait la compagne de Moïse, qui était d'une beauté remarquable, et le lui fit comprendre. La jeune femme, enrayée du sort qui la menaçait, demanda en hébreu à son mari si les personnes qui périssaient dans la mer seraient aussi un jour rappelées à la vie. Sur la réponse affirmative de Moïse, elle se précipita dans les flots.

Amené avec son enfant comme esclave à Cordoue, Moïse fut racheté par la communauté. Pour ne pas tirer de profit matériel de l'enseignement de la Loi, il laissa ignorer sa profonde érudition talmudique. Ce fut sous des haillons qu'il se rendit un jour à l'école de Cordoue, où enseignait alors le rabbin et juge Nathan, homme peu versé dans le Talmud mais admiré en Espagne comme une des lumières du pays. Assis comme un auditeur ignorant dans un coin près de la porte, il ne put s'empêcher, en entendant Nathan expliquer en écolier un passage du Talmud, de faire timidement quelques objections. Les assistants reconnurent immédiatement un maître dans le malheureux qu'ils venaient de racheter ; ils le pressèrent d'élucider le passage controversé et de résoudre en même temps d'autres questions soumises à l'examen du rabbin. À la grande surprise et à l'admiration de l'assistance, Moïse exposa ses idées avec une érudition et une compétence rares. Ce jour même, Nathan, faisant preuve d'un remarquable désintéressement, déclara qu'il cédait sa place de juge et de rabbin au savant étranger qui était veau à l'école sous des vêtements de mendiant. La communauté de Cordoue plaça alors Moïse ben Hanok à sa tête, le combla de présents, lui assura un traitement annuel et mit un luxueux carrosse à sa disposition.

En apprenant que son prisonnier avait une si haute valeur, ibn Ruhami voulut rompre le marché qu'il avait conclu avec la communauté pour obtenir une rançon plus élevée. Grâce à l'intervention de Hasdaï, alors tout-puissant à la cour, le khalife Abdul Rahman III fit renoncer l'amiral à ses prétentions. Ce souverain s'était montré très empressé à donner satisfaction, dans cette question, à la communauté juive, parce qu'il voyait avec déplaisir des sommes considérables sortir tous les ans de son royaume pour soutenir le gaonat, placé sous l'autorité d'un khalifat ennemi. Il était donc enchanté que ses sujets juifs pussent se rendre indépendants de l'académie de Pumbadita en fondant une école talmudique à Cordoue.

De leur côté, deux des anciens compagnons de Moïse créèrent au Caire et à Kairouan des écoles talmudiques, qui devinrent des foyers d'instruction pour l'Égypte et le khalifat des Fatimides, et permirent à ces pays de cesser leurs relations avec le gaonat.

Mais parmi ces diverses contrées, l'Espagne ou l'Andalousie musulmane jouissait seule d'une situation politique et intellectuelle assez heureuse pour pouvoir aspirer à devenir le centre de la science juive et à enlever à la Babylonie la direction spirituelle du judaïsme. L'Égypte n'était pas indépendante, elle n'était qu'une province de l'empire fatimide. Du reste, elle n'offrait pas de terrain propice pour la haute culture intellectuelle et était condamnée à rester, ce qu'elle a toujours été et ce qu'elle est encore aujourd'hui, un grenier de blé. L'empire des Fatimides, fondé en Afrique, en face des côtes d'Italie, paraissait offrir des conditions plus favorables. Les Juifs de Kairouan, la capitale des Fatimides, avaient témoigné de tout temps d'un intérêt très vif pour l'étude du Talmud et les recherches scientifiques. Avant l'arrivée de Huschiel, ils possédaient déjà une école, dont le chef portait le titre de président de l'assemblée (Resch Kalla, Rosch). Quand Huschiel vint parmi eux, ils le placèrent à la tête de leur école avec le titre de *Rosch* et lui fournirent les moyens nécessaires pour développer l'enseignement du Talmud. Pendant son séjour à Kairouan (950-980), Huschiel forma deux élèves remarquables, son fils Hananel et un indigène nommé Jacob ben Nissim ibn Schahin. À cette époque, vivait également à Kairouan un disciple d'Isaac Israeli, le médecin et favori des deux premiers khalifes fatimides ; il s'appelait Abousahal Dounasch (Adonim) ben Tamim.

Abousahal Dounasch (vers 900-960) était le médecin du troisième khalife fatimide Ismaël Almanzour ibn u'l Kaïm ; il avait peut-être déjà exercé ces fonctions auprès du père de ce prince. Originaire de l'Irak, il vint dès son jeune âge à Kairouan, on, sous la direction d'Isaac Israeli, il étudia toutes les sciences connues de son temps. Il a écrit des ouvrages sur la médecine, l'astronomie et les chiures indiens. Sa réputation était tellement grande chez les Arabes que, pour l'accaparer au profit de l'islamisme, ils répandirent le bruit que Dounasch s'était fait musulman. Cette information est fausse. Le disciple d'Israeli resta fidèle au judaïsme jusqu'à la fin de sa vie. — Dounasch était en correspondance avec Hasdaï, pour qui il composa un opuscule astronomique sur le calendrier juif.

Sans être un savant éminent, Dounasch aurait certainement pu créer à Kairouan un mouvement scientifique juif qui, de cette ville, se serait étendu dans des régions plus éloignées si, par son origine même, le khalifat fatimide n'avait offert un terrain rebelle à toute culture juive. La dynastie des Fatimides, fondée par un imposteur qui se faisait passer pour le vrai imam et le mahdi, était forcément intolérante. Pour développer sa puissance, elle avait besoin de soldats fanatiques, et son principal instrument de propagande religieuse était le glaive. Dans de telles conditions, il était impossible que la civilisation juive prit racine dans l'empire des Fatimides.

Elle pouvait encore bien moins se développer dans les pays chrétiens d'Europe, qui à cette époque, étaient presque barbares. Les Juifs de ces contrées ressemblaient sous ce rapport à leurs concitoyens des autres confessions. Ce n'est qu'en Italie qu'on trouvait quelques rares talmudistes, mais sans valeur sérieuse. En général, les juifs italiens n'ont montré d'originalité dans aucune science, ils sont presque toujours restés les disciples laborieux et zélés de maîtres étrangers. Aussi ne se faisait-on pas faute en Babylonie de se moquer des **sages** de Rome, c'est-à-dire de l'Italie. Même Sabbataï Donnolo, le représentant de la science juive en Italie du temps de Saadia, était une individualité de valeur moyenne, pour ne pas dire médiocre. Il doit sa réputation à sa vie accidentée bien plus qu'à son savoir.

Sabbataï Donnolo (Domnoulos), né en 913 et mort vers 970, était d'Oria, près d'Otrante. Il avait douze ans quand il fut fait prisonnier avec ses parents et d'autres Juifs d'Oria (9 Thamouz ou 4 juillet 925), lors de l'invasion de l'Apulie et de la Calabre, par les musulmans de l'empire fatimide. Ses parents et le reste de sa famille furent emmenés les uns à Palerme et les autres en Afrique, mais lui fut racheté et resta à Trani. Orphelin, livré à ses propres forces, Donnolo se mit au travail avec ardeur; il étudia la médecine, se laissa séduire par les divagations de l'astrologie et acquit rapidement une grande réputation. Le vice-roi (basilicus) Eupraxios, qui gouvernait la Calabre au nom de l'empereur de Byzance, l'attacha comme médecin à sa personne. Dès qu'il eut acquis quelque fortune, il se mit à acheter de nombreux ouvrages d'astrologie et entreprit de longs voyages; il poussa même jusqu'à Bagdad. Il consigna le résultat de ses études et de ses recherches dans un livre qu'il publia en 946 et qui, à en juger par les fragments qui en restent, n'a pas grande valeur. Nais il éprouvait pour cette œuvre une affection très vive et une estime toute particulière, parce qu'elle était destinée, dans sa pensée, à transmettre à la postérité le nom de **Sabbataï Donnolo d'Oria**.

Quelque médiocre que parût Donnolo comparativement à Saadia et d'autres savants juifs de son temps, il était cependant bien supérieur à son compatriote *Nil le jeune*, de Rossano, abbé de Grotta Ferrata, qui représente la dévotion catholique de ce temps et que l'Église a béatifié plus tard. Donnolo et Nil étaient liés d'amitié depuis leur jeune âge. Un jour que le médecin juif voyait l'ascète chrétien épuisé par les macérations qu'il s'imposait, il lui offrit un remède qui devait le prémunir contre les accès d'épilepsie dont il était menacé. Par fanatisme, saint Nil refusa le remède, il ne voulait pas, comme il dit, qu'un Juif prît se vanter d'avoir guéri le Saint, le Thaumaturge. Ce trait aide à faire connaître l'état d'esprit des catholiques d'Italie au Xe siècle.

Ainsi, ce n'était ni dans l'Europe chrétienne, retombée dans la barbarie d'où les premiers Carolingiens avaient essayé de la tirer, ai dans le khalifat fatimide, si près de sa décrépitude, que la science juive pouvait être transplantée de Babylonie. Seule l'Espagne musulmane, qui comprenait la plus grande partie de la presqu'île pyrénéenne, offrait alors un sol favorable à la culture juive. Gouvernée par le khalife Abdul Rahman III, l'Espagne était à cette époque un brillant centre d'activité intellectuelle. Avec ce prince commença en Espagne l'époque classique de la civilisation arabe, favorisée par le bien-être du peuple et la tolérance des souverains. En ce temps, les khalifes d'Espagne étaient, en effet, des souverains libres de préjugés, qui protégeaient tous les hommes de talent sans s'enquérir de leur religion. Ils estimaient particulièrement les favoris des Muses, les poètes aux chants mélodieux et spirituels. À leurs yeux, un beau poème avait plus de prix qu'une victoire. Le souverain trouvait des imitateurs jusque chez les moindres gouverneurs de province, qui s'honoraient de compter au nombre de leurs amis des savants et des poètes, et de leur servir des pensions pour les mettre à l'abri de toute préoccupation matérielle.

Un tel milieu agit fortement sur les Juifs. À l'exemple des Arabes, ils s'enthousiasmèrent pour la poésie et la science. Pour eux aussi, l'Espagne devint *un jardin délicieux où fleurissait une belle et joyeuse poésie, le pays de l'étude et des recherches*. Comme les mouzarabes, c'est-à-dire les chrétiens établis parmi les musulmans, ils se familiarisèrent avec la langue et la littérature des conquérants. Seulement chez les mouzarabes, l'assimilation avec les musulmans fut telle qu'ils oublièrent leur langue maternelle, le latin gothique, ne purent plus comprendre leurs livres religieux et renoncèrent même à leur foi. Les Juifs, au contraire, en acquérant des connaissances profanes, aimèrent encore d'un amour plus profond leur idiome, leurs livres sacrés et leurs croyances héréditaires. Grâce à ce concours de circonstances favorables, l'Espagne juive put d'abord se mesurer avec la Babylonie, lui enlever ensuite la direction du judaïsme et la conserver pendant près de cinq siècles.

Trois savants eurent le mérite de créer la civilisation hispano-juive : Moïse ben Hanok, que le hasard avait conduit à Cordoue ; le premier grammairien andalou, Menahem ben Sarouk ; et enfin le poète Dounasch ben Labrat. Mais les efforts de ces trois hommes auraient peut-être échoué s'ils n'avaient été secondés par une personnalité éminente, qui mit au service du judaïsme espagnol sa vaste intelligence et sa situation élevée. Cet homme était *Abou Youssouf Hasdaï ben Isaac ibn Schaprout* (né vers 915 et mort vers 970), de la famille d'Ibn Ezra. Il fut le premier de cette longue suite de personnages généreux et haut placés qui se donnèrent pour tâche la protection et la glorification du judaïsme. Hasdaï n'avait rien de la gaucherie de l'Oriental, ni de la triste gravité du Juif ; c'était une figure toute moderne, aux manières affables et aisées. Avec lui, l'histoire juive prend en quelque sorte un cachet européen.

Les aïeux de Hasdaï étaient originaires de Jaen. Son père Isaac, établi probablement à Cordoue, était riche et se montrait très libéral envers les savants. Il avait appris à son fils à estimer la science et à faire un noble emploi de sa fortune. Hasdaï avait étudié la médecine, mais ne la pratiqua jamais. Il connaissait plusieurs langues ; outre l'hébreu et l'arabe, il savait le latin. Abdul Rahman III, qui entretenait des relations diplomatiques avec les petites cours chrétiennes du nord de l'Espagne, appréciait beaucoup le savoir et l'habileté de Hasdaï, il le nomma son interprète (vers 940) et le chargea souvent de négociations diplomatiques. Hasdaï remporta un jour un succès marqué. Il réussit à faire venir à Cordoue, pour y contracter une alliance avec Abdul Rahman, Sancho Ramirez, roi de Léon, et Toda, reine de Navarre, avec une nombreuse suite de nobles et de prélats. Satisfait des services qu'il lui rendait, le khalife confia à Hasdaï des fonctions analogues à celles de ministre des affaires extérieures, le chargeant d'accueillir les ambassadeurs des puissances étrangères, de recevoir d'eux leurs lettres de créance et d'échanger avec eux les cadeaux que les souverains s'offraient en pareil cas. Hasdaï remplissait également les fonctions de ministre des finances et du commerce. Il n'avait cependant aucun titre officiel, il n'était ni vizir (*hadjib* chez les musulmans d'Espagne) ni secrétaire d'État (*katib*). Car, devant les préjugés que les Arabes nourrissaient encore contre les Juifs, le khalife, malgré son esprit large et tolérant, n'osait pas investir ouvertement Hasdaï d'une dignité de l'État. Ce n'est que peu à peu, et à force de prudence et d'intelligence, que les Juifs parvinrent à triompher de ces préventions.

Animé de sentiments très religieux, Hasdaï était convaincu qu'il devait sa haute situation non pas à son mérite mais à la protection divine, et il se croyait choisi par Dieu pour employer son influence et sa fortune en faveur de ses coreligionnaires. Aussi devint-il le protecteur et le défenseur des communautés juives de l'Espagne et de l'étranger. À Cordoue même, il exerçait sur la communauté une sorte de souveraineté politique et judiciaire. Quoiqu'il fût, sans doute, encore moins versé dans le Talmud que ce Nathan qui dut se retirer devant Moïse ben Hanok, l'académie de Babylone lui décerna cependant le titre pompeux de *chef des assemblées de savants* (Resch Kalla).

On a déjà vu précédemment que Hasdaï était lié avec Dounasch ben Tamim, qui composa pour lui un traité astronomique sur la calendrier juif. Il était aussi en relations avec Dossa, le fils de Saadia, qui, sur sa demande, lui envoya la biographie de son père. Du reste, Hasdaï s'intéressait vivement à ses frères de toutes les contrées. Chaque fois que des ambassadeurs lui rendaient visite, il s'informait de la situation des Juifs de leur pays et les recommandait à leur bienveillance.

À deux reprises différentes, Hasdaï eut l'occasion d'entrer en rapports avec des délégués envoyés par les puissances les plus importantes de l'Europe. L'empire byzantin, menacé de tous les côtés, avait besoin sans cesse des secours du dehors. Sous le règne du faible et prétentieux Constantin VIII, dont le père et le frère avaient si cruellement persécuté les Juifs, une brillante ambassade se rendit à Cordoue (vers 944-949) pour contracter, au nom de leur maître, une alliance contre le khalifat d'Orient avec le puissant souverain musulman de l'Espagne. Ce fut Hasdaï qui reçut les envoyés byzantins. Parmi les magnifiques cadeaux apportés au khalife se trouvait un ouvrage d'un médecin grec, Dioscoride, traitant des propriétés des simples. Sur le désir du collège médical de Cordoue, le khalife avait demandé ce livre à l'empereur de Byzance. Celui-ci avait envoyé avec le livre un moine, Nicolas, chargé de le traduire du grec en latin. Le seul médecin qui comprit cette langue à Cordoue était Hasdaï, et, à la grande satisfaction du khalife, il traduisit en arabe la version latine de Nicolas.

À l'occasion d'une autre ambassade, celle du puissant empereur allemand Othon Ier, qui était venue à Cordoue, Hasdaï joua un rôle plus important. Abdul Rahman avait envoyé auprès d'Othon une délégation avec une missive qui contenait quelques expressions injurieuses pour le christianisme. Irrité de cette audace, l'empereur d'Allemagne ne reçut les délégués qu'après plusieurs années d'attente. À son tour, il envoya à Cordoue, sous la direction de l'abbé Jean de Gorze (Jean de Vendières), des ambassadeurs chargés de remettre au khalife une lettre où il parlait de l'islamisme en termes peu convenables. Abdul Rahman, flairant un piège, chargea Hasdaï d'essayer d'apprendre par l'un ou l'autre des ambassadeurs quel était le contenu de cette lettre. Après de nombreux pourparlers, où il déploya beaucoup d'habileté et de pénétration, Hasdaï parvint à arracher le secret à Jean de Gorze. Après les avoir fait attendre pendant une année, le khalife reçut enfin les ambassadeurs quand, sur les instances de Hasdaï et de l'évêque mouzarabe de Cordoue, leur chef se fut fait envoyer une nouvelle lettre d'introduction (956-959).

Profondément attaché au judaïsme et aux Juifs, Hasdaï voyait avec douleur la situation précaire et parfois misérable de ses frères et leur dispersion au milieu de peuples souvent hostiles. Que de fois ne dut-il pas entendre les chrétiens et les musulmans traiter sa religion avec dédain, parce que, comme ils disaient, *le sceptre avait été ravi à Juda et que, par conséquent, les Juifs avaient été repoussés par Dieu lui-même !* C'est qu'à cette époque régnait encore cette conception étroite qu'une religion n'avait de valeur et ne pouvait durer qu'autant qu'elle disposait d'un territoire, d'un souverain et d'une cour, en un mot du pouvoir temporel. Hasdaï partageait sur ce point les idées de son temps. Aussi se préoccupait-il vivement de ce qu'on lui avait raconté au sujet de l'existence d'un empire juif autonome dans le pays des Khazars, existence affirmée par des bruits vagues qui avaient pénétré jusqu'en Espagne. Il ne manquait jamais d'interroger sur ce point les ambassadeurs qui venaient de pays lointains à la cour du khalife.

Ce fut pour lui une grande joie d'apprendre un jour par un envoyé du Khorassan qu'il existait, en effet, un roi juif dans le pays des Khazars, et cette joie redoubla quand une ambassade de Byzance l'informa que ce roi portait le nom juif de Joseph, et que les Khazars formaient une nation puissante et belliqueuse. Son plus vif désir fut alors d'entrer en relations avec le roi juif, et il chercha un homme prudent et courageux qui pût transmettre de sa part une lettre à ce souverain et lui rapporter des renseignements plus détaillés.

Après bien des tentatives infructueuses, il réussit enfin à se mettre en rapports avec le roi des Khazars. Une ambassade du roi slavon Hunu arriva un jour à Cordoue. Deux Juifs l'accompagnaient en qualité d'interprètes. Ceux-ci purent donner à Hasdaï des informations précises sur les Khazars et se chargèrent de faire parvenir sa missive au roi de ce peuple par l'intermédiaire de leurs coreligionnaires de Hongrie, de Galicie et de Bulgarie. Hasdaï remit aux deux Juifs slavons sa lettre pour le roi des Khazars. Cette épître, écrite en prose hébraïque, avec un exorde en vers, et rédigée par Menahem ben Sarouk, est un document très important pour l'histoire du temps et la connaissance du caractère de Hasdaï. On y reconnaît la vive piété de Hasdaï. son esprit politique, sa modestie en même temps que la conscience de sa valeur et même une certaine vanité naïve.

L'espoir de Hasdaï se réalisa. Sa lettre fut remise au chagan Joseph par un homme du pays de *Némez* (Allemagne), appelé Jacob ben Éléazar. Joseph était le onzième des princes juifs qui régnaient sur les Khazars depuis Obadia, le fondateur du judaïsme dans ce pays. À cette époque (vers 960), l'État des Khazars était encore assez puissant, bien qu'il eût perdu plusieurs provinces et contrées vassales. Le chagan Joseph avait sa résidence dans une île du Volga. C'était un palais somptueux, sous forme de tente, avec une porte en or.

Obligés de se défendre sans cesse contre l'ambition des Russes, qui désiraient vivement conquérir le pays des Khazars, les chagans entretenaient une armée permanente. Vers le Xe siècle, ils avaient près de douze mille soldats réguliers, tant archers à cheval avec casque et cuirasse que fantassins munis de lances. Aussi le vieil empire byzantin, sur son déclin, considérait-il le pays des Khazars comme une grande puissance et qualifiait-il le chagan du titre de **noble et sérénissime**. Pendant que les pièces diplomatiques adressées par les empereurs byzantins au pape et aux empereurs d'Occident étaient scellées avec une bulle d'or ne pesant que deux *soldi*, cette bulle en pesait trois quand elle était, attachée à des documents destinés au roi des Khazars. Pour qui connaît l'étiquette minutieuse de la cour de Byzance, cette petite différence en faveur des Khazars est le témoignage d'un profond respect.

Les chagans s'intéressaient beaucoup aux Juifs des autres pays, ils exerçaient des représailles contre les peuples qui les persécutaient. Un jour, un chagan apprit que les musulmans avaient détruit une synagogue dans le pays de Baboung. Aussitôt il fit démolir dans sa capitale le minaret d'une mosquée et exécuter les muezzin (921). La crainte d'exciter davantage la colère des musulmans contre les Juifs l'empêchait seule, dit-il, d'ordonner la destruction de toutes les mosquées de son empire.

Ces sentiments de bienveillance pour les Juifs des divers pays se retrouvaient chez tous les princes des Khazars. On comprend donc avec quelle satisfaction le chagan Joseph reçut la lettre de Hasdaï. Comme les Khazars comprenaient l'hébreu et se servaient, pour leur correspondance, de caractères hébreux, le chagan répondit dans cette langue à Hasdaï. Il lui exprimait toute la joie que lui avait causée sa missive, mais il détruisait son illusion sur l'origine des Khazars. Ceux-ci n'étaient pas, comme le croyait Hasdaï, des débris d'anciennes tribus juives, mais des païens convertis au christianisme. Le chagan raconte ensuite, dans sa réponse, la conversion de son ancêtre Boulan, mentionne les noms, tous hébreux, des successeurs de ce souverain, indique l'étendue de son pays et décrit les peuples qui lui sont soumis. Il continue ainsi : *Pas plus que vous, nous n'avons de données certaines sur l'époque de la délivrance messianique. Nos regards sont dirigés vers Jérusalem et les académies de Babylone. Plaise au ciel que nous soyons bientôt délivrés ! D'après ta lettre, tu désirerais me voir ; de mon côté, je voudrais te rendre visite et connaître ta sagesse. Si ce vœu pouvait se réaliser, si je pouvais te parler face à face, je te vénérerais comme un père, je serais pour toi un fils dévoué et je te confierais la direction de mon État.*

À ce moment, Joseph était encore puissant. Quelques années plus tard, la situation se modifia. Un des descendants de Rurik, le prince russe Swiatislaw, de Kiew, marcha contre le pays des Khazars et conquit sur la frontière la forteresse de Sarkel (965). En 969, il s'empara de la capitale Itil (Atel) et de la ville importante de Semender. Une partie des Khazars se réfugia dans une île de la mer Caspienne, une autre partie à Derbend et dans la Crimée, qui prit le nom de pays des Khazars, avec Bosporus (Kertsch) pour capitale. À partir de cette époque, les Khazars ne formèrent plus qu'un État secondaire ; Joseph fut le dernier de leurs souverains puissants.

Quand Hasdaï reçut la missive du chagan Joseph, le khalife Abdul Rahman était mort. Son fils et successeur Alhakem, protecteur très zélé de la science et de la poésie, mais ennemi de la guerre, laissa Hasdaï dans les fonctions qu'il avait occupées jusque-là et le traita, comme l'avait fait son père, avec beaucoup d'égards.

Stimulé par l'exemple de ses deux martres Abdul Rahman et Alhakem, Hasdaï protégeait les savants et les poètes juifs, et c'est à lui principalement que revient le mérite d'avoir implanté la civilisation juive en Espagne. Parmi les hommes de talent qu'il appela auprès de lui, les plus remarquables étaient sans contredit Menahem ben Sarouk et Dounasch ben Labrat. Tous les deux ont approfondi l'étude de la langue hébraïque et grandement enrichi et ennobli cette langue. Ils ont dépassé de beaucoup, dans cette voie, leurs prédécesseurs, notamment les grammairiens caraïtes et même Saadia.

Dounasch ben Labrat donna à la langue sainte une harmonie et orne symétrie qu'elle ne connaissait pas auparavant, il introduisit, dans l'hébreu le mètre, la strophe et une richesse d'assonances que personne ne soupçonnait avant lui. Saadia le blâma de ce qu'il appelait une innovation inouïe et lui reprocha de faire violence à la langue.

En même temps que la forme, le fond de la poésie hébraïque subit également de profondes modifications. Jusqu'alors la poésie hébraïque était restée purement synagogale, elle avait des allures contrites de pénitente, sans jamais être égayée par un sourire. Même quand elle s'élevait jusqu'à l'hymne, elle restait austère, inégale et prolixe. Kaliri était son modèle. Dans les écrits didactiques et polémiques, elle descendait à une plate vulgarité, comme dans les œuvres de Salmon ben Yeruham, d'Abou Ali Yephet, de Ben-Ascher et de Sabbataï Donnolo. Hasdaï fournit à la poésie l'occasion de varier ses thèmes. Son extérieur imposant, sa situation élevée, ses talents, sa générosité enflammaient l'imagination des poètes. En le célébrant dans des vers d'un lyrisme élevé, ils rajeunissaient la langue hébraïque, qui paraissait déjà morte, et lui donnaient de la vigueur et de l'harmonie. Tout en imitant les Arabes, comme ils l'avouaient eux-mêmes, Dounasch et les autres poètes hispano-juifs ne suivaient cependant pas servilement leurs modèles, ils n'imposaient pas à la langue hébraïque des mètres qui ne pouvaient convenir qu'à l'arabe, mais tenaient toujours compte, dans leurs oeuvres, de la nature particulière de l'hébreu. Ils imprimaient à la nouvelle poésie une allure vive, rapide, sautillante. Du temps de Hasdaï, cette poésie était cependant restée un peu raide et guindée ; comme dira plus tard un critique, *les chanteurs ne faisaient encore entendre qu'un gazouillement vague et incertain* Les thèmes favoris des poètes étaient alors les panégyriques et les satires, mais ils cultivaient aussi la poésie liturgique.

On connaît peu de chose du caractère et de la vie de *Menahem ben Sarouk*. On sait seulement qu'il est né à Tortose (vers 910, mort vers 970), d'une famille peu aisée, et qu'Isaac, le père de Hasdaï, fut son premier protecteur. Menahem se livra avec ardeur à l'étude de la langue hébraïque ; il sut utiliser avec profit les travaux des premiers grammairiens. Son style avait un éclat incomparable et était même supérieur à celui du caraïte Aboulsari Sahal.

Dès que Hasdaï eut été nommé à un poste élevé, il appela auprès de lui le protégé de son père par des paroles flatteuses et de séduisantes promesses. Sur son conseil, Menahem étudia particulièrement les diverses formes et les significations variées des mots hébreux. Vers 955, il composa un lexique hébreu complet sous le nom de *Makbérêt*, où il indiquait également quelques règles grammaticales et rectifiait sur plusieurs points les opinions de ses prédécesseurs. Il fut le premier grammairien qui distinguât la racine dans les mots hébreux et en séparât les lettres serviles et les autres additions. Théorie admise partout aujourd'hui, mais qui était inconnue des devanciers de Menahem. Celui-ci donne, dans son ouvrage, chaque racine avec ses inflexions et ses diverses modifications, et en explique les différents sens avec beaucoup de finesse et dans un langage clair et juste. Dans cet espace d'un demi-siècle qui séparait Menahem de Ben-Ascher, la science grammaticale avait fait des progrès considérables.

Comme le lexique de Menahem était écrit en hébreu, il trouva de nombreux lecteurs ; il se répandit rapidement en France et supplanta les travaux de Saadia et des caraïtes. Pendant quelque temps, il fut le seul guide autorisé pour les études bibliques.

Élégant, noble et clair dans sa prose, Menahem ne composa que des vers lourds et disgracieux; il ne savait pas encore manier le mètre hébreu. Sur ce point, il fut surpassé par son rival Dounasch ben Labrat.

Ce poète, nommé aussi *Adonim*, était originaire de Bagdad. Plus jeune que Menahem (né vers 920 et mort vers 990), il était établi à Fez quand il fut appelé par Hasdaï à Cordoue. Possédant apparemment une petite fortune, il se montra de caractère plus indépendant que le grammairien de Tortose. Vif, impétueux, prompt à la riposte, il semblait né pour les luttes littéraires. Sans égards pour la personnalité et la situation de Saadia, dont il était l'ami et peut-être le disciple, il attaqua avec vigueur les écrits exégétiques et grammaticaux du gaon. Dès qu'il connut le lexique de Menahem, il accabla l'auteur de ses railleries et de ses sarcasmes. Sa critique, écrite dans un langage élégant mais souvent injurieux, ne resta pas sur le terrain scientifique, il lui imprima un caractère personnel en dédiant à Hasdaï ses polémiques contre Menahem. Ses dédicaces, toujours très flatteuses pour Hasdaï, indiquât clairement qu'il s'efforçait de plaire au ministre juif et de déprécier à ses yeux le grammairien de Tortose.

Dounasch atteignit le but qu'il poursuivait. L'admiration de Hasdaï pour Menahem, très grande à l'origine, diminua peu à peu, elle se changea môme en hostilité quand des envieux, comme il s'en rencontre toujours, eurent noirci Menahem dans l'esprit du ministre juif. Après la mort de leur maître, des disciples de Menahem, dont le plus remarquable était Juda ben David Hayyoudj, défendirent sa mémoire. Employant contre Dounasch les armes dont il s'était servi lui-même, ils l'attaquèrent avec véhémence dans des satires qu'ils dédièrent à Hasdaï. À l'occasion du retour du ministre à Cordoue, ils lui adressèrent les vers suivants : *Saluez, ô montagnes, le protecteur de la science, le prince de Juda ! Tous applaudissent à son retour, car en son absence les ténèbres seules règnent, les arrogants sont les maîtres et maltraitent les enfants d'Israël. Avec lui reviennent l'ordre et la sécurité.* Les disciples de Dounasch prirent naturellement parti pour leur maître, et la lutte continua assez longtemps, ardente et passionnée, entre les élèves des deux chefs d'école. Ces polémiques, regrettables à certains égards, eurent cependant un excellent résultat, elles contribuèrent à polir la langue hébraïque et à la rendre plus riche et plus souple.

Outre la poésie et l'enseignement de la grammaire hébraïque, Hasdaï protégea également l'étude du Talmud. On se rappelle que Moïse ben Hanok, parti de Sora pour recueillir des subsides en faveur de l'académie de cette ville, avait été emmené comme esclave à Cordoue et s'y était révélé talmudiste remarquable. Hasdaï prit Moïse sous sa protection. Le moment était, d'ailleurs, favorable pour créer un enseignement talmudique en Espagne. À l'instar des Arabes espagnols, désireux d'éclipser leurs coreligionnaires de Bagdad, les Juifs espagnols s'efforçaient d'organiser une école talmudique à Cordoue et de lui donner un grand éclat, au détriment de l'académie de Sora. Moïse fut placé à la tête de cette école et reconnu comme seule autorité religieuse. C'est à lui qu'étaient dorénavant soumises les questions rituéliques, dont la solution était demandée auparavant aux académies de Babylone. De tous les points d'Espagne et même de l'Afrique, on vit affluer des disciples à Cordoue. Hasdaï fit venir des exemplaires du Talmud de la ville de Sora, où ils étaient devenus inutiles par suite de la décadence de l'académie, pour les distribuer parmi les élèves. Cordoue devint la Sora de l'Andalousie, et Moïse ben Hanok eut en Espagne la même importance qu'autrefois Rab en Babylonie. Muni du simple titre de juge (dayyan) ou rabbin, il avait les mêmes prérogatives qu'un gaon, donnant, parait-il, par l'imposition des mains, l'ordination aux rabbins, expliquant la Loi, jugeant en dernier lieu les procès juifs et étant autorisé à excommunier les membres récalcitrants des communautés. Ces prérogatives furent attribuées plus tard à tous les rabbins d'Europe.

C'est ainsi que l'Espagne devint peu à peu le centre du judaïsme. Elle dut cette situation privilégiée à quelques circonstances favorables, mais les Juifs espagnols avaient su aider le hasard par leur activité, leur intelligence et leur libéralité. Ils firent tout leur possible pour rester à la tête du mouvement intellectuel juif. La large aisance de la communauté de Cordoue lui assignait, du reste, un rôle particulièrement important. La capitale de l'Andalousie comptait plusieurs milliers de Juifs, qui rivalisaient de luxe avec les Arabes. Habillés de soie, coiffés de riches turbans, se montrant en public dans de somptueux carrosses ou sur de magnifiques coursiers, ils avaient des manières chevaleresques, qui les distinguaient avantageusement de leurs coreligionnaires d'autres pays. Il y a cependant une ombre à ce tableau. Plusieurs d'entre eux devaient leurs richesses au commerce d'esclaves, ils vendaient des Slavons aux khalifes, qui en faisaient leurs gardes du corps.

Après la mort de Moïse (vers 965), deux compétiteurs se disputèrent sa succession, son fils Hanok et un de ses disciples, *Joseph ben Isaac ibn Abitour*. Ce dernier, né en Espagne, était poète et connaissait la littérature arabe, tandis que Hanok n'avait que des connaissances talmudiques et n'était pas originaire du pays. Chacun des deux rivaux avait ses partisans. Hasdaï se prononça pour Hanok et fit ainsi pencher la balance en sa faveur.

Hasdaï ibn Schaprout mourut vers 970, sous le règne du khalife Alhakem, laissant parmi les Juifs comme parmi les musulmans le souvenir d'un homme aimé et respecté et d'un ministre de grand mérite.

CHAPITRE II

FIN DU GAONAT EN BABYLONIE. AURORE DE LA CIVILISATION JUIVE EN ESPAGNE — (970-1070)

Quand une institution historique porte en elle le germe de la mort, les plus énergiques efforts ne peuvent la sauver. On parvient quelquefois, par des merveilles d'activité et de dévouement, à en prolonger l'existence, mais ce n'est là qu'une vie factice ou plutôt un prolongement d'agonie. Une fois que les communautés d'Espagne et d'Afrique eurent retiré leur appui au gaonat, il était forcément condamné à périr. C'est en vain que deux hommes éminents, doués de vertus solides et de connaissances étendues, essayèrent successivement, à la tête de l'école de Pumbadita, de rendre au gaonat de l'éclat et de la vigueur, ils ne réussirent qu'à en retarder d'un demi-siècle la disparition définitive. Ces deux savants illustres, les derniers chefs de l'académie de Pumbadita, étaient Scherira et son fils Haï, surnommés plus tard **les pères et les docteurs d'Israël**.

Scherira (né vers 930, mort l'an 1000), fils du gaon Hanina, descendait, par son père comme par sa mère, de familles très distinguées, dont plusieurs membres avaient été investis de la dignité de gaon. Sur le sceau de la famille était gravé un lion, qui représentait autrefois, paraît-il, les armes des rois de Juda. C'était un gaon de la vieille roche, hostile aux spéculations philosophiques et zélé pour l'enseignement du Talmud. Tout en sachant l'arabe assez bien pour correspondre dans cette langue avec les communautés juives des pays musulmans, il avait peu de goût pour la littérature arabe et aimait mieux écrire en hébreu ou en araméen. L'exégèse biblique ne le préoccupait guère, il concentrait tous ses efforts intellectuels sur l'étude du Talmud. Mais sa haute moralité faisait oublier les lacunes de son instruction. Comme juge, il était d'une intégrité absolue, et comme chef d'école il déployait une activité infatigable.

Son ouvrage le plus important, celui qui l'a rendu célèbre, est la *Lettre* qu'il a écrite sur l'époque talmudique et post-talmudique et sur la période des gaonim. Cette lettre fut composée à la suite d'une demande adressée à Scherira, au nom de la communauté de Kairouan, par Jacob ben Nissim ibn Schahin, disciple de ce Huschiel qui avait été emmené comme esclave en Afrique et avait ensuite fondé une école talmudique à Kairouan. Ibn Schahin désirait avoir quelques éclaircissements sur la rédaction de la Mishna. Dans un exposé lumineux, écrit moitié en hébreu et moitié en chaldéen, Scherira élucida (en 987) quelques points obscurs de l'histoire juive. Ce travail, qui seul nous fait connaître la suite des saboraïm et des gaonim, a les qualités et les défauts ordinaires de la chronique, il est sec et aride, mais exact et précis. On y reconnaît cependant une certaine partialité pour les exilarques de la famille de Bostanaï et pour quelques contemporains de Scherira, notamment pour Aaron ibn Sardjadou.

Malgré le zèle et le dévouement de Scherira, l'académie de Pumbadita continuait à décliner. On était devenu indifférent en Babylonie aussi bien pour les études talmudiques que pour la science, et ce pays était si pauvre en hommes instruits, que Scherira était obligé d'élever à la dignité de président de tribunal, c'est-à-dire de *vice-gaon*, son fils Haï, excellemment doué, il est vrai, mais alors à peine âgé de seize ans. Un autre inconvénient, c'est que le gaon avait perdu en partie son autorité. Des calomniateurs ne craignirent pas de porter contre Scherira une accusation, dont on ne connaît pas le caractère, auprès du khalife Alkadir (vers 997). À la suite de cette accusation, Scherira et son fils furent emprisonnés et leurs biens confisqués. Sur les démarches d'amis, ils furent remis en liberté et réintégrés dans leurs fonctions. Mais à cause de son grand âge, Scherira se démit de sa dignité et en investit son fils (998). Il mourut quelques années après.

Haï avait trente ans quand il succéda à son père. Il inspirait à tous une telle sympathie que le samedi, à la fin de la section hebdomadaire de la Thora, on récitait en son honneur le passage biblique où Moïse demande à Dieu de lui donner un successeur digne de diriger le peuple, et l'on ajoutait : *Haï était assis sur le siège de son père Scherira, et son autorité était solidement établie.*

Pendant que la civilisation juive déclinait graduellement en Orient et arrivait peu à peu à une complète décadence, elle s'épanouissait pleine de vigueur sur les bords du Guadiana et du Guadalquivir. Dans les communautés andalouses, on cultivait avec une activité féconde les diverses branches des connaissances humaines ; maîtres et élèves rivalisaient de zèle et d'ardeur. Ces magnifiques résultats étaient certainement dus à la libéralité de Hasdaï, à l'enseignement de Moïse ben Hanok et aux travaux de Ben Sarouk et de Ben Labrat. La semence avait été bonne et abondante, la moisson fut brillante. En Andalousie, parmi les juifs comme parmi les musulmans, les savants et, en général, les esprits cultivés étaient honorés et nommés aux plus hautes dignités. À l'exemple de l'illustre Abdul Rahman, des princes chrétiens et musulmans d'Espagne appelaient à leur cour des conseillers et des ministres juifs. Ceux-ci se faisaient pardonner leur situation par leur bonté et leur générosité, et, à l'instar de Hasdaï, ils encourageaient et protégeaient la science et la poésie. Les plus cordiales relations régnaient entre les musulmans et les juifs, qui écrivaient souvent l'arabe avec élégance et pureté. On ne voyait pas, comme dans certains pays, les talmudistes témoigner de l'hostilité aux autres savants. Exégètes, talmudistes, philosophes, poètes, vivaient entre eux dans un parfait accord et savaient s'estimer et se respecter les uns les autres.

À côté de leur goût éclairé pour les sciences et les arts, les Juifs d'Espagne possédaient l'aisance des manières et l'élévation des sentiments. Aussi chevaleresques que les Arabes d'Andalousie, ils leur étaient supérieurs en loyauté et en noblesse. Ils étaient fiers de leurs aïeux, et certaines familles telles que les Ibn Ezra, les Alfachar, les Alnakwah, les Ibn Faljadj, les Ibn Giat, les Benvenisti, les Ibn Migasch, les Abulafia, formaient une véritable aristocratie. Mais loin de s'arroger des privilèges spéciaux, ces familles illustres estimaient, au contraire, que leur naissance leur imposait des obligations plus nombreuses et plus lourdes ; elles s'efforçaient de briller par leur intelligence et leur cœur, et de se rendre ainsi dignes de leurs ancêtres. Attachés à leur religion, fidèles aux lois de la Bible comme aux prescriptions du Talmud, les Juifs d'Espagne se tenaient éloignés de la bigoterie comme des extravagantes mystiques. Par suite de leurs recherches et de leurs spéculations, ils confinaient parfois à l'incrédulité, mais presque aucun des penseurs hispano-juifs n'en franchit la dernière limite. Aussi leur prestige était-il très grand auprès de leurs frères de France, d'Allemagne, d'Italie et des autres pays, alors peu civilisés, de l'Europe. Leurs écoles prenaient la place des académies babyloniennes, et Cordoue, Lucena, Grenade, étaient aussi célèbres que, Sora et Pumbadita.

Après la mort de Hasdaï, les disciples de Menahem et de Dounasch continuèrent les études linguistiques de leurs maîtres, et, comme eux, ils soutinrent entre eux de vives polémiques, en prose et en vers. Les plus remarquables d'entre eux furent *Isaac ibn Gikatila*, poète, et *Yekuda ibn Daud*, grammairien. Celui-ci s'appelait en arabe *Abou Zakaria Yahya Hayyoudj* et descendait d'une famille de Fez. Le premier, il donna une base scientifique à l'étude de l'hébreu, montra que, sous la forme qu'elle a dans la Bible, cette langue se compose de mots formés de racines trilittères, et fit remarquer que certaines consonnes disparaissent ou se changent en voyelles. Grâce à ses recherches, on apprit à distinguer les racines des mots d'avec leurs modifications et à en faire un emploi plus correct pour la poésie. Hayyoudj introduisit un changement profond dans l'étude de la langue hébraïque, il mit quelque ordre dans le chaos où ses prédécesseurs caraïtes et rabbanites, y compris Saadia, Menahem et Dounasch, avaient laissé régner la confusion et l'obscurité. N'ayant en vue que ses concitoyens, il écrivit ses œuvres en arabe ; elles restèrent donc inconnues des Juifs des autres pays, qui continuèrent à suivre la méthode de Menahem et de Dounasch.

Le représentant officiel du judaïsme en Andalousie était Hanok (né vers 940 et mort en 1014), qui avait succédé à son père Moïse comme rabbin de Cordoue. Il avait un rival, Joseph Isaac ibn Abitour, aussi savant talmudiste que lui, et, de plus auteur de poésies liturgiques et familiarisé avec la langue arabe. Sur le désir du khalife Alhakem, il avait même traduit la Mishna en arabe. Tant que Hasdaï vécut, la rivalité entre Hanok et Ibn Abitour ne troubla pas la communauté. Dès qu'il fut mort, les discussions éclatèrent. Le parti d'Ibn Abitour, composé des membres très nombreux de sa famille et de deux fabricants de soie de la cour, les frères Ibn Gau, essayait de faire placer son protégé à la tête des Israélites de Cordoue. Mais presque toute la communauté tenait pour Hanok. Les discussions furent longues et violentes entre les deux partis, et, comme ils ne parvenaient pas à s'entendre, ils en appelèrent finalement au khalife. Alhakem se prononça en faveur de Hanok. Battu une première fois, Ibn Abitour continua la lutte ; il fut mis en interdit par le parti victorieux. Il s'adressa alors personnellement au khalife, faisant valoir sa connaissance de la langue arabe et les services qu'il avait rendus au souverain par sa traduction de la Mishna. Ce fut peine perdue : *Si mes Arabes*, lui dit Alhakem, *avaient montré pour moi le mépris que t'a témoigné la communauté de Cordoue, je quitterais mon royaume*. Ibn Abitour comprit et partit de Cordoue (vers 975). Il s'embarqua pour l'Afrique, séjourna quelque temps dans le Maghreb, parcourut l'empire des khalifes fatimides et, sans doute, l'Égypte. Il reçut partout un accueil assez froid.

Cependant les circonstances devinrent subitement plus favorables, en Andalousie, pour Ibn Abitour. Quand Alhakem mourut (976), il ne laissait pour successeur qu'un enfant maladif, *Hischam*. L'État était, en réalité, dirigé par Mohammed Almanzour. Jacob ibn Gau, un des partisans d'Ibn Abitour, sut gagner les faveurs d'Almanzour et fut nommé (vers 985) prince et juge souverain de toutes les communautés juives du khalifat d'Andalousie. Seul il avait le droit de nommer les rabbins et les juges des communautés, et de répartir entre les Juifs les divers impôts qu'ils devaient payer. Il fut même autorisé à se faire accompagner d'une garde d'honneur, formée de dix-huit pages, et à sortir dans les carrosses de l'État.

Ibn Gau profita naturellement de sa position élevée pour destituer Hanok et nommer Ibn Abitour à sa place. Comme ce dernier était excommunié, l'interdit ne pouvait être levé sans l'assentiment de la communauté. Par égard pour Ibn Gau, les membres de la communauté, même les anciens adversaires d'Ibn Abitour, lui envoyèrent une adresse très flatteuse pour l'inviter à venir occuper le rabbinat de Cordoue. Déjà les préparatifs étaient faits pour le recevoir avec pompe, quand il écrivit d'Afrique pour refuser la dignité qui lui était offerte, louer les vertus et la piété de Hanok et conseiller à la communauté de le réintégrer dans ses fonctions.

Peu de temps après (vers 987), Ibn Gau dut quitter la cour et fut même emprisonné. Les motifs de sa disgrâce font honneurs à l'ancien favori, qui ne perdit sa situation que sur son refus de pressurer les communautés juives pour satisfaire la cupidité d'Almanzour. Il fut cependant remis en liberté et rétabli dans sa dignité par le khalife Hischam. Mais comme Almanzour lui était hostile, il ne recouvra plus son ancienne influence.

Quand Ibn Gau mourut, un des parents de Hanok s'empressa joyeusement de lui annoncer cette nouvelle. Mais Hanok fut très affligé de cette mort. *Ibn Gau a toujours secouru généreusement les indigents*, s'écria-t-il en pleurant. *Qui le remplacera auprès d'eux ? Moi, je suis trop pauvre pour leur venir en aide.* Hanok survécut de quelques années à son adversaire. Il assista encore à la décadence de Cordoue et aux premières persécutions générales dirigées contre ses frères d'Allemagne, d'Afrique et d'Orient. Le dernier jour de la fête des Cabanes, il se tenait sur l'estrade de la synagogue (almemar) quand elle s'écroula. Il mourut de cette chute (septembre 1014).

Si de l'Espagne on passe en France et en Allemagne, la situation des Juifs offre un contraste frappant. Écartés par les lois canoniques de toute fonction officielle, ils étaient sans cesse troublés dans leur sécurité, leur commerce et la pratique de leur religion par les dignitaires de l'Église. Dans les provinces françaises, le pouvoir appartenait à la noblesse et aux prélats ; les rois étaient impuissants à protéger les Juifs contre l'arbitraire et la violence. Autrefois, les ecclésiastiques seuls nourrissaient des préjugés religieux contre les Juifs. Peu à peu, à la suite des excitations incessantes du clergé, le peuple était devenu également très hostile aux Juifs, dans lesquels il s'était habitué à voir une nation maudite et indigne de compassion. On les accusait d'exercer toutes espèces de sortilèges contre les chrétiens. À la mort de Hugues Capet (996), qui avait été soigné par un médecin juif, on répandit le bruit qu'il avait été assassiné par des Juifs, et les moines enregistrent gravement cette accusation dans leurs annales. Dans la Provence et le Languedoc, où l'autorité de la royauté était presque nulle, le sort des Juifs dépendait absolument des caprices des comtes et des vicomtes. Ici, ils possédaient des fermes et des satines, et là ils étaient traités en serfs.

En Allemagne, les Juifs n'étaient pas précisément opprimés, mais on ne leur était pas favorable. Par suite du système féodal qui régnait alors dans ce pays, ils ne pouvaient pas posséder des terres et étaient poussés tous vers le commerce. *Juif* et *marchand* étaient devenus synonymes. Les riches faisaient des affaires de banque et les autres empruntaient de l'argent à un taux relativement modéré pour se rendre à la foire de Cologne ; à leur retour, ils étaient généralement en état de s'acquitter de leurs dettes. À l'exemple des premiers Carolingiens, les empereurs d'Allemagne exigeaient des Juifs une contribution annuelle. Quand Othon le Grand voulut assurer des ressources à l'église nouvellement construite de Magdeburg, il lui abandonna (965) les impôts payés par les **Juifs et autres marchands**. De même, Othon II fit cadeau, comme on disait alors, **des Juifs de Mersebourg** à l'évêque de cette ville (981). Cet empereur avait dans sa suite un Juif italien du nom de *Kalonymos*, qui lui était très dévoué et qui, un jour, risqua sa vie pour sauver celle de son souverain (982).

Sous le règne tant vanté des Othon, l'état intellectuel de l'Allemagne était peu brillant. Les chrétiens avaient fait de nombreux emprunts aux Arabes, mais ils n'avaient pas appris d'eux à cultiver la science et à en encourager la culture parmi les autres croyants. Les Juifs d'Allemagne, tout en étant supérieurs à leurs concitoyens chrétiens par leur moralité, leur sobriété et leur activité, n'étaient pas plus civilisés qu'eux. Leurs talmudistes remarquables venaient d'autres pays. L'enseignement du Talmud avait été transplanté en Allemagne du sud de la France, de Narbonne, par Guerschom, le plus savant talmudiste de l'époque, et par son frère Makir.

Guerschom ben Yehuda (né vers 960 et mort en 1028) était originaire de France. Il se rendit, on ne sait pour quel motif, dans la ville de Mayence et y créa une école, où affluèrent rapidement de nombreux élèves de l'Allemagne et de l'Italie. Sa réputation était telle qu'on le surnomma la **Lumière de l'exil** ; mais il avouait modestement qu'il devait toute sa science à son maître Léontin, probablement de Narbonne. Son enseignement, comme ses commentaires sur le Talmud, était clair et méthodique. Son autorité religieuse s'étendit rapidement sur les communautés juives de France, d'Allemagne et d'Italie, et lui qui se déclarait humblement l'élève de Haï et respectait profondément le gaon, il contribua, involontairement, il est vrai, à précipiter la chute du gaonat en développant l'étude du Talmud parmi les Juifs de ces pays et en les rendant indépendants des académies babyloniennes.

Guerschom se fit surtout connaître par ses *Ordonnances*, qui exercèrent la plus heureuse action sur les Juifs d'Allemagne et de France. Il défendit, entre autres, la polygamie, décréta que pour le divorce le consentement de la femme, inutile d'après le Talmud, était nécessaire aussi bien que celui du mari, interdit aux messagers de lire les lettres, même non cachetées, qui leur étaient confiées. Cette dernière défense était d'une très grande importance à une époque où les lettres étaient portées à destination par des voyageurs. La transgression de ces diverses ordonnances était punie de l'excommunication.

En même temps que Guerschom, un autre savant vivait à Mayence ; il s'appelait *Simon ben Isaac ben Aboun*, descendant d'une famille française (du Mans ?) et auteur d'un ouvrage talmudique. Simon composa également des poésies synagogales, à la manière du Kalir, sèches, incorrectes et obscures. Il était riche, et sa fortune lui servit à détourner en partie des Juifs d'Allemagne un dangereux orage.

À cette époque, en effet, éclatèrent en Allemagne les premières persécutions contre les Juifs. Elles étaient dues, selon toute apparence, à la conversion d'un ecclésiastique au judaïsme. Ce prêtre, nommé *Vecelinus*, était le chapelain du duc Conrad, un parent de l'empereur. Après sa conversion (1005), il publia un écrit des plus injurieux contre ses anciens coreligionnaires. *Êtres stupides*, dit-il en s'adressant aux chrétiens, *lisez le prophète Habacuc et vous verrez que Dieu proclame qu'il est l'Éternel et ne change jamais. Comment pouvez-vous alors croire, comme vous le faites, que Dieu s'est transformé et a fait concevoir une femme ? Répondez, benêts !* Irrité de l'apostasie de Vecelinus et de ses attaques violentes contre le christianisme, l'empereur Henri fit publier contre lui par un prélat de sa cour un libelle plein d'invectives. Quelques années plus tard (1012), ce même empereur fit expulser les Juifs de Mayence et probablement d'autres villes. Simon et Guerschom composèrent sur ce malheureux événement de douloureuses élégies. Pour sauver leur vie ou leurs biens, de nombreux Juifs, et parmi eux le fils de Guerschom lui-même, embrassèrent le christianisme. Grâce à des démarches pressantes, appuyées par de fortes sommes d'argent, Simon ben Isaac réussit à arrêter les persécutions et à obtenir pour ses coreligionnaires l'autorisation de s'établir de nouveau à Mayence. Ceux qui, par contrainte, avaient accepté le baptême, revinrent au judaïsme, et Guerschom les protégea contre tout outrage en menaçant d'excommunication tout Juif qui leur reprocherait leur moment de défaillance. La communauté de Mayence perpétua le souvenir de l'heureuse intervention de Simon en rappelant son nom chaque samedi à la synagogue.

Vers la même époque, à la fin du IVe siècle de l'hégire, les Juifs d'Orient et de l'Égypte subirent également de violentes persécutions. Convaincu qu'il était investi de la puissance divine et que, par conséquent, il avait droit à être adoré comme Dieu, le khalife égyptien Hakim, ce Caligula oriental, menaça de châtier sévèrement tous ses sujets, juifs, chrétiens ou musulmans, qui douteraient de sa divinité. D'abord il ordonna que les Juifs qui n'accepteraient pas les croyances des chiites fussent contraints, en souvenir du veau d'or, de porter au cou l'image d'un veau et de se soumettre aux autres lois restrictives édictées autrefois contre eux par Omar. Les coupables étaient punis de la confiscation de leurs biens et de l'exil (1008). Des mesures analogues étaient prises contre les chrétiens. Quand Hakim apprit que les Juifs éludaient ses ordres en portant au cou de tout petits veaux en or, il les obligea à s'attacher au cou un bloc de bois de six livres et à garnir leurs vêtements de clochettes pour signaler leur présence de loin (vers 1010). Plus tard, il fit démolir des synagogues et des églises et expulsa juifs et chrétiens (1014). Comme le khalifat des Fatimides s'étendait alors en Égypte, dans le nord de l'Afrique, en Palestine et en Syrie, et avait même des adhérents à Bagdad, les Juifs orientaux ne savaient où se réfugier. Pour échapper à l'exil et à la mort, beaucoup d'entre eux se firent musulmans. Cette situation ne cessa qu'avec la vie de Hakim. Fatigué des folies de leur souverain, les musulmans l'assassinèrent (1020).

En Babylonie, le gaonat expirant jetait alors quelques dernières lueurs avec Haï et Samuel ben Hofni. Comme on a vu plus haut, Haï avait trente ans quand il succéda à son père Scherira à la tête de l'académie de Pumbadita. Caractère ferme et indépendant, esprit élevé, penseur profond, Haï ressemblait beaucoup à Saadia, qu'il se proposait comme modèle et dont il défendait fréquemment la mémoire contre d'injustes agressions. Comme lui, il écrivait l'arabe très facilement, et il se servait de cette langue pour répondre aux consultations qui lui étaient adressées et traiter diverses questions scientifiques. Large d'idées comme Saadia, il admettait que sa religion n'avait pas le monopole de la vérité et que d'autres religions contenaient également d'excellents éléments. Quand il s'agissait d'expliquer certains mots obscurs de la Bible, il ne craignait nullement, pour en rendre le sens plus clair, de recourir au Coran et aux anciennes traditions musulmanes. Souvent il discutait avec des théologiens musulmans sur les rapports du judaïsme et de l'islamisme, et parvenait à les réduire au silence. Ses connaissances talmudiques étaient très étendues. Il ne s'occupait pas de spéculations métaphysiques, mais tout en n'étant pas véritablement philosophe, il avait des vues très justes sur les divagations mystiques qui, sous le voile de la religion, égaraient les esprits faibles, et qu'il condamnait sévèrement.

Dans tous les temps et dans tous les pays, il s'est trouvé des foules qui ont attribué à certains personnages la faculté de faire des miracles et d'arrêter ou de modifier momentanément la marche des lois de la nature. À l'époque de Haï, cette croyance existait parmi les juifs comme parmi les musulmans et les chrétiens ; elle régnait surtout en Palestine et en Italie. On était convaincu que par des formules magiques, par certaines transpositions des lettres qui forment le nom de Dieu, l'homme réellement pieux pouvait en tout temps opérer des miracles. Pour Haï, de telles superstitions étaient une profanation de la religion, et il les combattait de toutes ses forces. Interrogé par un disciple de Jacob ben Nissim, de Kairouan, sur le prétendu pouvoir magique du nom de Dieu, il répondit que ceux qui prétendaient croire à ce pouvoir étaient des fous ou des imposteurs. Il ajouta : *S'il était possible au premier venu de faire des miracles et de déranger l'ordre de la nature par certaines formules, où serait donc la supériorité des prophètes ! Bien coupables sont les thaumaturges qui, pour leurs exploits, abusent du nom de Dieu.*

Haï rendit un éclat momentané à l'académie de Pumbadita. Estimé et vénéré par Nissim et Hananel, de Kairouan, par les chéri de la communauté de Fez, le vizir Samuel Naguid, l'illustre Guerschom, de Mayence, et les savants juifs de tous les pays, il était considéré comme le principal représentant du judaïsme et fut surnommé **le père d'Israël**. Loin de désirer, comme ses prédécesseurs et môme comme son père, le déclin et la disparition de l'école de Sora, il chercha, au contraire, à mettre à la tête de cette académie un homme qui pût la diriger avec dignité. À cet effet, il fit nommer comme gaon de Sora son beau-père, Samuel ben Hofni, son égal en science et en vertus, et auteur de plusieurs ouvrages rituéliques, d'un traité sur l'unité de Dieu et d'un commentaire sur le Pentateuque. Dans ce commentaire, Samuel suit le système de Saadia, expliquant la Thora autant que possible d'une façon rationnelle et cherchant à ramener à des faits naturels les événements bibliques qui ont un caractère surnaturel. Ainsi, pour lui, l'évocation de l'ombre de Samuel par la nécromancienne d'En-Dor et le dialogue de l'ânesse de Bileam avec son maître n'ont jamais eu lieu en réalité ; ce sont des visions, de simples rêves. Samuel ben Hofni eut encore un autre trait de ressemblance avec Saadia, il attaqua vivement les caraïtes. Samuel fut le dernier des gaonim de Sora ; il mourut quatre ans avant son gendre Haï (1034).

La mort de Haï, qui survint en 1038, affligea profondément toutes les communautés juives ; elle fut pleurée dans de touchantes élégies par Ibn Gabirol, le plus remarquable poète du temps, et par Hananel, de Kairouan. Avec ce gaon disparut définitivement l'académie de Pumbadita. Le collège donna bien un successeur à Haï, il investit à la fois de la dignité de gaon et de celle d'exilarque *Hiskiyya*, arrière-petit-fils de l'exilarque David ben Zakkaï. Mais à la suite de fausses accusations et sur l'ordre de Djelal Addaulah, ministre tout-puissant d'un khalife sans force et sans autorité, Hiskiyya fut jeté en prison, dépouillé de ses biens et finalement mis à mort (1040). Ses deux fils s'enfuirent et, après avoir longtemps erré, trouvèrent enfla un refuge en Espagne. En leur qualité de derniers rejetons de la maison royale de David, ils furent traités avec respect dans ce pays et s'y livrèrent, sous le nom d'*Ibn Daudi*, au culte des Muses. Ainsi finit le gaonat de Pumbadita. Le rôle de la Babylonie, si brillant dans l'histoire juive, était terminé, et pendant quelque temps cette contrée n'exerça plus aucune action sur le judaïsme.

L'Andalousie juive recueillit l'héritage de la Judée, de la Babylonie et du nord de l'Afrique, et l'augmenta encore, au grand avantage des générations suivantes. Déjà la civilisation arabe, venue d'Orient, avait dépassé son point culminant en Espagne et commençait à décliner avec le morcellement du khalifat des Ommayyades, quand la civilisation juive jetait ses premières lueurs et marchait rapidement vers son apogée. Dans un seul demi-siècle, on vit surgir nombre de personnalités remarquables, dont une seule aurait suffi pour illustrer une époque : c'étaient les princes Samuel et Joseph Naguid, le poète et philosophe Ibn Gabirol, l'exégète Ibn Djanah, sans compter les savants de moindre envergure. Cette première *période rabbinique*, ainsi appelée à cause de l'indépendance acquise par les écoles talmudiques et les rabbins d'Europe à la suite de la ruine du gaonat, est une période classique. Par ses travaux originaux et ses importantes recherches scientifiques exécutées dans toutes les directions, elle éclipsa totalement les époques précédentes. La science grammaticale de l'hébreu arriva à sa pleine maturité, la poésie néo-hébraïque atteignit sa plus puissante expression. La philosophie, considérée jusqu'alors parmi les Juifs comme l'humble servante de la théologie, conquit son indépendance et s'éleva aux plus hautes conceptions. L'enseignement talmudique lui-même se créa une méthodologie en réunissant les détails disséminés et isolés pour établir des règles fixes. Dans le mouvement intellectuel de ce temps, les Juifs occupaient sans conteste le premier rang.

À ce moment, la vie intellectuelle et religieuse des Juifs était tellement intense en Andalousie que cette contrée devint le centre du judaïsme et apparaissait aux communautés du dehors sous l'aspect d'un État juif. Aussi les enfants fugitifs du prince juif des Khazars et les deux fils du dernier exilarque vinrent-ils y chercher j`un refuge. À la tête du judaïsme andalous se trouvait alors une personnalité aussi distinguée par ses vertus et sa sagesse que par sa haute position politique : *Samuel ibn Nagrela* ou *Nagdela*. Réunissant dans sa personne les qualités des trois grands hommes qui fondèrent la gloire de l'Espagne juive, il était généreux et ami de la science comme Hasdaï, savait le Talmud comme Hanok, était poète et grammairien comme Dounasch ben Labrat.

Né en 993 à Cordoue, où son père Joseph était venu s'établir de Mérida, il fréquenta l'école talmudique de Hanok et fut initié aux finesses et aux difficultés de l'hébreu par Juda Hayyoudj. D'autres maîtres, qu'il n'était pas difficile de trouver alors à Cordoue, lui enseignèrent les sciences profanes et surtout l'arabe. Par suite de la guerre civile que le chef berbère Soleïman, en lutte avec les Arabes et la garde du corps slavonne des khalifes, avait allumée à Cordoue, Samuel, comme beaucoup d'autres Juifs, fut obligé, à l'âge de vingt ans, de partir de cette ville (1013). Les fuyards se rendirent à Grenade, Tolède et même jusqu'à Saragosse. Samuel ibn Nagrela s'établit à Malaga. Il y ouvrit une boutique, mais continua de s'occuper de ses études talmudiques et linguistiques. Outre l'hébreu, l'arabe et le chaldéen, il savait encore quatre autres langues, notamment le latin, le castillan et le berbère. Contrairement à l'habitude de ses coreligionnaires, qui, pour la plupart, écrivaient l'arabe en caractères hébreux, il était très habile dans la calligraphie arabe. Ce fut à son talent de calligraphe autant qu'à ses connaissances linguistiques qu'Ibn Nagrela dut sa haute position.

Affaibli par les guerres civiles et L'ambition des gouverneurs ou émirs, le grand empire hispano-musulman, créé par les khalifes ommoyyades, se morcela, après la chute de cette dynastie, en une quantité de petits États. En 1020, une tribu de Berbères, les *Sinhadja*, sous la direction de leur chef Maksen, fondèrent dans l'Espagne méridionale un petit royaume indépendant, avec Grenade pour capitale ; Malaga faisait également partie de ce royaume. À Malaga, le palais d'Aboulkassim ibn Alarif, vizir de Habous, le deuxième roi de Grenade, se trouvait à côté de la boutique de Samuel. Une esclave du vizir, qui avait toute la confiance de son maître et était chargée de lui adresser certains rapports, se les faisait rédiger par le petit boutiquier juif. Frappé de l'élégance du style et de la beauté de l'écriture, le vizir voulut connaître le rédacteur de ces rapports. Il fit mander Samuel au palais et le nomma son secrétaire intime (vers 1025). Il s'aperçut bientôt que Samuel avait des idées justes et des vues profondes sur les questions politiques, et il prit l'habitude de le consulter pour toute affaire grave.

À la mort du vizir, le roi Habous, éclairé par son ministre mourant sur le mérite de Samuel, le nomma son conseiller. Les Berbères avaient moins de préjugés contre les Juifs que les Arabes musulmans. Aussi Habous n'hésita-t-il pas à élever Samuel à la dignité de ministre d'État (katib) et à lui confier la direction des affaires diplomatiques et militaires (1027). À partir de ce moment, Samuel quitta sa boutique pour le palais de son souverain. Le disciple du talmudiste Hanok eut ainsi une grande influence sur la politique de l'Espagne, car les souverains musulmans régnaient mais ne gouvernaient pas; ils étaient capricieux, despotiques, mais le grand vizir seul dirigeait l'État. Par contre, sa responsabilité était lourde ; il y allait souvent de sa tête.

Habous n'eut qu'à se féliciter de son choix. Grâce à l'intelligence et à l'activité de son ministre juif, son État était devenu prospère. Du reste, Samuel savait plaire à son roi et occuper son esprit versatile ; il écrivit à sa louange un poème en sept langues. Or Habous, comme tous les princes musulmans, était très flatté d'être loué en beaux vers. Samuel ne sut pas moins se faire aimer de la population musulmane que de son souverain. Esprit net et circonspect, il avait des manières affables et parvenait souvent à triompher des difficultés par sa grande patience. Habile, prudent, toujours maître de lui-même, il parlait peu mais réfléchissait beaucoup. Sa sagesse et sa piété le préservèrent de l'orgueil, ce défaut si commun et si détesté chez les parvenus. Pendant près de trente ans, il sut se maintenir comme ministre principal du royaume de Grenade.

L'anecdote suivante nous montre la mansuétude remarquable de Samuel. Dans le voisinage du palais de Habous, un musulman tenait une boutique d'épiceries. Toutes les fois qu'il voyait sortir le roi, accompagné de Samuel, il accablait le ministre juif d'imprécations et d'invectives. Irrité de tant d'insolence, Habous ordonna à Samuel d'arrêter ce fanatique et de lui faire arracher la langue. Le vizir usa d'un moyen moins violent pour réduire son ennemi au silence, il lui remit une forte somme d'argent. Touché de tant de générosité, le marchand combla Samuel de bénédictions. Un jour que Habous aperçut de nouveau le marchand, il fit des reproches à son ministre de ce qu'il n'avait pas exécuté son ordre : *J'ai suivi votre prescription*, lui répondit Samuel, *j'ai arraché à cet homme sa méchante langue et l'ai remplacée par une bonne.*

Ce ne fut pas là le seul ennemi de Samuel. Bien des musulmans fanatiques voyaient dans la situation élevée du ministre juif un outrage pour leur religion, ils ne pouvaient admettre qu'un mécréant gouvernât les vrais croyants. Mais la fortune favorisait Samuel et il sortait des épreuves plus puissant que jamais. Ainsi, après la mort de Habous (1037), deux partis se formèrent à Grenade. La plupart des grandes familles berbères, ainsi qu'un certain nombre de vifs influents, tels que Joseph ibn Migasch, Isaac ben Léon et Héhémia Eskafa, se déclarèrent en faveur de Balkin, le fils cadet de Habous. Un groupe moins important, auquel appartenait Samuel, se rangea du côté du fils aîné Badis. Avant d'essayer même de lutter, Balkin se retira devant son frère. Badis monta sur le trône (octobre 1037). Samuel, confirmé dans sa dignité, devint en réalité véritable roi de Grenade, car Badis, adonné aux plaisirs, se déchargeait complètement sur son ministre des soucis du gouvernement.

Les partisans de Balkin, et parmi eux les trois Juifs nommés plus haut, quittèrent Grenade pour se retirer à Séville. Le prince Mohammed Algafer, ennemi du roi de Grenade, leur fit un excellent accueil et éleva même un des trois réfugiés juifs, Joseph ibn Migasch Ier, à de très hautes fonctions.

La situation brillante de Samuel à la cour de Grenade lui suscita des ennemis, même au dehors. Dans le petit royaume d'Almeria, formé, comme l'État de Grenade, d'un lambeau du vaste empire hispano-musulman, régnait alors le Slavon Zohaïr. Son ministre Ibn Abbas, d'origine arabe et descendant des premiers compagnons de lutte de Mahomet, souffrait dans son orgueil qu'un Juif fût investi de la même dignité que lui. Il excita la population musulmane de Grenade contre Samuel et demanda à Badis de destituer et peut-être même de faire exécuter son ministre. Sur le refus de Badis, Zohaïr et Ibn Abbas lui déclarèrent la guerre. Mal leur en prit. Conseillé par Samuel, Badis s'établit avec ses soldats dans une position très forte, d'où il attaqua et parvint à défaire l'armée d'Almeria. Zohaïr fut tué et Ibn Abbas fait prisonnier (3 août 1035).

Quelques semaines après, Ibn Abbas fut exécuté (23 ou 24 septembre). Dans sa profonde piété, Samuel attribua l'heureuse issue de cette lutte à une intervention spéciale de la Providence ; il composa sur ces événements un poème qu'il adressa à ses amis et admirateurs de l'Espagne et des autres pays, et il exprima le désir qu'on célébrât comme un nouveau Pourim la date où lui et ses coreligionnaires de Grenade avaient été sauvés de l'opprobre et de la mort. Voici quelques vers de ce poème :

Annoncez la nouvelle en Afrique et en Égypte,
Communiquez-la aux enfants de la Terre Sainte,
Faites-la connaître aux anciens de Pumbadita,
Transmettez-la aux docteurs de Sora,
Inscrirez-la dans des annales
Pour en perpétuer le souvenir dans l'éternité.

Le premier représentant de la période rabbinique remporta cet éclatant triomphe dans la même année où mourut Haï, le dernier représentant du gaonat en Babylonie.

La défaite d'Ibn Abbas rendit inoffensif un autre ennemi de Samuel. Ibn Abi Moussa Bakkana, vizir à Malaga, avait comploté avec Ibn Abbas la perte du ministre juif. Quand Ibn Abbas fut mort, Ibn Abi Moussa resta sans appui et se trouva, par conséquent, dans l'impossibilité de nuire à Samuel.

On sait par un historien du temps que, s'élevant au-dessus des scrupules religieux de son époque, Samuel ou, comme l'appelaient les Arabes, Ismaël ibn Nagrela employait dans les pièces administratives les formules consacrées par les usages musulmans. Ainsi ses ordonnances commençaient par ces mots : *Hamdou lillaki* (Gloire à Dieu !). Mentionnait-il le nom de Mahomet, il ajoutait : *Que Dieu prie pour lui et le bénisse*. Il exhortait ceux auxquels il adressait ses mandements à conformer leur vie aux prescriptions de l'islam. Bref, il observait dans les pièces officielles les coutumes en vigueur chez les musulmans.

Il paraît sûr que Habous et plus tard Badis conférèrent à Samuel un certain pouvoir sur les communautés juives de Grenade. C'est ainsi que s'explique le titre de *Naguid* (prince) dont il est qualifié par ses coreligionnaires. En même temps que ministre d'État il était rabbin, et il remplissait toutes les fonctions que comportait cette dignité, enseignant le Talmud et rendant des décisions sur des questions religieuses. Son premier ouvrage fut une méthodologie du Talmud, qu'il fit précéder d'une introduction énumérant la suite des représentants autorisés du judaïsme, depuis les membres de la Grande

Synagogue et les Tannaïm jusqu'aux gaouim et ses maîtres ;Moïse et Hanok. Il composa également un commentaire sur le Talmud, où il élucide de nombreux points de casuistique. Habile versificateur, il écrivit des prières pleines d'onction et de ferveur sur le modèle des Psaumes, des maximes et des paraboles sur le modèle des Proverbes, et enfin un traité de philosophie pratique à l'imitation de l'Ecclésiaste ; il intitula ces divers recueils *Ben Tekilim* (Fils du Psautier), *Ben Mischlè* (Fils des Proverbes) et *Ben Kokélét* (Fils de l'Ecclésiaste). Il écrivit aussi des épigrammes et des panégyriques, mais ces compositions poétiques, remplies d'excellentes idées, manquent d'élégance, de grâce, de chaleur et de clarté. De là le proverbe : *Froid comme la neige du mont Hermon ou les poésies du lévite Samuel.*

Sous l'inspiration d'une profonde piété et de nobles et généreux sentiments, Samuel devint le bienfaiteur de ses coreligionnaires, il soutenait et encourageait la science avec libéralité. Ses relations avec les savants s'étendaient jusqu'en Irak, en Syrie, en Égypte et en Afrique, il faisait des largesses au gaon Haï et à Nissim de Kairouan, distribuait des livres aux étudiants pauvres, se faisait, en un mot, le génie tutélaire des Juifs les plus éloignés. Quand Ibn Gabirol fut frappé par le malheur, il lui prodigua les plus affectueuses consolations. Grâce à sa généreuse protection, les Juifs de Grenade pouvaient remplir des fonctions publiques, servir dans l'armée et jouissaient d'une entière liberté. Après des temps tristes et sombres, c'était une joyeuse éclaircie. Du reste, la tribu des Berbères, maîtresse du pays, éprouvait plus de sympathie pour les Juifs que pour la population purement arabe, qui supportait avec impatience la domination des Sinhagites et dont les regards étaient sans cesse tournés vers le prince de Séville, qui était de son sang et de sa race.

Talmudiste, homme d'État, poète, Ibn Nagrela s'occupait également de linguistique, mais il ne brillait pas dans cette science. Aveuglé par son admiration pour Hayyoudj, il n'admettait pas qu'on pût être d'un autre avis que son maître sur un point quelconque de la grammaire hébraïque. Il composa lui-même sur la grammaire vingt-quatre écrits, dont un seul, le *Livre de la Richesse*, mérite d'être mentionné ; les autres étaient des articles de polémique dirigés contre le célèbre grammairien Ibn Djanah. Ce dernier, resté inconnu et méconnu pendant longtemps, est une des gloires du judaïsme espagnol, il mérite d'occuper une des places d'honneur dans l'histoire de la littérature juive.

Iona Merinos, appelé en arabe *Abou-l-Walid Merwan ibn Djanah* (né vers 995 et mort vers 1050), naquit, comme Samuel ibn Nagrela, à Cordoue. Dans sa jeunesse, il étudia la médecine dans l'école créée par le khalife Alhakem. Vivant à une époque où la langue sacrée excitait parmi les Juifs un vif enthousiasme, il commença par écrire des poésies. Mais bientôt il renonça à la versification pour s'occuper exclusivement de l'étude de l'hébreu ; il atteignit dans cette science une grande supériorité. Aujourd'hui encore, ses travaux peuvent être consultés avec fruit pour l'étude de la langue hébraïque et de la Bible.

Obligé, comme tant d'autres de ses coreligionnaires, de quitter Cordoue à la suite des ravages du Berbère Soleïman (1013), il alla s'établir à Saragosse. Là régnait encore ce préjugé que l'exégèse biblique et les recherches grammaticales étaient dangereuses pour le judaïsme rabbinique. Il est vrai que dans le nord de l'Espagne il existait un certain nombre de communautés caraïtes. Or, on sait que le caraïsme avait toujours montré une prédilection marquée pour ce genre d'études ; ce qui explique l'aversion des Juifs rabbanites pour ces recherches. Néanmoins Ibn Djanah ne se laissa pas détourner de ses études favorites ; il poursuivit avec ardeur ses investigations sur la langue hébraïque et le sens vrai du texte biblique. En même temps, il exerçait la médecine ; il composa même quelques traités sur l'art de guérir. Mais son but principal était l'explication rationnelle de la Bible. Ses travaux grammaticaux n'étaient pour lui qu'un moyen qui devait l'aider à mieux comprendre l'Écriture Sainte.

En sentant approcher la vieillesse, qu'il nommait, avec Platon, **la mère de l'oubli**, Ibn Djanah se hâta d'achever son œuvre capitale et la nomma **La Critique**. Il y établit certaines règles grammaticales, qui étaient trop profondes ou paraissaient trop téméraires pour être comprises ou adoptées par tous. C'est Ibn Djanah qui créa la syntaxe hébraïque. Il émit surtout, dans cet ouvrage, des aperçus ingénieux et lumineux sur le texte biblique. Des hauteurs sereines où il s'était placé, il scrutait ce texte avec une impartialité et une pénétration remarquables. Malgré tous leurs efforts pour déterminer exactement le sens de chaque mot de la Bible, les caraïtes, presque à leur insu, étaient influencés dans leurs explications par la haine de la tradition. Saadia lui-même ne cherchait souvent dans la Bible que la justification et la confirmation de ses théories philosophiques. Ibn Djanah, le premier, érigea l'exégèse biblique en une science indépendante, ayant en elle-même sa raison d'être. Aux anciennes interprétations, qui faisaient quelquefois parler à Dieu et aux prophètes un langage enfantin, il opposa des explications claires et simples, qui jetaient une vive lumière sur la pensée des auteurs sacrés. C'est ainsi qu'il rendit compréhensibles plus de deux cents passages difficiles, en partant de ce point de vue qu'au lieu de l'expression juste, qu'il indiquait, les écrivains sacrés avaient employé un terme impropre. Sa croyance au caractère divin de la Bible était absolue, mais il estimait qu'en s'adressant à des hommes, elle avait dû se servir du langage des hommes et était soumise, par conséquent, aux règles et aux défauts habituels de la rhétorique. Il n'était donc pas nécessaire, selon lui, pour expliquer les incorrections et les obscurités qui se rencontrent dans la Bible, d'admettre que, par ignorance, les copistes ou les inventeurs des ponts-voyelles aient modifié ou corrompu des mots ou des formes du texte primitif.

La **Critique** d'Ibn Djanah est écrite en arabe. Cet ouvrage qui, après le traité philosophico-religieux de Saadia, est la production la plus importante de la littérature juive du moyen âge jusqu'au Xe siècle, témoigne non seulement du savoir de l'auteur, mais aussi de sa haute valeur morale et religieuse. Ibn Djanah déclare, en effet, dans son introduction, qu'il n'a publié son livre ni par ambition ni par vanité, mais pour rendre plus facile la lecture de l'Écriture Sainte et pour éveiller ainsi la piété dans le cœur de ses frères. Convaincu d'être utile, par son livre, à la religion, il persista dans son entreprise sans se laisser arrêter ni détourner de sa voie par l'accusation d'hérésie et les autres attaques que dirigèrent contre lui ses violents et nombreux adversaires. Il n'exprima nulle animosité contre ses ennemis, il ne les mentionne même pas par leurs noms dans ses ouvrages, et si on ne le savait pas d'autre part, la postérité aurait ignoré à tout jamais les polémiques et les persécutions qu'il eut à subir de la part du ministre Samuel ibn Nagrela.

Quoiqu'il parût familiarisé avec les questions philosophiques et eût écrit un ouvrage sur la Logique, Ibn Djanah était ennemi des spéculations métaphysiques sur les rapports de Dieu avec le monde et sur les causes premières, spéculations qui préoccupaient vivement plusieurs de ses contemporains et compatriotes juifs, particulièrement Ibn Gabirol. À son avis, de telles recherches ne pouvaient conduire qu'au doute et à l'athéisme. Penseur calme et réfléchi, son esprit était fermé à toute idée excentrique ou fantaisiste, et aussi à toute inspiration poétique. Il formait ainsi un contraste frappant avec Ibn Gabirol, le troisième personnage du triumvirat, qui occupa une place si glorieuse dans l'histoire juive de cette époque.

Salomon ben Juda ibn Gabirol, en arabe *Abou Ayoub Soleïman ibn Yakya* (né en 1021 et mort en 1070), est une des personnalités les plus remarquables de l'Espagne juive. À la fois poète gracieux et profond penseur, *il s'éleva au-dessus des intérêts matériels et des préoccupations terrestres pour s'attacher aux questions supérieures de l'existence.* Dans ses ouvrages, ibn Gabirol nous montre souvent à nu son esprit, si puissant dans son originalité, et son cœur généreux ; mais on sait peu de choses sur sa vie et sa famille. Son père Juda, qui habitait Cordoue, paraît avoir émigré de cette ville, à la suite de troubles, en même temps que Samuel ibn Nagrela, pour se rendre à Malaga. C'est dans cette dernière ville que naquit et fut élevé cet homme remarquable, qui brilla d'un si radieux éclat par son génie poétique et sa raison pénétrante, et qu'on peut surnommer le Plotin juif.

D'après quelques-uns de ses vers, où il déplore avec des accents plaintifs et touchants d'être resté de bonne heure sans appui, sans frère ni ami, Ibn Gabirol parait avoir perdu, fort jeune encore, ses parents. Son caractère, très impressionnable, se ressentit de cet isolement. N'ayant jamais connu les joies de l'enfance ni peut-être le doux sourire de sa mère, il devint sombre et mélancolique. Comme il le dit lui-même :

Dans ma poitrine de jeune homme bat un cœur déjà vieux,
Mon corps marche sur terre et mon esprit plane dans les cieux.

D'une susceptibilité presque maladive, il se replia de plus en plus sur lui-même, s'isolant avec tes inspirations de son imagination et les méditations de son esprit. La poésie et la foi, éclairée par la philosophie, furent les deux anges qui le couvrirent de leur égide et le préservèrent du désespoir. Néanmoins, son cœur resta fermé à la joie, et ses chants sont empreints de tristesse. À l'âge de seize ans, il écrivit une poésie dont les vers suivants montrent la sombre mélancolie :

Devant le rire mon cœur s'attriste.
La vie me parait si sombre !
Ô ami, un adolescent de seize ans devrait-il se lamenter,
Au lieu de se réjouir de sa jeunesse comme le lis sous la rosée ?

On sent, dans ses poésies, qu'il trouve sans nul effort l'expression et la rime, l'image et l'idée. Son imagination féconde est contenue dans de justes limites par un jugement droit, qui sait le préserver de toute exagération. Sous l'inspiration ardente du jeune poète, la vieille langue hébraïque se rajeunit et sait exprimer éloquemment ses pensées et ses sentiments ; il la manie comme une langue maternelle, l'assouplit et lui donne un poli, une élégance et une harmonie remarquables. Pour la première fois, la Muse, qui n'avait été représentée sous une forme quelconque ni dans la Bible, ni dans la poésie néo-hébraïque, fut personnifiée par Ibn Gabirol, qui la dépeignit sous les traits d'une colombe aux ailes d'or et à la voix mélodieuse. Appelé à bon droit le maître de la poésie et de l'éloquence, Ibn Gabirol attira bientôt sur lui les regards de ses contemporains.

Dans son isolement et sa situation précaire, Ibn Gabirol trouva un protecteur et un ami dont il a perpétué le souvenir dans ses poésies. C'était Yekoutiel ibn Hassan ou *Al-Hassan*, qui, à Saragosse, auprès du roi Yahya ibn Mondhir, occupait une situation analogue à celle de Samuel ibn Nagrela à Grenade. Yekoutiel avait une très grande influence à la cour, ses conseils étaient écoutés avec faveur. À l'exemple d'autres coreligionnaires haut placés, il s'intéressait aux savants et aux poètes juifs. Il se montrait particulièrement bienveillant pour Ibn Gabirol, calmant sa susceptibilité farouche et adoucissant par d'affectueuses remontrances sa morne tristesse. Dans sa profonde reconnaissance pour cette sollicitude vigilante, le poète emprunta à la nature ses plus éclatantes couleurs et à la Bible ses plus magnifiques images pour chanter les vertus de son bienfaiteur. Mais qui voudrait reprocher à un jeune poète de dix-sept ans, jusque-là délaissé et abandonné à ses chagrins, les exagérations de sa palette ?

Enhardi par les encouragements de Yekoutiel, Ibn Gabirol sortit peu à peu de lui-même, de ses sombres pensées, son cœur s'ouvrit aux douceurs de l'amitié, son âme s'éprit des beautés de la nature. Il se mit alors à chanter son protecteur, ses amis, la sagesse, la nature. Mais on aurait dit qu'une fatalité implacable le poursuivait de ses coups. Il fut douloureusement réveillé de son heureuse quiétude par la mort de Yekoutiel, qui périt, selon toute apparence, dans la révolution de palais qui amena la chute de son maître et l'avènement au trône d'Abdallah ibn Hakam, cousin et meurtrier de l'ancien roi (1039). La fin tragique de Yekoutiel affligea profondément les Juifs du nord de l'Espagne et causa à Ibn Gabirol un violent désespoir. Le poète célébra la mort de son ami dans une élégie d'une pénétrante émotion *Yekoutiel*, s'écrie-t-il au commencement de ce poème, *a cessé de vivre ! Les cieux peuvent-ils donc également disparaître ?*

À la suite de cette catastrophe, Ibn Gabirol s'enfonça de nouveau dans son isolement et sa mélancolie. Son excessive sensibilité augmentait encore ses tourments, il ne voyait partout que haine, envie et trahison. Ses productions poétiques de ce temps portent le cachet de la plus noire tristesse. Mais la douleur eut pour lui cet heureux résultat de retremper son énergie et d'affermir son âme ; c'est vers cette époque qu'il publia ses meilleures oeuvres. Sa facilité était telle qu'à l'âge de dix-neuf ans (1040), il écrivit une grammaire hébraïque complète en quatre cents vers monorimes, compliqués d'acrostiches.

Dans l'introduction de cet ouvrage, Ibn Gabirol exalte les grâces de la langue hébraïque, *que les anges emploient journellement pour chanter les louanges du Créateur, qui a servi à Dieu sur le Sinaï, aux prophètes et aux psalmistes*, et il fustige de sa verve sarcastique l'indifférence de la *communauté aveugle* de Saragosse pour l'hébreu. Les uns, dit-il, parlent l'iduméen (le roman) et les autres la langue de Kèdar (l'arabe). Ibn Gabirol écrivit cette grammaire à Saragosse.

C'est aussi dans cette ville qu'Ibn Gabirol composa (en 1045) un traité de morale. Cet ouvrage n'a pas la mène valeur philosophique que ses écrits postérieurs, mais il offre un vif intérêt, à cause de l'esprit qui y règne et de la grande érudition que l'auteur, encore très jeune, y déploie. À côté de citations de la Bible et de sentences talmudiques, on y trouve des maximes du **divin Socrate**, de son disciple Platon, d'Aristote, de philosophes arabes et surtout d'un moraliste juif nommé *Alkouti*. Cet écrit, intitulé **Du Perfectionnement des facultés de l'âme**, expose un système original sur le tempérament, les passions et les instincts de l'homme. Il contient aussi des allusions mordantes à certains juifs de Saragosse. Ces traits étaient sans doute peu déguisés, car Ibn Gabirol ajoute : *Il est inutile que je cite les noms, on reconnaîtra facilement les personnages.* Il attaque surtout les orgueilleux, toujours disposés à humilier les autres et à vanter leur propre mérite, les hypocrites, qui parlent sans cesse d'amitié et de dévouement et dont le cœur déborde d'envie et de haine. Dans la préface, l'auteur ne se dissimule pas que ses railleries lui créeront de nombreux ennemis, mais la crainte du danger ne l'empêchait pas d'accomplir ce qu'il considérait être son devoir. *Qu'ils me haïssent*, dit-il, *je ne m'abstiendrai pas de faire le bien.*

Peu de temps après, ses prévisions se réalisèrent ; il fut expulsé de Saragosse (après 1045). En partant, Ibn Gabirol proféra des plaintes amères contre Saragosse, qu'il comparait à Gomorrhe. En même temps, devant l'avenir douloureux dont il se sentait menacé, il faisait entendre en vers pathétiques de déchirants cris de détresse. Dans son désespoir, il voulait quitter l'Espagne et aller visiter l'Égypte, la Palestine et la Babylonie. Pour se donner du courage, il rappelait les nombreuses migrations des patriarches, et il fit ses adieux à l'Espagne dans cette apostrophe véhémente :

Malédiction sur toi, pays de mes ennemis !
Mon sort ne sera plus jamais mêlé à ta destinée.
Je ne m'intéresse plus ni à ta prospérité ni à tes peines.

Cependant, il n'exécuta pas son projet. Il erra çà et là en Espagne, déplorant, dans de plaintives élégies, les trahisons de la destinée et l'inconstance de ses amis, et gémissant sur ses malheurs, réels ou imaginaires. À la fin, il semble avoir trouvé un refuge auprès du bienfaiteur des Juifs d'Espagne, le prince Samuel ibn Nagrela, et, sous la protection de cet homme d'État, il s'adonna avec, une nouvelle ardeur à ses spéculations philosophiques.

On a vu plus haut que, jeune encore, Ibn Gabirol avait déjà examiné les problèmes les plus élevés qui préoccupent la raison humaine. Quand il eut retrouvé sa liberté d'esprit, il reprit l'étude de ces questions difficiles. Le devoir, la substance et l'origine de l'âme, la vie future, Dieu et son essence, la création, tels étaient les sujets habituels de ses méditations. Il les traita en partie dans un poème écrit sous forme de prière et appelé *Kéter Malkout*, qui est d'une élévation de pensée et d'une vigueur d'expression incomparables. Sans doute, les idées d'Ibn Gabirol ne sont pas nouvelles, elles ont déjà été exprimées longtemps avant lui. Mais il eut le mérite de coordonner des idées éparses et de les réunir en un tout systématique, qu'il exposa dans un ouvrage écrit en hébreu et intitulé *Mequor Hayyim, Fons Vitæ* **Source de la Vie**. La philosophie, chassée autrefois d'Athènes par un empereur romain et, depuis, dédaignée ou du moins restée inconnue en Europe, avait dû chercher un refuge en Asie. Ce fut Ibn Gabirol, le penseur juif, qui le premier la transporta de nouveau en Europe; il lui éleva un autel en Espagne.

À la fois poète et philosophe comme Platon, Ibn Gabirol, à l'exemple de son illustre devancier, exposa ses idées dans des dialogues. Il développa son système dans un entretien animé entre un maître et son élève, et il évita ainsi la sécheresse et l'aridité inhérentes à l'examen de questions métaphysiques.

Dans les ouvrages philosophiques d'Ibn Gabirol, rien n'est particulièrement juif, rien ne révèle les croyances de l'auteur. Aussi ses travaux eurent-ils peu de retentissement et, par conséquent, peu d'influence chez les Juifs. Par contre, ils excitèrent un vif intérêt parmi les Arabes et les scolastiques chrétiens. Une année après son apparition, la **Source de la Vie** fut traduite en latin par un prêtre chrétien et un juif baptisé. Parmi les maîtres de la scolastique chrétienne, les uns adoptèrent ses idées, les autres les combattirent, tous en tinrent compte. La Cabbale même lui emprunta plus tard certaines conceptions. Ibn Gabirol est connu chez les chrétiens sous le nom d'*Avicebrol* ou *Avicebron*.

Un autre philosophe juif de cette époque, *Bahya* (Behaya) *ben Joseph ibn Pakouda* (Bakouda), suivit une autre voie qu'Ibn Gabirol. D'une foi ardente et d'une moralité austère, Bahya était une de ces personnalités à l'âme énergique, aux mœurs graves et pures, qui opéreraient facilement une révolution religieuse s'ils y étaient aidés par les circonstances. Il fonda une morale théologique du judaïsme d'une grande originalité et l'exposa en arabe dans un ouvrage qu'il appela **Guide pour les devoirs des cœurs**. Dans ce livre animé d'un souffle de profonde piété, l'auteur enseigne que dans la pratique de la religion, la pensée intime, le sentiment, importe seul, parce que seul il conduit à une vie véritablement sainte et pénétrée de la crainte de Dieu. Exégèse biblique, grammaire, poésie, philosophie spéculative, toutes ces sciences, toutes ces recherches qui préoccupaient alors les esprits au plus haut point, n'étaient pour Bahya que des objets secondaires, à peine dignes d'une attention sérieuse ; même l'étude du Talmud ne présentait à ses yeux qu'une importance médiocre. Il voulait que le judaïsme eût surtout sa place dans les cœurs, et pour lui les obligations imposées par la conscience étaient bien supérieures aux pratiques prescrites par la Loi. À l'exemple des docteurs pagano-chrétiens des premiers siècles, il divisait le judaïsme en deux parties : les lois religioso-morales et les lois cérémonielles. Ces dernières lui paraissaient naturellement d'un caractère moins élevé que les obligations purement morales.

Entraîné par ses aspirations vers Dieu et par son amour de la religion, telle qu'il l'entendait, Bahya arriva à considérer l'ascétisme, avec ses mortifications et ses austérités, comme le suprême degré de la sagesse humaine. À son avis, le judaïsme prescrit la sobriété et l'abstinence. Depuis Hénoc jusqu'à Jacob, dit-il, les patriarches n'eurent pas besoin d'être astreints à la tempérance par des lois spéciales, parce que chez eux l'esprit triomphait toujours de la chair. Ces lois devinrent seulement nécessaires après que le peuple juif, corrompu par son séjour en Égypte et les riches dépouilles trouvées plus tard dans le pays des Cananéens, se fut laissé séduire par les jouissances matérielles. De là l'utilité de l'institution du naziréat.

À mesure que le peuple dégénérait, des particuliers, notamment les prophètes, se sentaient portés à renoncer à toute relation sociale et à toute occupation pour se retirer dans la solitude et mener une vie contemplative. Cet exemple ne peut sans doute pas être suivi par tous, car il faut dans la société des hommes qui travaillent et agissent. Mais il est nécessaire qu'il y ait une classe d'hommes contemplatifs, séparés du monde (Peruschim) et enseignant au reste des humains à modérer leurs appétits et à vaincre leurs passions.

Comme on voit, Bahya avait des tendances à exalter le monachisme, tendances qui régnaient au moyen âge chez les musulmans comme chez les chrétiens. Quoique familiarisé avec la philosophie, il aurait vécu dans la retraite du cloître et l'immobilité de la contemplation, si le judaïsme rabbanite n'était pas absolument contraire à une telle exagération.

Parmi les figures si originales de la première période rabbinique, se trouve un savant dont les idées offraient un danger réel pour le judaïsme. C'était *Abou-Abraham Isaac ibn Kastar ben Jasus*, connu comme auteur sous le nom de *Yitshaki* et célèbre, même chez les Arabes, par ses connaissances médicales et philosophiques. Originaire de Tolède (né en 982 et mort en 1057), il était le médecin de

Moudjahid et de son fils Ali Ikbal Addaula, princes de Dénia. Il écrivit une grammaire hébraïque, sous le titre de **Recueil**, et un autre ouvrage qu'il appela *Sefer Yitshaki* et où il exposait des idées excessivement hardies sur la Bible. Ainsi, selon lui, le chapitre de la Genèse qui parle des rois iduméens n'est pas de Moïse, mais a été interpolé quelques siècles plus tard. Affirmation audacieuse pour l'époque, et qui n'a été reprise que dans les temps récents.

Samuel ibn Nagrela, l'orgueil du judaïsme espagnol, qui, selon l'expression de son biographe, était ceint de la quadruple couronne de la science, de la naissance, de la gloire et de la bonté, mourut en 1055, sincèrement regretté et pleuré de ses contemporains. Il fut enterré près de la porte d'Elvire, à Grenade, et son Cils lui érigea un magnifique mausolée. Ibn Gabirol composa en son honneur ce quatrain :

Tu résides dans mon cœur,
Ton nom y est gravé à jamais.
Là, je te cherche et là je te trouve,
Je suis attaché à ton souvenir comme à mon âme.

Abou Houssein Joseph ibn Nagrela (né en 1031) succéda à son père dans toutes ses dignités. Il fut nommé vizir par le roi Badis,. et quoiqu'il eût alors à peine vingt ans, la communauté juive lui conféra le titre de rabbin et de **chef** (naguid). Instruit par des savants juifs que son père avait fait venir de divers pays, versé dans la littérature arabe, Joseph montra de bonne heure une grande maturité d'esprit. Quand il se maria à dix-huit ans, il ne choisit pas sa femme parmi les riches et les notables d'Andalousie, il alla la chercher dans une famille pauvre mais vertueuse et universellement respectée, celle de Nissim, de Kairouan. Possesseur d'une grande fortune, occupant une brillante position, jeune et beau, Joseph menait cependant une existence simple, qui formait un contraste frappant avec la vie somptueuse de la noblesse. Il dirigeait avec dévouement et indépendance les affaires de l'État et, comme son père, il protégeait les poètes et les écrivains juifs, était à la tête d'une école et enseignait le Talmud. Sa générosité s'exerçait également envers les poètes arabes, qui célébraient ses louanges. Quand les deux fils du dernier gaon de Babylonie, qui descendaient d'un exilarque, arrivèrent en Espagne, le jeune ministre leur fit un excellent accueil et les établit à Grenade.

En deux points, cependant, Joseph différait de son père : il n'avait ni sa prudence ni son affabilité. Ainsi il nommait trop facilement ses coreligionnaires à des fonctions publiques, et il se montrait orgueilleux envers ses subordonnés ; il eut ainsi souvent l'occasion d'irriter la population berbère de Grenade. À la suite de divers incidents, cette colère se changea en une haine violente. Balkin, l'héritier du trône, qui avait eu des rapports très tendus avec Joseph, mourut subitement, et l'on crut à un empoisonnement. Le roi Badis fit alors mettre à mort quelques serviteurs et quelques femmes du prince (1064), mais le peuple accusa Joseph seul de ce crime. Un autre incident fit perdre à Joseph les faveurs de son maître. Les Berbères et les Arabes se haïssaient réciproquement, et chaque ville qui contenait des représentants des deux races était divisée en deux camps opposés. Un jour, le roi Badis apprit qu'à la suite d'un complot ourdi par le roi de Séville et les Arabes, le gouverneur berbère de Ronda avait été assassiné. Hanté par la crainte de subir le même sort, il conçut le projet diabolique de faire exterminer par son armée tous les Arabes de Grenade, pendant qu'ils seraient réunis le vendredi à la mosquée. Joseph, informé par le roi de sa résolution, lui en montra les fâcheuses conséquences et lui fit comprendre que, même en cas de réussite, il en résulterait pour l'État de graves dangers. *Les Arabes des États voisins*, lui dit-il, *marcheront tous contre ton royaume pour venger la mort de leurs frères. Déjà, je vois des milliers de glaives s'abattre sur ta tête et l'armée ennemie ravager notre pays*. Rien n'y fit, Badis persista dans son projet. Décidé à épargner à son maître, même contre sa volonté, un crime et une grave faute politique, Joseph fit avertir secrètement les notables arabes de ne pas se rendre le vendredi suivant à la mosquée. Ceux-ci comprirent à demi-mot. Au jour fixé, tout était prêt pour le massacre, quand les espions de Badis vinrent lui rapporter qu'il ne se trouvait à la mosquée que des Berbères et des Arabes de la basse classe. Irrité de voir échouer son complot, Badis s'en prit à Joseph et lui reprocha d'avoir trahi son secret. Le ministre eut beau protester de son innocence, il ne parvint pas à convaincre le roi. Depuis ce moment,

Joseph, tout en restant ministre, n'avait plus la confiance de son souverain.

Rendus perspicaces par la haine, les ennemis de Joseph s'aperçurent bien vite que sa situation était devenue moins solide à la cour et que le moment était venu de l'attaquer, lui et ses coreligionnaires. Les plus odieuses calomnies étaient répandues contre lui. Un poète musulman, Abou Ishak al Elviri, prépara la voie, aux violences populaires en publiant contre les Juifs un poème passionné dont voici un passage :

Dis aux Sinhagites, aux puissants, aux lions du désert : Votre souverain a péché, il a conféré des honneurs aux mécréants, il a nommé un juif son ministre au lieu d'élever un croyant à cette dignité. Aussi les Juifs conçoivent-ils les plus folles espérances, ils se conduisent en maîtres et traitent les musulmans avec orgueil. À mon arrivée à Grenade, j'ai remarqué que les Juifs sont tout-puissants et qu'ils se partagent entre eux la capitale et les provinces. Partout règne un de ces maudits.

Ces vers haineux étaient bientôt dans la bouche de tous les musulmans de Grenade. La mort de Joseph était résolue, on n'attendait qu'un prétexte pour attenter à sa vie.

Ce prétexte fut fourni par l'incursion des soldats d'un souverain voisin, Almotassem, prince d'Almeria, qui venaient envahir Grenade. On répandit aussitôt le bruit que Joseph était vendu à Almotassem et qu'il avait promis à ce monarque de lui livrer le pays. Des Berbères, suivis de la plus vile populace, se précipitent un samedi soir vers le palais de Joseph, en forcent l'entrée, tuent le ministre juif et mettent le cadavre en croix hors de la porte de Grenade. C'est ainsi que mourut l'infortuné ministre, à l'3âe de trente-cinq ans (9 Tebet = 30 décembre 1066). Ce premier crime surexcita la fureur de la populace, qui résolut d'exterminer tous les Juifs de Grenade. Plus de quinze cents familles trouvèrent ainsi la mort, et leurs maisons furent détruites. Parmi les quelques Juifs qui purent échapper au massacre et se réfugier à Lucéna, se trouvaient la femme et le fils de Joseph. La bibliothèque de ce dernier fut en partie détruite, en partie vendue. La mort des martyrs de Grenade et du ministre juif produisit dans toute l'Espagne juive, une profonde et douloureuse impression. Même un poète arabe, Ibn Alfara, consacra une élégie à la malheureuse fin de Joseph. Dénoncé à la cour d'Almeria, où il vivait, pour les regrets qu'il avait exprimés sur la mort de Joseph, il fut hautement approuvé par le roi *d'avoir eu la noblesse de pleurer un Juif mort, à une époque où tant de musulmans dénigrent leurs coreligionnaires vivants.*

Les troubles de Grenade étaient le premier mouvement dirigé contre les Juifs, depuis que les musulmans dominaient en Espagne. Cette persécution semble avoir duré un certain temps, car les Juifs de tout le royaume furent contraints de vendre leurs immeubles et de s'expatrier. Heureusement, les souverains des divers royaumes de l'Espagne étaient jaloux les uns des autres, et quand les Juifs étaient persécutés par un de ces princes, ils recevaient un accueil bienveillant de l'autre. C'est ainsi que Joseph ibn Migasch Ier, expulsé de Grenade, fut nommé à un poste élevé par Almouthadid, roi de Séville, et qu'un autre prince, le roi Almouktadir Billah, de Saragosse, avait comme vizir un autre Juif, Abou Fadhl Hasdaï. Ce ministre (né vers 1040) était le fils du poète Joseph ibn Hasdaï, le rival d'Ibn Gabirol. Lui-même était également poète, mais il était aussi versé dans les sciences et s'occupait de musique et surtout de philosophie.

Peu de temps après la persécution de Grenade, mourut Ibn Gabirol. Dans ses dernières années, il s'était renfermé de plus en plus dans ses tristes pensées et sa sombre mélancolie. Ses dernières compositions sont des élégies sur la destinée cruelle des Juifs : *Hélas !* s'écrie-t-il, *l'esclave gouverne les fils de rois ! Depuis mille ans, Israël est exilé et ressemble à l'oiseau qui gémit dans le désert. Où est le grand-prêtre qui lui annonce enfin la délivrance ?* — *Nos années*, dit-il encore, *passent dans la misère et dans l'affliction nous attendons la lumière et nous sommes plongés dans les ténèbres et l'avilissement. Des esclaves sont nos maîtres.* Après avoir erré dans bien des villes, il mourut à Valence en 1069 ou 1070, à peine âgé de cinquante ans. À en croire une légende, un poète arabe, jaloux de son talent, l'aurait tué et enterré sous un figuier. Cet arbre aurait alors produit des fruits en si grande abondance qu'il aurait attiré l'attention sur lui. C'est ainsi que le crime aurait été découvert.

Chapitre III

Les cinq Isaac et Yitshaki — (1070-1096)

Troublés un instant dans leur sécurité par les désordres de grenade, les Juifs d'Espagne se remirent rapidement de cette alerte. Cette persécution fut, du reste, un fait isolé. Les rois et les émirs des autres parties de l'Espagne continuaient à appeler à leur cour des Juifs habiles et intelligents, à leur confier la direction des affaires et à laisser à la population juive les mêmes droits qu'à leurs autres sujets. À l'exemple des princes musulmans, les rois chrétiens nommaient également des Juifs aux fonctions publiques et utilisaient leur intelligence, leur activité et leur dévouement. Les Juifs ne perdirent donc rien de leur influence, au début, par suite de l'affaiblissement progressif des États musulmans et de la prépondérance de plus en plus grande de l'élément chrétien. À l'ombre de la croix comme sous la domination du croissant, ils pouvaient se livrer librement à la culture des sciences et de la poésie. Il est à remarquer, néanmoins, qu'après la mort de Samuel ibn Nagrela et d'Ibn Gabirol, la poésie, l'exégèse, la linguistique et la philosophie, tout en ayant de zélés partisans, durent céder le pas à l'étude du Talmud. C'est surtout la partie dialectique du Talmud qui fut remise en honneur et cultivée de nouveau avec ardeur en Espagne, en Afrique et en France.

Des six principaux maîtres qui dirigèrent le mouvement talmudique pendant la seconde période rabbinique, cinq s'appelaient Isaac et le sixième se nommait Yitshaki. C'étaient Isaac ibn Albalia, investi également de fonctions politiques, Isaac ibn Giat et Isaac ben Reuben, tous deux pontes liturgiques en même temps que talmudistes, Isaac ibn Saknaï, moins remarquable que les précédents, Isaac Alfasi et

Salomon Yitshaki, créateurs tous les deux d'une méthode d'enseignement supérieure à celle des gaonim.

Isaac ben Baruch Albalia, prétendait descendre d'un émigré de Jérusalem, nommé Baruch, que Titus aurait envoyé à Mérida pour organiser la fabrication de la soie en Espagne. La famille des Albalia se rendit plus tard à Cordoue. Dès son enfance, Isaac (né en 1035 et mort en 1094) se montra passionné pour l'étude, et plus tard il partagea son temps entre l'astronomie, les mathématiques, la philosophie et le Talmud. Protégé par Samuel ibn Nagrela et son fils Joseph, il recevait de ce dernier des subsides considérables. Il résida tantôt à Grenade, auprès de son Mécène, tantôt à Cordoue, sa ville natale. À l'âge de trente ans, Isaac ibn Albalia avait déjà commencé à écrire un commentaire pour expliquer les passages difficiles du Talmud. Il composa en même temps un traité astronomique sur les calculs du calendrier juif, qu'il dédia à Joseph ibn Nagrela (vers 1065).

Pendant qu'il résidait à Cordoue, où il était venu chercher un refuge lors des persécutions de Grenade, il se fit connaître et apprécier du prince Aboulkassim Mohammed, et quand celui-ci devint roi de Séville, il nomma Ibn Albalia son astronome ou plutôt son astrologue. Il était, en effet, moins désireux de favoriser les observations astronomiques que de connaître l'avenir d'après la marche des astres. Isaac ibn Albalia, comme d'autres ministres juifs, fut placé eu qualité d'administrateur et de rabbin à la tête de toutes les communautés de Cordoue et reçut ainsi le titre de prince (nassi). Grâce à son influence et à son savoir, Séville, comme précédemment Cordoue et Grenade, devint le centre du judaïsme espagnol. Un autre Juif, Ibn Mischal, était également au service du roi de Séville, qui lui confiait des missions diplomatiques.

On sait peu de chose d'*Isaac ben Juda ibn Giat*. Né à Lucéna (vers 1030) d'une famille riche et considérée, il fut également protégé par les deux Ibn Nagrela et conserva un souvenir reconnaissant de leurs bienfaits. Après la fin tragique de Joseph, il essaya de faire nommer son fils Abounassar Azaria au rabbinat de Lucéna. Azaria mourut avant que ses démarches n'eussent abouti ; il fut alors nommé lui-même rabbin de cette ville. Il mourut en 1089.

Isaac ben Reuben Albargueloni avait quitté de bonne heure Barcelone, où il était né en 1043, pour se rendre dans la ville maritime de Denia. Là, il se consacra à l'étude du Talmud. Il était âgé de trente-cinq ans quand il traduisit en hébreu le traité arabe de Haï sur le droit commercial talmudique. Plus tard, à un âge très avancé, il composa lui-même un livre sur le droit civil du Talmud. Il était également poète et écrivit des *azharot*, où il émaillait très habilement ses vers de citations bibliques et faisait des jeux de mots piquants et spirituels.

Quand Isaac Albargueloni vint s'établir à Denia, *Isaac ben Moïse ibn Saknaï* quitta cette ville, probablement parce que la réputation du nouvel arrivant le mettait dans l'ombre. Il se rendit à Pumbadita, où il enseigna avec le titre de gaon. Triste retour des choses ! C'est l'Occident, autrefois totalement subordonné aux académies babyloniennes, qui envoyait à Pumbadita, au berceau de l'enseignement talmudique, un homme sans notoriété en Espagne, et que les Babyloniens considéraient comme une autorité.

Le dernier des cinq Isaac était bien supérieur aux quatre autres. Né en 1013 à Kala-ibn-Hammad, près de Fez, *Isaac ben Jacob Alfasi* ou *Alkalaï* eut pour maîtres les dernières autorités talmudiques d'Afrique, Nissim et Hananel. Après la mort de ces rabbins (vers 1050), il était le seul représentant de la science talmudique dans l'Afrique occidentale. Esprit original et pénétrant, il délaissa les sentiers battus pour chercher des voies nouvelles. Comme le Talmud a souvent pour une même question des solutions diamétralement opposées, on avait pris l'habitude, dans la pratique, de suivre les explications des gaonim. Alfasi entreprit de trouver pour tous les cas des décisions certaines dans le Talmud même, et dans ce but il expliqua les textes talmudiques avec une sagacité étonnante, mettant de cité tout ce qui lui paraissait douteux ou accessoire pour ne conserver que les passages qui avaient un caractère de certitude et étaient utiles pour la pratique. C'est ainsi qu'il composa un code (Halakot), attaqué de son vivant, mais qui fut ensuite adopté par le judaïsme tout entier. Celte œuvre fit oublier tous les travaux analogues publiés dans le cours des trois siècles précédents depuis le gaon Yehudaï ; elle rendit célèbre le nom d'Alfasi plus peut-être en Espagne que dans l'Afrique, sa patrie.

En même temps qu'Alfasi, vivait en France un savant talmudiste, esprit aussi pénétrant et aussi original que lui, plus étendu, mais moins hardi et moins impartial. C'était *Salomon Yitshaki*, connu sous le nom de *Raschi*, et né à Troyes (Champagne) en 1040. Sa mère était la sœur de ce Simon ben Isaac connu par ses poésies liturgiques et les services qu'il rendit à la communauté de Mayence, et son père était très versé dans le Talmud. Quoiqu'il fût né et élevé au milieu de talmudistes, Raschi, pour augmenter son instruction, alla fréquenter les écoles de Mayence, Worms et Spire. Comme autrefois Akiba, il quitta sa femme et sa famille pour se rendre au loin et se consacrer entièrement à l'étude. De temps à autre, sans doute aux jours de fête, il retournait auprès de sa femme, mais se rendait ensuite de nouveau aux écoles allemandes, ou plutôt, comme on les appelait alors, lorraines. À vingt-cinq ans, il s'établit définitivement à Troyes (1064), où il était tout étonné, dans sa modestie, d'être déjà considéré comme un maître. Isaac Hallévi lui écrivit à cette époque : *Tu illustres ta génération. Puisse Israël produire beaucoup d'esprits tels que toi !*

Raschi fut nommé rabbin de Troyes et des environs, mais il ne tira aucun profit de cette dignité. Dans un temps où, d'après le témoignage d'un écrivain chrétien, aucun ecclésiastique ne pouvait être nommé évêque ou abbé s'il ne possédait une grande fortune, où on louait et admirait surtout les prêtres qui avaient les plus riches habits et la meilleure table, dans ce même temps les rabbins auraient cru agir contrairement à l'honneur et à la religion s'ils avaient retiré de leurs fonctions le moindre avantage pécuniaire. Le rabbin ne devait pas être seulement le plus instruit, mais aussi le plus vertueux de sa communauté, il devait mener une vie simple, modeste, et donner l'exemple du désintéressement et de la bonté. Sous tous les rapports, Raschi était certainement l'idéal du rabbin. Aussi inspirait-il à tous ses coreligionnaires de France et d'Allemagne le plus profond respect.

Après la mort des talmudistes lorrains (vers 1070), les disciples allemands et français affluèrent en grand nombre à l'école de Raschi, à Troyes. Le maître leur enseignait la Bible et le Talmud, il savait rendre clairs les passages les plus difficiles, et on a pu dire avec raison que, sans Raschi, le Talmud de Babylone aurait été négligé autant que celui de Jérusalem. Les explications que, sous le nom de **Commentaire** (Kontros), il écrivit dans la langue talmudique sur presque tous les traités du Talmud, sont des modèles de simplicité, de netteté et de précision ; elles sont utiles au commençant comme à l'homme instruit. Ce commentaire est vraiment une œuvre artistique dans son genre. Aussi éclipsa-t-il bien vite les commentaires de Guerschom et des autres talmudistes.

Outre ses explications sur le Talmud, Raschi écrivit également un commentaire sur la plupart des livres bibliques. Grâce à son tact, son bon sens et son instinct de la vérité, il rencontrait presque toujours la signification juste des mots et des versets. Mais souvent il suivait l'interprétation aggadique, parce qu'il prenait au sérieux les explications fantaisistes que le Talmud et les recueils d'aggadot donnent de certains versets. Il sentait cependant confusément que, plus d'une fois, le sens réel du texte (Peschat) était en contradiction avec l'interprétation aggadique (Derasch). Dans sa vieillesse, ce sentiment était devenu chez lui plus net et plus vif, car il recommanda à son petit-fils de modifier son commentaire biblique, de façon à rendre ses explications conformes au sens naturel du texte. Raschi était bien supérieur aux commentateurs chrétiens de son temps, qui admettaient gravement que l'Écriture Sainte pouvait être interprétée de quatre manières différentes.

Les commentaires de Raschi sont d'autant plus remarquables que le savant de Troyes ignorait la plupart des travaux exégétiques de l'école espagnole. Il connaissait bien en partie les écrits de Menahem ben Sarouk et de Dounasch, dont il adoptait toutes les idées, mais les ouvrages de Hayyoudj et d'Ibn Djanah, écrits en arabe, lui étaient totalement inconnus. De là, souvent, des singularités, des maladresses et des obscurités dans ses observations grammaticales. Mais, en dépit de quelques points faibles, le commentaire de Raschi est devenu tellement populaire que, pendant longtemps, il était considéré par une partie des Juifs comme une annexe indispensable du texte biblique et qu'à son tour il a été longuement commenté.

Raschi ne laissa pas de fils ; il eut trois filles, dont l'une savait assez bien l'hébreu pour pouvoir lire à son père, tombé malade, les consultations talmudiques qui lui étaient adressées et y répondre sous sa dictée. Ces trois filles épousèrent toutes des talmudistes distingués. L'un d'eux, *Meïr*, de Ramerupt (près de Troyes), eut trois fils remarquables, s'inspirant, comme les autres membres de la famille, de l'esprit de leur aïeul.

Sous l'influence de Raschi et de son école, la Champagne devint le centre de l'enseignement talmudique. Les savants français furent recherchés jusqu'en Espagne, et ce dernier pays dut partager désormais avec la France la direction du judaïsme. L'Espagne resta bien le pays classique de la poésie hébraïque, de la linguistique, de l'exégèse et de la philosophie, mais, pour la connaissance du Talmud, elle dut céder la palme à la France.

En Italie, on ne trouvait à cette époque ni poètes, ni savants juifs. Le seul Italien de ce temps qui occupe un certain rang dans la littérature juive est *Nathan ben Yehiel*, de Rome. Il composa (vers 1101), sous le titre d'*Aroukh*, un lexique talmudique. Cette œuvre, plus complète que les travaux antérieurs de ce genre, ne présente aucune originalité ; c'est une compilation, tirée d'écrits plus anciens.

C'est vers cette époque qu'on commence à trouver des traces certaines de Juifs dans l'Europe orientale. Il en existait, au Xe siècle, en Bohème, en Moravie et en Pologne. À en croire la communauté de Prague, elle serait une des plus anciennes agglomérations juives de l'Europe, et elle appuie sa prétention sur l'inscription d'une pierre tumulaire qui remonterait à un siècle avant le christianisme. Qui prouve trop ne prouve rien. C'est seulement à partir du r siècle qu'on trouve sûrement des Juifs en Bohème, où ils possédaient même des esclaves chrétiens. D'après une lettre d'une princesse de Moravie, les habitants juifs du faubourg de Prague et du village de Wyssegrad passaient pour être particulièrement riches. Cette princesse écrivit en effet à son beau-frère, avec lequel elle était en hostilités : *Espères-tu trouver chez nous des gens riches ! Tu en rencontres un plus grand nombre dans ton propre pays. Le faubourg de Prague et Wyssegrad sont habités par des Juifs excessivement opulents.* En Moravie, il y avait également des Juifs au XIe siècle. Un d'eux, appelé *Podiva*, fit construire près de Lundenbourg, sur les frontières de la Moravie et de l'Autriche, un château fort auquel il donna son nom. Enfin, dans le royaume nouvellement constitué de la Pologne, notamment à Gnesen, la capitale, les Juifs, tout en vivant sous des souverains chrétiens, pouvaient, comme en Bohème, posséder des esclaves chrétiens.

Mais si, au point de vue matériel, la situation des Juifs de l'Europe orientale était satisfaisante, leur culture intellectuelle laissait à désirer. Ils ne semblaient même posséder parmi eux aucun talmudiste. Ce n'est qu'un siècle plus tard que l'histoire mentionne quelques rares talmudistes de la Bohème, de la Pologne et de la Russie.

Il se préparait alors, dans l'Europe occidentale, des événements qui devaient modifier profondément la situation des Juifs de cette région : c'était la conquête de l'Espagne par les chrétiens et la première croisade contre les musulmans de l'Orient. Ces guerres furent douloureuses pour les Juifs et très préjudiciables à leurs études. En Espagne, les Juifs furent mêlés assez activement aux événements. Ils ne prévoyaient pas qu'en contribuant, dans ce pays, à la destruction de l'islamisme et au développement de la puissance chrétienne, ils aidaient à creuser la mine qui devait faire sauter plus tard leurs descendants.

Ce fut Alphonse VI, l'habile et vaillant roi de Castille, qui porta les premiers coups aux musulmans d'Espagne. Esprit très souple et très adroit, il vit de suite qu'il ne pourrait conquérir les États mahométans qu'en semant la division parmi eux et en les affaiblissant les uns par les autres. Pour atteindre son but, il avait besoin de diplomates intelligents et expérimentés, qu'il ne pouvait trouver que parmi les Juifs. Ses chevaliers étaient trop grossiers et ses bourgeois trop ignorants pour réussir dans ces missions délicates, auprès des cours spirituelles, élégantes, instruites, de Tolède, de Séville et de Grenade. Seuls les Juifs comprenaient assez bien la langue arabe, avec ses finesses et ses subtilités, étaient assez au courant de la littérature arabe et avaient des manières d'une noblesse et d'une aisance suffisantes pour plaire à des princes musulmans. C'était donc parmi eux qu'Alphonse VI choisissait ses ambassadeurs. Tel fut *Amramben Isaac ibn Shalbib*, d'abord médecin, plus tard secrétaire intime et conseiller influent du roi de Castille. Un autre conseiller juif d'Alphonse fut *Cidellus*, qui avait toute la confiance du souverain et pouvait lui parler avec plus de franchise et de liberté qu'aucun des nobles et des grands d'Espagne. Étranger à la bigoterie et au fanatisme, le roi Alphonse ne se bornait pas à favoriser un petit nombre de Juifs, il accordait à tous, dans ses États, les mêmes droits qu'aux autres Espagnols, et les admettait aux fonctions publiques. Il est vrai qu'à côté de la législation wisigothe, qui traitait les Juifs en parias, il s'était déjà établi, avant Alphonse VI, des coutumes (fueros) plus douces, qui assuraient les mêmes droits aux chrétiens, aux Juifs et aux musulmans d'une même ville ou d'une même province. Hais le roi de Castille érigea ces diverses coutumes en lois de l'État, effaçant ainsi les derniers vestiges des institutions wisigothes.

À Worms également, les Juifs jouissaient à cette époque des mêmes droits que les autres habitants. Le malheureux empereur Henri IV leur avait accordé cette faveur ou plutôt cet acte de justice, parce qu'au milieu de toutes les trahisons dont il était enveloppé et des outrages dont L'abreuvaient nobles et prélats, il n'avait rencontré de dévouement, d'affection et de fidélité qu'auprès des Juifs de Worms. Ceux-ci s'étaient joints en armes aux chrétiens de la ville pour défendre leur empereur. Henri IV les en récompensa en les traitant avec équité.

Mais que devenait la prétendue malédiction qui, d'après l'Église, devait peser éternellement sur les Juifs, si ceux-ci vivaient tranquilles dans des pays chrétiens ? Aussi le chef suprême du christianisme, le pape Hildebrand qui, sous le nom de *Grégoire VII*, bouleversa toute l'Europe, se mit-il à l'œuvre pour faire cesser un tel état de choses. Lui, le maître des maîtres, qui voyait ramper à ses pieds peuples et souverains, il jugeait nécessaire d'humilier les faibles Juifs et de les faire mettre hors la loi dans les contrées où ils étaient aimés et estimés ! Au concile de Rome (1078), où, pour la seconde fois, il lança l'anathème contre les ennemis de la papauté, il défendit par une loi canonique d'admettre les Juifs à des emplois publics ou de leur assurer une autorité quelconque sur des chrétiens. Cette ordonnance visait spécialement la Castille. Car en 1080, le pape adressa au roi Alphonse VI un mandement dont voici un extrait : *Nous considérons comme une obligation de t'exprimer nos vœux pour les progrès constants de ta gloire, mais en même temps il est de notre devoir d'appeler ton attention sur les fautes que tu commets. Nous invitons ton Altesse à ne plus permettre désormais que des Juifs exercent quelque pouvoir sur des chrétiens. Subordonner des chrétiens à des Juifs et les soumettre à leur jugement, c'est opprimer l'Église de Dieu et exalter la Synagogue de Satan. On méprise le Christ lui-même en cherchant à plaire à ses ennemis.*

En Angleterre, la voix de Grégoire VII trouva de l'écho. Guillaume le Conquérant, roi d'Angleterre et duc de Normandie, défendit aux Juifs de posséder des serfs chrétiens et d'engager des nourrices chrétiennes. Mais Alphonse de Castille, préoccupé de projets très graves, ne se souciait pas de mettre, en pratique, dans son royaume, les décrets du concile de Rome, et il conserva ses conseillers juifs. Il cherchait à ce moment à s'emparer du royaume de Tolède. Pour réussir dans son entreprise, il sentait qu'il était nécessaire de détacher du roi de Tolède les princes des contrées voisines et d'obtenir leur neutralité ou leur appui. Grâce à l'habileté de ses diplomates juifs, il put contracter une alliance avec Almoutamed ibn Abbad, le vaillant roi de Séville, et conquérir la vieille et importante cité de Tolède (1080). Il laissa aux Juifs de cette ville les libertés dont ils jouissaient sous le roi vaincu Yahya Alkader.

Après ce premier succès, Alphonse sentit grandir son ambition, et il aspira à conquérir également le royaume de Séville. Jetant subitement le masque, il chargea un de ses conseillers, le Juif Isaac ibn Schalbib, de soumettre de sa part à son ancien ami Almoutamed des propositions telles que le roi de Séville ne pouvait les accepter sans déshonneur. Pour donner plus d'autorité à ses paroles, Ibn Schalbib, sur l'ordre de son souverain, se fit accompagner de cinq cents chevaliers chrétiens. Cette mission lui coûta la vie, car les propositions dont il était porteur indignèrent tellement Almoutamed que, violant le droit des gens, il le fit tuer et mettre en croix et jeta son escorte en prison.

À la suite de cet incident, le roi de Séville, craignant la vengeance d'Alphonse VI, résolut, sur les conseils des autres princes musulmans, d'invoquer l'appui du vainqueur de l'Afrique du nord, du chef morabethique Youssouf ibn Teschoufin. Celui-ci répondit à l'appel, mais au lieu de la délivrance, il apporta aux princes d'Andalousie la défaite et l'asservissement. Son armée, augmentée du contingent des provinces musulmanes d'Espagne, était très nombreuse. Alphonse, de son côté, réunit des troupes considérables.

Dans les deux camps combattaient de nombreux Juifs, coiffés tous de turbans noirs et jaunes : on en évalue le nombre à quarante mille. Quand les deux armées furent en présence et que toutes les dispositions étaient prises pour livrer bataille le jour même (vendredi, 28 octobre 1086), Alphonse proposa de remettre la lutte au lundi suivant pour ne pas combattre le vendredi, ni le samedi, ni le dimanche, jours de repos des musulmans, des juifs et des chrétiens. Youssouf y consentit. Alphonse, qui n'avait fait accepter ce délai que dans l'espoir de pouvoir surprendre les musulmans, tomba subitement sur eux le vendredi même. Mais ils étaient sur leurs gardes. C'est alors que se livra la bataille de Zalaca, qui se termina à l'avantage des musulmans et où la plus grande partie de l'armée d'Alphonse fut détruite. Les Almoravides d'Afrique profitèrent seuls de cette victoire, ils humilièrent et opprimèrent à la fois les vaincus et les princes mahométans qui les avaient appelés à leur aide.

Dès lors, l'Espagne méridionale devint le théâtre de luttes sanglantes, auxquelles prirent part les Almoravides, Alphonse et le fameux chevalier *Rodrigues Cid*, immortalisé par les romances et le théâtre. Les Juifs souffrirent cruellement de ces guerres continuelles, mais pas plus que les autres habitants. Ils n'eurent pas à subir de persécutions religieuses. En déclarant la guerre sainte aux chrétiens, les

Almoravides ne poursuivaient qu'un but politique, ils n'étaient nullement fanatiques. Sous leur domination, les Juifs de Grenade rentrèrent même eu possession des biens dont ils avaient été dépouillés vingt ans auparavant sous le règne de Badis.

Ce fut à l'époque de ces troubles qu'Isaac Alfasi, accusé sans doute d'un délit politique, fut contraint d'abandonner la ville de Kala-ibn-Hammad, où il demeurait et qui faisait partie du royaume de Youssouf, pour se réfugier en Espagne. Il s'établit à Cordoue (1088), ville qui appartenait alors à Almoutamed, dont les rapports avec Youssouf étaient extrêmement tendus. Un homme très estimé dans cette ville, Joseph ibn Schartamikasch, lui fit le plus cordial accueil. Son arrivée en Espagne produisit, du reste, une vive sensation dans tout le pays, et on le salua comme une des plus grandes autorités talmudiques. Soit par jalousie, soit parce qu'ils désapprouvaient sa manière hardie d'expliquer le Talmud, les deux principaux rabbins du sud de l'Espagne, Isaac Albalia et Isaac ibn Giat, firent une opposition violente à Alfasi. Celui-ci riposta avec vivacité, et ainsi naquit une polémique acharnée, qui dura jusqu'à la mort des deux rabbins espagnols.

Ibn Giat mourut le premier, en 1089. Alfasi le remplaça comme rabbin à Lucéna, où il réunit autour de lui de nombreux disciples. Mais il n'enseigna que le Talmud, à l'exclusion de toute autre science, se désintéressant même de la poésie hébraïque, que tous les savants cultivaient en ce temps.

Le second adversaire d'Alfasi, Isaac Albalia, perdit son emploi à la cour de Séville après la défaite de son souverain. Car Almoutamed fut battu et détrôné par son ancien allié Youssouf, qui l'emmena prisonnier en Afrique (1091). Albalia parait avoir quitté Séville après cet événement et s'être établi à Grenade; il s'éteignit dans cette ville en 1094. Sur son lit de mort, il montra une grandeur d'âme qui n'appartient qu'aux caractères vraiment élevés. Baruch, son fils, âgé de dix-sept ans, pleurait devant lui. *Après ma mort*, dit-il à son fils, *tu te rendras auprès d'Alfasi à Lucéna, tu lui diras qu'avant de comparaître devant Dieu je lui ai pardonné tout ce qu'il a dit ou écrit contre moi, j'espère qu'il me pardonnera à son tour et recevra à bras ouverts le fils de son adversaire.* Baruch obéit à son père. Alfasi embrassa le fils d'Albalia en pleurant et lui dit : *Je serai dorénavant ton père.* On ne sait ce qu'il faut admirer le plus, la confiance d'Albalia dans la générosité de son adversaire ou la noble conduite d'Alfasi.

Les Juifs sont arrivés à une période de leur histoire où ils vont subir les plus sanglantes persécutions. Avant d'aborder ce chapitre douloureux de leurs annales, il ne nous parait pas inutile de jeter un dernier et très rapide coup d'œil sur le rôle important et glorieux qu'ils jouèrent crans les dix derniers siècles qui suivirent la chute de leur État. Les empereurs romains et les souverains de la Perse avaient essayé de les exterminer ; leur haine se brisa contre la ténacité opiniâtre du peuple juif. Rome tomba, la monarchie néo-perse s'évanouit, mais les Juifs continuèrent à vivre sur les ruines de ces deux grands empires. L'Église, de persécutée devenue persécutrice, essaya ensuite de leur ravir leurs droits d'homme et de citoyen ; elle échoua dans sa tentative. À la suite de la migration des peuples, les civilisations grecque et romaine disparurent ; seule la science juive continua de briller dans l'obscurité générale. Les Juifs furent aidés et stimulés dans leur œuvre civilisatrice par une nouvelle religion, l'islamisme, qui avait emprunté ses principes au judaïsme et conquit sur les chrétiens de vastes régions en Asie, en Afrique et en Europe.

Disséminés dans le monde entier, éparpillés dans le nord jusqu'à la mer Caspienne et à l'embouchure du Volga, dans le sud, en Afrique, jusqu'en Égypte et en Arabie, dans l'est jusqu'aux Indes, en Europe, jusqu'en Espagne, en France et en Angleterre, les Juifs, malgré cette dispersion. étaient plus unis entre eux, par suite des institutions qu'ils s'étaient données, que les divers États chrétiens et musulmans. L'étude du Talmud les avait protégés contre l'ignorance et la barbarie, avait aiguisé leur esprit et les avait ainsi rendus capables de comprendre facilement les autres sciences. Grâce à leur intelligence, ils étaient devenus dans certains pays les conseillers presque indispensables des souverains.

C'est ainsi que faibles et humbles au dehors, les Juifs avaient pu cependant échapper à la haine de l'Église et à l'intolérance de l'islamisme et continuer à cheminer dans ce sentier douloureux qui, de Jérusalem, les avait conduits à l'étranger. Plus d'une fois, les ronces du chemin leur avaient déchiré les pieds, et plus d'une fois ils recevront encore de profondes blessures. Dans la lutte gigantesque qui va s'engager entre la croix et le croissant, mettre à feu et à sang trois parties du monde et déchaîner les plus violentes passions, les Juifs auront des coups des deux côtés. Comment supporteront-ils ces nouvelles épreuves ? La suite de cette histoire montrera comment ils sauront résister à la longue série de malheurs qui allaient les atteindre, et arriver ainsi au jour où l'on reconnaîtra enfin qu'ils sont également des hommes et doivent être traités comme des hommes.

Chapitre IV

La première croisade
— Juda Hallévi — (1096-1148)

La grande lutte entre le christianisme et l'islamisme, qui eut des conséquences si funestes pour les Juifs, commença dans les, dernières années du XIe siècle. À la suite des doléances qu'un ermite, Pierre d'Amiens, fit entendre au concile de Clermont sur)É les misères que les pèlerins chrétiens avaient à supporter à Jérusalem, nobles, bourgeois et serfs prirent la croix pour aller délivrer le Saint-Sépulcre. Les passions les plus nobles, comme les plus viles. furent mises en branle par cette entreprise, des désordres signalaient partout le passage des croisés, qui répandirent surtout la terreur parmi les Juifs d'Allemagne.

Avant les croisades, les Juifs vivaient en Allemagne dans une sécurité complète. Quand l'évêque Rudiger Huozmann, de Spire, éleva le bourg de Vieux-Spire à la dignité de ville (1084), il résolut de faciliter le développement de la nouvelle cité, en permettant aux Juifs de s'y établir et en leur accordant certains privilèges. Non seulement leur commerce était libre de toute entrave, mais ils pouvaient posséder à Neuf-Spire des fermes, des maisons, des jardins et des vignobles. Leur chef religieux ou rabbin (archisynagogus) était autorisé, comme le bourgmestre, à rendre la justice. Malgré la défense de la loi canonique et la volonté expresse du pape Grégoire VII, ils pouvaient acheter des esclaves et engager des nourrices et des domestiques chrétiens. Pour les protéger contre les attaques et les outrages de la population, l'évêque Rudiger leur assigna pour séjour un quartier spécial de la ville, qu'ils avaient le droit de fortifier et de défendre. En compensation de ces privilèges, qui leur étaient garantis pour toujours, ils payaient un impôt annuel de 3 livres et demie en or. L'empereur Henri IV avait ratifié les diverses décisions de Rudiger relatives aux Juifs.

Ce souverain, d'un caractère indécis et léger, avait à un haut degré le sentiment de la justice. Le 6 février 1095, il promulgua un édit qui défendait de baptiser de force les Juifs ou leurs esclaves, ou de les soumettre à l'épreuve du feu ou de l'eau, et qui ordonnait que les procès entre Juifs et chrétiens fussent jugés d'après le droit juif. C'est à ce moment, où leur tranquillité paraissait le plus assurée, que fondirent sur eux avec une férocité sauvage les combattants armés pour la guerre sainte. Un illuminé avait même réveillé, à cette époque, les espérances messianiques dans le cœur des Juifs de l'Allemagne et du nord de la France, il avait calculé que, vers la fin du 256e cycle lunaire, entre 1096 et 1104, le Messie viendrait réunir les fils dispersés d'Israël et les ramener à Jérusalem. Au lieu de l'heureuse annonce de la délivrance, ils entendaient partout les clameurs sauvages des croisés : *Les Juifs ont tué notre Sauveur : qu'ils se convertissent ou qu'ils meurent !*

Les deux premières bandes de croisés, dirigées par Pierre l'Ermite et Gautier Sans-Avoir, ne maltraitèrent pas spécialement les Juifs, elles pillèrent tout le monde, chrétiens et juifs. Mais les autres bandes, formées du rebut de la France, de l'Angleterre, de la Lorraine et des Flandres, se préparèrent à la guerre sainte contre les musulmans en massacrant partout les Juifs. Ce fut un moine qui leur inspira cette pieuse pensée ; il leur fit accroire qu'on avait découvert, sur la tombe de Jésus, un écrit imposant aux pèlerins l'obligation de contraindre, avant tout, les Juifs à embrasser le christianisme. Les croisés adoptèrent cette idée avec enthousiasme. Les Juifs n'étaient-ils pas, comme les musulmans, des ennemis du christianisme ? Cependant, en France même, d'où la croisade était partie, les massacres furent très rares, parce que l'énergie des princes et des prélats put réprimer la fureur de leurs soldats. À Rouen seulement, ville qui appartenait alors à l'Angleterre, les croisés poussèrent par force des Juifs à l'église, et, le poignard sur la gorge, les obligèrent à choisir entre le baptême et la mort.

C'est surtout en Allemagne que les persécutions des croisés prirent un caractère de bestiale férocité. Les bandes qui pénétrèrent dans ce pays avaient pour chef un chevalier français, Guillaume le Charpentier, qui, déjà avant son départ, avait volé aux paysans les ressources nécessaires pour équiper ses troupes. On peut juger de l'intelligence de ces bandes par le trait suivant. Pour trouver le chemin de Jérusalem, ils se faisaient précéder d'une oie et d'une chèvre, qu'ils croyaient animées de l'esprit saint. Tels étaient les hommes qui allaient se ruer sur les Juifs d'Allemagne, dont le seul protecteur qui eût pu leur venir en aide, l'empereur Henri IV, était alors en Italie, occupé à se défendre lui-même.

À la seule annonce de l'approche de ces hordes. les Juifs de Trèves furent pris d'une telle frayeur que plusieurs d'entre eux égorgèrent leurs enfants et se tuèrent ensuite eux-mêmes. Des femmes et des jeunes filles se jetèrent dans la Moselle, pour échapper à leurs violences. Il y en eut qui implorèrent la protection de l'évêque Égilbert. *Convertissez-vous*, leur dit ce prélat, *et je vous laisserai jouir en paix de votre liberté et de vos biens. Si, au contraire, vous persistez dans votre erreur, vous perdrez votre âme avec votre corps.* Réunis pour délibérer, ils décidèrent, sur la proposition d'un de leurs chefs nommé Michée, d'adopter en apparence le christianisme : *Fais-nous connaître rapidement*, dit Michée à l'évêque, *ce que nous devons croire, et protège-nous contre ceux qui nous guettent à la porte pour nous exterminer.* Égilbert lut alors à haute voix le *Credo* chrétien, les Juifs le répétèrent et se firent ensuite baptiser. Triomphe bien peu glorieux pour le christianisme !

De Trèves les croisés se rendirent à Spire. Les Juifs de cette ville avaient Été déclarés inviolables par l'évêque et l'empereur, mais les croisés n'en tinrent nul compte. Ils commencèrent par traîner dix Juifs à l'église. Ceux-ci préférèrent la mort à l'apostasie ; ils furent tués (3 mai= 10 iyyar 1096). Le reste de la population juive chercha un refuge dans le palais de l'évêque Johansen et dans le château fort impérial. Plus humain que son collègue de Trèves, Johansen accorda sa protection aux Juifs. Il fit saisir et pendre quelques-uns des croisés. Cet acte d'énergie suffit pour arrêter les désordres.

Les bandes qui avaient attaqué Spire ne paraissent pas avoir été considérables. Avant de poursuivre leur chemin, elles attendirent de nouveaux pèlerins, et quand elles eurent été renforcées, elles marchèrent sur Worms. L'évêque Allebrand ne put ou ne voulut pas défendre les Juifs de cette ville, il offrit cependant un asile dans son palais à un certain nombre d'entre eux. La plus grande partie de la population juive resta exposée aux attaques des croisés. Elle se défendit arec vaillance, mais succomba sous le nombre. Beaucoup d'entre eux se tuèrent eux-mêmes et expirèrent au cri si souvent répété par les martyrs juifs : *L'Éternel notre Dieu est Un*. Des mères tuèrent leurs enfants de leurs propres mains. Après avoir pillé et détruit les demeures des Juifs, les croisés tournèrent leur fureur contre les rouleaux de la Loi, déchirant et brûlant tous ceux qu'ils trouvaient (dimanche, 23 iyyar=16 mai).

Les Juifs réfugiés au palais épiscopal y étaient depuis une semaine, quand l'évêque les menaça d'y laisser pénétrer les croisés s'ils n'acceptaient pas le baptême. Ils demandèrent un délai pour délibérer sur le parti à prendre. Le délai expiré, l'évêque ouvrit les portes. Presque tous les Juifs étaient morts; ils s'étaient tués les uns les autres. Déçus dans leur espoir de carnage, les croisés s'acharnèrent sur les cadavres, qu'ils traînèrent à travers les rues. Un petit nombre seul avait embrassé le christianisme pour échapper à la mort (dimanche, 1er siwan = 25 mai). Un jeune homme, Simha Kohen, qui avait vu égorger sous ses yeux son père et ses sept frères, voulut se venger avant de mourir. Feignant de consentir à accepter le baptême, il se laissa conduire à l'église, et là, au moment de recevoir le sacrement, il saisit un couteau qu'il avait tenu caché et tua un neveu de l'évêque.

Ce ne fut qu'après le départ des croisés qu'on put enterrer tous ces martyrs ; ils étaient au nombre de huit cents.

À Mayence, les croisés eurent à leur tête un certain comte Emmerich ou Emicho, homme sanguinaire et proche parent de l'archevêque Ruthard. Pour s'emparer plus facilement des richesses des Juifs, dont il était plus avide encore que de leur sang, il semble avoir conçu, d'accord avec l'archevêque, un pion vraiment infernal. Sous prétexte de les protéger, Ruthard offrit aux Juifs un asile dans son palais et leur demanda de lui confier leurs richesses jusqu'après le départ des croisés ; c'est ce qu'ils firent. Plus de mille trois cents Juifs étaient campés dans la cour de la demeure archiépiscopale, en proie à la plus poignante angoisse et adressant au ciel de ferventes prières. Le mardi 3 siwan (27 mai), dès l'aube, Emmerich arriva avec ses bandes et envahit la résidence de l'archevêque. Les horribles scènes de Worms se renouvelèrent alors à Mayence. Des vieillards, des femmes, des enfants s'entr'égorgèrent ou furent massacrés par leurs persécuteurs. Tous les mille trois cents Juifs qui s'étaient enfermés dans le palais de l'archevêque périrent ; Ruthard partagea avec Emmerich les trésors qui lui avaient été confiés. Ici, comme à Worms, très peu de Juifs consentirent à recevoir le baptême. Dans un moment de trouble, un certain Isaac et ses deux filles, ainsi que son ami Uria, avaient embrassé le christianisme ; mais ils se repentirent bientôt de leur apostasie. L'avant-veille de la Pentecôte, Isaac égorgea lui-même ses deux filles, mit le feu à sa maison, puis se rendit avec Uria à la synagogue, qu'il incendia. Tous deux périrent dans l'incendie. Le feu se propagea rapidement et réduisit en cendres une grande partie de la ville.

Après Mayence, ce fut le tour de Cologne. Les croisés, sous la conduite de Guillaume le Charpentier, se réunirent autour de cette ville à la veille de la Pentecôte. Émus de pitié sur le sort qui menaçait les malheureux Juifs, les bourgeois de Cologne les accueillirent dans leurs maisons. Le lendemain, quand les croisés envahirent les maisons des Juifs, ils les trouvèrent vides. Dans leur fureur, ils brisèrent tout, portes, fenêtres, meubles ; ils s'en prenaient surtout aux rouleaux de la Loi, qu'ils déchiraient et foulaient aux pieds. C'était au matin de la Pentecôte. Un tremblement de terre qui survint ce même jour, au lieu d'effrayer les croisés et de calmer leur soif de destruction, surexcita encore leur rage, ils disaient que le ciel lui-même les aidait dans leur œuvre d'extermination. Dans la crainte que les Juifs ne pussent pas échapper plus longtemps aux coups des croisés, s'ils restaient dans la ville même, le généreux évêque de Cologne, Hermann III, dont le nom mérite d'être recommandé à la vénération de la postérité, les fit partir secrètement pour les cacher dans des villages voisins qui lui appartenaient. Ils y passèrent trois semaines, s'attendant chaque jour à être massacrés, priant et jeûnant. Le ciel resta sourd à leurs supplications. À la Saint-Jean, les croisés envahirent Neus, un des villages où les Juifs s'étaient cachés, et les y massacrèrent. De là, ils se rendirent dans les autres villages, recherchant les Juifs qui s'y étaient réfugiés et tuant tous ceux qu'ils découvraient. Un grand nombre des fugitifs cherchèrent la mort dans les étangs et les marais. Un vieillard très savant, Samuel ben Yehiel, égorgea son fils, beau et vigoureux jeune homme, au milieu d'un étang, récitant à voix haute la formule de bénédiction qu'on prononce pour un sacrifice ; la victime répondit : *Amen*, et tous les assistants, entonnant la profession de foi : *Écoute, Israël*, se précipitèrent dans l'eau.

On évalue à douze mille le nombre des Juifs tombés dans les communautés du Rhin, depuis le mois de mai jusqu'en juillet, sous les coups des croisés. Les autres avaient momentanément embrassé le christianisme ; ils espéraient qu'à son retour d'Italie, l'empereur Henri IV les reprendrait sous sa protection et leur permettrait de revenir à leur ancienne foi.

En Bohême également, se produisirent des scènes de carnage partout où les croisés rencontraient des Juifs. Dans ce pays, où le christianisme était encore moins puissant que dans d'autres contrées, les Juifs avaient joui jusqu'alors d'une entière sécurité. Leurs souffrances commencèrent avec l'arrivée des bandes de croisés. Le puissant duc de Bohême Wratislaw II, qui seul aurait pu réprimer les excès de ces forcenés, guerroyait alors loin de son pays ; les croisés avaient ainsi toute liberté pour accomplir leurs massacres. À Prague, de nombreux Juifs furent tués ; d'autres se laissèrent baptiser. L'évêque Cosmas s'éleva en vain contre ces violences. Les croisés connaissaient sans doute mieux que le prélat les devoirs imposés par le christianisme.

Pour le bonheur des Juifs de l'Europe occidentale et l'honneur de l'humanité, la populace seule prenait part à ces massacres. Les princes, les bourgeois et, à l'exception de l'archevêque Ruthard, de Mayence, et de l'évêque Egilbert, de Spire, les prélats eux-mêmes témoignaient leur horreur pour ces crimes. Le temps n'était pas encore veau où princes, peuple et ecclésiastiques s'entendraient pour persécuter les Juifs.

Quand on apprit que les deux cent mille croisés conduits par Emmerich et Hermann avaient été honteusement battus par les Hongrois et avaient péri en grande partie, Juifs et chrétiens regardèrent cet échec comme un juste châtiment de Dieu. Un autre événement favorable pour les Juifs, fut le retour de l'empereur Henri IV, qui revenait d'Italie. Il manifesta publiquement sa compassion pour les Juifs, et, à la demande du chef de la communauté de Spire, *Moïse ben Gouthiel*, il autorisa tous les Juifs qui avaient reçu le baptême par contrainte à revenir au judaïsme. Ce fut une joie générale parmi les Juifs d'Allemagne. Tous les Juifs baptisés s'empressèrent de rejeter leur masque chrétien (1097).

Cette large tolérance de Henri IV irrita les représentants de l'Église, et le pape Clément III lui-même, qui devait cependant sa tiare à l'empereur d'Allemagne, lui adressa des reproches amers. *Nous avons appris*, lui écrivit-il, *que les Juifs baptisés ont été autorisés à sortir du giron de l'Église. Pareil fait est inouï ; c'est un grand péché, et nous t'invitons ainsi que nos frères à prendre des mesures pour que la sainteté de l'Église ne soit pas souillée.* Henri IV ne se préoccupa nullement de ces reproches et il continua à traiter les Juifs avec équité. Il ordonna même une enquête sur la conduite de l'archevêque Ruthard, qui s'était approprié les biens des Juifs de Mayence, et il dédommagea en partie ces derniers au détriment de l'archevêque (1098).

À la nouvelle que les Juifs baptisés d'Allemagne pouvaient revenir au judaïsme, ceux de Bohème reprirent également leur ancienne religion. Mais, dans la crainte de nouvelles persécutions, ils résolurent d'émigrer avec leurs richesses, soit en Pologne, soit dans la Pannonie (Autriche et Hongrie). En apprenant la décision des Juifs, le duc Wratislaw, qui venait de rentrer dans son pays, fit occuper leurs maisons par des soldats, réunit leurs chefs et leur déclara que tous les biens des Juifs de Bohème lui appartenaient. *Quand vous êtes venus ici,* leur dit-il, *vous n'avez rien rapporté des trésors de Jérusalem. Vaincus par Vespasien et vendus pour un prix dérisoire, vous avez été dispersés dans le monde entier. Vous êtes arrivés nus dans ce pays, et nus vous en sortirez.* Que répondre à un tel discours ? Il fallait se soumettre à la force. Les Juifs de Bohème furent ainsi dérouillés de tout ce qu'ils possédaient ; on leur laissait à peine de quoi se nourrir pendant quelques jours.

Les Juifs de Jérusalem furent maltraités, comme leurs frères de l'Europe, par les croisés. Quand Godefroy de Bouillon fut parvenu, après de longs efforts, à prendre d'assaut la ville sainte, il fit enfermer tous les Juifs, caraïtes et rabbanites, dans une synagogue et y mit le feu (15 juillet 1099). On voit que, pour Israël, le XIe siècle s'acheva dans le sang.

Pour protéger les Juifs d'Allemagne contre de nouvelles persécutions, Henri IV fit jurer, en 1103, aux princes et aux bourgeois qu'ils ne maltraiteraient pas la population juive et qu'ils la laisseraient vivre en paix. La protection impériale, très utile à l'origine, amena plus tard des conséquences fâcheuses ; elle rendit les Juifs dépendants des seigneurs, qui allaient les considérer bientôt comme leur propriété.

On a vu plus haut avec quel empressement les Juifs baptisés revinrent au judaïsme dès que les circonstances le leur permirent. Leur réadmission dans la Synagogue rencontra une vive opposition de la part des Juifs qui étaient restés fidèles, malgré tout, à leur religion et qui ne voulaient pas reconnaître les anciens apostats comme leurs frères ni s'apparenter arec eux. Ces idées étroites affligèrent Raschi, qui les combattit de toutes ses forces : *Gardons-nous bien*, leur dit-il, *de nous éloigner de ceux qui reviennent à nous et de les humilier. Ils ne se sont faits chrétiens que par la crainte de la mort ; dès que le danger a disparu, ils se sont hâtés de retourner au judaïsme.*

Une autre conséquence funeste des persécutions, fut le développement de l'esprit de mortification et de la dévotion excessive parmi les Juifs d'Allemagne. Malgré leur aversion pour le culte de leurs persécuteurs, ils lui empruntèrent néanmoins l'usage de visiter les tombeaux de leurs martyrs, qu'ils appelaient également des *saints* (Kedoschim), d'y faire des prières et de demander à ces saints leur intercession auprès de Dieu. À partir de ce moment, les Juifs allemands se plongèrent dans une sombre et farouche piété.

Il existait cependant un remède bien efficace contre cette tendance de s'enfermer dans des pratiques de contrition et des habitudes monacales, c'était l'étude du Talmud. Quiconque voulait se retrouver dans les dédales du Talmud, suivre sa dialectique serrée et ses raisonnements subtils, avait besoin d'une intelligence claire et d'une attention soutenue ; les talmudistes ne pouvaient pas s'endormir dans un doux mysticisme. Aussi voyait-on régner dans les écoles talmudiques une activité saine et joyeuse, on n'y connaissait ni les préoccupations affligeantes, ni les gémissements stériles, on y étudiait avec ardeur et on y oubliait les malheurs du passé et les menaces de l'avenir.

Les deux savants qui avaient donné un essor considérable à l'enseignement du Talmud moururent tous deux au commencement du XIIe siècle : Isaac Alfasi en 1103 et Raschi en 1105. Tous les deux laissèrent de nombreux disciples, qui continuèrent l'œuvre de leurs maîtres, et tous les deux furent profondément vénérés par leurs contemporains comme par la postérité. L'admiration des Juifs espagnols pour Alfasi se manifesta par des poésies élégantes et touchantes, et celle des Juifs d'Allemagne et du nord de la France pour Raschi se fit jour dans de nombreuses légendes.

Les Juifs d'Espagne pouvaient encore considérer ce beau pays comme une patrie. Même sous la domination des Almoravides, ces princes barbares qui s'étaient emparés de l'Espagne méridionale, ils vivaient dans une parfaite sécurité. Sous le règne d'Ali (1106-1143), le deuxième souverain de la dynastie des Almoravides, quelques Juifs furent même chargés par la population juive et chrétienne de percevoir les impôts, d'autres furent nommés, à la cour, à des emplois élevés. Ainsi Abou Ayyoub Salomon ibn Almouallem, de Séville, poète très distingué, fut attaché comme médecin à la personne d'Ali et reçut le titre de prince et de vizir. Un autre médecin, Abou-I-Hassan Abraham ben Meïr ibn Kamnial, de Saragosse, vivait également à la cour d'Ali avec le titre de vizir. À en croire les poètes contemporains, Ibn

Kamnial avait des sentiments élevés, était généreux et s'intéressait beaucoup au sort de ses coreligionnaires. *Ce prince*, disent-ils, *marche sur terre, mais ses regards sont dirigés vers le ciel. Il se précipite avec la rapidité de la foudre au secours de ses semblables, ses largesses s'adressent aux étrangers comme à ses concitoyens, il consacre sa fortune à sauver ceux que le malheur a voués à la mort... Sa protection s'étend sur tous ses coreligionnaires ; il réside en Espagne, mais il vient en aide à ses frères d'Égypte et de Babylonie*. Enfin, un autre Juif d'Espagne, célébré par ses contemporains, était le prince Salomon ibn Faroussal, qui se trouvait sans doute au service d'un roi chrétien. Chargé d'une mission auprès de la cour de Murcie, il fut assassiné en 1108, peu de temps avant la victoire que les musulmans remportèrent près d'Uctès sur les chrétiens. Parmi les Juifs qui occupaient, à cette époque, une situation politique, il faut encore mentionner Abraham ben Hiyya Albargueloni (né en 1065 et mort en 1136). Astronome habile, il était en quelque sorte le ministre de la police (zahib as schorta) d'un prince musulman et jouissait d'une grande autorité.

De tous les Juifs influents par leur science, leur fortune ou leur situation, qui rivaient dans ce temps en Espagne, aucun n'exerça sur ses contemporains sine action analogue à celle que Hasdaï ibn Schaprout et Samuel ibn Nagrela avaient eue autrefois, quand ils réveillèrent les intelligences assoupies et imprimèrent une puissante impulsion à l'activité littéraire de leurs coreligionnaires. Il est vrai qu'à cette époque point n'était besoin d'un chef pour maintenir et diriger le mouvement ; l'émulation qui régnait entre les savants juifs, dans toutes les sphères des connaissances, était un stimulant suffisant. Pendant la première moitié du XIe siècle, le judaïsme espagnol produisit un grand nombre d'hommes supérieurs dans tous les genres, des poètes, des philosophes et des talmudistes, dont les oeuvres étaient presque toutes parfaites. En ce temps, on ne connaissait plus parmi les savants juifs cette envie mesquine dont Menahem ben Sarouk et Ibn Gabirol eurent tant à souffrir ; cette rivalité malveillante et cette hostilité haineuse qui divisèrent Ibn Djanah et Samuel ibn Nagrela, Alfasi et Ibn Albalia. Poètes et savants se considéraient comme les membres d'une seule famille et étaient unis entre eux par les liens d'une estime et d'une amitié réciproques.

Parmi les rabbins espagnols de l'époque, presque tous disciples d'Alfasi, le plus remarquable fut, sans contredit, *Joseph ibn Migasch* (né en 1077 et mort en 1141). Petit-fils d'un homme qui avait joui d'une très grande considération à la cour des Abbadides à Séville, et fils d'un savant distingué, Ibn Migasch méritait certainement les éloges que le poète Juda Hallévi lui décernait pour son intelligence et son caractère. Quoiqu'il descendît d'une famille illustre et fût placé à la tête de la communauté importante de Lucéna, il resta toujours modeste, affable, plein d'indulgence. Une seule fois, cependant, il se montra très sévère, mais il s'agissait de l'intérêt supérieur d'une communauté entière.

L'Espagne était à ce moment très divisée. En Andalousie, les Arabes, anciens maîtres du pays, haïssaient leurs vainqueurs berbères et leur faisaient une guerre incessante, tantôt sourde, tantôt ouverte. Dans le royaume de Grenade, les chrétiens qui étaient venus s'établir dans le pays conspirèrent contre leurs seigneurs musulmans, appelèrent à leur aide Alphonse d'Aragon, le conquérant de Saragosse, et lui promirent de lui livrer Grenade. Mêmes luttes intestines dans l'Espagne chrétienne. Malgré l'union contractée par Alphonse d'Aragon avec Urraca, reine de Castille, ou peut-être à cause de cette union, les Aragonais et les Castillans tenaient les uns pour le roi, les autres pour la reine, et se livraient des combats continuels. Il y avait même un troisième parti, qui soutenait le jeune infant Alphonse VII contre sa mère et son beau-père. Parfois on voyait chrétiens et musulmans combattre sous un même drapeau, tantôt contre un prince chrétien, tantôt contre un émir arabe. Les alliances se concluaient et se rompaient avec une rapidité singulière, les conspirations et les trahisons étaient très fréquentes. Les juifs ne restaient naturellement pas neutres au milieu de cette anarchie. Volontairement ou par contrainte, ils se déclaraient pour tel ou tel parti. Mais ils couraient de plus grands risques que leurs autres concitoyens. En cas d'insuccès ou de trahison, les conspirateurs chrétiens et musulmans trouvaient un refuge auprès de leurs puissants coreligionnaires. Il n'en citait pas de même pour les Juifs. Pour être forts, ils avaient besoin d'être unis. Chez eux, la discorde pouvait avoir les plus funestes conséquences, parce qu'en cas de dénonciation, ce n'est pas seulement le coupable qui aurait été puni, mais la communauté entière à laquelle il appartenait, et peut-être les Juifs de tout le pays. Aussi, quand Ibn Migasch apprit qu'un membre de la communauté de Lucéna se proposait de dénoncer un de ses coreligionnaires, le fit-il condamner à mort et lapider. L'exécution eut lieu à la fête de l'Expiation, au coucher du soleil.

À sa mort (1141), Joseph ibn Migasch laissa un fils très savant, nommé Meïr, et de nombreux disciples, entre autres Maïmoun, de Cordoue, dont le fils devait occuper un rang si brillant dans l'histoire du judaïsme.

À mesure que l'enseignement du Talmud se développait en Espagne, on s'occupait moins d'exégèse biblique et de science grammaticale. Par, contre, cette époque fut riche en poètes. Depuis que, deux siècles auparavant, Dounasch ben Labrat avait commencé à assouplir la langue hébraïque, celle-ci avait acquis une flexibilité singulière et était devenue, pour les poètes, un instrument très facile à manier. Stimulés par le succès d'Ibn Gabirol et l'exemple des Arabes, qui écrivaient même leurs lettres en vers, les Juifs espagnols voulaient presque tous devenir poètes. Quiconque ne voulait pas être réputé ignorant, devait connaître l'art de versifier. Aussi rimait-on beaucoup à cette époque. Mais toutes ces productions sont rarement animées d'un souffle poétique. Parmi les poètes de ce temps qui n'ont pas encore été nommés et qui méritent une mention, on peut citer Moïse ibn Ezra, Juda ibn Giat, Juda ibn Abbas, Salomon ibn Sakbel, et surtout le premier de tous, Juda Hallévi.

Contrairement aux habitudes de la plupart des poètes juifs de cette époque, qui ne traitaient que des sujets sérieux, Salomon ben Sakbel, parent du rabbin Joseph ibn Sahal de Cordoue, se servit de la langue hébraïque pour peindre l'amour frivole et badin. Il composa son ouvrage, intitulé **Tachkemoni**, sur le modèle des *Makàmât* (Séances) que le poète arabe Hariri, de Bassora, venait de publier et dont la réputation avait pénétré jusqu'en Espagne. C'était une espèce de roman satirique, écrit en prose rimée, entrecoupée de vers. Le héros de ce roman raconte comme il est sans cesse victime de ses illusions. Après avoir vécu longtemps dans la solitude des bois avec sa bien-aimée, il s'est fatigué de cette existence monotone et désire faire ripaille en nombreuse et joyeuse compagnie. Son repos est troublé par un billet mystérieux que lui remet une belle inconnue. Toujours à la poursuite de cette enchanteresse, qui lui échappe constamment, il arrive dans un harem dont le maître, avec une **mine de berbère**, le menace de mort. Ô bonheur ! sous ce masque terrible se cachait une femme d'une beauté éblouissante, l'esclave de celle qui était la reine de ses pensées et qui lui promet que tous ses désirs seront réalisés. Il retrouve enfin l'objet de sa passion, et déjà il se croit au comble de ses vœux quand il s'aperçoit que du commencement à la fin il a été mystifié par ses amis. Telle est l'œuvre de Ben Sakbel. En elle-même, elle n'a aucune valeur poétique ; c'est une simple imitation de l'arabe. Mais il est intéressant de voir avec quelle habileté Ben Sakbel manie l'hébreu et expose dans cette langue si grave de simples futilités.

À cette époque vivaient également à Grenade les quatre frères Ibn Ezra : c'étaient *Abou-Ibrakim Isaac*, l'aîné ; *Abou-Haroun Moïse*, *Abou-l-Hassan Juda* et *Abou Hadjadj Joseph*, le plus jeune, savants distingués et d'illustre naissance. *On reconnaît*, dit un contemporain, *à la noblesse de leurs sentiments, qu'ils descendent de la famille royale de David.* Leur père, nommé Jacob, avait occupé un emploi sous le roi Habous ou plutôt sous Samuel ibn Nagrela. Le plus remarquable des quatre fut Abou-Haroun Moïse (né vers 1070 et mort vers 1139). Il fut le poète le plus fécond de son temps. C'est le chagrin qui semble avoir éveillé en lui l'inspiration poétique. Amoureux de sa nièce, dont il était également aimé, il se vit refuser sa main. Dans sa douleur, il abandonna la maison paternelle, errant à travers le Portugal et la Castille. Comme le temps était impuissant à adoucir sa souffrance, il demanda des consolations à la science et surtout à la poésie. Il rencontra des amis dévoués et des admirateurs sincères, et Ibn Kamnial, le noble bienfaiteur de ses coreligionnaires, lui voua une vive affection.

Moïse ibn Ezra avait de nombreux traits de ressemblance avec Salomon ibn Gabirol. Comme ce dernier, il se plaignait amèrement de l'envie et de la trahison de ses contemporains, et s'occupait principalement, dans ses oeuvres, de sa propre personnalité, de son moi. Mais il était moins sensible, moins susceptible et aussi moins sombre que le poète de Malaga ; sa nature plus énergique lui permettait de sortir parfois de sa tristesse pour faire entendre des accents plus gais. Sa Muse aimait quelquefois le badinage. Néanmoins, comme poète, il est bien inférieur à Ibn Gabirol ; il est maniéré et guindé, ses images sont exagérées, ses vers manquent de mesure et d'harmonie. Il faut cependant admirer son habileté dans le maniement de l'hébreu, la fertilité de son imagination, l'abondance de ses productions et les nombreuses variétés de vers dont il a enrichi la littérature hébraïque. Sous le titre de **Collier de perles**, il publia un recueil de chants de douze cent dix vers, divisé en dix chapitres. Il y célèbre son protecteur Ibn Kamnial, chante tour à tour le vin, l'amour, les plaisirs, la vie voluptueuse sous les voûtes de feuillage et au milieu des chants des oiseaux, déplore l'éloignement de ses amis, se plaint de trahison, gémit sur l'approche de la vieillesse, conseille la confiance en Dieu et exalte enfin l'art de la poésie. À côté de ce recueil, Ibn Ezra produisit encore trois cents poésies de circonstance, réunies en un diwan de plus de dix mille vers, et près de deux cents compositions liturgiques pour les fêtes du Nouvel an et de l'Expiation, qui ont été admises dans le Rituel de plusieurs communautés. Ses prières manquent d'élévation et de sincérité, elles sont écrites selon toutes les règles de l'art, mais on n'y sent ni chaleur ai sentiment.

Moïse ibn Ezra composa également deux ouvrages didactiques, l'un, écrit en arabe et intitulé **Dialogues et Souvenirs**, où il traite des principes de l'art oratoire et de la poésie et énumère les travaux des poètes hispano-juifs depuis les premiers temps ; l'autre, en hébreu, à tendances philosophiques, où il expose sèchement, d'après des modèles arabes, la philosophie aride du temps.

Quoiqu'il fût poète à peine suffisant et philosophe médiocre, Moise, grâce à son étonnante facilité, jouissait cependant de la considération générale. Il entretenait des relations amicales avec toutes les personnalités éminentes de son époque, qui le louèrent en prose et en vers.

Mais la gloire la plus pure et la plus lumineuse de ce temps fut *Adbou-l-Hassan Juda ben Samuel Hallévi*, né vers 1086 dans la Vieille Castille. Comme poète il surpassa ses prédécesseurs et ses contemporains, et comme penseur il fait partie du petit, nombre d'élus qui ont mis au monde des conceptions nouvelles et exprimé des idées suggestives. Pour le célébrer dignement, l'histoire devrait emprunter à la poésie ses plus brillantes images et ses accents les plus doux. C'était une intelligence d'élite qui passa sur la terre comme un être divin, entouré d'une radieuse auréole et illuminant le judaïsme de l'éclat de sa splendeur. Quand l'Espagne aura triomphé de ses préjugés et ne fera plus passer ses grands hommes d'autrefois sous la toise de l'Église avant de les adopter comme des illustrations nationales, elle accordera certainement à Juda Hallévi une place d'honneur dans son panthéon. Les Juifs ont déposé depuis longtemps la couronne de la poésie sur le front de ce chantre admirable, d'une piété si profonde et d'une moralité si élevée.

> *Sans tache, pure et sincère*
> *Fut sa poésie comme son âme.*
> *Après l'avoir créée,*
> *Dieu, content de son œuvre,*
> *Embrassa cette belle âme.*
> *Et l'écho de ce baiser divin*
> *Résonne dans les chants du poète.*

Cet homme extraordinaire réunissait en lui les qualités les plus opposées. Esprit sérieux et méditatif, il savait être gai et enjoué ; entouré d'admirateurs passionnés, il resta modeste; profondément attaché à ses amis, il ne leur sacrifia jamais ses idées et ses conceptions; poète dans toute la force du terme, il sut toujours maîtriser son imagination et diriger ses sentiments, ses pensées et ses actions, avec la plus parfaite clairvoyance. Il s'imposa des règles de conduite dont il ne se départit jamais.

Né dans l'Espagne chrétienne, Juda Hallévi se rendit à Lucéna pour étudier le Talmud auprès d'Alfasi, parce que la Castille et, en général, l'Espagne septentrionale ne possédaient pas de savants talmudistes. Comme Ibn Gabirol, il était encore jeune quand il sentit en lui l'inspiration poétique. Hais loin d'être triste comme celle du chantre de la mélancolie et de la souffrance, sa Muse ne faisait entendre, au contraire, que des notes joyeuses, célébrant, par exemple, le mariage d'Ibn Migasch, la naissance du premier-né dans la famille de Baruch ibn Albalia (vers 1100), et d'autres événements heureux. C'est que le bonheur sourit constamment à ce favori du sort. À Grenade, il se lia avec la famille des Ibn Ezra, et quand il apprit qu'à la suite d'un chagrin d'amour Moïse ibn Ezra s'était condamné volontairement à l'exil, il lui adressa des consolations dans des vers remarquables d'émotion et de bon sens.

Malgré son humeur toujours sereine, il ressentit aussi les joies et les douleurs de l'amour. Il chante les yeux de sa gazelle, de sa bien-aimée, ses lèvres de pourpre, ses cheveux noirs comme le corbeau, et il reproche à l'infidèle sa trahison. Ses chants d'amour respirent le feu de la jeunesse et de la passion et sont animés d'un souffle vraiment éloquent, ils témoignent d'une richesse d'imagination et d'une connaissance de l'art poétique qu'on est étonné de rencontrer à un si haut degré chez un jeune homme.

Outre son talent poétique, Juda Hallévi avait des connaissances philosophiques et était versé dans les sciences naturelles; il écrivait l'arabe avec élégance et était très familiarisé avec la poésie castillane. Il demandait ses moyens de subsistance à la pratique de la médecine, qu'il exerçait avec succès. Quoiqu'il fût appelé par sa profession à vivre souvent au milieu des malades et des mourants, son âme sut toujours planer au-dessus des misères de la vie, dans les régions de l'idéal. Il écrivit à un ami la lettre suivante au sujet de ses occupations. *Même aux heures qui n'appartiennent ni au jour ni à la nuit, je me consacre au vain art de la médecine, bien que je sois incapable de guérir. La ville où je demeure est grande, les habitants en sont des géants, mais des gens très durs. Je ne puis leur donner satisfaction qu'en gaspillant mes jours à guérir leurs infirmités. J'essaie de rendre la santé à Babel, mais elle reste malade. Puisse Dieu m'envoyer bientôt la délivrance et m'accorder le repos, alla que je puisse aller dans une ville où fleurit la science et m'y désaltérer à la source de la sagesse.*

Juda Hallévi avait une idée plus juste de la poésie que ses contemporains arabes et juifs, il la considérait comme un présent du ciel, un don divin, et non comme un résultat de l'art. Aussi raille-t-il ceux qui établissent des règles de prosodie. Selon lui, le vrai poète devine instinctivement les lois de la poésie. Dans sa jeunesse, il prodigua les trésors de son imagination féconde en productions légères, en badinages, il écrivit, selon l'usage du temps, des kassides pleines d'éloges exagérés pour ses nombreux amis. Il chanta le vin et les plaisirs et composa des énigmes en vers. À ceux qui lui reprochaient de consacrer son talent à de telles fut! lités, il répondit avec la présomption de la jeunesse : *Ma vingt-quatrième année n'est pas encore évanouie, et je fuirais avec chagrin le vin joyeux !*

Dans ses poésies légères, il se plaisait à surmonter les plus grandes difficultés de rime et de mètre ; parfois il les terminait par un vers castillan ou arabe. A la tournure comme à l'expression, on reconnaît tout de suite le maître, qui, en quelques traits hardis, dessine un tableau achevé. Ses descriptions de la nature sont aussi brillantes et aussi pittoresques que tout ce qui a été écrit de plus parfait en ce genre dans toutes les langues, les fleurs y resplendissent de mille couleurs et répandent au loin leurs parfums embaumés, les branches y plient sous le poids de leurs fruits d'or, les oiseaux y font entendre leurs doux gazouillements. Quand il montre les bouillonnements impétueux de la mer sous l'action de la tempête, ses lecteurs se sentent émus jusqu'au fond de l'âme devant ce spectacle si grand et si terrible. Mais pas plus dans ces tableaux que dans les compositions liturgiques, qu'il écrivit au nombre de plus de trois cents, Juda Hallévi ne déploya tout son talent. Ses chefs-d'œuvre sont ses poèmes religieux et nationaux ; il y met toute son âme de poète, tout son enthousiasme de croyant, il y chante tour à tour les misères présentes de Sion et ses splendeurs futures. De toutes les poésies néo-hébraïques, les *Sionides* se rapprochent le plus des Psaumes. Quand Juda Hallévi exhale ses douloureux soupirs sur l'abandon de Sion, ou lorsqu'il rêve de son magnifique avenir, de son union future avec son Dieu et son peuple, on croirait entendre le Psalmiste! Ibn Gabirol ne déplore que son propre isolement, Moïse ibn Ezra ses propres souffrances, mais Juda Hallévi gémit sur les malheurs de son peuple, sur les ruines du sanctuaire national, sur l'asservissement d'Israël. Voilà pourquoi ses plaintes nous émeuvent si profondément, voilà pourquoi ses accents pénétrants remuent les plus intimes de nos fibres.

Après avoir exprimé, dans les Sionides, les sentiments nationaux d'Israël, Juda Hallévi fait connaître en quelque sorte les conceptions nationales du judaïsme. Il émet des idées originales sur les rapports de Dieu avec la création et sur la valeur comparative des religions juive, chrétienne et musulmane. Si, comme poète, il ressemble au Psalmiste, dans l'exposition de ses idées philosophiques il se rapproche de l'auteur de *Job* ; seulement il est plus complet. À l'exemple de cet auteur et de Picton, il développe ses idées sous forme de dialogues et rattache son exposé à un fait historique. Son ouvrage théologique, écrit en arabe, fut composé à la suite de la demande que lui adressèrent quelques-uns de ses disciples de faire connaître ses vues sur le judaïsme rabbanite et de le défendre contre les objections soulevées contre cette religion par la philosophie, le christianisme, l'islamisme et le caraïsme.

Un païen, aussi ignorant de la philosophie scolastique que des trois religions existantes, éprouve un jour le désir de se rattacher plus étroitement à son Créateur. Après un examen attentif, il est convaincu de la vérité du judaïsme. Ce païen est Boulan, le roi des Khazars, qui se convertit, en effet, à la foi juive. Tel est le point de départ historique choisi par Juda Hallévi pour l'exposé de ses doctrines. De là aussi le nom de *Khozari* donné à cet exposé.

L'auteur suppose que le roi des Khazars, sincèrement attaché au culte des idoles et animé des meilleurs sentiments, vit plusieurs fois en rêve un ange qui lui dit : *Tes intentions sont, excellentes mais ta conduite est détestable.* Pour connaître alors la manière dont Dieu veut être adoré, il s'adresse d'abord à un philosophe. Celui-ci, imbu en partie des idées d'Aristote et en partie des doctrines platoniciennes, enseigne au roi que la divinité est trop élevée pour se mettre en rapport avec l'homme ou pour lui demander de l'adorer. Peu satisfait de cette doctrine, le roi des Khazars sollicite les représentants du christianisme et de l'islamisme de lui faire connaître enfin la vraie foi. Il ne daigne pas consulter les Juifs parce qu'à ses yeux, l'état d'abaissement où ils se trouvent prouve avec évidence l'infériorité de leur religion.

Il apprend par un prêtre chrétien que le christianisme accepte toutes les prescriptions de la Thora et des autres écrits sacrés du judaïsme, et qu'il admet comme dogme fondamental l'incarnation de Dieu dans le sein d'une vierge descendant de la famille royale des Juifs. Les chrétiens croient aussi que le Fils de Dieu ne fait qu'un avec le Père et le Saint-Esprit, et ils adorent cette trinité comme le Dieu-Un ; ils prétendent qu'ils sont les vrais israélites et que leurs douze apures ont pris la place des douze tribus. Certaines croyances des chrétiens paraissent au prince en contradiction trop flagrante avec la raison pour qu'il les adopte; il ne se fait donc pas chrétien.

Un théologien musulman lui expose alors les principes de l'islamisme. Cette religion croit avec le judaïsme à l'unité et à l'éternité de Dieu et à la création *ex nihilo*, elle admet, en outre, que Mahomet est le plus grand des prophètes, qu'il a convié tous les peuples à embrasser la vraie foi, promettant aux croyants le paradis avec ses jouissances toutes matérielles, et menaçant les mécréants du feu de l'enfer. Au dire du théologien musulman, la vérité de l'islamisme serait prouvée par ce fait que nul homme ne pourrait écrire un livre parfait comme le Coran. Mais cette circonstance ne suffit pas pour porter la conviction dans l'esprit du roi des Khazars.

En voyant que pour démontrer la vérité de leurs croyances le chrétien comme le musulman ont besoin de s'appuyer sur la Bible, le roi des Khazars se décide, malgré ses préjugés, à consulter un savant juif. Il apprend ainsi que les Juifs adorent le Dieu de leurs ancêtres, Celui qui a fait sortir leurs aïeux de l'Égypte, a accompli des miracles en leur faveur, les a conduits dans la Terre promise et leur a envoyé des prophètes pour les diriger dans la bonne voie. *J'avais bien raison*, dit alors le roi, *d'hésiter à m'adresser aux Juifs. À en juger par le mépris dont ils sont l'objet, je devais prévoir qu'ils ont perdu toute intelligence. Au lieu de m'exposer sèchement une profession de foi qui ne peut avoir de valeur que pour vous, tu aurais dû commencer par me dire que vous croyez à un Dieu qui a créé et dirige le monde.* — *Mais*, réplique le juif, *des croyances de ce genre ont besoin d'être démontrées par une argumentation longue et difficile, les philosophes ont émis des hypothèses différentes sur la création et la direction de l'univers, taudis que mes assertions n'exigent aucune preuve ; l'authenticité des miracles opérés en notre faveur est affirmée par des témoins oculaires.* Après avoir établi et fait admettre ce dernier point, Juda Hallévi pouvait prouver facilement la vérité du judaïsme. Ne sachant que faire de Dieu et de la religion, la philosophie les chasse du monde. Le christianisme et l'islamisme sont en contradiction avec le bon sens, tandis que le judaïsme prend comme point de départ des faits matériels, avérés, que nul raisonnement ne saurait faire disparaître ; il est donc complètement d'accord avec la raison, tout en lui imposant certaines limites. La raison perd, en effet, ses droits quand elle a contre elle la certitude du fait.

En restreignant ainsi les limites de la spéculation philosophique, Juda Hallévi ne se montrait pas seulement supérieur à ses contemporains, mais il était encore de plusieurs siècles en avance sur son époque. Pendant que les penseurs de son temps, juifs, chrétiens ou musulmans, suivaient servilement les idées d'Aristote, admettant sans discussion ses conceptions sur Dieu et le monde et s'évertuant à les trouver dans la Bible, le philosophe de Castille eut le courage d'assigner à l'esprit humain ses limites naturelles et de lui dire : *Jusqu'ici et pas plus loin !* Selon lui, la philosophie ne peut rien contre le fait réel, elle doit l'accepter tel quel et tenir compte de son existence dans ses raisonnements. C'est ainsi que dans le domaine de la nature, l'observateur n'a pas le droit de rejeter les phénomènes, quelque singuliers et absurdes qu'ils paraissent, mais il est tenu de les comprendre et de les expliquer. Ce principe, admis aujourd'hui, Juda Hallévi l'a établi le premier. En opposition avec les nombreux savants qui acceptaient aveuglément toutes les conceptions de la philosophie grecque, il jugeait sévèrement cette philosophie dans la strophe suivante :

> *Ne te laisse pas séduire par la sagesse grecque,*
> *Qui a seulement de belles fleurs, sans produire aucun fruit.*
> *Que dit-elle ? Que le monde n'a pas été créé par Dieu,*

Mais a existé de tout temps.
Elle raconte encore des mythes.
Si tu l'écoutes, tu reviendras abasourdi
Par beaucoup de bavardage, mais le cœur vide et mécontent.

D'après la théorie de Juda Hallévi, le judaïsme ne peut donc pas être attaqué par la philosophie, car il s'appuie sur des faits certains. Il a été créé tout d'une pièce et révélé devant une foule immense, qui a pu se rendre compte qu'elle n'était victime d'aucune mystification. Les miracles qui ont précédé et suivi la Révélation ont été opérés également devant des milliers de témoins. Du reste, l'intervention divine ne s'est pas produite seulement à l'origine de la formation du peuple juif, elle s'est manifestée pendant plusieurs siècles par l'inspiration prophétique. Ces faits ont donné à la religion juive un caractère de certitude que ne possède aucune philosophie, et l'existence de Dieu est prouvée bien mieux par la Révélation que par tous les raisonnements.

Après avoir établi ainsi la vérité du judaïsme, Juda Hallévi en montre la sagesse et la haute valeur. Voici sa théorie, à coup sûr très originale. Il admet naturellement la création du monde telle qu'elle est rapportée dans le Pentateuque. En sortant de la main du Créateur, pur, sans tache, exempt de tout défaut héréditaire, le premier homme était parfait au physique comme au moral, possédant l'inspiration prophétique et appelé pour cette raison **fils de Dieu**. Il transmit cette perfection à ceux de ses descendants qui étaient d'une organisation supérieure. C'est ainsi qu'à travers la longue suite des générations, cette vertu innée devint le partage des patriarches et des chefs des douze tribus et fit du peuple juif le cœur et le noyau de l'humanité, la race exclusivement douée de la grâce divine, c'est-à-dire du don de la prophétie. Pour que ce caractère spécial pût se maintenir chez les israélites, il était nécessaire de les placer dans une région dont les conditions climatériques fussent favorables au développement de la vie intellectuelle. Voilà pourquoi Dieu leur a donné le pais de Canaan. À un peuple élu il fallait un pays élu. Les lois religieuses avaient pour but de conserver la faculté prophétique dans la nation juive. Tel était le but poursuivi par l'institution du sacerdoce, la construction du temple de Jérusalem, le culte des sacrifices et toutes les autres prescriptions. Dieu seul sait dans quelle proportion chacune de ces lois nous aide à atteindre notre but. les hommes ne doivent donc rien y chantier. Car la moindre modification apportée à ces lois peut en changer les conséquences, de même que la moindre altération du sol ou du climat influe sur les produits de la terre. À l'opposé de certaines opinions, il admet que ce ne sont pas les lois morales ou rationnelles, mais les prescriptions purement religieuses, qui donnent au judaïsme son caractère vraiment original et perpétuent dans le peuple juif l'esprit prophétique.

Juda Hallévi montre, ensuite, que les lois religieuses du judaïsme donnent satisfaction aux besoins du corps comme à ceux de l'âme. Le judaïsme, dit-il, ne prêche ni l'ascétisme ni la retraite du cloître ; il est l'ennemi des sombres méditations et prescrit plutôt une vie active et gaie. Il recommande la modération dans l'étude et les passions, et veut qu'il règne un heureux équilibre dans la vie individuelle comme dans la vie nationale. D'après lui, le vrai juste ne fuit pas le monde, ne hait pas l'existence et ne désire pas la mort sous prétexte de vouloir jouir plus tôt de la béatitude éternelle ; il ne s'interdit même pas les jouissances de la vie, mais reste toujours maître de son corps comme de son âme et évite l'exagération en tout.

Puis Juda Hallévi prouve la supériorité du judaïsme talmudique, non seulement sur le caraïsme, mais aussi sur l'islamisme et le christianisme. L'état d'abaissement dans lequel vivent les Juifs n'est nullement à ses yeux un signe d'infériorité, pas plus que la puissance des chrétiens et des musulmans n'est une preuve en faveur de leur culte. Ce que les hommes considèrent comme méprisable, Dieu l'estime, au contraire, à très haut prix. Du reste, les chrétiens eux-mêmes font valoir, non pas leur pouvoir, mais les humiliations de Jésus, les souffrances et la pauvreté des apôtres et des martyrs. Les mahométans aussi exaltent es compagnons de leur prophète, parce qu'ils ont souffert beaucoup pour lui. Mais, parmi tous les peuples, Israël a souffert le plus, parce qu'il occupe dans l'humanité la place que le cœur occupe dans l'organisme humain. De même que le cœur ressent le plus vivement toutes les douleurs du corps, de même Israël est atteint le plus cruellement par toutes les calamités. Mais, en dépit de ses misères, la nation juive est toujours vivante ; elle ressemble à un malade abandonné par les médecins et qui attend sa guérison d'un miracle. Comme les ossements disséminés dont parle le prophète, Israël sera animé d'un nouveau souffle de vie et reprendra sa vigueur d'autrefois. Dieu a dispersé les descendants de Jacob pour leur faciliter l'accomplissement de la mission dont ils sont chargés ; ils répandent ainsi plus rapidement leurs doctrines parmi les peuples. Quand le grain de blé est déposé dans la terre, il reste caché pendant quelque temps à tous les yeux, se désorganise, est absorbé en apparence par les éléments qui l'entourent, et semble disparaître pour jamais ; mais peu à peu il germe et fleurit, reprend sa nature originelle et reparaît grandi et développé. Le peuple juif ressemble à ce grain. L'humanité, modifiée par le christianisme et l'islamisme, reconnaîtra un jour la vraie valeur de la nation juive, elle honorera le tronc qui a produit de si fortes branches et se confondra, en quelque sorte, avec le judaïsme le jour où commencera le règne du Messie et où l'arbre produira enfin des fruits.

Personne, avant Juda Hallévi, n'avait encore parlé avec une éloquence si vigoureuse d'Israël et de sa foi. La raison et le sentiment, la philosophie et la poésie se sont prêté un appui mutuel, dans le système de l'écrivain castillan, pour créer un idéal où se concilient dans un harmonieux ensemble les exigences des appétits avec les aspirations supérieures.

Juda Hallévi n'était pas homme à mettre en contradiction ses actes et ses paroles. Une fois convaincu que la langue hébraïque avait un caractère divin et ne devait servir, par conséquent, qu'à exprimer des pensées religieuses, il cessa, de crainte de la profaner, d'écrire des vers hébreux d'après la métrique arabe. Une autre de ses convictions le portait à croire que la Palestine était spécialement favorisé, de la grâce divine et que, même dans sa décadence, elle conservait encore des traces de son ancienne splendeur. Son âme était attirée avec une force invincible vers les ruines sacrées du temple. Il était persuadé que les portes du ciel s'ouvraient à Jérusalem et que c'est dans cette ville seulement qu'il trouverait le vrai repos. Il résolut donc de se rendre en pèlerinage dans la Terre Sainte et d'y terminer ses jours.

Ce désir passionné de voir la Palestine lui inspira une série de chants, appelés *Sionides*, où l'élévation du sentiment le dispute à la beauté de l'expression, et qui forment la plus magnifique partie de la poésie néo-hébraïque :

> *Ô cité du monde, si belle dans tes brillants atours,*
> *Du fond de l'Occident j'aspire vers toi de toute mon âme.*
> *Que n'ai-je la rapidité de l'aigle pour voler vers toi*
> *Et mouiller de mes pleurs ta poussière sacrée !*

Tel est le thème principal qu'il développe dans ses Sionides, avec des variations infinies. Il y représente le peuple juif tantôt portant une couronne d'épines qui lui inflige mille souffrances, tantôt entouré d'une auréole qui le fait briller d'un éclat divin. En lisant ces chants magiques, on partage malgré soi l'amère douleur et les joyeuses espérances de l'auteur, et on est profondément impressionné par ces accents éloquents, où la conviction se môle à la plus vive exaltation.

Pour réaliser son désir de se rendre en Palestine, Juda Hallévi ne craignit pas de transformer son existence calme et tranquille en une vie d'aventures et de dangers. Il abandonna son école de Tolède; qu'il avait fondée, ses nombreux disciples, auxquels il était très attaché, ses amis, sa fille unique et son petit-fils, qu'il chérissait tendrement, il sacrifia tout à son amour pour Dieu, à sa passion pour la Terre Sainte.

Son voyage à travers l'Espagne ressembla à une marche triomphale. Dans toutes les villes où il passait, ses nombreux admirateurs lui prodiguaient les témoignages de leur respect et de leur sympathie. Accompagné de quelques amis, il s'embarqua (vers 1141) sur un navire se dirigeant vers l'Égypte. Exposé aux railleries de matelots grossiers, brisé par la fatigue, malade, il avait l'énergie d'oublier ses souffrances pour s'élever jusqu'aux régions du rêve et de la poésie. Au milieu d'effroyables tempêtes, qui imprimèrent au navire les plus terribles secousses et *le mirent à deux doigts de sa perte*, il composa d'admirables **chants de mer**.

Retardé par des vents contraires, le navire n'entra dans le port d'Alexandrie (Égypte) que vers la fête des Cabanes, en septembre. Juda Hallévi avait la ferme résolution de ne s'arrêter en Égypte que très peu de temps et de reprendre au plus tôt son pieux pèlerinage. Dès que son arrivée fut connue, de nombreux Juifs vinrent lui apporter le témoignage de leur admiration. L'homme le plus considérable d'Alexandrie, Aron ben Zion ibn Alamàni, rabbin et médecin, l'accueillit avec ses compagnons, et, grâce à ses prévenances, sa large hospitalité et son affectueuse insistance, il parvint à le retenir pendant trois mois, jusqu'à la fête de Hanouca. S'arrachant avec peine à l'affection de si bons amis, Juda se décida enfin à partir pour Damiette, où il voulait rendre visite à Abou Saïd ben Halfon Hallévi, qu'il avait déjà connu en Espagne. Mais il modifia son itinéraire, et, sur la pressante invitation du prince juif Abou Mansour Samuel ben Hanania, qui occupait une situation élevée à la cour du khalife d'Égypte, il se rendit au Caire.

Le Nil, sur lequel il voyageait, réveilla dans son esprit les souvenirs de l'histoire du peuple d'Israël, et il les rappela dans deux remarquables poèmes. Mais ces souvenirs mêmes ramenèrent sa pensée vers le vœu qu'il avait formé de se rendre le plus tôt possible dans la Terre Sainte. Aussi, malgré les instances d'Abou Mansour pour le retenir en Égypte, ne fit-il qu'un court séjour au Caire pour continuer ensuite son voyage.

À cette époque, la Palestine était gouvernée par des rois et des princes chrétiens, parents de Godefroy de Bouillon et descendants des premiers croisés. Sous la domination de ces petits souverains, les Juifs vivaient en complète sécurité ; ils avaient même acquis une certaine influence dans les diverses cours. On voit, en effet, un évêque du temps se plaindre que, sur l'instigation de leurs. femmes, les princes chrétiens préfèrent les médecins juifs, samaritains et sarrasins à leurs confrères chrétiens.

Juda Hallévi parait avoir pu réaliser son plus cher désir et entrer dans Jérusalem, mais il ne séjourna que peu de temps dans la ville sainte. Il y fut maltraité, selon toute apparence, par les chrétiens et en partit assez promptement. Les derniers événements de sa vie sont restés inconnus. On sait seulement qu'il alla à Tyr et y reçut un accueil respectueux. Dans un poème adressé à un de ses amis de Tyr, il montre un profond découragement, déplorant sa jeunesse perdue, ses espérances déçues, tous ses beaux rêves évanouis. Il séjourna également à Damas. C'est dans cette ville qu'il fit entendre son chant du cygne, cette admirable Sionide qui réveille notre amour pour Jérusalem avec la même force que les plus beaux psaumes d'Assaf.

On ignore la date de sa mort ainsi que le lieu de sa sépulture. Une légende raconte qu'il mourut, écrasé par un cavalier musulman, aux portes de Jérusalem, au moment où il chantait son émouvante Sionide. Un inconnu grava sur sa tombe cette inscription, si éloquente dans sa concision :

La Piété, la Douceur et la Générosité
Disent : nous avons disparu avec Juda.

Et pourtant, cette inscription ne célèbre qu'une partie des mérites du poète castillan. Juda Hallévi était l'image radieuse de la nation juive ayant conscience d'elle-même et proclamant, par la poésie et la philosophie, l'histoire de son passé et ses rêves d'avenir.

Chapitre V

La deuxième croisade et la première accusation de meurtre rituel dirigée contre les Juifs — (1148-1171)

Sous les deux rois capétiens Louis VI et Louis VII, les Juifs de France jouissaient, pendant la première moitié du XIIe siècle, comme autrefois sous Louis le Débonnaire, d'une situation prospère. Une large aisance régnait parmi eux, ils possédaient non seulement des maisons, mais aussi des champs et des vignes, qu'ils cultivaient eux-mêmes ou faisaient cultiver par des serviteurs chrétiens. On raconte même, non sans exagération, que la moitié de la ville de Paris, encore peu importante à cette époque, appartenait à des Juifs. Les communautés juives étaient reconnues comme des corporations indépendantes et avaient à leur tête un chef, portant le titre de *prévôt* et chargé de représenter leurs intérêts vis-à-vis des chrétiens. Le prévôt de chaque ville était élu par les Juifs, et son élection était ratifiée par le roi ou le baron qui avait droit de suzeraineté sur la ville. Les Juifs étaient reçus à la cour et occupaient divers emplois. Jacob Tain, la plus grande autorité rabbinique du temps, était très estimé du roi.

Grâce à la sécurité qui leur était ainsi assurée, les savants juifs du nord de la France pouvaient continuer l'œuvre commencée par Raschi. Arraché par la mort à la tâche qu'il avait entreprise, le chef d'école de Troyes laissa de nombreux disciples, qui, à l'exemple de leur maître, s'appliquaient avant tout à comprendre et à expliquer le Talmud. Dans leur amour pour la vérité, ils ne craignaient pas de soumettre même les explications de Raschi à la plus sévère critique ; mais leur respect pour la mémoire de leur maître était tel qu'ils ne présentaient leurs commentaires que comme des *additions* (Tossafot) à ceux de Raschi. De là, leur nom de *tossafistes*. Leur but était, en partie, de combler les lacunes laissées par Raschi, en partie de rectifier et compléter ses explications.

Le principal caractère des tossafistes est de ne s'appuyer, dans leurs commentaires, sur aucune autorité, mais de faire appel, pour comprendre le texte, à la seule intelligence. Possédant une érudition prodigieuse, ils connaissaient toutes les contradictions, apparentes ou réelles, et toutes les analogies qui pouvaient se présenter dans le Talmud, et, grâce à leur étonnante finesse de dialectique, ils savaient disséquer, en quelque sorte, chaque passage et chaque opinion, en montrer les éléments constitutifs, indiquer le côté commun de ce qui semblait contradictoire, et faire ressortir la différence de ce qui paraissait semblable. Le texte du Talmud devint entre leurs mains comme une matière très malléable, qu'ils façonnaient à leur guise. Il arrivait même souvent que pour des questions que, pour les besoins de la pratique, ils étaient obligés de résoudre, ils trouvaient les solutions dans des textes talmudiques qui, au premier abord, ne paraissaient avoir rien de commun avec ces questions.

Les premiers tossafistes appartiennent, pour la plupart, à la famille de Raschi : ce furent ses deux gendres, Meïr ben Samuel, de Ramerupt (petite ville près de Troyes), et Juda ben Nathan ; ses trois petits-fils Isaac, Samuel et Jacob Tam, fils de Meïr, et enfin un de ses parents d'Allemagne, Isaac ben Ascher Hallévi, de Spire.

Mais si les Juifs du nord de la France et des provinces rhénanes étudiaient avec ardeur le Talmud, ils négligeaient totalement la poésie. L'imagination ne pouvait, en effet, s'abandonner que difficilement à ses caprices et à ses fantaisies dans un milieu où dominait surtout la logique, et où l'on était surtout occupé à éplucher le texte du Talmud. Même les explications de la Bible avaient un caractère talmudique. Les commentateurs de la Bible ne se préoccupaient nullement du sens réel du texte, ils restaient servilement attachés aux explications traditionnelles et aux interprétations de l'Aggada. À côté des tossafot talmudiques, il y eut les tossafot bibliques. Deux hommes, qui vécurent vers 1100-1166, firent seuls exception à cette règle : Joseph Kara et Samuel ben Meïr. Le premier était fils de Simon Kara, l'auteur d'un recueil d'aggadot, et le second était petit-fils de Raschi, élevé également dans le respect de l'*Aggada*. Ils avaient donc d'autant plus de mérite d'abandonner la routine et de se laisser guider, dans leurs commentaires sur la Thora, par la grammaire et le bon sens, et non pas uniquement par la tradition. Samuel ben Meïr ou, par abréviation, *Raschbam*, ne craignit même pas de donner parfois des explications qui sont en contradiction formelle avec le Talmud, ont une allure caraïte et frisent presque l'hérésie. Cette ardeur des Juifs de France pour l'étude s'éteignit brusquement dans le sang ; l'ère des persécutions commença également pour eux.

Nous ne trouvons de sécurité ni en Orient, ni en Occident, dit Juda Hallévi dans un de ses chants d'une tristesse si poignante, et ces paroles étaient vraiment prophétiques. Tant que, par indifférence, par habitude ou par intérêt, les chrétiens et les musulmans négligeaient de mettre en pratique le principe, essentiellement intolérant, de leurs religions, les Juifs pouvaient vivre à côté d'eux. Mais dès qu'ils eurent été excités à conformer leur conduite à leurs croyances, les plus sanglantes persécutions affligèrent la population juive. Quoique les Juifs, en général, et surtout leurs chefs religieux ne fussent pas inférieurs aux chrétiens et à leurs prêtres, ceux-ci n'éprouvaient pour eux que du dédain. Dans les pays chrétiens, on méprisait les Juifs parce qu'ils ne voulaient pas croire à la divinité du Fils de Dieu, et les musulmans les maltraitaient parce qu'ils ne reconnaissaient pas Mahomet comme prophète. Des deux côtés, on les plaçait entre l'apostasie et la mort. Français et Allemands rivalisaient avec de sauvages Berbères pour persécuter la plus faible des nations. Sur les bords de la Seine, du Rhin et du Danube comme sur les plages de l'Afrique et du sud de l'Espagne, les adeptes du Christ et de Mahomet, oubliant que la meilleure partie de leurs religions est empruntée au judaïsme, entreprirent, au nom de ces religions, une chasse féroce contre les Juifs. À partir de l'année 1146, commence pour les Juifs une longue période de malheurs et d'indicibles souffrances, qui imprimèrent à la race juive cet air de misère et d'humilité, qui, aujourd'hui encore, après de nombreuses années de liberté, n'a pas complètement disparu.

Ces persécutions eurent pour cause indirecte les catastrophes qui éclatèrent alors en Asie et en Afrique. Pendant que les chrétiens s'oubliaient dans une fausse sécurité à Jérusalem et dans les autres petites principautés qu'ils avaient fondées en Asie, le héros turc Noureddin se préparait à les chasser de ces régions. il s'était déjà emparé de la ville importante d'Édesse, quand les croisés s'aperçurent de l'imminence du danger et implorèrent le secours de l'Europe. C'est alors que fut prêchée en France et en Allemagne une nouvelle croisade, et qu'on surexcita le fanatisme des chrétiens contre les Juifs.

En France, le roi Louis VII, en expiation de certains actes, prit lui-même la croix. Il était accompagné, dans son expédition, par la reine Éléonore et ses dames d'honneur, qui transformèrent le camp des croisés en une cour d'amour. L'abbé de Clairvaux, saint Bernard, homme d'une grande bonté et d'une éloquence entraînante, prit également la croix. Pour grossir l'armée des croisés, le pape Eugène III dispensa, par une bulle, tous ceux qui prenaient part à la croisade, de payer aux Juifs l'intérêt de leurs dettes. Cette mesure équivalait à une véritable spoliation. L'abbé Bernard, qui, d'habitude, se gardait bien de participer à tout acte déloyal, fut invité par le pape à parler de cette bulle dans ses sermons. Un autre abbé, Pierre de Cluny, alla plus loin : *À quoi bon*, écrivit-il à Louis VII, *s'en aller dans des pays lointains à la recherche des ennemis du christianisme, quand nous laissons les Juifs, qui sont pires que les Sarrasins, outrager en paix parmi nous nos plus saintes pratiques. Car le Sarrasin, tout en niant le dogme de l'incarnation, admet du moins que Jésus est né d'une Vierge, tandis que le maudit Juif rejette toutes nos croyances. Fidèle à la loi qui défend le meurtre, je ne vous demande pas d'ordonner le massacre de ces blasphémateurs ; Dieu ne veut pas qu'ils soient exterminés, ils doivent errer à travers le monde comme Caïn, chargés de honte et d'opprobre, et mener une vie mille fois pire que la mort. Leur existence est vile, misérable et troublée par de continuelles frayeurs. Il ne faut donc pas les tuer, mais leur infliger un châtiment qui soit en rapport avec leur condition.* Le pieux abbé terminait sa lettre en conseillant au roi de dépouiller les Juifs de tous leurs biens, *afin que l'argent de ces maudits ait au moins un emploi utile, en servant à combattre les Sarrasins.* Quoique favorablement disposé pour les Juifs, le roi Louis était obligé de laisser exécuter la bulle papale qui dispensait les croisés de s'acquitter de leurs dettes envers les Juifs. Mais, pour le moment, les Juifs de France n'eurent à supporter que des pertes d'argent. Grâce à la bienveillance du roi et de ses ministres, et à l'intervention énergique de l'abbé Suger et de saint Bernard, ils furent préservés de la fureur des croisés.

Il en fut autrement en Allemagne et principalement dans les communautés rhénanes, qui avaient déjà tant souffert de la première croisade. L'empereur Conrad III était sans grande autorité. et la bourgeoisie, qui avait défendu les Juifs tors de la première croisade, s'était tournée contre eux. Ce fut un moine français.

Rodolphe, échappé de son couvent sans l'autorisation de son supérieur, qui excita le fanatisme des Allemands contre les Juifs. Allant de ville en ville et de village en village, il prêcha partout l'extermination de ceux qu'il appelait les **déicides**. Les persécutions seraient, certes, devenues plus sanglantes encore que la première fois, si l'empereur Conrad n'avait accordé aux Juifs une protection efficace. Dans son propre domaine, il leur offrit un asile à Nuremberg et dans d'autres forteresses, et, dans les villes ou contrées sur lesquelles il n'avait pas de pouvoir direct, il demanda aux princes laïques et ecclésiastiques de les défendre. Il y eut cependant des victimes. Un homme de Trèves, Simon le pieux, qui séjournait à Cologne, fut saisi au moment même où il s'embarquait pour retourner dans sa ville, et, sur son refus de recevoir le baptême, il fut tué. À Spire, une femme, du nom de Minna, qui refusait également d'embrasser le christianisme, périt au milieu d'atroces tortures. Effrayés par ces meurtres, les Juifs des bords du Rhin achetaient aux princes, à prix d'argent, le droit de se réfugier dans leurs forteresses ou leurs châteaux. Le cardinal Arnold, de Cologne, leur donna le château fort de Wolkenburg, près de Kœnigswinter, ainsi que des armes pour se défendre. Tant qu'ils restaient enfermés dans le château, leur vie était en sûreté ; dès qu'ils sortaient, ils tombaient entre les mains des croisés, qui les épiaient, et étaient condamnés à choisir entre le baptême et la mort.

irrité de l'intervention bienveillante des prélats en faveur des Juifs, le moine Rodolphe engagea les croisés à désobéir aux évêques. Ses conseils ne furent que trop bien suivis. L'archevêque de Mayence, Henri Ier, chancelier de l'empire, ayant donné asile dans son palais à quelques Juifs poursuivis par la populace, celle-ci pénétra dans la demeure archiépiscopale et les massacra sous ses propres yeux. L'archevêque fit connaître ce fait à saint Bernard et lui demanda d'essayer de réprimer ces excès. L'abbé de Clairvaux publia alors un mandement dans lequel il appelait le moine Rodolphe *un fils indigne de l'Église, rebelle envers le supérieur de son couvent, désobéissant aux évêques, et prêchant le meurtre, contrairement aux lois de sa religion.* Il ajoutait qu'il était indispensable de ne pas maltraiter les Juifs, parce que l'Église demande leur conversion dans une prière spéciale du vendredi saint. *Or*, dit-il, *il est impossible de les convertir, s'ils sont tous tués.* Ce mandement fut adressé aux ecclésiastiques et aux chrétiens de France et de Bavière.

D'abord le moine Rodolphe résista aux injonctions de saint Bernard et continua son œuvre de destruction, mais il dut céder à la fin devant l'énergie de l'abbé de Clairvaux, et bientôt il disparut de la scène. Malheureusement, les germes malfaisants qu'il avait semés continuaient à se développer en son absence et à produire leurs fruits empoisonnés. On ne cessa pas de massacrer des Juifs à toute occasion. Un jour, on trouva, près de Würzburg, le cadavre d'un chrétien. Des Juifs seuls, disait-on, peuvent avoir commis ce crime, et immédiatement on se rua sur la communauté de Würzburg (24 février 1147). Plus de vingt Juifs, entre autres le rabbin Isaac ben Eliakim, furent mis à mort. D'autres furent tellement maltraités qu'on les crut morts. Quelques chrétiens compatissants les relevèrent du milieu des cadavres et leur prodiguèrent les soins nécessaires. Ému de pitié, l'évêque de Würzburg fit transporter les cadavres des martyrs dans son palais et les enterra dans son jardin.

Quand l'empereur Conrad, après avoir pris la croix avec ses chevaliers et la plus grande partie de son armée, eut quitté l'Allemagne, les excès contre les Juifs se multiplièrent. La populace, se sentant maîtresse du pays, massacra impunément des Juifs sur divers points du territoire (mai 1147).

Ces scènes sauvages eurent leur contrecoup en France. À Carentan (département de la Manche), dans une cour où se trouvaient réunis de nombreux Juifs, il y eut une vraie bataille entre ces derniers et des croisés. La lutte fut longue et acharnée, les pertes furent considérables des deux côtés, mais, à la tin, les Juifs succombèrent sous le nombre. Pas un ne fut épargné. Un tossafiste, Rabbi Péter, périt aussi à cette époque. À Ramerupt, une bande de croisés pénétra le deuxième jour de Pentecôte dans la maison du suant et vertueux tossafiste Jacob Tam, la pilla, déchira un rouleau de la Loi et traîna Jacob Tam dans les champs pour l'y tuer. Il était couvert de blessures et prêt à rendre l'âme, quand vint à passer un chevalier qu'il connaissait. Il implora son secours. Le chevalier consentit à lui venir en aide à la condition de recevoir pour son intervention un beau cheval. Jacob Tam le lui promit et échappa ainsi à la mort (8 mai 1147). Il faut dire cependant qu'en France, il n'y eut pendant la seconde croisade que des désordres locaux.

En Angleterre, où de nombreux Juifs de France s'étaient établis depuis Guillaume le Conquérant, ils n'eurent à subir aucune persécution, parce que le roi Etienne avait pris à cœur de les protéger. Mais en Bohème, cent cinquante environ furent tués par les croisés.

En résumé, la deuxième croisade fut moins désastreuse pour les Juifs que la première, parce que les princes et les hauts dignitaires de l'Église les avaient protégés, et aussi parce que l'empereur d'Allemagne et le roi de France, qui s'étaient anis à la tête des croisés, n'avaient pas accepté dans leurs armées des bandes de brigands et d'assassins, comme l'avaient fait Guillaume le Charpentier et Emicho de Leiningen. Mais, comme on l'a déjà vu plus haut, les Juifs d'Allemagne payèrent chèrement la protection qui leur avait été accordée : elle leur coûta leur liberté ! L'empereur d'Allemagne se considéra dès lors comme le protecteur des Juifs, et ceux-ci, jusque-là libres et indépendants comme les Germains et les Romains, devinrent **serfs de la chambre impériale**, *Kammerànechte*. Au commencement, cette qualification indiquait qu'ils étaient inviolables comme les serviteurs de l'empereur et qu'en échange de cette protection, ils verseraient un tribut annuel dans le trésor impérial. Plus tard, les Juifs devinrent à la lettre la propriété de la couronne, ils furent traités en véritables esclaves. Toutes leurs productions intellectuelles se ressentirent, pendant des siècles, de leur situation misérable, elles étaient chétives et mal venues; leurs poètes ne composèrent que des élégies, sans goût ni élégance. Les Juifs d'Allemagne restèrent ainsi les parias de leur pays jusqu'à la fin du XVIIIe siècle.

Pendant qu'en France et en Allemagne les Juifs étaient exposés à la fureur des croisés, dans le nord de l'Afrique ils étaient persécutés par un homme qui s'était mis en tête d'établir dans son pays un nouveau système politique et religieux. Ce réformateur, nommé Abdallah ibn Toumart, avait été, à Bagdad, élève du philosophe mystique Alghazali. De retour en Afrique, il prêcha aux Berbères la simplicité dans la manière de vivre et de s'habiller et la haine de la poésie, de la musique et de tous tes arts en général, et il les excita à combattre les rois Almoravides, amis du progrès et de la civilisation. Au point de vue religieux, Ibn Toumart rejeta la doctrine sunnite et l'interprétation littérale du Coran, il n'admettait pas que Dieu sentit comme les hommes et agit sous l'influence des passions. La secte qu'il fonda prit le nom d'*Almorahides* ou *Almohades*, c'est-à-dire partisans de l'unité, parce que, d'après eux, l'unité de Dieu était telle qu'elle ne pouvait être représentée sous aucune forme corporelle. Ibn Toumart propagea sa doctrine par le glaive dans l'empire des Almoravides. Après lui, son disciple Abdulmoumen continua son œuvre. De victoire en victoire, il renversa la dynastie des Almoravides et s'empara de tout le nord de l'Afrique. Comme c'était un fanatique des plus violents, il ne voulait pas qu'on pratiquât dans son empire une autre religion que la sienne.

Après s'être emparé de la ville de Maroc, qui avait soutenu vaillamment un long siège, Abdulmoumen convoqua tous les habitants juifs et leur dit : *Dans votre pensée, Mahomet n'est pas prophète et un autre messie viendra pour confirmer votre religion et vos croyances. Vos aïeux ont déclaré que ce messie se présentera au plus tard cinquante ans après Mahomet. Or, ce délai est écoulé depuis longtemps, sans qu'aucun prophète soit apparu parmi vous. Il ne nous est donc plus possible de vous laisser persister dans votre incrédulité, et vous avez le choix entre la conversion à l'islam et la mort.* Sur les instances des Juifs, Abdulmoumen modifia légèrement son édit, il leur permit d'émigrer et leur accorda même un délai pour vendre leurs immeubles et autres objets qu'ils ne pouvaient emporter avec eux. Mais ceux qui restaient devaient se faire musulmans ou mourir. Bien des Juifs abandonnèrent l'Afrique pour se rendre en Espagne, en Italie ou dans d'autres pays, mais le plus grand nombre se soumit momentanément à l'édit d'Abdulmoumen et accepta l'islamisme (1146).

Les chrétiens étaient soumis à la même alternative que les Juifs, mais comme ils savaient qu'ils seraient reçus à bras ouverts par leurs coreligionnaires de l'Espagne, ils émigrèrent tous. Dans tout l'empire des Almohades, qui s'étendit peu à peu depuis les montagnes de l'Atlas jusqu'à l'Égypte, on détruisit les églises et les synagogues, et le voyageur qui serait venu quelque temps plus tard dans ce pays ne se serait pas douté qu'il eût jamais renfermé des juifs et des chrétiens.

Cependant, la plupart des Juifs qui avaient adopté l'islamisme n'étaient musulmans qu'en apparence. On se montrait, du reste, peu exigeant à leur égard. Il leur suffisait de reconnaître que Mahomet était prophète et de visiter quelquefois les mosquées, et on les laissait pratiquer en secret le judaïsme. Aussi de pieux rabbins n'avaient-ils pas hésité à se faire musulmans, parce qu'on ne leur demandait que de déclarer que Mahomet était prophète, sans les obliger à renier leur religion. Ils réunissaient même autour d'eux de nombreux élèves pour leur enseigner le Talmud. Il est vrai que ces mêmes élèves étaient obligés d'assister ensuite à l'explication du Coran.

Malgré la tolérance relative dont jouissaient les néo-musulmans, il y eut des Juifs qui éprouvèrent des scrupules à reconnaître, aussi peu que cela fût, une autre religion que la leur, et ils se remirent à pratiquer ouvertement le judaïsme ; ils furent tués.

Stimulé par ses succès en Afrique, Abdulmoumen passa le détroit et marcha contre l'Andalousie. Comme elle était déchirée par des divisions intestines, l'Espagne musulmane fut conquise très rapidement. Cordoue tomba au pouvoir des Almohades au mois de juin 1148, et en moins d'un an la plus grande partie de l'Andalousie subit le même sort. Partout on passa le vainqueur, les Juifs furent condamnés à choisir entre l'apostasie, l'émigration ou la mort, et les synagogues furent détruites. Un vieux rabbin de Cordoue, Joseph ibn Zadik, eut la douleur d'assister à la ruine de sa communauté, la plus ancienne et la plus considérée de l'Espagne ; il mourut bientôt après (fin de 1148 ou commencement de 1149). Les brillantes écoles juives de Séville et de Lucéna furent fermées. Meïr, fils et successeur de Joseph ibn Migasch, partit de Lucéna pour Tolède, suivi de tous ceux qui pouvaient quitter la ville. Les autres se firent musulmans en apparence et pratiquèrent en secret le judaïsme, attendant une occasion favorable pour revenir publiquement à leur ancienne religion.

À la suite de ces douloureux événements, le centre du judaïsme se déplaça de l'Espagne musulmane dans l'Espagne chrétienne. Ce dernier pays était alors gouverné par Alphonse Raimundez (1126-1157), souverain libéral et équitable, dont un des conseillers était Juda ibn Ezra, fils de ce Joseph ibn Ezra qui, avec ses trois frères, occupe un rang très honorable dans la littérature hispano-juive. Après avoir conquis la forteresse de Calatrava, située entre Tolède et Cordoue, Alphonse Raimundez confia à Juda ibn Ezra le gouvernement de celte ville et lui accorda en même temps le titre de **prince**.

Juda mit son influence au service de ceux de ses coreligionnaires qui fuyaient alors devant l'intolérance des Almohades, facilitant leur établissement dans l'Espagne chrétienne et consacrant sa fortune au rachat de ceux qui avaient été faits prisonniers. Il y eut bientôt à Tolède une colonie considérable d'émigrés juifs, et peu après on fonda dans cette ville, sous la haute protection du souverain chrétien, des écoles juives qui attirèrent de nombreux disciples.

Juda ibn Ezra, dont les services étaient de plus en plus appréciés par son maître, fut élevé, en 1149, à la dignité d'intendant de la maison impériale. Dans son zèle pour le rabbinisme, il se laissa entraîner à persécuter les caraïtes, qui étaient alors assez nombreux en Espagne. Il est vrai qu'ils avaient provoqué leurs adversaires par des polémiques violentes.

La science juive, chassée de l'Espagne musulmane, s'acclimata rapidement et prit un grand essor dans la Castille et l'Aragon. Deux hommes, tous les deux de Tolède, donnèrent, à cette époque, un nouvel éclat à la civilisation juive en Espagne : c'étaient *Abraham ibn Daud* et *Abraham ibn Ezra*. Différents de caractère et d'esprit, ils aimaient tous les deux d'un amour ardent la science et le judaïsme. Ibn Daud (né vers 1110 et mort en 1150) était familiarisé avec les diverses connaissances humaines de son temps ; il s'occupait tout particulièrement d'histoire, science qui jusque-là avait été peu cultivée chez les Juifs espagnols. Sans être un esprit profond et original, il comprenait rapidement et avait le talent d'exposer les questions avec clarté; c'était un vulgarisateur. Passionné pour les problèmes les plus élevés de la raison humaine, il estimait les recherches philosophiques par-dessus toutes les sciences, parce qu'elles conduisaient seules, selon lui, à la véritable connaissance de Dieu. Il exposa ses idées dans un ouvrage arabe intitulé « la Foi supérieure », où il combattait ceux de ses coreligionnaires qui marquaient de la défiance envers la philosophie. *Quelques-uns de nos contemporains*, dit-il, *qui ont étudié très superficiellement les sciences profanes, se déclarent impuissants à concilier la raison et la foi. Il est déjà arrivé, en effet, que la spéculation a nui à la foi. De là cette opinion du vulgaire que la philosophie est l'ennemie de la religion. Mais le judaïsme, loin de condamner les spéculations de la raison, les prescrit au contraire comme un devoir.*

D'après Abraham ibn Daud, le but principal de la philosophie pst d'enseigner aux individus comme aux peuples la pratique de la morale, but qui lui est commun avec le judaïsme. Cette religion cherche, en effet, à rendre les hommes vertueux. Ibn Daud divise ensuite les devoirs religieux des Juifs en cinq classes. En premier lieu, il faut croire à un Dieu unique et l'aimer. Après, vient l'amour de la justice, la bonté pour ses semblables, même pour ses ennemis. La troisième classe comprend les obligations du chef de la famille envers sa femme, ses enfants et ses serviteurs, obligations réglées par l'affection et l'équité. Arrivent ensuite les devoirs du citoyen envers son pays et ses concitoyens : amour du prochain, compassion pour les faibles et les déshérités, charité. Enfin la cinquième classe renferme les prescriptions dont nous ne connaissons pas la cause avec certitude, telles que les lois alimentaires et les lois relatives aux sacrifices. Parmi ces diverses obligations, la plus importante est la croyance à Dieu, et les moins importantes sont les lois rituelles.

On voit qu'Abraham ibn Daud est arrivé à un résultat tout autre que Juda Hallévi. Celui-ci a accordé aux lois purement rituelles le premier rang parmi les prescriptions du judaïsme, parce qu'elles sont destinées. selon lui, à perpétuer l'esprit prophétique chez les Juifs, tandis que dans le système d'Ibn Daud, elles n'ont, au contraire, qu'une importance secondaire.

À côté de ses travaux philosophiques, Ibn Daud s'adonna à l'étude de l'histoire, et certes il a rendu à la littérature juive plus de services comme historien que comme philosophe. Ce furent les polémiques des caraïtes qui l'engagèrent à étudier l'histoire, pour y trouver des armes contre les adversaires du rabbinisme. En effet, après la mort d'Alphonse Raimundez, mort qui avait sans doute entraîné la chute de Juda ibn Ezra, l'implacable ennemi des caraïtes, ceux-ci relevèrent la tête et recommencèrent leurs attaques contre les rabbanites. Ibn Daud entreprit alors de démontrer par l'histoire que le rabbinisme s'appuie sur une chaîne non interrompue de traditions depuis Moïse jusqu'à son temps, et, dans ce but, il établit par ordre chronologique la suite des représentants du judaïsme qui se sont succédé à travers les époques talmudique, gaonique et rabbinique. Ce livre, qu'il publia en hébreu en 1161, est intitulé : **Ordre de la tradition**. La partie la plus importante de cet ouvrage est le chapitre consacré à la période brillante des communautés d'Espagne. Pour décrire cette époque, l'auteur s'est servi, en partie, de documents écrits, en partie de renseignements oraux qu'il avait recueillis. Ses informations sont exactes et sûres, ses récits sont brefs, avec bien des sous-entendus, son style est coulant et parfois poétique.

Abraham ben Meïr ibn Ezra (né vers 1089 et mort en 1167), de Tolède, avait plus de savoir et de profondeur qu'Ibn Daud. Admirablement doué, il était capable à la fois d'embrasser les objets dans leur ensemble et de les examiner dans leurs détails ; il était vif, spirituel, mordant, mais sans chaleur. D'une érudition étonnante, il était versé dans les sciences profanes comme dans les sciences religieuses. Il avait néanmoins un défaut capital, il manquait de fermeté dans ses opinions. Versatile et léger, tantôt il combattait le caraïsme. tantôt il lui faisait des concessions. Sa polémique était acerbe ; il cherchait moins, dans ses discussions, à trouver la vérité qu'à blesser son adversaire. C'était un esprit négatif, l'antithèse de Juda Hallévi, dont il était, dit-on, proche parent.

On peut dire qu'Ibn Ezra (c'est ainsi qu'à tort on a pris l'habitude de l'appeler) réunissait en lui les plus vifs contrastes. À un esprit net, perspicace et hardi, il joignait une foi rigoureuse, qui dégénérait parfois en fanatisme et lui faisait condamner tout libre examen. Sa froide raison, qui recherchait la cause de tout phénomène, ne l'empêcha pas de fonder une doctrine mystique qui laisse tout dans le vague. Confiant en Dieu et le considérant comme seul maître de sa destinée, il ne croyait pas moins à l'influence fatale des astres sur le sort des hommes. Ces contradictions ont coexisté chez lui pendant toute sa vie.

Tout en sachant se servir avec habileté des diverses formes de la prosodie arabe et néo-hébraïque, Ibn Ezra n'était pas poète. Ses productions poétiques sont savantes, correctes, mais froides et guindées. Ce sont des pensées, des sentences, des exhortations exprimées en vers, mais il n'y a là rien qui rappelle l'effusion d'une lime ardente ou la foi d'un cœur ému. Il ne retrouve toute sa supériorité que dans les épigrammes, les satires, les énigmes. Dans la prose, il est sans rival ; il s'est créé un style à part, d'une concision et d'une énergie singulières.

Comme commentateur de la Bible, Ibn Ezra occupe le premier rang. Il était spécialement doué pour l'exégèse. En commentant les Saintes Écritures, il pouvait utiliser sa vaste érudition et exercer son imagination capricieuse, sans être astreint à enchaîner ses pensées d'une façon logique. Son esprit mobile et inquiet était, en effet, incapable de produire une œuvre complète et systématique. Ses explications du Pentateuque forment une sorte d'encyclopédie où il parle de tout. Sa langue est vive, spirituelle, souvent obscure.

Par son commentaire du Pentateuque, Ibn Ezra devint le chef d'un petit nombre d'esprits éclairés, qui entendaient expliquer la Bible à l'aide de la raison et de la science, et non pas d'après les données do l'Aggada. À ce point de vue, il est tout l'opposé de Raschi. Quoiqu'il déclarât hérétique toute interprétation contraire à la Massora, son commentaire est tel que le rationalisme et même l'incrédulité invoquent parfois son autorité. Et, de fait, il a pu être accusé, avec une apparence de raison, de mettre en doute, comme Hiwi Albalchi, Yitshaki et autres rationalistes, la haute antiquité de la Bible. Dans des phrases obscures et énigmatiques, il semble faire entendre que plusieurs versets de la Thora n'y ont été ajoutés que bien plus tard. Mais l'obscurité calculée de son style laisse planer le doute sur ses véritables intentions.

Pauvre dans une ville ruinée par la guerre, Ibn Ezra se décida à émigrer de Tolède. Dans sa passion de faire des épigrammes, il raillait lui-même son peu de chance : *Je m'efforce*, dit-il, *d'acquérir quelque aisance, mais les astres me sont contraires. Si j'étais marchand de suaires, on cesserait de mourir ; si je vendais des cierges, le soleil ne se coucherait plus jusqu'à ma mort.* Il quitta donc sa ville natale et se mit à voyager avec son fils Isaac. Il visita l'Afrique, l'Égypte, la Palestine, et entra en relations, à Tibériade, avec des rabbins qui prétendaient posséder des exemplaires très corrects de la Thora. N'ayant le courage de se fixer nulle part, il alla jusqu'en Babylonie et gagna même Bagdad, où résidait alors une sorte d'exilarque, auquel le khalife avait accordé une certaine suprématie sur les communautés juives de l'Orient. Dans ses longs voyages, Ibn Ezra recueillit de nombreuses observations et étendit ainsi son vaste savoir.

Après son retour d'Orient, qu'il quitta, ce semble, à la suite du chagrin que lui causa son fils en se faisant musulman et en s'établissant définitivement à Bagdad, Ibn Ezra se rendit à Rome (1140). Là, il trouva enfin le repos tant désiré. Son apparition en Italie fait époque dans l'histoire de la civilisation des Juifs de ce pays. Ceux-ci, quoique jouissant d'une certaine liberté, étaient restés stationnaires à un degré inférieur de culture intellectuelle. Ils ne comprenaient le Talmud que par routine, n'avaient aucune intelligence sérieuse de la Bible, et la poésie néo-hébraïque ne s'était manifestée chez eux que sous forme de méchante prose rimée. Par contre, leur esprit était largement ouvert à toutes les superstitions du moyen âge.

La présence d'Ibn Ezra à Rome réveilla parmi les Juifs italiens le goût des travaux littéraires. L'heure était. du reste, favorable à la restauration des études juives en Italie. C'était le moment où un ecclésiastique hardi, Arnaud de Brescia, reprochait violemment aux papes de ne pas gouverner selon l'esprit de l'Évangile, et les engageait à déposer le pouvoir temporel pour être vraiment des serviteurs humbles et modestes de l'Église. On voyait alors régner jusque dans Rome l'esprit de critique associé aux aspirations vers la liberté. Entraîné par les paroles enflammées du jeune réformateur, le peuple s'était insurgé contre le pape et avait proclamé la république (1139-1143). C'est à cette époque qu'Ibn Ezra vint à Rome. Bientôt des disciples de tout âge se groupèrent autour du savant espagnol, célèbre par ses connaissances et ses voyages, et furent captivés par sa parole nette, vire et spirituelle. Malgré cet accueil flatteur, Ibn Ezra ne séjourna que peu de temps à Rome. Il continua ses pérégrinations à travers l'Italie, s'arrêtant tantôt à Salerne, tantôt à Lucques et à Mantoue, et composant dans ce pays, avec une étonnante rapidité et sur les sujets les plus variés, des livres qu'il dédiait à ses protecteurs ou plutôt à ceux qui le faisaient vivre.

D'Italie, Ibn Ezra se rendit dans le midi de la France, région qui, par suite de son voisinage de la Catalogne, connaissait mieux la littérature hispano-juive que le nord de la France, l'Italie ou l'Allemagne. La Provence formait, pour les Juifs, la frontière entre deux courants intellectuels, l'un dirigé vers les études talmudiques et l'autre vers les sciences et les arts. Les Juifs de Provence suivaient les deux courants, mais étaient restés des imitateurs dans tous les deux genres d'études, sans parvenir à rien créer. Ibn Ezra apporta dans ce milieu un nouveau stimulant. Il s'établit d'abord dans la vieille communauté de Béziers (Bedars). qui était habitée par plusieurs savants juifs, et où il fut reçu par tous avec de grandes démonstrations d'estime et de respect.

Quoique âgé de soixante-dix ans, Ibn Ezra, emporté par sa passion des voyages, quitta la France pour la cité brumeuse de Londres ; il y avait été appelé par un riche protecteur, qui l'entoura de soins affectueux. À Londres, il écrivit une sorte de philosophie religieuse; il y composa, en outre, un autre ouvrage, d'un caractère singulier, précédé d'une introduction intéressante. Il raconte que, dans un songe, une apparition mystérieuse lui a remis une lettre du Sabbat, où ce jour de fête se plaint d'un écrit publié pour démontrer que le repos sabbatique ne doit pas commencer la veille au soir, mais seulement le matin même du samedi. Cette apparition a invité Ibn Ezra à défendre le samedi tel qu'il a toujours été célébré. En se réveillant dans la nuit, il a lu, à la clarté de la lune, les passages coupables qui lui ont été signalés en rêve et qui déclarent, en effet, que le sabbat ne commence pas la veille au soir, mais le matin seulement. Cette opinion, qui excitait tant la Colère d'Ibn Ezra, avait été émise par Raschbam, le petit-fils de Raschi. *Je combattrai cette erreur de toutes mes forces*, s'écrie Ibn Ezra, *afin qu'Israël ne pèche pas contre le Seigneur*, et, dans un mouvement de pieuse indignation, il ajoute : *Puisse se dessécher la main de celui qui a écrit une telle énormité, et puisse son œil s'obscurcir !* Chose plaisante que de voir un homme aussi hardi dans ses opinions, parfois presque hérétiques, lancer ses foudres contre un pieux talmudiste !

Après un court séjour à Londres, où il aurait pu vivre heureux et tranquille, Ibn Ezra quitta cette ville pour retourner dans le midi de la France. Il conserva sa vigueur d'esprit jusqu'à la fin de ses jours, et ses dernières oeuvres ont les mêmes qualités de fraîcheur, de clarté et de précision que ses premières.

Le plus célèbre contemporain d'Ibn Ezra en France fut *Jacob Tam*, de Ramerupt (né vers 1100 et mort en 1171), le plus jeune des trois petits-fils de Raschi. Bien supérieur, comme talmudiste, à tous les rabbins de son temps et même à ses frères Isaac et Samuel. il joignait une vaste érudition à une remarquable pénétration et à une grande netteté d'esprit. Ce fut surtout Jacob Tain qui fonda l'école des tossafistes. Il n'occupait aucune situation officielle et était simple commerçant, mais il jouissait néanmoins d'une très grande autorité, et sa réputation s'étendait jusqu'en Espagne et en Italie. On sait déjà qu'à l'époque de la seconde croisade, il perdit tous ses biens et faillit. également perdre la vie. C'est pendant ces temps troublés qu'il composa son commentaire sur le Talmud. Il est désigné sous le nom de *Rabbénou Tam*.

À cette époque eut lieu un événement qui se produisait pour la première fois depuis la clôture du Talmud. Sous la présidence de Jacob Tam, de nombreux rabbins de France se réunirent en synode pour prendre certaines mesures rendues nécessaires par les circonstances et le temps. Ce furent peut-être les conciles tenus en France par les papes Pascal, Innocent II, Calixte et Alexandre III, qui inspirèrent aux rabbins l'idée de convoquer un synode. Les assemblées rabbiniques étaient naturellement entourées de moins de pompe que les conciles ; elles se réunissaient dans une localité quelconque, où la foire attirait d'habitude de nombreux Juifs, à Troyes ou à Reims.

Ce fut, selon toute apparence, dans un de ces synodes qu'au souvenir des persécutions de la deuxième croisade, et pour éviter de mettre en danger la sécurité des communautés, on défendit à tout Juif d'acheter des crucifix, des vases ou des ornements d'église, ou tout autre objet servant au culte catholique. À un autre concile, auquel prirent part cent cinquante rabbins de Troyes, Auxerre, Reims, Paris, Sens, Dreux, Lyon et Carpentras, de la Normandie, de l'Aquitaine, de l'Anjou, du Poitou et de la Lorraine, et qui fut présidé par Samuel et son frère Tain, on prit diverses résolutions. Ainsi, on interdit à tout Juif de citer un de ses coreligionnaires devant la justice du pays, à moins que son adversaire se refusât à comparaître devant un tribunal fuit. Il fut aussi défendu à tout Juif de chercher à se faire confier, par les autorités du pays, les fonctions de prévôt ou chef de la communauté. Ces fonctions ne devaient être accordées que par l'élection et à la majorité des voix des membres de la communauté. Quiconque transgressait ces défenses était excommunié. On renouvela également, à ce synode, la menace d'excommunier les dénonciateurs et les traîtres. Enfin, on décida que la mesure prise par Guerschom contre la polygamie ne pourrait être abolie que pour des motifs très graves et par une réunion d'au moins cent rabbins venus de trois différentes régions, de l'Île-de-France, de la Normandie et de l'Anjou. Toutes ces décisions eurent force de loi en France comme en Allemagne.

Dans sa vieillesse, Jacob Tam fut témoin d'un drame sanglant qui se passa près de sa résidence, à Blois. Cet événement tragique mérite une mention particulière, à cause de l'accusation qui en fut l'origine. Pour la première fois, alors, fut produite contre les Juifs cette abominable calomnie qu'ils se servent de sang chrétien pour la célébration de leur Pâque. Un soir, à l'heure du crépuscule, un Juif de Blois, allant faire baigner son cheval dans la Loire, rencontra le domestique d'un seigneur chrétien dont le cheval ne voulut pas entrer dans l'eau. Le domestique connaissait la haine de son maître pour la population juive, et il eut l'idée d'attribuer au Juif qu'il venait de rencontrer la cause de la peur manifestée par le cheval. Il s'avisa donc d'aller raconter qu'il avait vu un Juif jeter à l'eau le cadavre d'un enfant chrétien, ce qui avait effrayé son cheval et l'avait empêché d'entrer dans la Loire. Le maître, qui haïssait fort une femme juive du nom de Pulcelina, très influente auprès du comte Théobald de Chartres, résolut de profiter de cette circonstance pour se venger d'elle. Il répéta au comte les paroles de son domestique, et ajouta que les Juifs avaient crucifié cet enfant à l'occasion de leur fête de Pâque. Théobald fit jeter en prison tous les Juifs de Blois, au nombre d'une cinquantaine, à l'exception de Pulcelina. Celle-ci consola ses coreligionnaires en leur faisant espérer que son intervention auprès du comte, qui l'aimait, assurerait leur délivrance. Mais les malheureux prisonniers apprirent bientôt que, par haine pour Pulcelina, Isabeau, femme de Théobald, surveillait toutes ses démarches et l'empêchait de pénétrer jusqu'auprès du comte. Il restait aux Juifs une seule chance de salut, ils connaissaient la cupidité du comte et ils essayèrent de racheter leur vie à prix d'argent. Sur les conseils de leurs amis chrétiens, ils lui offrirent cent livres argent comptant et cent quatre-vingts livres en créances, probablement tout ce qu'ils possédaient. Le comte aurait peut-être accepté cette offre sans l'intervention d'un ecclésiastique, qui lui persuada qu'avant tout il était nécessaire de s'assurer si le témoignage du domestique était faux. Un soumit le témoin à l'épreuve de l'eau en l'exposant, sur la Loire, dans une barque remplie d'eau. Comme cette barque ne sombra pas, Théobald en conclut que les Juifs avaient réellement commis le crime dont ils étaient accusés, et il les condamna tous à être brûlés vifs. Ils étaient déjà sur le bûcher, entourés de flammes, quand un prêtre chrétien leur promit la vie sauve s'ils acceptaient le baptême ; ils refusèrent. Trente-quatre hommes et dix-sept femmes périrent ainsi dans les flammes, proclamant jusqu'à leur dernier souffle l'unité de Dieu et la grandeur de leur religion (20 siwan 1171). Pulcelina fut également mise à mort.

Sur l'ordre de Jacob Tam, le jour où succombèrent les martyrs de Blois fut érigé en jour de jeûne et de deuil. La célébration de cet anniversaire perpétua ainsi le souvenir de la première accusation de sang dirigée contre les Juifs. Combien de fois, depuis, les Juifs n'ont-ils pas été accusés de se servir de sang chrétien pour Pâque ! Des milliers de martyrs ont péri, victimes de cette odieuse calomnie.

Avec Jacob Tam disparaît la force créatrice de l'école française, et avec Ibn Ezra l'originalité de l'école espagnole. Un homme va paraître, Moïse ben Maïmoun, qui réunira en lui les qualités de ces deux écoles et exercera une action profonde sur le judaïsme tout entier.

Chapitre VI

Situation des Juifs à l'époque de Maïmonide — (1171-1205)

L'histoire des Juifs entre maintenant dans cette période néfaste où de sombres nuages s'amoncellent sur la maison de Jacob et obscurcissent son horizon ; où peuples et princes, hommes libres et serfs, grands et petits, se réunissent au nom de Dieu contre tes malheureux descendants d'Israël pour les accabler de leurs outrages et les faire périr dans les tortures ; où les papes font attacher un signe d'infamie aux vêtements des Juifs et des Juives pour les exposer à la raillerie et au mépris. À cette époque, les mensonges les plus odieux sont répandus contre les Juifs, ils sont accusés de tuer des enfants chrétiens, d'empoisonner les puits, de jeter des sorts ; ils endurent les plus horribles souffrances, leurs corps et leurs âmes sont soumis aux supplices les plus féroces. mais avant de raconter ces persécutions impitoyables, qui commencent pour les Juifs avec l'avènement du pape Innocent III et arrivent à leurs plus effroyables excès sous le règne de Ferdinand le Catholique, roi d'Espagne, il est utile d'examiner la situation de la population juive dans les diverses régions où elle est établie.

Au temps où nous sommes arrivés, la haine prêchée contre les Juifs au nom de deux religions n'avait pas encore pris assez de développement pour les faire traiter partout en parias. Dans tel pays on les regardait, il est vrai, comme un peuple maudit, mais dans tel autre ils étaient encore des citoyens estimés. Ici, ils étaient réduits à l'état de serfs, mais là, les cités leur confiaient d'importantes fonctions. Avilis et méprisés dans une contrée, ils étaient soldats dans l'autre et avaient le droit de combattre pour la liberté de leur patrie.

À ne considérer que le nombre, les Juifs d'Asie avaient une plus grande importance que les Juifs d'Europe, mais ceux-ci étaient plus instruits. Aussi pouvait-on regarder l'Europe comme le vrai centre du judaïsme. Là, les Juifs avaient réellement conscience de leur valeur ; là, ils cherchaient à résoudre le grand problème de leur mission au milieu des peuples et à se rendre compte des obligations qui incombaient à chacun d'eux comme membre de la communauté juive.

Dans le judaïsme européen, c'était l'Espagne chrétienne qui occupait alors le premier rang. Depuis la conquête de l'Andalousie musulmane par les Almohades, les Juifs avaient disparu, au moins en apparence, de ce royaume; les anciens foyers de la science juive, les écoles célèbres de Cordoue, de Séville, de Grenade et de Lucéna étaient devenues désertes. L'activité religieuse et scientifique des Juifs était principalement concentrée dans les cinq royaumes chrétiens de Castille, de Léon, d'Aragon, du Portugal et de Navarre. Tolède, la capitale de la Castille, comptait plus de 12.000 Juifs et possédait plusieurs synagogues *d'une magnificence incomparable*. Bien des Juifs se livraient dans Tolède à l'art de l'escrime et combattaient comme chevaliers dans les tournois.

Sous Alphonse VIII, dit le Noble (1166-1214), des Juifs occupèrent des fonctions publiques et rendirent des services sérieux à l'État. Joseph ben Salomon ibn Schoschan, qui avait le titre de **prince**, homme riche, généreux, savant et pieux, était très considéré à la cour et auprès de la noblesse. Une autre personnalité juive, Abraham ibn Alfahar, était également en faveur auprès d'Alphonse VIII. Versé dans la langue arabe, il écrivait avec élégance en prose et en vers, et un auteur arabe jugea ses productions dignes d'être réunies en un recueil.

À cette époque vivait encore à Tolède le vieil historien et philosophe Abraham ibn Daud. Il périt en 1180 dans une émeute contre les Juifs, dont on ne connaît ni l'origine ni l'étendue. Ces troubles se produisirent peut-être au moment où fut tuée la belle Rahel. Le roi Alphonse, marié à une princesse anglaise, avait eu, en effet, pendant sept ans, une favorite juive appelée Rahel, que sa beauté avait fait surnommer **Formosa**. Un jour, des conjurés assassinèrent

Rahel et ses amis, sur une estrade, en présence du roi. Il est possible que ce meurtre ait été suivi d'une attaque contre les Juifs, dans laquelle Abraham ibn Daud fut tué.

Les Juifs de Tolède secondèrent énergiquement Alphonse dans sa lutte contre les Maures. Quand ce souverain se prépara à repousser les attaques des Almohades, qui essayèrent, sous la conduite de Jacob Almanzour, d'envahir l'Espagne chrétienne, les Juifs lui fournirent des subsides considérables. Après la bataille d'Alarcos (19 juillet 1195), où Alphonse fut défait et perdit l'élite de ses chevaliers, les Juifs rivalisèrent de courage avec les autres habitants de Tolède pour aider Alphonse et son armée à défendre la capitale contre les assauts de l'ennemi.

Dans l'Aragon et la Catalogne, les Juifs vivaient également dans une complète sécurité et pouvaient s'adonner librement à des travaux intellectuels. Alphonse II (1162-1196), grand admirateur de la poésie provençale, protégeait les savants, qui, à cette époque, étaient presque tous Juifs. Barcelone était le véritable centre du Nord de l'Espagne, à cause de son voisinage de la mer et de son mouvement commercial ; le poète Harizi l'appelle *la communauté des princes et des grands*. À la tête de cette communauté se trouvait alors Schèschét Benveniste, à la fois médecin et philosophe, poète et talmudiste. Comme il connaissait à fond la langue arabe, le roi d'Aragon lui confia plusieurs missions diplomatiques. Comblé d'honneurs et de richesses, il devint le protecteur de ses coreligionnaires. Les poètes célébrèrent l'élévation de ses sentiments et sa générosité. Parmi les Juifs notables de Barcelone, il faut encore mentionner Samuel ibn Hasdaï Hallévi (1165-1216), *la source de la sagesse, le profond océan de la pensée*, comme l'appelle avec emphase le poète Harizi. Il eut cinq fils, tous très instruits ; l'un d'eux, Abraham ibn Hasdaï, s'est fait connaître dans la littérature juive par le roman en vers **Le Prince et le Derviche**, et par sa traduction de plusieurs ouvrages philosophiques.

À Tudèle, petite ville située sur l'Èbre et devenue un continuel objet de litige entre les rois d'Aragon et de Navarre, les Juifs jouissaient des mêmes droits que leurs concitoyens musulmans et chrétiens; pour leur sécurité, ils étaient même autorisés à occuper des châteaux forts. C'est à Tudèle que naquit le célèbre voyageur *Benjamin ben Yona*, à qui l'histoire des Juifs et aussi l'histoire générale doivent tant d'exactes et intéressantes informations. De 1165 à 1173, il parcourut pour son commerce, ou pour recueillir des renseignements relatifs au Messie, une grande partie de l'Europe méridionale, de l'Asie et de l'Afrique, observant avec beaucoup de sagacité les pays et les cités où il séjournait, et consignant ses remarques dans un ouvrage qui a été traduit dans presque toutes les langues modernes.

La petite communauté de Girone, sur le Ter, en Catalogne, fut le berceau de plusieurs hommes de mérite, qui prirent le surnom de Girondi et rendirent ainsi célèbre leur lieu natal. C'était une communauté rigoureusement orthodoxe, réfractaire à toute influence philosophique et attachée au Talmud. Un de ses enfants les plus illustres fut Zerahya Hallévi Girondi, esprit sagace, qui osait examiner avec impartialité et critiquer, s'il le fallait, les travaux des plus grands talmudistes. Ses hardiesses, incomprises des talmudistes de son temps, qui s'appuyaient avant tout sur des autorités reconnues, furent vivement attaquées par ces savants.

De l'autre côté des Pyrénées, dans le Languedoc et la Provence, la situation des Juifs était également bonne vers la fin du XIIe siècle. Cette région, qui avait les mêmes mœurs et les mêmes tendances que le nord de l'Espagne, appartenait alors à divers maîtres. Une partie était soumise à la France, une autre était un fief de l'Allemagne, d'autres parties appartenaient au roi d'Aragon, au comte de Toulouse et à différents grands vassaux, comtes, vicomtes et barons, presque tous amis des lettres, enthousiastes de la poésie provençale et serviteurs très tièdes de l'Église. À côté de la noblesse s'était formée une bourgeoisie libérale, riche, très jalouse de son indépendance. Grâce aux relations suivies des habitants du pays avec les Juifs et les musulmans, les préjugés de l'Occident contre les représentants de l'Orient s'étaient singulièrement affaiblis. Ces mêmes Provençaux, qui osaient railler le clergé, flétrir les vices de la cour papale et laissèrent se développer plus tard, parmi eux, l'hérésie des Albigeois, se montraient justes et tolérants envers les Juifs et le judaïsme. Beaucoup d'entre eux reconnaissaient en secret, et même publiquement, *que la religion des Juifs valait mieux que celle des chrétiens* ; bien des seigneurs appelaient des Juifs aux emplois publics et leur confiaient même les fonctions de bailli, qui, en l'absence du maître, leur conféraient les droits de police et de justice. Aussi, dans cette contrée si richement dotée par la nature, les Juifs étaient très dévoués aux intérêts du pays et prenaient une grande part au mouvement intellectuel. Enclins, comme leurs concitoyens chrétiens, aux innovations, ils ne se contentaient pas des idées reçues, mais les soumettaient à une judicieuse critique. Néanmoins, leur esprit n'était pas assez puissant pour créer, ils étaient simplement les disciples zélés de maîtres étrangers, dont ils traduisaient et répandaient les productions.

Fidèles aux vertus traditionnelles de la race juive, ils étaient hospitaliers et charitables à un très haut degré. Les riches faisaient instruire les enfants des pauvres et leur fournissaient les livres, si coûteux à cette époque. Les communautés étaient étroitement unies entre elles, se prêtant un appui mutuel dans les circonstances difficiles. Elles vivaient généralement dans l'aisance, se livrant à l'agriculture et entretenant des relations commerciales avec l'Espagne, l'Italie, l'Angleterre, l'Égypte et l'Orient.

La plus importante communauté du sud de la France était Narbonne ; elle comptait trois cents membres. Sous le règne de la vaillante et prudente princesse Ermengarde, elle avait à sa tête *Kalonymos ben Toderos*, issu d'une famille très ancienne, et dont un ancêtre, Makir, s'était établi, dit-on, à Narbonne sous Charlemagne et avait été nommé chef de la communauté. Kalonymos possédait de nombreux immeubles, dont la propriété lui était garantie par lettres patentes. L'école était dirigée par Abraham ben Isaac, qui portait le titre de **chef du tribunal**. Sa science se bornait à une vaste érudition talmudique. Encore de son vivant, il fut surpassé par ses disciples Zerahya Girondi et Abraham ben David, de Posquières. Il mourut dans l'automne de l'année 1178.

Vers le même temps, vivait à Narbonne la famille des Kimhi, dont les travaux, quoique inférieurs à leur réputation, furent cependant très utiles à la Provence, d'abord, et ensuite à la postérité. Le chef de cette famille, *Joseph ben Isaac Kimhi*, dont les principaux écrits parurent de 1150 à 1170, avait été sans doute contraint par l'intolérance des Almohades d'émigrer d'Espagne à Narbonne. Son grand mérite est d'avoir introduit la civilisation juive de l'Espagne dans le midi de la France, et d'avoir ainsi complété l'œuvre à peine ébauchée d'Ibn Ezra. Familiarisé avec la langue arabe, il traduisit en hébreu le traité philosophico-moral de Bahya ; il écrivit aussi un commentaire sur la Bible et composa quelques poésies liturgiques. On lui attribue encore un livre de polémique contre le christianisme, écrit sous forme de dialogue entre un **croyant** et un chrétien. Que Kimhi en soit l'auteur ou non, cet ouvrage a certainement été écrit à cette époque et dans ce pays ; il fait grand honneur au judaïsme. En effet, il fait déclarer au **croyant** que la valeur d'une religion se reconnaît à la valeur morale de ses adeptes. Or, parmi tes Juifs, on ne trouve ni assassins, ni brigands, ni débauchés, tandis que bien des chrétiens, voleurs de grands chemins, pillent et tuent sans scrupule. Les enfants juifs sont élevés dans la crainte de Dieu, on leur inculque des sentiments de morale qui, très souvent, ne se rencontrent pas au même degré chez les enfants chrétiens. Enfin, le Juif est hospitalier et bienfaisant envers son frère, rachetant les captifs et venant en aide à ceux qui souffrent.

Les deux fils de Joseph Kimhi, Moïse et David, marchèrent sur les traces de leur père. Moïse était un esprit assez ordinaire, ses œuvres avaient encore moins de valeur que celles de son père. David (1160-1235) était supérieur à son aîné ; par ses écrits il enseigna la langue hébraïque aux Juifs et aux chrétiens d'Europe. Tout en ne pouvant pas être comparé aux Ibn Djanah et aux Ibn Ezra, il ne manquait cependant pas de mérite. Il encouragea l'étude de l'hébreu et expliqua la Bible en opposant aux commentaires diffus des mystiques et des aggadistes une interprétation à peu près simple et claire.

La communauté si ancienne de Béziers vivait également heureuse sous la souveraineté du vicomte Raymond Trencavel et de son fils Roger. Il régnait dans cette ville un grand esprit de tolérance, on y trouvait de nombreux Albigeois. Néanmoins, l'évêque continuait encore, en vertu d'un ancien usage, à exciter les chrétiens, le dimanche des Rameaux, contre la population juive. Il en résultait chaque année des bagarres sanglantes. Grâce aux sentiments libéraux du vicomte, et sur les démarches pressantes des chefs de la communauté juive, cet usage fut aboli. Les Juifs durent seulement s'engager à payer chaque année quatre livres d'argent.

Après la mort de Raymond, le vicomte Roger continua les traditions de son père. Favorable à la secte des Albigeois, il eut également deux baillis juifs, Moïse de Cavarite et Nathan. Sa tolérance pour les hérétiques et les Juifs lui attira la colère du clergé et du pape ; il eut une fin tragique.

Montpellier, la capitale de la France méridionale, avait aussi une communauté juive assez importante, très riche et très généreuse, où le savoir était en honneur. Mais les seigneurs de Montpellier étaient moins bienveillants pour les Juifs que ceux de Béziers.

Non loin de Montpellier, la ville de Lunel, peu importante aujourd'hui, mais alors assez considérable et gouvernée par les seigneurs de Gaucelin, comptait près de trois cents familles juives et possédait une école talmudique importante, qui rivalisait avec celle de Narbonne et était fréquentée par de nombreux disciples. La communauté était dirigée par Meschoullam ben Jacob (mort en 1170), homme riche et talmudiste savant, profondément respecté par ses contemporains et jouissant d'une grande autorité dans toutes les questions de science et de droit. Un mot d'éloge de sa bouche était une haute récompense pour les écrivains. Il stimulait l'activité des savants et les engageait principalement à traduire en hébreu les ouvrages arabes des auteurs juifs. Ses cinq fils, tous instruits, représentaient les deux directions opposées qui devaient bientôt entrer ensemble en lutte. L'un d'eux, Aron (qui florissait de 1170 à 1210), quoique versé dans le Talmud, avait cependant une prédilection marquée pour un judaïsme rationnel, tandis que deux de ses frères, Jacob et Ascher, repoussaient l'intervention de la raison dans le domaine religieux. Jacob et Ascher menaient une vie ascétique, s'abstenant de vin et s'imposant des mortifications. Le premier fut même surnommé **le nazir**.

À Lunel, cependant, le courant scientifique prédominait. Il était représenté par deux hommes très connus dans la littérature juive, Juda, le père des Tibbonides, et Jonathan ben David Cohen, de Lunel. Celui-ci, qui avait de l'autorité dans les questions talmudiques, n'en défendait pas moins les droits de la science.

Juda ben Saul ibn Tibbon (né vers 1120 et mort vers 1190), originaire de Grenade, avait émigré, devant les persécutions des Almohades, dans le midi de la France. À Lunel, il exerçait la médecine et acquit dans cette profession une grande réputation ; il fut appelé à donner ses soins à des princes, des chevaliers et même des évêques. Versé dans la langue arabe, écrivant l'hébreu avec facilité, il pesait chaque mot avec minutie, pédant à force de vouloir être exact ; il était vraiment né traducteur. Sur les conseils de Meschoullam et d'autres amis, il traduisit successivement de l'arabe en hébreu les **Devoirs des cœurs** de Bahya, l'**Éthique** et le **Collier de Perles** d'Ibn Gabirol, le **Khozari** de Juda Hallévi, l'important traité grammatical d'Ibn Djanah et le traité de philosophie religieuse de Saadia. Ses traductions, trop fidèles, sont parfois obscures ; elles sont calquées servilement sur l'original arabe, et, par conséquent, écrites souvent dans une langue incompréhensible ou incorrecte.

Son fils *Samuel* (né vers 1160 et mort vers 1230) formait avec lui, par le caractère, un contraste complet. Mieux doué que son père, Samuel était léger, d'humeur aventureuse, prodigue et de caractère indolent. Il avait étudié la médecine, savait l'arabe et le Talmud. Mais irrité des admonestations sévères de son père, il abandonna la science pour les affaires et se ruina. Peu à peu il revint aux études et traduisit en hébreu, outre les œuvres d'écrivains juifs, des écrits philosophiques d'auteurs arabes. Ses traductions sont supérieures à celles de son père.

À Posquières, près de Lunel, il existait également une communauté juive, comptant environ quarante membres. C'est là que, vers 1125, naquit *Abraham ben David* (mort en 1198), un des plus remarquables talmudistes du temps. Très instruit et très riche, il créa et dirigea une école qui était fréquentée par de nombreux élèves de la ville et du dehors; il entretenait cette école à ses frais. Ennemi de toute science, il se vantait de ne rien savoir en dehors du Talmud. Comme son condisciple Zerahya Girondi, il possédait un esprit de critique très pénétrant et s'en servait pour combattre d'autres talmudistes. Souvent il dépassait les bornes de la discussion, employant contre son adversaire des expressions grossières et malsonnantes. À son insu peut-être et contre sa volonté, Abraham ben David posa les premiers fondements d'un mysticisme qui, plus tard, égara de nombreux esprits.

Bourg de Saint Gilles, la deuxième capitale de Raymond V, de Toulouse, comptait une centaine de familles juives, qui vivaient heureuses sous la souveraineté bienveillante de celui que les troubadours nommaient **l'excellent comte**. Raymond VI était peut-être encore plus favorable aux Juifs que son père, il leur confiait des emplois publics (1195-1222). Persécuté pour sa tolérance par le pape Innocent III et le clergé, il ne put recouvrer sa tranquillité qu'en promettant par serment de révoquer tous les fonctionnaires juifs.

Dans le nord de la France, la situation des Juifs resta assez prospère jusqu'aux dernières vingt années du XIIe siècle. Tant que le roi Louis VII était sur le trône, il défendit les Juifs contre la mauvaise volonté du clergé, ne voulant même pas exécuter contre eux la décision du concile de Latran qui interdisait aux Juifs d'avoir des nourrices ou des domestiques chrétiens. Malgré la défense du pape, il laissait les Juifs élever de nouvelles synagogues. Après son abdication, et sous le règne de son fils Philippe-Auguste, qui lui succéda en 1179, les Juifs furent aussi traités d'abord avec équité, et quand l'archevêque de Sens fit des remontrances à ce sujet, il fut exilé. Mais plus tard, pour des raisons politiques ou plutôt fiscales, les sentiments de Philippe-Auguste à l'égard des Juifs se modifièrent totalement.

Quoique souverain de la France et suzerain du roi d'Angleterre, Philippe-Auguste ne possédait en propre que peu de territoires. Il n'avait que l'Île-de-France avec quelques enclaves. Tous ses efforts tendaient à agrandir son domaine et à rendre réelle sa suzeraineté sur les grands barons. Pour atteindre son but, il avait besoin d'argent et de soldats. C'est alors qu'il chercha le moyen de s'emparer des richesses des Juifs de France. Il fallait des prétextes pour les dépouiller, mais ils étaient faciles à trouver ; le roi n'avait qu'à prêter l'oreille aux calomnies répandues contre les Juifs. Ceux-ci n'étaient certes pas les seuls à faire le commerce d'argent, et même peu d'entre eux avaient les ressources nécessaires pour ce commerce. Néanmoins, Philippe-Auguste les accusa tous et n'accusa qu'eux d'être usuriers. Il feignit aussi de croire qu'ils étaient capables de tous les crimes, tout ou n'ajoutant certainement pas foi à cette fable ridicule qu'ils égorgeaient des enfants chrétiens pour célébrer leur fête de Pâque. Mais c'étaient là, pour lui, des motifs plausibles pour justifier sa mainmise sur leur fortune. Un jour de sabbat, encore du vivant de son père,- il fit arrêter tous les Juifs de son territoire, et, sans formuler contre eux aucune accusation précise, il les fit jeter en prison (19 janvier 1180) ; il ne leur rendit la liberté que contre une rançon de 1.500 marcs d'argent. Dans la même année, il déclara annulées toutes leurs créances sur les chrétiens, mais il obligea les débiteurs à payer au fisc un cinquième de leurs dettes. Un peu plus tard, non content d'avoir réduit les Juifs à la mendicité, il leur enjoignit de quitter le royaume en 1181 ; ils devaient tous partir entre avril et la Saint-Jean. Ils ne pouvaient emporter que leurs biens mobiliers, s'il leur en restait encore après la spoliation dont ils venaient d'être victimes ; les champs, vignes, granges et autres immeubles devaient revenir au roi.

Comtes, barons et évêques intervinrent auprès du roi pour l'engager à revenir sur son édit d'expulsion. Ce fut en vain. Les Juifs de Paris et des environs, établis sur ce territoire depuis des siècles, durent émigrer. Peu d'entre eux acceptèrent le baptême. Les synagogues furent transformées en églises.

Heureusement pour les Juifs, le domaine du roi, comme on l'a vu plus haut, n'était pas vaste, et les grands vassaux de Philippe-Auguste ne refusèrent pas seulement de se conformer à son édit, mais accueillirent même ceux qu'il avait expulsés. Si l'école talmudique de

Paris disparut, en revanche celles de la Champagne continuèrent à fleurir.

Il est probable que les Juifs expulsés par Philippe-Auguste purent revenir peu de temps après en France, car nous voyons ce roi recommencer ses persécutions contre la population juive. À la suite d'un incident peu important, les Juifs de Bray durent choisir entre le baptême et la mort. Ils préférèrent la mort à l'apostasie. Beaucoup d'entre eux se tuèrent eux-mêmes. Philippe-Auguste en fit brûler plus de cent ; il n'épargna que les enfants âgés de moins de treize ans. Après cet exploit, il partit pour faire la guerre sainte en Syrie.

La prise de Jérusalem par Saladin avait produit dans la chrétienté une profonde et douloureuse émotion, de nouveaux croisés avaient essayé de reprendre la ville sainte au conquérant musulman; leurs efforts étaient restés stériles. Malgré tout son héroïsme, Richard Cœur de Lion lui-même avait été contraint de conclure avec Saladin une paix honteuse : il n'avait pu obtenir que la faveur pour les pèlerins chrétiens de visiter, comme les musulmans, l'église du Saint-Sépulcre à Jérusalem. Une nouvelle croisade était devenue nécessaire. Sur l'ordre d'Innocent III, pape actif et énergique, le prédicateur Foulques de Neuilly parcourut les villes et les villages pour faire prendre la croix aux chrétiens. À l'exemple du moine Rodolphe, il prêcha le pillage des Juifs pour encourager les chrétiens à prendre part à la croisade. Surexcités par les discours enflammés de Foulques, bien des barons laissèrent piller les Juifs et les expulsèrent ensuite de leurs territoires. Contre toute attente, Philippe-Auguste accueillit les proscrits dans ses domaines et permit même à ceux qu'il avait expulsés lui-même de revenir sur son territoire (juillet 1198).

En réalité, dans sa conduite à l'égard des Juifs, Philippe-Auguste ne s'inspirait que de son propre intérêt. Il les considérait comme des éponges, auxquelles il faut laisser le temps de se ronfler, pour pouvoir ensuite les presser avec succès. Les Juifs de France perdirent sous Philippe-Auguste un des droits les plus précieux de l'homme, ils furent privés de leur liberté. Autrefois ils pouvaient se fixer, comme les chevaliers, sur un point quelconque du territoire; Philippe-auguste les attacha comme des serfs à la glèbe. Ils quittaient furtivement la terre où ils étaient établis, ils y étaient réintégrés de force ou le seigneur leur enlevait leurs biens. Du reste, ils n'avaient plus le droit de rien posséder. *La fortune des Juifs appartient au baron*, était alors un principe admis dans tout le nord de la France. Le Juif n'était plus qu'un domaine productif, qu'on appréciait en proportion de son revenu. C'est ainsi qu'un noble vendit à la duchesse de Champagne *ses biens et ses Juifs*.

En Angleterre et sur les territoires français dépendant de la couronne d'Angleterre, les Juifs vivaient depuis un siècle dans une parfaite sécurité. Fixés surtout dans les grandes villes, ils y avaient acquis des richesses considérables. À Londres, des Juifs habitaient de magnifiques palais. Aux deux premières croisades, les excitations contre les Juifs ne trouvèrent aucun écho auprès des placides insulaires. Bien des Anglais embrassèrent même alors le judaïsme. Il existait une communauté juive composée tout entière de prosélytes.

À la tête des communautés juives d'Angleterre se trouvaient des rabbins français. Ainsi, les Juifs de. Londres avaient pour chef religieux Jacob d'Orléans, disciple de Jacob Tam, et tossafiste célèbre.

La situation des Juifs serait restée prospère sous le règne de Richard Cœur de Lion, fils de Henri II, prince bon et chevaleresque, sans le fanatisme de quelques prélats. Leurs souffrances commencèrent le jour du couronnement de Richard (3 sept. 1189). À son retour de l'église où il avait été couronné, Richard, parmi les nombreuses députations qui venaient lui présenter leurs hommages, reçut également une délégation des Juifs anglais. À la vue des magnifiques présents, que cette délégation offrait à Richard, Baudouin, archevêque de Cantorbéry, fit observer au prince qu'il était de son devoir de refuser les cadeaux des Juifs et de faire sortir les donateurs de la salle. Richard obéit aux injonctions de l'archevêque ; les serviteurs du palais chassèrent honteusement les députés juifs et leur infligèrent de mauvais traitements.

Ce fut le signal des désordres. Dans toute la ville de Londres, le bruit se répandit rapidement que le roi avait fait expulser les délégués juifs de son palais et désirait la mort de toute la population juive. La populace et les croisés se mirent immédiatement d'accord pour piller les Juifs. Ceux-ci s'étaient enfermés dans leurs demeures ; les émeutiers y mirent le feu. Des maisons et des synagogues furent incendiées et des Juifs massacrés en grand nombre. Bien des Juifs, pour ne pas tomber entre les mains de leurs persécuteurs, se tuèrent eux-mêmes. C'est ainsi que périt aussi Jacob d'Orléans. Un seul Juif, le riche Bénédict de York, accepta le baptême. Au sortir du palais, où il était rendu avec la députation juive, il avait été traîné dans une église et baptisé ; il consentit momentanément à rester chrétien.

Le lendemain, quand Richard fut mis au courant de ce qui s'était passé, il fit arrêter et exécuter les principaux meneurs, et comme il craignait que les Juifs fussent inquiétés sur d'autres points de l'Angleterre ou des provinces anglaises de France, il les déclara inviolables. Il permit également à Bénédict de York, qui le lui demandait, de retourner à son ancienne religion. L'archevêque de Cantorbéry, présent à l'entrevue de roi et de Bénédict et invité à exprimer son opinion sur la demande du Juif converti, répondit avec colère : *S'il ne veut pas rester un enfant de Dieu, qu'il appartienne au diable !*

Dès que Richard eut quitté l'Angleterre pour se mettre avec Philippe-Auguste à la tête d'une nouvelle croisade, les massacres de Londres furent imités dans diverses villes d'Angleterre. Des scènes sanglantes eurent lieu à Lynn et à Norwich, où les Juifs furent tués et leurs maisons pillées.

Ce fut à York que se produisit le drame le plus émouvant. Dans cette ville demeuraient deux Juifs très riches, Jossé et Bénédict, qui habitaient de superbes palais ; Bénédict est ce converti dont il a été question plus haut. L'opulence de ces deux hommes surexcitait particulièrement l'envie des chrétiens. Toutes les passions, toutes les cupidités, tous les mauvais instincts se coalisèrent alors contre les Juifs. Croisés désireux de s'enrichir, bourgeois voulant ruiner leurs concurrents, nobles impatients de payer leurs dettes sans bourse délier, moines brûlant d'un fanatisme sauvage, tous marchèrent contre la citadelle royale où la population juive de York avait trouvé un refuge. Ils étaient encouragés dans leur entreprise criminelle par un moine qui, vêtu de blanc, célébra, sous les murs de la citadelle, un service solennel, récita la messe et avala l'hostie pour appeler l'assistance divine sur cette horde de brigands et d'assassins.

Pendant plusieurs jours, les Juifs repoussèrent vaillamment les assauts répétés de leurs ennemis, mais les vivres vinrent à manquer. Que faire ? Après une longue et solennelle délibération ; ils résolurent presque tous de suivre l'avis d'un rabbin, Yom Tub de Joigny, et de se donner eux-mêmes la mort. Ils détruisirent leurs trésors, mirent le feu à la citadelle et s'entr'égorgèrent. En sa qualité de chef de la communauté, Jossé donna l'exemple ; il tua sa femme Anna, puis reçut la mort de la main du rabbin. Pas un seul membre de la communauté de York ne survécut ; la nombre des martyrs s'éleva à environ cinq cents (17 mars 1190).

Le jour suivant, qui était le dimanche des Rameaux (18 mars), les croisés massacrèrent à Saint-Edmond soixante-quinze Juifs. Dans toutes les localités où il y avait des Juifs en Angleterre, on comptait des martyrs. La communauté des prosélytes, composée d'une vingtaine de membres, fut exterminée. Indigné de ces atrocités, Richard chargea son chancelier d'ouvrir des enquêtes et de faire exécuter les coupables. Mais les croisés avaient disparu, et les nobles et les bourgeois qui avaient participé aux désordres s'étaient enfuis en Écosse.

À l'avènement du frère de Richard, le roi Jean sans Terre, la situation des Juifs resta très triste. Ce souverain sans scrupule, qui rabaissa l'Angleterre à l'état de vassale du pape et témoignait dans sa conduite des sentiments les moins élevés, ne devait naturellement pas se montrer bienveillant pour les Juifs de son royaume.

On connaît la situation des Juifs en Allemagne. Ils avaient bien subi des persécutions pendant les deux premières croisades, mais l'empereur Henri II, d'abord, et ensuite Conrad III étaient intervenus avec énergie en leur faveur. Comme on le sait déjà, cette intervention coûta cher aux Juifs, ils la payèrent de leur liberté.

Cependant, tout en étant devenus serfs de la chambre impériale, les Juifs d'Allemagne possédaient encore au XIIe siècle quelques droits personnels ; ils pouvaient porter les armes, se battre en duel, etc. Pendant le siège de Worms, ils se joignirent aux chrétiens pour défendre la ville ; les rabbins leur avaient même permis de se battre le samedi. Ils avaient également leur juridiction particulière, et parfois ils étaient appelés à des emplois élevés. Le vaillant duc Léopold d'Autriche, qui avait fait prisonnier le roi Richard Cœur de Lion, faisait gérer ses finances par un Juif, nommé Salomon. Mans la Silésie, des Juifs possédaient, aux environs de Breslau, des villages avec leurs serfs. Mais, à mesure que se propageait la défense faite aux Juifs de posséder des serviteurs chrétiens, ils étaient obligés d'abandonner leurs terres, de se retirer dans les villes et de s'occuper exclusivement de commerce et de banque. La calomnie qui attribuait aux Juifs l'usage de se servir à Pâque de sang chrétien trouva également créance en Allemagne, et toutes les fois qu'on découvrait un cadavre chrétien, les Juifs furent accusés de ce meurtre. Cependant, les Juifs aussi étaient compris dans la trêve que, sur l'ordre de l'empereur Frédéric Barberousse, parti pour la Terre Sainte, ses sujets devaient observer les uns envers les autres. Avant son départ, le souverain allemand avait surtout recommandé aux ecclésiastiques et aux moines de ne pas exciter le peuple contre les Juifs. Ses ordres furent peu suivis, et sous son règne, ainsi que sous celui de ses successeurs, les Juifs d'Allemagne furent souvent persécutés.

Fait à coup sûr remarquable, l'Allemagne produisit à cette époque un poète juif qui écrivit ses vers dans la langue du pays, un *minnesaenger*, admis dans le cycle des maîtres chanteurs de l'Allemagne ; il s'appelait Süsskind de Trimberg.

En Italie, les Juifs n'eurent pas à subir de persécutions à cette époque. Le pape Alexandre III leur était favorable, et son administrateur des finances était le juif Yehiel ben Abraham, de la famille dei Mansi, et neveu de Nathan, l'auteur de l'*Aroukh*. À son entrée dans Rome, d'où un antipape l'avait tenu éloigné pendant plusieurs années, Alexandre III vit venir à sa rencontre, au milieu d'autres députations, les chefs de la communauté juive, portant des bannières et des rouleaux de la Loi.

Ce pape donna aux Juifs des preuves de son bon vouloir au concile de Latran de 1179, auquel assistaient plus de trois cents prélats. Plusieurs membres essayèrent de faire prendre des dispositions hostiles aux Juifs. Ceux-ci. avertis du danger qui les menaçait, vivaient dans une anxiété continuelle, priant et jeûnant. On ne sait pas ce qui se passa au concile, mais les décisions de cette haute assemblée sont animées d'un véritable esprit de justice et de tolérance. En dehors de la défense, faite depuis longtemps aux Juifs, d'employer des domestiques chrétiens, et qu'il renouvela, le concile de Latran ne prit aucune mesure contre eux. En revanche. il interdit de leur imposer le baptême par la violence, de les attaquer, de les piller ou de troubler la célébration de leurs fêtes religieuses. Ce fut certainement le pape Alexandre qui inspira ces décisions.

Leur situation était encore meilleure, sous la domination des Normands, dans l'Italie méridionale, à Naples et dans l'île de Sicile. Roger II et Guillaume II leur confirmèrent explicitement le privilège que, comme les Grecs et les Sarrasins, ils ne seraient jugés que d'après leurs propres lois.

De l'autre cité de l'Adriatique, dans l'empire byzantin, et particulièrement dans la Grèce proprement dite, dans la Thessalie, la Macédoine et la Thrace, ainsi que dans quelques îles, on trouvait aussi des communautés juives. Les plus importantes étaient les communautés de Thèbes et de Constantinople, comprenant près de deux mille familles ; la dernière renfermait, en outre, cinq cents caraïtes. Les Juifs de Thèbes étaient très habiles dans la fabrication de la soie et de la pourpre.

De tout temps, à l'époque de leur puissance comme au moment de leur décadence, les Byzantins haïssaient les Juifs et leur interdisaient l'accès des emplois publics. Aucun Juif ne pouvait même monter à cheval. Seuls, disait la loi, les hommes libres ont le droit de se servir de chevaux. L'empereur Emmanuel fit une exception en faveur de son médecin, le juif Salomon d'Égypte. Exposés aux violences et aux mauvais traitements sans pouvoir invoquer la protection de la loi, ils étaient, de plus, astreints à payer des impôts considérables. Leur culture intellectuelle se ressentait naturellement de cette situation douloureuse. Charitables et hospitaliers comme leurs coreligionnaires des autres pays, ils étaient peu instruits.

Dans les villes de l'Asie Mineure, les Juifs étaient répartis d'une façon très inégale. Partout où dominait le croissant, ils étaient nombreux, mais dans les villes chrétiennes on ne les rencontrait qu'en petit nombre. La Palestine tout entière, qui était au pouvoir des chrétiens, ne renfermait pas mille Juifs. Les communautés de Toron de los Caballeros, de Jérusalem et d'Ascalon comptaient chacune environ trois cents membres. Les Juifs de Jérusalem étaient presque tous teinturiers.

Les plus grandes communautés juives se trouvaient alors dans la région comprise entre le Tigre et l'Euphrate. Il est vrai que les brillants centres scientifiques d'autrefois, tels que Nehardéa, Sora et Pumbadita avaient disparus, mais ils étaient remplacés par les communautés importantes de Bagdad et de Mossoul (appelée la nouvelle Ninive).

À Bagdad, où demeuraient plus de mille Juifs, et s'élevaient quatre belles synagogues, vivait alors un Juif riche et considéré, du nom de Salomon, que le khalife Mohammed Almouktafi (1136-1160) avait placé, avec le titre de prince, à la tête de toutes les communautés de son empire. C'était un véritable exilarque, entouré d'une pompe presque royale, sortant à cheval, escorté d'une garde d'honneur et couvert de broderies d'or. Quand il paraissait en public ou qu'il se rendait auprès du khalife, il était précédé d'un héraut qui criait : *Laissez passer notre chef, le rejeton de David !* Outre divers revenus, il percevait une taxe prélevée sur toutes les communautés juives depuis la Perse jusqu'aux Indes et au Tibet. Bagdad possédait une école talmudique dont le chef portait le titre de gaon.

La communauté de Mossoul était encore plus importante que cille de Bagdad ; elle comptait près de sept mille familles. Cette cité avait été érigée en capitale par le vaillant Zenki, le père de Noureddin. Ces monarques- avaient été tous les deux la terreur des chrétiens. Les Juifs du pays d'Adher-Baidyan, situé près de la mer Caspienne, étaient de courageux guerriers, amis des fanatiques assassins, hostiles à tous ceux qui n'étaient ni de leurs alliés, ni de leurs coreligionnaires, descendant parfois dans la plaine pour piller, et menant une vie presque sauvage. Ne connaissant rien des livres qui renferment le judaïsme, ils accueillaient avec cordialité les rabbins que leur envoyait l'exilarque et se soumettaient à leur autorité.

Vers 1160, apparut au milieu des Juifs de ce pays un homme du nom de *David Alrouhi* ou Ibn Alrouhi, qui, dans un but qui n'est plus connu, chercha à exploiter leur ignorance et leur valeur guerrière. Cet imposteur a fait parler beaucoup de lui dans son temps et est devenu assez récemment, sous le nom d'Alroï, le héros d'un roman émouvant.

Une autre tribu de guerriers juifs était établie à l'est de Tabaristan, dans le Khorassan, sur les montagnes qui s'élèvent près de Nischabour. Ils étaient au nombre de plusieurs milliers, gouvernés par un chef juif, nommé Joseph Amarkala Hallévi. Ils se consacraient à l'élevage du bétail, dans les vallées et sur les montagnes, et étaient amis des hordes turques des Ghuzes. Ils prétendaient descendre des tribus de Dan, Zabulon, Aseher et Nephtali.

À Khiva, il y avait huit mille Juifs, et à Samarcande jusqu'à cinquante mille. D'après un voyageur juif de ce temps, les Indes ne renfermaient que des Juifs noirs, qui, pour la plupart, ne connaissaient du judaïsme que le repos sabbatique et la circoncision. Dans l'île de Candie (Ceylan), on estimait le nombre des Juifs à vingt mille ; ils y avaient les mêmes droits que les autres habitants. Le souverain de cette île avait seize vizirs, dont quatre indigènes, quatre musulmans, quatre chrétiens et quatre juifs. À Aden, la clef de la mer des Indes, existait également une communauté juive importante qui possédait des châteaux forts, guerroyait souvent contre les chrétiens de Nubie et avait contracté une alliance avec l'Égypte et la Perse.

L'Arabie, d'où les Juifs avaient été expulsés par le premier khalife, en contenait de nouveau un grand nombre. Ils ne pouvaient pas résider dans les villes, saintes de La Mecque et de Médine, devenues, du reste, sans importance depuis la mort de Mahomet, mais ils étaient établis dans la contrée fertile et commerçante du Yémen. Les Juifs yéménites étaient réputés comme très charitables. *Ils tendent la main à tout voyageur, leur maison est largement ouverte à l'étranger ; tout passant y trouve un refuge.*

C'est surtout dans le nord de l'Arabie que les Juifs étaient nombreux. Comme autrefois, avant les conquêtes de Mahomet, ils formaient des tribus guerrières et possédaient des châteaux forts ; les uns cultivaient la terre et élevaient du bétail, les autres étaient organisés en caravanes pour transporter des marchandises ou, à l'exemple des Bédouins, pour attaquer les voyageurs.

Un premier groupe de Juifs occupait Talma, sous la direction d'un prince, Hanan, qui prétendait descendre de la dynastie royale de David. On trouvait parmi eux des ascètes, demeurant dans des cavernes ou de misérables huttes, ne goûtant ni viande, ni vin, jeûnant toute la semaine, sauf le samedi et les jours de fête, habillés de noir et s'appelant **les affligés de Sion**. Ils vivaient de la dîme que leur donnaient les propriétaires de bétail et de terres. Un deuxième groupe était établi aux environs de Talmas et avait également un chef juif, Salomon, frère de Hanan, le prince de Taïma. Salomon résidait à Sanaa (Tana), dans un château fort qui était sa propriété. Le groupe contenait également des ascètes qui jeûnaient quarante jours chaque année, pour hâter la délivrance d'Israël. Enfin, un troisième groupe de Juifs arabes, au nombre d'environ cinquante mille, presque tous guerriers, demeuraient sur le territoire de Khaïbar. On disait encore à cette époque que les Juifs de Khaïbar descendaient des tribus de Ruben, Gad et Manassé.

À Wasit, Bassora et Coufa, il y avait également des communautés juives assez importantes. La première de ces villes comptait dix mille Juifs, la deuxième deux mille et la dernière sept mille.

Comme une grande partie de l'Asie, depuis la Méditerranée jusqu'à l'Indus et l'Arabie, était vassale du khalife abbasside de Bagdad, les Juifs de cet immense territoire obéissaient à l'autorité de l'exilarque de Bagdad. Le fils et successeur du premier exilarque, Daniel, était très influent à la cour des khalifes Almoustandjid et Almoustadhi. De son temps, l'école talmudique de Bagdad prit un essor considérable, qui rappelait l'époque des gaonim et qu'elle dut à la direction d'un homme éminent, Samuel, fils d'Ali Hallévi, talmudiste très savant. Vaniteux de sa science, il s'entourait, pour enseigner, d'une pompe toute orientale. Au milieu de ses deux mille élèves, il était assis sur une espèce de trône; habillé de soie et d'or, et parlant à un interprète, qui était chargé de répéter ses paroles à ses disciples. Il exerçait également les fonctions de chef de tribunal, et tous les lundis il rendait la justice avec le concours de neuf assesseurs.

Après la mort de l'exilarque Daniel, Samuel Bar-Ali s'arrogea de nouveaux droits, nommant les rabbins et les juges, et percevant les impôts des communautés. Il savait, du reste, imposer son autorité par la violence; il disposait de soixante esclaves pour infliger la bastonnade aux récalcitrants. C'est ainsi que Samuel Bar-Ali devint peu à peu le chef incontesté de tous les Juifs d'Asie, depuis Damas jusqu'aux Indes et depuis la mer Caspienne jusqu'à l'Arabie.

Pendant que Samuel était à la tête du judaïsme asiatique, des députés d'un peuple païen du Caucase (des Tartares ?) vinrent lui annoncer que sept de leurs princes avaient résolu d'embrasser le judaïsme (vers 1180-1185) et lui demandèrent de lui envoyer des rabbins pour instruire le peuple dans sa nouvelle foi. Petahya, de Ratisbonne, voyageur digne de foi, qui raconte ce fait, vit de ses propres yeux les députés du Caucase. De pauvres talmudistes de Babylone se décidèrent à accompagner les messagers dans leur pays.

Les Juifs d'Égypte vivaient tout à fait indépendants des Juifs d'Asie, ils avaient un chef à eux, reconnu par le khalife et exerçant des fonctions religieuses et judiciaires avec le titre de *Naguid* ou *Reïs*. Il nommait les rabbins et les officiants, jugeait les délits et les crimes, et avait le droit de condamner à l'amende, à la bastonnade ou à la prison.

Les communautés lui payaient un traitement fixe, et, en outre, il était payé comme juge par les parties qui comparaissaient devant lui.

À cette époque, le chef du judaïsme égyptien s'appelait Nathanaël (en arabe *Hibat-Allak ibn Aldjami*) ; il fut médecin, d'abord d'Aladhid, le dernier khalife fatimide d'Égypte, et ensuite de Saladin. Il a composé plusieurs ouvrages. médicaux en arabe. Très instruit, il dirigeait l'école juive du Caire, la capitale de l'Égypte.

Cette ville renfermait alors deux mille familles juives. Il y existait aussi une communauté caraïte, plus considérable encore, dit-on, que celle des rabbanites et ayant également à sa tête un homme qui s'était à la fois chef religieux et juge, et portait le titre de *Nassi* ou *Reïs*.

Une autre communauté importante était celle d'Alexandrie, qui comptait trois mille membres.

La civilisation des Juifs d'Égypte n'était pas bien brillante. Le peuple connaissait si peu sa religion qu'il adoptait constamment des usages caraïtes. Et cependant c'est en Égypte, au milieu de ces Juifs ignorants, que se rencontra un homme dont le nom brilla d'un éclat sans pareil et qui fit de l'Égypte le centre du judaïsme. Cet homme fut Moïse ben Maïmoun.

Chapitre VII

Époque de Maïmonide — (1171-1205)

Dans les trente dernières années du XIIe siècle, le judaïsme semblait ne plus posséder de centre de ralliement et être prêt à s'émietter. Dans le sud de l'Espagne, devant l'intolérance des Almohades, tous les Juifs avaient disparu ou se couvraient du masque de l'islamisme. Les communautés de Tolède et des autres villes de l'Espagne chrétienne étaient de création trop récente pour exercer aucune influence sérieuse. Les communautés du sud de la France étaient dans la période de formation, celles du nord s'adonnaient exclusivement à l'étude du Talmud et n'étaient, du reste, jamais sûres du lendemain. Les Juifs d'Allemagne étaient serfs du gouvernement impérial, et ceux des autres pays de l'Europe ne comptaient même pas. En Asie, l'exilarcat, rétabli par le caprice d'un khalife, avait une existence trop précaire pour exercer quelque action sur les Juifs d'Europe. Le judaïsme paraissait être menacé d'un complet morcellement. C'est alors que parut Moïse Maïmonide. Il devint le guide des Juifs de l'Orient et de l'Occident, et, sans être revêtu d'aucune dignité officielle, il acquit une autorité toute-puissante sur le judaïsme entier.

Moïse ben Maïmoun, appelé en arabe Abou Amram Mousa Maïmoun Obaïd Allah, naquit le 30 mars 1135 dans la ville de Cordoue. Son père, qui descendait d'une famille où la science talmudique était cultivée avec succès depuis de nombreuses générations, était membre du collège rabbinique de Cordoue. Savant talmudiste, Maïmoun était également habile mathématicien et astronome. Il inspira à son fils, dès l'enfance, un amour passionné pour la science et des sentiments d'une élévation et d'une noblesse remarquables. Moïse avait treize ans quand les Almohades conquirent Cordoue (1148) et obligèrent les Juifs et les chrétiens de cette ville à choisir entre l'islamisme, l'émigration ou la mort. Sa famille émigra avec la plus grande partie de la communauté ; on croit qu'elle s'établit à Almeria. Trois ans plus tard, cette ville tomba également au pouvoir des Almohades, et les habitants juifs furent sans doute contraints, comme leurs coreligionnaires de Cordoue, de se faire musulmans ou d'émigrer. Moïse, avec sa famille, mena ainsi pendant quelques années une existence errante et malheureuse, et c'est au milieu de ces épreuves qu'il atteignit l'âge de l'adolescence.

Grâce à d'excellents maîtres et à ses relations avec des savants, Maïmonide acquit un grand fonds de connaissances, fortifia sa raison et l'habitua à essayer de se rendre compte des phénomènes du monde visible et invisible, à chercher partout la lumière et la vérité, et à repousser ce qui paraissait obscur ou mystérieux. Esprit logique et systématique, il aimait l'ordre et la clarté, et il mérite d'être surnommé l'Aristote juif. Son admiration pour le philosophe de Stagire était, du reste, très grande, et mieux que nul autre juif ou musulman — les chrétiens comprenaient alors très peu Aristote — il sut pénétrer et s'approprier ses conceptions originales sur le monde.

À côté de sa science si vaste, Maïmonide possédait un caractère d'une rare élévation, il était un sage dans la plus belle acception du mot. Chez lui, le savoir, la volonté, la foi et les actes s'étaient fondus en un ensemble harmonieux, qui fit de lui la personnalité illustre qui brille d'un si radieux éclat dans l'histoire juive. Sa conduite était conforme à ses principes. Grave et sérieux, il ne cherchait pas, dans la vie, les joies et les distractions, mais les occasions de se dévouer, de faire le bien, de réaliser cette parole de la Bible que *l'homme est créé à l'image de Dieu*. Tout ce qui était vulgaire, mensonger, factice, lui était profondément antipathique, et pour cette raison il dédaignait la poésie, dont, suivant les idées du temps, *la meilleure partie était due à l'imagination* et qui, par conséquent, reposait sur la fiction et le mensonge. Aussi blâmait-il les poètes, qui, à son avis, consacraient leur temps à des futilités, et il ne tolérait pas qu'on récitât des vers aux mariages, à moins qu'on y traitât un sujet religieux ; il confondait dans le même blâme tous les vers, hébreux ou autres.

Sévère envers lui-même, Maïmonide était indulgent et bon pour autrui. Jamais, dans ses polémiques, il n'employait d'expressions blessantes à l'égard de ses adversaires. Il ne se montrait mordant et ironique que pour les idées fausses, les théories erronées, il respectait toujours les personnes. Comme tout homme vraiment éminent, il était humble et modeste.

À toutes ces brillantes qualités de cœur et d'esprit, Maïmonide joignait une volonté d'une grande énergie. Ni l'infortune, ni les souffrances, ni l'ingratitude des hommes ne purent jamais le détourner de son but. Ce but était digne de celui qui l'avait conçu.

Maïmonide voulait montrer sous leur vrai jour le judaïsme biblique et talmudique, les lois rituelles et les dogmes, de façon à convaincre de leur haute valeur les autres croyants et même les philosophes. Jeune encore, Maïmonide était déjà préoccupé de cette pensée, et pendant toute son existence il ne cessa d'en poursuivre la réalisation. À un âge où les autres ont à peine achevé leurs études, Maïmonide entreprit une œuvre considérable, l'explication originale de la Mishna, faite en dehors de tout modèle et de toute tradition. Il continua ce travail au milieu de ses pérégrinations et de vicissitudes de toutes sortes.

La famille de Maïmonide voyagea, en effet, assez longtemps avant de trouver le repos et la sécurité. D'Espagne elle alla à Fez. On ne comprend pas bien pour quel motif elle s'établit dans une ville où les Juifs étaient contraints de pratiquer en apparence l'islamisme. Peut-être Maïmoun espéra-t-il pouvoir rendre des services au judaïsme, au milieu de ses malheureux coreligionnaires de ce pays. La persécution religieuse, qui durait depuis dix ans, avait affaibli la foi des Juifs africains. Il n'est donné qu'à des caractères d'une trempe particulièrement ferme de conserver leurs croyances tout en observant extérieurement une autre religion. Peu à peu, la niasse ignorante s'habituait à un culte qu'elle n'avait accepté d'abord qu'en apparence et par contrainte, et elle n'était pas loin de croire qu'en réalité Dieu avait aboli la loi promulguée sur le Sinaï et en avait révélé une nouvelle à Mahomet. Cet affaiblissement des convictions religieuses des Juifs et cette renonciation progressive à la foi de leurs pères affligèrent profondément Maïmoun, qui essaya de réagir contre cette tendance funeste et de raffermir la foi chancelante de ses frères. Il adressa dans ce but, en 1160, une lettre d'exhortations aux communautés africaines.

Bientôt Maïmonide eut aussi l'occasion d'entrer dans l'arène et d'encourager, comme son père, les Juifs opprimés à conserver intactes dans leur cœur les croyances de leurs ancêtres. Un écrivain d'une piété outrée avait déclaré que, d'après la loi juive, ceux même qui faisaient semblant d'observer l'islamisme, tout en accomplissant secrètement toutes les pratiques juives, devaient être traités en idolâtres. Selon ce zélateur, tout Juif sincère était obligé, s'il ne voulait être considéré comme apostat, de sacrifier sa vie et celle de se famille plutôt que d'adopter, même extérieurement, la religion musulmane. Vivement émus par cet écrit, qui déclarait inutiles tous leurs efforts pour rester fidèles secrètement à leur ancienne religion, la plus grande partie des Juifs africains se demandaient s'il ne valait pas mieux, dans ce cas, se convertir complètement à l'islamisme. Devant ce danger, Maïmonide entreprit de réfuter les assertions de ce zélateur et de justifier la conduite des Juifs qui faisaient semblant de pratiquer l'islamisme. Cet ouvrage, le premier de Maïmonide, porte déjà la marque de son esprit lucide et pénétrant ; il l'écrivit en arabe pour le rendre accessible à tous.

Maïmonide établit dans cet écrit que la transgression d'une partie des lois relieuses ne constitue pas une apostasie. Du temps des prophètes, les Juifs, tout en adorant des idoles, continuèrent néanmoins à être considérés comme représentant le peuple de Dieu. *Nous*, ajouta-t-il, *nous ne commettons aucun acte d'idolâtrie, nous exprimons une formule rague, à laquelle nous n'attachons aucune importance et que nous ne prononçons, au su des musulmans eux-mêmes, que pour tromper un maître fanatique.* Le Talmud, il est vrai, ordonne de mourir plutôt que de devenir idolâtre, il prescrit même de subir, dans certaines circonstances, le martyre plutôt que de transgresser une loi quelconque. Mais ceux qui n'ont pas le courage d'affronter la mort pour la défense de leur religion ne méritent aucun châtiment, même au point de vue talmudique, et ne cessent nullement d'être juifs. L'homme qui pêche par contrainte n'est pas coupable ; sous la pression de la violence, l'idolâtrie même est permise. Dans le cas présent, il existe encore pour les Juifs une autre circonstance atténuante : c'est que la transgression ne se commet pas en acte, mais simplement par la parole. On n'exige pas des Juifs d'abjurer réellement le judaïsme, mais de confesser que Mahomet est un prophète. Cette confession faite, on les laisse à peu près libres de pratiquer leur religion dans leur intérieur. Sans doute, il est très méritoire de subir le martyre plutôt que de se résigner même à cette déclaration ; mais, même d'après le Talmud, on n'a pas le droit d'imposer un pareil sacrifice. Cette réplique de Maïmonide, qui était en même temps un plaidoyer pour lui et sa famille, fut composée entre 1160 et 1464. Elle montre déjà en germe la façon originale dont Maïmonide concevait le judaïsme.

Outre la publication de son ouvrage, Maïmonide parait avoir employé également la persuasion directe pour maintenir l'amour du judaïsme dans le cœur des faux convertis musulmans et stimuler leur zèle pour leur ancienne religion. Dénoncé aux autorités, il aurait payé de sa vie son attachement à sa foi sans l'intervention d'un poète et théologien arabe, Abou-l-Arat ibn Moïscha.

Préoccupés des dangers qui menaçaient leur sécurité, peut-être aussi pressés par le remords, Maïmoun et sa famille se décidèrent à partir de Fez pour la Palestine. Après un séjour assez court à Akko (Saint-Jean-d'Acre) ; ils se dirigèrent vers Jérusalem pour prier sur l'emplacement du temple, et de là ils se rendirent en Égypte. Quelques mois après son arrivée dans ce pays, au commencement de 1166, Maïmoun mourut. Sa célébrité et celle de son fils étaient telles que la famille reçut de nombreuses lettres de condoléances d'amis de l'Afrique et de l'Espagne chrétienne.

Au Vieux-Caire (Fostat), où elle était établie, la famille de Maïmoun se livrait au commerce des pierreries. C'était David, le plus jeune des frères, qui s'occupait principalement des affaires, faisant de fréquents voyages et allant jusqu'aux Indes. Moïse se consacrait surtout à la science. Il fut bientôt arraché au calme de ses chères études par de terribles épreuves. Son frère David périt dans un naufrage, dans la mer des Indes, et avec lui disparut non seulement la fortune de toute la famille, mais aussi une somme considérable que des étrangers lui avait prêtée pour son commerce. Le coup fut si rude pour Maïmonide qu'il en tomba malade.

Son abattement ne dura pas longtemps. Son inébranlable confiance en Dieu, son amour passionné pour la science, l'obligation de protéger sa famille et celle de son frère lui inspirèrent une vaillante énergie. Pour subvenir aux besoins des siens, il commença alors à pratiquer la médecine.

Ses nouvelles occupations ne le détournèrent pas de son commentaire sur la Mishna, qu'il avait commencé à vingt-trois ans et qu'il continuait depuis, au milieu de toutes ses pérégrinations. Cette œuvre, écrite en arabe et intitulée *Siradj* (Luminaire), fut terminée en 1168. Elle avait pour but de faciliter l'étude de la tradition orale, obscurcie par des discussions sans fin et des interprétations erronées, et d'en élucider les points difficiles par des explications brèves et claires.

Maïmonide fut le premier à appliquer la méthode scientifique à l'explication du Talmud. Il fallait un esprit net et méthodique comme le sien pour accomplir une telle lâche, rendue particulièrement difficile par le désordre qui semble régner dans le Talmud. Ce sont surtout les introductions lumineuses placées en tête des divers traités de la Mishna qui sont empreintes d'un caractère vraiment scientifique.

Dans son commentaire, Maïmonide traite avec prédilection les questions de la Mishna qui touchent à la science, et où il peut invoquer des principes tirés des mathématiques, de l'astronomie, de la physique, de l'anatomie, de la morale et de la philosophie. On voit qu'il se trouvait-là dans son véritable élément. Ces questions lui servaient à démontrer que les docteurs de la Mishna, les dépositaires de la tradition, n'ignoraient pas les sciences, qu'ils avaient enseigné une morale élevée, et que leur conception de Dieu était profondément philosophique. Il caractérisa aussi, dans cette œuvre, la véritable nature de la tradition. Selon lui, la tradition doit être fixe, nettement déterminée, au-dessus de toute contestation, et tous les éléments de la Mishna qui ne répondent pas à cette condition ne sont pas traditionnels. Par cette assertion, Maïmonide s'est mis, à son insu, en contradiction avec le Talmud et en a ébranlé les fondements.

La partie de l'œuvre à laquelle Maïmonide apporta des soins et un amour tout particuliers fut, sans contredit, le commentaire sur les **Maximes des Pères**. Dans ce commentaire, il utilisa le trésor de ses connaissances si étendues et si variées.

Convaincu qu'une connexité étroite existe entre la philosophie et la religion juive, Maïmonide arriva à se persuader que le judaïsme lui-même était une philosophie révélée et avait pour but de régler non seulement la conduite religieuse et morale des Juifs, mais aussi leurs pensées et leurs croyances. De là, sa résolution d'établir la *dogmatique* du judaïsme. Selon lui, la religion juive impose à ses adeptes la croyance à certaines vérités, qu'ils ne peuvent rejeter sans devenir renégats. Maïmonide fixe ces articles de foi au nombre de treize. Ce sont les suivants : Dieu existe ; il est un ; il est incorporel et immuable, il est éternel et a été antérieur à toute création ; seul il est digne de notre adoration; des hommes élus ont été animés de l'esprit prophétique ; Moïse a été le plus grand des prophètes ; la Thora est d'origine divine ; elle est immuable ; Dieu connaît toutes nos pensées ; il récompense les bons et punit les méchants ; il enverra un jour le Messie ; il ressuscitera les morts.

Bien que ces articles de foi s'appuient en partie sur des recherches philosophiques et, par conséquent, ne s'imposent pas forcément à toute intelligence, Maïmonide ne considère cependant comme vrai israélite que celui qui les admet tous. Pour lui, quiconque en rejette un seul est hérétique et n'a point de part à la vie future.

C'est ainsi que, d'une part, Maïmonide éleva la confession juive à la hauteur d'une doctrine consciente d'elle-même, et, de l'autre, mit des bornes, pour l'Israélite, à la liberté de penser. Jusqu'alors, les actes religieux seuls formaient l'essence de la rie juive. Maïmonide opposa des barrières aux libres recherches du penseur et marqua les limites entre la foi et l'hérésie, non seulement dans le domaine déterminé de la pratique religieuse, mais aussi sur le terrain moins défini de la théorie. Il enferma ainsi la pensée dans le cercle étroit de formules immuables.

malgré sa valeur considérable, malgré le vaste savoir, la pénétration et l'esprit de méthode que l'auteur y a déplorés, le commentaire de la Mishna n'assura pas à Maïmonide la célébrité qu'il méritait. Ce furent surtout ses disciples qui le firent connaître et qui le vénérèrent comme l'incarnation même de la sagesse. Un de ses plus jeunes élèves, Salomon Kohen, fit pénétrer sa réputation jusque dans le Yémen, où il annonça aux communautés juives que dans l'adversité elles trouveraient appui et consolation auprès de Maïmonide.

Il s'était, en effet, produit dans l'Égypte des changements notables, qui eurent les meilleurs résultats pour les Juifs de ce pays et des contrées voisines. Le dernier khalife fatimide était mort ou avait été renversé du trône, et l'illustre Saladin, le modèle des princes généreux et chevaleresques de cette époque barbare, était devenu (septembre 1171) le seul maître de l'Égypte, d'une partie de la Palestine et de la Syrie, des pays de l'Euphrate et du khalifat de Bagdad. Son empire offrait un asile aux Juifs persécutés.

Tout d'abord, l'avènement de la dynastie abbasside ou sunnite de Bagdad fut le signal d'une violente explosion de fanatisme. Au Yémen surtout, où dominaient les partisans chiites de la nouvelle dynastie, les Juifs furent persécutés et obligés d'adopter l'islamisme (vers 1172). Mais, comme en Afrique et dans le sud de l'Espagne, leur conversion n'était qu'apparente. Cependant, comme les Juifs yéménites étaient très ignorants, il y avait à craindre que la foule ne s'habituât peu à peu à la religion musulmane et n'oubliât complètement le judaïsme. Déjà un Juif parcourait les communautés pour leur prêcher que la mission de Mahomet était annoncée dans ila Thora et que l'islamisme était une nouvelle révélation, destinée par Dieu à remplacer la promulgation du Sinaï. Ce péril, déjà assez grave pour te judaïsme, était encore augmenté par l'apparition d'un illuminé, qui se présentait, à cette époque, aux Juifs yéménites comme le précurseur du Messie, et les engageait à se tenir prêts à recevoir leur libérateur et à distribuer leur biens aux pauvres. Ces extravagances trouvèrent créance auprès d'une partie de la population et menaçaient de devenir dangereuses. C'est alors que le savant le plus estimé d'entre les Juifs du Yémen, Jacob Alfayyoumi, s'adressa à Maïmonide, qu'il avait appris à connaître par ses disciples, pour lui exposer la situation et lui demander aide et conseil.

Maïmonide envoya une **Épître** aux communautés yéménites ; elle était écrite en arabe et rédigée de façon à pouvoir être comprise de tous. Dans cette lettre, Maïmonide s'efforçait de raffermir la foi de ses malheureux frères et de leur inspirer ces sentiments de piété profonde et éclairée qui. font accepter avec courage les souffrances qu'on endure pour sa religion et entretiennent l'espérance au milieu des plus dures épreuves. Il reconnaît qu'il est bien triste de voir des persécutions éclater contre les Juifs sur deux points opposés, mais il ajoute que ces malheurs n'étaient pas imprévus, car ils avaient été annoncés par les prophètes : *Dieu, dans sa miséricorde*, dit-il, *a distingué les Israélites parmi les peuples et a fait de nous les dépositaires de la vraie religion ; c'est pourquoi les autres peuples nous haïssent. Ils sont irrités, non pas contre nous, mais contre la volonté divine dont notre existence est une éclatante manifestation, et ils voudraient nous détruire pour empêcher l'accomplissement de cette volonté.* Depuis la révélation du Sinaï, continue-t-il, les Juifs ont été persécutés dans tous les temps. Ces persécutions se sont présentées sous trois aspects différents. Tantôt on a employé contre eux la violence, comme Amalek, Sanhérib, Neboukadnéçar, Titus et Adrien ; tantôt on a essayé de les tromper par toutes sortes de sophismes, comme les Perses, les Grecs et les Romains ; tantôt on a présenté de nouvelles doctrines religieuses, telles que le christianisme et l'islamisme, sous le voile du judaïsme, et on a cherché à escamoter ainsi cette dernière religion. Pour mieux tromper les Juifs, les musulmans et les chrétiens disent que la Loi promulguée sur le Sinaï devait, en effet, être observée autrefois, mais que, maintenant, elle a perdu toute valeur. Pourtant, les révélations de Nazareth et de La Mecque ne sont pas plus le judaïsme qu'une image n'est l'être vivant qu'elle représente. Seuls des enfants ou des insensés peuvent prendre l'ombre pour la réalité. *Ô mes frères*, ajoute Maïmonide, *méditez sur les vérités que je viens de vous exposer, ne vous découragez pas au milieu de vos souffrances ; celles-ci n'ont d'autre but que de vous mettre à l'épreuve et de montrer que la postérité de Jacob, les descendants de ceux qui ont reçu la Loi au pied du mont Sinaï, possèdent seuls la vraie religion.*

Cette lettre, écrite avec chaleur et remplie de pensées fortifiantes, produisit une vive impression sur les Juifs du Yémen. Elle leur inspira un nouveau courage et les poussa à s'intéresser au sort des Juifs des autres pays. Plus tard, quand il fut devenu illustre, Maïmonide employa son influence à améliorer la situation des Juifs dans le Yémen. Ils lui en témoignèrent leur reconnaissance en manifestant pour lui un attachement profond et en intercalant son nom, comme on le faisait autrefois pour les exilarques, dans les prières journalières.

Peu à peu, la réputation de Maïmonide s'étendit au loin. Dès l'année 1175, on le consultait comme autorité religieuse, et ses décisions étaient acceptées par les communautés. C'est dans cette même année qu'il paraît avoir été nommé officiellement rabbin du Caire. Ces fonctions étaient pour lui un vrai sacerdoce, et il les remplissait avec autant de conscience que de circonspection. Ennemi de tous les abus, il les combattait avec énergie ; il exigeait surtout une tenue décente dans la synagogue, où l'on avait parfois trop de laisser-aller. Il s'élevait également contre les pratiques caraïtes qui s'étaient introduites parmi les rabbanites, mais il se montrait d'une tolérance très large envers les caraïtes eux-mêmes. Interrogé sur la façon dont il fallait traiter ces derniers, il répondit que s'ils gardaient une attitude convenable et n'outrageaient ni le Talmud ni ses adeptes, on était tenu de leur témoigner de la considération et de l'amitié, de leur rendre visite, d'accompagner leurs convois funèbres, de consoler leurs affligés et de recevoir leurs enfants dans l'alliance d'Abraham.

Au milieu des occupations multiples que lui imposaient ses fonctions rabbiniques, sa profession de médecin et ses recherches philosophiques et scientifiques, Maïmonide parvint à achever (en 1180) son second grand ouvrage, le *Mischné Thora*, ou Code religieux, dont l'apparition a fait époque dans l'histoire de la littérature juive. Il y travailla, comme il le dit lui-même, pendant dix ans consécutifs, mais le temps qu'il y consacra n'est, certes, pas en proportion de la grandeur du résultat.

Quand on n'est pas initié aux difficultés de la tâche, on est incapable d'apprécier le mérite de l'admirable ordonnance de cet ouvrage gigantesque, où Maïmonide a réuni et classé avec méthode les mille petits détails épars au hasard dans **l'océan talmudique**, a purifié le métal précieux de ses scories, rattaché les lois talmudiques aux textes bibliques, ramené les faits particuliers aux principes généraux et composé d'un chaos un tout organique, construit selon les règles de l'art. Le Talmud, avec ses digressions et ses discussions sans fin, est un vrai labyrinthe où l'on ne peut se diriger qu'à l'aide d'un fil conducteur. Maïmonide en a fait une construction bien ordonnée, avec ses ailes régulièrement distribuées, ses étages, ses appartements et ses chambres, et où le premier venu petit s'orienter facilement sans guide.

Outre ses qualités de forme, le Mischné Thora a, comme fond, une importance très grande. Maïmonide y a fondu en un tout harmonieux les diverses opinions de ses prédécesseurs; il n'y a manifesté pour aucune doctrine ni dédain, ni préférence. Il a accordé, dans cet ouvrage, une place équitable à la partie philosophique, morale et rituelle du judaïsme, il y a même traité le côté sentimental de la religion juive, c'est-à-dire les espérances messianiques. Son travail est en quelque sorte la résultante de toutes les tendances qui, depuis Saadia, le créateur de la philosophie religieuse, se sont produites dans le judaïsme; c'est le résumé de trois siècles d'efforts intellectuels.

On peut presque dira que Maïmonide a composé un nouveau Talmud. Il a conservé, il est vrai, les anciens éléments, dont on connaît l'origine, la nature et la signification, mais il les a groupés et modifiés de telle façon qu'ils se présentent sous un tout autre aspect. Ainsi, la Mishna, qui est la base du Talmud, débute de cette façon : *À quel moment du soir peut-on réciter la prière du Schema ?* et elle se termine par une discussion relative à une question de pureté lévitique. Maïmonide commence son ouvrage en posant ce principe : *La base et le fondement de toute vérité, c'est de reconnaître qu'il existe un Être antérieur à tout, qui a créé tout l'univers*, et il termine ainsi : *Le jour viendra où la terre sera remplie de connaissances, comme l'océan est rempli d'eau.* Toute l'œuvre est animée d'un souffle de parfaite sagesse, de piété sereine et de profonde moralité. Maïmonide a introduit la philosophie dans le code religieux; il a accorda pour ainsi dire une place à Aristote à côté des docteurs du Talmud. Une brande partie du premier livre (*Madda*) de son ouvrage traite de questions philosophiques.

Maïmonide a composé son ouvrage pour rendre plus facile la connaissance du judaïsme biblique et du judaïsme talmudique. car, pour lui, les deux n'en forment qu'un seul. L'étude du Talmud était très difficile, à cause de la prolixité des discussions et de l'obscurité de la langue. Par son livre, Maïmonide a écarté, en partie, les difficultés en éclairant le chaos talmudique et en y mettant de l'ordre. Dorénavant, le rabbin, obligé de résoudre journellement des questions religieuses et judiciaires; le croyant, désireux, par piété, d'étudier la Loi ; l'homme d'étude, poussé par l'amour de la science à se rendre compte du contenu du Talmud, ne sera plus condamné à s'aventurer dans un enchevêtrement de broussailles ; le Mischné Thora rend la tâche plus agréable et plus facile. Du reste, Maïmonide a fait entendre assez clairement que son ouvrage avait pour but, sinon de faire abandonner complètement le Talmud, du moins d'offrir la possibilité de s'en passer. C'est pourquoi il l'a écrit dans une langue facile, l'idiome néo-hébreu, afin de le rendre accessible à tous et de répandre ainsi parmi les Juifs la connaissance de leur code religieux et, en général, du judaïsme.

Dans son souci de rattacher tous les détails à des principes généraux et de n'avoir jamais recours, même pour expliquer certaines lois, à des expédients, Maïmonide devait nécessairement s'écarter parfois de la méthode talmudique pour suivre une voie nouvelle. Il est surtout un point important pour lequel il s'est placé au-dessus du Talmud. Comme il voulait exposer la législation juive dans toutes ses parties et montrer les rapports des éléments bibliques avec les éléments talmudiques, il a été amené à fixer rigoureusement les lois prescrites par la Bible. Ii a donc composé un traité spécial où il a énuméré les lois bibliques et qui complète son grand ouvrage. Dans ce traité, comme dans son code, il établit en principe qu'il ne faut pas considérer comme biblique tout ce que le Talmud désigne comme tel ou fait découler du texte sacré par une des treize règles de déduction, mais seulement ce qui est reconnu comme tel par une tradition certaine. Il faut reconnaître qu'appliqué dans toutes ses conséquences le principe posé par Maïmonide aurait tout simplement pour effet d'ébranler le judaïsme talmudique. Et cependant, en réalité, Maïmonide plaçait ce judaïsme talmudique au-dessus de tout ; les docteurs du Talmud étaient, pour lui, des autorités incontestées, prenant rang immédiatement après les prophètes, et qu'il considérait comme des modèles de piété et de vertu.

Par son code, Maïmonide a certainement assuré au judaïsme rabbinique un solide point d'appui, mais, d'un autre côté, il l'a embarrassé d'entraves très gênantes. Il a transformé en lois immuables bien des opinions qui, dans le Talmud, étaient vagues et prêtaient à interprétation. De même qu'en introduisant dans le judaïsme des articles de foi, il limitait la liberté de penser, de même il immobilisait la législation juive par la codification définitive des lois. Sans tenir compte des circonstances particulières qui avaient donné naissance à certaines décisions talmudiques, il rendait ces décisions obligatoires pour tous les temps et dans toutes les situations. Sous ce rapport, il se montrait plus rigoureux que les tossafistes, qui atténuaient souvent la trop grande sévérité d'une loi talmudique en déclarant, après un examen attentif des raisons qui l'avaient fait adopter, qu'elle n'était plus applicable à leur époque, toute différente des temps antérieurs. Si le code de Maïmonide avait conquis définitivement la suprématie, comme on pouvait le croire d'abord, et éliminé totalement le Talmud des écoles, des administrations religieuses et des tribunaux juifs, il serait devenu funeste, malgré sa valeur considérable, pour le judaïsme rabbinique, parce qu'il l'aurait en quelque sorte pétrifié.

Ce code agit comme un ferment sur le judaïsme ; il était plus qu'un simple livre, il était un véritable événement, fécond en conséquences. Dès son apparition, il fut multiplié par de nombreuses copies et répandu en Arabie, en Palestine, dans l'Orient, en Afrique, en Espagne, dans le midi de la France et en Italie. Dix ans après, l'auteur pouvait dire sans forfanterie que son ouvrage avait pénétré jusqu'aux extrémités du monde habité. On ne se contentait pas de l'étudier, il était respecté comme une nouvelle Bible ou un nouveau Talmud, et considéré comme une des bases de la religion juive. Ce fut surtout en Espagne qu'il produisit une sensation considérable. *Avant son apparition en Espagne*, dit un contemporain, *les Juifs de ce pays trouvaient l'étude du Talmud si difficile qu'ils s'en rapportaient aux rabbins pour toutes les questions traitées dans ce recueil, car ils ne savaient pas se retrouver au milieu de ces longues discussions. Le code de Maïmonide, avec sa langue facile et son ordonnance lumineuse, est accessible à tous et excite l'admiration générale. Jeunes et vieux l'étudient et t'approfondissent. Bien des personnes connaissent maintenant la législation et sont en état de se former une opinion sur les questions en litige et de contrôler les décisions des juges.*

Cette impression se reproduisit partout, même en Orient, où se trouvaient pourtant de très savants talmudistes. La vénération pour Maïmonide grandit de jour en jour, on lui prodiguait les épithètes les plus flatteuses, on l'appelait l'**Unique de l'époque**, le **Guide des rabbins**, la **Lumière d'Israël**. Son renom s'étendit depuis l'Espagne jusqu'aux Indes et depuis le Tigre et l'Euphrate jusqu'à l'Arabie méridionale ; il éclipsa toutes les célébrités contemporaines. Les plus savants rabbins se soumettaient avec empressement à son autorité et lui demandaient humblement des conseils ; il était devenu le représentant illustre du judaïsme tout entier.

Il ne manqua rien à la gloire de Maïmonide, pas même les attaques des envieux. Un certain nombre de rabbins, plus ou moins ignorants, qui connaissaient le Talmud par routine et superficiellement et croyaient posséder la science universelle, en voulaient à Maïmonide de leur enlever leurs illusions. Au Caire, il y eut quelques talmudistes assez fanatiques pour refuser même de jeter un regard dans le Mischné Thora, afin qu'il ne fût pas dit qu'ils en avaient tiré quelque profit. D'autres étaient persuadés qu'on ne pouvait apprendre le Talmud, et, par conséquent, devenir talmudiste compétent, qu'à Bagdad. À la tête de ces esprits étroits se trouvait Samuel ibn Ali, de Bagdad, l'orgueilleux gaon toujours entouré d'une troupe d'esclaves, qui n'admettait pas qu'on pût lui être supérieur.

Cependant le Mischné Thora rencontra aussi des adversaires honnêtes et sincères, qui sentaient combien le judaïsme talmudique, tel que le concevait Maïmonide, s'éloignait, sur bien des points, de la tradition, et qui voyaient dans cet ouvrage des hérésies et des dangers pour la religion. Mais les savants seuls pouvaient découvrir, dans ce code, ces éléments étrangers au judaïsme et dangereux pour la foi.

Ce ne fut qu'après un séjour de vingt ans en Égypte que Maïmonide obtint, comme médecin, une situation un peu convenable à la cour de Saladin. Il ne fut pas attaché à la personne même du sultan, parce que celui-ci était constamment tenu éloigné de sa capitale par ses guerres contre les partisans de Noureddin et les chrétiens. Nais il avait conquis l'estime et la sympathie du généreux vizir Alfadhel, le protecteur des sciences, dont un contemporain dit qu'il était *tout cœur et toute intelligence*. Alfadhel le fit inscrire sur la liste des médecins, lui assura un traitement annuel et le combla de faveurs. Stimulées par l'exemple du vizir, les notabilités du Caire devinrent également les clients de Maïmonide, dont le temps fut bientôt tellement absorbé par sa profession de médecin qu'il dut négliger ses études.

Maïmonide acquit aussi une très grande réputation comme écrivain médical. Il figure parmi les trois personnages illustres en l'honneur desquels le célèbre médecin et théologien musulman Abdellatif se rendit de Bagdad au Caire, pour entrer en relations avec eux. Le poète Alsaïd ibn Sina Almoulk le chanta comme médecin dans des vers extrêmement flatteurs, et sa réputation était telle que le roi d'Angleterre Richard Cœur de Lion, l'âme de la troisième croisade, voulut le nommer son médecin. Maïmonide refusa sa proposition.

Vers 1187, Maïmonide courut un grand danger. Abou-l-Arab ibn Moïscha, ce théologien arabe qui avait sauvé la vie de Maïmonide à Fez, l'accusa, en le retrouvant juif au Caire, d'avoir pratiqué pendant longtemps l'islamisme et voulut le faire condamner comme relaps. C'était pour Maïmonide une question de vie ou de mort. Son protecteur Alfadhel, devant qui il comparut, l'acquitta en déclarant qu'une foi imposée par la violence n'avait aucune valeur et pouvait être abandonnée impunément. Grâce à l'appui de ce même Alfadhel, Maïmonide fut nommé chef (naguid) de toutes les communautés juives de l'Égypte, et cette dignité se transmit dans sa famille de père en fils, jusqu'au XIVe siècle.

Toujours dévoué aux intérêts de ses coreligionnaires, Maïmonide employa son influence en faveur des Juifs du Yémen, pour améliorer leur situation. Il obtint aussi de Saladin, qui venait de reprendre Jérusalem, l'autorisation pour les Juifs de s'établir de nouveau dans la ville sainte. Enfin, il s'efforça de faire confier les emplois publics aux rabbanites plutôt qu'aux caraïtes, dont il parvint, à la grande satisfaction de ses contemporains, à ramener quelques-uns au rabbinisme.

La réputation toujours croissante de Maïmonide excita de plus en plus la jalousie de Samuel ibn Ali, l'obscur chef d'école de Bagdad, qui guettait l'occasion de nuire à la gloire de l'illustre docteur. Lui et ses amis se chuchotèrent d'abord à l'oreille que Maïmonide n'était pas un pratiquant assez sévère ni un partisan sincère du Talmud, puis ils répandirent discrètement ces calomnies. Le terrain ainsi préparé, ils purent exploiter contre Maïmonide l'irritation produite par certaines assertions de disciples trop téméraires.

Il y avait, en effet, à Damas et dans le Yémen, des rabbins qui tiraient des œuvres de Maïmonide des conséquences que lui-même n'aurait certainement pas admises. Comme il avait déclaré avec insistance, et à plusieurs reprises, que l'âme était immortelle et immatérielle dans le monde futur, tandis qu'il avait à peine parlé de la résurrection des corps, ces rabbins en concluaient qu'il n'admettait pas sérieusement cette résurrection, mais que, d'après lui, le corps se décompose et se dissout totalement après la mort, et l'âme seule s'élève jusque dans les régions éthérées. Une pareille doctrine étant contraire au Talmud, on contestait l'orthodoxie de Maïmonide, qu'on accusait de modifier et de fausser certaines opinions talmudiques. Samuel ibn Ali fut soutenu dans ses attaques contre Maïmonide par Mar-Zakaria, talmudiste fanatique d'Alep. À toutes les agressions et à toutes les intrigues, le sage de Fostat n'opposa que la plus dédaigneuse indifférence.

Malgré la guerre que lui faisaient Ibn Ali et ses partisans, malgré les occupations absorbantes que lui imposait sa profession de médecin, Maïmonide parvint à terminer vers 1190 son traité de philosophie religieuse, qu'il intitula *Moré Neboukhim* ou **Guide des Égarés**. Cette œuvre a une grande importance non seulement au point de vue particulier du judaïsme, mais aussi pour l'histoire générale de la philosophie du moyen âge. Elle forme le point culminant des travaux de Maïmonide, qui y expose la justification de ses plus intimes convictions. Au premier abord, ce livre si remarquable paraît être un recueil de dissertations, écrites par Maïmonide sur diverses questions importantes, pour dissiper les doutes de son élève favori Joseph Almoghrebi, de Fez. Mais en réalité, Maïmonide a composé son **Guide** pour son propre usage, afin de rendre claire à son esprit la conception philosophique de l'univers et montrer la place qu'y occupe le judaïsme.

Pour Maïmonide, la philosophie d'Aristote, telle qu'elle avait été exposée par le mahométan Ibn Sina, était l'expression de la vérité même, il croyait également avec une conviction absolue à la vérité du judaïsme. D'après lui, cette philosophie et la religion juive ont le même point de départ et conduisent vers le même but: elles admettent toutes les deux un Dieu unique, maître souverain de la création, et elles placent la perfection humaine dans la connaissance de soi-même. Or, si la vérité que l'homme découvre à l'aide de sa raison et la révélation promulguée par Dieu sur le Sinaï se ressemblent dans leur origine et leur fin, elles doivent nécessairement se ressembler aussi dans toutes leurs parties et arriver par des voies différentes à un résultat identique. Il est impossible que la philosophie et la religion se contredisent, car elles émanent toutes les deux de l'esprit divin. La vérité révélée par Dieu est forcément d'accord avec celle qui a sa source dans la raison, donnée elle-même par Dieu, et, de même, toutes les vérités que nous fait connaître la raison doivent se retrouver dans la révélation, c'est-à-dire dans le judaïsme.

Maïmonide a emprunté à Aristote sa conception de l'univers, il admet, comme lui, que la création se compose d'une série d'êtres de différents degrés et que les sphères pures sont mises en mouvement par l'effet de leur aspiration vers Dieu, et produisent ainsi les évolutions du monde sublunaire. Mais il a, en quelque sorte, rajeuni ce système en y rattachant des conceptions originales sur l'homme et sa destinée. Dieu, dit-il, étant la perfection et la souveraine bonté, ne peut avoir créé qu'un monde essentiellement bon. Le mal qui existe dans ce monde ne doit donc pas être considéré comme créé par Dieu, il n'est que l'absence du bien. Il provient du fait que la matière trop grossière est souvent réfractaire au bien. On peut triompher du mal. L'homme est, en effet, un composé de matière grossière et d'une substance plus pure, qui est l'âme. Or, Dieu a doué l'âme de la faculté et du désir de s'instruire. Si l'homme suit ce penchant, il parvient à comprendre l'harmonie du monde et l'action de Dieu sur la création, il devient capable de triompher des barrières que lui oppose la matière et de monter au rang d'ange. C'est en s'élevant aux conceptions les plus nobles et en acquérant la pureté des mœurs que l'homme devient esprit, dépasse les êtres terrestres. conquiert l'immortalité et s'unit à l'Esprit universel du monde. Cette faculté que possède l'homme de s'élever aux degrés supérieurs est la conséquence de son libre arbitre.

Mais en même temps qu'il conquiert l'immortalité, l'homme, par son activité intellectuelle et morale, peut également attirer sur lui l'attention spéciale de la Providence divine. Car cette Providence n'étend sa protection que sur ce qui est durable et permanent dans le monde des quatre éléments ; elle veille sur la conservation des espèces, qui, par leur forme et leur but final, sont de nature spirituelle. Donc, si l'homme, triomphant de la matière, s'élève au rang d'esprit, la protection divine lui est nécessairement acquise. Mais, de même que par la pureté de sa vie et le développement de son intelligence l'homme peut acquérir la récompense glorieuse de l'immortalité, de même il s'attirera le plus sévère châtiment s'il étouffe la lumière de l'esprit sous le péché et les appétits de la matière.

L'homme peut atteindre un résultat encore plus important. Si, par ses pensées et ses actes, il s'élève vers Dieu, il peut acquérir le don de la prophétie. Pour devenir prophète, il faut avoir une imagination féconde et toujours en éveil, et, de plus, être favorisé de l'inspiration divine. La faculté prophétique se manifeste surtout dans l'état de rêve, quand les sens se reposent et que l'esprit, dégagé en quelque sorte de la matière, est plus accessible à l'influence d'en haut. Toutes les visions des prophètes se sont produites dans une sorte de rêve. Les faits et gestes des prophètes rapportés par la Bible ne sont pas des actes réels, extérieurs, mais des perceptions intimes de l'âme ; ils n'ont jamais existé que dans l'imagination. C'est ce qui explique bien des récits merveilleux de la Bible et bien des paroles étonnantes des prophètes. Non pas que les miracles ne soient pas possibles, car Dieu, qui a créé les lois de la nature, peut aussi les suspendre en partie, mais il ne le fait que momentanément et remet bien vite tout en ordre, comme lorsqu'il a changé, pour un temps très court, l'eau du Nil en sang et fendu les flots de la mer Rouge. Encore faut-il limiter autant que possible le nombre des miracles dans la Bible. Du reste, ce n'est pas par les miracles, mais par l'accomplissement des prédictions que s'affirme la réalité de la mission des prophètes.

Le plus parfait des prophètes fut Moïse, cet homme divin qui donna au monde une loi si féconde. Ses prophéties se distinguent en quatre points des visions des autres prophètes. Il a atteint ce degré élevé, parce que son bine avait su se détacher des liens terrestres et se rendre indépendant même de l'imagination, et qu'il s'était élevé au rang des anges ou des esprits purs. Arrivé à un degré que nul mortel n'avait atteint avant lui, il a pu déchirer tous les voiles qui, d'ordinaire, dérobent la vérité à la raison humaine, pénétrer jusqu'à l'essence même de la vérité, contempler directement la divinité et connaître sa volonté. Les vérités qu'il a connues ainsi dans sa communication directe avec l'Être suprême, il les a enseignées à son peuple. C'est la Révélation, c'est la Thora.

Cette loi, ainsi révélée, est unique comme l'intermédiaire qui l'a fait connaître à l'humanité ; elle est parfaite et ne pourra jamais être abrogée ni remplacée.

Le caractère divin de la Thora se manifeste non seulement par son origine, mais aussi par son contenu. À côté de lois et de prescriptions, elle renferme des enseignements (dogmes) sur les questions les plus importantes et se distingue ainsi, par suite de ce double caractère, de toutes les autres législations et religions. Bien plus, les lois de la Thora ont toutes un but élevé, de sorte qu'aucune n'en est superflue, ni indifférente, ni arbitraire. On peut donc dire que la Révélation donne satisfaction à l'âme et assure le bien-être du corps, car elle nous fournit des notions exactes sur Dieu et son action sur l'univers, et elle nous apprend à être purs et vertueux.

Pour les penseurs du temps, l'œuvre de Maïmonide devint réellement le Guide des égarés. Car, à cette époque, tous pensaient en disciples d'Aristote et sentaient en juifs, et comme il existait un abîme entre leurs opinions philosophiques et leurs sentiments religieux, ils accueillirent avec une profonde satisfaction le livre qui conciliait pour eux la philosophie et la religion. Expliqués par Maïmonide, bien des passages de la Bible et du Talmud qui, auparavant, leur avaient paru étranges ou au moins insignifiants, prirent à leurs yeux une grande valeur et un sens profond. L'influence du Moré fut surtout très grande sur la postérité. Le judaïsme, tel que l'exposait Maïmonide, n'était plus un système étrange et appartenant au passé, une religion déjà morte et réduite à des pratiques toutes mécaniques, mais une vérité vivante et vivifiante, une doctrine ayant son caractère propre et en accord parfait avec la raison.

Les penseurs juifs des temps ultérieurs se rattachent tous à Maïmonide ; c'est dans **le Guide** qu'ils vont puiser toutes leurs inspirations, parfois pour renchérir sur le maître, parfois aussi pour le combattre. Et comme, en définitive, ce sont les penseurs qui façonnent la foule et lui impriment la direction, on peut dire que Maïmonide a revivifié et rajeuni le judaïsme. Son œuvre eut un tel retentissement qu'elle fit oublier tous les travaux analogues publiés avant lui, depuis l'ouvrage de Saadia jusqu'à celui de Juda Hallévi.

Comme le **Guide** était écrit en arabe, son influence s'étendit bien au-delà des milieux juifs. Car, quoique Maïmonide l'eut seulement destiné à ses coreligionnaires et eût prescrit de le copier en caractères hébreux, pour qu'il restât inaccessible aux mahométans et n'occasionnât aucun ennui aux Juifs, il fut répandu parmi les Arabes encore du vivant de l'auteur. Un musulman y ajouta même une préface pour renforcer les arguments produits par Maïmonide en faveur de l'existence de Dieu. Ce fut aussi dans le **Guide** que les principaux créateurs de la scolastique chrétienne apprirent à résoudre les contradictions entre la foi et la philosophie.

Le système de Maïmonide présente cependant bien des points faibles. Imbu de la philosophie d'Aristote, telle qu'elle était connue de son temps, Maïmonide introduit dans le judaïsme des éléments étrangers et incompatibles avec cette religion. Au lieu du Dieu de la Révélation, qui veille sur l'humanité, sur Israël et sur chaque individu en particulier, il suppose un être métaphysique qui, dans sa froide sublimité et son isolement, ne se préoccupe nullement de ses créatures et possède à peine une personnalité et une volonté. Comme il ne voit pas dans la Révélation une communication faite par Dieu à son peuple, il est obligé de faire de Moïse un demi-dieu, bien au-dessus de l'humanité. Son idéal de l'homme mieux est placé à une telle hauteur que quelques penseurs d'élite peuvent seuls le réaliser. Selon lui, il ne suffit pas, pour plaire à Dieu, d'avoir des mœurs honnêtes et des sentiments religieux, il faut encore pouvoir s'élever à certaines conceptions philosophiques. Il y aura donc, d'après lui, peu d'âmes capables d'arriver à l'immortalité et d'attirer sur elles l'attention particulière de la Providence, et, par conséquent, le nombre des élus sera excessivement petit. Enfin, le désir de mettre d'accord certains versets de la Bible avec les principes de la philosophie aristotélicienne le contraint à fausser le sens des textes.

Beaucoup de ses contemporains, et même son élève favori Joseph Moghrebi, comprirent que son système ne concordait pas tout à fait avec le vrai judaïsme. Son opinion relative à la résurrection rendait surtout ce désaccord sensible. Maïmonide admettait la croyance à la résurrection, mais il n'en avait parlé qu'incidemment ; ce qui lui fut reproché de bien des côtés. Aussi fut-il obligé de publier un traité spécial sur la résurrection (1191). Il admet, dit-il dans cet opuscule, la résurrection des corps, mais elle n'aura lieu, selon lui, qu'à l'aide d'un miracle, compatible, du reste, avec l'idée d'un univers qui a été créé à un certain moment. Il se plaint, dans ce petit traité, de n'avoir pas été compris et d'être obligé de se justifier devant *des sots et des femmes* ; il s'y exprime, du reste, avec une certaine amertume, qui contraste avec le ton calme de ses autres ouvrages.

Le **Guide** produisit une grande sensation parmi les savants mahométans, mais cette œuvre fut généralement blâmée, à cause des attaques qu'elle contient contre l'islamisme et la philosophie d'alors, et aussi pour ses idées trop hardies. Abdellatif, le représentant de l'orthodoxie mahométane parmi les musulmans de l'Orient, celui-là même qui s'était rendu en Égypte pour faire la connaissance de Maïmonide (en l'année 1192), exprima son estime pour l'auteur, mais condamna l'œuvre. Voici ce qu'il dit : *Moïse, fils de Maïmoun, est venu me voir ; j'ai reconnu en lui un homme de très grand mérite, mais dominé par le désir d'occuper le premier rang et de plaire aux puissants. À côté d'ouvrages de médecine, il a également composé pour les Juifs un livre de philosophie, que j'ai lu. À mon avis, c'est un mauvais livre, qui menace d'ébranler les fondements de la religion par les arguments mêmes qui semblent destinés à les consolider.*

Nulle part, les idées de Maïmonide ne trouvèrent un sol aussi favorable et ne furent accueillies avec autant d'empressement que dans les communautés juives du midi de la France. L'aisance des habitants, les franchises municipales et la lutte des Albigeois contre l'Église avaient éveillé l'esprit de critique dans cette région, où, auparavant, Ibn Ezra, les Tibbonides et les Kimhides avaient introduit les éléments de la civilisation juive. Impuissants à concilier par eux-mêmes le judaïsme avec les résultats de la science, les savants de cette contrée étudiaient avec ardeur les travaux de Maïmonide, où ils trouvaient la solution tant désirée, et qui se distinguaient par leur clarté et leur profondeur. Savants laïques et talmudistes s'éprirent du même enthousiasme pour Maïmonide et manifestèrent leur admiration pour ce grand philosophe. *Depuis la mort des derniers docteurs du Talmud*, disait-on en Provence, *il ne s'est pas rencontré une telle personnalité en Israël.* — *Dieu a créé cet homme*, disait-on encore, *pour réveiller son peuple de la torpeur qui commençait à l'engourdir*. Et le poète Harizi écrivit sur lui ces vers hyperboliques :

> *Tu es un ange du ciel*
> *Créé à l'image de Dieu,*
> *Quoique tu aies un visage humain.*

Plusieurs communautés et notabilités de Provence le consultèrent sur toutes sortes de questions, et les savants de Lunel, présidés par Jonathan Kohen, lui écrivirent pour lui demander de leur envoyer le **Guide**. Maïmonide ne put répondre que quelques années plus tard à leur lettre si flatteuse, une grave maladie l'avait retenu au lit pendant une année entière et avait encore diminué ses forces, déjà bien affaiblies par l'âge et ses nombreuses occupations. En même temps, il fut troublé dans sa sécurité, à la mort de Saladin, son protecteur, par les rivalités qui éclatèrent entre les fils et le frère du défunt, et qui amenèrent de graves désordres en Égypte.

À la fin, l'aîné des fils de Saladin, nommé Alafdal, put occuper sans contestation le trône de son père (1200), et il attacha Maïmonide comme médecin à sa personne. Épuisé par une vie d'excès et de débauche, ce prince pria Maïmonide de l'aider de ses conseils pour lui faire recouvrer les forces et la santé. Maïmonide composa à son usage un recueil de règles hygiéniques, ou il avait le courage de l'avertir que, pour fortifier le corps, il est nécessaire d'affermir l'âme et de la préserver de toute pensée impure.

Samuel ibn Tibbon, le principal représentant de la culture juive en Provence, écrivit à Maïmonide qu'il avait entrepris de traduire le **Guide** de l'arabe en hébreu, et qu'il serait heureux de pouvoir aller le voir. Maïmonide accueillit cette communication avec une joie profonde, car il désirait depuis longtemps voir traduire en hébreu ses ouvrages arabes.

Dans la réponse qu'il adressa à la communauté de Lunel, Maïmonide l'engagea ainsi que les autres Juifs de Provence à étudier le Talmud: *Vous, habitants de Lunel, et Juifs des villes voisines, vous seuls tenez encore d'une main ferme le drapeau de la Thora. Vous étudiez le Talmud et êtes des savants. En Orient, l'activité intellectuelle des Juifs est nulle. Dans toute la Syrie, la ville d'Alep seule renferme quelques personnes qui se consacrent à l'étude du Talmud et aux sciences, mais sans ardeur. Dans l'Irak un ne trouve que deux ou trois raisins (des hommes intelligents). Les Juifs du Yémen et du reste de l'Arabie savent peu de choses du Talmud, ils ne s'intéressent qu'à l'Aggada. Quant au Maghreb, vous savez combien les Juifs y sont malheureux! Vous êtes donc les seuls soutiens de la Loi; soyez forts et courageux.* Maïmonide pressentait que le judaïsme scientifique trouverait ses principaux représentants dans la Provence.

Maïmonide était déjà fort affaibli quand il écrivit à la communauté de Lunel. Il mourut à l'âge de soixante-dix ans (20 Tébet = 13 déc. 1204), et fut pleuré dans les communautés de tous les pays. À Fostat, juifs et musulmans observèrent un deuil public de trois jours ; la communauté de Jérusalem organisa une cérémonie funèbre et décréta un jeûne général. On transporta ses dépouilles mortelles à Tibériade. La légende raconte que des Bédouins attaquèrent ceux qui suivaient le convoi funèbre, mais que, n'ayant pas pu faire bouger le cercueil de place, ils se joignirent au convoi et accompagnèrent le corps jusqu'au lieu de sépulture.

Maïmonide ne laissa qu'un fils, *Aboulmeni Abraham*, qui hérita de ses fonctions de médecin auprès du khalife et de sa dignité de chef religieux des communautés d'Égypte. Ses descendants se perpétuèrent jusqu'au XVe siècle et se distinguèrent par leur piété et leur savoir talmudique. Voici l'épitaphe gravée par un inconnu sur son tombeau

Ici repose un homme qui était plus qu'un homme.
Si tu étais un homme, alors des êtres divins
Avaient protégé spécialement ta mère.

Plus tard, cette inscription fut remplacée par la suivante :

Ici repose Moïse Maïmoun, hérétique et excommunié.

Le contraste de ces deux inscriptions est l'image du violent antagonisme qui éclata parmi les Juifs, après la mort de Maïmonide, et les divisa en deux camps opposés.

Chapitre VIII

Dissensions dans le judaïsme. Obligation de porter la rouelle — (1205-1236)

Avec Maïmonide, cet esprit d'une si large envergure, la civilisation juive du moyen âge avait atteint son point culminant. Après sa mort, ses idées furent discutées avec une ardeur passionnée et produisirent la division dans le judaïsme. L'Église, dont les prétentions allaient en croissant, se mêla aux querelles des Juifs, et, pour attiser la discorde et nuire à la Synagogue, qu'elle détestait, telle employait tantôt la ruse et tantôt la violence. La disparition de Maïmonide et l'omnipotence papale eurent pour les Juifs les plus funestes conséquences.

Du vivant de Maïmonide, les communautés juives de l'Orient comme de l'Occident suivaient avec empressement sa direction. Lui mort, le judaïsme n'avait plus ni chef, ni conseiller. Son fils Aboulmeni Abraham (né en 1185 et mort en 1254) avait bien hérité de sa situation et même de son caractère, mais il n'avait ni la grande intelligence ni la force de travail de son père. Il était médecin du sultan Alkamel, frère de Saladin, et dirigeait l'hôpital du Caire avec l'historien de la médecine et de la littérature arabes, Ibn Abi Obsaibiya. Il était assez versé dans le Talmud pour pouvoir repousser les attaques dirigées contre l'érudition de son père et publier des consultations rabbiniques. Il avait aussi étudié la philosophie et composa un ouvrage pour concilier l'Aggada avec les données de la philosophie du temps. Mais tout ce qu'il savait, il l'avait emprunté aux autres, n'ayant ni originalité, ni vigueur d'esprit, et se contentant de s'assimiler le mieux possible les idées de son père. Il était cependant très estimé, mais manquait d'autorité.

Pas plus que l'Asie et l'Afrique, l'Europe ne possédait une personnalité vraiment remarquable qui pût remplacer Maïmonide. On trouvait bien quelques savants juifs dans la Provence et l'Espagne chrétienne, mais aucun d'eux n'avait assez de mérite pour s'imposer comme chef religieux aux communautés juives. Ainsi, au moment où les temps devinrent sombres pour le judaïsme et où il aurait fallu un homme d'un caractère ferme et généreux et d'un esprit puissant pour relever les courages abattus et indiquer le chemin à suivre, il n'y avait que des savants sans influence ni autorité. Si, à cette époque, un homme s'était rencontré comme 1laïmonide, on n'aurait eu, sans doute, à déplorer ai les dissensions funestes entre les partisans d'une foi éclairée et les obscurantistes, ni l'action délétère du mysticisme.

Et cependant, plus que jamais, les Juifs auraient eu besoin d'un guide ferme et vaillant. Car, au commencement du XIIIe siècle, ils eurent à subir l'hostilité d'un adversaire aussi puissant que malveillant. Le pape Innocent III (1198-1216), qui courba peuples et souverains sous le joug de l'Église, asservit les esprits, persécuta les penseurs indépendants, créa l'Inquisition et fit monter sur des bûchers tous ceux qui lui semblaient hérétiques, ce pape fut aussi un ennemi implacable des Juifs et du judaïsme. Lui, le puissant prince de l'Église, qui pouvait distribuer couronnes et pays et était parvenu, à l'aide de sa légion de légats et de moines dominicains et franciscains, à soumettre à sa domination toute l'Europe, depuis l'océan Atlantique jusqu'à Constantinople et depuis la Méditerranée jusqu'aux régions arctiques, il supportait avec peine l'existence du petit peuple juif. Au début de son règne, cependant, il se montra assez favorable aux Juifs, et quand, à la mort de Saladin, le sultan d'Égypte qui possédait Jérusalem, une nouvelle croisade s'organisa et que, selon leur habitude, les croisés se mirent à piller et à tuer les Juifs, il intervint en leur faveur (sept. 1109). Il interdit également aux chrétiens de les baptiser de force, de leur ravir leurs biens sans une autorisation légale, de les massacrer, de les attaquer à coups de fouet ou de pierres pendant leurs fêtes ou de profaner leurs cimetières. Chose étrange, ce n'est pas un sentiment d'humanité et de justice qui provoquait l'intervention du pape, mais cette pensée singulière que les Juifs doivent vivre, et vivre dans l'abjection et la misère, pour la plus grande gloire du christianisme.

Mais si Innocent III voulait qu'on laissât la vie sauve aux Juifs, il ne les en détestait pas moins. Ainsi, il reprocha (1205) sa bienveillance pour les Juifs au roi de France Philippe-Auguste, qui, cependant, les avait pillés, emprisonnés, expulsés, et ne les avait rappelés dans son pays que pressé par des besoins d'argent ! *Je suis affligé*, écrit-il à ce souverain, *de voir des princes préférer les descendants des déicides aux héritiers du crucifié, comme si le fils de l'esclave pouvait hériter du fils de la femme libre. J'ai appris qu'en France les Juifs se sont approprié par l'usure les biens de l'Église et des chrétiens ; que, contrairement à la décision du concile de Latran tenu sous Alexandre III, ils engagent des nourrices et des domestiques chrétiens ; que les tribunaux n'acceptent pas le témoignage des chrétiens contre les Juifs ; que la communauté de Sens a construit une nouvelle synagogue qui dépasse en hauteur l'église voisine, et où les prières sont récitées, non pas à voix basse, comme avant l'expulsion, mais à voix tellement haute que les offices des chrétiens en sont troublés ; et enfin que les Juifs sont autorisés à se montrer en public pendant la semaine de Pâques, dans les villes et les villages, et à détourner les fidèles de leur foi.* Innocent III répète aussi cette odieuse calomnie que les Juifs égorgent secrètement des chrétiens, et il enjoint à Philippe-Auguste de traiter les Juifs avec rigueur et, en général, d'exterminer les hérétiques de son pays.

La même année (mai 1205), le pape adressa une lettre sévère à Alphonse le Noble, roi de Castille, parce que ce prince tolérant ne voulait pas permettre aux ecclésiastiques d'enlever aux Juifs leurs esclaves musulmans pour les baptiser, ni contraindre les Juifs et les musulmans à payer la dîme au clergé. En cas de désobéissance, le roi de Castille était menacé de la censure ecclésiastique. Innocent III avait, en effet, décrété, dans l'intérêt des prêtres, que les Juifs, possesseurs de terres, fussent contraints de payer la dîme comme les chrétiens. Comme il ne pouvait pas excommunier les récalcitrants, il prononçait l'anathème contre les chrétiens qui auraient des relations avec eux.

Voici enfin une autre lettre, adressée au comte de Nevers (janvier 1208), et dans laquelle Innocent III donne libre cours à sa haine contre les Juifs. Comme le comte de Nevers traitait les Juifs avec équité, le pape lui écrivit : *Les Juifs devraient errer, comme Caïn, à travers le monde, et porter sur leur visage la marque de leur abjection. Au lieu de les humilier et de les asservir, les princes chrétiens les protègent, les reçoivent dans les villes et les villages et les utilisent comme banquiers, pour leur faire extorquer de l'argent aux chrétiens. Bien plus, ils jettent en prison les débiteurs chrétiens des Juifs et permettent à ces derniers de prendre en gage des châteaux forts et des villages chrétiens, dont la dîme, alors, n'est pas payée à l'Église. Et n'est-il pas scandaleux que des chrétiens fassent tuer leurs animaux et pressurer leurs raisins par des Juifs, pour que ceux-ci puissent en prendre ce qu'ils désirent et laissent ensuite le reste aux chrétiens ? Ce qui est surtout blâmable, c'est que ce vin, ainsi préparé par les Juifs, sert ensuite pour le sacrement de la communion. Les chrétiens sont-ils excommuniés et leurs pays mis en interdit par les prêtres à cause de leurs relations avec les Juifs ? ceux-ci rient dans leur barbe et sont contents que, grâce à eux, les harpes de l'Église soient suspendues aux saules et les prêtres privés de leurs revenus, pendant la durée de l'excommunication.* Innocent III fut le premier pape qui traita les Juifs avec une dureté inhumaine, et si, dans son esprit, leur existence avilie n'avait pas dû contribuer à la glorification du christianisme, il aurait prêché contre eux, comme il le fit contre les albigeois, une vraie guerre d'extermination.

Innocent III éprouvait peut-être pour les Juifs une haine si violente, parce qu'il sentait que leurs doctrines religieuses étaient une protestation contre les mœurs relâchées des prélats chrétiens du temps et semblaient, par conséquent, encourager les hérétiques dans leur opposition à l'Église. Il aurait vu juste. Car c'est dans leurs relations avec des Juifs instruits, ou dans des ouvrages juifs, que les Albigeois du sud de la France avaient puisé en partie la pensée de repousser l'autorité de la papauté. Il y eut même une secte parmi les Albigeois qui déclarait hautement *que la doctrine des Juifs était préférable à celle des chrétiens*. Aussi le pape Innocent III faisait-il surveiller avec une même sévérité malveillante les Albigeois et les Juifs du midi de la France, et Raimond VI, comte de Toulouse et de Saint-Gilles, surnommé par les troubadours du temps **le bon Raimond**, était en butte à ses tracasseries autant comme ami des Juifs que comme protecteur des Albigeois. Entre autres crimes, le pape lui reprochait d'avoir des fonctionnaires juifs. Humilié, flagellé et conduit tout nu à l'Église, la corde au cou, par Milon, légat du pape, Raimond dut confesser ses péchés en public et jurer, entre autres, de renvoyer tous ses fonctionnaires juifs (1209). Treize barons, accusés, comme Raimond VI, de se montrer favorables envers les Albigeois et les Juifs, furent également contraints de jurer qu'ils renverraient leurs fonctionnaires juifs et n'en nommeraient plus jamais.

Ailleurs encore, les Juifs furent englobés dans les persécutions dirigées contre les Albigeois. Ainsi, quand, sur l'ordre du pape, l'abbé de Cîteaux, Arnaud-Amauri, et l'ambitieux comte Simon de Montfort marchèrent contre Raimond-Roger, vicomte de Béziers, qui était haï non seulement parce qu'il protégeait les Albigeois, mais aussi parce qu'il favorisait les Juifs, les croisés prirent Béziers d'assaut et, au nom de leur Dieu, y mirent tout à feu et à sang. *Nous n'avons tenu compte*, écrivit Arnaud au pape, *ni du sexe, ni de l'âge ; près de vingt mille personnes sont tombées sous nos coups. Après le massacre, on a pillé et brûlé la ville ; la vengeance divine a sévi sur Béziers d'une façon vraiment miraculeuse.* On avait demandé à Arnaud comment on distinguerait les hérétiques des fidèles : *Tuez-les tous*, avait-il répondu, *Dieu reconnaîtra les siens*. Dans ce carnage, deux cents Juifs périrent et un grand nombre furent faits prisonniers. Aussi, l'année où le pape prêcha la croisade contre les Albigeois est-elle désignée chez les Juifs comme année de deuil.

Grâce à sa victoire diplomatique sur Raimond, de Toulouse, et à sa victoire militaire sur Raimond-Roger, de Béziers, l'Église triomphait non seulement dans le Midi, mais aussi dans les autres parties de la France. Innocent III possédait maintenant l'omnipotence temporelle et spirituelle. Les hérétiques étaient massacrés, l'indépendance d'esprit était condamnée comme criminelle. On brûlait à Paris les élèves du philosophe Amalaric de Bena, ceux qui médisaient de Rome et du pape ou déclaraient païen l'usage d'élever des autels en l'honneur de saints et de vénérer des reliques. Les écrits philosophiques introduits d'Espagne en France, entre autres la traduction, faite sur l'ordre d'un archevêque, de l'œuvre d'Ibn Gabirol, étaient mis à l'index par le synode de Paris (1209). La petite lueur qui commençait à briller parmi les nations d'Europe gênait l'Église, elle l'éteignit. Seuls les juifs d'Espagne et du midi de la France défendaient encore vaillamment le flambeau de la science.

Eux aussi furent troublés dans leurs études. L'Église accumula contre eux les restrictions et les mesures d'exception pour les humilier et les outrager. Le concile d'Avignon (sept. 1209), présidé par Milon, légat du pape, décida que tous les barons et toutes les villes libres promettraient par serment de ne confier aucun emploi à des Juifs et de ne pas laisser s'engager des domestiques chrétiens dans des maisons juives. Ce même concile interdit aux Juifs de travailler le dimanche ou les jours de fêtes chrétiennes, et de manger de la viande aux jours de jeûne des chrétiens.

En Angleterre surtout, la situation des Juifs était alors particulièrement triste. Ils avaient dans ce pays de nombreux et puissants ennemis, d'abord le roi Jean sans Terre, qui ne reculait devant aucun moyen pour leur extorquer de l'argent, ensuite les barons, qui, voyant dans les Juifs une source de richesses pour Jean sans Terre, les englobaient tous dans leur haine pour le roi, enfin le cardinal Langton, imposé par le pape comme archevêque à Cantorbéry, et qui avait importé en Angleterre l'esprit de persécution de l'Église.

Effrayés par les souffrances qui les menaçaient de toutes parts et poussés en même temps par le désir de voir la Terre Sainte, que le poète Juda Hallévi avait réveillé dans tant de cœurs, trois cents rabbins de France et d'Angleterre émigrèrent à Jérusalem (1211), où ils furent accueillis avec bienveillance par le sultan Aladil, frère de Saladin. Les plus connus d'entre eux étaient Jonathan Kohen, de Lunel, partisan de Maïmonide, et Simson ben Abraham, qui avait, au contraire, attaqué avec vivacité l'auteur du **Guide**. Ces émigrés élevèrent à Jérusalem des synagogues et des écoles et implantèrent en Orient l'enseignement remarquable de l'école des tossafistes.

Ce fut à ce moment qu'un chef almohade du nord-ouest de l'Afrique, Mohammed Alnassir, convoqua les mahométans à une guerre sainte, pour abattre la puissance des chrétiens dans l'Espagne musulmane, et fit traverser la mer à près d'un demi-million de ses coreligionnaires. À la vue du danger qui les menaçait, les rois chrétiens d'Espagne cessèrent leurs luttes pour s'unir contre l'ennemi commun. Ils firent également appel au pape Innocent III, pour qu'il leur vînt en aide et fit prêcher une croisade contre les musulmans. Innocent III accéda à leur désir ; de nombreux guerriers européens se rendirent au-delà des Pyrénées pour combattre le croissant, et, parmi eux, Arnaud-Amauri, l'abbé de Cîteaux, avec sa bande. Les *ultramontains*, comme on les appelait, par opposition aux soldats espagnols, s'étaient déjà distingués par leur fureur d'extermination dans leur lutte contre les Albigeois et les Juifs du midi de la France. Quand ils virent la situation relativement satisfaisante des Juifs espagnols ainsi que leurs richesses, leur instruction et l'estime dont ils jouissaient à la cour, leur haine contre tout ce qui n'était pas soumis à l'Église et au pape se réveilla avec une violence sanguinaire, et ils crurent qu'il y allait du salut de leur âme s'ils n'infligeaient pas aux Juifs d'Espagne le sort auquel ils avaient condamné les hérétiques de France. Ils se jetèrent donc sur les Juifs de Tolède (1212) et en tuèrent plusieurs ; ils auraient sans doute massacré toute la communauté, sans l'intervention du roi Alphonse, de Castille, et des chevaliers et bourgeois chrétiens de Tolède, qui prirent les Juifs sous leur protection.

Mais bientôt l'action de la papauté, si néfaste pour les Juifs, allait se faire sentir également en Espagne. Innocent III ne négligeait rien pour agrandir sa puissance et étendre son influence dans les divers pays chrétiens. Afin de donner plus d'autorité encore à ses actes et justifier les persécutions sanglantes qu'il avait ordonnées ou tolérées, il y associait l'Église tout entière. Ainsi, il convoqua un concile général à Rome pour étudier les mesures à prendre, en vue de nouvelles croisades, contre les musulmans de la Terre Sainte et de la Péninsule ibérique et contre les hérétiques du midi de la France. Les Juifs devaient également être l'objet des délibérations de cette assemblée œcuménique. Quand ils en furent informés, ils décidèrent, sur le conseil de Don Zag Benveniste, médecin du roi d'Aragon, de se réunir à Bourg de Saint-Gilles, pour envoyer à Rome des personnes influentes et habiles qui les défendraient contre les accusations de leurs adversaires. Leurs efforts restèrent sans résultat. Le concile réuni à Rome, en novembre 1215, dans la basilique de Latran, renouvela d'abord les anciennes restrictions contre les Juifs ; il en ajouta ensuite d'autres encore. Ainsi, il imposa aux princes chrétiens le soin de surveiller sévèrement les Juifs, pour les empêcher de prêter de l'argent aux chrétiens à un taux trop élevé. Cette mesure s'explique facilement, car l'Église, ne voulant pas prendre en considération les nécessités financières de l'époque, s'en tenait à la lettre de la Bible, qui défendait tout prêt à intérêt. Et cependant, il y avait bien des chrétiens, et même des ecclésiastiques, qui favorisaient l'usure des Juifs pour en tirer un profit personnel, et il existait aussi des associations chrétiennes, comme les Lombards et les Caorsins, qui exigeaient un taux bien plus élevé que les Juifs. Le concile défendit aux Juifs baptisés, sous les peines les plus sévères, de pratiquer secrètement le judaïsme. À la fête de Pâques, aucun Juif n'avait le droit de se montrer en public. Les Juifs, acquéreurs ou détenteurs gagistes de biens-fonds ou de maisons, devaient non seulement payer la dîme au clergé catholique, comme les chrétiens, mais encore participer pour six deniers par famille aux frais d'entretien de l'église pendant la Fête de Pâques. Enfin, on répéta aux princes chrétiens la défense de confier à des Juifs des fonctions publiques.

Un décret du concile de Rome fut particulièrement pénible pour les Juifs : ce fut l'obligation de porter dorénavant sur leurs vêtements, dans tous les pays chrétiens, un signe distinctif qui les fit reconnaître des autres habitants. On prétendit que cette décision avait pour but d'empêcher les mariages mixtes, qui se contractaient quelquefois par erreur dans certaines contrées où juifs et mahométans avaient le même costume que les chrétiens. On essaya même de justifier cette institution infamante par une loi de Moise, qui aurait ordonné aux Juifs de se distinguer par leurs vêtements.

À partir de l'âge de douze ans, les jeunes gens, sur l'ordre du concile, devaient attacher à leur chapeau, et les jeunes filles à leur voile, un morceau d'étoffe d'une couleur particulière. La *rouelle*, comme on l'appelle, est donc une invention du pape Innocent III et du 4ᵉ concile général de la chrétienté.

La rouelle n'était pas, cependant, tout à fait une nouveauté, le pape paraît en avoir emprunté l'idée à la législation des pays musulmans. Ce fut, en effet, le prince almohade Abou Youssouf Yacoub Almansour qui, le premier, obligea les Juifs de son royaume, qui avaient dû adopter l'islamisme par contrainte, de porter des vêtements spéciaux, une robe grossière avec de longues manches, et, au lieu du turban, un voile de forme ridicule. *Si j'étais sûr*, disait ce prince fanatique, *que les Juifs se sont convertis sincèrement, je leur permettrais de contracter des mariages avec les musulmans. Si je savais, au contraire, qu'ils persistent dans leur ancienne foi, je les passerais au fil de l'épée, je réduirais leurs enfants en esclavage et confisquerais leurs biens. Mais je suis dans le doute, je veux donc qu'ils portent des vêtements qui les ridiculisent.* C'est cette loi barbare qu'Innocent III introduisit en pays chrétien le 30 novembre 1215. Ce signe infamant attaché à leurs habits exposa les Juifs, en Europe, pendant six siècles, à la raillerie et aux insultes.

À la suite de cette décision du pape, les conciles provinciaux, les États et les princes délibérèrent gravement au sujet de la rouelle, pour en déterminer avec minutie la couleur, la forme, la longueur et la largeur. Mais, qu'elle fût ronde ou carrée, jaune ou rouge, placée sur le chapeau ou sur la poitrine, le résultat en était le même, elle invitait la foule à accabler les Juifs de son mépris et de ses outrages, elle encourageait la populace à les attaquer, les maltraiter et souvent même les tuer, elle servait de prétexte aux classes dirigeantes pour les isoler comme des parias et les expulser du pays. Ce signe infamant eut aussi une action désastreuse sur les Juifs eux-mêmes, sur leur caractère et leurs manières. Ils s'habituèrent peu à peu à leur abjection, perdant tout amour-propre et toute dignité, négligeant de plus en plus leur personne et leur habillement, et s'accoutumant à parler entre eux un jargon incorrect et grossier. Ils n'eurent bientôt plus ni le sens, ai le goût du beau. Leur maintien devint humble, presque lâche.

Les Juifs n'adoptèrent cependant pas la rouelle sans résistance, surtout en Espagne et dans le midi de la France, où jusqu'alors ils avaient été honorés et estimés. Quelques personnalités juives jouissaient encore, du reste, d'une assez grande influence aux cours de

Tolède et de Saragosse, soit comme ambassadeurs auprès des souverains étrangers, soit comme ministres des finances (almoxarifs) ou comme médecins. Elles mirent tout en mouvement pour empêcher la mise à exécution de la décision du concile relative à la rouelle, et, de fait, elles réussirent en partie.

Honorius III, le successeur d'Innocent III, invita, en effet, les évêques et les légats à fermer les yeux si, dans certaines contrées, les Juifs ne portaient pas ce signe d'infamie. En Aragon, grâce aux démarches de Zag Benveniste, médecin du roi Jacques I et à l'intervention énergique du souverain, le pape dispensa toute la population juive de porter la rouelle (1220) *en récompense*, écrivit-il, *des services rendus par Benveniste, qui s'était toujours abstenu de faire de l'usure et avait donné obligeamment ses soins à des catholiques.*

Mais l'année même où il se montrait si tolérant dans la question de la rouelle, le pape Honorius III ordonna à Jacques Ier de ne plus confier de poste diplomatique à un Juif auprès d'une cour musulmane, sous prétexte *qu'il était peu probable que des hommes qui repoussent la foi chrétienne pussent servir fidèlement des chrétiens.* Il écrivit dans le même sens aux prélats de l'Espagne, les engageant à user de leur autorité auprès des rois d'Aragon, de Castille, de Léon et de Navarre, pour que nul Juif ne fût plus envoyé désormais comme ambassadeur à l'étranger. Comme si les fonctionnaires juifs n'avaient pas toujours servi leur pays avec une fidélité et un dévouement absolus !

Moins indulgent pour les Juifs d'Angleterre que pour ceux d'Espagne, le pape Honorius insista pour qu'on les contraignît avec la dernière rigueur à porter la rouelle. Du reste, depuis la mort de Jean sans Terre et pendant la minorité du roi Henri III, le vrai souverain était Étienne Langton, archevêque de Cantorbéry, ennemi implacable des Juifs. Au concile d'Oxford, il fit voter une série de mesures restrictives contre les Juifs, parce qu'ils se seraient rendus coupables d'un crime. Quel crime ? Il n'en dit rien. Peut-être leur reprochait-il la conversion au judaïsme d'un moine dominicain. Ce dernier fut naturellement brûlé. C'était l'argument habituel de l'Église envers ceux qu'elle ne pouvait pas convaincre autrement.

En Italie aussi, où régnait pourtant un prince libéral et éclairé, l'empereur Frédéric II, qui avait à sa cour des savants juifs chargés de traduire de l'arabe en latin des œuvres philosophiques, la papauté parvint à imposer la rouelle aux Juifs. Ce fut surtout dans le midi de la France que les édits d'Innocent III contre les Juifs furent appliqués avec une implacable dureté. Dans cette contrée, le fanatisme catholique avait été surexcité par la lutte contre les Albigeois. Ces derniers anéantis, on se rua sur les Juifs. Les moines prêcheurs, disciples de saint Dominique, glorifiaient le christianisme par les tortures et les bûchers. Pour la moindre infraction aux lois de l'Église, on était appelé devant leur tribunal. Il suffisait d'être trouvé possesseur d'une Bible en langue provençale pour être taxé d'hérésie. Leurs collègues de l'ordre de Saint-François d'Assise, les frères mineurs, leur prêtaient main-forte dans leurs hautes œuvres. Aussi la situation des Juifs devint-elle intolérable.

Du reste , vers cette époque, parurent à la fois sur la scène de l'histoire quatre personnages qui s'inspirèrent soi-disant de leurs sentiments de chrétiens pour rendre l'existence des Juifs plus misérable et plus douloureuse qu'elle n'avait jamais été. C'était d'abord le pape Grégoire IX, ennemi implacable de l'empereur Frédéric II, qui provoqua des dissensions en Allemagne et détruisit la grandeur et l'unité de ce pays. C'était ensuite le roi de France Louis IX, surnommé le Saint, qui, dans la simplicité de son cœur et l'étroitesse de son esprit, croyait accomplir une œuvre pie en persécutant les Juifs. À côté de lui, on trouve son contemporain Ferdinand III, de Castille, surnommé également le Saint par l'Église, parce qu'il mettait lui-même le feu aux bûchers où il faisait monter les hérétiques. À ces trois souverains il faut ajouter le général des dominicains, Raimond de Peñaforte, grand pourfendeur d'hérétiques.

Poursuivis ainsi par la haine acharnée de ceux qui occupaient les plus hautes situations dans la catholicité, les Juifs ne trouvèrent bientôt plus un seul pays où ils pussent vivre en sécurité. En Hongrie, qui était également habitée par des musulmans et des païens, les rois, dont la foi catholique n'était pas très vive, avaient d'abord traité les Juifs avec beaucoup d'égards. Ils leur affermaient le droit de battre monnaie, le monopole du sel, la rentrée des impôts, et, en général, ils leur confiaient des emplois publics. Il y avait même quelquefois des mariages entre juifs et chrétiens. Une telle situation déplut à la papauté, et quand le roi André, en lutte avec les magnats, auxquels il avait été obligé d'octroyer une charte, fit appel à l'intervention du pape Grégoire IX, celui-ci commença par l'obliger à éloigner Juifs et musulmans de toute fonction publique. André promit de se conformer à la volonté du pape. Mais la nécessité aidant, il continua d'employer des fermiers et fonctionnaires non chrétiens. Il fut excommunié avec ses partisans, sur l'ordre du pape, par l'archevêque de Gran. Sous la pression des circonstances, il dut enfin céder et promettre solennellement (en 1233) de ne plus appeler de Juifs ou de Sarrasins à des emplois publics, d'interdire les mariages mixtes et de contraindre les Juifs à porter un signe distinctif. Un serment analogue fut imposé par les légats du pape au prince héritier Bèla, au roi de Slavonie, ainsi qu'à tous les magnats et hauts dignitaires.

Aux persécutions du dehors, qui affaiblissaient les Juifs, vinrent se joindre des déchirements intérieurs. Par une singulière ironie du sort, les écrits de Maïmonide, qui, dans la pensée de leur auteur, devaient établir des liens étroits entre les Juifs de tous les pays et assurer l'unité du judaïsme, devinrent, au contraire, une cause de discorde. En essayant de réconcilier la foi et la raison, Maïmonide avait émis des assertions qui étaient en contradiction avec les doctrines de la Bible et du Talmud. Les obscurantistes arguèrent de ces contradictions pour condamner rigoureusement toute recherche scientifique et prescrire de se conformer à cette maxime du Talmud : *Empêchez vos enfants de réfléchir*. Il y eut aussi des esprits libéraux qui déploraient que, dans son désir de mettre d'accord la religion et la philosophie contemporaine, Maïmonide eût subordonné totalement la première à son système philosophique. Ils lui reprochaient de ramener les miracles à de simples événements naturels, de considérer fa prophétie, non pas comme une communication directe avec la divinité, mais comme des états psychiques, des créations de l'imagination ou des rêves, d'avoir établi une théorie de l'immortalité de l'âme qui est en contradiction avec le judaïsme talmudique, de nier l'existence d'un paradis et d'un enfer, et d'admettre que les âmes pures se fondent et disparaissent dans le sein de l'Esprit suprême. On lui en voulait surtout d'avoir essayé de donner un fondement rationnel à toutes les prescriptions religieuses et de leur avoir ainsi enlevé leur caractère de permanence pour les changer en lois provisoires.

Ainsi donc, à côté des admirateurs passionnés de Maïmonide, qui considéraient ses travaux comme une seconde révélation, se forma un parti qui attaqua ses oeuvres avec vivacité, notamment son **Guide des égarés** et la première partie de son code talmudique. Dès cet instant, les rabbins et les chefs des communautés juives d'Europe et d'Asie se divisèrent en maïmonistes et antimaïmonistes. Déjà, du vivant de Maïmonide, sa philosophie religieuse avait soulevé des objections, mais l'enthousiasme de ses admirateurs était alors tellement vif qu'on n'écoutait pas ses détracteurs. Un rabbin de Tolède, Meïr ben Todros Hallévi Aboulafia (mort en 1244), avait exposé, dans une lettre adressée aux **sages de Lunel**, les scrupules que le système de Maïmonide faisait naître dans son esprit. Ses critiques ne furent pas accueillies en Provence, où Ahron ben Meschoullam, de Lunel, défendit contre lui les idées du maître avec une grande science et une conviction ardente, mais elles rencontrèrent un terrain favorable dans le nord de la France. Là, les talmudistes, et à leur tête Simson de Sens, témoignaient d'une aussi profonde vénération pour le Talmud que pour la Bible, et ils n'admettaient pas qu'on pût l'interpréter à sa guise. Ils s'associaient donc pleinement aux attaques d'Aboulafia contre Maïmonide.

Dans le Midi, au contraire, et en Espagne, les doctrines de Maïmonide avaient excité l'admiration des savants les plus connus. On n'expliquait plus la Bible et le Talmud que d'après le système du *Moré*. Les orthodoxes s'efforçaient de faire disparaître, à force de commentaires, les contradictions qu'ils remarquaient entre le judaïsme talmudique et les idées de Maïmonide. Mais les esprits libéraux mettaient ces contradictions à profit pour émettre les opinions les plus hardies sur la Bible et le Talmud, et s'affranchir même complètement du joug des pratiques cérémonielles. On allait si loin dans cette voie que, dans certaines communautés d'Espagne, des Juifs contractèrent des mariages avec des chrétiennes et des musulmanes.

Ces tendances antireligieuses des partisans de Maïmonide précipitèrent le mouvement contre son œuvre. Le signal fut donné par un brave et digne rabbin de Montpellier, Salomon ben Abraham, nature honnête et loyale, mais esprit étroit, qui ne voyait de salut que dans le Talmud. Salomon et ses partisans se représentaient Dieu sous une forme corporelle, tel qu'il est décrit dans l'Aggada, assis sur un trône enveloppé de nuages. Les récompenses et les châtiments de la vie future avaient pour eux une signification toute matérielle, ils pensaient que les justes goûteront, dans le paradis, de la viande du Léviathan et du vin vieux, et que les méchants seront torturés dans les flammes de l'enfer. Ils croyaient fermement aux mauvais esprits, parce que l'Aggada en affirme l'existence.

Avec de telles idées, Salomon devait naturellement trouver une hérésie dans chaque ligne du Mord. Convaincu que le triomphe des doctrines de Maïmonide amènerait rapidement la destruction du judaïsme, il n'hésita pas à se servir contre elles de l'arme dangereuse de l'excommunication, que le christianisme du moyen âge employait alors si fréquemment pour combattre toute indépendance de pensée. Aucun rabbin de la Provence ne voulut se joindre à lui pour flétrir le *Moré*. Seuls deux de ses disciples lui accordèrent leur appui, Yona ben Abraham Gerundi, de Girone, et David ben Saül. Donc, au commencement de 1232, ces trois rabbins lancèrent l'excommunication contre tous ceux qui liraient les écrits philosophiques de Maïmonide, s'occuperaient d'autres études que de la Bible et du Talmud, et interpréteraient la Thora autrement que ne l'avait fait Baschi.

Cet outrage infligé à la mémoire de Maïmonide et cette déclaration de guerre faite à toute recherche scientifique, à toute spéculation philosophique, révoltèrent les savants de Provence, qui rendirent coup pour coup. À Lunel, à Béziers et à Narbonne, où les maïmonistes étaient les maîtres, ils excommunièrent, à leur tour,

Salomon de Montpellier et ses deux disciples, et invitèrent toutes les communautés du Midi à se joindre à eux dans leur lutte contre l'obscurantisme. À Montpellier même, la communauté se divisa en deux camps, les uns tenant pour leur rabbin, les autres le combattant et lui refusant obéissance. La lutte s'étendit dans toutes les communautés de Provence, de Catalogne, d'Aragon et de Castille, et elle prit un caractère de plus en plus violent.

Parmi les combattants, les plus connus étaient David Kimhi et Moïse Nahmani. Le premier, déjà âgé et très connu comme exégète et commentateur de la Bible, était un des plus fervents admirateurs de Maïmonide et partisan convaincu des droits de la pensée. Suspect aux obscurantistes, il avait été excommunié par les rabbins du nord de la France, principalement parce qu'il avait donné une interprétation philosophique de la vision du Char céleste d'Ézéchiel et déclaré que, dans les temps messianiques, les controverses talmudiques n'auraient plus aucune signification, c'est-à-dire que le Talmud n'avait qu'une importance temporaire. Il soutenait donc les idées de Maïmonide avec une énergie d'autant plus tenace qu'il luttait en même temps pour sa propre cause. Quoique faible et âgé, il se rendit en Espagne pour soulever les communautés juives contre Salomon de Montpellier.

Son antagoniste le plus célèbre était le jeune Bonastruc de Porta, ou, comme on l'appelait dans les milieux juifs, Moïse Nahmani (né vers 1195 et mort vers 1270). Caractère énergique et bien trempé, il avait les défauts de ses qualités. Homme d'une piété sincère, d'une intelligence perspicace et d'une grande élévation de pensées, il était pénétré de ce sentiment qu'il y avait nécessité pour les croyants de se soumettre à une autorité religieuse. La *sagesse des anciens* lui paraissait d'une supériorité incontestable, et il était convaincu de la vérité de ce dicton que *quiconque suit l'enseignement des anciens boit du vin vieux*. Il croyait à l'autorité infaillible non seulement de la Bible, mais aussi du Talmud et des gaonim. Nahmani, comme on le nommait par abréviation, était médecin, il avait donc étudié les sciences naturelles; il avait aussi d'autres connaissances profanes et était assez familiarisé avec la littérature philosophique. Mais, pour lui, le Talmud éclipsait, par son éclat, toute autre œuvre et représentait le passé et l'avenir du judaïsme. Il avait peu de ressemblance avec Maïmonide. Celui-ci expliquait le judaïsme par la *raison*, et Nahmani par le sentiment. Pour Maïmonide, la religion juive ne contient aucun mystère qui ne puisse être éclairci et interprété par la raison. Nahmani estimait, au contraire, que ces doctrines mystérieuses forment la partie la plus sacrée du judaïsme et doivent échapper à toute tentative d'explication. Le contraste de ces deux esprits se manifeste surtout dans leurs opinions relatives aux démons. Admettre la puissance des démons est, selon Maïmonide, une croyance non seulement superstitieuse, mais même païenne. Nahmani accorde, au contraire, une place importante aux démons dans sa conception du monde.

Cependant, tout en combattant la philosophie du temps comme ennemie de la Révélation, Nahmani ne voulait pas chasser complètement la raison du domaine de la religion. Grâce à son esprit lumineux et à ses connaissances profanes, il n'avait pas cette foi areu-le des rabbins du nord de la France, qui exigeaient une soumission absolue à toutes les explications et à toutes les institutions du Talmud. Il lui arrivait ainsi, parfois, de se mettre en contradiction avec lui-même. Car, souvent, sa raison protestait contre des croyances que lui imposait l'autorité du Talmud. Ainsi, son esprit répugnait à accepter à la lettre les anthropomorphismes dont se servait la littérature talmudique pour parler de Dieu, et, d'un autre côté, il n'osait pas les interpréter à la manière de Maïmonide, pour ne pas se mettre en opposition avec le Talmud. Que faire ?

Pour sortir d'embarras, Nahmani appela à son aide un enseignement secret qui venait d'éclore, mais qui se présentait comme une tradition très ancienne et d'origine divine. C'était la *Cabale*. Appuyé sur cette théosophie, Nahmani donnait un sens profond, mystérieux, à des passages qui, pris à la lettre, paraissaient ridicules, enfantins, et parfois outrageants pour la divinité. C'est ainsi qu'il se laissa séduire par cette fausse science de la Cabale et en devint le principal appui.

À l'époque où l'excommunication fut prononcée contre les écrits philosophiques de Maïmonide, Nahmani était encore jeune, mais il jouissait déjà d'une grande autorité, même auprès de l'orgueilleux Moïse Aboulafia, et maïmonistes et antimaïmonistes désiraient obtenir son adhésion. Ami de Salomon de Montpellier et cousin de Yona, il se décida en faveur des adversaires de Maïmonide, et quand il apprit que Salomon avait été excommunié, il s'empressa de plaider sa cause auprès des communautés d'Aragon, de Navarre et de Castille.

Dans cette lutte, qui menaçait de rompre l'ancienne unité du judaïsme, Nahmani conseillait à tous la prudence, le calme et la réflexion. Mais un esprit impartial seul aurait pu agir sur les deux partis, et Nahmani montrait ouvertement ses préférences pour les antimaïmonistes : *Quand même*, dit-il, *les rabbins français, qui sont nos maîtres, obscurciraient le soleil en plein jour et couvriraient la lune, nous n'aurions pas le droit de leur rien objecter*. Les communautés d'Espagne se refusèrent à suivre Nahmani, et, sur l'instigation de son chef, le médecin Bahiel ibn Alkoustantoni, Saragosse, la principale communauté d'Aragon, se prononça énergiquement en faveur de Maïmonide et maintint l'excommunication lancée contre Salomon et ses deux partisans. Bahiel, avec son frère Salomon et dix notables de Saragosse, envoya une épître à toutes les communautés d'Aragon (ab = août 1232) pour les engager à se joindre à eux contre a ceux qui ont osé attaquer Maïmonide, le grand homme qui nous avait délivrés de l'ignorance, de l'erreur et de la sottise n. Quoiqu'il soit prescrit par le judaïsme, ajoutèrent-ils, d'acquérir également des connaissances profanes, trois hommes se sont levés qui veulent égarer le peuple et ramener les communautés vers les ténèbres, ternissent la réputation de Maïmonide, interdisent la lecture de ses œuvres et condamnent, en général, toute recherche scientifique. Quatre communautés d'Aragon, celles de Huesca, Monzon, Calatajud et Lérida, s'associèrent à la protestation de Saragosse. Mais l'importante communauté de Tolède ne se laissa pas entraîner dans le mouvement maïmoniste. Son chef, Yehuda ben Joseph, de l'illustre famille des Ibn Alfahar, qui était probablement le médecin du roi Ferdinand III, écrivit à Nahmani que lui et ses amis n'obéiraient jamais aux objurgations *des pécheurs de Provence*, et que si les partisans de Maïmonide, assez nombreux à

Tolède, se prononçaient contre Salomon de Montpellier, il se séparerait d'eux.

Dans cette lutte ardente entre amis et ennemis de Maïmonide, qui s'attaquaient en de longues épîtres et s'excommuniaient réciproquement, les combattants égayaient un peu leurs querelles par des épigrammes plus ou moins spirituelles. Un adversaire disait du **Guide** et de ses partisans :

Tais-toi, Guide d'aveugles ! Tes doctrines sont inouïes !
C'est un péché de considérer la Bible comme un poème,
Et la prophétie comme un rêve.

À quoi un maïmoniste répliqua :

Silence à toi-même ! Ferme ta bouche, par où passent tes sottises.
Inaccessibles sont à ton intelligence et la poésie et la vérité.

Bien plus actifs et plus remuants que leurs adversaires, les maïmonistes parvinrent à faire déposer les armes aux rabbins du nord de la France, qui consentirent à cesser leurs attaques contre Maïmonide. Nahmani était mécontent de cette capitulation, mais forcé d'accepter le fait accompli, il voulait, du moins, avoir le mérite de rétablir la paix dans le judaïsme, et il proposa la réconciliation aux rabbins français, aux conditions suivantes. On lèverait l'anathème prononcé contre la partie philosophique du code religieux de Maïmonide, mais on continuerait d'excommunier ceux qui étudieraient le **Guide** ou médiraient du Talmud. Cette sentence serait acceptée aussi bien par les rabbins de Provence que par ceux du Nord, et même par Abraham Aboulmeni, fils de Maïmonide. Dans son désir de la paix, Nahmani oubliait qu'un même principe avait inspiré les deux oeuvres, le code religieux comme le Guide, et qu'il était illogique d'excommunier l'une et d'approuver l'autre. Il se trompait aussi en croyant qu'on pour. rait opposer une barrière aux spéculations philosophiques. Pour le moment, la réconciliation entre les deux partis était impossible, et, malgré la tentative de Nahmani, la lutte reprit avec une nouvelle ardeur.

David Kimhi pensait qu'en obtenant l'appui de la communauté de Tolède, les maïmonistes porteraient un coup décisif à leurs adversaires, et, dans ce but, il entreprit un voyage en Espagne. Mais en route il tomba malade, et sur son lit de douleur il écrivit une lettre très pressante à Juda ibn Alfahar, le chef des Juifs de Tolède, lui reprochant son silence persistant dans une conjoncture aussi importante et l'engageant à se prononcer en faveur des droits de la pensée. David Kimhi fut trompé dans son attente. Dans son for intérieur, Juda ibn Alfahar s'était déclaré depuis longtemps contre les maïmonistes, et il prenait en si sérieuse considération l'anathème lancé contre eux par les rabbins français qu'il hésitait à répondre à Kimhi. À la fin, il s'y décida, mais traita Kimhi de si dédaigneuse façon que les maïmonistes en furent déconcertés.

Malgré la sympathie qu'Alfahar, Nahmani et Meïr Aboulafia témoignaient à sa cause, Salomon de Montpellier sentait le succès lui échapper. Dans son pays, comme en Espagne, l'opinion publique était contre lui. Ceux même des rabbins français sur lesquels il comptait se retiraient d'une lutte dont ils commençaient à entrevoir les dangers. Délaissé de tous et attaqué avec violence dans sa propre communauté, Salomon se décida alors à une démarche qui eut les plus tristes conséquences non seulement pour son parti, mais pour le judaïsme tout entier.

Vers cette époque, le pape Grégoire IX, résolu à exterminer totalement les Albigeois, venait de décréter (avril 1233) que l'Inquisition fonctionnerait en permanence dans la Provence, et comme les évêques lui avaient semblé manquer de vigueur dans la répression des hérésies, il confia la direction de ce tribunal extraordinaire aux farouches dominicains. Dans toutes les villes importantes du midi de la France où les dominicains possédaient des couvents on voyait s'organiser des tribunaux qui condamnaient à la prison perpétuelle ou au bûcher les hérétiques, les suspects et parfoir même les innocents. Pour triompher de ses adversaires, Salomon provoqua l'intervention de l'Inquisition : *Vous brûlez vos hérétiques*, dit-il aux dominicains, *persécutez également les nôtres. La plupart des Juifs de Provence sont empoisonnés par les écrits impies de Maïmonide.*

Faites brûler ces écrits, et les Juifs effrayés cesseront de les étudier. Il n'était pas nécessaire de convier deux fois les moines dominicains à un pareil acte. Ils craignaient, du reste, que le rationalisme de Maïmonide se propageât également parmi leurs coreligionnaires. Car, vers la première moitié du XIIIe siècle, le **Guide**, à l'instigation de l'empereur Frédéric II, avait déjà été traduit en partie en latin. Si, à cette époque, les dominicains avaient été maîtres des personnes, comme ils le furent plus tard, ils auraient brûlé les Juifs eux-mêmes ; pour le moment, ils se contentèrent de brûler les livres. Les écrits de Maïmonide furent recherchés soigneusement dans toutes les maisons juives de Montpellier et détruits par le feu.

Cet événement réunit les rabbins des deux côtés des Pyrénées dans une commune indignation contre Salomon et ses partisans. C'était là une trahison qui excita la colère de toutes les notabilités juives d'Espagne et de Provence. Kimhi, qui était alors à Burgos, fit demander à Juda ibn Alfahar s'il continuait à protéger son ami Salomon de Montpellier. Nahmani et Meïr Aboulafia, confus, craignaient d'élever la voix. La cause du fanatique rabbin était jugée. Personne n'osait prendre sa défense. Même Yona Girondi, son plus zélé partisan, se repentait de l'appui qu'il lui avait donner et fit vœu de se rendre en pèlerinage à Tibériade, sur le tombeau de Maïmonide, pour invoquer le pardon de l'outrage qu'il avait contribué à infliger à sa mémoire. À Barcelone, sur le conseil du philosophe et poète Abraham ben Hasdaï, les chefs de la communauté introduisirent l'usage de lire et d'expliquer chaque sabbat un chapitre du Guide. On fit connaître cette coutume aux communautés de Castille, d'Aragon, de Léon et de Navarre.

À la suite de l'autodafé des oeuvres de Maïmonide, de cruelles représailles furent exercées à Montpellier contre les délateurs, pour mettre fin à leur campagne de calomnies contre les partisans de Maïmonide. Parmi ceux qui furent convaincus de délation, plus de dix eurent la langue coupée. On a, du reste, peu de détails sur ces faits douloureux.

Dans l'espoir d'apaiser l'agitation produite par la lutte des maïmonistes et des antimaïmonistes et de raffermir la foi, singulièrement ébranlée par ces discussions, un rabbin du nord de la France, *Moïse de Coucy*, savant talmudiste et partisan convaincu de Maïmonide, entreprit de nombreux voyages à travers la Provence et l'Espagne, pour agir sur les communautés par la prédication. L'idée de s'imposer cette mission lui avait sans doute été suggérée par l'exemple des moines prêcheurs, qui allaient de ville en ville combattre avec succès l'incrédulité. Moise réussit à ramener des milliers de Juifs à l'accomplissement des pratiques religieuses, qu'ils avaient délaissées ou oubliées. En Espagne, il parvint même à faire rompre les mariages contractés avec des chrétiennes ou des musulmanes (1236). Il ne faut cependant pas attribuer ces conversions à ses prédications seules. Il régnait, à cette époque, chez les Juifs comme chez les chrétiens, des craintes superstitieuses engendrées par des songes, des phénomènes extraordinaires de la nature, etc., qui durent faciliter singulièrement la tâche du prédicateur.

Moise de Coucy ne s'appliquait pas seulement, dans ses sermons, à montrer la nécessité d'observer les lois cérémonielles, il prêchait aussi la loyauté et la probité dans les relations avec les chrétiens, et il conseillait à ses auditeurs d'être modestes, conciliants, leur faisant comprendre le prix inestimable de la paix. Il ne craignait pas de proclamer publiquement la haute valeur de Maïmonide et de le comparer aux gaonim. Malheureusement, le débat sur Maïmonide ainsi que sur les avantages et les inconvénients de la liberté de penser n'était pas près de flair, et le judaïsme se ressentit pendant des siècles, et de la façon la plus fâcheuse, des conséquences de ces discussions.

Un des effets les plus funestes de cette scission fut certainement le développement de cette fausse science dont il a été question plus haut et qui, tout en étant de date très récente, faisait remonter son origine à la plus haute antiquité. En contradiction, par ses tendances, avec l'esprit du judaïsme, elle se déclarait la vraie doctrine d'Israël, et, tout en ne s'appuyant que sur des mensonges, elle prétendait être la seule et unique expression de la vérité. La Cabale, comme on appelait cette nouvelle doctrine, est née de la lutte entre les maïmonistes et les antimaïmonistes, elle date donc du commencement du siècle. Les plus anciens adeptes de cette science mystérieuse affirmaient eux-mêmes qu'ils l'avaient *reçue* de R. Isaac l'aveugle ou de son père Abraham ben David, de Posquières. Ils avouaient aussi que la doctrine cabalistique ne se trouve explicitement ni dans la Bible, ni dans le Talmud.

De toutes les rêveries mystiques d'Isaac l'aveugle (1190-1210), le créateur de la Cabale, il ne reste que quelques fragments. On y voit qu'il acceptait comme article de foi la croyance à la métempsycose, dont se raillaient les penseurs juifs. Ses disciples racontent de lui qu'il reconnaissait si une personne possédait une âme neuve, fraîchement descendue des régions célestes, ou une âme déjà vieille, ayant passé de corps en corps, et qui n'avait pas encore atteint le degré de pureté requis. Les divers éléments de la Cabale furent unis pour la première fois en un tout complet et systématique par deux des disciples d'Isaac, Azriel et Ezra, tous deux de Girone, qui avaient des opinions tellement identiques que souvent on les prenait l'un pour l'autre, et qu'on attribuait indifféremment les mêmes écrits et les mêmes assertions tantôt à l'un et tantôt à l'autre. Aussi ce couple (peut-être étaient-ils frères) est-il considéré dans l'histoire de la Cabale comme une personne unique.

Tout est obscur dans la vie de ces deux auteurs. On sait seulement que l'un d'eux, Azriel ou Ezra, mourut plus que septuagénaire (en 1238), peu d'années après la scission qui avait éclaté entre maïmonistes et antimaïmonistes. En tout cas, ils manquaient tous les deux de probité littéraire, car, pour donner un caractère plus vénérable à leur fausse science, ils attribuèrent un ou plusieurs de leurs ouvrages à des auteurs très anciens.

Azriel donne cependant quelques détails sur sa personne. À l'en croire, il serait allé de ville en ville, à la recherche d'une science secrète qui résoudrait d'une façon satisfaisante les problèmes relatifs à Dieu et à la création, jusqu'à ce qu'il l'eût enfin acquise des personnes qui la possédaient par tradition. Il aurait alors enseigné lui-même cette science dans les communautés où il passait, et se serait attiré en Espagne (Séville ?), pour sa doctrine, les moqueries des philosophes.

Ainsi, l'un des premiers mystiques avoue qua, dès son apparition, la Cabale se heurta à une assez vive opposition, et qu'on ne la considérait nullement comme ancienne. Pour faire admettre la Cabale même par les savants, Azriel essaya d'en démontrer la vérité par la logique. Mais dès qu'il eut enlevé à cette doctrine le voile qui lui donne son air de mystère, il en fit apparaître immédiatement le vide et le ridicule.

Dans l'esprit de ses fondateurs, la Cabale devait former contraste avec la philosophie trop simple des maïmonistes. Ceux qui, dans leur profonde piété, considéraient chaque mot de la Bible et du Talmud comme une vérité divine, ne pouvaient se résoudre à ne voir dans le judaïsme que le reflet de la philosophie aristotélicienne. On pouvait, il est vrai, se dispenser de réfléchir sur le problème de Dieu et sur le judaïsme et accepter tout avec une naïve crédulité. C'est ce que firent les rabbins de l'Allemagne et du nord de la France ; c'était la méthode des tossafistes. Mais les rabbins de l'Espagne et de la Provence, imprégnés de l'esprit philosophique, ne se contentaient pas d'une solution aussi facile. À leurs yeux, le judaïsme aurait perdu sa haute valeur, s'ils n'avaient pu y découvrir des pensées profondes et mystérieuses. Pas plus que les maïmonistes, les antimaïmonistes ne voulaient admettre que les prescriptions de la Bible fussent des ordres arbitraires d'un despote ; pour eux, c'étaient des lois qui toutes avaient leur raison d'être et leur signification. Non seulement chaque verset biblique, mais aussi chaque sentence du Talmud devait avoir, à leur avis, un sens profond. Mais comment trouver ce sens ? En ayant recours à la Cabale.

Cette doctrine enseigne une théosophie, sinon neuve, du moins originale, qui, s'élevant de conception en conception, arrive bientôt dans la région du vague et de l'incompréhensible, où ne règnent plus que confusion et obscurité. Partant d'un principe qui était admis par tous les penseurs du temps, elle en tire des conclusions téméraires, en contradiction complète avec le point de départ. C'est ainsi que l'unité devient multiplicité, que le spiritualisme se matérialise et que rempli des croyances se changent en grossières superstitions. À son origine, la Cabale admettait les principes suivants : Dieu est élevé au-dessus de tout, même au-dessus de l'être et du penser. On ne peut donc pas dires de lui qu'il parle, agit, pense, veut ou même a des intentions. Tous ces attributs, qui qualifient l'homme, supposent des limites, tandis que la divinité, étant parfaite, n'a pas de limites. La Cabale donne donc à Dieu le nom de *En-Sof*, l'illimité, l'infini. Dans son ubiquité insaisissable, Dieu est caché, voilé, impossible à connaître et, par conséquent, en quelque sorte *non existant*. Car ce que la raison ne peut pas concevoir n'existe pas pour elle. Donc, pour manifester son existence et rendre sa présence visible, Dieu devait ou voulait agir et créer.

Mais le *En-Sof* n'a pas pu créer le monde sublunaire, car le parfait, l'infini, ne peut pas produire directement ce qui n'est ni parfait ni illimité. Dieu ne peut donc pas avoir été le créateur immédiat de l'univers. Mais, grâce à la lumière radieuse dont il resplendit, le *En-Sof* a laissé rayonner hors de lui une substance spirituelle, une force, une puissance qui, par cela même qu'elle émane de lui, participe à sa perfection. Cependant, cette émanation ne peut pas être absolument pareille au *En-Sof*, qui l'a engendrée, car elle n'est plus la source même, elle n'est qu'un dérivé. Elle n'est pas identique au *En-Sof* elle lui ressemble seulement, c'est-à-dire qu'à côté de sa perfection, elle a aussi une partie imparfaite. Ce premier produit du *En-Sof* est appelé par la Cabale, *Sefira*, nom qui peut signifier **nombre** ou **sphère**. De cette première substance ou Sefira émane une deuxième, qui, à son tour, donne naissance à une troisième, et ainsi de suite jusqu'à la dixième. La Cabale admet donc l'existence de dix substances spirituelles ou puissances ou êtres intermédiaires ou organes, qu'elle nomme les dix *Sefarot* et qui sont les manifestations extérieures de la divinité.

Ces dix substances forment entre elles et avec le *En-Sof* une unité parfaite, elles ne sont que les différentes *faces* d'un seul et même être. C'est ainsi que le feu produit la flamme, la lumière et l'étincelle, lesquelles, tout en apparaissant sous des formes diverses, sont la même substance. Les dix sefirot, qui se distinguent les unes des autres comme les diverses couleurs d'une même lumière, et qui ne sont que des émanations de la divinité, restent dépendantes de leur source et, par conséquent, ne sont pas illimitées. Elles ne peuvent agir qu'autant que le *En-Sof* leur en donne le pouvoir.

C'est à l'aide des dix sefirot que Dieu se rend visible ou se présente sous une forme corporelle. Aussi, quand les Saintes Écritures disent : *Dieu descendit sur la terre, Dieu marcha*, ce n'est pas la divinité elle-même, mais les sefirot qui ont accompli ces actes. La fumée des victimes offertes sur l'autel n'a pas été respirée comme *odeur agréable* par Dieu, mais par les êtres intermédiaires. C'est ainsi que la Cabale cherche à concilier la notion d'un Dieu immatériel et incorporel avec les anthropomorphismes bibliques. Dieu, dans ce système, conserve son incorporéité, et ce sont les sept qui se mettent en contact ou en relations avec ce qui est corporel.

Voici maintenant comment la Cabale explique la création. Dieu ou le *En-Sof* n'a pas créé le monde directement, mais par l'intermédiaire des sefirot. Tous les êtres du monde sublunaire, non seulement les espèces, mais aussi les individus, ont leur prototype dans le monde supérieur. L'univers ressemble à un arbre immense, muni de branches et de feuilles sans nombre, dont les racines sont représentées par les sefirot, ou encore à une chaire dont le dernier anneau est attaché au monde supérieur, ou enfin à une mer qui est alimentée par une source éternellement jaillissante. L'âme, particulièrement, est un produit du monde supérieur et se trouve en communication directe avec toutes tes sefirot, elle peut donc agir sur les sefirot et sur la Divinité elle-même. Selon qu'elle fait le bien ou le mal, elle peut attirer sur elle ou éloigner d'elle la lumière supérieure et la bénédiction divine.

D'après la Cabale, le peuple d'Israël a pour mission de faire descendre sur le monde sublunaire les grâces de la Divinité. Dans ce but, Dieu lui a révélé la Tora avec ses 613 ordonnances, afin qu'il puisse agir sur le monde supérieur à l'aide de chacune des pratiques cérémonielles. Ces pratiques ont donc un sens mystique et une très grande valeur, elles sont l'instrument magique qui sert à conserver le monde et à le rendre heureux. *L'homme vraiment pieux est la pierre angulaire de la création.* Le temple, avec le culte des sacrifices, avait autrefois une très grande importance, il servait à relier le monde supérieur au monde sublunaire. Le temple terrestre répondait au temple céleste (aux sefirot), et les dix doigts que le prêtre élevait en bénissant le peuple agissaient sur les dix sefirot pour attirer leurs faveurs sur les hommes. Après la chute du temple, les prières ont remplacé les sacrifices ; elles ont donc une signification mystique. Mais il faut savoir s'adresser dans chaque circonstance à la sefira spéciale dont on a besoin. Ainsi ce n'est pas Dieu, mais les organes intermédiaires qu'il faut invoquer. Pour la Cabale, la prière a une importance toute spéciale ; chaque mot, chaque syllabe, même chaque mouvement répond à une particularité du monde supérieur. Les cabalistes se sont surtout longuement étendus dans leurs explications mystiques des lois cérémonielles, et sur ce point ils forment un contraste absolu avec les maïmonistes. Ceux-ci considèrent certaines prescriptions rituelles comme sans valeur, tandis que pour les mystiques, la moindre ordonnance à une importance capitale.

La Cabale émet la théorie suivante sur la rémunération et l'état de l'âme après la mort. Elle part de cette hypothèse que, dans le monde des esprits, toutes les âmes sont créées d'avance depuis l'origine du monde, et elle admet qu'elles sont toutes destinées à descendre sur cette terre, dans un corps, où elles restent enfermées; pendant un certain laps de temps. Si, pendant son séjour sur cette terre, l'âme triomphe des passions coupables et reste pure, elle remonte, après la mort, dans le royaume des esprits et est reçue dans le monde des sefirot. Ternit-elle au contraire, sa pureté originelle, alors elle est obligée de retourner dans un corps jusqu'à ce qu'elle soit purifiée de ses souillures. Pour la Cabale, la migration des âmes est le fondement de la doctrine de la rémunération. Les souffrances qui paraissent atteindre, ici-bas, même le juste, servent à purifier Mme, on ne doit donc pas accuser la justice de Dieu en voyant parfois l'homme pieux souffrir et le méchant prospérer.

Comme les âmes qui sont descendues dans les corps oublient parfois leur origine supérieure, se laissent séduire par les attraits de ce monde, ne conservent pas leur pureté primitive et, par conséquent, sont condamnées à revenir plusieurs fois sur cette terre, il arrive que souvent ce sont de vieilles âmes, c'est-à-dire des âmes ayant déjà été dans des corps, qui reviennent ici-bas ; alors la Divinité ne trouve pas à placer les âmes neuves. Or, le Messie ne peut venir que lorsque toute la série des âmes créées à l'origine du monde aura été épuisée. Ce sont donc les pécheurs qui retardent la délivrance du monde, en contraignant leurs âmes à revenir plusieurs fois sur la terre et en empêchant ainsi l'emploi d'âmes neuves. En se conformant aux prescriptions religieuses, en accomplissant les pratiques avec une extrême rigueur, on hâtera l'arrivée des temps messianiques.

La Cabale prétendait trouver ses doctrines dans la Bible, on peut donc aisément concevoir les tortures qu'elle devait imposer au texte pour arriver à ses fins. Aussi laisse-t-elle bien loin derrière elle, dans ses interprétations subtiles, fausses et tortueuses, les allégoristes d'Alexandrie, les aggadistes, les Pères de l'Église et tous les théologiens juifs et chrétiens. Azriel, du moins, s'efforça de rester fidèle à l'esprit philosophique et de rendre la Cabale acceptable pour les penseurs. Mais un autre cabaliste de ce temps, Jacob ben Schèschét Gerundi, de Girone (vers 1243 ou 1246), voulut au contraire, opposer cette doctrine à la véritable philosophie, il dédaignait de s'entretenir avec les philosophes et les accablait d'injures.

Pour faire croire à la haute antiquité de la Cabale, on mit en circulation une œuvre mystique qu'on revêtit d'une forme antique et qu'on attribua à un docteur du Talmud, Nehounia ben Haccana. Cette œuvre mensongère s'appelle Livre de l'Éclat (*Bakir*), mais mérite plutôt le nom de Livre des Ténèbres ; elle a été composée par Ezra et Azriel. Ces auteurs s'y étaient pris avec une telle habileté que des rabbins savants et avisés admettaient sincèrement que ce livre remontait à l'époque talmudique. Il fut cependant dénoncé comme œuvre de faussaire et même d'hérétique par le savant rabbin Meïr ben Simon, de Narbonne, avec l'assentiment du pieux talmudiste Meschoullam ben Mosché, de Béziers. Mais cette œuvre de mensonge et de supercherie trouva bon accueil auprès des cabalistes, qui la propagèrent avec zèle et le firent accepter comme un document précieux en faveur de leur doctrine, tandis que l'épître de Meïr tomba dans l'oubli. Ainsi, c'est dans Girone, la ville natale d'Ezra, d'Azriel, de Jacob ben Schèschét et de Nahmani, que la Cabale se développa et acquit de l'autorité avant de prendre son essor et d'infester d'autres régions de ses enseignements funestes.

La Cabale ne repose, en réalité, que sur l'erreur. On peut tout au plus admettre comme circonstance atténuante que ses créateurs se sont trompés de bonne foi. Ses doctrines sont, pour la plupart, de date assez récente, et tout à fait étrangères à l'esprit du judaïsme ; elles se rattachent en partie à l'époque de décadence de la philosophie grecque. Selon toute apparence, elle aurait échoué misérablement, malgré les efforts d'Ezra et d'Azriel, si elle n'avait trouvé un défenseur éminent dans Nahmani. Celui-ci aussi était convaincu de l'ancienneté du livre *Bakir* et y voyait la justification des idées mystiques de l'école de Girone. On peut s'étonner au premier abord qu'un esprit clair et pénétrant comme Nahmani, qui, dans le domaine talmudique, savait élucider les questions les plus obscures, acceptât et défendît les absurdités de la Cabale. C'est qu'en face de la philosophie abstraite et froide de Maïmonide, son âme, avide de croire et un peu mystique, se sentait attirée vers la Cabale, parce que, malgré ses puérilités, elle ouvrait, du moins, la voie aux rêves.

Grâce à l'appui de Nahmani, la Cabale se propagea assez rapidement. Car ce rabbin pieux et instruit fit rejaillir sur elle une partie de l'estime et du respect qu'il inspirait à ses contemporains. Comme le dit un poète de l'époque, En-Vidas Dafiera, *le fils de Nahman fut une forteresse solide pour la Cabale, parce qu'il encouragea les timides à pénétrer avec lui dans les arcanes du mysticisme.*

Ainsi, quarante ans après la mort de Maïmonide, dont les écrits étaient destinés à resserrer les liens entre les Juifs de tous les pays, le judaïsme était divisé en trois camps, les partisans des études spéculatives, les talmudistes obscurantistes et les cabalistes. Les premiers, qui se réclamaient de Maïmonide, essayaient d'expliquer les lois juives d'une façon rationnelle; les plus modérés s'en tenaient aux doctrines de leur maître, d'autres, plus hardis, allèrent jusqu'aux conséquences extrêmes des idées de Maïmonide et rompirent en partie avec le Talmud. Les talmudistes repoussaient toute spéculation philosophique et toute recherche scientifique, ils acceptaient les aggadot dans leur sens littéral, mais repoussaient les doctrines cabalistiques. Quant aux cabalistes, ils étaient les ennemis des philosophes et des talmudistes. À l'origine, par suite de leur petit nombre et des ténèbres qui enveloppaient encore leurs doctrines, ils s'étaient associés aux obscurantistes pour combattre les maïmonistes. Mais avant la fin du siècle, ils se déchirèrent entre eux et s'attaquèrent les uns les autres avec un acharnement qui dépassait en violence celui qu'ils avaient jamais déployé contre leur ennemi commun, les philosophes.

Bien tristes furent les conséquences de ces luttes intestines, dont les maux venaient s'ajouter aux résultats néfastes des lois avilissantes que la papauté inventait contre les Juifs. Au lieu de l'humeur joyeuse, de l'activité intellectuelle et de la gaieté robuste qui avaient régné jusque-là parmi les Juifs et produit de si beaux fruits, les figures et les esprits étaient assombris par des pensées tristes et douloureuses, même dans les communautés de l'Espagne et de la Provence. Les poètes à l'esprit vif et pétillant s'étaient tus subitement, comme si le souffle glacial du malheur avait figé soudainement le sang dans leurs veines. C'est qu'on n'est guère disposé à chanter quand on est marqué du signe de l'infamie ! Aussi la poésie néo-hébraïque, qui avait jeté tant d'éclat pendant les trois derniers siècles, disparut-elle complètement. Ses dernières productions furent les satires et les épigrammes que maïmonistes et antimaïmonistes avaient dirigées les uns contre les autres. Peu à peu on cessa de s'attaquer par des épigrammes, filles gracieuses de l'esprit, pour se combattre par des argumentations lourdes et filandreuses.

Les derniers représentants de la poésie néo-hébraïque qui appartiennent encore à l'époque de Maïmonide sont : Juda Al-Harizi, partisan zélé mais traducteur superficiel de Maïmonide, Joseph ben Sabara et Juda ben Sabbataï. Par une rencontre fortuite, tous les trois créèrent simultanément le roman satirique, auquel ils donnèrent pour cadre une suite de métamorphoses, et qui offrait comme fond une phraséologie redondante. On sentait l'artifice et la recherche laborieuse dans l'esprit qu'ils essayaient de mettre dans leurs oeuvres, composées sans art. Dans son roman *Takkemoni*, le poète Al-Harizi (1190-1240) présente Héber le Kénite sous divers déguisements et le fait converser avec l'auteur tantôt en prose rimée, tantôt en vers, où le grave se mêle au plaisant; il y ajoute un certain nombre d'épisodes qui se rattachent plus ou moins au sujet principal. Le roman des **Délices** (*Schaschkouim*) de Joseph ben Sabara (probablement médecin à Barcelone) était taillé sur le même modèle. Enfin, le troisième poète, Juda ben Isaac ben Sabbataï, originaire également de Barcelone, était compté par Al-Harizi lui-même parmi les auteurs les plus habiles ; mais ses œuvres ne méritent pas une appréciation aussi flatteuse. Son dialogue entre la *Sagesse* et la *Richesse* contient peu de tours et d'expressions poétiques, et son roman satirique **L'ennemi des femmes** ne vaut pas beaucoup plus.

Après la mort de ces trois versificateurs, la poésie néo-hébraïque n'eut plus de représentants vraiment sérieux pendant environ un siècle. La force créatrice paraissait épuisée parmi les poètes hébreux, et ceux qui savaient manier la langue hébraïque et avaient le désir de versifier imitaient simplement des productions antérieures. C'est ainsi qu'Abraham ben Hasdaï, de Barcelone, partisan convaincu du **Guide des Égarés**, remania en hébreu un dialogue arabe entre un homme d'esprit cultivé et d'habitudes mondaines et un pénitent, dialogue qu'il intitula **le Prince et le Naziréen**.

Un pauvre scribe, Berakya ben Natronai Nakdan (qui fleurissait vers 1230-1245), du sud de la France, essaya de remettre en honneur la composition des fables, si chère aux anciens Hébreux.

Mais comme il n'était pas capable d'inventer lui-même des dialogues entre les divers animaux, il imita en hébreu les œuvres d'anciens fabulistes. Parmi ses cent sept **fables de Renard**, il y en a très peu qu'il ait composées lui-même. En rééditant deux vieilles fables en langue hébraïque, Berakya voulut *présenter un miroir à ceux de ses contemporains qui tournaient le dos à la vérité et offraient un sceptre d'or au mensonge*, pour qu'ils pussent y contempler leurs défauts et leurs vices.

Dans le nord de l'Espagne, région où les Juifs eux-mêmes manifestaient leur prédilection pour la poésie arabe, un autre fabuliste, Isaac ibn Schoula, publia en 1244 ses **Fables de l'antiquité** (*Maschal hakkadmoni*) pour montrer que la Muse hébraïque n'était nullement inférieure à la Muse arabe. Mais il parle un langage ampoulé et s'étend beaucoup trop longuement dans ses considérations morales. Certes, ce ne sont pas ses productions qui prouvèrent que la poésie hébraïque pouvait rivaliser avec la poésie arabe. Il semble que les poètes juifs qui écrivaient en arabe avaient plus de talent, car les Arabes faisaient un très grand cas des chants d'amour du poète Abou Ishak Ibrahim ibn Sahal, de Séville, qui vivait vers 1211-1250, et en louaient la belle et douce harmonie. Cet auteur avait sans doute embrassé en apparence l'islamisme, dans le sud de l'Espagne, sous les Almohades.

Bien plus encore que la poésie, l'exégèse biblique déclina et perdit tout caractère scientifique à l'époque qui suivit la mort de Maïmonide. Philosophes et cabalistes ne cherchaient pas, en effet, à comprendre le sens véritable des Saintes Écritures, mais à l'altérer et à le dénaturer, pour faire entrer de force leurs propres idées dans le texte sacré. Pendant longtemps, David Kimhi resta le dernier exégète et grammairien sérieux. Nahmani aussi, en commentant la Bible, montre qu'il a un sentiment juste de la langue hébraïque, mais, pour lui, l'interprétation biblique n'était pas un but, mais un moyen : elle lui servait à combattre les opinions de ses adversaires. C'est ainsi que se flétrissait et s'effeuillait peu à peu la brillante couronne que les penseurs et les poètes juifs de l'Espagne avaient tressée, par leurs œuvres remarquables, dans la période précédente.

CHAPITRE IX

CONTROVERSES RELIGIEUSES. AUTODAFÉ DU TALMUD — (1236-1270)

Pendant que cabalistes et philosophes argumentaient les uns contre les autres et introduisaient la scission dans le judaïsme, la semence empoisonnée jetée à pleines mains par la papauté dans un terrain fertile commençait à donner ses fruits malfaisants. Les persécutions contre les Juifs qui, jusque-là, avaient été des faits isolés, se propagèrent avec la rapidité d'une épidémie, et d'année en année elles devinrent plus sanglantes. Il est vrai qu'Innocent III n'avait eu nullement en vue l'extermination des Juifs, il avait voulu seulement les humilier. Il lui avait semblé nécessaire, pour la gloire de l'Église, que toute la société du moyen âge se liguât contre eux pour les écraser, que princes et clergé, bourgeois et paysans, fussent réunis contre eux pour les contraindre à vivre dans l'abjection. Mais le bas peuple, satisfait de voir une classe d'hommes encore plus opprimés que lui, ne se contenta bientôt plus d'avilir les Juifs, il les regarda peu à peu comme des parias, qu'on pouvait assommer comme des chiens enragés. On leur imputait toute espèce de crimes. Les accusations de meurtre rituel se produisaient contre eux tantôt dans une ville tantôt dans une autre, et ces odieuses calomnies étaient énoncées avec une telle conviction qu'elles trouvaient créance auprès des chrétiens les mieux intentionnés. Un jour, on découvrit entre Lauda et Bisehofsheim, dans le pays de Bade, le cadavre d'un chrétien. On accusa immédiatement les Juifs de cette mort, et, sans rechercher si cet homme avait été réellement assassiné, peuple et clergé se précipitèrent sur les Juifs pour les massacrer. On n'eut l'idée d'instruire l'affaire devant la justice qu'après ce carnage. Un procès fut intenté à huit membres des plus respectés et des plus pieux de la communauté (2 et 3 janvier 1235). Soumis à la question, ils avouèrent probablement tout ce qu'on voulut, pour échapper à la torture, et furent exécutés. Les Juifs du voisinage demandèrent alors au pape Grégoire IY de leur accorder un privilège qui les préservât contre la fureur de la populace et les préjugés des juges. Pour éviter le retour de pareilles tueries, Grégoire IX rendit une bulle (3 mai 1235) par laquelle il ordonna l'application de la Constitution d'innocent III. On était alors si peu habitué à voir obéir un dignitaire quelconque à un sentiment de justice en faveur des Juifs qu'on accusa le pape de s'être laissé acheter par eux. La bulle papale resta cependant sans effet. à force d'être enseignée dans les écoles et prêchée dans les églises par les dominicains, l'intolérance entra dans les mœurs, obscurcit les intelligences les plus éclairées et s'insinua dans les plus nobles cœurs.

Un des exemples les plus probants de l'action néfaste exercée par les préjugés de l'époque sur les meilleurs esprits nous est fourni par Frédéric II, le dernier empereur de la dynastie des Hohenstaufen et l'homme le plus remarquable et le plus libéral de son siècle. Plus Sicilien qu'Allemand, ce souverain aimait la science et protégeait les savants avec une munificence très grande. Quand l'université de Naples fut créée, il fit traduire de l'arabe des ouvrages philosophiques et astronomiques et, entre autres savants, employa aussi des Juifs à ce travail. Il échangea des lettres avec un savant juif de Tolède, Juda ben Salomon Kohen ibn Malka, qu'il engagea vraisemblablement à venir en Italie, et il appela de la Provence à Naples un autre Juif, Jacob Anatoli, auquel il paya une pension annuelle afin de lui assurer les loisirs nécessaires pour traduire un certain nombre d'ouvrages arabes. Cet Anatoli était le gendre de Samuel ibn Tibbon, le traducteur des oeuvres de Maïmonide. Ce fut sans doute sur l'ordre de Frédéric II, et avec l'aide d'un savant chrétien, qu'Anatoli ou un autre des protégés juifs de l'empereur traduisit en latin le **Guide** de Maïmonide, que le souverain allemand étudia avec un grand soin.

Avec des idées aussi larges, Frédéric II semblait devoir se montrer bienveillant pour les Juifs, d'autant plus que ses croyances religieuses étaient très tièdes. Car Grégoire IX, qui, il est vrai, était son ennemi, lui reprochait d'avoir déclaré que le monde avait été trompé par trois grands imposteurs, Moise, Jésus et Mahomet, dont deux étaient morts honorablement et le troisième avait péri sur la croix. Sa foi de chrétien ne devait donc pas être froissée de l'incrédulité des Juifs. Et cependant, il haïssait autant les Juifs que le pieux saint Louis. Quoique adversaire implacable de la papauté, qui lui suscitait partout des obstacles, il appliqua quand même dans ses États la bulle qui éloignait les Juifs de tout emploi public. Il alla même plus loin que les papes dans ses violences contre les Juifs, il parqua les habitants juifs de Palerme, sa capitale, dans un ghetto.

Dans les provinces autrichiennes, sous les princes de Babenberg, les Juifs étaient moins malheureux. Ainsi l'archiduc Frédéric Ier, surnommé le Belliqueux, confia la direction de ses finances à des Juifs et les nomma à d'autres fonctions publiques. Deux frères, Leblin et Nekelo, portaient même le titre de **comtes du duc d'Autriche**. Pour protéger ses sujets juifs contre les explosions de fanatisme de leurs ennemis, Frédéric le Belliqueux publia en leur faveur, en 1244, un Règlement où il s'était visiblement inspiré de principes de justice et d'humanité. D'après ce statut, un chrétien qui tue un Juif est mis à mort ; s'il le blesse gravement, on lui coupe la main ou on lui inflige une forte amende. Il n'était pas permis de condamner un Juif sur le seul témoignage de chrétiens ; leur accusation devait être corroborée au moins par un Juif. Le fait d'imposer par contrainte le baptême à un enfant juif était puni comme un véritable rapt. Dans la crainte que les tribunaux ordinaires ne fussent disposés à traiter les Juifs avec injustice, Frédéric créa pour eux une juridiction spéciale ; il menaça aussi de peines sévères ceux qui profaneraient leurs cimetières ou leurs synagogues. Il favorisa surtout leur négoce et protégea leur commerce d'argent par des garanties sérieuses, dans le désir *d'étendre également sur les Juifs ses grâces et sa bienveillance*. Vingt ans après sa promulgation, le Règlement de Frédéric le Belliqueux était en vigueur dans plusieurs autres États, en Hongrie, en Bohême, dans la Grande Pologne, dans ta Misnie, la Thuringe et, plus tard, en Silésie.

Cet exemple de tolérance donné par un petit prince irrita l'empereur Frédéric II, qui multiplia les mesures d'exception contre les Juifs, les tenant éloignés plus rigoureusement que jamais de tout emploi public, déclarant que partout où ils se trouvaient ils étaient serfs de la chambre impériale, et les accablant d'impôts.

Quoique ennemi de l'Église, il leur appliquait les décisions du concile de Latran plus sévèrement que les rois d'Espagne. Il permettait bien aux Juifs d'Afrique qui fuyaient devant le fanatisme des Almohades de s'établir en Sicile, mais, tandis qu'il exemptait les autres immigrants de tout impôt pendant dix ans, il faisait payer aux Juifs de très lourdes taxes.

C'est vers cette époque qu'à l'occasion d'une nouvelle croisade de sanglantes persécutions eurent lieu en France contre les Juifs. Dans l'Anjou et le Poitou, à Bordeaux comme à Angoulême, on voulut contraindre les Juifs à accepter le baptême. Irrités de leur refus opiniâtre, les croisés les traitèrent avec une cruauté féroce, écrasant sans pitié sous les pieds de leurs chevaux hommes, femmes et enfants, lacérant les rouleaux sacrés, brûlant maisons et synagogues, et pillant tout ce qu'ils pouvaient emporter. Plus de trois mille Juifs périrent ainsi dans l'été de 1236. Près de cinq cents embrassèrent le christianisme. De nouveau, les malheureux Juifs invoquèrent la compassion du pape, qui invita les prélats et saint Louis à les protéger contre les baptêmes forcés et le meurtre. Mais quelle action pouvaient exercer ces interventions momentanées sur des foules auxquelles l'Église elle-même avait enseigné à haïr et à mépriser les Juifs ? Saint Louis lui-même, ce roi que l'histoire a popularisé pour sa justice et sa bonté, éprouvait une telle horreur pour les Juifs qu'il ne voulait même pas en supporter la vue. Que restait-il donc aux Juifs pour se défendre contre la haine qui les enveloppait de toutes parts ? L'argent, et encore l'argent. Opprimés et traqués dans un pays, ils réussissaient souvent à acheter la protection des souverains d'un autre pays. C'est ainsi que le roi d'Angleterre, Henri III, leur vendit pour une somme considérable le droit de vivre en sécurité dans ses États. Mais l'argent était pour les Juifs un instrument à deux tranchants ; s'il leur assurait des avantages, il était aussi pour eux l'origine de bien des maux, car ils ne pouvaient se le procurer qu'en prêtant à un taux très élevé. Il est vrai que, par des confiscations et des impôts exagérés, les princes prenaient la plus grosse part pour eux ; mais le peuple ne voyait qu'une chose, les gros intérêts que les Juifs l'obligeaient à payer. De là, un ressentiment violent contre les Juifs et parfois de terribles explosions de fureur.

Au milieu de leurs douloureuses épreuves, les Juifs avaient encore conservé jusque-là un petit coin où ils se sentaient libres et où ils oubliaient leurs souffrances. C'était l'école. Là, ils s'absorbaient dans l'étude, et leur pensée, s'élevant au-dessus de leur situation misérable, au-dessus de la haine qui les poursuivait au dehors, se retrempait dans les régions sereines de la foi et de l'espérance. Ils n'attendaient de leurs recherches et de leurs veillées laborieuses ni honneurs, ni dignités ; ils aimaient la science pour elle-même, heureux de pouvoir satisfaire leur soif de savoir et se rendre dignes de la félicité éternelle. Avant tout, on voulait apprendre, et le livre qu'on étudiait surtout avec une patience opiniâtre et une ardeur passionnée était le Talmud. Dès que l'enfant savait balbutier, on le conduisait, pendant la Pentecôte, à la synagogue, qui s'appelait aussi l'**école**, *Schule*, pour lui enseigner la lecture de l'hébreu et le préparer à l'étude de la Bible et du Talmud. Le jour où l'enfant faisait, pour la première fois, son entrée à l'école était un jour de fête pour les parents et la communauté tout entière. Cette étude minutieuse, constante, du Talmud représentait, il est vrai, toute la culture intellectuelle des Juifs, mais c'était aussi leur suprême consolation, la sauvegarde de leur unité religieuse, l'unique refuge qui. leur avait été laissé jusqu'alors.

Ce refuge aussi devait leur être ravi, on les empêcha même d'étudier. Ce coup douloureux leur fut porté par un Juif renégat, *Donin* ou *Dunin*, de La Rochelle. Comme Donin avait exprimé des doutes sur la valeur du Talmud, et, en général, sur l'authenticité de la loi orale, il fut excommunié. Il se détacha alors complètement du judaïsme, se fit baptiser sous le nom de *Nicolas*, et n'eut plus qu'un désir, celui de se venger de ses anciens coreligionnaires. À l'instigation probable du clergé, il excitait sans cesse la foule contre les Juifs et leurs livres sacrés, et provoqua ainsi les massacres de l'Anjou et du Poitou. Mais sa soif de vengeance n'était pas encore satisfaite. Il se rendit auprès du pape Grégoire IX et accusa devant lui le Talmud de dénaturer le sens des prescriptions bibliques, de présenter Dieu sous des images burlesques, de proférer des blasphèmes contre le fondateur du christianisme et sa mère, et d'être respecté par les rabbins plus que la Bible ; il ajouta que le Talmud seul maintenait les Juifs dans leurs erreurs, et que sans ce recueil ils se seraient convertis depuis longtemps au christianisme.

Il est hors de doute que le Talmud, composé sans aucun esprit de critique scientifique ou historique, contient toute espèce de propos. Par un respect exagéré pour les anciens docteurs, ceux qui ont mis en ordre les matériaux de ce vaste recueil ont cru devoir y admettre la moindre parole, sérieuse ou plaisante, jeu d'imagination ou facétie, qui avait échappé aux tannaïm et aux amoraïm. C'était certainement une faute, ou, du moins, une grave imprudence, car, pour nuire aux Juifs, on a feint de donner la même valeur à tout le contenu du Talmud et de mettre sur le même rang de simples badinages et des prescriptions importantes. Bien souvent, à travers les siècles, l'accusation que Nicolas Donin a dirigée le premier contre le Talmud a été reprise par d'autres ennemis des Juifs et a eu souvent les plus désastreuses conséquences.

Pour prouver son dire, Nicolas Donin réunit des extraits du Talmud, qu'il fit suivre de trente-cinq chefs d'accusation. On y lit, entre autres, que le Talmud enseigne des erreurs, des sottises et des absurdités, contient des blasphèmes contre Dieu, autorise les Juifs à tromper les chrétiens et injurie Jésus et l'Église. Comparés aux outrages déversés sur les Juifs par les évangélistes et les pures de l'Église jusqu'à saint Jérôme et saint Augustin, les rares passages du Talmud relatifs à Jésus, en supposant qu'ils s'appliquent vraiment au fondateur du christianisme, ne paraissent que d'innocentes plaisanteries. Mais, dans sa lutte contre la Synagogue, l'Église avait remporté la victoire, et, par conséquent, elle s'arrogeait le droit d'être d'une excessive susceptibilité. Quant aux assertions de Nicolas Donin d'après lesquelles le Talmud permettrait aux Juifs de tromper les chrétiens et de se délier de leurs serments, c'étaient d'impudents mensonges.

À la suite de l'accusation de Nicolas Donin, le pape Grégoire IX adressa des bulles aux évêques de France, d'Angleterre, de Castille, d'Aragon et du Portugal pour leur ordonner de confisquer tous les exemplaires du Talmud, pendant que les Juifs seraient réunis dans leurs synagogues, et de les remettre aux dominicains et aux franciscains. Les souverains de ces pays devaient prêter main-forte aux évêques. Les prieurs des dominicains et des franciscains étaient chargés d'ouvrir une enquête sur le Talmud et, dans le cas où les accusations de Nicolas Donin seraient fondées, d'en brûler tous les exemplaires (juin 1239).

Ni en Espagne, ni en Angleterre, on ne tint compte des ordres de Grégoire IX. En France seulement, où le roi saint Louis était sous la domination du clergé, il fut donné suite aux bulles papales. Les exemplaires du Talmud furent saisis et transportés à Paris, et l'enquête commença. Sur l'ordre du roi, une controverse devait avoir lieu sur les différents chefs d'accusation entre Nicolas Donin et quatre rabbins. Ces quatre défenseurs du Talmud étaient Yehiel (ou Vivo) de Paris, Moïse de Coucy, de retour, alors, de son voyage en Espagne, Juda ben David de Melun, et Samuel ben Salomon de Château-Thierry. La controverse eut lieu publiquement (le 25 juin 1240), en langue latine, à la cour du roi, en présence de plusieurs évêques et dominicains et devant la reine mère, Blanche de Castille. Comme, parmi les quatre défenseurs, Yehiel savait probablement le mieux le latin, il fut chargé par ses collègues de porter la parole dans ce colloque.

Se référant à la Constitution des papes, qui garantissait aux Juifs toute liberté dans leurs affaires intérieures, et faisant observer que le Talmud était pour eux un livre absolument indispensable, plus précieux que leur vie même, Yehiel refusa d'abord de prendre part à la controverse. Il ne s'y décida que sur les instances de la reine mère et après qu'elle eut affirmé que la vie d'aucun Juif n'était en danger. Nicolas Donin voulut alors lui faire jurer qu'il répondrait selon sa conscience et qu'il n'essaierait pas d'échapper à des questions embarrassantes par des subterfuges. Mais sur l'observation de Yehiel qu'il n'avait jamais prêté serment et qu'il ne voulait pas invoquer inutilement le nom de Dieu, la reine mère l'en exempta.

La discussion tourna autour de ces deux points : le Talmud contient-il des blasphèmes contre Dieu et des assertions contraires à la morale ? Contient-il des blasphèmes contre Jésus ? Après avoir réfuté divers arguments produits contre le Talmud, Yehiel convint que ce recueil renfermait, en effet, des attaques contre un Jésus, fils de Panthéras, mais il affirma que ce personnage n'avait rien de commun avec Jésus de Nazareth. Yehiel était de bonne foi dans son affirmation, le passage prêtant très facilement à l'erreur. Il ajouta que ni saint Jérôme ni les autres Pères de l'Église qui avaient connu le Talmud ne lui avaient jamais reproché d'outrager le christianisme, et que c'était par pure malveillance, et dans le désir de se venger, que Nicolas Donin avait dirigé ces accusations contre ses anciens coreligionnaires et leur code religieux.

Pendant deux jours, Yehiel réfuta les arguments de Donin, et pendant ces deux jours, toute la communauté de Paris pria et jeûna, pour que Dieu détournât d'elle le danger qui la menaçait. Le troisième jour, on fit venir Juda de Melun, qui avait été tenu jusque-là au secret pour l'empêcher de s'entendre avec Yehiel ; il se trouva d'accord avec Yehiel sur les principales questions. On ne fit pas comparaître les deux autres rabbins.

Un instant, les Juifs purent espérer que l'orage serait écarté de leur tête; ils étaient parvenus à gagner à leur cause un prélat influent, qui leur avait promis de les faire entrer de nouveau en possession des livres confisqués. Malheureusement, ce prélat mourut, et sa mort fut considérée, ou présentée au roi par les moines, comme une punition divine, parce qu'il s'était montré favorable aux Juifs. Encore une fois l'iniquité triompha; le Talmud fut condamné, et vingt-quatre charretées d'exemplaires furent brûlés publiquement à Paris (1242). Ce douloureux événement affligea profondément les Juifs, beaucoup d'entre eux célébrèrent pendant longtemps par des jeûnes ce triste anniversaire, et deux jeunes savants, Abraham Bedarsi, de la Provence, et Meïr, de Rothenbourg, en Allemagne, en perpétuèrent le souvenir dans de touchantes élégies.

Un peu plus tard, quand le pape Innocent IV eut été informé que les Juifs avaient pu arracher au feu un certain nombre d'exemplaires du Talmud, il ordonna au roi de France de procéder à de nouvelles perquisitions. C'est ainsi qu'on fit en France, à plusieurs reprises, des autodafés de livres hébreux.

À force de voir l'Église traiter les Juifs en réprouvés et multiplier contre eux les lois restrictives, le peuple les croyait capables de tous les crimes. Au moment où les Mongols et les Tartares, ces sauvages guerriers de Gengis Khan, envahissaient l'Europe, ravageaient la Russie et la Pologne et étendaient leurs incursions jusqu'en Allemagne, on répandit le bruit que les Juifs étaient secrètement d'accord avec eux. Au lieu de s'attaquer à Frédéric II et au pape, dont les querelles constantes facilitaient singulièrement les progrès de ces terribles conquérants, la colère populaire s'en prenait aux Juifs. Sans doute, il y avait dans les rangs des Mongols quelques soldats juifs, originaires du Khorassan, ou, comme le rapportait la légende, des dix tribus qui s'étaient établies dans les gorges des monts Caspiens. Mais les Juifs allemands savaient-ils seulement que l'armée ennemie renfermait un certain nombre de leurs coreligionnaires? On peut en douter. Quoi qu'il en soit, le bruit se répandit que les Juifs d'Allemagne avaient trahi leur pays, et qu'au lieu de livrer aux Mongols des aliments empoisonnés, comme ils en avaient donné l'assurance à leurs compatriotes, ils avaient essayé de leur remettre des tonneaux remplis d'armes. Cette accusation servit de prétexte à d'atroces cruautés.

Après la persécution violente, la persécution légale. Dans la pensée de l'Église, la situation des Juifs au milieu de la société chrétienne était sans doute encore trop belle, elle se croyait donc dans l'obligation de la rendre plus misérable. Jusqu'alors, la médecine avait été surtout pratiquée par des Juifs. Presque chaque prince avait son médecin juif. Aux yeux de l'Église, l'influence que les médecins pouvaient avoir sur les malades était un danger pour le christianisme, et, au concile de Béziers (1246), elle résolut d'interdire à tout médecin juif de donner ses soins à un chrétien. Cette interdiction fut renouvelée à un autre concile, tenu dans le sud de la France. Et cependant, c'étaient les Juifs qui avaient principalement donné l'impulsion aux études médicales dans la Provence. Toute la famille des Tibbonides, l'aïeul, le fils et le petit-fils, avaient enseigné la médecine à des chrétiens, et maintenant on voulait défendre à un membre de cette famille, à Moïse (établi à Montpellier vers 1250-1260), qui avait traduit de nombreuses oeuvres médicales et philosophiques, de soigner un chrétien !

Mais, malgré les foudres dont ils étaient menacés, les chrétiens ne se soumettaient que difficilement à l'ordre de l'Église. Quand on sent sa vie en danger, on est tenté parfois d'oublier son salut éternel, et comme les médecins juifs étaient renommés pour leur expérience, les malades chrétiens continuaient de les consulter. Ainsi, le comte du Poitou et de Toulouse, frère de saint Louis, qui avait une maladie d'yeux, sollicita les soins d'un oculiste juif, Abraham d'Aragon. À Montpellier aussi, où se trouvait à cette époque une école de médecine célèbre, les médecins juifs pouvaient continuer d'être examinateurs, praticiens et mêmes professeurs.

En Angleterre, où régnait alors Henri III (1216-1272), les Juifs soutiraient comme ils avaient souffert sous le roi précédent, Jean sans Terre. Sans doute, Henri III favorisait l'immigration des Juifs dans son royaume et les protégeait quelquefois contre le fanatisme du clergé. Mais il était léger, prodigue, et il avait besoin de beaucoup d'argent ; il obligea les Juifs à lui en fournir. Il plaça toutes les communautés juives d'Angleterre sous l'autorité d'un grand rabbin, dont la principale fonction consistait, aux yeux du roi, à faire rentrer la taxe imposée aux Juifs. Un jour qu'il avait besoin d'une somme élevée, il convoqua même un parlement juif, qu'il chargea de lui trouver l'argent qui lui était nécessaire. Quand il eut suffisamment pressuré les Juifs, pensant ne plus pouvoir rien tirer d'eux, il les donna en gage à son frère Richard, qui les ménagea encore moins que le roi Henri.

On peut juger par les chiffres suivants quels lourds impôts Henri III faisait peser sur les Juifs d'Angleterre. Dans l'espace de sept ans, ils durent lui payer 422.000 livres sterling. Un seul juif, Ahron de York, fut obligé de verser au roi, dans ces sept ans, 30.000 marcs d'argent, et à la reine 200 marcs d'or.

Aux exactions royales venaient s'ajouter encore, pour les Juifs d'Angleterre, les vexations de l'Église. À la suite des démarches pressantes du clergé, le roi défendit aux Juifs de construire de nouveaux temples et de réciter les prières à haute voix dans leurs synagogues, et il leur enjoignit très sévèrement de porter toujours, et d'une façon visible, le signe distinctif sur leurs vêtements. La situation était telle que le grand rabbin Elias déclara, au nom de tous ses coreligionnaires d'Angleterre, qu'ils ne pouvaient plus supporter les souffrances qu'on leur infligeait et qu'ils demandaient l'autorisation d'émigrer. Quelque triste et douloureux qu'il fût, l'exil se présentait pour ces malheureux comme la délivrance. Mais on refusa même de les laisser partir, et ils furent forcés de rester malgré eux en Angleterre.

À en juger superficiellement, et surtout quand on les compare à leurs coreligionnaires d'Angleterre, de France et d'Allemagne, les Juifs d'Espagne se trouvaient à cette époque dans une situation très satisfaisante. En Castille, ils étaient alors gouvernés par le roi Alphonse X (1252-1284), que ses contemporains avaient surnommé le Sage, et qui était, en effet, un ami de la science et un esprit libéral. Quand il marcha, eu sa qualité de prince héritier, contre Séville, il avait des Juifs dans son armée, et après la victoire, au moment de partager les terres à ses soldats, il n'oublia pas les Juifs. Il répartit entre eux les champs d'un village qu'il leur donna en entier, et qui prit le nom de **village des Juifs**, *Aldea de los Judios*. Les Juifs de Séville, qui vivaient malheureux sous les Almohades, ayant sans doute accueilli avec joie son entrée dans la ville conquise, Alphonse les traita avec bienveillance et leur donna trois mosquées pour !es transformer en synagogues. Comme témoignage de leur reconnaissance, les Juifs de Séville lui offrirent une clef admirablement travaillée, sur laquelle était gravée cette inscription en hébreu et en espagnol : *Le Roi des rois ouvre, le roi du pays va entrer.*

Quand il eut pris les rênes du gouvernement, Alphonse X confia des fonctions publiques à des Juifs. Il eut comme ministre des finances un savant talmudiste, Don Meïr de Malea, qui porta le titre d'almorazif. Son fils Don Zog (Isaac) lui succéda dans cette dignité. Le médecin du roi. qui était en même temps son astronome et son astrologue, était également un Juif, Don Juda ben Moïse Koben. Il se trouvait, à ce moment, en Espagne, peu de savants chrétiens comprenant l'arabe. Des Juifs traduisaient les ouvrages arabes eu castillan, et des clercs traduisaient alors la version castillane en latin. Alphonse X employa un chantre de la synagogue de Tolède, Don Zog ibn Sid, à la rédaction de tables astronomiques, appelées, depuis, **tables alphonsines**, et qu'on pourrait désigner à plus juste titre sous le nom de tables de Zog ou Sid. On trouve encore un autre savant juif à la cour de Castille, Samuel Hallévi (Aboutafia Alawi ?), qui attacha son nom à une clepsydre, qu'il avait confectionnée sur l'ordre du roi.

On pourrait conclure de la prédilection marquée par le roi pour les savants juifs qu'il traitait leurs coreligionnaires avec équité. Il n'en était rien. Les préjugés du temps avaient également exercé leur influence néfaste sur Alphonse X, qui restreignit l'activité des Juifs par une législation oppressive, les considérant comme une classe inférieure. On ne sait pas si la législation wisigothe, cette source empoisonnée à laquelle s'alimentait sans cesse la haine des Espagnols contre les Juifs, avait été traduite en castillan sur son ordre ou sur l'ordre de son père, mais il est certain qu'Alphonse X promulgua lui-même plusieurs édits contre les Juifs.

Dans le code qu'il publia en castillan pour être appliqué aux divers peuples de son royaume (1257-1266), il ajouta un chapitre relatif aux Juifs, où on lit, entre autres : *Quoique les Juifs ne croient pas au Christ, ils sont quand même tolérés dans les pays chrétiens, afin qu'ils rappellent à tous qu'ils descendent de ceux qui ont crucifié Jésus.* On y lit aussi que *les Juifs étaient honorés autrefois et appelés le* **peuple de Dieu**, *mais qu'ils s'étaient avilis par le crime commis sur Jésus ; aucun Juif ne peut donc exercer un emploi public ou être revêtu d'une dignité en Espagne.* Alphonse X accueillit dans son code toutes les lois d'exception que la malveillance des Byzantins et des Visigoths avait inventées contre les Juifs, il y ajouta même d'autres restrictions. Il ordonna aux Juifs et aux Juives de porter un signe distinctif à leur coiffure, déclarant passibles d'une amende ou de la flagellation ceux qui contreviendraient à cet ordre. Juifs et chrétiens ne pouvaient ni manger ensemble, ni se baigner ensemble. Alphonse le Sage ajouta également foi à cette fable ridicule que les Juifs crucifiaient tous les ans un enfant chrétien, le vendredi saint. Pourtant, le pape Innocent IV lui-même avait déclaré cette accusation mensongère et proclamé l'innocence des Juifs. Mais, dès qu'un pape élevait la voix eu faveur des Juifs, on ne croyait plus à son infaillibilité. Aussi Alphonse X renouvela-t-il contre les Juifs l'interdiction de se montrer dans les rues le vendredi saint ; il menaça de mort ceux qui crucifieraient même une figure de cire. Mais voici une singularité encore plus étrange. Alphonse X, qui avait attaché un médecin juif à sa personne, interdit aux chrétiens de se servir de remèdes préparés par un Juif ! Il faut cependant ajouter qu'il défendit de profaner les synagogues, d'imposer aux Juifs le baptême par contrainte, de les faire comparaître devant les tribunaux pendant leurs fêtes, et il les dispensa des cérémonies burlesques qui accompagnaient la prestation du serment dans certains pays, ne les obligeant qu'à poser simplement la main sur la Thora.

Pour le moment, toutes ces lois restaient sans conséquence pratique ; Alphonse X ne les mettait pas en vigueur. Mais plus tard, elles furent appliquées et contribuèrent à rendre le séjour de l'Espagne très douloureux pour les Juifs.

En Aragon, les Juifs étaient bien plus malheureux que dans la Castille. Le roi d'Aragon, Jacques Ier, qui possédait des propriétés dans le midi de la France, avait des entrevues fréquentes avec saint Louis ou ses conseillers et apprenait d'eux à opprimer les Juifs. De plus, il avait souvent besoin de l'indulgence de son confesseur Raimond de Peñaforte, et il cherchait à gagner ses bonnes grâces au détriment de la tranquillité des Juifs. On sait que de Peñaforte était hanté du désir de convertir juifs et musulmans. Sous son impulsion, les dominicains apprenaient avec ardeur l'arabe et l'hébreu, dans l'espoir de conquérir plus facilement les âmes juives.

Parmi les dominicains, le premier qui essayât de convertir les Juifs par la prédication fut un renégat, *Pablo Christiani*. Partout où il passait, dans le midi de la France comme dans d'autres régions, il provoquait les Juifs à des controverses publiques, pour leur démontrer que leurs livres saints annonçaient déjà la divinité de Jésus et sa mission messianique. Devant l'inanité de ses efforts, son chef, Raimond de Peñaforte, résolut d'organiser à la cour une controverse entre Pablo et un des plus célèbres rabbins de l'époque, Nahmani, de Girone, sur la valeur comparative du judaïsme et du christianisme. Le roi Jayme, se conformant au désir du général des dominicains, invita Nahmani, connu sous le nom de Maître Astruc de Porta, et plusieurs autres rabbins, à venir prendre part à un colloque public, à Barcelone (1263). Nahmani y consentit, à condition, cependant, qu'il eût toute liberté pour exprimer sa pensée. Sur la recommandation que lui fit Raimond de Peñaforte de ne proférer aucune parole injurieuse pour le christianisme, Nahmani répondit avec dignité que lui aussi connaissait les convenances. Et, de fait, il représenta le judaïsme à la cour chrétienne d'Aragon avec autant d'honneur qu'autrefois Philon d'Alexandrie devant un empereur païen.

Pendant quatre jours, à partir du 20 juillet, Nahmani et Pablo Christiani discutèrent ensemble dans le palais du souverain, en présence de toute la cour, des hauts dignitaires de l'Église, de la noblesse et du peuple. Pour éviter les trop nombreuses digressions, Nahmani avait proposé, dès l'abord, de délimiter avec précision le champ de la discussion. Il s'agissait, selon lui, de s'en tenir à l'examen des questions suivantes : le Messie est-il déjà arrivé ? D'après la Bible, le Messie doit-il être un dieu ou un simple mortel ? Enfin, à laquelle des deux religions faut-il accorder la préférence ? La proposition de Nahmani une fois admise, Pablo essaya de prouver par des passages de l'Aggada que le Talmud admettait la divinité de Jésus. Mais Nahmani affirma que l'Aggada ne représente nullement la tradition et que les Juifs ne sont pas tenus d'y croire, assertion que son adversaire lui reprochait comme hérétique. Plus hardie encore paraissait cette déclaration de Nahmani qu'il préférait au Messie le roi chrétien devant lequel il parlait. Invité à expliquer sa pensée, il dit qu'il y avait plus de mérite pour les Juifs à observer leur religion dans l'exil, sous un prince chrétien, au milieu des persécutions et des humiliations, que sous le règne du Messie, c'est-à-dire d'un souverain juif puissant et illustre, dans la liberté et l'indépendance. Pour prouver que le Christ n'était pas le Messie, Nahmani rappela, comme l'avaient déjà fait d'autres polémistes, que, d'après les prophètes, toute discorde et toute guerre auront disparu à l'époque messianique et que les hommes vivront entre eux comme frères. Or, dit Nahmani, depuis l'avènement du christianisme, les guerres sont peut-être devenues plus fréquentes, les chrétiens étant aussi belliqueux que les autres nations, et, en se tournant vers le roi, il ajouta : *Il me semble, ô roi, que cela te paraîtrait dur, ainsi qu'à tes chevaliers, de te soumettre aux exigences de l'âge messianique et de renoncer à guerroyer.*

Effrayés de la franchise avec laquelle Nahmani s'était exprimé sur le christianisme pendant les trois premiers jours du colloque, ses coreligionnaires ainsi que des chevaliers et des bourgeois chrétiens de Barcelone, qui portaient de l'intérêt aux Juifs, lui conseillaient de mettre fin à la controverse. Nahmani était tout disposé à suivre leur conseil, mais, sur l'ordre du roi, le tournoi continua. Le docteur juif en sortit triomphant, et quand le roi le reçut en audience privée, il lui dit qu'il n'avait jamais entendu défendre une mauvaise cause avec autant d'esprit et de chaleureuse conviction.

Par amour-propre et aussi pour maintenir le prestige du christianisme, les dominicains répandirent le bruit que, dans l'impuissance de réfuter les arguments de Pablo, Nahmani s'était enfui secrètement de Barcelone. Naturellement, cela était faux. Nahmani avait prolongé, au contraire, son séjour à Barcelone pour recevoir le roi et les dominicains, qui devaient aller visiter la synagogue. En effet, ils y vinrent le samedi qui suivit la fin du colloque. Là, de Peñaforte recommença à argumenter contre le judaïsme, affirmant, entre autres, que la Trinité pouvait être expliquée par le vin, qui avait à la fois de la couleur, de la saveur et du bouquet et était cependant un. Il ne semblait pas difficile de réfuter de tels raisonnements. Avant de partir, Nahmani fut reçu une seconde fois par le roi, qui lui offrit des présents comme témoignage de son estime.

Malgré son échec à Barcelone, Pablo Christiani ne perdit pas espoir de convaincre les Juifs, dans des colloques publics, de la supériorité du christianisme. Muni de lettres royales (du mois d'août 1263) par lesquelles il était ordonné à toutes les communautés juives d'Aragon et dépendances de soutenir des controverses avec lui, s'il le désirait, dans les synagogues ou d'autres réunions publiques, de l'écouter avec calme, de répondre avec modération à toutes ses questions et de lui remettre les livres dont il pourrait avoir besoin pour son argumentation, Pablo essaya dans bien des villes son système de conversion. Il fut partout accueilli très froidement par ses anciens coreligionnaires. Changeant alors de tactique, il accusa le Talmud, où, peu auparavant, il avait prétendu trouver les dogmes de la religion chrétienne, de blasphémer Jésus et sa mère Marie.

À la suite de ses démarches, le pape Clément IV rendit une bulle pour ordonner de confisquer en Espagne tous les exemplaires du Talmud, et, dans le cas où l'accusation portée contre cet ouvrage serait fondée, de les brûler. Le roi Jayme atténua en partie la bulle papale, il exigea seulement que les passages incriminés ; fussent effacés. La commission de censure, composée de l'évêque de Barcelone, de Raimond de Peñaforte et de trois autres dominicains, signala les passages prétendus outrageants pour le christianisme. C'était alors la première fois que les dominicains exerçaient en Espagne la censure contre le Talmud. Si ce livre n'a pas été brûlé comme en France, les Juifs en furent sans doute redevables au dominicain Raymond Martini, un des membres de la commission, qui croyait avoir découvert dans le Talmud des passages favorables au christianisme ; et, par conséquent, ne voulait pas détruire un recueil aussi précieux.

Après avoir sévi contre le Talmud, les dominicains ne pouvaient pas laisser impuni le savant rabbin qui l'avait si vaillamment défendu au colloque de Barcelone. Du reste, Nahmani venait de leur fournir un nouveau grief contre lui. Pour mettre fin aux vantardises de Pablo Christiani et des dominicains, qui, dans l'espoir d'amener plus facilement les Juifs au baptême, déclaraient qu'ils étaient sortis victorieux de la controverse, il publia, avec l'autorisation de l'évêque de Girone, un compte rendu véridique, en hébreu, du colloque de Barcelone, et le répandit parmi ses coreligionnaires. Sur l'affirmation de Pablo que cet écrit outrageait le christianisme, Raimond de Peñaforte en dénonça l'auteur au roi. Don Jayme fut obligé de tenir compte de l'accusation du fanatique dominicain, mais, comme s'il s'était méfié de l'impartialité des adversaires de Nahmani, il fit comparaître le savant juif devant une commission spéciale, au lieu de le laisser juger par le tribunal ordinaire des dominicains, et assista lui-même aux débats. Il fut facile à Nahman de prouver qu'il n'avait reproduit dans son compte rendu que les assertions émises publiquement pendant la controverse, en présence du roi et de Peñaforte lui-même.

Quoique convaincus de la justice de la cause de Nahmani, le roi et la commission n'osaient pas l'acquitter complètement, de peur d'exciter la colère des dominicains ; ils le condamnèrent à s'exiler pendant deux ans de sa ville natale et à livrer son ouvrage aux flammes. Cette sentence semblait trop douce aux dominicains, qui auraient voulu faire citer Nahmani devant leur propre tribunal et lui infliger un châtiment rigoureux. Mais Don Jayme s'y opposa, il accorda même à Nahmani une sorte de privilège, en vertu duquel le vaillant champion du colloque le Barcelone ne pouvait être jugé pour toute question relative à ce colloque qu'en présence du souverain (avril 1265).

Irrités de la fermeté du roi, qui se refusait à abandonner Nahmani à leur discrétion, les dominicains en appelèrent au pape Clément IV. Celui-ci se joignit avec empressement à Peñaforte (en 1266) pour demander une punition exemplaire contre le Juif qui avait osé soutenir la supériorité du judaïsme sur le christianisme ! Dans la crainte que le roi ne cédât, à la fin, aux instances de ses ennemis, Nahmani, âgé alors de soixante-dix ans, abandonna son pays, ses deux fils, son école et tous ses amis pour prendre le chemin de l'exil ; il se rendit dans la Terre Sainte. Là, d'amères déceptions l'attendaient. Comme autrefois Juda Hallévi, il fut profondément affligé de l'état de dévastation et de morne tristesse dans lequel il trouva le pays et la ville de ses rêves. Quelques années auparavant, en 1260, sous le sultan Houladjou, les Mongols ou Tartares avaient entièrement ravagé cette contrée. *Plus un endroit est sacré*, s'écria Nahmani avec désespoir, *plus il est dévasté ; c'est Jérusalem qui offre le plus de ruines*. Parmi les habitants juifs de la cité sainte, les uns avaient été tués, les autres s'étaient enfuis, emportant les rouleaux de la Loi à Sikem. Après le départ des Mongols, on trouva à Jérusalem environ deux mille musulmans et trois cents chrétiens, mais il n'y avait plus qu'une ou deux familles juives. Assis tristement sur la montagne des Oliviers, en face des ruines de l'ancien temple, Nahmani exhala en vers empruntés à d'autres poètes sa douleur sur l'aspect désolé des lieux saints.

Pour rendre un peu de vie à cette Terre Sainte à laquelle il avait fait autrefois une si large place dans ses rêves, Nahmani y éleva des synagogues, organisa des communautés et fonda une école. Bientôt, il se vit entouré de nombreux disciples, dont plusieurs étaient venus de la région de l'Euphrate, et parmi lesquels se trouvaient aussi, dit-on, des caraïtes, entre autres le célèbre Ahron ben Joseph, l'ancien. Quoique particulièrement familiarisé avec la science talmudique, Nahmani, en sa qualité d'enfant de l'Espagne, possédait encore assez d'autres connaissances pour pouvoir jeter des semences fécondes dans le terrain, depuis si longtemps en friche, des pays d'Orient. Même la doctrine cabalistique, qu'il fut le premier à implanter dans cette contrée, rendit des services à ses coreligionnaires orientaux, parce qu'elle enrichit leur esprit d'idées qui leur étaient totalement inconnues et les habitua à raisonner et à réfléchir. Ce fut en Palestine, et dans le but de réveiller chez les Juifs de ce pays le goût de l'exégèse biblique, que Nahmani composa son commentaire sur la Tora, où l'on retrouve l'esprit original et les sentiments généreux et, élevés, mais aussi les rêveries mystiques de l'auteur. Car, à l'exemple d'un grand nombre de ses prédécesseurs, Nahmani voulait trouver ses conceptions et ses idées dans le texte sacré, et il l'interpréta, par conséquent, dans le sens de ses propres vues.

Nahmani avait laissé en Espagne de nombreux disciples, dont le plus remarquable fut Salomon ben adret. Celui-ci contribua, pour une grande part, à imprimer au judaïsme espagnol de son temps la marque des idées personnelles de son maître. Attachement inébranlable et passionné pour le judaïsme, vénération profonde pour le Talmud, goût de dilettante pour les sciences profanes et la philosophie, respect pour la Cabale comme pour une doctrine de la plus haute antiquité, tels sont les principaux traits qui caractérisent Nahmani et, après lui, les rabbins de l'Espagne. Il faut y ajouter un désir ardent de revoir la

Terre Sainte et de s'y établir, désir qui grandit avec les maux dont les Juifs souffraient alors.

Ces maux, en vérité, augmentaient d'année en année. Si l'histoire juive voulait suivre pas à pas les chroniques, les mémoires et les martyrologes, on n'y lirait que le récit d'atroces tueries, on y verrait le sang couler à flots, les cadavres s'entasser, et princes et peuples remplir les fonctions de bourreaux. En effet, du XIIIe au XIVe siècle, les persécutions des Juifs se multiplient avec une effrayante rapidité, le fanatisme populaire, la cupidité des rois, la jalousie des marchands s'unissent pour les opprimer, les abreuver d'humiliations et d'outrages et les pousser au désespoir. Les pillages succèdent aux pillages, les massacres aux massacres ; selon l'expression du prophète, *le peuple juif est asservi et écrasé, sans qu'il ouvre la bouche, il est égorgé comme un troupeau de moutons*, toutes les nations de l'Europe rivalisent entre elles pour l'injurier et le frapper.

En Allemagne, pendant la lutte qui éclata, à la mort de l'empereur Frédéric II, entre les Guelfes et les Gibelins. et se prolongea jusqu'au couronnement de l'empereur Rodolphe de Habsbourg, les Juifs furent égorgés par milliers. Tous les ans, il y eut de nouveaux massacres à Wissembourg, Magdebourg, Arnstadt, Coblence, Sinzig, Erfurth, et dans bien d'autres villes de l'Allemagne. Des familles entières mettaient leur gloire à brûler le plus de Juifs possible et s'intitulaient fièrement **rôtisseurs de Juifs**, *Judenbreter.* Au lieu d'arrêter ces excès, le clergé semblait, au contraire, y encourager le peuple par les humiliations avilissantes qu'il imposait aux Juifs. Ainsi, pour exposer les Juifs plus sûrement à la risée et aux insultes de la populace, le concile de Vienne (1264), présidé par un légat du pape, décida qu'à la place de la rouelle, ils porteraient un chapeau pointu ou une coiffure en forme de corne.

En France, le souverain lui-même allait au-devant des vœux de l'Église pour avilir et humilier les Juifs. Une année avant son départ pour Tunis, où il trouva la mort, saint Louis, sur le conseil de son favori Pablo Christiani, obligea les Juifs à porter sur la poitrine et dans le dos un morceau d'étoffe rouge ou jaune, en forme de roue, *afin que de tous les côtés les infâmes pussent être reconnus de loin.*

Aux confins même de l'Europe et de l'Asie, l'Église poursuivait les Juifs de sa haine. Jusqu'alors, les Hongrois et les Polonais avaient laissé les Juifs vivre en paix dans leurs contrées, parce qu'avec leur humeur belliqueuse et leurs mœurs presque sauvages ils n'avaient pas beaucoup d'aptitude pour tirer profit des produits de leur pays, et que les Juifs seuls savaient utiliser, au grand avantage de tous les habitants, les richesses des terres qui s'étendaient le long du bas Danube, de la Fistule et des deux côtés des Carpates. Aussi, malgré l'opposition de la papauté, les Juifs occupaient-ils en Hongrie de nombreux emplois publics, ils avaient la ferme du sel, des impôts et souvent des terres. Le roi de Hongrie Béla IV les maintint dans leurs emplois et introduisit même dans son pays le Règlement de Frédéric le Belliqueux, qui protégeait les Juifs contre les violences du peuple et du clergé et leur accordait une juridiction spéciale. Hais, à la suite de l'intervention de la papauté, cette situation changea brusquement. Des légions de dominicains et de franciscains envahirent les contrées des Carpates, en partie pour prêcher une croisade contre les Mongols, en partie pour ramener les schismatiques de l'Église grecque sous la domination du pape. Pour atteindre leur but, il fallait avant tout réchauffer la foi trop tiède des Hongrois et leur inculquer des sentiments de fanatisme et d'intolérance. Sous leur impulsion, des prélats de la Hongrie et de la Pologne méridionale se réunirent en synode à Ofen (sept. 1279), sous la présidence du légat du pape, et promulguèrent des lois restrictives contre les Juifs de la Hongrie, de la Pologne, de la Dalmatie, de la Croatie, de la Slavonie, de la Lodoménie et de la Galicie. Il fut interdit d'affermer quoi que ce fût aux Juifs ou de leur confier des fonctions publiques, *parce qu'il était dangereux de les laisser demeurer avec des chrétiens et entretenir avec eux des relations cordiales.* Le synode d'Ofen recommanda aussi de faire porter aux Juifs des deux sexes, en Hongrie, un morceau d'étoffe rouge, en forme de roue, attaché sur le côté gauche de la poitrine. Comme, à côté des Juifs, le clergé avait encore à combattre, en Hongrie, les musulmans et les schismatiques, et que les Magyars et les Polonais n'étaient pas encore inféodés à l'Église, les édits du synode contre les Juifs n'étaient pas appliqués très rigoureusement. C'est seulement cinquante ans plus tard que le dernier roi de la famille des Arpades, Ladislas IV, donna à ces édits force de loi en Hongrie.

Dans la Péninsule ibérique également, la présence des musulmans empêchait l'Église de se montrer trop tracassière envers les Juifs, et ceux-ci continuaient d'exercer des fonctions publiques dans ce pays, en dépit de la législation restrictive qui les en excluait. On a vu plus haut qu'Alphonse X avait pour trésorier Don Zag de Malea, fils de Don Meïr, et quoique le pape Nicolas III l'en blâmât (1279), il conserva néanmoins ce fonctionnaire. Si, plus tard, il traita Don Zag et ses coreligionnaires avec dureté, il faut peut-être en chercher la cause dans les événements politiques autant que dans ses préjugés contre les Juifs. En effet, le fils d'Alphonse X, l'infant Don Sanche, dont les rapports avec son père étaient très tendus, contraignit un jour le ministre juif à lui remettre la caisse de l'État. Dans sa colère, le roi fit arrêter Don Zag, qui fut conduit, chargé de chaînes, à travers la ville où se trouvait alors Don Sanche. Celui-ci essaya en vain de sauver le malheureux almoxarif ; son père resta impitoyable et fit exécuter Don Zag (1280). Il châtia même tous les coreligionnaires de Don Zag, bien innocents cependant de la faute de son ministre. Un jour de sabbat, il les fit tous jeter en prison et les condamna à de fortes amendes. Mal lui en prit de cette injustice. Car son fils, qui sentait bien que, dans l'intention de son père, l'exécution de Don Zag et la persécution des Juifs devaient être pour lui un châtiment et une leçon, s'en irrita et se révolta ouvertement contre Alphonse X ; la majeure partie de la noblesse, du peuple et du clergé se déclara pour lui. Alphonse X en mourut de chagrin.

Sous le règne de Don Sanche, la situation des Juifs fut tolérable ; elle varia cependant avec les caprices du roi. Don Sanche réforma la perception des impôts prélevés sur les Juifs. Jusqu'alors, chaque Juif versait pour lui et sa famille, comme capitation, une taxe de 3 maravédis (environ 2 francs). Sur l'ordre de Don Sanche, des délégués de toutes les communautés juives se réunirent à Huete, et, là, le roi leur indiqua la somme totale que les habitants juifs de chaque province seraient tenus, dorénavant, de verser au Trésor ; il laissait aux délégués le soin de faire la répartition entre les communautés et les familles (1290). Cette répartition engendra parfois des dissensions dans les communautés, car des membres, et souvent des plus riches, étaient quelquefois exemptés de tout impôt par le roi, ce qui aggravait la charge des autres.

D'après un recensement opéré à cette époque, la Castille comptait alors près de 850.000 Juifs, qui payaient au Trésor pour divers impôts 2.780.000 maravédis. Les Juifs formaient alors en Castille plus de quatre-vingts communautés importantes, dont la plus considérable était celle de Tolède ; avec quelques petites localités voisines, elle comptait soixante-douze mille membres. On trouvait encore des communautés juives importantes à Burgos (29.000 âmes), Carrion (24.000 âmes), Cuenca, Valladolid et Avila.

Si la situation des Juifs était assez bonne, à cette époque, en Castille, elle était très satisfaisante dans le jeune royaume de Portugal, sous le règne des rois Alphonse III (1248-1279) et Denis (1279-1325). Protégés contre les lois oppressives de l'Église, les Juifs n'étaient pas obligés, comme dans d'autres contrées, de payer la dîme au clergé catholique ou de porter la rouelle, ils pouvaient même s'élever aux plus hautes dignités. Le roi Denis avait un ministre juif, nommé Juda, qu'il avait placé comme grand-rabbin (arraby moor) à la tête du judaïsme portugais. À diverses reprises, l'Église avait essayé de soumettre également les Juifs du Portugal au droit canon, mais elle s'était heurtée contre les sentiments d'équité et de tolérance des souverains. À la fin, pour donner une apparence de satisfaction au clergé, le roi Denis consentit à laisser introduire dans son royaume la législation restrictive forgée par la papauté contre les Juifs, mais il négligea le plus souvent de la faire appliquer.

CHAPITRE X

PROGRÈS DE LA BIGOTERIE ET DE LA CABALE — (1270-1325)

Malgré les efforts énergiques de l'Église, et surtout des dominicains, pour faire appliquer le droit canon dans la Péninsule ibérique avec la même rigueur que dans les autres pays de l'Europe, les Juifs de cette contrée conservèrent, pendant quelque temps encore, leur supériorité sur leurs autres coreligionnaires et surent mériter l'estime et le respect des souverains et du peuple par les services qu'ils leur rendaient et par la culture de leur esprit. C'est qu'à cette époque l'activité intellectuelle continuait d'être intense parmi les Juifs d'Espagne, ils se passionnaient encore pour les études religieuses et combattaient avec ardeur pour les vérités du judaïsme. Ils avaient alors à leur tête un savant d'une rare vigueur d'esprit, qui fit de l'Espagne juive, pour deux siècles encore, le centre intellectuel du judaïsme tout entier. Ce rabbin était *Salomon ben Adret*, de Barcelone (1245-1310).

Esprit net et pénétrant, caractère ferme et droit, Ben Adret était d'une nature douce et bienveillante et d'une foi inébranlable. Le Talmud n'avait point de secret pour lui, il en connaissait tous les dédales et était familiarisé avec tous les commentaires des écoles française et espagnole. Grâce à son bon sens, il se tenait éloigné, dans son enseignement talmudique, des arguties et des subtilités, et il n'admettait pas à la lettre les singularités et les excentricités de certaines aggadot ; il essayait d'en donner des interprétations raisonnables. Élevé en Espagne, il possédait naturellement quelques connaissances profanes, il se montrait même partisan de la philosophie, mais seulement en tant qu'elle gardait une attitude modeste et restait l'humble servante de la religion. Par contre, il professait, à l'exemple de son maître Nahmani, un respect profond pour la Cabale, mais conseillait cependant de ne pas l'enseigner publiquement ; il voulait qu'elle restât une science secrète.

Tel était l'homme auquel échut la très lourde responsabilité de tenir haut et ferme, à une époque troublée, le drapeau du judaïsme et de défendre sa religion contre les attaques des philosophes et les exagérations des cabalistes. Pendant quarante ans, Ben Adret resta la plus haute autorité religieuse, non seulement pour les Juifs d'Espagne, mais aussi pour ceux de l'Europe et même d'Asie et d'Afrique. De tous les pays du monde, de la France et de l'Allemagne, de la Bohême et de l'Italie, et nième de la Palestine et du nord de l'Afrique, on lui adressait des consultations religieuses. Cette influence considérable que Ben Adret exerçait sur ses coreligionnaires, il ne la devait pas seulement à sa vaste érudition, car d'autres rabbins de son temps étaient aussi des talmudistes instruits, et en Espagne même vivait à son époque un savant remarquable, Ahron Hallévi (né vers 1233 et mort après 1300). Mais on se soumettait volontiers à sa direction et on suivait ses conseils, parce qu'on savait qu'il défendrait vaillamment le judaïsme contre toute atteinte, qu'elle vint du dedans ou du dehors.

Du temps de Ben Adret, on voyait déjà se former la sombre nuée qui devait éclater, deux siècles plus tard, en un orage épouvantable sur les Juifs de la Péninsule ibérique. On sait que, dans l'espoir de convertir plus facilement les Juifs, le général des dominicains, Raimond de Peñaforte, avait organisé des écoles où les moines prêcheurs s'appliquaient à l'étude de l'arabe et de l'hébreu et se préparaient ainsi à combattre les Juifs avec plus de succès. Le premier de ces polémistes fut Raimond Martini. Il publia contre le judaïsme deux livres pleins de fiel, dont le titre indique clairement le but : *Capistrum Judreorum* et *Pugio fidei (Muselière pour les Juifs, Poignard de la foi)*. Martini savait mieux l'hébreu que saint Jérôme, et il était très versé dans la littérature biblique et rabbinique. Il avait étudié les aggadot talmudiques et les écrits de Raschi, d'Ibn Ezra, de Maïmonide et de Kimhi, pour en déduire la preuve que non seulement la Bible, mais aussi les ouvrages rabbiniques présentaient Jésus comme Messie et Fils de Dieu.

Quoique le **Poignard** de Raimond Martini ne fût pas bien effilé, il pouvait cependant devenir très dangereux. Car les chrétiens qui lisaient cet ouvrage ne savaient pas que le sens des passages talmudiques qu'ils y trouvaient était dénaturé, ils étaient surtout impressionnés par la vaste érudition que l'auteur y étale. Ben Adret craignait même que des Juifs fussent trompés par les raisonnements fallacieux de ce livre, et comme il avait des entretiens fréquents avec des polémistes chrétiens, et même avec Raimond Martini, et qu'il avait appris ainsi à connaître les principaux arguments qui pouvaient être produits contre le judaïsme et en faveur du christianisme, il publia un opuscule où il réfute ces arguments. Dans cet écrit polémique, son ton reste calme et modéré, on n'y trouve ni amertume ni passion.

Bientôt une question plus grave s'imposa à l'attention de Ben adret. La lutte entre les maïmonistes et les antimaïmonistes, entre la science et la foi, reprit, de son temps, avec une nouvelle ardeur, et le procès se compliqua cette fois de l'intervention des cabalistes. De nouveau on se demanda si les écrits de Maïmonide contenaient des hérésies ou non, s'il était permis de les étudier ou s'il fallait les condamner au feu. La question était résolue en Espagne et dans le sud de la France, où même les rabbins orthodoxes vénéraient la mémoire de Maïmonide et utilisaient ses idées pour l'affermissement des croyances religieuses. Mais le débat se rouvrit en Allemagne et en Italie et s'étendit jusqu'en Palestine. Jusqu'alors les Juifs d'Allemagne, enfermés dans le cercle étroit de l'étude du Talmud, étaient restés étrangers aux connaissances profanes. Les discussions qui avaient agité les esprits à Montpellier, à Saragosse et à Tolède n'étaient pas arrivées jusqu'à eux, et ils ignoraient totalement qu'outre son code religieux Maïmonide exit publié des écrits philosophiques. Ils allaient être troublés, à leur tour, dans la sécurité de leur foi, et appelés à prendre part à la lutte des maïmonistes et des antimaïmonistes.

À ce moment, vivait à Saint-Jean d'Acre un cabaliste de France ou des provinces rhénanes, nommé *Salomon Petit*, qui paraissait s'être imposé la tâche de faire décréter un nouvel autodafé pour les oeuvres de Maïmonide. Entouré de nombreux disciples, qu'il initiait aux mystères de la Cabale et auxquels il faisait des contes étranges pour les exciter contre la philosophie, il se croyait assez fort pour pouvoir condamner les recherches spéculatives et excommunier ceux qui défendraient les droits de la pensée. Mais il rencontra une opposition inattendue.

Les communautés juives de l'Orient avaient alors à leur tête un homme très énergique, Yischaï ben Hiskiyya, qui portait le titre de *prince* et *exilarque*. Son autorité s'étendait sur tous les Juifs palestiniens placés sous la domination musulmane, mais quoique Saint-Jean d'Acre se trouvât au pouvoir des croisés, il prétendait quand même être obéi de la communauté de cette ville. Admirateur de Maïmonide et ami de son petit-fils David, qui était le chef des Juifs d'Égypte, il écrivit à Salomon Petit qu'il sévirait contre lui s'il ne cessait pas ses attaques contre Maïmonide. D'autres savants joignirent leurs protestations à celle de Yischaï. Pour être libre de toute entrave, Salomon Petit repartit pour l'Europe, où il parvint à associer à sa campagne contre Maïmonide un grand nombre de rabbins, surtout en Allemagne.

Fort de l'appui de ces rabbins, Salomon Petit retourna en Palestine. En traversant l'Italie, il essaya de recruter de nouveaux adhérents, mais sans grand succès. Les communautés italiennes, qui jusque-là avaient été aussi ignorantes que celles d'Allemagne, commençaient alors de sortir de leur somnolence et puisaient précisément leurs idées dans les œuvres de Maïmonide. Du reste, leur situation politique n'était pas mauvaise. Elles étaient plus tranquilles dans le voisinage du Saint-Siège que dans les pays de l'Europe centrale. C'est que l'Italie était alors divisée en petits États, qui étaient trop jaloux de leurs libertés pour supporter l'ingérence de l'Église dans leurs affaires intérieures. La ville de Ferrare avait accordé aux Juifs un Statut très libéral, qui contenait une disposition additionnelle en vertu de laquelle les chefs de la cité ne pouvaient abolir ce Statut, même sur la demande du pape. Charles d'Anjou, roi de Sicile, avait un médecin juif, Farag ibn Salomon, connu et très apprécié dans les milieux chrétiens sous le nom de Faragut. Il arrivait parfois aux papes eux-mêmes de transgresser les édits qu'ils avaient promulgués contre les Juifs. Ainsi, un des quatre papes qui s'étaient succédé dans un intervalle de treize ans (1279-1291) avait attaché à sa personne un médecin juif, Isaac ben Mardochée, qui portait aussi le nom de Maestro Gayo.

Le mouvement intellectuel qui se produisit alors parmi les Juifs d'Italie eut pour principal promoteur *Hillel de Vérone* (né vers 1220 et mort en 1295). Témoin des conséquences désastreuses qui résultèrent de la guerre injuste faite à Maïmonide, il conçut pour ce docteur une vénération profonde. Chose rare à cette époque parmi les Juifs, il savait écrire en latin, et même son style hébreu renfermait des constructions et des expressions empruntées au latin. Sa prose hébraïque était simple, claire, précise, sans cette phraséologie creuse et ampoulée qui était de mode en ce temps. Il exerçait la médecine, d'abord à Rome, ensuite à Capoue et à Ferrare, et, quand il fut devenu vieux, à Forli.

Hillel de Vérone étudia avec ardeur les œuvres philosophiques de Maïmonide, sans cependant cesser de rester fidèle au judaïsme orthodoxe. Il acceptait à la lettre les miracles rapportés par la Bible et le Talmud et se refusait à les considérer comme de simples allégories.

À cette époque, on trouvait encore deux autres philosophes juifs en Italie, plus profonds penseurs peut-être que Hillel. Avec de tels chefs, le judaïsme italien n'offrait pas de terrain favorable à un adversaire de Maïmonide, et Salomon Petit dut quitter l'Italie sans y avoir recruté de partisans.

De retour à Saint-Jean d'Acre, où il revenait avec une lettre de rabbins allemands condamnant les oeuvres philosophiques de Maïmonide, Salomon Petit essaya de ramener au combat ses anciens compagnons de lutte, que l'attitude énergique du rabbin de Damas, Yischaï, avait effrayés, et d'obtenir qu'on excommuniât tous ceux qui étudieraient le **Guide**. La petite secte des cabalistes palestiniens se croyait assez puissante pour étouffer dans le judaïsme l'esprit de libre examen. Ce furent eux, sans doute, qui remplacèrent à Tibériade l'épitaphe élogieuse du tombeau de Maïmonide par ces paroles outrageantes : *Ici repose Moïse Maïmonide, hérétique et excommunié.* Malgré leur fanatisme et leur audace, ils rencontrèrent à Saint-Jean d'Acre même de nombreux adversaires, qui protestèrent avec énergie contre leur conduite scandaleuse. Des paroles et des écrits on passa bientôt aux voies de fait. Le bruit de ces violentes discussions se répandit en Europe et y produisit la plus pénible impression.

À la tête des défenseurs de Maimonide se trouvait Hillel de Vérone. Pour mettre un terme aux luttes continuelles qui recommençaient sans cesse entre maïmonistes et antimaïmonistes, il émit l'idée, qu'il avait sans doute empruntée aux chrétiens, de soumettre les écrits de Maimonide à un synode. Il proposa donc à David Maimonide et aux communautés de l'Égypte et de la Babylonie (Irak) de convoquer en un concile les plus célèbres rabbins de l'Orient, qui examineraient la valeur des accusations lancées par Salomon Petit et ses acolytes contre le **Guide**. Pour lui, il était convaincu que ces accusations étaient de pures calomnies.

Il ne fut pas besoin d'un effort aussi considérable pour faire échouer les projets des obscurantistes de Saint-Jean d'Acre, car Salomon Petit et ses complices se trouvaient sans appui sérieux en Orient.

Dès que David Maïmonide eut été informé de leurs desseins, il se rendit immédiatement à Saint-Jean d'Acre, où une grande partie de la communauté se déclara en faveur de son grand-père. Après ce premier succès, il envoya des lettres dans tous les pays pour défendre la mémoire de son aïeul contre les fanatiques qui essayaient de la flétrir. Partout on l'encouragea dans ses démarches. L'exilarque de Mossoul, nommé David ben Daniel, qui faisait remonter son origine jusqu'à David et dont l'autorité s'étendait également sur les communautés de l'autre cité du Tigre, menaça Salomon Petit de la plus rigoureuse excommunication s'il ne s'abstenait pas dorénavant d'attaquer les œuvres de Maïmonide (Iyyar 1289). Onze rabbins signèrent avec lui cette lettre de menaces. L'exilarque de Damas, Yischaï ben Hiskiyya, qui, déjà une première fois, avait blâmé les agissements de Salomon Petit, se jeta aussi de nouveau dans la mêlée. D'accord avec les douze membres de son collège, il prononça l'excommunication (juin 1289) contre quiconque outragerait la mémoire de Maimonide ou déclarerait ses oeuvres hérétiques. Tous ceux qui possédaient des écrits hostiles à l'auteur du **Guide** étaient tenus de les remettre à David Maïmonide ou à ses fils, pour en empêcher la propagande. Il était enjoint à tout Juif de Saint-Jean d'Acre d'user de tout moyen de contrainte, fût-ce l'appel au bras séculier, pour faire exécute les ordres de l'exilarque et de son collège.

La communauté de Safed, déjà assez importante à cette époque se joignit également aux défenseurs de Maïmonide. Son rabbin Moïse ben Juda Cohen, accompagné de ses assesseurs, prononça à son tour, sur la tombe de Maïmonide, l'excommunication contre ceux qui persisteraient dans leur hostilité contre les oeuvres d l'illustre philosophe et ne se soumettraient pas aux décisions d l'exilarque. *Car*, dit-il, *provoquer la discorde dans les communautés, c'est nier la Tora, qui recommande la bonne entente c'est outrager Dieu lui-même, ce parfait symbole de la paix.* Le mouvement en faveur de Maimonide s'étendit à travers toute la Palestine. Communautés et rabbins proclamèrent publiquement leur vénération pour le célèbre docteur. La communauté de Bagdad, où résidait alors un homme d'État juif éminent, Saad Addaula se prononça également pour Maïmonide (1289). Ainsi, dans l'Orient du moins, les cabalistes de Saint-Jean d'Acre étaient définitive ment vaincus.

Mais il ne suffit pas à l'exilarque de Damas d'avoir triompher en Asie, il voulait qu'en Europe aussi la mémoire de Maïmonide fût partout réhabilitée. Pour y réussir, il envoya à Barcelone sans doute à Salomon ben Adret, qui était alors le rabbin le plus célèbre, le récit des diverses démonstrations faites en l'honneur de Maïmonide. Schem Tob Falaquéra, poète et philosophe fécond, mit cette circonstance à profit pour publier un commentaire sur le **Guide** et manifester publiquement son respect pour l'auteur d ce livre. Mais en Espagne, la gloire de Maïmonide n'avait plus d détracteur sérieux. Les orthodoxes eux-mêmes, tout en contestant la justesse de l'une ou de l'autre de ses opinions, témoignaient pour le philosophe une estime et une vénération profondes.

En Allemagne, où Salomon Petit avait trouvé de si fervents partisans dans sa lutte contre Maïmonide, les esprits étaient distrait de ce qui se passait en Orient par les tristes événements qui produisaient dans le pays. Les souffrances qui, sous le règne de Rodolphe de Habsbourg, accablèrent les Juifs allemands, étaient en effet, telles qu'un grand nombre d'entre eux s'étaient décidés à émigrer. Non pas que Rodolphe, qui, de simple chevaliers s'était élevé à la dignité impériale, menaçât leur existence, mais il convoitait leur argent, dont il avait besoin pour humilier l'orgueil des peigneurs et fonder la puissance des Habsbourg. Quoique les juifs lui eussent offert spontanément des sommes importantes quand le hasard eut placé sur sa tête la couronne impériale, il leur en extorquait encore à toute occasion. Toute faveur, toute grâce de sa part leur coûtait très cher. Toutes les fois qu'il leur accordait un droit quelconque, il leur imposait en même temps une restriction, pour avoir toujours prise sur eux.

C'est en s'inspirant de ce principe que Rodolphe commença par confirmer les anciens privilèges de la communauté juive de Ratisbonne ; il lui laissa ses tribunaux spéciaux pour les affaires civiles, et aucun de ses membres ne pouvait encourir une condamnation s'il n'avait contre lui au moins un témoin juif. Mais un peu plus tard, sur l'invitation de l'évêque, il défendit aux habitants juifs de Ratisbonne de sortir de leurs maisons pendant Pâques, pour empêcher qu'au *grand scandale des chrétiens* on les vit se promener dans les rues ; portes et fenêtres devaient rester closes chez les Juifs pendant cette fête. De même, après avoir remis en vigueur, dans les communautés d'Autriche, le **Statut juif** que Ferdinand le Belliqueux leur avait accordé pour les protéger contre le pillage et les violences, un an plus tard, dans un privilège qu'il donna aux bourgeois de Vienne, il proclama solennellement que les Juifs ne pouvaient occuper aucun emploi public. Il était cependant animé de dispositions bienveillantes pour les Juifs. Car, après qu'Innocent X eut déclaré les Juifs innocents du crime qu'on leur imputait de se servir de sang chrétien pour leur fête de Pâque, et que le pape Grégoire X (1271-78) eut défendu de leur imposer le baptême par contrainte ou de les léser dans leurs biens ou leurs personnes, Rodolphe promulgua ces deux bulles dans son Empire et ajouta *qu'il était ridicule de croire que les Juifs mangeaient pendant Pâque le cœur d'un enfant mort*. Du reste, il prescrivit à ses sujets d'obéir à toutes les bulles publiées par les papes en faveur des Juifs.

En dépit de ses sentiments relativement tolérants, Rodolphe laissait parfois se produire impunément des accusations de meurtre rituel et des violences contre les Juifs. Ainsi, vers Pâque, on trouva le corps d'un enfant chrétien près de Mayence ; immédiatement on accusa les Juifs de l'avoir assassiné. L'archevêque Werner, de Mayence, archichancelier de l'Empire, s'efforça en vain de calmer la foule en proposant d'ouvrir une enquête sérieuse et de faire comparaître les accusés devant un tribunal régulier. Surexcités jusqu'à la démence par la vue du cadavre, les chrétiens tombèrent sur les Juifs, le deuxième jour de Pâque (1283), en tuèrent dix et pillèrent de nombreuses maisons. Grâce à l'intervention énergique de l'archevêque Werner, les désordres ne prirent pas de trop grandes proportions. On raconte que lorsque tout fut rentré dans le calme, l'empereur Rodolphe aurait fait ouvrir une enquête et acquitté les meurtriers des Juifs. Les troubles de Mayence eurent leur contrecoup, le même jour, à Bacharach, où vingt-six Juifs furent égorgés.

Deux ans plus tard, ce fut à Munich que se produisit une accusation de sang. On répandit le bruit que les Juifs avaient acheté à une vieille femme un enfant chrétien pour le tuer. La populace se rua sur les malheureux Juifs pour les égorger. Ceux qui purent échapper à la fureur de la foule cherchèrent un refuge à la synagogue. Mais les bourreaux ne voulaient laisser échapper aucune de leurs victimes, ils entassèrent autour du temple des matières inflammables, y mirent le feu et brûlèrent cent quatre-vingts personnes.

Des massacres eurent également lieu, vers la même époque, à Boppard et à Oberwesel, près de Bacharach, où quarante Juifs furent tués (1286). On les avait accusés, dans ces localités, d'avoir tué, pour lui prendre son sang, un saint homme surnommé par le peuple *le bon Werner*, et dont le cadavre, à en croire quelques-uns de ses admirateurs, aurait été illuminé d'une auréole divine. Plus tard, l'empereur Rodolphe mit fin à la légende du « bon et pieux Werner a et prouva l'innocence des Juifs.

Devant ces accusations calomnieuses, qui se répétaient avec une fréquence désespérante, devant les dangers multiples qui menaçaient leur existence, les Juifs de plusieurs communautés d'Allemagne se décidèrent à émigrer. À Mayence, Worms, Spire, Oppenheim et dans d'autres villes de la Wettéravie, de nombreuses familles juives, abandonnant tous leurs biens fonciers prirent la résolution de traverser l'Océan. À leur tête se trouvait le plus illustre rabbin d'Allemagne, Meïr, de Rothenbourg sur la Tauber (né en 1220 et mort en 1293), qui se disposait à se rendre avec sa famille en Palestine (au printemps de l'année 1286). Le bruit s'était, en effet, répandu que le Messie était apparu dans ce pays, pour sauver Israël. Ces malheureux avaient peut-être appris que leurs frères vivaient heureux en Syrie, sous la domination d'un souverain mongol, qui témoignait même plus d'égards aux Juifs qu'aux musulmans et leur confiait des fonctions élevées.

Les Mongols ou Tartares possédaient alors en Perse un royaume puissant, qui s'étendait depuis le bas Euphrate et les frontières de la Syrie jusqu'à la mer Caspienne. Argun (1284-91), troisième roi de la dynastie régnante, manifestait une certaine aversion pour l'islamisme et estimait particulièrement les Juifs et les chrétiens. Il s'était attaché un médecin juif, nommé Saad Addaula, homme d'une grande intelligence, d'un caractère désintéressé et d'un savoir étendu. Il était, en outre, d'une belle stature, avait des manières aimables et possédait l'habileté et la souplesse d'un diplomate. Amateur de poésie et de science, il protégeait savants et poètes. Ayant été assez heureux pour guérir Argua d'une grave maladie, il gagna ses bonnes grâces et put ainsi avoir de fréquents entretiens avec lui. Il causa souvent avec lui des affaires de l'État, lui signala certains abus et lui indiqua quelques réformes à introduire dans l'administration. Enchanté des excellents conseils de Saad Addaula, Argun en fit son favori et l'éleva à la dignité de premier ministre.

Ce fut, sans doute, la nouvelle des hautes fonctions confiées, en Palestine, à un de leurs coreligionnaires, qui engagea les Juifs d'Allemagne à émigrer, sous la conduite de Meïr de Rothenbourg. Mais ce dernier, qui croyait pouvoir partir en secret, fut reconnu par un renégat juif et jeté en prison. Sur l'ordre de Rodolphe, on l'enferma dans la tour d'Ensisheim, en Alsace (4 Tamouz = 19 juin 1286). Dans la pensée de l'empereur, cette détention avait pour but d'effrayer les masses juives et d'arrêter parmi elles le courant d'émigration, qui tendait à devenir de plus en plus fort. Car le départ des Juifs aurait fait subir des pertes considérables au Trésor impérial.

Les habitants des villes que les Juifs avaient abandonnées considérèrent les biens et les immeubles des émigrés comme tombés en déshérence et s'en emparèrent. Mais Rodolphe les réclama comme un héritage qui devait lui revenir de droit, sous prétexte que leurs anciens propriétaires avaient été ses serfs.

Quoique Meïr fût traité avec douceur dans sa tour, où il pouvait recevoir des visites, instruire des élèves et remplir ses fonctions rabbiniques, les Juifs d'Allemagne étaient néanmoins très affligés de savoir leur chef religieux en prison. Ils proposèrent à Rodolphe de lui verser 20.000 marcs d'argent s'il consentait à châtier les meurtriers des Juifs d'Oberwesel et de Boppard, à remettre Meïr en liberté et enfin à les protéger à l'avenir contre les violences de la populace. Rodolphe accepta les conditions et l'argent. Mais Meïr resta en prison, soit que l'empereur ait refusé de le mettre en liberté, dans l'espoir d'obtenir des Juifs une nouvelle rançon pour leur rabbin, soit que Meïr lui-même n'ait pas voulu profiter de l'intervention de ses coreligionnaires, afin de ne pas encourager l'empereur à emprisonner d'autres rabbins pour qu'ils fussent ensuite rachetés par leurs communautés. Après cinq ans de détention, Meïr mourut, et son corps resta sans sépulture jusqu'au moment où un homme riche et sans enfants, Süsskind Alexandre Wimpfen, de Francfort, réussit à le racheter pour une somme élevée et à le faire enterrer à Worms.

En Angleterre aussi, les Juifs étaient très malheureux vers cette époque. On eût dit qu'avant de les envoyer définitivement en exil, on voulait leur faire vider goutte à goutte le calice jusqu'à la lie. Cependant, à l'avènement du roi Édouard Ier, ils pouvaient croire au moins leur existence en sécurité ; on leur extorquait, il est vrai, le plus d'argent possible, mais ils étaient protégés contre les violences de la foule. Un simple incident vint modifier leur situation et attirer sur eux la colère du clergé. Un moine dominicain, Robert de Reddingge, dont la parole éloquente émouvait alors tous les cœurs, avait suivi les conseils donnés autrefois par un général de l'ordre, Raimond de Peñaforte, et étudié la langue hébraïque. Cette étude produisit un effet tout contraire à celui qu'en espérait Raimond. Au lieu d'aider à convertir les Juifs, elle amena la conversion du moine Robert. Celui-ci, bravant les dangers que sa conversion pouvait lui susciter, manifesta le plus profond attachement pour sa nouvelle religion, épousa une Juive (1275) et défendit avec chaleur le judaïsme contre toutes les attaques. Le roi s'en remit à l'archevêque de Cantorbéry du soin de châtier Robert de Reddingge. Mais les dominicains, considérant que la conversion au judaïsme d'un de leurs collègues était une flétrissure pour l'ordre tout entier, et surexcités par les railleries du peuple et des franciscains, leurs rivaux implacables, résolurent de faire expier cette apostasie à tous les Juifs. Sans action sur le roi, ils réussirent à faire partager leur haine à la reine mère, Éléonore. Alors commença contre les Juifs, presque malgré la volonté du roi, une série de vexations et de persécutions qu'on croirait à peine possibles, si elles n'étaient pas attestées par des documents d'une authenticité absolue. Comme les Juifs étaient en quelque sorte la propriété du roi, ni le peuple, ni la noblesse n'avaient aucun pouvoir sur eux, et le Parlement les laissait tranquilles. Mais après la conversion du moine Robert, et à l'instigation des dominicains et de la reine, le Parlement promulgua contre eux un Statut, animé du plus malveillant esprit. Un écrivain anglais fait remarquer que, dans ce temps, les Juifs étaient aussi malheureux en Angleterre que leurs ancêtres l'avaient été en Égypte, avec cette différence qu'en Angleterre, au lieu de briques, on leur réclamait de l'or. Il aurait pu pousser la comparaison plus loin et dire qu'en Angleterre, comme en Égypte, on ne leur accordait rien et on exigeait beaucoup d'eux.

Néanmoins, la situation était encore tolérable, quand une circonstance imprévue vint l'empirer. On découvrit, un jour, que de la fausse monnaie, importée de l'étranger, circulait en Angleterre, et que la monnaie du pays même était souvent rognée. Immédiatement on accusa les Juifs de ce crime. Le même jour (vendredi 17 nov. 1278), tous les Juifs d'Angleterre, hommes, femmes et enfants, furent jetés en prison et des enquêtes furent ouvertes. Près de trois cents Juifs furent, en effet, convaincus d'avoir altéré la monnaie, mais bien des chrétiens nobles et bourgeois, s'étaient rendus coupables du même crime. Cependant, tous les chrétiens, à l'exception de trois, en furent quittes pour une amende, tandis que dix mille Juifs, dont la très grande majorité était innocente, furent englobés dans le châtiment mérité par un petit nombre de criminels. Plusieurs centaines de Juifs furent pendus, d'autres, condamnés à la prison perpétuelle, d'autres, enfin, expulsés du pays et privés de tous leurs biens. Pour leur extorquer de l'argent, des chrétiens sans conscience menaçaient les Juifs apeurés de les accuser de fabriquer de la fausse monnaie. Édouard Ier mit fin à cette exploitation en décrétant (mai 1279) que les dénonciations pour fabrication de fausse monnaie ne seraient plus recevables que jusqu'au mois de mai de l'année suivante.

Bientôt les fausses accusations se multiplièrent contre les Juifs. Une fois, c'était le meurtre d'un enfant chrétien à Northampton ; les prétendus coupables furent arrêtés à Londres, écartelés, et les cadavres furent suspendus à une potence (2 avril 1279). Une autre fois, on raconta que les Juifs avaient proféré des injures contre la croix, la religion catholique et la Vierge. Le roi prononça la peine de mort contre les blasphémateurs (1279), mais il eut soin d'ajouter que ce châtiment ne devait leur être appliqué que lorsqu'ils auraient été déclarés coupables sur le témoignage d'hommes sérieux et honnêtes. Alors, pour amener en quelque sorte les Juifs à blasphémer, les dominicains usèrent d'un stratagème. Avec l'autorisation du roi (1280), ils essayèrent de convertir les Juifs et, dans ce but, ils prêchèrent devant eux, espérant que l'un ou l'autre se laisserait aller à prononcer une parole offensante contre le christianisme.

Un des esprits les plus remarquables de ce temps, le philosophe Duns Scot, alors professeur à Oxford, et qui devait cependant beaucoup aux œuvres du philosophe juif Ibn Gabirol, proposa un singulier moyen pour amener sûrement la conversion des Juifs. Selon lui, il était du devoir du roi de ravir les enfants juifs à leurs parents, de les baptiser par force et de contraindre, en même temps, les parents à accepter le baptême. Malgré son équité et son bon sens, Édouard Ier céda peu à peu aux obsessions de sa mère et des dominicains et abandonna les Juifs à la haine des moines. Ceux-ci s'empressèrent alors de dresser un réquisitoire contre les Juifs d'Angleterre auprès du nouveau pape Honoré IV, les accusant d'engager les Juifs convertis à retourner au judaïsme, d'entretenir des relations amicales avec les chrétiens, de les inviter à venir au temple les jours de sabbat et de fête et de les laisser libres de s'agenouiller devant la Tora. Dans une lettre qu'il adressa à son légat et à l'archevêque de York (novembre 1286), le pape ordonna à ces dignitaires de l'Église de mettre tout en œuvre pour faire cesser cet état de choses.

Le 16 avril 1287, des ecclésiastiques se réunirent en synode à Exeter et décidèrent de remettre en vigueur toutes les mesures décrétées par les conciles contre les Juifs. Quinze jours après, sur l'ordre du roi Édouard, tous les Juifs d'Angleterre furent de nouveau jetés en prison, mais ils furent assez promptement remis en liberté contre une grosse somme d'argent. Enfin, trois ans plus tard, en 1290, le roi, de sa propre autorité et sans avoir consulté le Parlement, se décida, sur les sollicitations pressantes de sa mère, à condamner à l'exil tous les Juifs de son pays. On leur accorda l'autorisation, jusqu'au mois de novembre, de convertir tous leurs biens en argent liquide; passé ce délai, ceux qu'on trouverait encore sur terre anglaise seraient pendus. Auparavant, ils devaient rendre à leurs propriétaires tous les objets que leurs débiteurs chrétiens leur avaient donnés en gage.

À en juger par les souffrances qu'on leur faisait endurer, les Juifs d'Angleterre devaient vraiment considérer l'exil presque comme une délivrance. Le roi Édouard témoigna encore à ces malheureux assez de sollicitude pour défendre sévèrement à ses fonctionnaires de les maltraiter au moment de leur départ, et aux chefs des cinq ports principaux d'embarquement de leur extorquer de l'argent. Enfin, le 9 octobre, seize mille cinq cent onze Juifs quittèrent l'Angleterre, où leurs ancêtres étaient établis depuis plus de quatre siècles ; les biens-fonds qu'ils n'avaient pu vendre furent confisqués par le roi.

En dépit de la défense royale, les pauvres exilés étaient exposés à toute sorte de mauvais traitements. Ainsi, un capitaine de vaisseau qui s'était engagé à transporter plusieurs familles par la Tamise jusqu'à la haute mer, les fit débarquer sur un banc de sable à la marée basse, les y laissa jusqu'au moment du reflux, et quand ces malheureux, entourés par les vagues, le supplièrent de les sauver, il leur dit d'invoquer Moïse, qui avait autrefois protégé leurs ancêtres contre les flots de la mer Rouge. Toutes ces familles furent noyées. Ce forfait ne resta cependant pas impuni. Quand les autorités en furent informées, elles condamnèrent le capitaine à être pendu. Hais bien des crimes de ce genre ont sans doute été commis sans qu'ils aient été dévoilés et leurs auteurs punis !

Les Juifs de la Guyenne, alors province anglaise, furent compris dans la proscription générale. Ils se rendirent en France, où Philippe le Bel les autorisa d'abord à s'établir. Bientôt après, le roi Philippe changea d'avis et, d'accord avec le Parlement, il décréta que les Juifs exilés de l'Angleterre et de la Guyenne devraient avoir tous quitté la France à la mi-carême (1291).

À voir les maux qui, dans tous les pays, s'abattaient alors sur les Juifs, on dirait vraiment que l'infortune se plaisait à s'attacher à eux, pour les suivre comme leur ombre partout où ils allaient. Un instant, un rayon de bonheur avait lui pour eux en Orient, et voici de nouveau l'horizon qui s'assombrit. Saad-Addaula, le médecin du khan Argua, qui avait remis un peu d'espoir dans leurs cœurs endoloris, causa, malgré lui, bien du mat aux Juifs de son pays. Il sait qu'il avait appelé l'attention de son souverain sur les malversations de ses fonctionnaires. À la suite de ses conseils, il fut envoyé à Bagdad, en 1288, pour vérifier les comptes des divers fonctionnaires de cette ville.

Élevé, à son retour, à la dignité de ministre des finances (été de 1288), il reçut alors ce titre d'honneur de Saad-Addaula qui signifie **appui du royaume**. Comme le khan n'aimait pas les musulmans, Saad-Addaula confiait les emplois difficiles aux chrétiens et aux Juifs, et naturellement il favorisait particulièrement ses amis et ses parents. Peu à peu, il inspira une telle confiance à son maître que nulle affaire d'État un peu importante n'était traitée sans son concours. Ce fut sans doute sur son conseil qu'Argus noua des relations diplomatiques avec l'Europe, qui lui offrit son appui pour rejeter les musulmans hors de la partie antérieure de l'Asie et surtout de la Palestine. Le pape se flattait même que le khan embrasserait le christianisme.

Sous l'administration du ministre juif, qui tenait à honneur de mériter la confiance que lui témoignait son souverain, l'arbitraire et la violence firent place à la justice et à la probité. Comme les Mongols ne possédaient pas encore de code, Saad-Addaula introduisit en Perse la partie civile et pénale de la législation musulmane. Le ministre juif encourageait également la science et les lettres, il protégeait les poètes et les savants. Sa munificence et ses sentiments élevés étaient célébrés en prose et en vers.

Mais si Saad-Addaula était aimé des chrétiens et des Juifs, les musulmans, tenus éloignés de tous les emplois publics et irrités d'être sacrifiés à *ces chiens de mécréants*, lui avaient voué une haine implacable ; leurs prêtres et leurs savants complotèrent sa perte. Dans le but de surexciter la fanatisme musulman, ils répandirent le bruit que Saad-Addaula voulait créer une nouvelle religion, dont le khan Argun serait le législateur et le prophète, et qu'il préparait une expédition pour s'emparer de La Mecque, placer des idoles dans le lieu saint de la Caaba et contraindre les mahométans à redevenir païens. Une secte de brigands, **les assassins**, fondée tout spécialement pour tuer les ennemis réels ou supposés de l'islamisme, résolut de le mettre à mort avec toute sa famille. Le complot échoua.

Malheureusement, parmi les Mongols aussi, Saad-Addaula s'était attiré bien des haines. Il avait d'abord contre lui tous les fonctionnaires dont il avait divulgué les malversations et autres actes coupables. Les commandants militaires également le détestaient, parce que souvent il avait dei les rappeler à l'obéissance de la loi. Aussi, lorsque Argun tomba malade (novembre 1290), tous les mécontents se liguèrent contre le ministre juif, et quand ils virent que le khan était définitivement condamné, ils se hâtèrent de mettre à mort son ministre juif avec ses autres favoris (mars 1291) et envoyèrent des messagers dans les diverses provinces pour mettre aux fers tous les parents de Saad-Addaula, confisquer leurs biens et réduire leurs femmes et leurs enfants en esclavage. Les musulmans allèrent plus loin, ils se ruèrent indistinctement sur tous les Juifs, pour les massacrer. À Bagdad, les Juifs se défendirent avec énergie et tuèrent un grand nombre de leurs agresseurs.

Et pourtant, malgré les maux terribles dont ils étaient accompagnés, ce ne furent ni les persécutions, ai l'exil, ni même les massacres qui eurent, à cette époque, les plus fâcheuses conséquences pour les Juifs. Un autre malheur, plus grave, les atteignit, leur esprit se faussa, s'égara, se livrant aux élucubrations les plus absurdes et les plus ridicules. Pendant plus de deux siècles, les Juifs étaient restés en quelque sorte les prêtres du libre examen, entretenant avec soin le flambeau de la science, pour le transmettre allumé aux générations futures. La philosophie scolastique qui, aux veux de l'Europe chrétienne, annonçait le début d'un réveil intellectuel, devait, en partie, son origine aux oeuvres de Maimonide et d'Ibn Gabirol. Ce fut également aux intermédiaires juifs, traducteurs et commentateurs, que la philosophie religieuse des chrétiens devait toutes les idées qu'elle avait empruntées aux savants grecs et arabes. Mais la pensée juive, qui avait eu de si brillants représentants, allait être obscurcie pour quelque temps par l'avènement du mysticisme.

Jusqu'alors, la doctrine secrète avait gardé une allure modeste, et s'était tenue sur la réserve. Mais à cette époque, son influence avait déjà considérablement grandi, elle égarait les meilleurs esprits et embrouillait les idées. Elle cherchait à cacher sous des dehors bruyants et des prétentions exagérées le vide de ses conceptions et la fausseté de ses principes. De son premier foyer, qui était Girone, elle se répandit bientôt dans tout le nord de l'Espagne, et de là dans le sud ; elle pénétra jusqu'à Tolède, la capitale de la Castille.

Dans cette ville, où autrefois le sain esprit philosophique avait prédominé, la Cabale avait trouvé un adepte d'illustre naissance,. riche et très instruit. C'était Todros ben Joseph Hallévi (né en 1234 et mort après 1304), de la noble famille des Aboulafia, neveu de ce Meïr Aboulafia qui avait lutté avec tant d'opiniâtreté contre Maïmonide et les spéculations philosophiques. Todros Aboulafia, que ses coreligionnaires honoraient du titre de prince, occupait une situation élevée à la cour de Sanche IV, et son influence était grande, en sa qualité de médecin ou de financier, sur la prudente reine Marie de Molina. Quand le couple royal se rendit en France auprès du roi Philippe le Bel, pour aplanir les difficultés qui s'étaient élevées entre eux (1190), Todros Aboulafia fit partie de sa suite et reçut un accueil brillant de la part des Juifs de la Provence.

À l'exemple de son oncle, Todros combattit la philosophie et ses partisans, s'attaquant surtout à ces perpétuels raisonneurs qui ne voulaient croire qu'à ce qui leur semblait conforme à la logique. Malgré sa vénération pour Maimonide, il lui reprochait amèrement d'avoir rabaissé le culte des sacrifices en le considérant comme une concession faite aux idées païennes qui régnaient encore à cette époque en Israël. Il en voulait surtout à la philosophie de nier l'existence des mauvais génies et, par conséquent, l'existence des anges, et le caractère sacré de la Bible et du Talmud. Initié aux mystères de la Cabale, il considérait cette fausse science comme t'expression de la sagesse divine, qu'il était dangereux d'enseigner à des profanes. Sas fils Lévi et Joseph étaient également des adeptes de la Cabale.

Sur les trois cabalistes de ce temps qui propagèrent la doctrine mystérieuse et lui conquirent de nouveaux partisans, deux devinrent les amis de Todros et lui dédièrent leurs oeuvres. Ces trois cabalistes remarquables étaient : Isaac Allatif, Abraham Aboulafia et Moïse de Léon, tous trois d'Espagne. Par leur enseignement, ils altérèrent le spiritualisme juif, remplaçant un culte pur et élevé par des croyances superstitieuses et souvent outrageantes pour la divinité, répandant les erreurs les plus grossières et portant au judaïsme un coup dont les conséquences néfastes n'ont pas encore complètement disparu de nos jours.

Le plus sensé des trois était certainement Isaac ben Abraham Allatif, et le plus excentrique, Abraham Aboulafia. Esprit fantastique et faux, Abraham Aboulafia (né à Saragosse en 1240 et mort après 1291), qui essayait de créer un nouveau monde à l'aide de combinaisons cabalistiques, aimait passionnément les aventures. Sa vie, depuis qu'il avait atteint l'âge d'homme, n'avait été, du reste, qu'une suite d'entreprises plus hasardeuses les unes que les autres. Il résolut d'aller à la recherche du fameux Sabbation et des tribus disparues qui, d'après la légende, seraient établies près de ce fleuve. Mais avant d'entreprendre ce singulier voyage, il se dirigea vers la Palestine, se maria en route, en Grèce, puis abandonna sa jeune femme et se rendit à Saint-Jean-d'Acre. Devant les ruines que les Mongols avaient alors semées dans toute la Syrie et la Palestine, il dut renoncer à continuer son voyage en Asie.

De retour en Espagne, il avait déjà quarante-trois ans quand il se mit à étudier la Cabale, et particulièrement le mystérieux **Livre de la Création**. D'après son propre aveu, cette étude troubla ses idées, il était en proie à des hallucinations et il voyait devant lui les apparitions les plus étranges. À force de chercher la lumière, il rendit ses idées de plus en plus confuses. Après s'être convaincu que la philosophie, dont il avait fait une étude sérieuse, ne conduisait pas à la certitude et que la Cabale elle-même accordait une place importante à la science, Todros Aboulafia aspira à s'élever plus haut, jusqu'à une sorte de révélation qui lui enseignerait la vérité sans qu'il eût besoin de faire aucun effort pour l'acquérir. Il crut enfin avoir découvert ce qu'il cherchait. Il était convaincu que, grâce à l'inspiration divine, il était parvenu à connaître une Cabale supérieure, qui lui permettait d'entrer en communication plus directe avec l'Esprit de l'univers et d'avoir des visions prophétiques. Pour se mettre ainsi en rapport avec le monde des esprits, il suffit, d'après lui, de transposer les mots d'un verset ou les lettres des divers noms de Dieu, pour en former de nouveaux mots, ou encore de tenir compte de la valeur numérique des lettres

(Guématria). Mais ces combinaisons de mots et de lettres n'assurent le don prophétique qu'à celui qui s'en rend digne par une vie ascétique et reste éloigné des bruits du monde, enfermé dans une petite cellule, l'esprit libre de toute préoccupation matérielle, le corps enveloppé de vêtements blancs, couvert du *talit* et des phylactères, l'âme recueillie et comme prête à un entretien avec la divinité. En outre, les lettres qui composent les noms de Dieu doivent être prononcées avec des modulations et des pauses plus ou moins longues, ou transcrites dans un certain ordre ; il faut également s'agiter, se remuer, se tourner à droite, à gauche, jusqu'à ce que les sens soient comme endormis et que le cœur brûle d'un feu ardent. L'être tout entier est alors pris d'une espèce de torpeur, et on éprouve une sensation comme si l'âme se séparait du corps. C'est alors que l'esprit divin se répand dans l'âme humaine, s'unit à elle *dans un baiser*, et de cette union naît la faculté d'avoir des visions prophétiques. Aboulafia prétendait qu'il était précisément parvenu à cet état quand, par une inspiration prophétique, il eut connaissance de la Cabale particulière qu'il propageait, et à l'aide de laquelle lui seul pouvait comprendre les mystères de la Tora. Car, selon lui, c'est le fait d'un homme léger que de s'arrêter au sens superficiel des Écritures Saintes et d'observer machinalement les prescriptions religieuses. Les esprits réfléchis, au contraire, découvrent de profondes vérités dans la valeur numérique des lettres et les différentes combinaisons faites avec les lettres des noms de Dieu.

Telle était, pour Aboulafia, la Cabale supérieure, qu'il opposait à la Cabale vulgaire, superficielle, polythéiste, admettant une espèce d'assemblage de divinités. Malgré l'absurdité de ses théories, il réunit cependant des partisans autour de lui. Fier de ses premiers succès, il se rendit en Italie, où il espérait trouver encore de plus nombreux élèves. Il manifesta tout d'abord sa présence dans ce pays par la publication d'une prétendue prophétie (1279) ; il proclama aussi que Dieu lui avait parlé. Il conçut ensuite l'étrange projet de convertir le pape Martin IV au judaïsme (1281). Cette singularité lui coûta cher. Il fut incarcéré à Rome et gardé longtemps en prison ; il n'échappa au supplice du feu que parce que Dieu, comme il le disait lui-même, lui avait donné deux bouches. Il voulait dire par là qu'il avait su se justifier devant le pape; peut-être affirma-t-il même au pape que lui aussi enseignait le dogme de la Trinité.

Remis en liberté, il partit pour la Sicile. Là, il ne se contenta plus de son rôle de prophète, il déclara être le Messie et exposa dans un écrit que Dieu lui avait révélé ses secrets et annoncé la fin de l'exil d'Israël ainsi que le commencement de la délivrance messianique. Cette période bienheureuse s'ouvrirait en l'année 1290.

Grâce à sa vie d'ascète et à l'obscurité voulue de ses prophéties, peut-être aussi grâce à son audace, Aboulafia en imposa à bien des Siciliens, qui crurent à ses oracles et se disposèrent à partir pour la Palestine. Mais les hommes sensés furent moins crédules et demandèrent des renseignements à Salomon ben Adret sur le prétendu Messie. Dans la réponse qu'il adressa à la communauté de Palerme, Ben Adret traita Aboulafia de demi savant et d'homme dangereux et coupable. Irrité de l'opposition qu'il rencontrait, Aboulafia attaqua, à son tour, ses adversaires, auxquels il reprochait leur ignorance et leur aveuglement. *Les chrétiens croient à mes paroles*, dit-il, *tandis que les Juifs restent sourds à mes prophéties, et, au lieu de calculer la valeur numérique du nom de Dieu, ils aiment mieux supputer leurs richesses*. À côté d'autres ouvrages, il publia plus de vingt-deux écrits prophétiques qui, tout en étant l'œuvre d'un fou, furent quand même utilisés plus tard par les cabalistes.

Déjà de son vivant, les agissements d'Aboulafia eurent de très fâcheuses conséquences. À son exemple, deux visionnaires espagnols, l'un dans la petite ville d'Ayllon, en Ségovie, l'autre dans la communauté importante d'Avila, se firent passer pour prophètes et annoncèrent, dans leur jargon, la venue du Messie. Tous les deux firent des dupes. Mais les Juifs d'Avila et d'autres communautés, sceptiques à l'égard de cette annonce, demandèrent conseil, comme précédemment leurs coreligionnaires de Sicile, à Salomon ben Adret. Tout en ayant un faible pour la doctrine secrète, le rabbin de Barcelone ne croyait néanmoins qu'aux miracles rapportés par la Bible et le Talmud. Il déclara donc qu'il considérerait le prophète d'Avila comme un simple imposteur si des hommes dignes de foi ne portaient témoignage en sa faveur. Il ajouta que, malgré ces attestations, il n'admettrait jamais que cet homme fût un prophète, parce qu'il n'était pas placé dans les conditions de temps et de lieu qui seules, d'après le Talmud, donnent aux prophéties un caractère d'authenticité ; car, pour qu'un prophète soit vraiment inspiré de Dieu, il faut qu'il vive en Palestine et dans un temps où les hommes sont dignes de la bienveillance divine, ce qui n'était pas le cas pour le prétendu prophète d'Avila. Enfin, l'esprit de Dieu ne repose jamais sur un ignorant ; il n'est pas admissible qu'un homme se couche sot et ignorant le soir et se réveille prophète le lendemain matin.

Sans tenir compte de l'opposition du plus remarquable rabbin de l'Espagne, le prophète d'Avila continua sa propagande et annonça qu'au dernier jour du quatrième mois (1295) commencerait la délivrance. La foule, crédule et ignorante, se préparait à la venue du Messie par le jeûne et la distribution d'abondantes aumônes. Au jour fixé, elle s'habilla comme à la fête de l'Expiation, se rendit à la synagogue, et là elle essaya de percevoir le son des trompettes qui devaient annoncer la délivrance messianique. Attente inutile. Rien d'anormal ne se produisit. On raconte que, pour toute particularité, ces naïfs remarquèrent de petites croix attachées à leurs vêtements ; ce qui les aurait fort effrayés. Il est possible que les membres sensés de la communauté leur aient, en effet, joué ce tour, soit par pure plaisanterie, soit pour les avertir jusqu'où pourrait les conduire une trop grande crédulité. Quelques-uns d'entre eux auraient, en effet, adopté le christianisme ; d'autres, effrayés pie l'apparition inexpliquée de toutes ces petites croix, seraient devenus la proie d'une incurable hypocondrie. On ne sait ce que devinrent les prophètes d'Ayllon et d'Avila. D'ailleurs, toutes ces jongleries messianiques ne sont importantes que comme signes caractéristiques d'une époque troublée.

Un personnage qui eut sur le judaïsme une action autrement profonde et funeste que les deux cabalistes Aboulafia et allatif et les pseudo-Messies, ce fut Moise de Léon. Quoique ses agissements eussent été déjà démasqués par ses contemporains, il ne réussit pas moins à faire adopter comme une œuvre d'une valeur extrême un écrit cabalistique qui, aux yeux des initiés, jetait un brillant éclat sur la doctrine secrète. *Moïse ben Schem Tob* de Léon (né à Léon vers 1250 et mort à Arevalo en 1305), qu'il ait voulu tromper par ambition ou par conviction, est, en tout cas, un trompeur, et, par conséquent, bien inférieur, au point de vue de l'honnêteté, à Aboulafia, qui, du moins, était sincère dans sa folie. Demi savant, comprenant à peine le Talmud et ne possédant que des connaissances superficielles, Moise de Léon avait une seule qualité, mais importante, celle-là, il savait admirablement faire valoir le peu qu'il avait jamais appris. En outre, il avait l'imagination féconde et était très habile à établir des rapports entre les idées et entre les versets bibliques qui paraissaient les plus dissemblables.

De caractère aventureux, d'une prodigalité sans pareille et, par conséquent, obligé de se demander chaque jour comment il pourvoirait le lendemain à ses besoins et à ceux de sa femme et de sa fille, Moïse de Léon eut l'ingénieuse idée de mettre à profit la faveur dont jouissait alors la Cabale pour s'en créer une source permanente de revenus. Il publia d'abord des livres cabalistiques sous son propre nom, mais ils ne lui rapportèrent ni argent, ni gloire. Il se dit alors qu'en plaçant les enseignements de la Cabale dans la bouche d'une personnalité connue des temps passés, en s'affublant en quelque sorte du masque d'un ancien docteur, il aurait grande chance d'attirer sur son œuvre l'attention bienveillante de tous ceux, savants ou ignorants, qui essaient de pénétrer les mystères de la doctrine secrète. Pourquoi ne réussirait-il pas, lui aussi, là où avaient réussi les frères cabalistes Ezra et Azriel, qui étaient parvenus à faire accroire à leurs contemporains que leur livre *Bakir* datait de l'époque talmudique ? Il s'agissait seulement de trouver un personnage sous le nom duquel il pût faire paraître un ouvrage cabalistique, sans éveiller des doutes dans l'esprit des adeptes de la doctrine secrète. Le nom du tanna Simon ben Yohaï lui parut répondre parfaitement à cette condition. Ce docteur passe, en effet, pour avoir séjourné treize ans dans une caverne, où l'ange Metatron lui aurait fait des révélations. Mais il ne fallait pas qu'il écrivit en hébreu, autrement les cabalistes auraient reconnu trop facilement l'écho de leurs propres doctrines. Il était préférable qu'il s'exprimât en chaldéen, langue un peu obscure et étrange, et particulièrement appropriée à l'exposition de mystères. C'est ainsi que naquit le *Zohar*, **Splendeur**, ouvrage qui fut vénéré dans le judaïsme, pendant des siècles, comme une révélation divine, que des chrétiens mêmes respectaient comme un livre d'une très haute antiquité et qui, aujourd'hui encore, jouit auprès de quelques Juifs d'une très grande autorité. Rarement falsification a aussi bien réussi. Il est vrai que Moise de Léon a déployé une très grande habileté dans cette œuvre de supercherie, présentant Simon ben Yohaï entouré d'une auréole, au milieu de disciples d'élite, au nombre de six ou de douze, *qui brillaient comme de radieuses étoiles.*

Dans le Zohar, Simon ben Yohaï est nommé *la lumière sacrée* et présenté comme supérieur même au grand prophète Moïse, *le pasteur fidèle*. Ces éloges exagérés que le prétendu auteur est censé s'adresser à lui-même pouvaient déjà trahir l'imposture. Mais une autre objection, plus sérieuse, se présentait à l'esprit. On devait se demander par suite de quelles circonstances cette doctrine mystérieuse, restée si longtemps cachée, était divulguée de nombreux siècles après son éclosion. À cette question, le Zohar répond à plusieurs reprises que seule l'époque où il parut avait été jugée digne de connaître l'enseignement de limon ben Yohaï, parce qu'elle se distinguait par sa piété et sa vertu, et aussi parce que l'avènement du Messie était proche.

Il n'existe peut-être pas d'ouvrage qui ait exercé une action aussi profonde et soit en même temps aussi bizarre par la forme et le fond que le Zohar. C'est un livre qui n'a ni commencement ni fin, et dont il est difficile d'affirmer si, à l'origine, il contenait plus ou moins qu'il ne contient actuellement. Il est composé de trois parties principales, auxquelles sont venues s'ajouter, au hasard, des additions et des explications. Mais, est-ce un commentaire sur le Pentateuque ? un manuel de théosophie ? un recueil de sermons cabalistiques ? Impossible de se prononcer. Parfois on y rencontre une idée intéressante, un commencement de raisonnement sérieux, qui, tout à coup, se termine en divagation et en extravagance.

Le Zohar part de ce principe qu'il ne faut pas s'arrêter au sens superficiel des récits et des prescriptions de la Tora, mais qu'il est nécessaire d'en pénétrer la signification cachée. *Il n'est pas admissible,* fait-il dire à un disciple de Simon ben Yohaï, *que la divinité ait voulu simplement nous raconter des événements aussi peu intéressants que l'histoire d'Agar, d'Ésaü, de Laban, de Jacob ou de l'ânesse de Balaam. Un recueil de tels récits, si on les prend à la lettre, ne mérite pas le nom de Tora. En effet*, réplique Simon ben Yohaï (ou plutôt Moïse de Léon), *ce qui donne sa valeur à la Tora, c'est le sens mystique, le sens caché de son contenu. Les récits bibliques ressemblent à un bel habit que les sots admirent sans se préoccuper de ce qu'il couvre. Et cependant, sous cet habit existe un corps, qui, lui-même, renferme une âme. Malheur aux pécheurs qui ne voient dans la Tora que de simples récits, qui ne tiennent compte que du vêtement extérieur! Heureux les sages qui s'efforcent de soulever le voile! Confondre la vraie Tora avec les histoires qu'elle raconte, c'est confondre la cruche avec le vin qu'elle contient.*

Avec un tel système d'interprétation, Moïse de Léon pouvait se livrer à toutes les fantaisies d'une imagination déréglée. Il s'occupe spécialement de l'âme, de son origine, de sa fin, de ce qu'elle devient pendant le sommeil. Un autre sujet sur lequel le *Zohar* revient fréquemment et avec une sorte de prédilection, c'est la souillure morale, le péché. Aux confins du monde de la lumière existe, selon lui, le monde des ténèbres, qui entoure le premier comme l'écorce enveloppe le fruit. Dans le *Zohar*, le principe du mal avec ses dix gradations est désigné sous le nom d'**écorce**, *kelifa*. Tous les pécheurs mentionnés dans la Bible, le serpent, Caïn, Ésaü, Pharaon, et, plus tard, Rome et les persécuteurs chrétiens du moyen âge, sont des enfants de ce principe du mal, tandis qu'Israël ainsi que tous les justes appartiennent au monde de la lumière. *Quiconque se dirige à gauche (du côté du péché) et se souille, attire sur lui les esprits impurs, qui s'attachent à lui à jamais.* Ce sont là des idées empruntées au Zend-Avesta. Le Zohar représente l'association de l'âme avec la lumière ou les ténèbres sous la forme grossière de l'union des sexes. Du reste, il voit partout le double principe mâle et femelle, même dans le monde supérieur. L'unité de Dieu n'est pas parfaite, dit-il, tant qu'Israël vivra dans l'exil ; elle n'atteindra réellement sa perfection que lorsque la princesse (Matronita), la Cabale, se sera unie au roi.

Vu les espérances messianiques qui fermentaient alors dans une partie de la population juive, Moïse de Léon ne pouvait naturellement pas s'abstenir de parler également du Messie dans le Zohar. Nais là encore se révèle l'imposture. Au lieu de placer l'avènement du Messie au temps de Simon ben Yohaï, c'est-à-dire au IIe siècle, le *Zohar*, à la suite de combinaisons de lettres et de nombres, l'annonce pour le XIVe siècle. On voit que Moïse de Léon voulait faire naître chez ses contemporains l'illusion qu'ils auraient peut-être le bonheur d'assister encore à ce merveilleux événement.

Tout en manifestant un profond respect pour le judaïsme rabbinique et en attachant à la moindre pratique religieuse un sens mystique, le *Zohar*, avec des airs innocents, cherche à amoindrir l'autorité du Talmud. Selon lui, il importe bien plus d'étudier la Cabale que le Talmud, car la première donne de l'essor à la pensée et lui permet de pénétrer tous les mystères de la création, tandis que l'étude du Talmud enlève à l'intelligence toute perspicacité et toute profondeur. Étudier le Talmud, dit. encore le *Zohar*, c'est user péniblement ses forces contre une roche très dure, qui, après d'âpres labeurs et des coups nombreux (allusion au rocher que Moïse a frappé), laissera sortir quelques rares gouttes d'eau ; la Cabale, au contraire, est une source jaillissante, à laquelle il suffit de dire un mot pour obtenir en abondance une eau limpide et vivifiante. Enfin, pour le *Zohar*, le Talmud est un vil esclave et la Cabale une merveilleuse princesse.

Le *Zohar* produisit une profonde sensation parmi les cabalistes; chacun d'eux voulait en avoir une copie. Moise de Léon eut de la peine à satisfaire à toutes les demandes. Pour expliquer l'apparition subite de cette œuvre soi-disant rédigée par un ancien docteur, et dont, cependant, aucun écrit ne fait mention, on racontait que Nahmani l'avait découverte en Palestine et envoyée en Catalogne, d'où un vent violent l'avait portée dans le pays d'Aragon et fait tomber entre les mains de Moise de Léon. Tous les cabalistes d'Espagne parlaient avec vénération de ce livre merveilleux, et ceux même qui hésitaient à en attribuer la paternité à Simon ben Yohaï le considéraient comme un document de très grande vapeur pour la connaissance de la doctrine secrète. Quand, après les massacres qui eurent lieu lors de la prise de sa ville natale, Isaac vint de Saint-Jean-d'Acre en Espagne et y apprit tout ce qu'on racontait au sujet du *Zohar*, il fut étonné, lui qui était né en Palestine et y avait eu des relations avec les disciples de Nahmani, de n'en avoir jamais entendu parler. Il fit part de ses doutes à Moïse de Léon. Celui-ci lui affirma par serment qu'il possédait dans sa demeure, à Avila, un ancien exemplaire de cet ouvrage écrit de la main de Simon ben Yohaï, et qu'il le lui montrerait. Mais il mourut avant d'avoir pu réaliser sa promesse. Deux personnages respectables apprirent pourtant la vérité de la bouche de la femme et de la fille de Moise de Léon. Elles leur déclarèrent que Moïse de Léon lui-même était l'auteur du *Zohar* et en avait fait de nombreuses copies pour gagner de l'argent. Malgré cette déclaration, le *Zohar* conserva son prestige et son autorité.

*Bien des personnes s'enthousiasmeront pour le **Zohar**, quand il sera connu, et en nourriront leur esprit* fait dire Moïse de Léon à Simon ben Yohaï. Ces paroles se réalisèrent. Le *Zohar*, il est vrai, n'apportait aux cabalistes aucune vérité nouvelle, mais il présentait les idées déjà connues sous une forme saisissante et dans des termes propres à frapper l'imagination. Les dialogues entre Simon ben Yohaï et ses disciples ou **le pasteur fidèle** sont parfois d'une grande force dramatique et de nature à agir profondément sur les esprits. Par-ci, par-là, se trouvent de courtes prières, animées d'un souffle puissant, qui fait résonner les plus mystérieuses fibres de l'âme.

C'est ainsi que se répandit peu à peu, parmi les Juifs, un livre que la Cabale, inconnue un siècle auparavant, plaçait à côté et parfois au-dessus de la Bible et du Talmud. Le *Zohar* offrait cet avantage de s'adresser au sentiment et à l'imagination et de fournir ainsi une sorte de contrepoids à l'étude aride de la jurisprudence talmudique. Mais cet avantage était chèrement payé par le mal que ce livre causa au judaïsme en y introduisant de grossières superstitions. Il enseignait même certaines doctrines qui paraissaient favorables au dogme chrétien de la Trinité !

Malheureusement, à cette époque, les soi-disant philosophes n'avaient pas plus de valeur que les mystiques. On sait que Maïmonide avait essayé d'expliquer tout le judaïsme par la raison, assignant des motifs philosophiques ou historiques aux diverses prescriptions religieuses et interprétant la Bible d'après ses propres théories. Ce système, imité des alexandrins, qui voit des allégories dans les Écritures Saintes, l'Aggada et les cérémonies religieuses, fut poussa très loin au XIIIe siècle. Le récit de la création et l'histoire des patriarches n'étaient plus que de simple : lieux communs philosophiques ; certains esprits plus hardis allaient même jusqu'à émettre des idées dont la conséquence immédiate aurait été la destruction du judaïsme. À force d'expliquer le but et la raison d'être des lois religieuses, ils arrivaient, à l'exemple des allégoristes d'Alexandrie, à cette conclusion dangereuse qu'il suffisait de bien se pénétrer des motifs de ces lois et qu'on n'était pas obligé de les observer.

À la tête de ces allégoristes à outrance se trouvait Lévi ben Hayyim, de Villefranche, près de Perpignan, né en 1240 et mort eu 1305. Quoique versé dans le Talmud, Lévi ben Hayyim appréciait bien plus l'étude de la philosophie de Maimonide et de l'astrologie d'Ibn Ezra. Plus prétentieux que profond, il ne se rendait nullement compte du but poursuivi par l'auteur du **Guide**, il ne voyait dans tout le judaïsme qu'un ensemble de doctrines philosophiques. Ses interprétations naïves et enfantines avaient la vertu d'étonner ses contemporains par leur profondeur.

C'est à Perpignan, la capitale du Roussillon, province appartenant alors au roi d'Aragon, que se trouvait le foyer de cette fausse philosophie. Les Juifs de cette ville, tout en étant assez malheureux, parqués qu'ils étaient dans la partie la plus misérable de la ville, au quartier des lépreux, avaient néanmoins conservé le goût de l'étude et des recherches scientifiques, et prêtaient une oreille attentive aux idées que leur exposaient les commentateurs de Maimonide. Même le rabbin de la communauté était ami de la science et adversaire résolu de cette foi aveugle qui s'abrite derrière la lettre et est effrayée de tout raisonnement. C'était, en ce temps, Dun Vidal Menahem ben

Salomon Méïri (né en 1249 et mort en 1320), homme qui n'avait pas une valeur supérieure, mais qui ne manquait pas de mérite et possédait deux qualités qui, d'habitude, faisaient défaut aux Juifs de ce temps : le tact et la modération.

À Perpignan, Lévi ben Hayyim avait trouvé une large et cordiale hospitalité auprès de Don Samuel Sulami ou Sen Escalita, dont tous les contemporains louaient la piété, le savoir et la générosité. Là, il se mit à correspondre avec Ben Adret; ce fut aussi dans cette ville qu'il commença son œuvre d'interprétation de la Bible et de l'Aggada.

Tout en désapprouvant formellement les exagérations des allégoristes, Méïri ne croyait pas pouvoir s'en autoriser pour condamner la science elle-même. Mais à Montpellier, patrie de l'obscurantiste Salomon, cet adversaire acharné de Maïmonide, il existait alors quelques zélateurs qui, restés calmes devant les élucubrations des cabalistes, ne pouvaient s'empêcher de partir en guerre contre le clan peu important des allégoristes. Pour un peu, ils auraient de nouveau jeté la discorde parmi les Juifs. L'instigateur de cette lutte appartenait à cette catégorie de gens qui, pour les questions de la foi, croient pouvoir enfermer l'esprit humain dans des limites étroites et bien déterminées, imposer à autrui leurs propres croyances, déclarer hérétiques et rouer au fer et au feu ceux qui ne pensent pas comme eux. Il s'appelait *Abba Mari ben Moïse* ou encore *Don Astruc de Lunel* et était originaire de Montpellier, d'une famille estimée et très influente dans la capitale du Languedoc. Assez instruit et profondément respectueux envers la grande mémoire de Maimonide, il s'inspira des idées de ce philosophe pour se créer un judaïsme à sa façon, qu'il aurait voulu imposer à tous. Il éprouvait une violente aversion, non seulement pour les interprétations des allégoristes, mais, en général, pour toutes les oeuvres profanes, qui, pour lui, étaient la cause du mal, et il regrettait qu'on ne livrât pas au bras séculier tous ceux qui s'occupaient de science.

Trop peu influent pour s'attaquer lui-même efficacement à Lévi de Villefranche et à ses partisans, il porta plainte contre eux auprès de Ben Adret, les accusant de saper, par leurs agissements, les bases de la religion juive. Ben Adret lui répondit en déplorant *que les étrangers aient envahi les remparts de Sion*, et il l'engagea à s'entendre avec quelques amis pour faire cesser un enseignement aussi subversif. Pour lui, ajouta-t-il, il ne voulait absolument pas prendre part à ces querelles, afin de ne pas avoir l'air de s'immiscer dans les affaires des communautés étrangères.

Cependant, sur de nouvelles instances, Ben Adret sortit de sa réserve. Il blâma sévèrement Samuel Sulami d'offrir l'hospitalité à un hérétique et agit si bien sur son esprit qu'il le décida à faire partir Lévi de Villefranche de chez lui. Irrités de voir soulever une sorte de procès d'hérésie, et ne voulant pas s'en prendre à Ben Adret, qui était un homme honnête, bien des membres de la communauté de Perpignan manifestèrent leur mécontentement à l'égard d'Abba Mari, dont la sincérité leur paraissait plus suspecte. Comme il ne se sentait pas assez fort pour agir seul avec ses acolytes, Abba Mari s'efforça d'obtenir l'appui du rabbin de Barcelone. Il aurait voulu que Ben Adret se mît avec lui pour interdire à tous les Juifs d'étudier et même de lire des ouvrages profanes avant l'âge de trente ans. Dès qu'on apprit à Montpellier que des obscurantistes essayaient encore une fois de condamner toute recherche scientifique et toute étude profane, une partie importante de la communauté décida de mettre obstacle à la réalisation de leurs projets.

Il existait alors à Montpellier une personnalité très influente par sa famille, sa situation sociale, son savoir et sa fortune, et qui avait en quelque sorte sucé l'amour de la science avec le lait. C'était *Jacob ben Mikir Tibbon*, connu, dans les milieux chrétiens, sous le nom de *Don Profiat* ou *Profatius* (né en 1245 et mort après 1312). Parent des Tibbonides, il avait vu par l'exemple de sa famille qu'on pouvait être à la fois religieux et savant. Il était versé dans la Bible et le Talmud, pratiquait la médecine, mais manifestait une prédilection marquée pour les mathématiques et l'astronomie. Ses observations sur la déviation de l'axe terrestre ont servi de base aux recherches d'astronomes de grande valeur. Il occupait une place importante à la Faculté de médecine de Montpellier, et sa connaissance de l'arabe lui avait permis de traduire en hébreu de nombreux ouvrages scientifiques. Tel était l'Homme dont Abba Mari sollicitait l'appui pour faire renoncer la jeunesse juive aux études profanes !

Loin d'accepter le rôle qui lui était offert dans la bataille qu'on voulait livrer à la science, Profiat s'efforça, au contraire, de faire comprendre quelles seraient les conséquences désastreuses de cette lutte; il engagea Abba Mari à ne même pas donner lecture en public de la lettre par laquelle Ben Adret condamnait les études profanes. Abba Hari repoussa le sage avis de Profiat et invita les membres de la communauté à se réunir un jour de sabbat à la synagogue, pour délibérer sur cette question. Dans cette réunion, qui eut lieu au mois d'août 1304, des discussions très pives s'élevèrent entre les assistants, et l'on se sépara sans avoir pris aucune décision. Il se forma alors à Montpellier deux partis d'un côté, les amis de Profiat, de l'autre, les partisans d'Abba Hari.

De part et d'autre, on ne ménageait ni démarches ni efforts. Pour montrer à Ben Adret qu'il le soutenait efficacement dans cette lutte, Abba Hari aurait désiré recueillir à Montpellier au moins vingt-cinq adhésions. Mais Jacob Tibbon tenait à honneur de ne pas laisser triompher l'obscurantisme dans sa ville natale. Du reste, lui et les Tibbonides considéraient les attaques d'Abba Mari contre la science comme une atteinte portée à la mémoire de leurs aïeux, surtout à celle de Samuel ibn Tibbon, le propagateur et traducteur des ouvrages de Maimonide, et à calte de Jacob Anatoli, qui, un des premiers, avait vivement recommandé d'interpréter dans un sens allégorique, pour l'édification des fidèles, certains récits bibliques et certaines cérémonies. Aussi voyait-on à la tête des adversaires d'Abba Mari l'arrière-petit-fils de Samuel ibn Tibbon. Juda ben Moise. Pour conquérir des partisans en dehors de la communauté, les Tibbonides employèrent une manœuvre très habile : ils firent semblant de croire que les obscurantistes voulaient faire prononcer de nouveau l'excommunication contre Maimonide et ses oeuvres, et qu'Abba Mari suivait l'exemple de Salomon de Montpellier. Bien des personnes que la querelle entre amis et adversaires des études profanes aurait laissées indifférentes s'empressèrent alors de se prononcer en faveur de Maimonide.

Ainsi fortifié par de nouvelles recrues, le parti des Tibbonides écrivit à Ben Adret et à la communauté de Barcelone pour leur demander de cesser leur campagne contre la science. *Car*, disaient-ils prétendre, *comme le font les obscurantistes, qu'on, interdit les études profanes à la jeunesse seulement, mais qu'on ne les condamne pas d'une façon absolue, c'est jouer sur les mots. Quand on s'est, en effet, occupé exclusivement de Bible et de Talmud jusqu'à l'âge de trente ans, on ne peut plus s'adonner utilement aux recherches scientifiques.* Les Tibbonides ajoutaient qu'il était inique de les déclarer hérétiques, parce qu'outre la Tora ils étudiaient également des matières profanes, car ils ne le cédaient à personne en piété et en orthodoxie. Ils concluaient enfin en demandant instamment à Ben Adret de ne pas jeter la discorde parmi les Juifs par ses menaces d'excommunication.

Le ton hautain de cette épître irrita la communauté de Barcelone, les rapports entre les deux partis se tendirent encore plus et on échangea des notes de plus en plus vives. Des deux côtés on s'efforça de gagner de nouveaux partisans dans les diverses communautés. Argentière, Aix, Avignon et Lunel se rangèrent sous la bannière d'Abba Mari. À Perpignan, siège principal des études profanes si détestées des obscurantistes, un parent d'Abba Mari s'efforça surtout de gagner à la cause des adversaires de la science Kalonymos ben Todros, de Narbonne, qui jouissait d'une grande autorité parmi ses contemporains. Peu disposé d'abord à prêter son appui aux obscurantistes, il céda peu à peu aux instances d'Abba Mari et de Ben adret et se prononça, à son tour, contre la science. Mais les Tibbonides aussi recueillirent de nouvelles adhésions, assez nombreuses pour que Ben Adret hésitât à condamner définitivement les études profanes. Il déclara qu'il ne les mettrait en interdit que lorsque vingt communautés au moins se seraient prononcées contre elles.

Pendant que la lutte se poursuivait en Espagne et dans le sud de la France entre amis et adversaires de la science, avec des chances à peu près égales pour les deux partis, un personnage illustre arrivait en Espagne, chassé d'Allemagne par la persécution, qui fit pencher la balance en faveur des obscurantistes. Cet homme était Ascher ou

Ascheri. D'un rare désintéressement, de sentiments élevés, d'une piété profonde et d'une érudition talmudique vraiment remarquable, Ascher ressentait une haine de fanatique contre la science, et son arrivée en Espagne eut une action funeste sur la culture d'esprit des Juifs espagnols et provençaux.

Ascher ben Yekiel (né vers 1250 et mort en 1327) était originaire des provinces rhénanes et descendait d'une famille de savants qui ne voyaient rien au-dessus et en dehors du Talmud. Disciple du célèbre Meïr de Rothenbourg, il déployait dans son enseignement la pénétrante perspicacité de l'école des tossafistes, mais avec plus de méthode et de netteté, et à la mort de son maître, il était déjà un des rabbins les plus influents de l'Allemagne.

En ce temps, se produisirent contre les Juifs d'Allemagne des excès qui dépassèrent en violence ceux de la période des croisades. Des milliers de victimes périrent à cette époque ou subirent des maux plus douloureux que la mort. Grâce à la guerre civile qui sévissait alors en Allemagne, déchaînée par les deux aspirants à la pourpre impériale, Adolphe de Nassau et Albert d'Autriche, l'impunité était assurée aux persécuteurs des pauvres parias.

Pour donner un semblant de prétexte à ces cruautés, on accusa les Juifs de Rœttingen, petite ville de la Franconie, d'avoir souillé et broyé une hostie, d'où le sang se serait ensuite échappé. Un gentilhomme de la localité, nommé Rindfleisch, déclara qu'il était investi par le ciel de la mission de venger ce prétendu sacrilège et d'exterminer totalement la race juive. Aidé dans sa sanglante entreprise par une tourbe fanatisée, il commença par livrer aux flammes tous les Juifs de Rœttingen (avril 1298). De là, ces bandes de brigands, sous la direction de Rindfleisch, coururent de ville en ville, recrutant sur leur route de nouveaux complices et égorgeant tous les Juifs tombés entre leurs mains et qui refusaient d'accepter le baptême. La communauté de Wurzbourg fut massacrée tout entière (24 juillet). À Nuremberg, les Juifs, réfugiés dans le château fort de la ville, s'y défendirent vaillamment avec l'aide de quelques généreux chrétiens. Le fort pris, ils furent tous tués (1er août). Dans ce massacre périt, avec sa femme et ses cinq enfants, un savant talmudiste. Mordekhaï ben Hillel, parent et condisciple d'Ascheri et auteur d'un recueil talmudique très estimé. Bien des parents qui craignaient qu'en face de la mort leurs enfants n'eussent pas le courage de rester fidèles à leur Dieu, les jetèrent eux-mêmes dans les flammes et s'y; précipitèrent derrière eux. En Bavière, deux communautés seules, celles de Ratisbonne et d'Augsbourg, échappèrent au massacre.

De la Bavière et de la Franconie, les hordes sanguinaires de Rindfleisch se répandirent en Autriche. Dans l'espace de six mois, elles détruisirent plus de cent quarante-six communautés et tuèrent plus de cent mille Juifs. Toute l'Allemagne juive était dans des transes et s'attendait à être massacrée. Et de fait, leurs craintes se seraient peut-être réalisées si, par suite de la mort de l'empereur Adolphe et de l'avènement au trône d'Albert, la guerre civile n'avait pas alors cessé. Le nouvel empereur prit des mesures vigoureuses pour rétabli la paix dans le pays ; il sévit contre ceux qui avaient maltraité les Juifs et imposa des amendes aux villes qui avaient participé à ces excès. Dans sa pensée, les amendes devaient réparer en partie les pertes qu'avaient fait subir au fisc ceux qui avaient massacre ; les Juifs, serfs de la chambre impériale, et qui avaient pillé leurs biens. La plupart des Juifs qui, par contrainte, avaient accepté le baptême, retournèrent au judaïsme, probablement avec l'assentiment tacite de l'empereur et du clergé.

Quoique les excès eussent momentanément pris fin, Ascheri ne se sentait plus en sécurité en Allemagne. Peut-être aussi quitta-t-il ce pays pour échapper à un danger qui le menaçait de la part de l'empereur Albert. On raconte, en effet, que le souverain lui aurait réclamé l'argent promis par les Juifs pour la rançon de Meïr de Rothenbourg et pour laquelle lui, Ascheri, se serait porté caution. Il partit donc de l'Allemagne (dans l'été de 1303) avec sa femme et ses huit fils, errant de ville en ville et recevant le plus cordial accueil partout où il passait, et notamment à Montpellier, où la guerre entre partisans et adversaires de la science n'avait pas encore éclaté. Enfin, il arriva (en janvier 1305) à Tolède, la plus grande ville d'Espagne, s'y fixa définitivement et fut nommé rabbin de la communauté.

Ascheri ne dissimula pas à ses ouailles son aversion pour toute science profane. Il se montrait tout surpris de voir en Espagne et dans le sud de la France des hommes mêmes pieux s'adonner encore à d'autres études qu'à celle du Talmud, et il déclarait être reconnaissant envers Dieu d'avoir préservé son esprit de tendances aussi funestes. L'influence d'un tel homme, incapable de comprendre l'utilité des recherches scientifiques et ennemi de toute étude profane, ne pouvait qu'être nuisible à la science. Comparé à Ascheri, Ben Adret lui-même pouvait presque passer pour un ami des libres recherches.

Naturellement, Abba Mari s'empressa de solliciter l'appui d'Ascheri dans la lutte qu'il soutenait contre la science. Celui-ci le lui accorda. Il alla même plus loin qu'Abba Bari, il déclara que pour détruire le poison de l'hérésie qui s'était infiltré dans le judaïsme, il ne suffisait pas d'interdire seulement les études profanes à ceux qui n'avaient pas encore atteint l'âge de la maturité. Il émit l'avis de convoquer un synode pour décider qu'à tout âge les Juifs ne pourraient étudier que le Talmud, et qu'on ne leur permettrait de s'occuper de science que pendant ce court instant de la journée où il ne fait ni jour ni nuit.

Ce zèle exclusif et excessif pour l'étude du Talmud, manifesté par une personnalité active et marquante comme l'était Ascheri, impressionna profondément l'esprit un peu timoré des Juifs d'Es. pagne. Aussi Ben Adret, qui, jusque-là, avait hésité à se mettre à la tête du mouvement obscurantiste, se déclara-t-il prêt à mettre en interdit ceux qui s'adonneraient aux études profanes, si Abba Mari et Kalonymos de Narbonne consentaient à rédiger la formule d'excommunication. Un de ses disciples, Simson ben Meïr, enflammé par l'ardeur du maître, s'offrit pour trouver vingt communautés qui appuieraient Ben Adret de leur approbation. Il comptait naturellement sur Tolède, où prédominait l'influence d'Ascheri, et, en général, sur toute la Castille, qui recevait l'impulsion de la capitale.

On ne tarda pas à s'apercevoir combien ces excès de zèle répondaient peu au sentiment de la majorité. Ainsi, à Montpellier même, considéré cependant par les partisans d'Abba Mari comme leur forteresse, ils n'osèrent pas recueillir de signatures contre les études profanes, et Abba Mari, qui s'était constamment vanté d'être soutenu par presque tous les membres de cette communauté, dut avouer à Ben Adret qu'il craignait fort de ne pas obtenir leur concours dans cette circonstance. Mais les sentiments de Ben Adret s'étaient bien modifiés. Autant il avait été nécessaire auparavant de stimuler son zèle, autant il montrait maintenant de haine pour la science. L'influence d'Ascheri n'était certes pas étrangère à ce changement. C'est sur le conseil de ce rabbin qu'au jour de sabbat précédant l'anniversaire de la destruction de Jérusalem, Ben Adret, un rouleau de la Tora sur le bras, prononça solennellement l'anathème contre quiconque lirait avant l'âge de vingt-cinq ans un ouvrage scientifique, soit dans l'original, soit dans une traduction hébraïque (23 juillet 1305). Ceux qui interpréteraient la Bible dans un sens philosophique étaient voués à l'enfer dans l'autre monde et excommuniés ici-bas, et leurs ouvrages condamnés à être brûlés. Comme on ne faisait pas exception pour les ouvrages scientifiques écrits en hébreu, les travaux philosophiques de Maïmonide étaient également mis en interdit. On permettait cependant d'étudier la médecine, parce que le Talmud en autorisait la pratique.

Ainsi, dans le judaïsme aussi on commençait à faire le procès aux hérésies, et c'est Ben Adret qui présidait le premier tribunal inquisitorial. Les Juifs marchaient sur les traces des dominicains.

Au début, la sentence prononcée contre la science ne rit pas sentir son action en dehors des limites de Barcelone. Car au moyen âge, les communautés étaient organisées de telle sorte 41welles étaient absolument indépendantes les unes des autres et glue les décisions de l'une n'étaient pas valables pour les autres. Pour gagner de nouveaux adhérents à l'obscurantisme, Ben Adret communiqua la formule d'excommunication prononcée contre les études profanes aux communautés de l'Espagne, du Languedoc, du nord de la France et de l'Allemagne, et il leur demanda leur appui. Mais sa propagande rencontra de la résistance. Jacob Tibbon et ses partisans avaient eu, en effet, vent de ce qui se tramait à Barcelone, et pour annuler l'effet des menaces dirigées par Ben Adret contre ceux qui s'occuperaient d'études profanes, ils opposèrent anathème contre anathème. Ils publièrent à Montpellier une résolution contenant trois points principaux, et par laquelle ils excommuniaient quiconque, par scrupule religieux, dissuaderait ou empêcherait ses enfants, à quelque âge qu'ils fussent, de s'adonner à des études profanes, en n'importe quelle langue, ou profèrerait une injure ou une accusation d'hérésie contre Maïmonide, ou enfin outragerait un écrivain religieux à cause des tendances philosophiques de son esprit. Cette résolution en faveur de la science fut proclamée à la synagogue de Montpellier et adoptée par la majeure partie de la communauté.

Entraînés par l'ardeur de la lutte, Jacob Tibbon et ses amis firent une démarche analogue à celle que les obscurantistes avaient faite un siècle auparavant, et qui aurait pu avoir les mêmes conséquences funestes. Comme ils entretenaient des relations amicales avec le gouverneur de la ville, ils voulurent s'assurer son concours pour le cas où leurs adversaires tenteraient de contraindre les Juifs de Montpellier à se soumettre à la décision prise à Barcelone. Mais le gouverneur leur répliqua qu'à ses yeux le seul point qui importait, c'était que la jeunesse juive ne fût pas empêchée de lire et d'étudier d'autres ouvrages que le Talmud. Car, déclara-t-il avec franchise, il ne permettrait pas que par des menaces d'excommunication, on supprimât les voies et moyens qui pourraient faciliter la conversion des Juifs au catholicisme.

L'adhésion des juifs de Montpellier aux idées de Jacob Tibbon rendit Abba Mari et ses amis bien perplexes. Car la résolution adoptée par la majorité de la communauté en faveur de la liberté des études profanes devenait également obligatoire, d'après les lois rabbiniques, pour la minorité, c'est-à-dire pour les chefs du mouvement obscurantiste, qui étaient ainsi dans l'impossibilité d'adhérer à la formule d'excommunication de Ben Adret. Par une ironie du hasard, c'étaient justement les zélateurs et les instigateurs de la lutte qui avaient les mains liées et se voyaient forcés de marcher avec les amis de la science ! Ils essayèrent bien de protester contre l'anathème prononcé par les Tibbonides contre tous ceux qui se déclaraient adversaires des études profanes, ils allèrent jusqu'à demander à Ben Adret si la loi religieuse les obligeait réellement à se soumettre à la résolution des Tibbonides. Mais ils ne réussirent qu'à mettre le rabbin de Barcelone dans l'embarras et à rendre leur défaite plus manifeste. Sincèrement, ou par une manœuvre habile, leurs adversaires affirmaient que la défense faite à la jeunesse juive, sous peine d'excommunication, de lire des ouvrages scientifiques, s'appliquait également aux travaux de Maïmonide, et ils avaient ainsi l'air de combattre à la fois pour la mémoire du grand philosophe et l'honneur du judaïsme, en face d'hommes qui, par leur étroitesse d'esprit et leur obstination, menaçaient de rendre leur religion méprisable aux yeux des chrétiens éclairés. Aussi l'opinion publique semblait-elle donner de plus en plus raison aux amis de la science.

Pendant que ces dissentiments divisaient ainsi les Juifs en deux camps, l'Église était également déchirée par de violentes dissensions. Il y avait lutte, et lutte à mort, entre Philippe IV, roi ale France, et le pape Boniface VIII. Philippe IV accusait le pape d'être hérétique, simoniaque, cupide, parjure et débauché, tandis flue Boniface VIII déclarait tous les sujets du roi de France déliés de leur serment envers leur souverain et offrait son royaume à un autre prince. La guerre entre le pape et le roi avait naturellement une tout autre importance que les querelles entre les partisans d'Abba Mari et ceux de Tibbon, mais elle était également bien plus âpre et plus désastreuse.

Quelques amis d'Abba Mari l'engagèrent à ne pas réjouir plus longtemps les ennemis du judaïsme par le spectacle de ces déchirements et à se réconcilier avec ses adversaires. Mais la lutte était devenue trop vive pour pouvoir cesser si facilement. Chacun des deux partis tenait à faire triompher ses idées, les uns continuant à demander que toute latitude fut laissée à la jeunesse pour les études scientifiques et les autres persistant à ne permettre l'accès de ces études qu'à des hommes déjà mûrs. La lutte se poursuivait donc entre les deux partis, quand survint un événement qui frappa à la fois amis et ennemis.

Philippe le Bel, un de ces princes qui ont acclimaté en Europe le despotisme le plus dur et le plus dénué de scrupules, ordonna (21 janvier 1306) subitement et en secret à tous ses fonctionnaires, grands et petits, d'incarcérer le même jour tous les Juifs de France. L'ordre fut exécuté le lendemain de l'anniversaire de la destruction de Jérusalem. Les Juifs n'étaient pas encore remis des fatigues du jeûne qu'ils avaient observé en commémoration de ce triste événement quand, le matin, au moment où ils se rendaient à leurs affaires, ils furent arrêtés par les gens du roi et jetés tous en prison (22 juillet 1306). Alors seulement on les informa que leurs biens étaient confisqués, leurs créances annulées et qu'il leur était accordé un délai d'un mois pour se préparer à quitter le royaume. Après cette date, ceux qui ne seraient pas sortis de France s'exposeraient à être tués. Certes, ce n'était ni par intolérance, ni pour complaire à la foule que Philippe IV, qui, peu auparavant, avait défendu les Juifs contre le clergé, avait si subitement changé de sentiment à leur égard. Mais il avait besoin d'argent. Sa querelle avec le pape et ses guerres contre les Flandres en révolte avaient épuisé sa caisse, et sa rapacité était devenue telle qu'une chanson populaire disait que *même la poule dans la marmite n'était pas à l'abri des griffes du roi*. C'était donc pour remplir de nouveau le trésor royal qu'il pillait et expulsait les Juifs. Peut-être une autre circonstance encore l'avait-elle poussé à prendre cette décision.

Il était, en effet, en froid avec Albert, empereur d'Allemagne, qui, entre autres réclamations, lui avait demandé de lui reconnaître, en sa qualité de successeur des empereurs Vespasien, Titus et Charlemagne, le droit de souveraineté sur les Juifs rie France, en d'autres termes, de lui verser une partie des impôts payés par les Juifs. On raconte qu'après avoir consulté ses jurisconsultes sur cette question et appris d'eux que la réclamation de l'empereur était fondée, il aurait décidé de prendre aux Juifs ce qu'ils possédaient et de les envoyer ensuite, pauvres et dépouillés de tout, auprès d'Albert. Pour justifier aux yeux du public sa décision, aussi contraire à l'humanité qu'aux intérêts de l'État, Philippe le Bel prétendit que les Juifs s'étaient attiré ce châtiment par leurs crimes. Mais la rapacité qu'il manifesta dans cette circonstance prouva avec la plus grande évidence qu'il ne les avait chassés (lue pour pouvoir s'emparer de leurs richesses. On ne laissa à ces malheureux, aux pauvres comme aux plus riches, que les vêtements qui les couvraient et de quoi se nourrir pendant un seul jour. Ce fut par charretées qu'on transporta chez le roi l'or, l'argent et les pierres précieuses des Juifs ; le reste fut vendu à des prix dérisoires.

À la date fixée (sept. 1306), près de cent mille Juifs durent quitter la France. Et cependant leurs aïeux avaient déjà habité une partie de ce pays à l'époque de la république romaine, longtemps avant l'arrivée des Francs et le triomphe du christianisme. Un certain nombre d'entre eux, plutôt que de se séparer de leurs biens et des tombes de leur famille, acceptèrent le baptême. À Troyes, Paris, Sens, Chinon et Orléans, où avaient brillé Raschi et les tossafistes, à Béziers, Lunel et Montpellier, qui avaient été pour le judaïsme des centres de haute culture, on vendit aux enchères ou l'on offrit en cadeau ces synagogues et ces écoles où avaient enseigné tant de savants remarquables, où l'on avait discuté et lutté pour ou contre les études scientifiques. Une des synagogues de Paris fut donnée par Philippe le Bel à son cocher. En Angleterre ou en Allemagne, ces écoles et ces synagogues auraient été tout simplement détruites. L'expulsion et le pillage des Juifs rapportèrent certainement des sommes considérables à Philippe le Bel, car dans le seul bailliage d'Orléans on vendit pour 337.000 fr. de propriétés juives.

Des documents du temps montrent à quelle atroce misère étaient réduits les pauvres exilés. Un de ces malheureux, Estori Parhi, parent de Jacob Tibbon, et dont les parents étaient venus d'Espagne dans le sud de la France, raconte ainsi ses souffrances : *Ils m'ont chassé de l'école ; encore jeune, j'ai dû abandonner, pauvre et nu, ma maison paternelle et errer à travers des pays et des nations dont j'ignorais la langue.* Parhi ne trouva quelque tranquillité qu'en Palestine.

D'autres expulsés se rendirent également en Palestine ou émigrèrent dans les pays les plus lointains. Mais la plupart s'établirent dans le voisinage de la frontière française, en Provence, dont une partie était alors placée sous la souveraineté de l'Allemagne, et dans le Roussillon, qui appartenait au roi de Majorque. Il y eut même des Juifs qui restèrent en France, tout en refusant d'adopter le christianisme. Ceux-là furent tués.

Malgré la catastrophe qui venait d'atteindre les Juifs de France, la lutte née à Montpellier entre amis et adversaires des études profanes reprit sur un autre théâtre. Plusieurs des partisans de Tibbon s'étaient établis à Perpignan, ville qui appartenait au roi de Majorque. Non pas que ce prince, qui avait fait brûler des exemplaires du Talmud, fut favorable aux Juifs, mais il appréciait leur activité industrieuse, et il espérait qu'ils seraient utiles à son État. Abba Mari, suivi d'autres membres de la communauté de Montpellier, avait d'abord fixé sa résidence à Arles. Mais ne pouvant y rester, il se rendit également à Perpignan (janvier 1307). Comme le parti opposé jouissait d'une certaine influence auprès du roi ou peut-être du gouverneur de Perpignan, il essaya de faire interdire à Abba Mari le séjour de cette ville. De là, nouveau conflit et nouvelle intervention de Salomon ben Adret et surtout d'Ascheri, qui déclara se repentir de n'avoir interdit les études profanes que jusqu'à l'âge de vingt-cinq ans. À son avis, ces études devraient être totalement prohibées, parce qu'elles mènent à l'incrédulité, et leurs défenseurs, persistant dans leur erreur en dépit du malheur qui venait de les atteindre, mériteraient plus que jamais une excommunication rigoureuse.

Après la mort de Ben Adret (1310), l'opinion d'Ascheri au sujet de la prétendue action néfaste exercée par la science sur le judaïsme prévalut de plus en plus, parce qu'il était alors le seul rabbin dont la compétence dans les questions religieuses fait reconnue sans conteste en Espagne et dans les pays voisins. Grâce à son influence et à celle de ses fils et de ses disciples venus avec lui d'Allemagne, on vit s'implanter à Tolède et dans les autres communautés d'Espagne, jusque-là si gaies et si vivantes, cette piété étroite et intolérante, quoique sincère, cette humeur sombre et morose, ennemie de toute joie, et cette humilité triste qui caractérisaient au moyen âge les Juifs des provinces rhénanes. Plus d'essor, plus d'envolée dans la pensée; toute l'activité intellectuelle était absorbée par l'interprétation du Talmud. Du reste, l'œuvre principale d'Ascheri est un recueil talmudique, qu'il composa (1307-1314) pour la pratique, et où il cherche toujours à faire prévaloir l'opinion la plus sévère. Voulait-on faire paraître un travail scientifique, il ne pouvait passer que sous le couvert d'une orthodoxie outrée. Ainsi, quand le savant Isaac ben

Joseph Israeli II, de Tolède, publia son livre d'astronomie (*Yessod Olam*), il dut lui donner un cachet strictement talmudique et le faire précéder d'une profession de foi ; autrement, il n'aurait pas trouvé grâce devant la rigueur d'Ascheri.

C'est pendant qu'Ascheri était investi de la dignité de rabbin à Tolède que quelques Juifs conquirent de nouveau une certaine influence à la cour royale. Ainsi le roi Ferdinand IV (1295-1312) avait un trésorier juif du nom de Samuel, qu'il consultait souvent pour les questions politiques. La reine mère Marie de Molina haïssait Samuel avec passion, elle l'accusait d'avoir excité contre elle l'hostilité du roi. Un jour que Samuel se trouvait à Bajadoz et se préparait à accompagner le roi à Séville, il fut attaqué à l'improviste et blessé si grièvement qu'on le crut mort. On ne sut pas lui avait armé la main du meurtrier. Grâce aux soins que lui fit prodiguer le roi, il se remit de ses blessures. La reine mère aussi, après la mort de son fils, confia la direction des finances de l'État à un Juif, nommé Don Moïse (1312-1329).

Pendant sa régence, l'infant Don Juan-Emmanuel, petit-neveu du jeune roi Alphonse XI (1319-1325), qui aimait la science et était lui-même écrivain et poète, témoigna également de la considération pour les Juifs lettrés. Il tenait en très haute estime Juda ben Isaac ibn Wakar, de Cordoue, auquel il confia probablement la surveillance de son trésor. Ce fut sur les instances d'Ibn Wakar que Don Juan-Emmanuel accorda de nouveau aux rabbins le droit de juger les affaires criminelles, droit qui leur avait été enlevé ci partie par la reine mère Marie de Molina.

Admirateur d'Ascheri, et, comme lui, d'une piété exagérée, Ibn Wakar appliquait avec une rigueur implacable les châtiments prononcés par le rabbin de Tolède pour toute transgression religieuse. Un jour, dans un mouvement de colère, un Juif de Cordoue ayant blasphémé Dieu en langue arabe, Ibn Wakar, sur le conseil d'Ascheri, condamna le coupable à avoir la langue coupée. Une autre fois, Ibn Wakar, avec l'assentiment d'Ascheri, fit couper le nez, pour la défigurer, à une femme juive qui avait eu des relations avec un chrétien.

Mais si, dans le sud de l'Espagne et en Castille, les Juifs viraient encore dans une sécurité relative, leurs coreligionnaires du nord de l'Espagne et du midi de la France étaient sans cesse exposés aux violences de hordes fanatiques que l'Église avait déchaînées, et dont elle était maintenant impuissante à réprimer les excès. Car il y avait de nouveau des Juifs en France. Neuf ans après leur expulsion de ce pays, ils y avaient été rappelés en 1315 par Louis X, sur les instances de la noblesse et du peuple, qui commençaient à apprécier les services que leur rendaient les Juifs quand ils en étaient privés. Les Juifs n'avaient cependant accepté de rentrer en France que sous condition. Ils exigeaient qu'il leur fût permis de s'établir dans les localités où ils avaient demeuré avant leur bannissement; qu'on leur rendît leurs synagogues, leurs cimetières et leurs livres, ou qu'on leur concédât des terrains pour y élever de nouveaux temples; qu'on les garantit contre tout châtiment pour les délits passés, qu'on les autorisait à se faire payer leurs anciennes créances, dont les deux tiers reviendraient au roi, et, enfin, qu'on confirmât leurs anciens privilèges ou qu'on leur en accordât de nouveaux. Le roi Louis accueillit leurs demandes, mais, pour ne pas mécontenter le clergé, il les obligea à se rendre reconnaissables par un signe distinctif.

Deux hauts dignitaires furent chargés de prendre les mesures nécessaires pour la rentrée des Juifs en France. Pour le moment, ou ne leur concédait qu'un permis de séjour de douze ans, avec la promesse que si le roi se décidait à les expulser après ce laps de temps, il les en avertirait une année d'avance. Tous ces arrangements terminés, le monarque fit connaître sa résolution par un décret dans lequel il déclarait que son père, égaré par de funestes conseils, avait banni les Juifs, mais que, convaincu des sentiments de tolérance du clergé, et à l'exemple de son aïeul saint Louis, qui avait d'abord expulsé les Juifs pour les rappeler ensuite, il avait obéi aux vœux unanimes de son peuple en autorisant les Juifs à rentrer en France. C'est ainsi que les Juifs français purent rentrer dans leur patrie.

Quand, un an plus tard, après la mort de Louis X, son frère Philippe V dit le Long lui eut succédé, il confirma et même étendit les privilèges des Juifs, les protégeant tout spécialement contre les attaques du clergé et décrétant que les fonctionnaires royaux seuls auraient le droit de confisquer leurs biens et leurs livres. En dépit de cette ordonnance, des ecclésiastiques firent brûler à Toulouse deux charretées d'exemplaires du Talmud. Mais qu'étaient ces autodafés en comparaison des malheurs qui allaient assaillir les Juifs de France !

Philippe V avait, en effet, conçu le projet d'organiser une nouvelle croisade, et quoique cette entreprise fût blâmée par tous les gens clairvoyants et même par le pape Jean XXII, le deuxième des pontifes qui résidèrent à Avignon, elle surexcita le fanatisme de la foule. Un jeune berger, à l'imagination mystique, raconta partout qu'une colombe s'était placée tantôt sur sa tête, tantôt sur son épaule, et que, quand il voulut s'en emparer, elle avait pris la forme d'une belle jeune fille et lui avait ordonné de réunir une troupe de croisés, l'assurant qu'ils triompheraient des infidèles. Encouragés par une aventure aussi merveilleuse et enflammés par les excitations d'un prêtre dépravé et d'un bénédictin, une troupe de quarante mille pastoureaux se forma dans le nord de la France (1320) et courut de ville en ville, bannières déployées, et proclamant partout qu'elle traverserait la mer pour délivrer le Saint-Sépulcre.

À l'instar de leurs prédécesseurs, ces nouveaux croisés débutèrent dans leur pieuse entreprise par le massacre des Juifs. Se laissèrent-ils entraîner par l'appât du pillage ou obéirent-ils, comme on le raconte, au désir de se venger d'un Juif qui se serait moqué de leurs rodomontades ? Nul ne le sait. Ce qui est certain, c'est que les violences des Pastoureaux ajoutent une page sanglante de plus à l'histoire juive. Réunis près d'Agen, sur les rives de la Garonne, ils égorgèrent tous les Juifs qu'ils rencontrèrent sur leur passage jusqu'à Toulouse, n'épargnant que ceux qui acceptaient le baptême. Près de cinq cents Juifs s'étaient réfugiés dans la forteresse de Verdun (près de la Garonne) et repoussaient avec vigueur les assauts répétés des Pastoureaux. Quand ils virent que tout espoir était perdu, ils furent unanimes pour confier au plus digne et plus âgé d'entre eux la lugubre mission de les tuer l'un après l'autre. Celui-ci choisit comme aide, pour cette funèbre besogne, un jeune homme vigoureux et résolu. Lorsque tous furent égorgés et que le vieillard lui-même eut péri, son jeune compagnon eut peur de mourir, et au lieu de se tuer, il sollicita sa grâce, offrant aux Pastoureaux de se faire chrétien. Sa demande fut rejetée, et il fut tué à son tour. Les enfants que leurs parents n'avaient pas osé livrer à la mort furent tous baptisés.

Pris de compassion pour les malheureux Juifs, le gouverneur de Toulouse ordonna à ses chevaliers de s'opposer par la force aux excès des Pastoureaux et d'arrêter les coupables. De fait. bien des Pastoureaux furent amenés à Toulouse et jetés en prison. Mais la foule ameutée les délivra et se rua ensuite sur les Juifs, qu'elle massacra.

Ces sanglantes tueries s'étendirent à travers toute la région, jusqu'à Bordeaux, Albi et d'autres villes du sud de la France. Plus de cent vingt communautés juives furent ainsi détruites eu France par les Pastoureaux ; les autres, pillées et rançonnées, étaient réduites à une extrême misère et avaient besoin des secours du dehors, qui, du reste, affluèrent même de l'Allemagne.

L'année suivante amena pour les Juifs de France de nouveaux malheurs, occasionnés par des lépreux. On sait quel était le sort des lépreux au moyen âge. Isolés, déclarés civilement morts, ils étaient enfermés et nourris dans des quartiers spéciaux. Des lépreux de la province de la Guyenne, mécontents de la nourriture qu'on leur donnait, jetèrent du poison dans des puits et des rivières (1321) et causèrent ainsi la mort d'un grand nombre de personnes. Soumis à la torture, l'un des coupables, à l'instigation d'autres personnes, ou peut-être de sa propre initiative, déclara que c'étaient les Juifs qui leur avaient inspiré leur crime.

Malgré son caractère d'invraisemblance, cette accusation fut acceptée comme vraie, même par le roi Philippe V. Pour la justifier, on disait tantôt que les Juifs avaient voulu se venger ainsi des persécutions des Pastoureaux, tantôt qu'ils avaient été achetés par les Maures de Grenade pour exterminer les chrétiens, ou bien par le souverain musulman de la Palestine pour rendre impossible la croisade projetée par le roi Philippe. Sur bien des points du territoire, des Juifs furent arrêtés pour ce prétendu crime, torturés et brûlés (juillet 1321). À Chinon, on creusa une fosse où l'on alluma un grand feu et on y jeta de nombreux Juifs, tant hommes que femmes. Auparavant, les mères y avaient précipité leurs enfants pour les soustraire au baptême. On estime qu'à la suite de cette accusation d'empoisonnement, près de cinq mille Juifs périrent dans les flammes.

Plus tard, le roi Philippe put se convaincre que les Juifs avaient été accusés faussement. Mais le fisc aurait trop perdu à la révision du procès. Car le parlement avait condamné les communautés juives à une amende de 150.000 livres parisis, dont 47.000 livres, d'après la répartition proposée par des délégués juifs du nord de la France et du Languedoc, devaient être versées par les communautés du Midi, déjà appauvries par les persécutions de l'année précédente, et le reste tombait à la charge des communautés du Nord. Pour assurer le payement de cette somme, on incarcéra les plus riches d'entre les Juifs, et leurs biens ainsi que leurs créances furent mis sous séquestre.

Ce fut dans cette mime année de 1321 que la plus ancienne communauté de l'Europe, préservée jusqu'alors des maux qui avaient atteint en si grand nombre les Juifs de France, d'Angleterre et même d'Espagne, fut exposée subitement à un danger des plus graves. Comme la ville de Rome appartenait moins au pape qu'aux Colonna et aux Orsini, qui y régnaient en maîtres et s'y livraient sans cesse à des luttes de parti, les Juifs romains n'avaient pas eu à souffrir des vexations de l'Église. Pour leur bonheur, ils passaient presque inaperçus. Ils commençaient, à cette époque, à jouir d'un certain bien-être et leur culture intellectuelle était plus sérieuse. On trouvait parmi eux des gens très riches, possédant de magnifiques palais; il y avait aussi des lettrés, aimant la science et la poésie. La semence jetée sur le sol italien par les Ibn Ezra, les Hillel de Vérone, les Zerahya ben Schaltiel et d'autres, commençait à germer, et, par une coïncidence singulière, la civilisation juive était en pleine floraison en Italie, et surtout à Rome, à l'époque même où elle était menacée dans le sud de la France par les tendances étroites et exclusives de l'école talmudique et aussi par de sanglantes persécutions.

On sait, du reste, qu'au commencement du XIVe siècle, à l'époque du Dante, se produisit en Italie comme un réveil de l'esprit humain, qui était resté engourdi pendant tout le moyen âge sous la lourde pression de l'Église et de la chevalerie. Cette renaissance des arts et de la science agit également sur les Juifs, qui prirent part au mouvement. Ils trouvèrent à ce moment un protecteur bienveillant dans la personne d'un des plus puissants princes italiens, Robert d'Anjou, qui était roi de Naples, comte de Provence, vicaire général des États du pape et aussi, d'après son titre, vicaire de l'Empire. Il eut pour maître d'hébreu le Juif Leone Romano, qui comprenait la langue des savants chrétiens et fut probablement le premier, parmi ses coreligionnaires, à étudier la philosophie scolastique des dominicains. Romano traduisit pour les lecteurs juifs quelques écrits philosophiques d'Albert le Grand et de saint Thomas d'Aquin.

Sur l'invitation de Robert d'Anjou, un polygraphe à l'imagination féconde, Schemaria Ikriti (de l'île de Crète), écrivit un commentaire sur la Bible ; il le dédia au prince en ces termes : *Je dédie cette explication de l'histoire de la création et du Cantique des Cantiques à notre très puissant souverain Robert, orné, comme Salomon, de la couronne de la sagesse et de la royauté.*

Pendant son séjour dans le sud de la France, le roi Robert fit la connaissance d'un satirique juif instruit et de séduisantes manières, nommé Kalonymos, qu'il prit à son service. Il est, du reste, à remarquer que, par esprit d'imitation ou peut-être par amour pour la science, bien des Juifs riches appelaient auprès d'eux, comme les princes italiens, de savants coreligionnaires, auxquels ils assuraient l'existence matérielle et dont ils stimulaient l'activité scientifique et littéraire.

Outre Kalonymos, le protégé de Robert d'Anjou, qui, quoique Provençal, résida pendant longtemps à Rome, un autre satirique juif vivait encore, à cette époque, en Italie. C'était Immanuel ben Salomon

Romi, ami du Dante. Tous les deux possédèrent l'art de transmettre à la postérité, sous les dehors d'un léger badinage, une peinture exacte de leur époque.

Fait remarquable chez un Provençal, *Kalonymos ben Kalonymos* (né en 1284 et mort avant 1337) était familiarisé avec la langue et la littérature arabes et traduisit déjà dans sa jeunesse (1307-1313), de l'arabe en hébreu, des livres de médecine, d'astronomie et de philosophie.

Mais il ne se contenta pas du rôle secondaire de faire connaître les œuvres des autres, il publia des oeuvres originales. Laissant de côté la métaphysique pure, il se consacra particulièrement à l'étude de la morale, qu'il voulait inculquer à ses coreligionnaires pour les empêcher *de se laisser aller à toute sorte d'égarements et de se nuire mutuellement*. Cet enseignement de la morale, il essaya de le présenter sous une forme attrayante, au lieu de lui donner le caractère ennuyeux d'un ouvrage purement didactique. Il suppose dans sa **Pierre de touche**, composée à la fin de 1322, que ses coreligionnaires voient se refléter dans un miroir leurs erreurs, leurs défaillances et leurs péchés. Pour ne pas prendre l'aspect morose d'un censeur désagréable, il commence par énumérer ses propres fautes. Mais c'est là plutôt une satire qu'une confession. Il se laisse même parfois entraîner par son esprit caustique jusqu'à rire du judaïsme. Ainsi il feint de regretter de ne pas être né femme, parce que, dans ce cas, il n'aurait pas à supporter la charge des six cent treize lois mosaïques et des innombrables prescriptions talmudiques, qu'il est impossible d'observer dans leur totalité. Il aurait été également dispensé d'étudier la Bible et le Talmud avec leurs commentaires et de s'occuper de logique, de mathématiques, de physique, d'astronomie et de philosophie. Mais à de certains moments, le ton badin de Kalonymos devient grave et sa satire se change en élégie. C'est que son esprit est alors brusquement traversé par le souvenir des persécutions sanglantes amenées par les Pastoureaux et l'accusation des lépreux.

Dans la ville de Rome, que Robert d'Anjou lui avait désignée pour résidence, Kalonymos vivait dans un milieu gai, spirituel, où sa verve se retrempait et s'aiguisait. C'est là qu'il composa pour le carnaval juif un traité de Pourim, où il imite, avec infiniment d'esprit, la méthode, les controverses subtiles et les nombreuses digressions du Talmud. Cette fine parodie, qu'on peut aussi bien prendre pour une simple farce de carnaval que pour une satire du Talmud, soulève à chaque ligne de joyeux éclats de rire.

Les qualités de Kalonymos se retrouvaient à un degré supérieur chez son ami et admirateur *Immanuel ben Salomon Romi* (né vers 1265 et mort vers 1330). Ce satirique est une apparition bien curieuse et bien originale parmi les Juifs du moyen âge. Il appartient à cette catégorie d'auteurs dont les écrits sont plus amusants que vertueux et dont la verve endiablée, les joyeux propos et l'ironie mordante savent tenir constamment en haleine l'attention et la gaieté du lecteur. C'était le Henri Heine juif du moyen âge. D'une imagination fertile, il abonde en inventions et en drôleries de toutes sortes. Et toutes ces farces sont écrites dans la langue des prophètes et des psaumes. Aucun des prédécesseurs d'Immanuel n'a su, comme lui, tirer des fusées d'esprit en hébreu, mais il faut ajouter qu'aucun, autant que lui, n'a profané le caractère sacré de cette langue. La Muse juive, auparavant si chaste, si modeste, si réservée, est devenue avec Immanuel une ballerine court vêtue qui cherche à attirer sur elle les regards des passants, et à laquelle il fait parler un langage choquant et impudique. Aussi, ses chansons et ses contes pourraient-ils agir sur la jeunesse de la façon la plus désastreuse. Il ne faudrait cependant pas en conclure qu'Immanuel était vraiment le pécheur endurci sous les traits duquel il se dépeint lui-même, comme l'a fait plus tard Henri Heine, et qu'il consacrait tout son temps à nouer des relations amoureuses, à courir les belles et railler les laiderons. Sa langue et sa plume seules péchaient, mais non son cœur et ses sens, et quoiqu'il fasse parfois un éloge exagéré de sa personne, on peut l'en croire quand il fait de lui ce portrait : *Fidèle à mes amis, reconnaissant envers mes bienfaiteurs, doué de sentiments généreux, sans cupidité, je n'ai jamais gardé rancune à mes ennemis; je me consacrais à la science et à la poésie pendant que mes compagnons faisaient bombance.*

Il est, en effet, à remarquer que la conduite et la situation sociale d'Immanuel étaient en contradiction absolue avec les idées qu'il exprime dans ses vers. Très estimé dans la communauté de Rome, il y remplissait des fonctions administratives, et quoiqu'il se moquât des marchands d'orviétan, il parait avoir exercé la profession de médecin. Sa poésie, légère et folâtre, pourrait faire croire qu'il était ennemi de la religion, des bonnes mœurs et de la science ; mais, en réalité, il menait l'existence calme, pieuse, honnête et laborieuse des savants juifs de son temps.

S'il n'était pas positivement ami de Dante, il était, du moins, très lié avec le grand poète italien. Leurs œuvres diffèrent cependant considérablement, car autant le style de l'un est sérieux, noble, élevé, autant les vers de l'autre sont gais et légers. Mais ils ont aussi quelques points de ressemblance; ainsi, tous les deux se montrent fortement influencés par les divers éléments des civilisations précédentes. L'esprit de Dante était imprégné des idées ecclésiastiques, scolastiques et romantiques, et Immanuel avait puisé ses conceptions à la fois dans la Bible, le Talmud, la philosophie de Maïmonide et la littérature néo-hébraïque. Tous les deux étaient parvenus à amalgamer ces matériaux variés pour en former un tout harmonieux et les faire servir à la création d'un nouveau genre de poésie.

Outre ses oeuvres hébraïques, Immanuel écrivit également des vers italiens, comme le prouve le beau poème italien qui reste encore de lui. Il appliqua les procédés de la poésie italienne à la poésie néo-hébraïque, et il composa un grand nombre de petites nouvelles, des jeux par demandes et réponses, des épîtres, des panégyriques et des oraisons funèbres, où se rencontre toujours l'élément comique. Le héros d'une de ses nouvelles est un grammairien d'humeur belliqueuse, toujours disposé à livrer bataille pour des vétilles grammaticales, mais en même temps mari d'une très jolie femme. Pour pouvoir faire la cour à la femme, Immanuel soutient des discussions avec le mari. Il est vaincu sur le terrain grammatical, mais triomphe en amour.

Dans sa description de l'enfer et du paradis, imitée de l'œuvre de Dante, Immanuel se montre également très fin satiriste. Mais, tandis que le poète chrétien a imprimé à son œuvre une allure grave et solennelle, se posant en juge sévère et faisant châtier dans son enfer pécheurs et criminels, papes et cardinaux, adversaires politiques et ennemis de l'Italie, Immanuel a déployé dans ses descriptions la verve la plus fantaisiste. La Comédie de Dante est divine, celle d'Immanuel humaine. Comme introduction à son voyage à travers le paradis et l'enfer, il raconte qu'un jour où il se sentait pris de remords et disposé à la contrition, il vit en apparition son jeune ami Daniel, que la mort lui avait ravi, et qui s'offrit pour le guider à travers les quartiers des suppliciés de l'enfer et les champs verdoyants des bienheureux. Dans l'enfer, en même temps que les méchants et les mécréants de la Bible, il aperçoit aussi Aristote, puni *pour avoir enseigné l'éternité du monde, et Platon, pour avoir affirmé que la conception du genre répond à une réalité*. Mais c'est surtout à ses contemporains qu'il s'attaque dans son poème. Il place en enfer les détracteurs de la science, un talmudiste qui a mené secrètement une vie de débauches. des plagiaires et ceux qui réclament tous les honneurs dans la synagogue, exigeant qu'ils puissent se placer tout à côté de l'arche ou officier le jour de l'Expiation. Les empiriques aussi sont précipités par lui en enfer, parce qu'ils spéculent sur la bêtise humaine et font mourir les malades qui ont confiance en leur savoir.

À son entrée dans le paradis, où le conduit son compagnon Daniel, les bienheureux viennent joyeusement à sa rencontre en s'écriant : *Voici Immanuel ; c'est le moment de rire !* Il décrit avec beaucoup de sérieux le paradis et ses habitants, mais ne se fait pas faute de faire parfois entendre un petit rire malicieux. Naturellement, tous les saints personnages de la Bible, les patriarches, les pieux monarques et les héros juifs des temps passés se présentent à ses yeux, il aperçoit aussi les poètes Juda Hallévi et Harizi et le philosophe Maïmonide. Mais à côté de David, jouant de la cithare et chantant des psaumes, il voit la courtisane Rahab, qui, à Jéricho, offrit l'hospitalité aux explorateurs, et Tamar, qui attendait les passants près d'un carrefour. Dans l'œuvre de Dante, tous les païens sont exclus du paradis, parce qu'ils n'ont pas connu le Christ et, par conséquent, ne peuvent pas participer à la béatitude éternelle. Le poète juif est moins intolérant. Arrivé devant un groupe de bienheureux qu'il ne reconnaît pas, il demande à son guide quels sont ces personnages. *Ce sont là*, réplique Daniel, *les gens de bien d'entre les païens qui ont réussi à acquérir la sagesse et ont reconnu le Dieu Un comme créateur du monde et dispensateur de toutes les grâces*. David, Salomon, Isaïe, Ézéchiel, font cercle autour d'Immanuel et le remercient à qui mieux mieux d'avoir si bien interprété leurs pensées. À cette occasion, notre satirique allonge quelques coups de griffe à plusieurs commentateurs anciens et contemporains.

Pendant que les Juifs de Rome vivaient ainsi dans une sécurité relative et s'adonnaient paisiblement à des travaux littéraires. le malheur les guettait. On raconte que le pape Jean XXII, qui résidait à Avignon, avait une sœur du nom de Sangisa, qui, désireuse de faire expulser les maudits Juifs de la sainte Rome, aurait fait attester par quelques ecclésiastiques que ces réprouvés s'étaient moqués d'un crucifix qu'on portait à une procession. À la suite de ce témoignage, le pape aurait cédé aux instances de sa sœur et ordonné l'expulsion des Juifs de Rome. Ce qui est certain, c'est que. par opposition à son rival Louis de Bavière, l'anti-césar Frédéric le Bel se montrait très hostile aux Juifs, faisant rechercher et brûler dans ses États les exemplaires du Talmud et insistant avec d'autres princes auprès du pape pour qu'il persécutât les Juifs. Devant l'imminence du danger, les Juifs de Rome et peut-être aussi d'autres communautés, instituèrent un jeûne (1321) et envoyèrent ensuite un délégué habile plaider leur cause à la cour papale d'Avignon et auprès du roi Robert, de Naples, le protecteur de la science juive. Grâce à l'intervention de ce prince, alors suzerain de Rome, le délégué juif, qui était sans doute le poète Kalonymos, réussit à démontrer l'innocence des Juifs et à apaiser la colère du pape et de sa sœur grâce à un don de 20.000 ducats. Le danger fut ainsi conjuré et le malheur écarté, pour cette fois, des Juifs de Rome.

Malgré leur goût pour la poésie et la science, malgré la tranquillité dont ils jouissaient, les Juifs d'Italie ne possédaient pas une autorité suffisante pour attirer d'autres coreligionnaires dans ce pays et marcher à la tête du judaïsme. Le centre de l'activité juive demeura en

Espagne, quoique Ascheri et ses fils y eussent transplanté cette piété sombre, fanatique et étroite qui affaiblit la force créatrice de l'esprit et enveloppe l'existence comme d'un voile de tristesse. Sous le règne du puissant et habile Alphonse NI, la situation des Juifs de Castille était si satisfaisante, surtout par rapport à celle de leurs frères des autres pays, que cette époque était presque pour eux l'âge d'or. Sous le titre modeste de **trésoriers** (*almoxarifs*), des Juifs intelligents dirigeaient alors la politique de la Castille. La haute noblesse employait aussi des conseillers et des fonctionnaires juifs. Au lieu de présenter un extérieur lamentable et de porter le signe d'infamie imposé par l'Église, les Juifs de Castille étaient habillé, de soie et d'or. Ils jouissaient d'une telle considération et d'une telle autorité que bien des Juifs allaient jusqu'à croire que dans la Castille se réalisait de nouveau cette vieille prophétie que *jamais le sceptre ne disparaîtra de la tribu de Juda*.

Leur satisfaction était toute naturelle, car ces hauts fonctionnaires juifs étaient la sauvegarde de leurs coreligionnaires; ils les protégeaient contre la cupidité de la petite noblesse, la jalousie du peuple et la malveillance du clergé. Le fait seul qu'il y eût dans l'entourage du souverain des dignitaires juifs, portant l'habit de cour et l'épée de chevalier, suffisait déjà pour inspirer une réserve salutaire aux ennemis des Juifs. On n'osait pas, comme en Allemagne, outrager, vilipender et parfois tuer les Juifs, alors qu'on savait qu'ils avaient des défenseurs puissants auprès du roi. Souvent même on les croyait bien plus influents qu'ils ne l'étaient en réalité. Le clergé lui-même mettait une sourdine à sa haine, tant qu'il trouvait en face de lui les Joseph d'Ecija, les Samuel ibn Wakar et d'autres fonctionnaires juifs.

Mais si, en Castille même, les Juifs étaient relativement heureux, leur situation était bien douloureuse dans les pays voisins. Ainsi, dans l'Aragon, qui formait un royaume indépendant avec Majorque et la Sicile, régnaient alors ces idées d'intolérance et de fanatisme que Raimond de Peñaforte y avait apportées et que Jayme Ier y avait traduites en lois oppressives. Dans la Navarre, qui faisait partie de la France depuis un demi-siècle, la haine du Juif sévissait avec cette âpre violence qu'on n'avait encore rencontrée qu'en Allemagne. Charles IV, le dernier des Capétiens, était alors décédé, et avec Philippe VI commençait en France le règne de la dynastie des Valois. Il est intéressant de faire remarquer en passant que, même parmi les chrétiens, on croyait alors que Philippe le Bel, par sa cruauté envers les Juifs, avait appelé la colère divine sur ses descendants et causé ainsi l'extinction des Capétiens. À cette époque, la Navarre cherchait à se rendre indépendante de la France et à se donner un gouvernement autonome. Les Juifs se montrèrent-ils défavorables à cette entreprise ? Ou en voulait-on surtout à leurs richesses ? Ce qui est certain, c'est qu'à la suite des excitations de quelques moines, et notamment du franciscain Pedro Olygoyen, la foule fanatisée se rua dans toute la Navarre sur les Juifs.

Le signal de l'attaque fut donné par les habitants d'Estella. Un jour de sabbat (5 mars 1328), ils se précipitèrent sur la grande communauté juive de cette ville aux cris mille fois répétés de : *Sus aux Juifs ! qu'ils meurent ou qu'ils se baptisent !* Les malheureux se défendirent avec le courage du désespoir, mais les assaillants, habitants de la ville et bandes venues du dehors, étaient si nombreux que le quartier juif fut pris d'assaut et les habitants massacrés. Un témoin oculaire, qui raconte ses propres souffrances, laisse deviner dans son récit une partie des tortures infligées aux Juifs d'Estella. Ce témoin, alors âgé de vingt ans, est Menahem ben Zérah, qui, plus tard, devint un savant très autorisé. Il perdit dans ce massacre ses parents et quatre de ses jeunes frères. Blessé lui-même très grièvement, il resta étendu sans connaissance au milieu des morts et des mourants presque pendant toute une nuit. Il ne fut sauvé que grâce à la compassion d'un chevalier, ami de son père, qui, l'ayant cherché et trouvé parmi les cadavres, le soigna jusqu'à complète guérison.

Sur d'autres points encore du pays se produisirent des scènes de carnage ; plus de 6.000 Juifs périrent. Seule, la communauté de Pampelune, capitale de la Navarre, semble avoir échappé aux attaques de ces forcenés.

En Castille du moins, on l'a vu plus haut, la situation des Juifs était satisfaisante. Ils y étaient à l'abri des violences sanglantes qui sévissaient si fréquemment contre leurs coreligionnaires des autres pays. Mais, là aussi, ce ne fut qu'une éclaircie de très courte durée. Alphonse XI, quand il eut atteint sa majorité et pris lui-même les rênes du gouvernement (1325-1380), admit parmi ses favoris deux Juifs, Don Joseph d'Ecija et Samuel ibn Wakar. Le premier, dont le nom complet était Joseph ben Ephraïm Beneviste Hallévi, était d'une belle stature, de manières affables, et savait la musique. Sur la recommandation de son oncle, le roi le nomma son trésorier et même son conseiller intime (privado). Joseph d'Ecija ne sortait qu'en carrosse officiel, accompagné de chevaliers, et des grands d'Espagne mangeaient à sa table.

Un jour, le roi lui confia une mission qui faillit lui coûter la vie. Envoyé à Valladolid, il fut assiégé dans le palais de l'infante, et le peuple le réclama pour le tuer. Quelques personnes de sa suite purent s'échapper et informer le roi de ce qui se passait. Celui-ci accourut, appela les chevaliers de la Vieille Castille auprès de lui, mit le siège devant Valladolid et menaça de détruire la ville si on ne remettait pas son ministre en liberté. Effrayés du châtiment qui les menaçait, les habitants de la ville envoyèrent auprès du roi des délégués pour apaiser sa colère et lui expliquer qu'on n'en voulait pas autant à Don Joseph qu'à un courtisan chrétien, Don Alvar Nunez. Pour donner satisfaction au peuple, Alphonse XI destitua Nunez de ses diverses fonctions, mais conserva toute sa confiance à Don Joseph.

Don Samuel ibn Wakar (Abers huacaz), l'autre favori juif, était le médecin, l'astronome et aussi quelque peu l'astrologue de son souverain. Tout en n'exerçant aucune fonction politique, il jouissait quand même d'un grand crédit à la cour. Comme il arrive fréquemment entre courtisans qui tirent leur éclat du même soleil, Don Joseph et Ibn Wakar se jalousaient l'un l'autre, et leur rivalité allait avoir des conséquences fâcheuses pour leurs coreligionnaires.

À la suite de plaintes portées par le peuple contre des usuriers juifs et musulmans, qui, forts de l'appui d'Alphonse XI, se montraient parfois impitoyables envers leurs débiteurs, les cortès de Madrid, de Valladolid et d'autres villes sollicitèrent le roi d'intervenir pour mettre fin à ces abus. Le roi y consentit. Encouragées par ce premier succès, les cortès allèrent plus loin. Elles demandèrent au roi d'interdire dorénavant aux Juifs d'acquérir des biens-fonds, d'affermer les impôts ou de remplir les fonctions de trésoriers royaux (1329). Cette fois, Alphonse XI refusa. Bien plus, il accorda de nouvelles faveurs à Don Samuel ibn Wakar, lui confiant la ferme des revenus provenant des marchandises importées de Grenade, et l'autorisant par un privilège spécial à frapper les monnaies du pays au-dessous du titre légal. Par jalousie, Joseph d'Ecija offrit au roi de verser au Trésor une somme plus élevée qu'Ibn Wakar pour avoir la ferme des taxes payées par les marchandises de Grenade. Il croyait déjà avoir joué un bon tour à son rival, quand celui-ci parvint à persuader au roi qu'il rendrait service à la population castillane en prohibant toute importation de Grenade (1330-1331).

Pendant que ces deux fonctionnaires juifs s'efforçaient de se nuire mutuellement, leurs ennemis complotaient non seulement leur perte à tous deux, mais la perte de tous les Juifs de Castille. Ils faisaient croire à la foule qu'Ibn Wakar, en frappant de la monnaie au-dessous du titre légal, avait produit une grande cherté dans le pays, parce que les habitants exportaient les vivres pour être payés en monnaie étrangère, qui avait plus de valeur que l'argent de la Castille. L'Église, de son côté, ne restait pas inactive ; elle mettait tout en œuvre pour exciter la colère du roi contre les Juifs. Fait triste à signaler, ce fut un Juif nouvellement converti qui se montra le plus acharné contre ses anciens coreligionnaires. Cet apostat se nommait Abner.

Abner de Burgos, appelé plus tard Alfonso Burgensis de Valladolid, pratiquait la médecine. Il était versé dans la Bible et la littérature talmudique et possédait aussi des connaissances profanes. Ce furent ses spéculations philosophiques qui ébranlèrent sa foi. Dévoré d'ambition et obligé de mener une vie très modeste, ayant même de la peine à subvenir à ses besoins, il espérait qu'en acceptant le baptême il lui serait plus facile de conquérir honneurs et richesses, et, arrivé tout près de la soixantaine, il se convertit au christianisme. Le disciple sceptique d'Aristote et d'Averroës fut attaché comme sacristain à une église importante de Valladolid. Ainsi muni d'une riche prébende, il pouvait vivre largement.

Mais cela ne lui suffisait pas. Pour rendre manifeste aux yeux des chrétiens la sincérité de sa conversion, il témoignait à ses anciens coreligionnaires une haine violente. Familiarisé avec la littérature juive, il fit ressortir tous les passages qui pouvaient prêter à équivoque, et il multipliait ses accusations contre les Juifs et le judaïsme. Il composa un grand nombre d'écrits où tantôt il attaque avec acharnement la religion de ses aïeux, tantôt il défend le christianisme contre les objections des Juifs. Comme il maniait moins facilement la langue espagnole que l'hébreu, c'est dans cette dernière langue qu'il outrageait le judaïsme. Il eut même l'audace de dédier un de ses ouvrages à un de ses anciens amis juifs, Isaac Pulgar ! Ce dernier, qui était un écrivain habile et un excellent polémiste, lui répondit par un poème tout imprégné de la plus fine et plus mordante ironie ; il riposta encore dans d'autres ouvrages à ses accusations contre le judaïsme. C'est qu'à cette époque les Juifs d'Espagne n'acceptaient pas encore en silence les injures qui leur étaient adressées. Un autre auteur juif, peu connu, écrivit également contre Abner. Il se produisit ainsi une polémique violente sur la valeur respective du judaïsme et du christianisme.

Abner, autrement dit Alphonse de Valladolid, fit un pas de plus. Pour rendre les Juifs odieux au roi Alphonse XI, il les accusa, comme l'avait, du reste, déjà fait saint Jérôme, de proférer, dans leurs prières, des imprécations contre Jésus et ses adorateurs. Appelés sans doute par le roi à se justifier, les représentants des Juifs de Valladolid affirmèrent que ces imprécations ne s'adressaient nullement au fondateur du christianisme et à ses adeptes. Sur la demande d'Abner, qui promit de prouver dans un débat avec les Juifs que son accusation était fondée, le roi de Castille invita les délégués de la communauté de Valladolid à discuter publiquement cette question avec leur ennemi. Cette controverse eut lieu en présence de fonctionnaires et de dominicains. Devant une telle assistance, ce fut naturellement Abner qui eut gain de cause. Le roi Alphonse décréta (25 février 1336) que dorénavant il serait interdit, sous peine d'amende, aux Juifs de Castille de réciter le passage incriminé. Les adversaires des Juifs triomphaient, ils étaient parvenus à s'assurer l'appui d'un des rares monarques qui, jusqu'alors, se fussent montrés bienveillants pour les Juifs. Aussi la situation de ces malheureux allait-elle devenir de plus en plus douloureuse.

Parmi les favoris du roi se trouvait Gonzalo Martinez d'Oviedo, autrefois pauvre chevalier, qui devait sa situation élevée à Don Joseph d'Ecija. Au lieu de témoigner de la reconnaissance à son bienfaiteur, Gonzalo le haïssait profondément et, avec lui, tocs les Juifs. Quand il fut devenu ministre du roi et grand-maître de l'ordre d'Alcantara (1337), il conçut le projet d'exterminer les Juifs de Castille. Il commença par insinuer perfidement au roi que Don Joseph et Don Samuel ibn Wakar avaient amassé d'immenses richesses dans les fonctions qu'ils occupaient, et il obtint l'autorisation de prendre toutes les mesures qu'il jugerait nécessaires pour leur faire rendre gorge. Sur son ordre, les deux favoris juifs, ainsi que deux frères d'Ibn Wakar, huit autres parents des inculpés et leurs familles furent jetés en prison et leurs biens confisqués. Don Joseph d'Ecija mourut en prison et Don Samuel succomba aux tortures qui lui furent infligées. Après ce premier succès, Gonzalo intrigua contre deux autres Juifs, Moïse Abudiel et (Soleïman ?) Ibn Yaïsch, qui occupaient également des situations élevées.

Gonzalo croyait alors le moment opportun pour attaquer efficacement la totalité des Juifs de la Castille. Pendant une campagne dirigée contre Grenade, à laquelle il prit part en qualité de général, il engagea le roi à imiter Philippe le Bel, qui s'était procuré des ressources considérables en chassant les Juifs de France et en s'appropriant leurs biens. Ce conseil fut heureusement combattu par les ministres du roi et même par les prélats. L'archevêque de Tolède fit remarquer que tant qu'ils habiteraient la Castille, les Juifs seraient un vrai trésor pour le roi, et chie, du reste, ils avaient toujours trouvé protection auprès des souverains du pays. Sur l'ordre de Don Moïse Abudiel, qui avait eu vent du danger qui les menaçait tous, les communautés de Castille instituèrent des jeûnes publics et invoquèrent la protection de Dieu.

Le péril était imminent. Gonzalo avait, en effet, battu les Maures, dont le chef avait péri sur le champ de bataille, percé par une flèche. Son crédit avait donc grandi auprès du roi, il ne doutait plus que son souverain ne lui permît d'agir arec les Juifs à sa guise, et d'avance il savourait la joie d'assister à leurs souffrances.

Ce fut l'intervention d'une femme qui sauva les Juifs et prépara la chute de leur ennemi. La belle et spirituelle Léonore de Guzman, dont les charmes avaient absolument ensorcelé le roi, haïssait Gonzalo Martinez, et elle sut le rendre suspect à Alphonse XI. Celui-ci ordonna alors à Gonzalo de venir le rejoindre à Madrid. Gonzalo refusa d'obtempérer à cet ordre, et, pour pouvoir braver la colère de son souverain, il souleva contre lui les chevaliers de l'ordre d'Alcantara ainsi que les habitants des villes placées sous son autorité. Il alla même jusqu'à se liguer avec le roi de Portugal et le roi de Grenade, ennemi des chrétiens. Alphonse XI convoqua tous ses chevaliers et marcha contre le rebelle. Un soldat de l'entourage du roi fut mortellement blessé. Effrayés des conséquences d'une guerre civile, plusieurs chevaliers d'Alcantara abandonnèrent la cause de leur grand-maître et livrèrent au roi les tours qu'ils étaient chargés de défendre. Se voyant impuissant à continuer la lutte, Gonzalo implora sa grâce du roi ; il fut condamné à mort comme traître et brûlé vif (1339). Les communautés juives de Castille célébrèrent le jour de sa mort comme un jour de délivrance. Le roi Alphonse traita de nouveau les Juifs avec bienveillance, et il confia à Moise Abudiel un poste élevé à la cour.

Mais, quoique les Juifs d'Espagne pussent alors vivre tranquilles jusqu'à la mort d'Alphonse XI et qu'ils fussent encore plus heureux sous son successeur, ils renoncèrent de plus en plus à cultiver leur esprit. Le rigorisme exagéré des fils d'Ascheri faisait sentir son influence, le goût pour la science allait s'affaiblissant. Ce n'est plus en Espagne, mais dans le sud de la France, qu'on trouvait des partisans du libre examen et des représentants de la philosophie, tels qu'Ibn Kaspi, Gersonide et Narboni. Les études talmudiques mêmes déclinèrent en Espagne ; les Juifs de ce pays se laissèrent dépasser dans ce domaine par leurs coreligionnaires d'Allemagne. Les fils d'Ascheri n'avaient certainement pas prévu cette conséquence de leur zèle obscurantiste, ils ne s'étaient pas dit qu'en interdisant à l'esprit toute recherche scientifique, toute envolée vers la région de la spéculation pure, ils diminueraient sa force créatrice et le rendraient également impropre à l'étude sérieuse du Talmud. Même l'art de la poésie, où jadis les Juifs d'Espagne avaient excellé, était complètement délaissé. Les rares écrivains qui composaient encore des vers n'étaient pas des poètes, mais de simples rimailleurs. Le doux et gracieux troubadour Santob de Carrion, qui, sous le règne d'Alphonse XI, chanta en vers espagnols, était une exception. Ses chants ne trouvèrent aucun écho. Sous l'action des huit fils d'Ascheri, de ses parents, émigrés avec lui d'Allemagne à Tolède, et de ses nombreux petits-fils, le judaïsme espagnol avait pris un caractère de sombre et morose piété.

Parmi les enfants d'Ascheri, les plus remarquables étaient Jacob et Juda. Tous deux étaient de savants talmudistes, mais dénués de toute autre connaissance. L'un d'eux, Jacob ben Ascher (né vers 1280 et mort en 1340), subit la plus dure des destinées, toute sa vie ne fut qu'une suite de peines et de souffrances ; mais il supporta tout avec la plus courageuse résignation. À son arrivée en Espagne, son père avait quelque fortune et vécut constamment dans l'aisance, mais Jacob fut toujours très pauvre. Malgré son profond dénuement, il n'accepta jamais aucun traitement pour ses fonctions de rabbin. Très versé dans le Talmud, il se distinguait plutôt par son érudition que par l'originalité de son esprit. Il eut pourtant le grand mérite de mettre un peu d'ordre dans le chaos talmudique et de codifier les nombreuses prescriptions disséminées dans cet immense recueil. Utilisant tous les travaux antérieurs de ce genre, notamment ceux de Maïmonide, Jacob composa un code divisé en quatre parties appelées *Turim* (vers 1340), qui contiennent les lois rituelles et civiles ainsi que les lois relatives à la morale et au mariage. L'apparition de ce code marque une nouvelle phase dans le développement intérieur du judaïsme.

En examinant de près l'ouvrage de Jacob, on peut en quelque sorte mesurer de combien de degrés le niveau du judaïsme officiel avait baissé depuis Maïmonide. Dans le code de Maïmonide, c'est la raison qui prédomine ; l'auteur rattache, plus ou moins heureusement, la moindre pratique à des principes qui forment la base même de la religion. Le code de Jacob est caractérisé par un étroit rigorisme, tel qu'il régnait alors dans les communautés juives de l'Allemagne, et qui multipliait les aggravations et les actes de contrition. On y trouve bien plus de prescriptions établies par des autorités rabbiniques trop scrupuleuses que de lois extraites du Talmud. Il semble que, dans ce recueil, le judaïsme *talmudique* soit devenu un judaïsme purement *rabbinique*. Jacob y a même inscrit comme lois religieuses de simples fantaisies cabalistiques. Cet ouvrage laisse aussi beaucoup à désirer sous le rapport de la forme, de l'exposition et de la langue. Mais malgré ses défauts, il fut accueilli avec une grande faveur. Sauf quelques rares exceptions, rabbins et juges, en Espagne comme en Allemagne, le préférèrent au livre de Maïmonide. Ils étaient contents de posséder un code définitif où ils trouvaient facilement tout ce qu'ils avaient besoin de savoir, qui n'exigeait pas une étude approfondie et s'adressait bien plus à la mémoire qu'à l'intelligence. En un mot, le *Tur* de Jacob devint un manuel indispensable à tous ceux qui voulaient connaître le judaïsme tel que le comprenaient alors les rabbins.

Juda, le frère de Jacob, l'égalait en savoir et en vertu, mais ne possédait pas, comme lui, un esprit d'ordre et de rigoureuse méthode. Après la mort de son père, il lui succéda comme rabbin de Tolède. Il remplit ses fonctions avec une conscience scrupuleuse et une parfaite impartialité, et il avait le droit de se faire rendre par la communauté le témoignage que jamais il ne s'était rendu coupable de la moindre faute. Mais il se sentit toujours dépaysé en Espagne, et il paraît que dans son testament il conseilla à ses cinq fils de retourner en Allemagne. Les persécutions que subirent alors les Juifs d'Allemagne, pendant la période de la peste noire, engagèrent probablement les fils de Juda à rester en Espagne, où ils se trouvaient sans doute plus en sécurité que dans la patrie de leur aïeul.

Grâce au zèle fanatique d'Abba Mari, à l'anathème lancé par Salomon ben Adret et à l'aversion d'Ascheri pour toute science autre que celle du Talmud, les études profanes étaient tombées chez les Juifs espagnols dans un complet discrédit. Les spéculations philosophiques surtout leur inspiraient une véritable horreur. Aux yeux des hommes sincèrement pieux, elles conduisaient nécessairement à l'incrédulité, et les faux dévots les déclaraient tout simplement abominables. La Cabale, de son côté, avait contribué à obscurcir les idées et à égarer les esprits. Aussi fallait-il du courage pour oser soutenir les droits de la pensée, qui ne trouvaient plus que de très rares champions. Parmi ceux qui, malgré tout, se permirent, à cette époque, de soumettre les croyances du judaïsme à un certain examen, on peut citer Isaac Pulgar, d'Avila, David ibn Albila, du Portugal, Joseph Kaspi, de la Provence, et surtout Lévi ben Gerson, le plus remarquable de tous.

Lévi ben Gerson ou *Léon de Bagnols*, appelé aussi Léon l'Hébreu (né en 1288 et mort vers 1345), est plus connu sous le nom de Gersonide. Il naquit à Orange, dans une famille de savants, et il compta parmi ses aïeux ce Lévi de Villefranche qui, indirectement, amena la proscription des recherches scientifiques. Quoique Ben Adret eût menacé d'excommunication quiconque s'adonnerait à ces recherches, Gersonide s'y livra dès sa jeunesse et acquit ainsi des connaissances variées. Il n'avait pas encore trente ans quand il commença à écrire un important ouvrage philosophique. C'était un esprit sérieux, habitué à approfondir les questions et à ne jamais rester dans le vague. En astronomie, il a fait un certain nombre d'observations que des hommes compétents ont jugées assez sérieuses pour les faire servir de base à leurs calculs. Il avait, du reste, inventé un instrument qui facilitait ces observations. Et lui, l'homme de science, l'esprit mathématique, il était tellement enthousiasmé de cette invention qu'il la chanta dans un petit poème hébreu, assez obscur. Il écrivit aussi des ouvrages de médecine et découvrit plusieurs remèdes. Il était également considéré comme un talmudiste remarquable, et comme il avait la passion de l'ordre et de la clarté, il composa un livre de méthodologie pour la Mishna.

Maestro Léon de Bagnols, comme on l'appelait en sa qualité de médecin, était établi tantôt à Orange ou à Perpignan, tantôt à Avignon, où résidaient alors les papes. Il n'était donc pas soumis ii l'autorité directe du roi de France et, par conséquent, ne fut pas atteint par le décret d'expulsion que ce souverain prit contre les Juifs de son royaume. Il ne souffrit pas, non plus, des violences des

Pastoureaux. Ce fut précisément à cette époque que commença son activité littéraire, qui dura pendant plus de vingt ans (1321-1343). Son principal ouvrage est son traité de théologie, où il expose les conceptions métaphysiques les plus hardies avec un calme et une sérénité de philosophe, sans se soucier des graves inconvénients qu'elles pouvaient avoir pour sa tranquillité. Tout en sachant qu'il risquait d'être excommunié, il proclamait hautement ce qu'il considérait être la vérité même si cette vérité contredisait la Tora. *Notre Loi*, disait-il, *n'est pas despotique, elle ne veut pas faire accepter l'erreur pour la vérité, elle cherche surtout à nous conduire à la connaissance du vrai.*

Parmi les penseurs juifs, Gersonide n'a d'égal que Spinoza pour la franchise et la sincérité. Il n'admettait de mystère ni en science ni en religion, mais recherchait partout la lumière et la vérité. Il n'acceptait pas plus sans examen toutes les assertions de la Tora glue celles des autorités philosophiques, et souvent il opposait ses propres vues à celles de Maïmonide, d'Averroés et même d'Aristote.

Malgré sa grande valeur, Gersonide n'exerça que peu d'influence sur le judaïsme. Manquant d'égards, dans l'expression de ses opinions, pour les croyances traditionnelles, hésitant à admettre le système biblique de la création, il passa pour hérétique aux yeux des orthodoxes. Ses **Combats du Seigneur**, *Milhamot Adonai*, furent appelés **Combats contre le Seigneur**. Par contre, il jouit d'une grande estime auprès des savants chrétiens. Il était encore en vie quand le pape Clément VI fit traduire de l'hébreu en latin son traité sur l'astronomie et son étude sur l'instrument qu'il avait inventé (1342).

À côté de Gersonide, il faut également mentionner Moïse de Narbonne, appelé Maestro Vidal. Partisan enthousiaste de la philosophie, Vidal Narboni partageait son admiration entre Maïmonide et Averroës, et il commenta en grande partie les œuvres de ces deux philosophes. Il voyagea beaucoup, se rendant du pied des Pyrénées jusqu'à Tolède et retournant à Soria (1345-1362), et comme il était curieux et savait observer, il acquit des connaissances variées et étendues. Ni les souffrances ni les mésaventures ne purent ralentir son zèle pour l'étude. Lors des persécutions amenées par la peste noire, une populace féroce se rua sur la communauté de Cervera. Vidal Narboni s'enfuit avec d'autres coreligionnaires, et dans cette catastrophe il perdit tous ses biens et, ce qui lui était plus cher encore, tous ses livres. Mais dès qu'il put, il reprit ses travaux interrompus.

Vidal Narboni manquait d'originalité, il resta toute sa vie un fervent disciple d'Aristote, avec une teinte d'averroïsme. Il considérait le judaïsme comme un acheminement à la connaissance des plus hautes vérités morales et philosophiques. Pour lui, le texte de la Tora avait deux sens différents; il avait un sens simple, superficiel, pour la foule, mais présentait un sens plus profond pour les penseurs. Narboni émit également des opinions hérétiques, mais avec moins de franchise et de courage que Gersonide. Il semble avoir douté des miracles, qu'il aurait bien voulu supprimer totalement dans la Bible. Par contre, il défendit éloquemment, et par des arguments philosophiques, le libre arbitre. Arrivé à un âge avancé, il voulut retourner de Soria dans son lieu de naissance, de l'autre côté des Pyrénées, quand la mort le surprit.

Chapitre XI

La peste noire.
Massacres des Juifs — (1325-1391)

À l'époque où les philosophes juifs Gersonide et Vidal Narboni essayaient de concilier la prescience divine avec la notion du libre arbitre, un problème autrement grave aurait dû s'imposer à leur attention. Ils auraient pu se demander pourquoi la Providence faisait peser une destinée si tragique sur les descendants de Jacob et les condamnait à vider le calice jusqu'à la lie. Leurs souffrances précédentes comptent à peine devant l'horrible catastrophe qui va fondre sur eux. Une sombre nuée, portant dans ses flancs la foudre et la tempête, est prête à crever au-dessus de leur tête et à les faire périr par milliers. Ce ne font pas quelques membres seuls, mais le corps tout entier qui, cette fois, sera frappé, et les maux qui vont les atteindre tous prouvera aux malheureux Juifs que tout en étant disséminés, ils sont quand même unis entre eux par la plus étroite solidarité. Jusqu'alors, on se contentait le plus souvent de les piller et de les expulser ; cette fois, ils verront sans cesse grimacer devant eux la hideuse mort, avec son lugubre cortège de supplices et de tortures de tout genre.

Ce fut l'Allemagne qui donna le signal de la ronde macabre. Le bruit s'était répandu que l'audace des Juifs avait considérablement grandi à la suite des dispositions bienveillantes que l'empereur Louis de Bavière avait manifestées à leur égard. Ce bruit était doublement mensonger. À cette époque, les pauvres Juifs ne songeaient guère à se montrer audacieux. Car l'empereur Louis, celui-là même qu'on accusait de leur être favorable, les maltraitait, les pressurait, les donnait en gage, les vendait, absolument comme avaient fait ses prédécesseurs.

Seulement, il ne les faisait pas tuer comme l'empereur Frédéric le Bel, son rival, parce qu'il en voulait surtout à leur argent. Il leur imposa même une nouvelle taxe, le denier d'or. Tout Juif ou Juive de l'empire d'Allemagne, âgé de plus de douze ans, et qui disposait d'une somme de vingt florins, devait payer un impôt annuel d'un florin. À ses yeux, cette taxe était sans doute justifiée par cette raison que, depuis Vespasien et Titus, les Juifs versaient un impôt annuel aux empereurs romains, dont les Césars germains se proclamaient les héritiers directs.

Sous le règne de l'empereur Louis, les Juifs subirent le contrecoup des désordres et de la guerre civile qui sévissaient alors en Allemagne. Pendant deux années consécutives (1336-1337) des bandes de paysans et de gueux, surnommés **tueurs de Juifs**, *Judenschlaeger*, ravagèrent les communautés de l'Allemagne, sous la direction de deux membres de la noblesse, qui avaient noué une bande de cuir autour de leur bras et pris le nom de **rois Armleder**. Cette fois encore, comme quelques années; auparavant, lors des violences ordonnées par Rindfleisch, les massacres eurent lieu au nom de la foi. Un des *Armleder* prétendait qu'il avait reçu du ciel l'ordre d'infliger aux Juifs la Passion de Jésus et de venger son supplice par leur mort. Armés de fourches, de haches, de piques et de fléaux, cinq mille paysans accomplirent d'épouvantables carnages parmi les Juifs de l'Alsace et des bords du Rhin, jusqu'en Souabe. Pour échapper aux coups de leurs ennemis, de nombreux Juifs se tuèrent eux-mêmes ; bien des parents égorgèrent leurs enfants. La protection de l'empereur resta inefficace ou se manifesta trop tard. À la fin, la force armée parvint à s'emparer d'un des *Armleder* ; l'empereur le fit décapiter.

Vers le même temps, des massacres analogues eurent lieu en Bavière, inspirés par la cupidité. Pour permettre à leurs administrés et à eux-mêmes de s'acquitter sans bourse délier de leurs dettes envers les Juifs et de s'approprier m même temps les richesses de leurs créanciers, les conseillers municipaux de la ville de Deckendorf accusèrent les Juifs d'avoir profané une hostie. Quand ils jugèrent que la foule était suffisamment surexcitée, ils mirent à exécution le plan qu'ils avaient secrètement combiné entre eux. Au jour qu'ils avaient fixé (30 septembre 1337), quand la cloche de l'église eut donné le signal, le chevalier Hartmann von Deggenburg, accompagné de nombreux cavaliers, entra dans Deckendorf et tomba par surprise, avec tous les habitants, sur les Juifs sans armes, qui furent pillés, tués et brûlés. Pour perpétuer le souvenir du miracle qui s'était produit, raconte la légende, quand les Juifs eurent percé l'hostie, on éleva une église consacrée au Saint-Sépulcre ; elle devint un lieu de pèlerinage. Le poinçon dont les Juifs se seraient servis pour profaner l'hostie ainsi que l'hostie elle-même furent précieusement placés comme reliques sous un globe de verre ; aujourd'hui encore, ils sont exhibés comme sujets d'adoration pour les fidèles.

De Deckendorf les désordres se propagèrent à travers la Bavière, la Bohême, la Moravie et l'Autriche. Les victimes succombèrent par milliers. Seuls les bourgeois de Vienne et de Ratisbonne défendirent les Juifs contre la fureur de la populace. L'empereur, qui avait alors des démêlés avec le pape et le roi de France, laissa faire. Son parent Henri, duc de Bavière et du Palatinat, félicita les habitants de Deckendorf *d'avoir brûlé et exterminé les Juifs* et les autorisa à se servir en public de tout ce qu'ils avaient volé. Le pape Benoît XII chargea, il est vrai, l'évêque de Passau de faire une enquête sur la prétendue profanation de l'hostie imputée aux Juifs et de punir les dénonciateurs, s'ils étaient convaincus de mensonge, avec toute la rigueur des lois canoniques. Mais que pouvait la sévérité de l'Église contre les mœurs rudes et grossières des chrétiens de ce temps ? De terribles expériences allaient, du reste, prouver une fois de plus aux Juifs que ni la protection du pape ni celle de l'empereur ne leur étaient d'aucun secours. Car, dans presque toute l'Europe, partout où dominait la Croix, les communautés juives allaient être décimées par d'épouvantables massacres.

Ces horribles tueries se produisirent à la suite de l'apparition de la peste noire. Ce fléau, dont l'arrivée en Europe avait été précédée d'un tremblement de terre et d'autres phénomènes effrayants de la nature, vint des frontières de la Chine jusqu'au cœur de l'Europe, où il sévit avec une violence inouïe pendant plus de quatre ans (1348-1352) et enleva le quart des habitants (environ vingt-cinq millions). Affolés par la terreur, les chrétiens se ruèrent sur les Juifs, les torturant, les massacrant, les brûlant, comme s'ils voulaient les exterminer jusqu'au dernier. C'étaient là les conséquences de l'enseignement de l'Église. Ni les musulmans, ni les Mongols, qui pourtant périrent en grand nombre victimes de la peste noire, ne songèrent à en rendre responsables les Juifs. Seuls les chrétiens leur attribuèrent cette épidémie. C'est que l'Église avait accusé si souvent les Juifs d'assassiner las chrétiens, et surtout d'égorger les enfants, qu'à la fin ses adeptes en étaient absolument convaincus. Aussi, dès que, par suite des circonstances, toute discipline et toute obéissance eurent disparu et que les chrétiens affalés ne se laissèrent plus arrêter ni par la crainte de la répression ni par le respect pour leurs chefs, on put voir dans toute leur horreur les résultats des prédications de l'Église contre les Juifs. La peste noire n'épargna cependant pas complètement les Juifs. Mais, comme ils moururent en moins grand nombre, soit à cause de leur régime sobre et hygiénique, soit à cause des soins dévoués dont ils s'entouraient mutuellement, ils furent accusés d'avoir empoisonné les sources, les fontaines et même l'air, pour faire disparaître d'un coup les chrétiens de tous les pays.

Pour empoisonner tous les chrétiens, il aurait fallu une entente entre tous les Juifs. Qui donc aurait créé cette entente ? Quelle personnalité aurait possédé une autorité suffisante pour imposer sa volonté à toutes les communautés juives de l'Europe ? On ne se laissait pas arrêter pour si peu. Comme on croyait les Juifs d'Espagne en possession de ressources considérables et jouissant d'une très grande influence auprès de tous leurs coreligionnaires d'Europe, ce furent eux qu'on accusa d'être les instigateurs de ce complot diabolique. L'ordre d'empoisonner toute la chrétienté serait parti de Tolède. La foule, aveuglée par le fanatisme et la terreur, nommait même celui qui aurait été chargé de transmettre le mot d'ordre aux diverses communautés et de leur apporter le poison : c'était Jacob a Paskate. Venu de Tolède à Chambéry, en Savoie, il aurait envoyé de cette dernière ville toute une bande d'émissaires juifs pour accomplir partout l'œuvre de mort. Ce Jacob aurait été aidé dans son entreprise par le rabbin Peyret, de Chambéry, et un juif riche du nom d'Aboget. On connaissait même la composition du poison. Il était préparé par des sorciers judéo-espagnols et formé tantôt de chair de basilic, tantôt d'un mélange d'araignées, de crapauds et de lézards, tantôt enfin de cœurs de chrétien pétris avec de la pâte d'hostie.

Ces fables, inventées par des ignorants et des méchants, et démesurément grossies par l'imagination populaire, trouvaient créance non seulement auprès de la foule, mais aussi auprès des classes élevées. Les tribunaux faisaient sérieusement des enquêtes pour découvrir les auteurs de ces crimes, et, dans ce but, ils avaient recours à la mesure extrême employée si fréquemment par la chrétienté du moyen âge pour connaître la vérité, ils soumettaient les inculpés à la torture.

Ce fut dans le sud de la France, où la peste noire sévissait déjà au commencement de l'année 1348, que l'on répandit d'abord la légende de l'empoisonnement des puits. Dans cette région, une communauté juive tout entière, hommes, femmes et enfants, furent brûlés en un seul jour, avec des rouleaux de la Loi (au milieu du mois de mai). De là, le mouvement s'étendit dans la Catalogne et l'Aragon. À Barcelone, la populace avait déjà tué vint Juifs et pillé de nombreuses maisons, quand les notables de la ville se réunirent pour défendre leurs malheureux concitoyens. Aidés par un épouvantable orage, qui éclata à ce moment, ils réussirent à disperser la horde des pillards et des assassins.

Quelques jours plus tard, les mêmes scènes se répétèrent à Cervera. Dix-huit Juifs périrent, les autres prirent la fuite. Dans tout le nord de l'Espagne, les communautés juives s'attendaient à être attaquées; elles instituaient des jeûnes publics, imploraient la miséricorde divine et se barricadaient dans leurs quartiers. Dans l'Aragon, les classes élevées essayèrent de protéger les malheureux Juifs. Ceux-ci trouvèrent également un appui auprès de Clément VI, ce pape qui avait fait traduire en latin les livres d'astronomie de Gersonide. Clément VI promulgua une bulle (au commencement de juillet) par laquelle il interdit, sous peine d'excommunication, de tuer les Juifs en l'absence d'une condamnation régulière, de les baptiser de force ou de les piller. Peut-être cette bulle eut-elle quelque efficacité dans le sud de la France, mais elle n'eut aucune action sur la reste de la chrétienté. La contagion de l'exemple l'emporta sur tout.

Les délicieux environs du lac de Genève devinrent également le théâtre de sanglants désordres. Sur l'ordre du duc Amédée de Savoie, plusieurs Juifs, accusés du crime d'empoisonnement, furent incarcérés à Chillon et à Chatel. À Chillon, les inculpés furent soumis à la torture ; sous l'action de la douleur, ils avouèrent tout ce qu'on voulut.

Un de ces malheureux, du nom d'Aquet, multiplia même ses aveux jusqu'à l'exagération. Il déclara qu'il avait empoisonné des puits à Venise, en Apulie, dans la Calabre et à Toulouse. Ces déclarations furent consignées par les secrétaires dans leurs procès-verbaux et contresignées par les juges. Pour donner plus de valeur aux paroles du supplicié, les juges ajoutèrent qu'on ne lui avait appliqué la torture que très légèrement. À la suite de ces aveux, on brûla non seulement les inculpés, mais tous les Juifs des environs du lac de Genève.

De Genève, le bruit se répandit bientôt dans toute la Suisse qu'on avait enfin des preuves certaines de la culpabilité des Juifs. Les consuls de Berne tirent venir de Genève les procès-verbaux des débats, torturèrent à leur tour quelques Juifs, leur arrachèrent des aveux et firent brûler tous les Juifs de la ville (en septembre). Ils informèrent ensuite de leur prétendue découverte les villes de Bâle, de Fribourg, de Strasbourg et de Cologne. De nouveau, le pape Clément VI publia une bulle pour déclarer les Juifs innocents du crime qu'on leur imputait, de nouveau il invita le clergé à les protéger et prononça l'anathème contre les faux accusateurs et les bourreaux (septembre). Peine perdue ! L'Église, qui avait déchaîné les passions, ne pouvait plus les réprimer ; le pape n'était plus obéi.

Les massacres prirent un caractère de sauvagerie tout particulier dans le saint empire germano-romain. En vain le nouvel empereur, Charles IV, chercha à s'interposer. Son autorité eût-elle été alors mieux assise en Allemagne qu'elle ne l'était en réalité, il n'aurait quand même pas été écouté. Malgré la remarque d'un honnête chroniqueur de ce temps, qui dit *que le vrai poison qui tua les Juifs, ce furent leurs richesses*, les Allemands ne persécutèrent pas seulement les Juifs pour s'emparer de leurs biens. C'est dans toute l'innocence de leur stupidité, et avec une ferme conviction, qu'ils croyaient qu'il avait été très facile aux Juifs d'empoisonner le Rhin, le Danube, les rivières, les sources, les fontaines et les citernes de l'Allemagne. Selon eux, ce que Jacob a Paskate et Rabbi Peyret avaient fait en Suisse et en Savoie, Moïse de Mayence l'accomplit en Allemagne. C'est lui qui aurait fourni le poison à ses coreligionnaires. Dans bien des villes, on alla jusqu'à entourer de murs les puits et les fontaines pour empêcher les habitants d'en approcher, et on les contraignit à boire de l'eau de pluie ou de la neige fondue.

Il se rencontra pourtant quelques hommes assez intelligents pour comprendre l'absurdité de ces accusations et assez courageux pour le proclamer. Leurs noms méritent d'être signalés. C'étaient les magistrats de Strasbourg, le bourgmestre Conrad de Wintertur, l'échevin Gosse Sturm et Pierre Schwarber. Ces hommes de cœur multiplièrent leurs efforts pour faire éclater à tous les yeux l'innocence des Juifs et les défendre contre les attaques de la foule et même contre l'évêque. Les malheureux persécutés trouvèrent également appui et protection auprès du conseil de Bâle et de Fribourg. Les magistrats de Cologne écrivirent à leurs collègues de Strasbourg qu'ils suivraient leur exemple dans leur conduite à l'égard des Juifs.

L'accusation d'empoisonnement fut examinée à Benfeld, en Alsace, par une assemblée où se trouvaient réunis Berthold, évêque de Strasbourg, des barons, des seigneurs et des délégués de plusieurs villes. Les députés de Strasbourg plaidèrent éloquemment la cause des Juifs, même contre leur évêque, qui, par haine ou par ignorance, déclarait les Juifs coupables et demandait leur extermination. Ce fut l'évêque qui l'emporta. On décida d'expulser les Juifs de toutes les villes de la partie supérieure du Rhin (vers la fin de 1348). À la suite de cette résolution, les Juifs, encore tout saignants des coups que leur avaient portés les *Armleder* et leurs bandes, étaient absolument considérés comme hors la loi. On les expulsait ou on les brûlait à volonté. Chassés des villes, ils étaient assommés dans les campagnes par les paysans.

À Bâle également, ils subirent d'horribles supplices. Parqués dans une île du Rhin, ils furent enfermés tous dans une maison construite spécialement dans ce but, et brûlés. Après cette exécution sommaire, le conseil décida que pendant deux siècles aucun Juif ne pourrait plus s'établir à Bâle. Quelques jours plus tard, ce fut le tour des Juifs de Fribourg.

Dans les provinces rhénanes, ce fut la populace de Spire qui ouvrit la série des massacres. Elle se rua sur les Juifs, en tua une partie, en jeta une autre dans les flammes ; un très petit nombre de ces malheureux accepta le baptême.

En dépit de ces violences, les magistrats de Strasbourg persistèrent dans leurs sentiments de bienveillance à l'égard des Juifs. Le bourgmestre Wintertur demanda partout des informations, pour avoir en main des preuves nombreuses de l'innocence des Juifs et pouvoir résister aux clameurs du peuple, qui réclamait leur mort. Malheureusement, il ne trouva qu'un appui insuffisant auprès des conseils des autres villes. Seuls les magistrats de Cologne approuvèrent sa conduite courageuse. Mais il dut bientôt céder aux exigences de la foule. Les corporations ouvrières se réunirent, bannières en tête, sur la place de la cathédrale, et ne se séparèrent qu'après avoir obligé Wintertur et ses collègues à se démettre de leurs fonctions. Alors commencèrent des scènes d'une épouvantable sauvagerie. Deux mille Juifs furent jetés en prison, puis traînés au cimetière, où ils furent tous brûlés. On épargna ceux-là seuls qui se convertirent au christianisme. Le nouveau conseil interdit aux Juifs, pour un siècle, le séjour de Strasbourg. Les biens des victimes devinrent la propriété des bourreaux.

À Worms, où était établie une des plus anciennes communautés d'Allemagne, les Juifs avaient été donnés à la ville par l'empereur Charles IV en récompense des services qu'elle lui avait rendus. Celle-ci avait donc le droit de les traiter comme bon lui semblait. Quand le conseil eut décidé de les brûler ; ils devancèrent leurs bourreaux en incendiant leurs maisons et en se jetant dans les flammes. Plus de quatre cents personnes périrent ainsi. Les Juifs de Francfort et d'Oppenheim se tuèrent également eux-mêmes (vers la fin de juillet).

Quoiqu'ils fussent déjà suffisamment douloureux, les excès contre les Juifs allaient encore prendre un caractère de cruauté plus féroce. Aux yeux d'une grande partie de la chrétienté, la peste noire était envoyée par Dieu en punition des péchés commis par le peuple et surtout par les prêtres. On songea alors à détourner le fléau en s'imposant des mortifications. Des sectaires fanatiques erraient en Allemagne, mi-nus, se frappant de coups de fouet jusqu'au sang, attirant autour d'eux, par les chants lugubres qu'ils faisaient entendre dans les rues, un grand concours de population. Ces **flagellants** communiquaient leur sombre fanatisme à la foule, et naturellement les premières victimes étaient toujours les Juifs. Il y en avait, du reste, parmi eux qui se qualifiaient avec orgueil de **tueurs de Juifs**. Un contemporain dépeint ainsi, en quelques vers, la situation de la chrétienté :

La peste vint brusquement établir sa domination
Et faire mourir les hommes par milliers.
Les flagellants se promenaient tout nus dans les rues,
On les voyait se rouer eux-mêmes de coups.
La terre tressaillit sur sa base
Et les Juifs furent brûlés en quantité.

Ce furent certainement les flagellants qui organisèrent le massacre des Juifs de Francfort. À Mayence, les Juifs ne voulurent pas périr sans résistance. Trois cents d'entre eux se munirent d'armes et se défendirent avec acharnement. Après avoir tué deux cents de leurs persécuteurs, et sur le point de succomber sous le nombre, ils mirent le feu à leurs maisons et se précipitèrent dans les flammes. La plus importante communauté de l'Allemagne — environ six mille âmes — fut ainsi détruite.

On sait que les magistrats de Cologne ne croyaient pas à la culpabilité des Juifs et leur témoignaient de la bienveillance. Mais dans l'affolement général, la foule ne savait plus obéir, elle méconnut les ordres des chefs de la ville et tomba, à son tour, sur les Juifs. Ceux-ci étaient alors très nombreux à Cologne, car à ceux qui résidaient depuis longtemps dans cette ville étaient venus se joindre tous les Juifs des environs. Ils furent attaqués par la populace le jour même où succombèrent leurs coreligionnaires de Mayence. Il y eut bien chez eux quelques tentatives de résistance, mais leurs ennemis étaient trop nombreux, et à la fin ils furent tous massacrés.

Mais comment énumérer la lugubre série des villes où les Juifs furent brûlés eu se jetèrent eux-mêmes dans les flammes ? Ces épouvantables tueries se propagèrent de localité en localité, à travers toute l'Allemagne, depuis les Alpes jusqu'à la mer du Nord, avec la désespérante régularité d'une épidémie.

D'Allemagne, la contagion gagna la Bavière et la Souabe. Les plus anciennes agglomérations juives furent exterminées. Augsbourg, Würzbourg, Munich, tuent leurs Juifs. À Nuremberg, on haïssait particulièrement les Juifs parce que, dans cette ville de commerce, ils possédaient des richesses considérables et de belles maisons, et qu'ils avaient de nombreux débiteurs. L'empereur Charles IV connaissait la situation. Aussi déclara-t-il d'avance au Conseil de la ville qu'il le rendait responsable des mauvais traitements qui seraient infligés aux Juifs. Mais on ne tint nul compte de ses ordres. Sur une place appelée plus tard *Judenbühle* (Butte aux Juifs), les chrétiens, adeptes d'une religion qui prêche l'amour des hommes, élevèrent un immense bûcher et y brûlèrent tous les Juifs qui n'avaient pu s'enfuir. À Ratisbonne également, où se trouvait la plus ancienne communauté de l'Allemagne du Sud, la populace demanda la mort ou au moins l'expulsion des Juifs. Ceux-ci durent leur salut à l'intervention courageuse du Conseil et de la haute bourgeoisie, qui jurèrent solennellement devant le bourgmestre Berthold Egoltspecht de les défendre contre toute agression.

Ces excès sanglants eurent leur contrecoup dans les contrées voisines de l'Allemagne, à l'est comme à l'ouest de ce pays. Quand les flagellants arrivèrent à Bruxelles, un Juif de cette ville, qui jouissait d'une certaine considération auprès de Jean II, duc de Brabant, implora sa protection en faveur de ses coreligionnaires. Le duc la lui promit. Mais les flagellants surent gagner les bonnes grâces du fils du duc, et ils purent massacrer impunément tous les Juifs de Bruxelles, au nombre d'environ cinq cents.

Il y eut cependant plusieurs pays, parmi les moins civilisés, où les Juifs n'eurent pas trop à souffrir. Louis, roi de Hongrie, les expulsa bien de ses États, mais comme mécréants et non pas comme empoisonneurs. Il était très fanatique et s'était irrité contre eux parce qu'ils avaient refusé de se convertir au christianisme. En Pologne également, où sévissait même la peste noire, ils ne furent pas trop maltraités, grâce à la protection du roi Casimir le Grand. Ce monarque se montrait bienveillant pour les Juifs. Il régnait à peine depuis un an quand, sur la demande de quelques Juifs qui lui avaient rendu des services, il confirma (9 octobre 1354) le Règlement promulgué un siècle auparavant par Boleslaw Pius, duc de Kalisch.

Épouvantées par ces massacres, qui s'étaient propagés si rapidement de proche en proche, les communautés juives de la Catalogne, qui, après celles de la Provence, avaient souffert les premières de l'affolement produit par la peste noire, décidèrent de prendre des mesures pour se garantir à l'avenir contre les explosions de fanatisme de leurs ennemis. Elles résolurent d'abord de constituer un fonds parmi les Juifs de l'Aragon pour venir en aide à ceux qui auraient été pillés dans une émeute. Ensuite, on devait envoyer des délégués auprès du roi pour lui demander : d'empêcher par une législation sévère le retour de tels excès ; de solliciter du pape la promulgation d'une bulle qui interdirait aux chrétiens de rendre les Juifs responsables des calamités publiques ou des profanations d'hostie ; et enfin, d'autoriser les Juifs à juger eux-mêmes les affaires pénales, afin qu'ils pussent châtier les traîtres et les dénonciateurs qui se rencontreraient parmi eux. Les délégués devaient également être munis de pleins pouvoirs pour agir dans l'intérêt général des communautés et défendre auprès des cortès la cause de leurs coreligionnaires. Ces délégués devaient être ainsi choisis : deux pour l'Aragon, deux pour la Catalogne, un pour Valence et un pour Majorque.

Lorsqu'il s'agit de mettre ce plan à exécution, on ne put s'entendre. Du reste, il aurait été difficile d'obtenir un résultat sérieux. On aurait bien pu faire comprendre au pape et aux princes que les Juifs n'avaient jamais empoisonné de puits, mais le peuple était absolument convaincu que les Juifs poursuivaient l'extermination des chrétiens, et, après la peste noire, il les croyait capables de tous les crimes. Ainsi, dans cette légende où un débiteur autorise son créancier à couper une livre de chair sur son corps s'il ne le rembourse pas au jour de l'échéance et où le créancier veut user de son droit, les héros de l'histoire, racontée diversement, avaient été jusqu'alors un suzerain et son vassal ou un noble et un roturier. Mais quand la peste noire eut surexcité la haine contre les Juifs, un auteur italien, Giovanni Fiorentino, donne le rôle odieux à un Juif. Dans son récit, c'est un Juif de Mestre qui veut couper une livre de chair sur le corps de son débiteur de Venise, pour avoir la satisfaction de faire mourir un chrétien.

Et pourtant, malgré sa haine pour eux, la population chrétienne tenait absolument à ce qu'il y eût des Juifs au milieu d'elle. Princes, villes et même ecclésiastiques voulaient *avoir des Juifs*. Bourgeois et échevins oublièrent bien vite qu'ils avaient juré solennellement de tenir les Juifs éloignés de leurs villes pendant un ou deux siècles. L'évêque d'Augsbourg sollicita de l'empereur Charles IV l'autorisation *d'installer des Juifs sur ses domaines*. Les Électeurs de l'empire, notamment Gerlach, archevêque de Mayence, demandaient que le souverain n'eut plus seul le droit de posséder des *serfs de la chambre*, mais qu'il partageât ce droit avec eux. Aussi, à la diète de Nuremberg (novembre 1355), où fut promulguée, sous le nom de **Bulle d'or**, une sorte de Constitution de l'empire allemand, le monarque, en conférant aux Électeurs de l'empire quelques droits régaliens, comme ceux d'acquérir des mines de métaux et des salines, les autorisa en même temps à *avoir des Juifs en pleine propriété*, c'est-à-dire à posséder une source de revenus en plus. C'est ainsi que les Juifs étaient à la fois repoussés et recherchés, dédaignés et désirés. Nais ils savaient bien qu'on ne les appréciait que pour les ressources qu'on pouvait tirer d'eux. Quoi d'étonnant alors que devant cette preuve manifeste qu'ils ne pouvaient défendre leur misérable existence que par l'argent, ils fussent si ardents à en gagner !

En France également, d'où les Juifs avaient été expulsés, des motifs financiers faisaient désirer leur retour. Par suite des désastres de la guerre de Cent ans et de la captivité du roi Jean (septembre 1356), il régnait dans ce pays une misère épouvantable. On manquait surtout d'argent. C'est alors que le jeune dauphin Charles, qui exerçait la régence pendant la captivité du roi, songea, dans l'intérêt de la France, à avoir recours à l'habileté financière des Juifs. Un des Juifs les plus intelligents de cette époque, *Manessier* (Manecier) *de Vesoul*, négocia le retour de ses coreligionnaires en France, d'où ils avaient été chassés cinquante ans auparavant, puis rappelés, puis de nouveau exilés. Par un édit daté de mars 1360, Jean II, d'accord avec le haut et le bas clergé, la haute et la basse noblesse et la bourgeoisie, permit à tous les Juifs de s'établir en France et d'y séjourner pendant vingt ans. Ils avaient droit de résidence dans les grandes et les petites villes, dans les bourgs et les hameaux, et pouvaient acquérir des maisons et des champs. En échange de ces droits, ils devaient payer une taxe d'entrée de quatorze florins par chef de famille et d'un florin pour chaque membre, et, de plus, sept florins par an et par feu et un florin pour chaque membre de la famille. Pour les défendre contre l'arbitraire des juges et des fonctionnaires et contre les violences de la noblesse et du clergé, on les plaça sous la protection spéciale d'un prince du sang, et un tribunal, composé de deux rabbins et de quatre assesseurs, était autorisé à exercer sur eux, sans appel, la juridiction civile et pénale. On ne pouvait pas les contraindre à assister à un office ou à un sermon dans l'église. Non seulement leurs biens mobiliers, bétail, blé, vin, mais aussi les exemplaires de la Bible et du Talmud étaient garantis contre toute confiscation. Ils obtinrent surtout des privilèges commerciaux considérables. Ils pouvaient prêter jusqu'au taux de 80 pour 100 et exiger des gages. Manessier de Vesoul, qui avait dirigé cette négociation avec zèle et habileté, fut nommé à un emploi élevé à la cour. C'est lui qui était chargé, sous sa responsabilité, de recueillir les taxes annuelles imposées à ses coreligionnaires. Ces privilèges attirèrent de nombreux Juifs en France.

Cette situation créa aux Juifs bien des envieux. Par crainte de la concurrence, les médecins chrétiens se plaignaient que leurs collègues juifs n'eussent subi aucun examen et les accusaient d'être de simples charlatans. Les juges et les divers fonctionnaires, n'exerçant plus aucune autorité sur les Juifs et n'ayant, par conséquent, plus l'occasion de leur soutirer de l'argent, leur reprochaient de commettre de nombreux abus. Enfin, le clergé constatait avec chagrin qu'ils ne portaient pas toujours le signe d'infamie sur leurs vêtements. Devant ces doléances et ces récriminations, Jean II eut la faiblesse d'imposer de nouveau quelques restrictions aux juifs.

Quand le dauphin, sous le nom de Charles V, fut monté sur le trône, il s'empressa d'abolir les restrictions apportées par son père aux privilèges des Juifs et de les autoriser à prolonger leur séjour en France. Il les défendit aussi avec énergie contre la haine du clergé. Quelques prélats avaient, en effet, laissé prêcher dans le sud de la France qu'il était interdit aux chrétiens, sous peine d'excommunication, d'entretenir des relations avec les Juifs, d'allumer leur feu, de leur donner ou de leur vendre de l'eau, du pain ou du vin. Le gouverneur du Languedoc invita alors, au nom du roi, tous les fonctionnaires à punir sévèrement tous ceux, laïques ou ecclésiastiques, qui traiteraient les Juifs en ennemis.

Ainsi, en France comme en Allemagne, les Juifs, après avoir souffert de cruelles persécutions, avaient de nouveau trouvé quelque sécurité. Nais les maux qu'ils avaient endurés a-, aient a1aibli en eux l'activité intellectuelle et les avaient rendus impropres aux travaux de la pensée. Quoique l'enseignement du Talmud eût été très florissant en France pendant deux siècles entiers, depuis Raschi jusqu'aux derniers tossafistes, il se trouva à peine quelques rares talmudistes parmi les Juifs qui revinrent dans ce pays. Les privilèges accordés aux Juifs par le roi Jean II et Charles V disaient bien que les rabbins étaient chargés de juger leurs coreligionnaires, mais parmi ces rabbins, d'après le témoignage même des contemporains, il ne se rencontra que cinq talmudistes passables et un seul qui fût éminent. C'était *Matatia ben Joseph Provenci*. Pour implanter de nouveau les études talmudiques en France, il créa une école à Paris, réunit de nombreux disciples autour de lui, et comme les exemplaires du Talmud avaient été détruits précédemment en grande partie, il en fit copier de nouveaux. C'est aussi lui qui donnait l'ordination aux rabbins. Il jouissait auprès de Charles V d'une telle considération qu'il fut exempté, ainsi que sa famille, du port infamant de la rouelle, placé comme chef religieux à la tête des Juifs de France et nommé juge suprême des tribunaux juifs.

En Allemagne, aussi, les massacres et les expulsions de 1349 eurent les plus fâcheuses conséquences pour le recrutement des rabbins. Les plus remarquables d'entre eux avaient été égorgés ou chassés. Il arrivait qu'on confiait la direction des communautés à des rabbins sans vocation et sans instruction. Pour remédier à cet état de choses, un savant distingué, Meïr ben Baruch Hallévi (vers 1370-1390), de Vienne, établit un règlement en vertu duquel on ne permettait d'exercer les fonctions rabbiniques, c'est-à-dire d'acquérir la dignité de *Morênou*, qu'à ceux qui y auraient été autorisés par un rabbin compétent.

Ce fut sous la pression des circonstances, et non pas par pur caprice, que Meïr de Vienne promulgua son règlement. La science talmudique était, en effet, alors en pleine décadence, la chaîne, des traditions avait été interrompue par la période néfaste de la peste noire et, pour bien des questions, les rabbins ne savaient plus comment procédaient leurs prédécesseurs. De là, des divergences et des contradictions, à un tel point que les rabbins des provinces rhénanes durent convoquer un synode pour s'entendre sur quelques articles du droit matrimonial et remettre en vigueur d'anciennes ordonnances. À l'assemblée de Mayence (1381), un certain nombre de rabbins, de concert avec plusieurs chefs de communauté, rétablirent d'anciens règlements de Spire, Worms et Mayence (Tekanot Schum), décidant, entre autres, qu'une femme restée veuve sans enfant devait être déliée promptement de l'obligation d'épouser son beau-frère et avait droit à une partie bien déterminée de la succession de son mari. De tous les rabbins qui prirent part à ce synode, pas un seul n'a laissé un nom connu.

L'Espagne ne fut pas plus épargnée que les autres pays par la peste noire, qui emporta même Alphonse XI, roi de Castille. Il y eut également des victimes à Tolède et à Séville, dans les familles juives les plus illustres, parmi les Aboulafia et les Ascherides. Mais jamais le peuple n'eut l'idée de rendre les Juifs responsables de cette épidémie.

Du reste, sous le règne de Don Pedro (1350-1369), fils et successeur d'Alphonse, les Juifs jouirent en Castille d'une influence considérable. Ce roi, qui monta sur le trône à l'âge de quinze ans, fut surnommé *Pierre le Cruel* par ses ennemis, quoique, en réalité, il ne fût pas plus cruel que beaucoup de ses prédécesseurs et successeurs. Il avait ses qualités et ses faiblesses comme tout homme, mais fut haï plus que les autres, en partie parce qu'il ne voulait se soumettre ni aux rigueurs de l'étiquette de la Cour ni à toutes les exigences de la politique. Il est vrai qu'il exerça de sanglantes représailles, dais il y fut forcé par la trahison de ses frères bâtards, enfants de cette Léonore de Guzman qui, sans le vouloir, contribua une fois à sauver les Juifs. La mère de Don Pedro, l'infante portugaise Donna Maria, avait eu à subir toute sorte d'humiliations de la part de son époux, qui maltraitait sa femme pour complaire à sa concubine Léonore de Guzman. Don Pedro lui-même avait dû céder sans cesse le pas à ses frères bâtards, notamment à son frère utérin Henri de Transtamare.

Dès qu'il fut nommé roi, Don Pedro s'empressa de rendre à sa mère le rang qui lui appartenait et d'abaisser sa rivale. Il ne fit cependant aucun mal à ses frères bâtards, ce qui prouve qu'il n'était pas bien cruel. Mais il se montrait sévère envers les grands et les hidalgos, qui, au mépris de toute justice et de toute loyauté, opprimaient et maltraitaient le peuple. Aussi était-il surtout détesté de la haute noblesse, mais le peuple abandonné à ses propres sentiments lui resta fidèle jusqu'à sa mort. Les Juifs se montrèrent également sensibles à ses bienfaits et lui sacrifièrent leurs personnes et leurs biens. Ses luttes coûtèrent la vie à beaucoup d'entre eux, mais ils moururent, du moins, en soldats, enveloppés dans la défaite de leur chef, comme ses partisans chrétiens, et ils ne furent pas misérablement égorgés, victimes de la haine et du fanatisme, comme leurs frères de France et d'Allemagne.

Un poète juif, qui était alors un vieillard, Santob de Carrion (vers 1300-1350) adressa à Don Pedro, à son avènement au trône, un poème en castillan, où il se permit de lui donner des conseils. Les vers de ce poète, dont la littérature juive ne fait aucune mention, nous ont été conservés par des auteurs chrétiens. Ils sont clairs et limpides comme une source d'eau vive jaillissant d'un rocher, ils sonnent purs et harmonieux comme le doux gazouillis d'un enfant. Santob de Carrion écrivait admirablement la langue castillane, si sonore et si mélodieuse, qu'il sut même enrichir de mots nouveaux, il développait dans de belles strophes des sentences et des maximes de morale dont quelques-unes sont empruntées au Talmud et à la poésie néo-hébraïque.

Le bouquet poétique de Santob avait aussi des piquants. Notre poète fustigea de sa verve ceux de ses coreligionnaires qui avaient profité de la faveur royale pour s'enrichir, et il railla les préjugés que les hidalgos nourrissaient à l'égard des Juifs. Même dans les stances qu'il adressa à Don Pedro au nombre de plus de six cents, il ne craignit pas de faire entendre au roi de dures vérités et de lui montrer le vice sous ses formes les plus hideuses.

Parmi les Juifs auxquels Don Pedro confia des emplois élevés, le plus considérable fut *Don Samuel ben Meïr Allavi*, de la famille distinguée d'Aboulafia Hallévi, de Tolède. Il avait été recommandé au roi par son précepteur et ministre tout-puissant Don Juan Alphonse d'Albuquerque ; Don Pedro le nomma son trésorier. Peu à peu, Samuel gagna toute la confiance du roi, devint son conseiller intime et fut consulté pour toutes les affaires importantes. Deux inscriptions, rédigées l'une de son vivant et l'autre après sa mort, représentent Samuel comme un homme de sentiments généreux, de caractère élevé, d'une piété sincère, *qui ne s'écarta jamais des voies de Dieu, savait accepter le blâme*, et prodigua ses bienfaits.

Le médecin et astrologue du roi était également un Juif, *Abraham ibn Çarçal*. Au reste, il vivait tant de Juifs à la cour de Don Pedro que, pour marquer leur mépris, ses détracteurs la qualifièrent de **cour juive**. Que ce fût par pur sentiment d'équité ou sur la recommandation de ses favoris juifs, Don Pedro protégeait les Juifs de son royaume autant que ses autres sujets. Aussi, quand les cortès de Valladolid lui présentèrent (mai 1351) une pétition pour qu'il supprimât la juridiction spéciale des Juifs et ne leur laissât plus leur propre alcade (juge), il leur répondit que, dans la situation qui leur était faite, les Juifs avaient besoin d'une protection particulière, parce qu'ils n'obtiendraient pas justice devant un tribunal chrétien.

Sur ces entrefaites, survint une histoire de mariage qui amenai la guerre civile et troubla la sécurité des Juifs de Castille. Pendant que les ministres de Don Pedro négociaient son mariage avec Blanche, tille du due de Bourbon, le roi tomba amoureux de la belle et spirituelle Marie de Padilla ; on dit même qu'il l'épousa devant témoins. Il désavoua donc la demande de mariage adressée en son nom à Blanche de Bourbon. Celle-ci vint quand même en Espagne, et, à la suite des intrigues et des démarches pressantes des plus proches parents de la princesse, Don Pedro consentit à laisser célébrer son mariage avec elle. Riais il ne resta avec elle que deux jours.

De là, de très vives dissensions parmi les courtisans, les uns se déclarant pour la princesse de Bourbon et les autres pour Marie de Padilla. Samuel, et avec lui tous les Juifs d'Espagne, se rangèrent du côté de Marie. C'est qu'ils avaient appris que Blanche de Bourbon voyait arec déplaisir les Juifs occuper une situation élevée à la cour et qu'elle avait manifesté publiquement l'intention de les en chasser et même d'expulser tous les Juifs d'Espagne. Il est donc naturel que, sous le coup d'une telle menace, les favoris juifs se soient décidés à combattre l'influence de la reine et à soutenir énergiquement Marie de Padilla. Partisans de la reine et partisans de la favorite se combattaient avec acharnement. Albuquerque, qui s'était déclaré d'abord contre Blanche de Bourbon et s'était ensuite laissé enrôler sous sa bannière, tomba en disgrâce. Il fut remplacé par Samuel, qui devint le conseiller le plus écouté du roi et l'accompagnait partout avec les grands du royaume.

Un jour, les ennemis du roi parvinrent à l'attirer avec une partie de sa suite dans la forteresse de Toro. Tous les courtisans qui accompagnaient Don Pedro, et parmi eut Samuel, furent jetés en prison; plusieurs d'entre eux ainsi que le grand maître de Calatrava furent même exécutés. Un peu plus tard, Samuel parvint à s'échapper avec Don Pedro, et cette circonstance resserra encore les liens d'amitié entre le souverain et son favori.

À la suite de la trahison de Toro, la Castille fut ensanglantée par la guerre civile. Don Pedro châtiait cruellement ceux de ses ennemis qui tombaient entre ses mains. Mais il ne prenait conseil que de sa colère, et le ministre juif, comme le reconnaissaient ses adversaires eux-mêmes, n'était pour rien dans ces représailles. La lutte fut surtout acharnée à Tolède. Les frères du roi s'efforçaient de s'emparer de cette ville, qui était défendue vaillamment par les partisans de Don Pedro, et tout particulièrement par les Juifs. Ils parvinrent cependant à y pénétrer, grâce à la complicité de quelques amis, qui leur ouvrirent secrètement une porte. Leurs soldats se précipitèrent alors dans les quartiers qui étaient principalement habités par des Juifs. Dans la seule rue d'Alcana, ils tuèrent environ douze mille personnes, hommes, femmes, vieillards et enfants.

La ville intérieure résistait cependant encore, les Juifs, appuyés par des chevaliers, avaient fortement barricadé les portes et se battaient avec un courage héroïque. Don Pedro eut ainsi le temps de venir au secours de la ville et de la délivrer. Il fut accueilli par ses partisans avec des clameurs joyeuses, mais il se montra impitoyable pour ses adversaires.

Grâce à la sagesse de ses conseils, à l'habileté de son administration financière et au zèle qu'il déploya pour la cause de Marie de Padilla, Samuel grandit de plus en plus dans la faveur de Don Pedro. Son influence était considérable, ses richesses immenses, et il avait à son service quatre-vingts esclaves noirs. Mais il semble n'avoir su rien faire pour la cause du judaïsme et l'avenir de ses coreligionnaires. Une inscription dit, il est vrai, qu'il *travailla pour le bien de ses frères*, mais il ne comprit pas en quoi devait consister ce **bien**. Tout en protégeant les Juifs contre la malveillance, en les appelant à des emplois publics et en leur fournissant l'occasion de s'enrichir, il ne sut cependant pas leur être utile comme Hasdaï ibn Schaprout et Samuel ibn Nagrela. Il ne paraît pas non plus s'être intéressé à la science ou à la poésie. Car s'il fit construire des synagogues dans plusieurs villes de la Castille, il ne fonda pas une seule école pour l'enseignement du Talmud.

La magnifique synagogue qu'il éleva à Tolède et qui, transformée en église, est encore aujourd'hui un des plus beaux ornements de la ville, est construite dans un style mi-gothique, mi-moresque. Au milieu de fines arabesques, ressort, sur fond vert, le psaume 80ᵉ écrit en caractères hébreux. Sur les murs des côtés nord et sud se lisent des inscriptions qui célèbrent les mérites du *prince Samuel Lévi ben Meïr*. La communauté y témoigne sa reconnaissance à Dieu, *qui n'a jamais retiré sa protection à son peuple et a suscité des hommes capables de le délivrer de ses ennemis. Il est vrai qu'il n'y a plus de roi en Israël, mais Dieu a fait trouver grâce à un homme de son peuple aux yeux de Don Pedro, et ce souverain l'a élevé au-dessus de tous les grands de son royaume, l'a nommé son conseiller et lui a décerné des honneurs presque royaux*. Le nom de Don Pedro est écrit en très grands caractères pour faire constater d'une façon en quelque sorte palpable combien ce monarque était bienveillant pour les Juifs. À la fin de l'inscription, on exprime le vœu que Samuel puisse encore assister à la restauration du temple de Jérusalem et y prendre part au culte divin, avec ses fils, en qualité de lévites.

Par une coïncidence singulière, l'année même où cette synagogue fut achevée avait été désignée un siècle auparavant par l'astronome Abraham ben Hiyya et le cabaliste Nahmani, et, un peu plus tard, par le philosophe Léon de Bagnols, comme devant ouvrir l'ère messianique. Le Messie attendu n'étant pas venu à l'époque prédite, de nombreux Juifs, inébranlables dans leurs espérances, voyaient dans la situation élevée de Samuel et d'autres favoris juifs une preuve certaine que les temps messianiques étaient proches. Ces croyances pouvaient être dangereuses. Aussi furent-elles vivement combattues par un rabbin inclunt de l'époque, Nissim Gerundi ben Reuben ou *Ran*, de Barcelone (vers 1340-1380), qui craignait avec raison les conséquences fâcheuses de déceptions trop fréquentes.

Du reste, les illusions que la position brillante de Don Samuel avait fait naître dans le cœur de ses coreligionnaires d'Espagne allaient recevoir une très grave atteinte. Don Samuel était trop puissant pour ne pas avoir des envieux et des ennemis. Il avait contre lui non seulement Henri de Transtamare et la reine Blanche, mais tous ceux qui avaient occupé auparavant des emplois à la cour. Un poète, Don Pedro Lopez de Ayala, chroniqueur et porte-bannière du roi, se fit l'interprète des sentiments que les courtisans nourrissaient à l'égard du ministre juif. *Les Juifs*, dit-il, *boivent le sang des malheureux chrétiens et, en leur qualité de fermiers des impôts, ils s'emparent de leurs biens. Don Abraham et Don Samuel, beaux parleurs, savent obtenir du souverain tout ce qu'ils désirent.* De tous côtés on battait en brèche l'influence de Samuel.

Un beau jour, Don Pedro fit confisquer toute la fortune de Samuel et de sa famille, qui consistait en 230.900 doublons, 4.000 marcs d'argent, 125 caissettes d'étoffes précieuses et 180 esclaves. Il parait qu'on trouva enfouies dans la maison de Samuel des quantités considérables d'or et d'argent. Lui-même fut jeté en prison et torturé. On espérait lui faire avouer qu'il possédait encore d'autres richesses. Mais il ne fit aucun aveu et périt dans les tortures. Une inscription, gravée sur sa tombe, dit en termes très sobres qu'il avait été tout-puissant et que son âme est montée vers Dieu, purifiée par les souffrances. Elle ne contient pas un mot de blâme contre Don Pedro.

Il est vrai que, même après la mort de Samuel, le roi continua de confier des emplois élevés à des Juifs. Ces derniers durent partager plus tard avec leur souverain la réprobation soulevée par plusieurs de ses actes. On sait que Don Pedro fit assassiner sa femme. Que la reine ait mérité la mort ou non, il est certain que son exécution resto comme une flétrissure pour la mémoire de Don Pedro. Ses contemporains rendirent le roi seul responsable de cet acte, et le chroniqueur Lopez de Ayala, qui n'aimait pourtant pas les Juifs, ne fait pas la moindre allusion, dans ses annales, à leur complicité. Ce fut seulement plus tard qu'on eut l'idée d'impliquer dans ce crime les favoris juifs de Don Pedro. On raconta que, sur l'ordre du roi, un Juif empoisonna la reine Blanche, parce qu'elle avait manifesté la volonté d'expulser les Juifs du royaume. Une romance française a perpétué cette légende.

Quoi qu'il en soit, Henri de Transtamare profita de l'impression pénible produite par l'exécution de la reine Blanche pour essayer de gagner des alliés contre Don Pedro. Ses démarches furent bien accueillies par les Bourbons et le roi de France, qui lui envoyèrent des bandes d'aventuriers connues sous le nom de a grandes compagnies a. Le pape également favorisait Henri de Transtamare, parce qu'il voyait avec déplaisir Don Pedro témoigner de la bienveillance aux Juifs de son royaume, et, sans autre forme de procès, il excommunia le roi. Du reste, Henri aussi essaya de justifier sa révolte contre son frère en le montrant trop ami des Juifs. Il alla plus loin, il ne déclara pas seulement que la favorite Marie de Padilla était juive, il accusa le roi lui-même de descendre de Juifs.

Appuyé fortement par les aventuriers des **grandes compagnies**, qui avaient à leur tête le célèbre Bertrand Du Guesclin, Henri de Transtamare passa les Pyrénées pour marcher contre son frère. Les Juifs se rangèrent tous sous le drapeau de Don Pedro, le soutenant de leur argent et défendant vaillamment ses villes fortes contre les attaques de Henri et de Du Guesclin. Malheureusement, Don Pedro ne sut ni concentrer à temps ses partisans, disséminés un peu partout, ai acheter les troupes mercenaires qui le combattaient. À ce moment, il déplorait sans nul doute l'absence de son prudent et habile ministre juif Don Samuel. La ville de Tolède tomba au pouvoir de Henri, qui imposa à la communauté jure une forte amende pour la punir d'être restée fidèle au roi légitime. Don Pedro ne possédait plus que Séville.

Pourtant la fortune lui sourit de nouveau. Après avoir été obligé de s'enfuir de l'autre côté des Pyrénées et abandonner tous ses États au vainqueur, il revint dans son royaume sous la protection du vaillant prince de Galles, que son armure avait fait surnommer le **Prince Noir**. Henri de Transtamare dut quitter l'Espagne (1367). Mais le triomphe de Don Pedro fut de courte durée. Le prince de Galles lui ayant retiré son appui, Henri put revenir de France avec de nouvelles troupes et s'emparer rapidement du nord de l'Espagne. Burgos également lui ouvrit ses portes. Seul le quartier juif résista, défendu par ses habitants et par quelques fidèles chevaliers de Don Pedro. Mais les assaillants étaient trop nombreux, les Juifs durent céder. Ils obtinrent, du moins, une honorable capitulation, ils purent continuer à demeurer à Burgos et à jouir des mêmes droits qu'auparavant. Henri leur fit seulement payer une taxe de guerre d'un million de maravédis.

Mais les chrétiens n'étaient pas satisfaits de la liberté laissée aux Juifs. Dans une pétition qu'elles adressèrent à Henri, les cortès de Burgos déclarèrent que les Juifs étaient en partie responsables de la guerre civile, puisqu'ils jouissaient de la faveur de Don Pedro, et qu'il fallait, par conséquent, les en punir en leur interdisant l'accès de tout emploi public et en leur défendant d'affermer les impôts et même de se faire nommer médecins du roi et de la reine. Henri répondit que jusqu'alors aucun roi castillan n'avait encore écarté les Juifs des emplois publics, qu'il était cependant résolu à ne pas leur laisser prendre une influence qui pourrait nuire au pays, mais que, d'autre part, il ne coudrait pas les pousser au désespoir et les forcer ainsi à se joindre aux partisans de Don Pedro, qui étaient encore nombreux dans le pays.

De fait, la plupart des communautés juives restèrent fidèles à Don Pedro, qui, de son côté, les protégea tant qu'il eut le moindre pouvoir, et les recommanda même au roi musulman de Grenade, son allié. Malheureusement, la protection de Don Pedro n'était pas toujours suffisante, et amis et ennemis maltraitèrent les Juifs. Les troupes anglaises du prince de Galles exterminèrent presque totalement les communautés de Villadiego et d'Aguilar, et le roi de Grenade emmena captives dans sa capitale trois cents familles juives de Jaen. Du Guesclin se montra encore plus dur pour les Juifs, qu'il traita non pas en soldats qui se battent loyalement pour leur roi, mais en esclaves révoltés contre leur maître.

Ce fut surtout la communauté de Tolède qui souffrit de la lutte entre Henri et Don Pedro. On a déjà vu plus haut que les Juifs, aidés d'une partie de la population chrétienne, défendirent énergiquement la ville contre les soldats de Henri. Ils soutinrent un siège effroyable, pendant lequel la famine était si grande qu'ils mangèrent le parchemin des rouleaux de la Loi et jusqu'à la chair de leurs enfants. Après le siège, cette belle communauté de Tolède avait presque totalement disparu, décimée par la faim et le fer.

Don Pedro fut définitivement défait près de Montiel (14 mars 1369), succombant sous les coups réunis de son frère Henri et de Bertrand Du Guesclin. À la nouvelle de sa mort, le pape Urbain V s'écria joyeusement : *J'apprends avec satisfaction la disparition de ce tyran, rebelle contre l'Église et protecteur des Juifs et des Sarrasins. Le juste se réjouit du châtiment infligé au méchant.* La mort de Don Pedro était, en effet, un triomphe pour la papauté, car elle obtenait enfin ce qu'elle avait vainement poursuivi jusque-là, l'humiliation des Juifs de la Castille.

Henri de Transtamare, qui monta sur le trône après avoir tué son frère, ne se montra pourtant pas malveillant pour les Juifs de son royaume. Ceux-ci, il est vrai, craignaient que le nouveau souverain ne les châtiât de la fidélité persistante qu'ils avaient témoignée à son adversaire. Mais Henri avait besoin d'eux. Sa lutte contre Don Pedro avait absorbé des sommes considérables ; il devait, en outre, beaucoup d'argent à ses alliés. De plus, le pays était épuisé à la suite de cette guerre acharnée. Il fallait donc des financiers très habiles et très intelligents pour trouver l'argent nécessaire et faire rentrer régulièrement les impôts. Fleuri savait que des Juifs seuls pouvaient exercer ces fonctions dans ces circonstances difficiles. Aussi, au lieu de punir les Juifs de leur attachement pour Don Pedro, les en loua-t-il, au contraire : *Il est du devoir d'un roi*, dit-il, *de récompenser de tels sujets, puisqu'ils sont restés fidèles à leur souverain jusqu'à sa mort et ne l'ont pas trahi au profit du vainqueur.* Il appela auprès de lui deux Juifs de Séville, Don Joseph Pichon et Don Samuel Abrabanel, et nomma le premier son ministre des finances ou almoxarif. Ainsi, il commit lui-même cet horrible crime de confier des emplois à des Juifs, quoiqu'il eût reproché avec tant d'âpreté à son frère.

Mais si Henri de Transtamare pardonnait aux Juifs la part qu'ils avaient prise à la guerre, les nobles et les bourgeois n'oubliaient pas qu'ils avaient eu à les combattre sur les champs de bataille et derrière les murs des forteresses. Aveuglés par la haine et le désir de la vengeance, ils ne savaient pas reconnaître quel utile concours les Juifs pouvaient apporter au relèvement du pays. Dès la première réunion des cortès de Toro (1371), des sentiments de malveillance se manifestèrent à l'égard des Juifs. On se plaignait que *cette race impudente et perverse*, ennemie de Dieu et de la chrétienté, occupât des situations élevées à la cour et auprès des grands d'Espagne, eût la ferme des impôts et tînt ainsi de fidèles chrétiens dans sa dépendance. On voulait que dorénavant les Juifs fussent tenus éloignés de tout emploi public, confinés dans des quartiers spéciaux, obligés de porter la rouelle, et qu'il leur fût défendu de sortir couverts de vêtements somptueux, de chevaucher sur des mules ou de prendre des noms chrétiens.

Tout en n'approuvant pas ces réclamations, Henri était quand même obligé d'en tenir compte dans une certaine mesure. Il promulgua contre les Juifs deux édits, de nature morale, il est vrai, mais qui produisirent sur eux une douloureuse impression. Il leur prescrivit le port de la rouelle et les obligea à changer leurs noms castillans. C'était là un coup terrible porté à leur fierté castillane, qu'ils partageaient avec les grands et les hidalgos. Pendant un siècle et demi, ils avaient su se préserver, seuls au milieu de leurs coreligionnaires d'Europe, de la honte d'attacher le signe d'infamie à leurs vêtements, et maintenant eux aussi étaient condamnés à cette humiliante obligation, eux aussi étaient contraints de porter des noms juifs, qui les désigneraient au mépris de la population ! Ils en étaient désespérés. Déjà les souffrances de la guerre, en leur imposant toute sorte de préoccupations matérielles, avaient diminué chez eux le désir de s'instruire. Après cette nouvelle épreuve, ils perdirent complètement courage, renoncèrent à toute étude, à toute recherche scientifique, et bientôt l'Espagne juive, qui était arrivée à un si haut degré de culture, ne compta plus que quelques demi savants.

Pourtant, à ce moment, il aurait fallu en Espagne des Juifs instruits et Intelligents, capables de défendre leur religion. Car les représentants du christianisme commençaient alors à multiplier leurs attaques contre te judaïsme, pour l'avilir aux yeux de ses adeptes et les pousser à se convertir. Avec l'autorisation de Henri, qui devait en partie sa couronne au clergé et était tenu de se montrer soumis à son égard, les ecclésiastiques obligeaient les Juifs à prendre part à des controverses religieuses, où naturellement la partie n'était pas égale pour eux, chaque mot imprudent pouvant avoir pour eux les plus graves conséquences. Le roi permit même à deux Juifs baptisés d'organiser des colloques dans chaque ville de la Castille et d'y faire assister les Juifs par contrainte.

À Avila, toute la communauté reçut l'ordre (1375) de se rendre dans la grande église, où une controverse eut lieu en présence de nombreux chrétiens et musulmans. Le défenseur du judaïsme, à ce colloque, était le médecin *Moïse Kohen de Tordesillas*. Celui-ci n'était pas trop rassuré, car il venait d'être dépouillé de tous ses biens et cruellement maltraité, parce qu'il avait refusé de se convertir. Il s'en tira cependant à son avantage; il n'eut pas de peine à triompher d'un de ses adversaires, l'apostat Jean, de Valladolid, qui voulait prouver par l'Ancien Testament la vérité des principaux dogmes chrétiens, tels que la divinité de Jésus et son Incarnation, la Trinité, la virginité de la a mère de Dieu». Après quatre séances, Jean dut s'avouer vaincu. (lais alors surgit un autre adversaire, qui proposa à Moïse Kohen de discuter sur le Talmud, lui déclarant qu'il considérerait son refus comme un aveu que ce recueil contient des attaques contre le christianisme. Moise dut accepter cette provocation.

Dans toutes ces discussions, Moise répondit aux assertions les plus calomnieuses et les plus outrageantes avec sang-froid et sérénité, ne laissant pas échapper le moindre mot blessant pour ses adversaires. En mettant par écrit, pour ses coreligionnaires de Tolède, le résumé de ses controverses, il ajoute cette remarque : *Ne vous laissez jamais emporter par votre zèle au point de proférer des paroles blessantes, car les chrétiens possèdent la force et peuvent faire taire la vérité à coups de poing.*

Un autre Juif d'Espagne, *Schem Tob ben Isaac Schaprout*, de Tudela, contemporain de Moïse de Tordesillas, composa également un écrit polémique, plus complet que celui de Moise, pour aider les juifs à se défendre contre les attaques des chrétiens et leur montrer les points faibles du christianisme. On aurait vraiment dit que ces esprits élevés prévoyaient les maux qui allaient atteindre les Juifs d'Espagne et qu'ils voulaient d'avance leur mettre des armes entre les mains pour les prémunir contre toute surprise. Ce Schem Tob avait été appelé à discuter à Pampelune, en présence d'évêques et de savants ecclésiastiques, sur le péché originel et la Rédemption, arec le cardinal Don Pedro de Luna, qui fit plus tard tant de mal aux Juifs quand il eut été élu pape sous le nom de Benoît XIII. Ce fut à la suite de cette controverse que Schem Tob publia un écrit polémique. Il traduisit également en hébreu des extraits des quatre évangiles et y ajouta des remarques piquantes, pour permettre à ses coreligionnaires de combattre le christianisme avec ses propres armes.

Ces ouvrages ne rendirent cependant pas aux Juifs, à l'heure des épreuves, les services que leurs auteurs en attendaient. C'est que les écrits ne suffisaient pas. Il aurait fallu des hommes énergiques, de caractère ferme et de haute intelligence, pour élever jusqu'à eux la partie la plus instruite de la population juive, lui faire partager leurs propres sentiments et l'associer à eux pour diriger le judaïsme. Mais l'anathème lancé contre les études profanes avait produit son effet. Grâce à lui, la génération de cette époque était composée d'hommes médiocres, manquant de la pénétration nécessaire pour se rendre un compte exact des événements, pénétration que les spéculations philosophiques peuvent seules donner à l'esprit. La foi elle-même souffrait de ce que les croyants eussent été enfermés dans le domaine étroit du Talmud.

Deux hommes seuls dépassaient alors le niveau moyen par leur savoir et leur caractère : c'étaient Hasdaï Crescas et Isaac ben Schèschet. Il est vrai qu'ils habitaient l'Aragon, où les Juifs, sous la domination de Don Pedro IV et de Juan Ier, étaient moins opprimés et moins appauvris que leurs frères de Castille. Non pas que ces deux savants fussent assez éminents pour exercer une influence sur la manière de penser de leurs contemporains, mais n'étaient des hommes en vue, qui, de loin, appelaient l'attention sur eux, et auxquels on demandait souvent conseil dans les circonstances difficiles. Tous deux avaient à cœur de maintenir intact le judaïsme, de faire régner la paix parmi leurs coreligionnaires et d'affermir les courages.

Hasdaï ben Abraham Crescas (né vers 1340 et mort vers 1410) était d'abord établi à Barcelone et plus tard à Saragosse. Quoique versé dans le Talmud, il n'exerçait cependant pas les fonctions de rabbin. Du reste, ses nombreuses occupations ne le lui auraient pas permis. Il était, en effet, en relations avec la cour du roi Juan Ier et les grands d'Aragon, et en recourait souvent à ses conseils. Très familiarisé avec les diverses doctrines philosophiques de son époque, il avait assez de profondeur d'esprit pour être devenu lui-même un penseur original. Le premier il montra les points faibles de la philosophie d'Aristote, qui faisait alors autorité aux yeux de tous les penseurs juifs. Il resta toujours profondément convaincu des vérités du judaïsme. Hasdaï était doux et bienveillant, plein de pitié pour les faibles et les malheureux ; il multiplia ses efforts pour adoucir en partie les souffrances qui atteignirent de son temps les Juifs d'Espagne.

Plus âgé que lui, son ami *Isaac ben Schèschet Barfat* (né vers 1336 et mort en 1408) lui ressemblait par le caractère, mais différait de lui par les idées. Élève du fils et des disciples de Ben Adret, il était, comme ce dernier, un talmudiste remarquable par la netteté de son intelligence et la clarté de ses explications, mais comme ce dernier aussi, et même plus que lui, il était ennemi de la science. Ben Adret avait cédé aux circonstances en interdisant à la jeunesse les études profanes, mais Ben Schèschet, suivant l'exemple des Ascherides, les défendit même aux hommes. d'âge mûr. Il était persuadé que les sciences naturelles et la philosophie ébranlaient les fondements du judaïsme. Cette étroitesse d'esprit mise à part, Ben Schèschet était une personnalité éminemment sympathique, toujours disposé à sacrifier ses intérêts particuliers au bien général. Très doux d'habitude, il se montrait d'une sévérité excessive dès qu'il croyait le moindre usage religieux, la moindre prescription talmudique en danger.

Les démêlés de Ben Schèschet avec Hayyim Galipapa sont vraiment caractéristiques. Ce rabbin (né vers 1310 et mort vers 1380), qui dirigeait les communautés de Huesca et de Pampelune, fut, au moyen âge, une figure très originale. Pendant que les autres rabbins du temps, sous l'influence d'Ascher et de son école, ajoutaient aggravations sur aggravations, et, en cas de doute, penchaient toujours pour la solution la plus rigoureuse, Galipapa était, au contraire, d'avis qu'il fallait prendre en considération tous les passages du Talmud qui permettent de rendre plus facile l'observance des usages religieux. Ce principe, Galipapa l'appliquait dans la pratique. Dans d'autres questions aussi, ce rabbin osait s'écarter de la routine et avoir des vues personnelles. Ainsi, il émit l'opinion que le livre de Daniel ne contient pas de prophéties, mais reflète les impressions produites par la lutte des Macchabées. De telles idées étaient en contradiction absolue avec celles de Ben Schèschet, qui ne craignit pas de réprimander Galipapa comme un écolier, quoique ce dernier fût déjà très âgé, eût formé de nombreux élèves et jouit d'une grande considération.

L'autorité de Hasdaï Crescas et d'Isaac ben Schèschet s'étendait au-delà de l'Espagne. On leur demanda de France de se prononce. dans une querelle qui avait éclaté à propos de la nomination du chef religieux des communautés juives de ce pays.

Il s'était alors produit en France, dans les affaires juives, des modifications causées en partie par la situation politique du pays. Manessier de Vesoul, le protecteur de ses coreligionnaires, ainsi que le grand-rabbin Matatia, très considérés tous deux dans les communautés et à la cour, étaient morts, et leurs fils avaient hérité de leurs fonctions. Salomon de Vesoul avait été préposé à la perception des impôts juifs, et Yohanan, fils de Matatia, placé, avec l'autorisation royale, à la tête des Juifs de France. Il exerçait depuis cinq ans ses fonctions de rabbin et de directeur d'une école talmudique, quand un ancien élève de son père, Isaïe Astruc ben Abba Mari, vint de Savoie en France avec pleins pouvoirs du rabbin allemand Meïr Hallévi, de Vienne, pour nommer les rabbins. Il avait le droit d'excommunier quiconque occuperait un poste de rabbin sans son autorisation, et déclarer nuls et non valables tous les actes de ce rabbin, notamment ses actes de mariage ou de divorce. Sur le refus de Yohanan de lui obéir, Isaïe Astruc le destitua.

L'influence de la famille de Vesoul était alors bien diminuée, et Yohanan fut d'abord insuffisamment appuyé par ses amis dans ses revendications contre Astruc. Mais bientôt les communautés se révoltèrent contre les agissements d'Astruc et l'ingérence de Meïr, de Vienne, dans leurs affaires. Elles étaient surtout irritées de voir Astruc confier presque partout les fonctions rabbiniques à des parents. Pour mettre fin à une situation qui aurait pu devenir grave pour le judaïsme français, Yohanan sollicita l'intervention de Hasdaï et de Crescas. Les deux a illustrations de la Catalogne n, comme on les appelait, se prononcèrent en faveur de Yohanan. Celui-ci ne put malheureusement pas jouir longtemps de son triomphe, car l'expulsion des Juifs de France était proche.

Cette fois, l'orage partit de l'Espagne. Il éclata avec une telle violence qu'il semblait vouloir détruire d'un seul coup tous les juifs du pays. Mais ils étaient établis si solidement en Espagne, ils y avaient jeté des racines si profondes qu'il fallut les efforts continus d'un siècle tout entier pour les en arracher. Le premier acte de ce drame sanglant eut, en effet, lieu vers la fin du XIVe siècle, mais le dénouement ne se produisit qu'à la fin du siècle suivant.

Il faut dire que les Juifs d'Espagne contribuèrent eux-mêmes pour une large part à attirer le malheur sur leurs têtes. Sans doute, les grands seuls méritaient les reproches que leur adressaient leurs ennemis de chercher sans cesse à se faufiler à la cour et auprès des personnages influents, de s'enrichir par l'usure et de se pavaner en public, couverts de vêtements de soie, mais tous les Juifs espagnols, sans exception, eurent à supporter les conséquences de cette légèreté et de ces imprudences. Des Juifs mêmes se plaignaient de l'égoïsme et de l'immoralité de leurs coreligionnaires riches, *qui ne songeaient qu'à agrandir leur fortune et à augmenter leurs dignités, sans avoir une pensée pour Dieu. — La plupart de nos grands*, dit le prédicateur Salomon Alami dans son **Miroir moral**, *qui fréquentent les cours royales et sont préposés au Trésor, sont fiers de leur situation et de leurs richesses, mais oublient les pauvres. Ils élèvent des palais, sortent dans des carrosses somptueux, couvrent leurs femmes et leurs filles, avec une prodigalité princière, d'or, de perles et de pierres précieuses. Indifférents pour le* *judaïsme, ils ne savent pas être modestes, détestent le travail manuel, s'adonnent à l'oisiveté, aiment la danse et le jeu, portent le costume du pays et peignent soigneusement leur barbe... Pendant le sermon, ils dorment ou causent. Dans chaque ville, ils sont désunis et sèment la discorde pour des vétilles... Ils se jalousent même entre eux et se calomnient mutuellement auprès des rois et des princes.*

Ce dernier reproche était particulièrement fondé. À cette époque, les délations, autrefois si rares parmi les Juifs ; étaient devenues très fréquentes; on dénonçait même !es rabbins. Ceux-ci, qui pouvaient exercer eux-mêmes la juridiction pénale avec le concours de quelques assesseurs, se montraient très sévères pour les délateurs, parfois ils les punissaient même de mort. On sait, en effet, que, de temps immémorial, les Juifs de Castille, d'Aragon, de valence et de Catalogne possédaient leur juridiction propre, même pour les affaires criminelles, et que leurs tribunaux avaient le droit de haute justice, sauf à demander au roi la sanction du jugement, sanction qu'on pouvait toujours obtenir par l'intermédiaire d'un favori juif ou à prix d'argent.

Mais cette facilité qu'avaient les tribunaux juifs de sévir contre les délateurs présentait plus d'inconvénients que d'avantages, car souvent on condamnait les inculpés sans enquête sérieuse, sans interroger attentivement les témoins; ce qui irritait les parents et les amis des condamnés. Il arrivait aussi qu'on qualifiait de délation des assertions qui n'avaient nullement ce caractère. Il parait probable que ce fut à la suite d'une imprudence de ce genre, dont le tribunal rabbinique de Burgos se rendit coupable à l'égard d'un personnage haut placé et aimé, que se produisit en Espagne la première persécution sanglante contre les Juifs.

On a vu plus haut qu'après s'être fait nommer roi de Castille, Henri de Transtamare avait pris pour trésorier et fermier général des impôts le Juif Joseph Pichon, de Séville. Celui-ci fut accusé de malversation par plusieurs favoris juifs, jeté en prison et condamné à une amende de 40.000 doublons. Après avoir versé cette somme, il fut remis en liberté et continua de jouir auprès de la population chrétienne de Séville de la plus grande considération. Pour se venger ou peut-être simplement pour arriver à se justifier, Joseph Pichon impliqua ses dénonciateurs dans une très grave accusation. Sur ces entrefaites, Henri II mourut et son fils, Don Juan Ier, fut couronné roi (1379) à Burgos, capitale de la Vieille Castille. Pendant les fêtes du couronnement, un tribunal de rabbins condamna Pichon comme délateur, sans même l'entendre. Ensuite quelques Juifs ayant accès à la cour demandèrent au jeune roi de les autoriser à faire exécuter un de leurs coreligionnaires très dangereux, dont ils turent le nom. Aunis de la lettre royale et du texte de l'arrêt, les ennemis de Pichon se rendirent auprès du chef de la police (alguacil), Fernan Martin, et demandèrent son assistance pour exécuter la sentence des rabbins. Le matin, à la première heure, quelques Juifs, accompagnés de l'alguazil, pénétrèrent dans la demeure de Pichon, le réveillèrent et le firent sortir de sa maison sous un prétexte quelconque. Arrivé à la porte, le malheureux fut immédiatement tué.

Cette exécution produisit dans toutes les classes de la société une profonde et douloureuse sensation. Don Juan Ier, surtout, en fut indigné ; il en voulut aux Juifs d'avoir tué un homme qui avait rendu de si grands services à son père et de lui avoir fait- ratifier par ruse cette inique condamnation. Sur son ordre, les exécuteurs juifs, un membre du tribunal rabbinique de Burgos et` l'alguazil Fernan Martin furent mis à mort. De plus, il enleva aux tribunaux juifs la juridiction pénale; dorénavant, les Juifs devaient élire des chrétiens pour juger leurs procès criminels. Dans sa colère, le roi accueillit même toutes les calomnies qui lui étaient rapportées contre les Juifs, il croyait qu'ils proféraient, dans leurs prières, des imprécations contre les chrétiens et l'Église et qu'ils accomplissaient la circoncision, pour les faire entrer dans le judaïsme, sur des musulmans, des Tartares et d'autres croyants. Il leur ordonna, sous les peines les plus sévères, de s'abstenir de tout prosélytisme et d'effacer les passages incriminés dans leurs prières.

Aux yeux des chrétiens de Séville aussi, le supplice infligé à Joseph Pichon était un meurtre juridique, dont ils rendaient responsable la population juive tout entière. Ils n'attendaient qu'une occasion pour tirer vengeance de ce crime.

À partir de ce moment, la situation des Juifs d'Espagne empira de plus en plus. Les cortès, comme autrefois les conciles sous les rois Visigoths, demandaient sans cesse que le roi imposât des restrictions aux Juifs, et Don Juan s'empressait de leur donner satisfaction. Sur les instances des cortès de Valladolid (1385), il érigea en lois d'État les dispositions canoniques qui défendaient aux Juifs de demeurer dans la même maison que des chrétiens ou de prendre des nourrices chrétiennes. Il décida également que ni juifs ni musulmans ne pourraient plus remplir les fonctions de trésorier (almoxarif) auprès du roi, de la reine ou d'un infant.

Fait à peine croyable, le roi qui prit ces mesures restrictives contre les Juifs vit lui échapper la couronne du Portugal à cause des rivalités suscitées à propos de l'élection du grand-rabbin de son royaume.

Le Portugal était alors gouverné par le roi Fernand (1367-1383), qui traitait les Juifs avec bienveillance. Du reste, dans ce pays, le judaïsme avait une organisation qu'on ne rencontrait alors dans aucune autre contrée de l'Europe. À la tête des Juifs du Portugal se trouvait un grand-rabbin (Ar-rabbi-mor), nommé par le roi, qui avait son sceau spécial, rendait la justice et promulguait des ordonnances qu'il signait de son nom avec cette addition. *Par la grâce du roi, mon maître, Ar-rabbi-mor des communautés de Portugal et d'Algarves.* Il était tenu de visiter tous les ans les diverses communautés, d'examiner leur situation, d'écouter leurs doléances même contre les rabbins et de faire disparaître les abus. Il était accompagné, dans ses voyages, d'un juge juif (ouvidor), d'un chancelier (chanceller), d'un secrétaire (escrivio) et d'un employé chargé de faire exécuter les arrêts de la justice (porteiro jurado). Sous ses ordres fonctionnaient, dans les sept provinces du royaume, sept rabbins de district (ouvidores), nommés par lui, dont chacun surveillait les communautés de son district et jugeait en appel. Les rabbins locaux étaient élus par les membres de la communauté, mais leur nomination devait être ratifiée, au nom du roi, par le grand-rabbin ; ils exerçaient la juridiction civile et pénale. Les documents officiels étaient rédigés dans la langue du pays.

Le roi Fernand eut deux favoris juifs, Don Juda, son trésorier (tesoureiro-mor), et Don David Negro, son conseiller et confident. Quand il fut mort, les administrateurs de la ville de Lisbonne allèrent demander à la reine Léonore, qui avait pris la régence, l'abolition de certaines mesures édictées par le roi défunt ; ils la prièrent, entre autres, de ne plus confier d'emplois publics à des juifs ou à des musulmans. Pour leur complaire, la rusée Léonore leur répondit que, déjà du vivant du roi, elle s'était efforcée, mais sans succès, d'écarter les Juifs de toute fonction, et qu'une fois le roi mort, elle avait aussitôt destitué Juda, David Negro, et tous les receveurs de contributions juifs. En réalité, elle conservait Juda dans son entourage, parce qu'elle savait qu'elle aurait souvent besoin de son argent et de ses conseils.

Très ambitieuse, la reine Léonore cherchait à se maintenir comme régente avec son favori. Mais elle rencontra un adversaire acharné dans l'infant Don João, grand maître d'Avis, qui la contraignit à la fin à partir de Lisbonne. Elle fit alors appel au concours de son gendre, le roi Juan de Castille, et provoque ainsi la guerre civile. Elle avait pour elle la noblesse, mais les masses se groupèrent autour de Don João d'Avis. Après une longue lutte, elle fut obligée de se retirer à Santarem, où elle fut rejointe par le roi Juan. Parmi les courtisans qui l'avaient accompagnée jusque dans cette ville, se trouvaient également ses ministres juifs Juda et David Negro.

Dans l'espoir de tirer plus sûrement vengeance de ses ennemis, Léonore céda la régence à Juan et mit à sa disposition toute la noblesse du Portugal, avec plusieurs forteresses. Pour réussir à battre Don João et à annexer le Portugal à la Castille, il aurait fallu que le roi Juan marchât complètement d'accord avec Léonore. Mais le gendre et la belle-mère se brouillèrent à l'occasion de la nomination du grand-rabbin de Castille.

Les Juifs de Castille n'avaient alors pas de chef religieux (1384). La reine Léonore voulait placer à leur tête son favori Juda, tandis que

Juan, sur le désir de Béatrice, sa femme, confia ce poste à David Negro. Furieuse de son échec, elle dit à son entourage : *Puisque le roi m'a refusé une faveur de si peu d'importance, la première que je lui aie demandée, nous ne pouvons rien attendre de lui ! Certes, mon ennemi même, le grand maître d'Avis, n'aurait pas agi ainsi à mon égard. Il me semble donc que, dans votre intérêt, vous devez abandonner Juan pour aller rejoindre votre maître légitime.* Elle alla plus loin : elle ourdit un complot contre la vie de Don Juan. David Negro, le nouveau grand-rabbin de Castille, en fut informé et fit échouer la conspiration. Léonore fut alors jetée en prison ainsi que son favori Juda. Celui-ci devait même être exécuté, il n'obtint sa grâce que sur la démarche que son ancien rival David Negro fit en sa faveur auprès du roi. Cette querelle eut pour effet de diviser les forces dont disposait Don Juan et de l'obliger à renoncer à la couronne de Portugal.

S'il arrivait parfois que par vanité, par ambition, ou pour toute autre raison, des rabbins luttaient entre eux pour être nommés à un poste élevé, comme ce David Negro et Juda, et, en France, Isaïe ben Abba Mari et Yohanan, il faut reconnaître que ces cas regrettables étaient excessivement rares. Presque toujours, les fonctions rabbiniques étaient considérées comme un sacerdoce, que les titulaires exerçaient avec dénouement et désintéressement. Ils se distinguaient dans leur communauté non seulement par leur savoir et leur piété, mais aussi par la noblesse de leurs sentiments, la pureté de leurs mœurs et la scrupuleuse loyauté de leur conduite. On peut dire que les rabbins de ce temps présentaient un heureux contraste avec certains prêtres chrétiens, surtout après qu'Avignon fut devenu le siège de la papauté, que les cardinaux eurent formé deux collèges ennemis et que la chrétienté elle-même se fut divisée en deux camps opposés.

Ce qui frappe surtout chez quelques ecclésiastiques, prêtres d'une religion de paix et d'amour, c'est leur haine implacable pour les Juifs, c'est leur aveugle fanatisme. Sous l'empereur Wenceslas, les excitations enflammées d'un prêtre chrétien provoquèrent à Prague le massacre de plusieurs milliers de Juifs ; leurs cadavres furent même profanés, les synagogues incendiées, les rouleaux de la Loi déchirés et foulés aux pieds (1389). Deux ans plus tard, un autre prêtre fanatique,

Fernan Martinez, archidiacre de Séville, créa dans cette ville un mouvement contre les Juifs qui se propagea dans toute l'Espagne et eut les plus désastreuses conséquences. Dans ses prédications, il parlait tantôt contre leur obstination aveugle à persister dans leurs croyances, tantôt contre leurs richesses et leur indomptable orgueil ; toujours, il les attaquait avec violence. À Séville, le terrain n'était que trop bien préparé pour faire fructifier ces germes malfaisants, car la population de cette ville détestait les Juifs à cause de la part qu'ils avaient prise à la lutte de Don Pedro et de Henri de Transtamare, et aussi à cause de l'exécution de Joseph Pichon, si aimé à Séville.

Un jour (15 mars 1391), Martinez alla même jusqu'à conseiller ouvertement à la foule réunie sur une place publique de tomber sur les Juifs. Ses conseils furent promptement suivis. Les autorités, sous la direction du chef de la police (alguacil mayor) et de deux juges, s'interposèrent en faveur des Juifs et firent châtier deux des meneurs. Cette intervention ne servit qu'à surexciter la colère de la populace, qui tua quelques Juifs et menaça même de mort le chef de la police. Dans la crainte de voir les désordres prendre un caractère plus grave encore, plusieurs Juifs implorèrent le Conseil de régence du jeune roi Henri III de prendre immédiatement des mesures très sévères. Sur l'ordre du souverain, toute la noblesse se leva pour défendre les Juifs; pour cette fois, l'émeute fut vaincue.

Ce ne fut malheureusement qu'un succès momentané. Fort de la désunion qui régnait parmi les conseillers du roi et de l'état troublé du pays, Martinez continua impunément ses dangereuses prédications. Elles portèrent de nouveau leurs fruits. Trois mois après ces premiers excès, la populace de Séville se rua sur le quartier juif, y mit le feu et accomplit en toute sécurité son œuvre de destruction. La belle communauté de Séville, qui comptait sept mille familles, disparut presque tout entière. Quatre mille personnes tombèrent sous les coups des émeutiers, le reste accepta le baptême. Des femmes et des enfants furent vendus à des mahométans comme esclaves. Deux synagogues furent transformées en églises.

De Séville, les massacres se propagèrent dans une grande partie de l'Espagne. On tuait les Juifs par fanatisme, mais surtout par cupidité. Après Séville, ce fut le tour de Cordoue, le berceau du judaïsme espagnol ; une partie de la communauté fut tuée, les autres se baptisèrent. À Tolède, parmi les nombreux martyrs juifs périrent également les descendants d'Ascheri. Juda ben Ascher II, arrière-petit-fils d'Ascheri, qui habitait Burgos mais se trouvait à Tolède au moment de cette explosion de fanatisme, égorgea d'abord sa femme et sa belle-mère et se tua ensuite lui-même. Là aussi, une partie de la communauté se convertit au christianisme. Près de soixante-dix communautés juives de la Castille devinrent le théâtre des plus odieux excès.

Les chrétiens voulaient infliger aux Maures de Séville le même traitement qu'aux Juifs. Mais on fit comprendre à la foule qu'en persécutant les musulmans de Séville, elle mettait en danger la vie des chrétiens du royaume musulman de Grenade et de ceux qui étaient esclaves parmi les Berbères. On ne se montrait implacable que pour les Juifs, parce qu'ils étaient faibles et ne pouvaient compter sur aucun secours.

Dans le royaume d'Aragon également, qui était pourtant toujours en désaccord avec la Castille, les chrétiens suivirent l'exemple de ce dernier pays. Trois semaines après les massacres de Tolède, les mêmes scènes se renouvelèrent dans la province de Valence. À Valence, la capitale, il ne resta plus un seul Juif d'une communauté de cinq mille personnes. Plus de deux cents Juifs périrent, les autres cherchèrent le salut dans la fuite ou l'abjuration. Dans toute la province, la seule communauté de Murviedro échappa au massacre. À Palma, capitale de l'île de Majorque, un groupe de vagabonds et de matelots, précédés d'une croix, traversaient la rue juive de Montesion en criant : *Mort aux Juifs !*, quand un Juif vigoureux, attaqué par un de ces forcenés, étrangla son agresseur. Ce fut le signal du massacre. Trois cents Juifs furent tués, entre autres le rabbin En-Vidal Éphraïm Gerundi. Beaucoup de Juifs abjurèrent.

Trois jours plus tard, le carnage commença à Barcelone, capitale de la Catalogne, où se trouvaient tant de Juifs remarquables par leur intelligence, leurs richesses et leur noblesse de cœur. Un jour de sabbat, pendant la fête de la Vierge (15 août), on tomba sur les Juifs. Plus de deux cents périrent dans cette première émeute. Mais la plus grande partie de la communauté put se réfugier dans un château fort, où le gouverneur de la ville leur offrit un asile. Furieuse de voir lui échapper sa proie, la populace assiégea le fort, essaya ensuite de le prendre d'assaut, et finalement y mit le feu. En voyant qu'il ne leur restait plus aucun espoir de salut, une partie des assiégés se tuèrent eux-mêmes, d'autres se précipitèrent du haut des murs dans les flammes, d'autres enfin préférèrent mourir en combattant. Parmi les martyrs se trouva l'unique fils de Hasdaï Crescas. On dit que onze mille Juifs acceptèrent le baptême. Pas un seul Juif ne resta à Barcelone. Bientôt après, Lérida, Girone, d'autres villes encore, devinrent le théâtre de scènes semblables. Parmi les Juifs, les uns se laissèrent tuer, les autres abjurèrent. Pourtant à Girone, les abjurations furent très rares. Les rabbins donnaient partout l'exemple du courage et de la piété.

Dans certaines parties de l'Espagne, cette terrible persécution se prolongea pendant trois mois. Presque toutes les communautés juives des provinces de Valence et de Catalogne furent anéanties; ceux de leurs membres qui échappèrent aux massacres en furent redevables à la pitié de la noblesse, qui leur donna asile dans ses châteaux forts. Dans l'Aragon, les Juifs souffrirent moins, parce qu'ils avaient eu la prévoyance d'offrir tous leurs biens à la cour, pour obtenir en échange une protection efficace. L'impression fut, en général, si terrifiante que, plusieurs mois après la cessation de ces excès, les Juifs n'osèrent pas encore quitter les lieux de refuge où ils s'étaient retirés. Sur la demande de la communauté de Perpignan, qui avait été douloureusement émue à la nouvelle de ces sanglantes violences, Hasdaï Crescas lui en adressa le triste récit.

Ainsi, cinquante ans après les épouvantables massacres provoqués par la peste noire, les Juifs d'Espagne étaient devenus aussi malheureux que leurs coreligionnaires d'Allemagne. Eux aussi pouvaient maintenant gémir sur leurs souffrances dans de sombres élégies. Hais pour ces fiers Castillans, les conséquences de la persécution furent plus désastreuses encore que les massacres mêmes. Ils vécurent dorénavant dans des transes continuelles, l'esprit assombri, l'intelligence troublée, tremblant de rencontrer un chrétien et prenant la fuite devant un enfant. Jusqu'alors, ils avaient considéré l'Espagne comme une patrie. Cette persécution leur rappela qu'ils n'y jouissaient d'aucune sécurité et qu'ils y étaient des étrangers. Qu'ils leur semblaient déjà loin ces temps héroïques où ils se battaient si vaillamment pour la cause de Don Pedro !

Pourtant, en Portugal, les Juifs ne furent pas trop maltraités. C'est que le roi de ce pays, Don João Ier maintenait énergiquement l'ordre et châtiait les émeutiers avec une implacable sévérité. Aussi de nombreux Juifs qui avaient abjuré en Espagne gagnèrent-ils le Portugal, où ils retournèrent au judaïsme. Irrité de ce qu'il considérait comme une trahison, le clergé demandait aux autorités de châtier ces relaps. Mais quand le grand-rabbin, Don Moïse Navarro, eut fait connaître au roi deux bulles des papes Clément VI et Boniface IX interdisant aux chrétiens l'user de violente pour baptiser les Juifs, Don João Ier promulgua un édit (17 juillet 1392) par lequel il défendit de punir les Juifs relaps. Ces bulles furent publiées dans toutes les villes du Portugal et érigées en lois d'État. Grâce à la libéralité de son roi, le Portugal devint un asile pour les Juifs expulsés d'Espagne.

Mais si le vent de la persécution épargna les Juifs du Portugal, il traversa les cimes neigeuses des Pyrénées pour souffler avec violence sur la France. Dès que la population de ce pays est appris les événements d'Espagne, elle se jeta, à son tour, sur les malheureux Juifs. On sait qu'à cette époque les Juifs n'étaient tolérés en France que pour un temps déterminé, et qu'à tout moment ils pouvaient s'attendre à être expulsés. Comme leurs ancêtres d'Égypte, ils étaient alors condamnés en France à *avoir la ceinture aux reins et le bâton à la main*, pour être prêts à prendre le chemin de l'exil. Quoiqu'il leur fût permis d'acquérir des terres, ils ne pouvaient s'adonner qu'à un commerce qui leur procurât des bénéfices considérables, et des bénéfices en argent liquide, pour le cas où on les bannirait. Ils se firent prêteurs d'argent par nécessité. Du reste, c'est le roi qui les contraignit à devenir usuriers et à prêter à un taux très élevé. Mais le peuple ne voyait que le fait brutal : le Juif prélevant de gros intérêts et faisant emprisonner les débiteurs qui ne voulaient pas le payer, et, par conséquent, le peuple haïssait le Juif.

Un fait de peu d'importance fit éclater au grand jour cette colère qui grondait sourdement dans le cœur du peuple contre les Juifs. Denys Machault, un riche Juif de Villa-Parisis, s'était converti au christianisme et avait ensuite brusquement disparu. On répandit alors les bruits les plus étranges. Les uns disaient que les Juifs l'avaient tué, d'autres, qu'ils l'avaient fait partir pour un pays étranger. Le clergé s'en mêlant, le tribunal de Paris ouvrit une enquête contre sept Juifs notables de la ville. Les inculpés, soumis à la question par une commission composée d'ecclésiastiques et de juristes, déclarèrent, sous l'influence de la douleur, 41u'ils avaient conseillé à Denys Machault de retourner au judaïsme. En punition de ce crime, ils furent condamnés à être brûlés vifs. Le Parlement apporta une certaine atténuation à cette sentence, en décrétant que les coupables seraient fouettés sur trois places publiques de Paris et resteraient en prison tant qu'on n'aurait pas retrouvé Denys Machault. Celui-ci retrouvé, on confisquerait leurs biens et on les chasserait de France.

Cette affaire, racontée partout, prit des proportions énormes aux yeux du peuple, qui en voulut encore plus aux Juifs. Ecclésiastiques et laïques demandèrent alors avec insistance au faible Charles VI et à ses conseillers d'expulser les Juifs de France. Enfin Charles VI céda et prononça un arrêt d'exil contre tous les Juifs de son royaume (17 septembre 1394). Cet arrêt fut promulgué, peut-être avec intention, le jour de l'Expiation, pendant que les malheureux Juifs étaient au temple, priant et jeûnant. Pour justifier cette expulsion, qui était contraire à une clause de la convention intervenue entre les Juifs et le roi, on les accusa d'avoir outragé le christianisme et outrepassé leurs privilèges, en d'autres termes, d'avoir engagé un Juif baptisé à revenir à son ancienne foi et prélevé de trop gros intérêts. Il leur était interdit dorénavant de résider ou de séjourner dans aucune partie de la France, soit dans les pays de langue d'oïl ou dans les pays de langue d'oc.

Voilà donc les Juifs condamnés encore une fois à quitter la France, quatre-vingt-dix ans après qu'ils en avaient été proscrits par Philippe le Bel. Charles VI les traita cependant moins durement que son aïeul, il leur accorda un délai pour faire rentrer leurs créances, donna ordre au prévôt de Paris et aux gouverneurs des provinces de les protéger dans leurs biens et leurs personnes, et chargea des officiers de les accompagner jusqu'à la frontière pour les défendre contre toute attaque. Ils ne partirent de France qu'à la fin de 1394 ou au commencement de 1395.

Bien des seigneurs et des villes protestèrent contre l'expulsion des Juifs. Le comte de Foix ne laissa partir les Juifs de Pamiers que sur l'ordre exprès des officiers royaux. À Toulouse, il resta douze familles juives, et sept aux environs ; elles ne purent sans doute continuer à y demeurer que par autorisation spéciale. Il en resta également dans les territoires qui ne dépendaient pas directement de la couronne de France, dans le Dauphiné, dans une partie de la Provence, et dans la région d'Arles. Les papes aussi leur permirent de séjourner dans le Comtat-Venaissin, à Avignon et à Carpentras.

Ceux des proscrits qui ne purent pas s'établir en France même se réfugièrent en Allemagne et en Italie. Très peu d'entre eux se rendirent en E3pagne. Depuis les massacres de 1391, ce dernier pays n'offrait plus que peu de sécurité aux Juifs. Des communautés françaises tout entières allèrent se fixer dans les villes piémontaises d'Asti, de Fossano et de Moncalvo, où elles purent conserver le rite spécial de leurs synagogues. Mais à la plupart des malheureux exilés on pouvait appliquer ces paroles du prophète Amos : *Il fuit devant un lion et il se heurte contre un ours, il se précipite dans sa maison, s'appuie contre un mur, et voici qu'il est mordu par un serpent.* Partout où ils s'établissaient, ils avaient à subir des persécutions, provoquées très souvent par des Juifs renégats.

CHAPITRE XII

Conséquences de la persécution de 1391. Marranes et apostats. Nouvelles violences — (1391-1420)

Pendant les terribles massacres de 1391, des milliers de Juifs avaient accepté le baptême pour sauver leur vie ou celle d'êtres qui leur étaient chers, mais leur conversion n'était qu'apparente. Une fois chrétiens, ils ressentaient pour le judaïsme un amour peut-être plus profond encore qu'auparavant. Ce n'étaient pas, en effet, les clameurs sauvages et les excès sanglants des persécuteurs et encore moins le râle plaintif des malheureuses victimes, égorgées en si grand nombre sous leurs yeux ; qui pouvaient faire aimer le christianisme aux nouveaux convertis. Aussi, beaucoup d'entre eux se rendirent dans les pays maures voisins ou passèrent la mer pour aller s'établir à Alger, à Maroc ou à Fez, dont les habitants étaient alors plus tolérants et plus équitables à l'égard des Juifs que les chrétiens et comprenaient quels importants services les nouveaux arrivants rendraient au pays par leur activité et leurs richesses.

Le plus grand nombre avait cependant dei rester en Espagne. Mais s'ils professaient en apparence le catholicisme, ils continuaient à pratiquer en cachette les rites juifs, avec l'assentiment tacite des souverains de Castille, d'Aragon et de l'île Majorque, qui n'avaient nullement approuvé les violences exercées envers les Juifs pour les amener au baptême. Les autorités ne voyaient rien ou faisaient semblant de ne rien voir, et l'Inquisition ne fonctionnait pas encore en Espagne. Mais le peuple ne se trompait pas sur les sentiments intimes de ces convertis, il savait qu'au fond du cœur ils étaient restés attachés aux croyances de leurs ancêtres, et il appelait ces nouveaux chrétiens Marranes ou **excommuniés, damnés** ; il les haïssait encore plus que les Juifs.

Il témoignait la même aversion pour une autre catégorie de convertis, qui, eux, étaient, au contraire, très contents d'avoir abandonné le judaïsme, estimant, dans leur avidité de jouir, que les plaisirs, les richesses et les honneurs valaient mieux que toute religion, ou se sentant heureux, dans leur scepticisme d'hommes lettrés, d'être délivrés de ce qu'ils considéraient comme des entraves. Cette classe de renégats qui, déjà avant leur apostasie, n'avaient plus aucun attachement pour le judaïsme et n'étaient restés juifs que par une sorte de pudeur, ceux-là étaient loin d'en vouloir à leurs persécuteurs de leur avoir imposé le baptême. Ils se couvraient du masque du christianisme, pratiquaient même parfois leur nouvelle religion avec un zèle exagéré, sans être devenus ni plus croyants, ni meilleurs. Il s'en trouvait même parmi eux qui étaient assez lâches pour essayer de rendre ridicules le judaïsme et ses adeptes, ou pour porter contre leurs anciens coreligionnaires les plus odieuses accusations. Les Juifs que les persécutions n'avaient pas pu détacher de leur foi étaient raillés et calomniés en prose et en vers. C'est ainsi que Don Pedro Ferrus, Juif baptisé, lança des traits sans nombre contre le rabbin et la communauté d'Alkaïa.

Ces satires, dont les conséquences étaient souvent fâcheuses pour les Juifs, rendirent un service signalé à la poésie espagnole. Grâce à l'esprit caustique de quelques nouveaux chrétiens, cette poésie, jusqu'alors raide et solennelle, devint plus vive, plus alerte, pétillant de bonne humeur et de gaieté, comme autrefois la poésie néo-hébraïque en son beau temps. Car les Juifs convertis trouvèrent peu à peu _des imitateurs parmi les poètes chrétiens, qui s'approprièrent la manière et quelquefois les mots plaisants et les traits acérés de leurs modèles. À l'exemple du moine Diego, de Valence, apostat juif, qui mêlait des mots hébreux à ses satires contre les Juifs, le satirique chrétien Alphonse Alvarez de Villasandino, surnommé le **prince des poètes**, émaillait très habilement ses poésies de termes spécialement juifs. Il se passait donc ce fait singulier qu'au moment où l'Espagne persécutait les Juifs, sa poésie se *judaïsait*. Ainsi, les Juifs, en se baptisant, ne fournirent pas seulement à la chrétienté des hommes de talent de tout genre, des écrivains, des médecins et des poètes, ils l'enrichirent également de leurs biens et de leur esprit.

Parmi les Juifs convertis, il s'en rencontra qui déployèrent un vrai zèle de dominicain à faire des prosélytes, comme s'ils se sentaient isolés au milieu de leurs nouveaux coreligionnaires et avaient besoin d'attirer leurs anciens amis au christianisme pour se créer une société. C'est ainsi que le médecin apostat Astruc Raimuch de Fraga, auparavant un des plus fermes appuis du judaïsme, faisait une propagande chrétienne très active, sous le nom de Francisco Dioscarne. Il désirait surtout avec ardeur l'abjuration d'un de ses jeunes amis, auquel il adressa une lettre en hébreu pour lui montrer dans quel état d'abaissement se trouvait le judaïsme et pour lui prouver la vérité des dogmes chrétiens. On ressent une impression assez étrange en lisant cette épître, où l'on voit l'auteur employer des santons bibliques pour parler de la Trinité, du péché originel, de la Rédemption et de la Cène. L'ami auquel cette lettre était adressée y répondit par des faux-fuyants et en termes très modérés. Il savait qu'aux attaques les plus violentes, les Juifs ne pouvaient répliquer qu'avec douceur, pour ne pas froisser la très vive susceptibilité de l'Église et de ses serviteurs. Le poète satirique Salomon ben Reuben Bonfed ne prit pourtant pas tant de précautions ; il répondit sans ménagement à Astruc-Francisco, en prose rimée. Pour s'excuser de prendre part à cette discussion, il dit qu'il y est intéressé comme Juif et qu'il n'a pas le droit de se taire devant ce parti pris évident de rendre obscures les choses les plus claires. Après avoir fait ressortir les côtés un peu singuliers de certains dogmes chrétiens, Bonfed termine par cette remarque : *Vous torturez le texte de la Bible pour lui faire proclamer le dogme de la Trinité. Si vous aviez à prouver l'existence d'une* **quadrinité**, *vous arriveriez aussi à la trouver dans les Saintes Écritures.*

Mais aucun des renégats juifs ne fit tant de mal à ses anciens coreligionnaires que Salomon Lévi, de Burgos, connu, comme chrétien, sous le nom de *Paul de Santa-Maria* (né vers 1351-52 et décédé en 1435). Avant son baptême, il exerçait les fonctions de rabbin ; il connaissait donc la Bible, le Talmud et la littérature rabbinique, et il était très considéré pour sa piété. Esprit prudent et avisé, il savait quand il était de son intérêt de parler ou de se taire. Il était surtout vaniteux et ambitieux, et se sentait à l'étroit entre les quatre murs de son école; il fallait à son orgueil un théâtre plus vaste. Désireux d'être reçu à la cour et d'y jouer un rôle, il déployait une activité bruyante et menait une vie de grand seigneur, sortant dans des carrosses luxueux, accompagné d'une nombreuse escorte. Surviennent les massacres de 1391. Salomon Lévi prévoit qu'après ces événements il lui sera impossible, s'il reste juif, d'être jamais nommé à quelque emploi élevé. R se décide donc, à l'âge de quarante ans, à recevoir le baptême et à le faire recevoir avec lui à son frère et à ses quatre fils. Pour tirer plus de profit de son abjuration, il fit accroire que c'était par conviction qu'il s'était converti au christianisme.

À cette époque, en dehors de l'état militaire, une seule carrière pouvait conduire promptement à une situation élevée ; c'était l'état ecclésiastique. Salomon ou plutôt Paul de Santa-Maria se rendit donc à l'Université de Paris pour y étudier la théologie chrétienne. Ses connaissances hébraïques lui furent très utiles en cette occurrence. Peu de temps après, le rabbin juif fut ordonné piètre catholique. Il alla ensuite à Avignon, où l'orgueilleux et entêté cardinal Pedro de Luna venait d'être élu antipape sous le nom de Benoît XIII et où la lutte des deux pontifes lui offrait une occasion favorable pour intriguer et obtenir de l'avancement. Grâce à son habileté, son zèle et sa facilité de parole, Paul gagna les bonnes grâces du pape, qui voyait en lui un instrument qui pouvait lui être très utile. Nommé archidiacre et chanoine, Paul aspira à devenir évêque et même cardinal. Du reste, les circonstances étaient propices, et le rabbin converti savait en profiter. Pour se faire valoir, à assura qu'il n'était pas un prêtre ordinaire, ayant une origine plébéienne, mais qu'il descendait de l'ancienne noblesse juive, de la tribu de Lévi, d'où était également sortie la Vierge Marie, et que pour cette raison il avait pris le nom de **Santa-Maria**. Sur la recommandation du pape, le roi de Castille, Henri III, le combla de faveurs. Son ambition trouva donc satisfaction.

Une fois converti, Paul voulait également convertir ses anciens coreligionnaires. Il ne craignit même pas de faire des tentatives de prosélytisme auprès de deux des personnages les plus considérables du judaïsme espagnol, auprès de Joseph Orabuena, médecin à la cour du roi de Navarre Charles III et grand-rabbin des communautés de ce pays, et de Meïr Alguadès, grand-rabbin de Castille et médecin du roi Henri III. Voyant que ses efforts restaient vains, il se mit à diriger toutes sortes d'accusations contre les Juifs pour provoquer contre eux de nouvelles persécutions. Sa conduite indigna même le cardinal de Pampelune et d'autres prélats, au point qu'ils lui intimèrent l'ordre de cesser ses calomnies. Aveuglé par sa haine contre ses anciens coreligionnaires, ou craignant peut-être que l'un d'eux ne le supplantait dans les bonnes grâces du roi, il conseilla à Don Henri III de défendre l'accès des emplois publics non seulement aux Juifs, mais aussi aux nouveaux chrétiens. Même dans ses explications de la Bible, il manifestait sa malveillance pour le judaïsme et les Juifs. Ces agissements montraient aux Juifs que cet apostat était leur plus implacable ennemi, et les plus intelligents d'entre eux se préparèrent à se défendre contre lui. Mais la lutte était bien inégale. Les représentants du christianisme avaient une liberté de parole absolue, et, de plus, ils disposaient de la prison et des tortures pour faire triompher leurs idées, tandis que les Juifs étaient obligés de voiler en quelque sorte ce qu'ils voulaient dire et d'employer toute sorte de circonlocutions pour ne pas blesser leurs dangereux adversaires. Aussi faut-il accorder toute son admiration à ces quelques Juifs qui eurent le courage, malgré les périls qu'ils savaient suspendus sur eux, de plaider publiquement et avec énergie la cause de leur religion.

Les hostilités contre Paul de Santa-Maria furent ouvertes par le médecin Josua ben Joseph Lorqui, de Canis, un de ses anciens disciples. Dans une lettre écrite avec une feinte humilité et le respect apparent d'un élève pour son maître, Josua Lorqui porta des coups sensibles à Paul de Santa-Maria, et, sous prétexte d'exposer simplement ses doutes, il s'attaqua aux dogmes chrétiens. Au début de son épître, il déclare que l'abjuration de son maître bien-aimé, qui lui a enseigné les vérités du judaïsme, l'a fortement surpris et troublé dans sa quiétude de croyant. Il lui parait impossible d'admettre, ajoute-t-il, qu'il se soit converti par ambition ou par cupidité, encore moins par suite de doutes, puisqu'il a accompli rigoureusement toutes les pratiques de sa religion jusqu'au moment de son baptême. Aura-t-il peut-être été mû par la crainte de voir ces sanglantes persécutions faire disparaître la race juive ? Il doit pourtant savoir que la plus grande partie des Juifs sont établis en Asie, où ils jouissent d'une assez grande indépendance, et qu'en supposant même qu'il plaise à Dieu de laisser périr les communautés juives des pays chrétiens, la race juive n'en continuera pas moins à fleurir ailleurs. Ce ne peut donc être que par conviction, et après un examen attentif du christianisme, que Paul a embrassé cette dernière religion. Il le prie, par conséquent, de lui faire partager ses croyances en l'aidant à combattre les doutes que sa raison lui suggère contre les dogmes chrétiens.

Lorqui développe alors ses doutes avec une grande vigueur, et, dans son exposition, il ne cesse d'accabler Paul de ses traits acérés. Celui-ci y répondit, mais d'une façon évasive, sans oser s'attaquer de front aux arguments de Lorqui.

Hasdaï Crescas entra également en lice pour défendre le judaïsme. Dans un ouvrage qu'il composa vers 1396, à l'instigation de quelques amis chrétiens, et qui s'adressait bien plus aux chrétiens qu'aux Juifs, il examine les dogmes du christianisme au point de vue philosophique et montre combien il est difficile de comprendre le péché originel, la Rédemption, la Trinité, l'Incarnation, etc. Il étudie aussi dans son livre les rapports de l'Ancien et du Nouveau Testament avec une calme sérénité, sans avoir l'air de se douter que c'étaient là des questions brûlantes dont l'examen pouvait lui coûter la vie.

Bien plus vive et plus mordante était une autre œuvre de polémique, qu'un Juif converti, qui était revenu au judaïsme, publia à cette époque contre ceux des nouveaux chrétiens qui attaquaient lâchement leurs anciens coreligionnaires. Le nom juif de l'auteur de cette satire était Isaac ben Moïse, mais il est plutôt connu sous le nom de *Profiat Duran* et surtout sous celui d'*Efodi*. Médecin, astronome, historien, ce savant fut contraint, pendant les persécutions sanglantes de 1391, d'accepter le baptême, en même temps que son ami David

En-Bovet Buen Giorn. Plus tard, tous deux résolurent de se rendre en Palestine pour y retourner au judaïsme et faire pénitence de leur apostasie. Après avoir mis ses affaires en ordre, Profiat Duran partit pour un port du sud de la France, afin d'y attendre son ami. Mais celui-ci ne vint pas. Circonvenu par le renégat Paul de Santa-Maria, il écrivit à Profiat Duran qu'il était décidé de rester chrétien, engagea son ami à suivre son exemple, et célébra en termes enthousiastes la haute valeur du christianisme et les vertus de Paul de Santa-Maria. Profiat Duran lui adressa une réponse qui est un petit chef-d'œuvre de malice et de fine ironie. Il a l'air de lui donner raison sur tous les points, et à chaque paragraphe reviennent ces mots, comme un refrain : *N'imite pas tes aïeux (Al tehi kaabotéka)*. Bien des chrétiens se sont trompés sur l'intention réelle de l'auteur et ont pris sa réplique, qu'ils citent sous le titre d'*Alteca Boteca*, pour une plaidoirie en faveur du christianisme.

Sous prétexte de démontrer les erreurs de la religion juive, Profiat Duran, dans sa réponse, met à nu avec une rigueur impitoyable les points faibles du christianisme, accumulant en quelques lignes concises tous les arguments fournis par la logique, la philosophie et la Bible contre quelques-uns des dogmes chrétiens. Il y prend également à partie Paul de Santa-Maria, dont En-Bouet lui avait fait un éloge pompeux : *A t'entendre parler de lui*, lui dit-il, *il me semble que Paul a des chances de devenir pape, mais tu ne m'annonces pas s'il sera nommé à Rome ou à Avignon* (allusion ironique à la rivalité des deux papes). Il continue ainsi : *Tu le loues d'avoir fait exempter des femmes et des enfants juifs de l'obligation de porter des signes distinctifs. Annonce cette heureuse nouvelle aux femmes et aux enfants. Pour moi, j'ai entendu dire qu'il a dirigé d'odieuses accusations contre les Juifs et que le cardinal de Pampelune s'est vu forcé de lui imposer silence. Tu émets aussi l'espoir que ton cher maître Paul sera bientôt nommé évêque et aura le chapeau de cardinal. Je partage ta joie, car je prévois que, grâce à lui, toi aussi tu seras revêtu de dignités ecclésiastiques.* À la fin de la lettre, Profiat Duran quitte son ton sarcastique, pour parler avec une sévère gravité ; il conseille à son ami de ne pas porter comme chrétien le nom de son père, qui, s'il était encore en vie, préférerait certainement voir son fils mort plutôt que renégat. Cette satire, répandue à profusion, produisit une profonde sensation, à tel point que le clergé, une fois qu'il en eut reconnu le vrai caractère, en fit rechercher tous les exemplaires pour les brûler.

Sur les conseils de Hasdaï Crescas, qui lui avait confié autrefois l'instruction de ses enfants, Profiat Duran composa encore un autre ouvrage contre le christianisme, non plus sur le ton de l'ironie, mais avec le calme et la sérénité de l'historien. Comme il connaissait le Nouveau Testament et l'histoire de l'Église, il put montrer combien le caractère de la religion chrétienne avait été dénaturé depuis sa fondation.

Protégé par l'antipape Benoît XIII, d'Avignon, Paul de Santa-Maria s'éleva assez rapidement aux plus hautes dignités, il fut nommé évêque de Carthagène, chancelier de la Castille, et, enfin, conseiller intime du roi Don Henri III. Pourtant il ne réussit pas à irriter le roi contre les Juifs. Don Henri avait deux médecins juifs, auxquels il accordait une confiance absolue : Don Meïr Alguadès, qui était également versé dans la connaissance de l'astronomie et de la philosophie, et que le roi plaça comme grand-rabbin à la tête des communautés de la Castille, et Don Moïse Carçal, qui était poète et chanta en de beaux vers castillans la naissance, impatiemment attendue, de l'héritier du trône de Castille. Du reste, pendant le règne de Henri III, qui fut pour les Juifs comme une accalmie entre deux orages, la civilisation juive eut encore en Espagne quelques représentants remarquables.

Profiat Duran réussit, on ne sait par quels moyens, à se faire pardonner son abjuration par ses anciens coreligionnaires et à se maintenir en Espagne ou à Perpignan ; il eut également la bonne fortune de n'être pas persécuté par les chrétiens pour son exposition ironique de leurs dogmes. Ses oeuvres sont assez nombreuses. Il commenta le **Guide** de Maïmonide et quelques travaux d'Ibn Ezra, composa des ouvrages sur les mathématiques et le calendrier, et écrivit l'histoire des persécutions subies par les Juifs depuis le XIIIe siècle. Mais son meilleur livre est sa grammaire hébraïque.

Son contemporain Hasdaï Crescas avait une intelligence d'une envergure plus ample que la sienne. Penseur profond, il savait s'élever au-dessus des détails d'un problème pour n'en voir que l'ensemble. Déjà avancé en âge et le cœur torturé par le spectacle des violences commises envers les Juifs et par le chagrin d'avoir vu périr son fils dans un massacre, il résolut d'étudier dans un vaste ouvrage les différents côtés du judaïsme, ses pratiques comme ses doctrines, et de montrer que les divers éléments de cette religion, qui s'étaient peu à peu désagrégés, devaient rester réunis pour se compléter les uns les autres. Ce plan témoigne autant en faveur de sa remarquable érudition que de la netteté de son esprit. Il ne put malheureusement pas le réaliser, car la mort semble l'avoir surpris quand il eut achevé la partie philosophique ou l'introduction de cet immense travail.

Dans cette introduction, Hasdaï Crescas étudie d'abord les fondements de la religion en général : l'existence de Dieu, son omniscience, la Providence, le libre arbitre, la raison d'être de l'univers ; puis il examine les doctrines particulières du judaïsme, ses enseignements relatifs à la création du monde, à l'immortalité de l'âme et au Messie. Son esprit net et lucide lui fit découvrir rapidement les points faibles de la philosophie aristotélicienne, telle que la comprenait le moyen âge. Aussi l'admirait-il moins que ses prédécesseurs, et il eut le courage de démolir l'édifice considérable élevé par Maimonide d'après les principes d'Aristote. Il porta aussi des coups sensibles à la philosophie scolastique, dont il connaissait toutes les subtilités.

Dans la pensée de Crescas, la philosophie de son temps était engagée dans une voie difficile et dangereuse, tandis que le judaïsme était établi sur des fondements inébranlables, et il défendait ardemment sa religion contre les objections des philosophes. Comme il attribuait à Dieu une omniscience sans limites, il fut amené à émettre une assertion assez téméraire, à savoir que l'homme n'est pas absolument libre dans ses actes, que tout ce qui arrive est l'effet nécessaire, fatal, d'une cause, et que chaque cause, y compris la cause première, a forcément ses conséquences. Pour lui, la volonté de l'homme n'est pas libre, mais se trouve forcément influencée par un ensemble de causes et d'effets antérieurs. Et pourtant il admet que les hommes méritent des récompenses et des punitions, même s'ils ne sont pas tout à fait libres, parce que, selon lui, le mérite ou le démérite ne dépend pas de l'*acte*, mais de l'*intention*. Quoique le bien ou le mal que nous accomplissons soit la conséquence forcée d'un ensemble de circonstances indépendantes de la volonté humaine, nous méritons quand même une récompense ou un châtiment, selon Crescas, pour la pensée que nous avons eue d'être bons ou méchants.

Enfin, pour notre philosophe, le bien suprême que doit poursuivre l'homme et qui est la raison d'être de la création, c'est la perfection morale ou la félicité éternelle, bien qu'il peut atteindre en éprouvant pour Dieu un amour sincère. Cet amour naît dans le cœur humain sous l'influence de toute religion, et surtout du judaïsme. Hasdaï Crescas qui, le premier, établit une distinction entre la religion en général et les religions particulières, comme le judaïsme et le christianisme, réduisit les treize articles de foi de Maimonide à huit, prétendant avec raison que ce dernier a compté comme articles de foi spéciaux au judaïsme des vérités admises par toutes les religions.

À côté de Profiat Duran et de Hasdaï Crescas, il faut encore mentionner un autre écrivain juif, Meïr Alguadès, grand-rabbin de Castille. Entre deux persécutions, il traduisit en hébreu l'**Éthique** d'Aristote. Il fit cette traduction d'après un texte latin, parce que les savants juifs de l'Espagne n'étaient plus très familiarisés, à cette époque, avec la langue arabe. Alguadès publia ce travail à l'instigation et peut-être avec la collaboration d'un personnage considérable de Saragosse, Don Salomon Benveniste ibn Labi de la Caballaria, dont le fils eut le courage, en un temps de sanglantes violences, de défendre le judaïsme avec une ardeur de conviction et une énergie inébranlables, et dont plusieurs parents abjurèrent le judaïsme et devinrent les adversaires implacables de leurs anciens coreligionnaires.

Les temps étaient, en effet, devenus durs pour les Juifs d'Espagne, et beaucoup d'entre eux n'eurent pas la force morale nécessaire pour persister dans la foi de leurs pères. Tant que le jeune roi Don Henri III occupa le trône de Castille, la situation resta supportable. Mais elle empira après la mort de ce souverain (1406). L'héritier du trône, Juan II, avait deux ans, et la reine mère, Catalina (Catherine) de Lancastre, à qui fut confiée la régence, étau une jeune femme capricieuse, hautaine, dévote, se laissant entièrement dominer par ses favorites. Elle avait pour co-régent l'infant Don Ferdinand (plus tard roi d'Aragon), qui était d'un caractère doux et prudent, mais obéissait aveuglément au clergé. Enfin, parmi les conseillers du royaume se trouvait l'apostat Paul de Santa-Maria, l'ennemi acharné des Juifs. Nommé par le défunt roi, Don Henri III, exécuteur testamentaire et précepteur du jeune prince, Paul jouissait d'une très grande influence dans le conseil de régence. Belle perspective pour les Juifs de Castille ! Leurs craintes ne se réalisèrent que trop vite. La cour ne tarda pas à leur témoigner de la malveillance et à faire prendre contre eux des mesures humiliantes.

En effet, en 1408 parut, au nom du jeune roi, un édit qui remettait en vigueur tous les paragraphes du recueil des lois d'Alphonse le Sage qui étaient hostiles aux Juifs. *Comme l'accès des Juifs aux emplois publics*, dit cet édit, *fait du tort au christianisme et à ses adeptes, il faut les en éloigner*. Aussi tout Juif qui acceptait une fonction de la part d'un noble ou d'une ville était-il passible d'une amende s'élevant au double de ce que cette fonction lui rapportait, et si sa fortune ne suffisait pas pour payer l'amende, on confisquait d'abord tous ses biens et, de plus, il était condamné à recevoir cinquante coups de lanière. On reconnaît dans cette loi l'influence de Paul de Santa-Maria. Ce renégat connaissait les points vulnérables des Juifs espagnols, il savait qu'il s'en trouverait parmi eux qui ne reculeraient pas devant l'apostasie pour conserver leurs dignités, et que ceux qui resteraient fidèles à leur foi ne tarderaient pas, une fois exclus de la société chrétienne et de toute participation à la vie publique, à déchoir et à perdre tout crédit.

Mais Paul de Santa-Maria poursuivait particulièrement de sa haine Meïr Alguadès, médecin du défunt roi, peut-être parce que ce savant avait servi de trait d'union entre les différents polémistes juifs qui avaient démasqué et raillé l'apostat. Pour perdre Alguadès, il le fit impliquer dans un procès criminel intenté à un Juif de Ségovie.

Pendant que la reine mère séjournait arec son fils dans cette ville, un Juif fut, en effet, accusé d'avoir acheté une hostie pour la profaner. Terrifié par les miracles qu'elle opérait, il l'aurait rendue au prieur d'un couvent. L'évêque Juan Velasquez de Tordesillas, voulant donner une très grande importance à cette affaire, fit emprisonner plusieurs Juifs, et parmi eux Alguadès, comme complices du principal accusé. Sur l'ordre de la régente, Alguadès et les autres inculpés furent mis à la question et avouèrent le sacrilège qu'on leur imputait. On répandit même le bruit que, sous l'action de la torture, Alguadès aurait affirmé que Don Henri III n'était pas mort de mort naturelle, mais que lui l'avait empoisonné. Quoiqu'il fût de notoriété publique que le roi avait été débile et maladif dès son enfance, Alguadès, à qui les juges avaient sans doute posé cette question d'empoisonnement pendant qu'on le torturait, fut déclaré coupable du meurtre du roi et condamné à un horrible supplice : on lui arracha membre par membre. Ce tribunal ordonna d'infliger le même supplice à ses co-accusés et de transformer une synagogue en église.

Les maux dont souffraient alors les Juifs d'Espagne, et qui n'étaient que le prélude des plus sombres événements, favorisèrent L'éclosion de nouvelles rêveries messianiques, qui, comme précédemment, prirent naissance dans des esprits mystiques. En ce temps, la Cabale avait des adeptes actifs et convaincus, qui la propageaient arec succès parmi les Juifs. Trois surtout d'entre eux étaient particulièrement remuants : Abraham de Grenade, Schem Tob ben Joseph et Moïse Botarel.

D'après Abraham de Grenade, qui florissait vers 1391-1409, quiconque n'adorait pas Dieu à la manière des cabalistes n'était pas un vrai croyant et péchait par ignorance. Il affirmait aussi que si tant de Juifs instruits avaient accepté le baptême pendant les massacres de 1391, c'est parce qu'ils s'étaient occupés de science et avaient négligé la Cabale. Du reste, il prétendait que ces nombreuses abjurations et les violences exercées contre les Juifs indiquaient l'arrivée des temps messianiques et annonçaient avec certitude une prochaine délivrance.

Pour Schem Tob ben Joseph ibn Schem Tob (décédé en 1430), c'étaient les philosophes juifs, y compris Maïmonide et Gersonide, qui avaient égaré les Juifs, les avaient écartés de la vraie foi et les avaient rendus incapables de supporter les épreuves pour leur religion. Dans un ouvrage intitulé **Emounot**, il attaque avec violence ces philosophes et, en général, l'étude de la philosophie. et il proclame gravement que pour Israël, le salut ne peut venir que de la Cabale, qui seule enseigne la vérité et est dépositaire des anciennes traditions juives.

Si ces deux cabalistes n'étaient pas de profonds penseurs, ils avaient, du moins, le mérite d'être honnêtes et convaincus. Tout autre était leur collègue, Moïse Botarel, de Cisneros, dans la Castille. Il comptait sur la crédulité de ses coreligionnaires pour se faire accepter comme prophète et même comme Messie, annonçant avec fracas qu'au printemps (de l'année 1393) des miracles seraient opérés qui amèneraient la délivrance définitive d'Israël. Plus tard, il composa un ouvrage où l'on ne trouve que mensonges et imposture. Orgueilleux et vantard, il publia des lettres adressées à tous les rabbins, où il se déclare prêt à résoudre toutes les difficultés de la Bible et du Talmud et à éclaircir tous les doutes, et où il prend le titre de chef du Grand Sanhédrin. Il paraît que Hasdaï Crescas lui-même, malgré sa haute et claire intelligence, eut foi dans les paroles de Botarel et parla de lui dans la synagogue comme d'un rédempteur. Cette agitation semble avoir pris fin d'une façon si pitoyable que les écrivains juifs eurent honte d'en parler longuement.

Du reste, les événements d'Espagne donnaient le plus cruel démenti à ces annonces de prochaine délivrance. La population juive avait déjà pour adversaires, dans ce pays, les bourgeois et les nobles, jaloux de son bien-être, les ecclésiastiques, désireux de faire montre de zèle religieux, les renégats, qui espéraient faire croire à la sincérité de leur conversion en manifestant leur haine pour leurs anciens coreligionnaires. À tous ces ennemis vinrent se joindre, au commencement du XVe siècle, trois autres persécuteurs, un Juif baptisé, un moine dominicain et un pape, qui firent aux Juifs le plus grand mal. Ces trois nouveaux adversaires, Josua Lorqui, Fray Vincent Ferrer et Pedro de Luna, connu comme antipape sous le nom de

Benoît XIII, firent verser des larmes de sang aux malheureux Juifs d'Espagne.

Josua Lorqui d'Alcañiz, qui, après son abjuration, prit le nom de Jérôme de Santa-Fé et fut attaché comme médecin à la personne du pape d'Avignon, Benoît XIII, n'épargna rien, à l'exemple de Paul de Santa-Maria, pour rendre suspects ses anciens coreligionnaires ou les attirer au christianisme. Vincent Ferrer, canonisé par l'Église, était un de ces moines ascétiques pour qui la terre est et doit être une vallée de pleurs. Par l'austérité de ses mœurs, son mépris pour les richesses et son humilité, il formait un contraste saisissant avec le clergé régulier et séculier de son époque. Comme il voyait régner dans la chrétienté, parmi les laïques comme parmi les ecclésiastiques, un certain relâchement dans les mœurs et de la tiédeur dans la foi, il pensait que la fin du monde était proche et qu'il ne restait qu'un seul moyen de sauver l'humanité : c'était de convertir tous les hommes sans exception au christianisme, et de leur faire mener à tous une vie de mortifications. Accompagné d'une troupe de fanatiques, il traversait les divers pays, se flagellant tout nu en pleine rue et excitant la foule à l'imiter. Plein de fougue, éloquent et doué d'une voix sympathique et vibrante, il savait remuer les masses. Qu'il racontât en sanglotant la Passion de Jésus ou qu'il annonçât la destruction prochaine de l'univers, il arrachait des larmes à tous les assistants et exerçait sur leur volonté une domination absolue. Ce qui le grandissait encore aux yeux de la foule, c'est qu'il avait abandonné une situation élevée à la cour papale pour parcourir le pays pieds nus, en simple moine flagellant. Malheureusement, par une vraie aberration de l'esprit, Vincent Ferrer croyait sauver l'humanité en prêchant la violence et le meurtre.

Au lieu de s'attaquer aux abus qui régnaient alors dans l'Église, comme l'avaient fait Wiclef et d'autres réformateurs, Ferrer tourna toute sa colère contre les Juifs et les hérétiques. Par la plume et la parole il entreprit une croisade implacable contre les Juifs, et la continua pendant de nombreuses années. Il dirigea d'abord ses attaques contre les nouveaux chrétiens, qu'il accusait de n'être pas assez fervents. Dans la crainte de se voir appliquer le terrible châtiment réservé aux relaps, peut-être aussi en partie sous l'impression de l'éloquence enflammée du dominicain, bien des Marranes firent publiquement pénitence. Encouragé par ce premier succès, qui lui apparaissait comme un triomphe sérieux pour l'Église, Ferrer espérait réussir à amener tous les Juifs au christianisme. Il jouissait d'une très grande influence auprès des rois d'Espagne, parce que plus d'une fois, pendant les temps de troubles et de guerres civiles, il était parvenu à apaiser des émeutes populaires par la seule action de l'autorité qu'il exerçait sur la foule. Il lui !ut donc facile d'obtenir de la famille royale l'autorisation de prêcher dans les synagogues et les mosquées, et de contraindre Juifs et musulmans à venir écouter ses prédications. La croix à la main et un rouleau de la Loi sur le bras, au milieu d'une escorte de flagellants et d'hommes d'épée, il invitait les Juifs, *d'une voix terrible*, à accepter le baptême.

Son action néfaste ne tarda pas à se faire sentir parmi les Juifs de Castille. Peu de temps après son apparition à la cour (1412), la régente Donna Catalina, d'accord avec l'infant Don Ferdinand et Paul de Santa-Maria, promulgua, au nom de l'enfant-roi Juan II, un édit en vingt-quatre articles destiné à appauvrir les Juifs, à les humilier et à les abaisser, et à provoquer ainsi leur conversion au christianisme.

En vertu de cet édit, ils étaient dorénavant obligés de demeurer dans des quartiers spéciaux (juderias), qui ne pouvaient avoir qu'une seule porte pour l'entrée et la sortie ; il leur était interdit d'exercer des professions manuelles, de pratiquer la médecine, d'avoir des relations d'affaires avec les chrétiens, de prendre des chrétiens à leur service, même pour le jour de sabbat, et d'occuper un emploi public quelconque. On leur enleva leur juridiction particulière. Quelques articles de l'édit réglaient la façon dont ils devaient s'habiller. Ils ne pouvaient plus porter le costume du pays ni se revêtir d'étoffes riches, sous peine d'une amende considérable ; en cas de récidive, ils s'exposaient à un châtiment corporel et même à la confiscation de leurs biens. Le port des armes leur fut également défendu. Par contre, le port de la rouelle, en étoffe rouge, était très rigoureusement exigé. Un Juif se faisait-il enlever la barbe ou couper les cheveux un peu court, il était puni de cent coups de lanière. Il lui était enfin interdit de se laisser donner par écrit ou verbalement le titre de Don

(Monsieur), ou de quitter une ville pour aller s'établir dans une autre. Les malheureux Juifs n'avaient pas même la faculté de se dérober par l'émigration à ces humiliations. Ceux qu'on surprenait en train d'émigrer perdaient tous leurs biens et devenaient serfs du roi. La noblesse et la bourgeoisie étaient menacées de sévères châtiments dans le cas où elles accorderaient leur protection à un Juif.

Cet édit, dont la cruauté raffinée laisse deviner encore une fois l'intervention de l'apostat Paul de Santa-Maria, fut exécuté avec la plus stricte rigueur. Un contemporain, Salomon Alami, en décrit les effets désastreux : *Les riches habitants des palais*, dit-il, *sont confinés dans des coins obscurs, dans de misérables huttes. On nous force de remplacer nos somptueux et élégants vêtements par des guenilles, pour nous vouer au mépris et à la raillerie. Nous ne pouvons plus nous faire couper la barbe, et nous avons l'air de gens en deuil. Les personnages considérables qui avaient la ferme des impôts sont réduits à la pauvreté, parce qu'ils ne connaissent aucun métier qui leur permette de gagner leur vie. Les ouvriers eux-mêmes ne peuvent plus se nourrir. La misère est générale. Des enfants meurent sur le sein de leur mère, faute de nourriture.*

Telle était la situation des Juifs quand Ferrer commença à prêcher le christianisme dans les synagogues, affirmant à ses auditeurs que d'un côté ils trouveraient sécurité, honneurs et dignités, et de l'autre des souffrances sur cette terre et la damnation dans l'autre monde. Fanatisée par ces prédications, la populace donnait souvent raison aux avertissements du farouche dominicain en se ruant sur les Juifs. Les maux augmentaient pour ces malheureux et l'avenir leur apparaissait sous les couleurs les plus sombres. Que faire ? Se rendre dans un autre pays ? On a vu plus haut que l'émigration leur était interdite sous les peines les plus sévères. Quoi d'étonnant alors que, pour échapper à ces souffrances, les plus faibles d'entre eux se convertissent ? Aussi, dans de nombreuses communautés, partout où Vincent Ferrer était allé prêcher, bien des Juifs acceptèrent le baptême. Les nouveaux convertis de Salamanque prirent même le nom de *Vincentinois*. Beaucoup de synagogues furent transformées en églises. Pendant les quatre mois que Vincent Ferrer séjourna en Castille (décembre 1412 - mars 1413), il fit tant de mal aux Juifs qu'ils ne purent plus s'en relever.

Appelé en Aragon, où plusieurs prétendants se disputaient la couronne, il réussit à faire nommer roi de ce pays l'infant castillan Don Ferdinand (juin 1414), qui, en récompense de ses services, s'empressa de le prendre pour confesseur et directeur de conscience et se mit à sa disposition pour réaliser ses désirs dans l'Aragon. Un des vœux les plus chers de Vincent était naturellement la conversion des Juifs aragonais. Ceux-ci aussi, comme leurs coreligionnaires de Castille, furent obligés d'aller entendre prêcher le moine dominicain, et dans bien des communautés, à Saragosse, Daroque, Tortose, Valence et Majorque, les abjurations furent nombreuses. On estime à vingt mille le nombre des Juifs de Castille et d'Aragon qui, plus par contrainte que de leur plein gré, acceptèrent le baptême à la suite des prédications de Vincent Ferrer.

Jaloux, sans doute, du succès de Ferrer, l'antipape Benoît XIII entreprit, à son tour, avec le concours de l'apostat Josua Lorqui ou Jérôme de Santa-Fé, son médecin, de faire des prosélytes. Quoique déclaré schismatique, hérétique et parjure par le concile général de Pise, il était cependant reconnu comme pape dans la péninsule ibérique, et il espérait confondre ses ennemis et se relever avec éclat aux yeux de la chrétienté en amenant, par ses efforts, la conversion en masse des Juifs d'Espagne.

Dans ce but, et de concert avec le roof Don Ferdinand, il fit convoquer (fin de l'année 1412) les plus savants rabbins et écrivains juifs d'Aragon à un colloque religieux, à Tortose. À cette réunion, Josua Lorqui devait leur démontrer par le Talmud que le Messie était déjà arrivé et qu'il s'était incarné dans Jésus. La cour papale voulait surtout convertir au christianisme les Juifs éminents de l'Aragon, persuadée que les chefs une fois convertis, la foule suivrait d'elle-même. Ce fut Jérôme de Santa-Fé qui dressa la liste des personnes qu'on devait convoquer ; ceux qui s'abstenaient s'exposaient à être sévèrement punis par le pape ou le roi. Vingt-deux Juifs des plus considérables d'Aragon se présentèrent à ce colloque, ayant à leur tête le poète et médecin Don Vidal Benveniste ibn Labi (Ferrer), de Saragosse, fils de Salomon de la Caballaria, et issu, par conséquent, d'une famille de vieille noblesse juive. On trouvait encore parmi eux Joseph Albo, de Monreal, disciple de Hasdaï Crescas et philosophe très pieux ; Zerahia Hallévi Saladin, de Saragosse, traducteur d'un ouvrage de philosophie arabe ; Astruc Lévi, de Daroque, homme très considéré de ses contemporains, et Bonastruc, de Girone, que le pape avait fait convoquer d'une manière particulièrement pressante.

Ces représentants du judaïsme aragonais possédaient tous une culture générale assez grande, et leur chef, Don Vidal, parlait bien le latin. Mais il leur manquait cette fermeté de caractère et cette force d'âme qui en imposent à l'ennemi le plus acharné, et qui inspirèrent à Nahmani des accents si dignes et si fiers, quand il défendit seul la cause du judaïsme contre deux adversaires implacables, le dominicain de Peñaforte et le renégat Pablo Christiani. C'est que les persécutions et les humiliations répétées avaient abattu le courage des plus vaillants. À l'heure des épreuves, cette élite du judaïsme aragonais ne sut pas s'élever à la hauteur de sa mission. Quoiqu'ils se fussent entendus entre eux, avant le colloque, pour s'exprimer avec modération mais avec fermeté, et pour marcher toujours d'accord, ils ne tardèrent pas à se diviser et à donner prise sur eux.

Sur l'ordre du pape, Jérôme établit un programme pour ce colloque. On devait d'abord essayer de prouver par le Talmud et d'autres écrits rabbiniques que le Messie était venu dans la personne de Jésus. Si cette première argumentation n'amenait pas la conversion en masse des Juifs, comme on s'en flattait à la cour du pape, il faudrait attaquer violemment le Talmud, déclarer qu'il contient toute sorte d'abominations et que son enseignement seul encourage les Juifs à persister dans leurs erreurs. Ce plan une fois arrêté, Jérôme de Santa-Fé composa un ouvrage pour démontrer, par des extraits de livres juifs, que Jésus est vraiment le Vessie. Cet ouvrage, où l'on reconnaît à la fois l'influence du Talmud et des Pères de l'Église, fut examiné et approuvé par le pape et les cardinaux, et utilisé pour diriger la discussion.

Cette controverse, une des plus extraordinaires qu'on connaisse, se prolongea, avec maintes interruptions, pendant vingt et un mois (février 1413 - 12 novembre 1414) et occupa soixante-huit séances. Quand les notables juifs furent amenés devant le pape Benoît XIII (6 février 1413) et invités à faire consigner leurs noms dans un procès-verbal, ils eurent peur ; ils croyaient qu'il y allait de leur vie. Le pape les tranquillisa, leur disant que c'était une pure formalité. Du reste, à cette audience il les traita avec une certaine bonté, les rassurant et leur déclarant qu'il ne les avait convoqués que pour savoir si réellement le Talmud reconnaissait Jésus comme Messie, et les autorisant à parler librement. Il désigna ensuite une demeure pour chacun d'eux et ordonna qu'on eût soin d'eux. Agréablement surpris de cet accueil bienveillant, plusieurs des notables étaient déjà tout rassurés sur le résultat final de ce colloque. Ils connaissaient mal leurs persécuteurs.

Le lendemain de cette audience, on entama la controverse. À leur entrée dans la salle des séances, les notables juifs furent fortement impressionnés. Devant eux se tenait le pape dans ses magnifiques vêtements pontificaux, assis sur un trône élevé, et entouré des cardinaux et des hauts dignitaires de l'Église, et dans la salle, près de mille assistants, appartenant aux plus hautes classes de la société. Au milieu de cette assistance imposante et sûre de sa force, ils se sentaient vaincus avant d'avoir lutté. Le pape, en ouvrant la séance, adressa une allocution aux Juifs pour leur déclarer qu'il ne s'agirait pas, dans ce colloque, d'examiner la vérité du judaïsme ou du christianisme. Pour lui, la supériorité de cette dernière religion était au-dessus de toute contestation. La controverse ne devait porter que sur un seul point, à savoir si vraiment le Talmud présente Jésus comme Messie.

Quand Benoît XIII lui eut donné la parole, Jérôme, après avoir baisé le pied du pape, fit un discours prolixe où il entremêlait des subtilités juives, chrétiennes et même scolastiques. Don Vidal Benveniste, choisi par les notables pour être leur principal interprète, lui répondit par un discours latin qui lui attira les compliments du pape, et où il fit ressortir la malveillance de Jérôme qui, avant tout examen, adressait des menaces à lui et à ses collègues. À la fin de cette première séance, les notables prièrent le pape de les dispenser de continuer la controverse. Naturellement, le pape s'y refusa et les invita à revenir le lendemain.

Le même jour encore, les notables juifs et toute la communauté de Tortose se rendirent anxieux à la synagogue, pour implorer Dieu de leur venir en aide, lui qui avait si souvent secouru leurs ancêtres, de leur inspirer des pensées justes et de ne leur faire prononcer aucune parole qui pût froisser leurs adversaires. Dans un discours qu'il prononça à cette occasion, Zerahya Hallévi Saladin se fit l'interprète des sentiments de crainte qui animaient tout l'assemblée.

Au début, on discutait dans des termes presque amicaux. Les séances étaient fréquemment présidées par Benoît XIII. Mais quand les princes eurent convoqué un concile à Constance pour se prononcer au sujet des trois papes alors en fonctions, des préoccupations personnelles obligeaient souvent Benoît XIII à s'absenter. C'était alors le général des dominicains ou le chef de la cour papale qui présidait.

Les arguments exposés par Jérôme de Santa-Fé n'étaient pas difficiles à réfuter. Mais quand cela était nécessaire à sa cause, il ne craignait pas de faire dire aux notables juifs, dans les procès-verbaux, tout le contraire de ce qu'ils avaient dit en public. Pour échapper à ce piège, plusieurs d'entre eux prirent le parti de mettre leurs réponses par écrit. On ne se gênait pas plus pour y porter des modifications. Les représentants juifs voulaient-ils examiner une question qui embarrassait Jérôme, il l'écartait comme étrangère au programme.

La discussion traînait ainsi depuis soixante jours, sans qu'un seul des représentants juifs parût encore disposé à se convertir. Ils s'affermissaient, au contraire, dans leurs convictions par la lutte même. Le pape, irrité, changea alors ses moyens d'attaque. Sur son ordre, Jérôme s'en prit le soixante-troisième jour au Talmud, l'accusant de contenir des horreurs de toute sorte, des blasphèmes, des hérésies et des choses immorales, et demandant que ce livre fût condamné. Pour atteindre plus facilement son but, il fit un recueil de toutes les fantaisies et de toutes les singularités qu'il put découvrir dans l'immense **océan** du Talmud, ajoutant même, par ignorance ou par méchanceté, de prétendues citations qui ne se trouvent nullement dans l'ouvrage incriminé. Ainsi, il prétendit que, d'après le Talmud, il est permis de frapper ses parents, de blasphémer Dieu, d'adorer des idoles et d'être parjure, pourvu qu'on ait fait annuler d'avance, le jour de l'Expiation, les serments qu'on pourrait prêter dans le courant de l'année. Cette calomnie avait déjà été mise en avant par Nicolas Donin. Naturellement, Jérôme répéta aussi l'imputation absurde, inventée par Alphonse de Valladolid, que les prières journalières des Juifs soutiennent des malédictions contre les chrétiens. Enfin il soutint que tous les passages du Talmud relatifs aux judéo-chrétiens c'est-à-dire à des renégats, s'appliquent aux chrétiens en général, mensonge qui fut répété ensuite à travers les siècles par tous les ennemis des Juifs et eut de terribles conséquences.

À ces diverses accusations, les représentants du judaïsme opposèrent d'abord des réfutations sans réplique pour tout esprit non prévenu. Mais on les harcela tellement de questions qu'à la fin ils se divisèrent en deux groupes. D'accord avec la majorité de ses collègues, Don Astruc Lévi déclara par écrit que les aggadot incriminées du Talmud n'ont aucune autorité et n'imposent nulle obligation religieuse. Pour sauver le corps, ils sacrifièrent un membre. Mais Joseph Albo et Don Vidal protestèrent contre cette déclaration. Eux, ils se soumettaient même à l'autorité des aggadot, avec cette réserve que les passages cités par Jérôme ne devaient pas être pris à la lettre. Ainsi le pape et ses acolytes avaient réussi à créer une scission parmi les notables juifs. liais en dépit de tous leurs efforts, malgré leurs prévenances, malgré leurs menaces, malgré l'outrage et les calomnies qu'ils déversèrent sur les croyances juives, ils ne parvinrent pas à ébranler dans sa foi un seul des vingt-deux représentants du judaïsme.

Avant de renoncer définitivement à l'espoir de convertir les notables juifs, le pape usa à leur égard d'un dernier moyen d'intimidation. Pendant qu'on discutait à Tortose, Vincent Ferrer avait continué sa campagne de prosélytisme avec l'aide de sa troupe de flagellants, et sous l'action de la terreur qu'ils inspiraient et des discours enflammés du dominicain, des milliers de Juifs s'étaient fait baptiser (février - juin 1414). Il n'y eut qu'un petit nombre de convertis dans les grandes communautés de Saragosse, Catalajud et Daroque, mais, par contre, plusieurs petites communautés, dont l'existence était menacée par les chrétiens au milieu desquels elles se trouvaient isolées, passèrent tout entières au christianisme. Tous ces nouveaux convertis, la cour papale les fit venir par groupes à Tortose, où ils se présentèrent tous ensemble à la salle des séances et firent publiquement leur profession de foi de chrétiens. C'étaient là, pour l'Église, des trophées vivants, et le pape pensait qu'à leur vue les défenseurs du judaïsme perdraient enfin courage et se déclareraient vaincus. Il fallait, en effet, une énergie à toute épreuve à Vidal Benveniste, à Joseph Albo, à Astruc Lévi et à leurs collègues pour rester fidèles à leur religion au milieu de toutes ces défaillances et en dépit des souffrances physiques et morales qu'ils avaient à supporter. Car il paraît qu'un frère même de Vidal Benveniste, nommé Todros Benveniste, de Saragosse, ainsi que plusieurs membres de la célèbre famille Benveniste Caballeria avaient accepté le baptême. Un de ces nouveaux chrétiens, Bonafos, qui, après son abjuration, avait pris le nom de Micer Pedro de la Caballeria et arriva à une situation élevée comme jurisconsulte, devint ennemi implacable de ses anciens coreligionnaires. Mais le pape fut déçu dans ses prévisions, les Juifs ne se convertirent pas en masse. À part quelques défaillances, les grandes communautés de l'Aragon et de la Catalogne demeurèrent inébranlables dans leur foi, et Benoît XIII n'eut pas la joie de se présenter en triomphateur, comme il l'espérait, devant le prochain concile de Constance.

Dans sa déconvenue, il s'en prit au Talmud et à la pauvre petite dose de liberté dont jouissaient encore les Juifs. À la dernière séance du colloque de Tortose, il congédia les notables juifs avec une froideur où perçait la haine, et leur annonça que de nouvelles mesures de restriction seraient prises contis leurs coreligionnaires. Pour diverses raisons, ces mesures ne furent promulguées que six mois plus tard (11 mai 1415). Une bulle de treize articles défendit aux Juifs de lire ou d'enseigner le Talmud et autres ouvrages rabbiniques. Tous les exemplaires devaient être recherchés et anéantis. Ceux qui liraient les écrits de polémique antichrétienne, notamment un traité intitulé *Mar Mar Yéschu*, seraient condamnés comme blasphémateurs. Nulle communauté, petite ou grande, ne pouvait posséder plus d'une synagogue. Il fut interdit aux Juifs de demeurer avec des chrétiens, de se baigner, manger, entretenir des relations commerciales avec eux, d'occuper un emploi public, d'exercer un métier ou de pratiquer la médecine. Une nouvelle fois on leur enjoignit de porter des signes distinctifs en étoffe rouge ou jaune. Enfin, il leur fut ordonné d'aller entendre des sermons chrétiens trois fois par an, et, après le sermon, la lecture de la bulle. Un fils de l'apostat Paul, Gonzalo de Santa-Maria, baptisé en même temps que son père, fut chargé de surveiller la stricte exécution de cet édit. Sans doute, cette bulle, dans la plupart de ses paragraphes, ne faisait que renouveler les dispositions prises récemment par la reine Catalina. Mais, tandis que celle-ci n'avait promulgué son édit que contre les Juifs de Castille, la bulle de Benoît XIII s'appliquait aux Juifs de tous les pays chrétiens.

Heureusement, à ce moment, le pouvoir de ce pape était presque nul, car pendant qu'il persécutait les Juifs, il fut destitué par le concile de Constance, et les prédications fanatiques de Vincent Ferrer lui enlevèrent encore les derniers partisans qui lui restaient. Le fanatique dominicain mit, en effet, le roi d'Aragon en demeure d'abandonner *ce pape hypocrite et pervers*, il prêchait dans les églises comme dans la rue *que tout chrétien sincère avait le droit de persécuter jusqu'au sang et de tuer un tel pape*. Abandonné de ses protecteurs, de ses amis et de ses propres créatures, Pedro de Luna ne conserva bientôt plus de toute sa magnificence que la petite forteresse de Peñiscola.

On ne sait ce que devint Josua Lorqui, autrement dit Jérôme de Santa-Fé, après la chute de son protecteur. Dans les milieux juifs, ce renégat avait reçu le surnom bien mérité de *Megaddéf* (le blasphémateur). Ses deux fils, qui s'étaient également convertis, furent élevés en Aragon à de hautes dignités. L'un des deux, Francisco de Santa-Fé, fut nommé membre du conseil d'État ; dans sa vieillesse, il fut brûlé sur le bûcher comme **hérétique judaïsant**. Les autres persécuteurs des Juifs, le roi Ferdinand d'Aragon, la régente Catalina et leur mauvais génie, Vincent Ferrer, disparurent presque en même temps de la scène (1417-1419). Vincent eut même la douleur, avant sa mort, de voir le concile de Constance condamner son ardeur de flagellant, qui, auparavant, lui avait pourtant fait décerner le titre de **saint**. Malheureusement, la situation faite aux Juifs par ces personnages leur survécut. En Castille, on continua d'appliquer les lois restrictives de Catalina, et la bulle de Benoît XIII resta en vigueur dans l'Aragon. Vincent Ferrer surtout avait fait beaucoup de mal aux Juifs, non seulement en Espagne, mais dans d'autres pays encore, et ce mal ne pouvait pas être facilement réparé.

En Portugal, cependant, les Juifs n'eurent pas à souffrir du fanatisme de Ferrer. Le souverain de ce pays, Don Jojo I avait alors des préoccupations plus sérieuses que celle d'aider à convertir des Juifs, il se préparait à faire en Afrique les premières conquêtes qui marquèrent le début de la puissance maritime des Portugais. Aussi, quand Ferrer lui demanda l'autorisation de venir flétrir également en Portugal les péchés des chrétiens et l'aveuglement des Juifs, il lui fit dire *qu'il pouvait venir, mais la tête ceinte d'une couronne de fer incandescente*. Grâce à la tolérance du roi, les Juifs du Portugal jouissaient d'une complète sécurité, et bien des Juifs baptisés d'Espagne se réfugièrent dans ce pays. Du reste, Don João Ier défendit expressément de maltraiter les nouveaux convertis émigrés en Portugal ou de les livrer à l'Espagne.

Mais il y eut beaucoup d'autres contrées en Europe où Ferrer, soit par ses prédications, soit par la réputation de ses exploits, causa un mal considérable aux Juifs. Dans la Savoie, où il fit un court séjour, les Juifs furent obligés de se cacher dans des cavernes avec leurs livres sacrés. En Allemagne, où la haine contre les Juifs existait presque à l'état endémique, elle se manifesta avec un caractère particulier de violence pendant la période troublée du règne de l'empereur Sigismond et des délibérations du concile de Constance. Les communautés d'Italie aussi, dont la tranquillité fut pourtant à peine menacée, étaient quand même dans une anxiété continuelle, s'attendant sans cesse à être attaquées. Sous l'impression de cette crainte, elles organisèrent un grand synode, à Bologne d'abord, et ensuite à Forli (1416 et 1418), pour examiner comment elles pourraient écarter les dangers qui les menaçaient et recueillir les fonds nécessaires pour acheter la protection du pape et du collège des cardinaux.

Au milieu de leurs inquiétudes, les Juifs virent subitement luire pour eux un rayon d'espoir. Le concile de Constance venait. en effet, d'élire comme pape un homme qu'on disait animé de sentiments de justice et de tolérance. C'était Martin V. Le nouveau pontife, il est vrai, fit un accueil peu aimable aux Juifs de Constance quand, dans son parcours en procession solennelle à travers la ville, ils allèrent au-devant de lui, flambeaux en mains, lui présenter un rouleau de la Loi et sollicitèrent son appui. *Vous possédez la Loi*, leur dit-il, *mais vous ne la comprenez pas ; les vieilles choses ont disparu, remplacées par des choses nouvelles.* Mais, à l'occasion, il leur témoigna de la bienveillance. Ainsi, sur la demande de l'empereur Sigismond, il confirma les privilèges des Juifs d'Allemagne et de Savoie, concédés précédemment par l'empereur Robert, qui leur garantissaient la sécurité de leurs biens et de leurs personnes et le libre exercice de leur religion. À la suite de la promulgation de la bulle papale, Sigismond, qu'on pouvait accuser de légèreté et de cupidité, mais qui était ennemi de toute violence, ordonna à tous les princes allemands, à ses fonctionnaires, villes et sujets, de respecter les immunités accordées à ses **serfs de chambre** par Martin V (26 février 1418).

Le synode italien aussi, lorsqu'il eut été informé des dispositions bienveillantes du nouveau pape, délégua auprès de lui plusieurs de ses membres pour lui demander sa protection. On dit même que les Juifs espagnols lui envoyèrent une députation chargée de plaider leur cause. Un des délégués était le très riche Samuel Abravalla, qui s'était fait baptiser lors des massacres de Valence. Comme les Juifs se plaignaient que leur vie fût sans cesse en danger, leur foi menacée et leurs sanctuaires profanés, le pape Martin promulgua une bulle (31 janvier 1419), qui débutait ainsi : *Puisque les Juifs sont faits à l'image de Dieu et que les débris de leur nation trouveront un jour le salut, nous décrétons, à l'exemple de nos prédécesseurs, qu'il est défendu de les troubler dans leurs synagogues, d'attaquer leurs lois, us et coutumes, de les baptiser par contrainte, de les forcer à célébrer les fêtes chrétiennes, de leur imposer le port de nouveaux signes distinctifs ou de mettre obstacle à leurs relations commerciales avec les chrétiens*. Cette bulle peut être considérée jusqu'à un certain point comme une protestation contre les mesures prises par l'antipape Benoît XIII.

Il est permis de supposer que les riches cadeaux offerts par les différentes délégations juives à Martin V ne furent pas tout à fait sans influence sur les sentiments de bonté manifestés par le pontife à l'égard des Juifs. Il parait que sans monnaie trébuchante et sonnante on n'obtenait rien de lui. *Ici, à la cour papale*, dit l'ambassadeur de l'ordre teutonique, *l'amitié s'évanouit quand l'argent disparaît*. L'empereur Sigismond aussi, pour se justifier de prélever des contributions extraordinaires sur les Juifs ; d'Allemagne et d'Italie, leur dit qu'il n'avait pu faire renouveler par le pape leurs anciens privilèges qu'au prix de sommes considérables.

Chapitre XIII

Une légère accalmie dans la tourmente — (1420-1472)

Sous le pontificat de Martin V, l'Église fut secouée par une assez forte commotion. Bien des chrétiens sincères et honnêtes étaient révoltés de l'orgueil démesuré des papes, des mœurs corrompues du clergé séculier et des moines, et leur foi en était profondément atteinte. On sentait bien, parmi les catholiques, qu'il était nécessaire d'introduire des modifications dans l'Église, et le concile de Constance, composé de prélats, de juristes et de diplomates, s'était réuni dans ce but. Mais au lieu d'appliquer des remèdes énergiques, ils proposèrent un simple palliatif. Ils décidèrent que les pouvoirs étendus que possédaient les papes seraient, congés à .une assemblée de hauts dignitaires ecclésiastiques. C'est alors .qu'à l'exemple de l'Anglais Wiclef, un prêtre tchèque, Jean Huss, de Prague, attaqua hardiment l'institution même de la papauté et toute la constitution de l'Église catholique. Le concile de Constance le condamna à être brûlé vif. Mais il laissa en Bohême de nombreux partisans, qui déclarèrent une guerre à mort au catholicisme.

Il est à remarquer que toutes les fois qu'un parti s'est constitué dans la chrétienté pour combattre l'Église régnante, il a pris une couleur biblique, c'est-à-dire juive. Pour les hussites, les catholiques étaient des païens, tandis qu'eux se considéraient comme le peuple d'Israël, chargé par Dieu de lutter contre les Philistins, les moabites et les Ammonites, et ils détruisaient les églises et les couvents comme étant des lieux souillés par le culte des idoles.

On aurait pu espérer que la lutte entre catholiques et hussites écarterait des Juifs, pour un peu de temps, les souffrances qu'on ne cessait de leur infliger ; elle les augmenta, au contraire. Les sauvages hussites ne manifestèrent pourtant aucune haine pour les Juifs. Il leur arriva une seule fois, quand ils pillèrent des maisons catholiques, de piller en même temps des maisons juives, et ils se montrèrent sévères pour quelques usuriers juifs. Mais ce fut de la part des catholiques que les Juifs eurent à subir de nouvelles violences. Accusés d'avoir fourni des armes et de l'argent aux hussites et de se montrer favorables à leurs hérésies, les Juifs des villes bavaroises voisines des forêts de la Bohème furent cruellement maltraités. Dans leurs prédications contre les hussites, les dominicains excitaient en même temps les peuples et les princes contre les Juifs, et, comme à l'époque des croisades et de la lutte contre les Albigeois, ce furent les Juifs qu'on massacra les premiers.

Les désordres commencèrent en Autriche. Dans sa conduite à l'égard des Juifs, ce pays a un trait de ressemblance avec l'Espagne, avec laquelle il avait, du reste, assez d'affinité politique pour s'allier arec elle plus tard. Comme l'Espagne, l'Autriche traita d'abord la population juive avec une généreuse tolérance, pour lui faire endurer ensuite les plus sanglantes persécutions. On poussa littéralement à bout l'honnête et digne archiduc Albert pour qu'il se déclarât contre les **ennemis de Dieu**. On répandit contre les Juifs toute sorte de calomnies, qui n'avaient même pas le mérite de la nouveauté, mais avaient toujours produit leur effet et étaient bien faites pour impressionner un prince juste, incapable de soupçonner chez des ecclésiastiques le mensonge et la duplicité. Un accident arriva à trois enfants chrétiens de Vienne qui, en patinant, tombèrent dans l'eau et se noyèrent. Quand les parents, qui ignoraient cet accident, firent part de la disparition de leurs enfants, on raconta immédiatement que les Juifs les avaient assassinés pour se servir de leur sang pendant Pâque. À cette première accusation vint s'en joindre bientôt une autre. Le bruit se répandit que la femme du sacristain d'Enns avait dérobé une hostie pour la vendre à un riche Juif du nom d'Israël, qui l'aurait fait présenter, pour la profaner, aux communautés juives de l'Autriche et d'autres pays. Au XVe siècle, ces accusations de meurtre d'enfants chrétiens et de profanation d'hostie étaient encore acceptées en toute confiance. Sur l'ordre de l'archiduc, la femme du sacristain et ses deux prétendus complices ou instigateurs du crime, Israël et sa femme, furent amenés à Vienne, emprisonnés et contraints de faire des aveux. On ne dit pas quels moyens furent employés pour faire avouer les coupables. Mais on connaît les procédés dont usaient les tribunaux chrétiens du moyen âge dans des affaires de ce genre.

À la suite de ce prétendu crime, l'archiduc Albert fit arrêter, un matin, et incarcérer tous les Juifs de son royaume (1420). Les biens des riches furent confisqués, et les pauvres expulsés du pays. Dans les prisons, on avait séparé les femmes de leurs maris et les enfants de leurs parents. Quand on supposa que le découragement et le désespoir avaient fait leur œuvre, les prêtres chrétiens se rendirent auprès des malheureux prisonniers pour les engager à se convertir. Les âmes faibles cédèrent naturellement, mais beaucoup d'autres, inébranlables dans leurs convictions religieuses, se tuèrent et donnèrent la mort à leurs proches en s'ouvrant les veines, en s'étranglant, en utilisant tous les moyens qu'ils pouvaient avoir à leur disposition. Les enfants furent enfermés dans des cloîtres. Parmi les survivants,, ceux qui restèrent fidèles à leur Dieu en dépit des supplices et de l'emprisonnement, furent livrés aux flammes. Plus de cent victimes périrent ainsi à Vienne même (mars 1421), brûlées dans une prairie, au bord du Danube. Un édit de l'archiduc Albert interdit à l'avenir le séjour de l'Autriche à tous les Juifs.

Quoique baptisés, les nouveaux convertis étaient restés attachés, au fond du cœur, aux croyances de leurs ancêtres, et, dès que les circonstances la leur permirent, ils quittèrent t'Autriche pour se réfugier soit en Pologne, au nord, soit en Italie, au sud, ou bien en Bohême. Hais ce dernier pays devint de moins en moins sûr pour eux. La lutte religieuse entre catholiques et hussites était devenue une lutte nationale entre Allemands et Tchèques. Des deux côtés on chercha et l'on trouva des alliés. L'empereur Sigismond réunit des forces considérables, prenant à sa solde lansquenets, Brabançons et Hollandais. Des bandes armées accoururent de toutes parts pour pénétrer dans les vallées de la Bohème et marcher sur Prague, où, malgré sa cécité, l'héroïque Ziska organisait avec une ardente activité la défense de son pays. Partout où ils passaient, les soldats allemands déployaient leur valeur contre les malheureux Juifs. *Nous allons au loin*, disaient-ils comme autrefois les croisés, *pour venger notre Dieu qu'on outrage, nous ne devons donc pas épargner ceux qui l'ont tué*. Dans les provinces rhénanes, en Thuringe, dans la Bavière, ils tuaient tous les Juifs qu'ils rencontraient et qui refusaient d'abjurer, menaçant d'exterminer toutes les communautés quand ils reviendraient en triomphateurs. Bien des pères de famille prenaient déjà leurs dispositions pour faire égorger leurs enfants à la moindre alerte et les empêcher de tomber vivants entre les mains de ces meurtriers.

Devant l'imminence du danger, de nombreuses communautés demandèrent conseil au rabbin le plus considéré de l'époque, Jacob ben Moïse Moellin Hallévi, de Mayence, plus connu sous le nom de *Maharil* (né vers 1365 et mort en 1427), et auteur de mélodies liturgiques et de règlements synagogaux qui sont encore en usage aujourd'hui en Allemagne, en Pologne et en Hongrie. Maharil envoya des messagers dans les communautés voisines pour leur ordonner d'organiser des jeûnes publics ; cet ordre devait être transmis de proche en proche par toutes les communautés. Après s'être réunis dans les synagogues pour prier et faire pénitence, et après avoir jeûné plusieurs jours (1421), on clôtura cette période de deuil par un jeûne d'une durée de trois jours consécutifs, qui fut observé avec la même rigueur que le jeûne du jour de l'Expiation. Dans l'intérêt de leur salut, ils demandèrent à Dieu de faire triompher les hussites.

Leurs vœux semblèrent se réaliser, car. à l'annonce de l'approche de Ziska, l'armée impériale et les hordes de mercenaires rassemblés près de Saaz furent pris d'une telle terreur, qu'ils s'enfuirent en débandade et retournèrent dans leurs pays. Épuisés de fatigue et affamés, plusieurs de ceux qui avaient juré la mort des Juifs venaient leur demander un morceau de pain.

Mais les dominicains, qui prêchaient dans les églises contre les hussites, continuaient en même temps leurs excitations contre les Juifs. Ceux-ci, menacés encore une fois dans leur sécurité, implorèrent l'aide de Martin V, qui émit une nouvelle bulle en leur faveur (23 février 1422). Dans cette bulle, il rappelle que la religion chrétienne est issue du judaïsme, déclare l'existence des Juifs indispensable au christianisme et interdit aux moines prêcheurs de chercher à isoler les Juifs des chrétiens. Il recommande à ces derniers d'entretenir des relations amicales avec les Juifs. Malheureusement, pas plus le pape que l'empereur Sigismond n'étaient obéis, quand ils plaidaient la cause des Juifs. Les moines continuaient d'accabler de leurs imprécations *la maudite nation juive*, et le peuple continuait de les maltraiter et les tuer; les successeurs de Martin V eux-mêmes ne tenaient souvent pas compte de sa bulle. Ainsi, malgré les objurgations du pape et de l'empereur, la communauté juive de Cologne, probablement la plus ancienne de l'Allemagne, fut expulsée tout entière ; elle alla s'établir à Deutz (1426). Dans d'autres villes, à Ravensbourg, Ueberlingen et Lindau, les Juifs, accusés d'un meurtre rituel, furent brûlés (1430).

Cette succession de violences et de persécutions amena forcément l'abaissement intellectuel des Juifs d'Allemagne. Même dans le domaine des études talmudiques, où ils brillaient autrefois, les rabbins allemands de cette époque se montraient assez médiocres. Un autre inconvénient, c'est que les princes se mêlaient parfois de la nomination des rabbins. L'empereur Sigismond chargea l'un de ses agents juifs, Hayyim de Landshut, de nommer trois rabbins en Allemagne. C'est ainsi qu'en Espagne les grands-rabbins étaient nommés par les rois. Il est à supposer que l'empereur se laissa guider dans son choix par l'argent qu'il recevait plus que par le mérite des élus, car il ne perdait aucune occasion de se créer de nouvelles ressources. Quand une école eut été instituée pour y former des chefs religieux, chaque rabbin dut payer une taxe spéciale pour son entretien, quoique l'enseignement y fût gratuit. Souvent aussi les rabbins proposés n'étaient pas acceptés ou avaient des attributions très limitées. Après Jacob Moellin, dont il a été question plus haut, le seul rabbin du temps qui ait laissé un nom fut Menahem de Mersebourg, considéré comme une autorité religieuse par ses coreligionnaires.

En Espagne aussi, les Juifs d'alors brillaient peu par leur savoir. Leur situation matérielle s'était cependant améliorée sous le règne du faible, mais généreux, roi Juan II, grâce à la bienveillance que leur témoignait le chancelier Alvaro de Luna, favori ou plutôt protecteur du souverain. Alvaro comptait beaucoup sur la prudence, l'activité et l'habileté financière des Juifs pour l'aider à mettre fin aux dissensions intestines de la Castille, à réprimer la révolte de la haute noblesse contre le roi et à faire renaître le bien-être dans le pays. Parmi ses conseillers, un des plus écoutés était certainement Abraham Benveniste. Dès que le roi fut devenu majeur et se sentit délivré des intrigues du conseil de régence (1432), Alvaro l'engagea à laisser tomber en désuétude toutes les lois restrictives édictées contre les Juifs. Abraham Benveniste, aussi remarquable par sa fortune que par son intelligence et l'élévation de ses sentiments, fut placé par Juan II à la tête de ses coreligionnaires castillans en qualité de grand-rabbin et juge suprême ; il fut également autorisé à exercer la juridiction pénale à l'égard des membres indignes et des délateurs qui pourraient se rencontrer dans les communautés. On sait que cette juridiction avait été enlevée aux tribunaux juifs, cinquante ans auparavant, par Juan Ier.

Appuyé par la faveur royale, Benveniste se mit immédiatement à l'œuvre pour mettre fin au désordre qui régnait dans les communautés, entièrement désorganisées à la suite des massacres et des conversions forcées. Avec l'autorisation du souverain, il convoqua à Valladolid des rabbins et des laïques notables, et rédigea avec leur concours, dans le palais du prince, un règlement (1432) qui fut ratifié par Juan II et acquit ainsi force de loi pour tous les Juifs de Castille. Dans ce règlement, il introduisit des articles relatifs à la restauration des écoles talmudiques ruinées par les persécutions, à la création d'écoles primaires et à la nomination de juges et de rabbins pour les diverses communautés. Il y énonce aussi les mesures à prendre contre l'immoralité et surtout la délation, y indique la façon de recueillir et de répartir les impôts dus par les communautés, et y interdit à ses coreligionnaires, surtout aux femmes, de porter des vêtements luxueux et de nombreux bijoux, pour ne plus attirer sur eux, comme cela est arrivé maintes fois auparavant, l'envie et la colère de la population chrétienne.

Abraham Benveniste réussit à relever les courages abattus, mais dans le domaine intellectuel, ses efforts demeurèrent en grande partie infructueux. Malgré tout son zèle, il ne parvint pas à revivifier les études talmudiques. La poésie néo-hébraïque également, qui avait fleuri avec tant d'éclat en Espagne, resta fade et incolore. Elle n'eut, du reste, à cette époque que peu de représentants, dont on tonnait Salomon Dafiera, Don Vidal Benveniste, le principal orateur juif du colloque de Tortose, et Salomon Bonfed. Ce dernier qui, comme poète, était le mieux doué des trois, avait pris pour modèle Ibn Gabirol. Mais s'il était susceptible et se croyait victime de la destinée comme Ibn Gabirol, il ne possédait qu'une bien petite partie de son admirable talent poétique.

En ce temps, l'activité littéraire des Juifs se concentrait presque tout entière sur un seul point, la défense du judaïsme contre les attaques de l'Église. Pour raffermir la foi des faibles parmi les Juifs d'Espagne et d'autres pays, et pour les prémunir contre les arguments spécieux des convertisseurs, les penseurs juifs estimaient de leur devoir de proclamer publiquement l'inébranlable fermeté de leurs convictions. Plus l'Église multipliait ses pièges et faisait d'efforts pour prendre les Juifs dans ses filets, plus on s'armait d'énergie et de sage prudence dans le camp juif pour ne pas se laisser dérober par ruse l'ancien patrimoine des aïeux. Il fallait avant tout faire connaître aux ignorants et aux esprits peu clairvoyants les différences existant entre les dogmes juifs et les dogmes chrétiens. Aussi les prédicateurs juifs développaient-ils bien plus souvent qu'auparavant, dans leurs sermons, le dogme de l'unité de Dieu, montrant que l'Église n'entendait nullement ce dogme de la même façon que la Synagogue. De là, la naissance de toute une littérature polémique ayant pour but de plaider la cause du judaïsme, d'appeler l'attention des Juifs sur les agissements des agents de prosélytisme, peut-être aussi de réveiller et de maintenir le remords dans la conscience des nouveaux convertis qui ne s'étaient faits chrétiens que pour échapper à la mort.

Ces écrits étaient consacrés, pour la plupart, à la réfutation de certaines attaques, venant surtout d'apostats, qui avaient l'odieux courage d'outrager leurs anciennes croyances et leurs anciens coreligionnaires. C'est ainsi qu'autrefois le parti juif **hellénisant** avait travaillé à détacher ses coreligionnaires de leur culte et s'était fait aider par le bras séculier dans son œuvre de trahison. Le renégat Paul de Santa-Maria qui, de degré en degré, s'était élevé jusqu'à la dignité d'évêque de sa ville natale, avait quatre-vingt-deux ans (1434) quand, un an avant sa mort, il composa encore un libelle haineux contre les Juifs et le judaïsme, **Examen de l'Écriture sainte**, sous la forme d'un dialogue entre le mécréant Saül et le converti Paul. S'il est vrai, comme l'affirmaient ses admirateurs chrétiens et juifs, que Paul de Santa-Maria avait de l'esprit, il n'en laisse rien paraître dans ce pamphlet, qui est très orthodoxe au point de vue catholique, mais manque absolument d'intérêt. Un autre rabbin que les prédications de Vincent Ferrer avaient attiré au catholicisme dans sa vieillesse, Juan de Espanya, connu encore sous le nom de Juan l'**ancien**, de Tolède, publia également de violentes attaques contre le judaïsme. Il écrivit un mémoire sur sa conversion et un commentaire sur le 72e psaume. Dans ces deux travaux, il essaie de justifier son abjuration et engage ses coreligionnaires à l'imiter. Le réquisitoire dressé contre le Talmud par le renégat Jérôme de Santa-Fé, spécialement pour le colloque de Tortose, fut aussi répandu par son auteur comme ouvrage de propagande catholique. Trompés par le zèle, sincère ou hypocrite, d'apostats de ce genre, qui étaient familiarisés avec la littérature rabbinique, bien des esprits faibles se laissèrent entraîner à accepter le baptême.

Il faut d'autant plus admirer le mérite des savants courageux qui, sans crainte du danger, se placèrent devant la brèche pour repousser les assaillants et raffermir la foi ébranlée de leurs frères. Parmi ces vaillants défenseurs, on trouve au premier rang deux des champions énergiques du colloque de Tortose, Don Vidal (Ferrer) ibn Labi et Joseph Albo. Le premier réfuta, dans un ouvrage hébreu, les accusations de Jérôme, et Joseph Albo publia en espagnol, à l'usage de ses coreligionnaires, une controverse religieuse qu'il avait soutenue contre un haut dignitaire de l'Église. Un autre savant juif, Isaac Nathan ben Kalonymos, de Provence, dont le père était originaire d'Espagne, et qui, par suite de ses nombreuses relations avec les chrétiens, était souvent amené à discuter avec eux sur des questions religieuses, publia également une réplique aux assertions de Jérôme, sous le titre de : **Réfutation du trompeur**. De plus, il écrivit un ouvrage considérable pour permettre à chaque Juif de répondre aux objections dirigées contre sa religion. Dans ses rapports avec les chrétiens, Isaac Nathan eut, en effet, l'occasion de remarquer que plus d'une objection faite au judaïsme et plus d'une preuve mise en avant en faveur du christianisme reposaient sur une expression hébraïque mal comprise. Il espérait empêcher à l'avenir ces raisonnements erronés et aider les Juifs à défendre leurs croyances en composant une sorte de vocabulaire de la Bible qui indiquât le sens exact et précis des mots et des versets. Dans sa pensée, un simple coup d'œil jeté sur cet ouvrage suffirait pour faire savoir non seulement combien de fois chaque mot se trouve dans la Bible, mais aussi quelle est sa vraie signification dans tel ou tel passage. C'était là un travail de longue haleine, auquel il consacra plusieurs années de sa vie (septembre 1437-1445). Cette **Concordance de la Bible** range ensemble tous les versets par ordre alphabétique, en tenant compte, pour établir cet ordre, de la racine du mot principal qui se trouve dans chaque verset. Bien que son travail fût en quelque sorte de nature purement mécanique, Isaac Nathan n'en a pas moins rendu un service important à l'étude de la Bible. Composée pour un besoin momentané, sa Concordance a été non seulement très utile à l'époque de ces polémiques, mais peut encore être considérée aujourd'hui comme une œuvre d'une réelle valeur.

Un autre écrivain juif, *Joseph ibn Schem Tob* (né vers 1400 et mort martyr vers 1460), qui possédait des connaissances philosophiques, était un prédicateur aimé et avait des relations à la cour de Juan II, crut aussi de son devoir, pour défendre sa religion, de mettre en évidence les points faibles du christianisme. Par suite de ses rapports fréquents avec de hauts fonctionnaires chrétiens, ecclésiastiques et laïques, qui l'engageaient à abjurer, il s'était vu dans la nécessité d'étudier la théologie chrétienne pour se mettre en état de repousser victorieusement les tentatives de prosélytisme et combattre l'affirmation de la prétendue supériorité du christianisme sur le judaïsme. Il consigna les résultats de ses études dans un opuscule intitulé : **Objections contre la religion de Jésus**, où il critique les dogmes chrétiens dans un style mordant. Dans l'intérêt de la foi juive et de ses adeptes, il commenta également la satire de Profiat Duran contre le christianisme, et il mit à la portée de ses coreligionnaires l'écrit polémique de Hasdaï Crescas contre le christianisme, en le traduisant de l'espagnol en hébreu.

Parmi les polémistes juifs d'Espagne dont le nom mérite de passer à la postérité, il reste encore à mentionner un contemporain de Joseph ibn Schem Tob, *Hayyin ibn Mousa* (né vers 1390 et mort vers 1460), qui est resté jusqu'à présent dans l'oubli. Originaire de Bejar, dans la région de Salamanque, il était médecin, écrivain et versificateur. Comme sa réputation de médecin habile lui donnait accès à la cour et auprès des grands d'Espagne, il avait souvent l'occasion de s'entretenir de questions religieuses avec des prélats et des savants laïques. Une conversation qu'il rapporte dans un de ses ouvrages est très caractéristique, parce qu'elle fait connaître le ton qui régnait alors, en Espagne, dans ces controverses, avant que l'Inquisition eût rendu impossible toute libre discussion. *Si les Juifs possèdent réellement la vraie religion, comme ils le prétendent*, dit un jour un savant ecclésiastique à Hayyim ibn Mousa, *pourquoi ne réussissent-ils pas à reconquérir la cité sainte et la Palestine ? — Ils ont perdu ce pays*, répliqua Ibn Mousa, *parce que leurs aïeux ont péché envers Dieu, et ils ne pourront en reprendre possession qu'après avoir fait sincèrement pénitence. Mais*, ajouta-t-il, *pourquoi les chrétiens ne possèdent-ils plus le Saint-Sépulcre, ni les autres lieux où se sont passés les divers actes de la Passion, qui se trouvent tous entre les mains des musulmans ? Pourtant, les chrétiens peuvent se confesser et se faire donner à toute heure l'absolution de leurs péchés.* Comme l'ecclésiastique tardait un peu à répondre, un chevalier qui avait visité la Palestine et qui assistait à cette conversation, dit : *Les musulmans seuls méritent d'être les maîtres de l'emplacement du temple et des lieux saints, parce qu'ils témoignent pour leurs maisons de prières un respect bien plus grand que les chrétiens et les Juifs. Dans les nuits qui précèdent Pâques, les chrétiens tenaient une conduite scandaleuse dans les églises de Jérusalem, y hébergeaient des voleurs et des assassins, s'y battaient jusqu'au sang et y commettaient des actes obscènes. Les Juifs aussi avaient déshonoré autrefois leur temple. C'est pourquoi Dieu, dans sa sagesse, a enlevé la ville sainte aux Juifs et aux chrétiens pour la placer sous la domination des musulmans ; car ces derniers la préserveront sûrement de toute profanation.* Le prêtre chrétien et le médecin juif, confus, restèrent silencieux devant ces observations.

Pour mettre fin aux attaques dirigées par les chrétiens contre le judaïsme, Hayyim ibn Mousa essaya de leur fermer l'arsenal où ils puisaient leurs armes, c'est-à-dire les ouvrages du franciscain Nicolas de Lyre, en réfutant toutes les assertions émises dans ces écrits. Il avait aussi remarqué que les plus laborieuses discussions ne donnaient aucun résultat certain et que chacun des deux adversaires s'attribuait sincèrement la victoire, parce qu'on ergotait, d'habitude, sur des points secondaires et qu'on ne prenait jamais la précaution de s'entendre sur les prémisses qui devaient servir de fondement à l'argumentation. Il pensa donc qu'il serait utile pour ses coreligionnaires de se conformer, dans leurs controverses, à des lois données et de savoir défendre le judaïsme d'après des principes fixes, et, dans ce but, il réunit un certain nombre de règles dans un ouvrage qu'il intitula : **Bouclier et glaive**.

À Alger aussi, où pourtant l'Église ne faisait aucune propagande, la polémique antichrétienne eut deux représentants, Simon ben Cémah Duran et son fils Salomon Duran. Il est vrai que par leur origine, comme par leur éducation, ils appartenaient à l'Espagne. Dans son examen philosophique du judaïsme, Simon Duran (né en 1361 et mort en 1439) consacre à la religion chrétienne un chapitre spécial intitulé : **Arc et Bouclier**. On voit par ce chapitre que Simon Duran connaissait parfaitement le Nouveau Testament et les dogmes chrétiens, et grâce à cette érudition spéciale, il lui fut possible d'emprunter à ses adversaires mêmes les éléments de la critique acérée qu'il dirigea contre le christianisme.

Salomon Duran Ier (né vers 1400 et mort en 1467) avait succédé à son père comme rabbin d'Alger. Tout en étant un talmudiste remarquable, il désirait voir prédominer l'influence de la raison dans le domaine du judaïsme, et, fort différent en cela de son aïeul Nahmani et de son père, il était ennemi déclaré de la Cabale.

Sous le titre de : **Lettre de combat**, il publia un traité assez étendé contre les accusations de Jérôme de Santa-Fé.

La philosophie religieuse, à laquelle des penseurs juifs d'Espagne avaient seuls imprimé un caractère scientifique, jeta pendant cette période ses dernières lueurs dans ce pays. Les mêmes hommes qui défendaient leur religion contre les attaques des chrétiens la protégeaient également contre les obscurantistes juifs que toute lumière gênait et qui, à l'exemple des dominicains, exigeaient une foi aveugle. Pour des zélateurs comme Sehem Tob ibn Schem Tob, qui ne connaissaient que le Talmud et dont l'esprit était troublé par les élucubrations de la Cabale, les études scientifiques menaient à l'hérésie. Frappés de ce fait que la plupart des Juifs qui avaient abjuré sous l'influence des prédications de Vincent Ferrer et de la propagande du pape Benoît XIII étaient des gens cultivés, ces mystiques se sentaient affermis dans leur conviction que toute instruction profane, toute réflexion en matière religieuse était dangereuse pour la foi. Leur dédain pour la science et les spéculations philosophiques les conduisit tout naturellement à condamner Maïmonide et tous les penseurs juifs. Mais ils rencontrèrent un adversaire redoutable dans Joseph Albo, qui, sous le titre de *Ikkarim*, **Principes**, composa un traité de théologie, où il essaie de déterminer les vérités fondamentales du judaïsme et de fixer les frontières indiquant où finit la foi et où commence l'hérésie.

Joseph Albo (né vers 1380 et mort vers 1444), de Monreal, un des principaux représentants du judaïsme au colloque de Tortose, se vit probablement contraint, par l'intolérance du pape Benoît, d'émigrer à Soria. Comme il était médecin, A avait étudié les sciences naturelles, telles qu'elles étaient connues de son temps, et, en sa qualité de disciple de Hasdaï Crescas, il était familiarisé avec la philosophie contemporaine. Quoique sincèrement attaché au judaïsme talmudique, il aimait, comme son maître, les spéculations philosophiques. Mais il n'avait pas la pénétration d'esprit de Hasdaï Crescas et ne savait pas toujours conduire son argumentation avec une rigoureuse logique. Désireux de rechercher jusqu'à quel point le judaïsme admet le libre examen dans les questions religieuses et si cette liberté de penser est limitée par des articles de foi, il fut amené à se demander si l'on ne peut rejeter aucun des treize articles de foi énumérés par Maïmonide sans être taxé d'hérésie. C'est ainsi qu'il se décida à composer un traité de théologie, le dernier qui ait été écrit en Espagne.

Dans sa façon d'exposer son système, Albo diffère sensiblement de ses prédécesseurs. Prédicateur habile et séduisant, il déploie dans son ouvrage les qualités qui distinguaient ses sermons, présentant ses idées sous une forme claire, attrayante et accessible à la foule. Il sait faire comprendre ses conceptions philosophiques par des images saisissantes; il les illustre par des versets bibliques et des sentences de l'Aggada. Mais il a le défaut de ses qualités. À force de vouloir être clair, il devient prolixe.

Par une contradiction singulière et qui montre avec quelle puissance agit l'influence du milieu, Albo, qui tenait à créer son système de philosophie religieuse avec des éléments purement juifs, place en tête de ce système un principe d'origine chrétienne. Il admet, en effet, que le but assigné par le judaïsme à ses adeptes est le *salut de l'âme*. Pour Albo, le bonheur suprême de l'homme ne consiste pas dans l'élévation de l'âme, mais dans son salut, et ce bonheur ne peut être atteint que dans l'autre monde, ce monde-ci étant simplement une préparation à cette vie supérieure. Il existe, d'après Albo, trois sortes d'institutions qui font passer l'homme de l'état de barbarie à l'état civilisé : c'est d'abord le droit naturel, base de la société ; ensuite, les lois de l'État, chargées de maintenir l'ordre et les bonnes mœurs, et enfin les lois philosophiques, faites pour assurer à l'homme une félicité durable ou, du moins, pour lui en faciliter l'acquisition. Mais toutes ces institutions ne peuvent pas procurer à l'homme le bien suprême, c'est-à-dire le salut de l'âme ou la béatitude éternelle, parce qu'elles s'occupent seulement des *actes*, et non pas du *motif* qui a inspiré les actes.

Si donc le but suprême de l'homme doit être de mériter la félicité éternelle, il ne lui suffit plus d'obéir à des lois politiques ou philosophiques, mais il a besoin d'être dirigé par une législation divine, qui l'empêche d'errer dans les ténèbres et de s'écarter sans cesse de son but. Cette législation ne peut reposer que sur les trois vérités fondamentales suivantes : l'existence d'un Dieu, la révélation de sa volonté, et la rémunération après la mort.

Dans la pensée d'Albo, le judaïsme a été constitué par Dieu tel qu'il existe pour que ses adeptes puissent se rendre dignes de la béatitude future. Comme il contient une grande quantité de prescriptions religieuses — elles sont au nombre de 613 d'après l'énumération usuelle — chaque Juif peut faire son salut, car il suffit d'accomplir une seule prescription arec sincérité et désintéressement pour mériter la félicité éternelle. Par conséquent, c'est dans l'intérêt des Juifs, et pour leur faciliter l'acquisition du bonheur suprême, que la Tora leur a imposé tant de pratiques, et non pas, comme le prétendent les docteurs chrétiens, pour les accabler sous la charge de ces pratiques et leur faire encourir un châtiment dans le cas où ils ne les observeraient pas toutes.

Albo se demande aussi, dans son ouvrage, si la révélation du Sinaï ou le judaïsme peut jamais être changé. L'examen de cette question exigeait une prudence toute particulière, parce que les ecclésiastiques chrétiens objectaient souvent aux Juifs que la doctrine du Christ est aussi une révélation, et que cette **nouvelle alliance** a remplacé **l'ancienne**, la Tora ayant fait place à l'Évangile. Pour ne pas fournir d'armes contre lui par sa propre argumentation, Albo établit une distinction entre les commandements révélés directement par Dieu lui-même et ceux qu'un prophète a ordonnés. Ce que Dieu a promulgué de sa propre bouche, comme le Décalogue, est immuable, et c'est dans le Décalogue que sont contenus les trois principes fondamentaux de la Révélation. Mais les autres lois du judaïsme, prescrites au peuple d'Israël par l'intermédiaire de Moïse, peuvent être modifiées ou même abolies. En réalité, cette faculté de modifier une partie et même la majeure partie des prescriptions religieuses n'a qu'une valeur théorique ; Albo veut simplement dire que ce changement est possible. Mais, dans la pratique, les Juifs sont obligés d'observer toutes les lois de la Tora, jusqu'à ce qu'il plaise à Dieu d'en donner d'autres par l'intermédiaire d'un prophète aussi grand que

Moïse, et d'une façon aussi solennelle et aussi authentique que la Révélation du Sinaï.

Au point de vue juif, la théologie d'Albo ne satisfait pas l'esprit. Après avoir accepté comme point de départ la doctrine chrétienne du salut, elle est amenée à exiger la foi, dans le sens chrétien du mot, comme condition principale de ce salut, et à faire jouer aux prescriptions du judaïsme le même rôle que les sacrements, tels que le baptême, la communion, etc., jouent dans le christianisme.

Quoique prédicateur comme Albo, son jeune contemporain *Joseph ibn Schem Tob* mettait plus de méthode dans son argumentation. Au grand regret, sans doute, de son père fanatique et partisan résolu de la Cabale, qui regardait la philosophie comme une science pernicieuse, Joseph étudia avec ardeur la doctrine aristotélicienne telle que l'avait comprise Maïmonide. D'après lui, les connaissances philosophiques aident l'homme, et surtout l'Israélite, à accomplir sa vraie destinée ; car, à son avis, le Juif qui, après s'être familiarisé avec la philosophie, pratique sincèrement sa religion, est plus apte à atteindre le but supérieur qui lui est assigné que celui qui accomplit machinalement les préceptes de son culte. Pour Joseph ibn Schem Tob, la doctrine du Sinaï est venue combler une lacune de la philosophie, à laquelle elle est, du reste, supérieure, parce qu'elle enseigne que la béatitude de l'homme consiste dans la faculté que possède l'âme de survivre au corps. Cette béatitude, le judaïsme dit que ses adeptes s'en rendent dignes en accomplissant strictement les pratiques de leur religion. Pour ce point particulier, Joseph ibn Schem Tob est, en partie, d'accord avec Albo. Lui aussi prétend que les lois religieuses ont un caractère sacramentel, tout en insistant moins sur la doctrine du salut. Il affirme même que ces lois n'ont pas de but connu, et il leur attribue jusqu'à un certain point une signification mystique.

Les auteurs de tous ces ouvrages polémiques et philosophiques de la première moitié du XVe siècle ne les écrivirent point parce qu'ils avaient des loisirs ou qu'ils y étaient poussés par leur caprice; ils y furent contraints par la plus dure des nécessités, pour défendre leur patrimoine moral et religieux. Si le judaïsme ne s'était point fortifié en dedans et n'avait énergiquement repoussé les attaques injustes du dehors, il aurait risqué de périr.

À ce moment surtout, il était impérieusement commandé aux Juifs de s'armer de fermeté, car une nouvelle ère de luttes et de dangers allait s'ouvrir pour eux dans la péninsule ibérique, amenée par des calomniateurs sortis d'Israël même. De misérables renégats, parvenus aux plus hautes dignités, qui ressentaient pour les Juifs et le judaïsme une haine plus violente encore que les chrétiens, voyaient avec colère leurs anciens coreligionnaires de Castille jouir de la faveur du roi et surtout du chancelier Alvaro de Luna. Des Juifs notables, tels que Joseph ibn Schem Tob, Abraham Benveniste, Joseph Naci, étaient accueillis avec bienveillance à la cour et chargés, comme au beau temps de leur splendeur, d'administrer les finances de l'État; des médecins juifs étaient consultés par des chrétiens, en dépit des défenses répétées des papes, des conciles et des princes, et Juifs et chrétiens entretenaient de nouveau entre eux de bonnes relations. Cette situation déplaisait aux apostats, et principalement aux fils de Paul de Santa-Maria, qui avaient hérité de leur père son ambition, son astuce, son esprit d'intrigue et sa haine des Juifs. Grince à leur intelligence remarquable et aux emplois élevés qu'ils occupaient, ils formaient une vraie puissance avec leurs oncles et leurs cousins; la famille était ordinairement désignée sous le nom de *Cartagena*. L'aîné des fils, Gonzalo de Cartagena, avait succédé à son père comme évêque de Burgos et fut envoyé comme délégué castillan au concile de Bâle. Le deuxième, Alfonso de Cartagena, était doyen de Santiago et Ségovie ; le troisième, Pedro, était chevalier de la garde royale et honoré de plusieurs distinctions militaires, et le plus jeune, Alvar Sanchez, c'était un magistrat influent. Leurs oncles, Pedro Suarez et Alvar Garcia, qui avaient abjuré en même temps que leur père, occupaient également des postes importants.

Cette coterie détestait cordialement le chancelier Alvaro de Luna, non seulement parce qu'il se montrait équitable pour les; Juifs, mais aussi parce qu'il avait toujours réprimé avec la plus grande énergie les intrigues qu'elle n'avait cessé de fomenter contre le roi Don

Juan en faveur des infants, du roi d'Aragon et de ses frères. Plus d'une fois, ils avaient essayé de faire tomber Alvaro du pouvoir. Comme ils ne réussirent pas dans leur propre pays à nuire aux Juifs, ils tentèrent d'intéresser le concile de Bâle à leurs mauvais desseins.

Pendant les treize ans qu'il resta réuni (juin 1431 - mai 1443), ce concile délibéra sur toutes les grandes affaires européennes, s'efforçant de faire rentrer les hussites dans le giron de l'Église, de corriger les mœurs du clergé et des moines et de convertir les Juifs. Ces derniers surtout étaient l'objet des préoccupations du concile. Comme il lui paraissait nécessaire de les humilier peur raffermir le christianisme, il renouvela contre eux toutes les anciennes mesures restrictives et en promulgua de nouvelles. C'est ainsi qu'il remit en vigueur les dispositions canoniques qui défendaient aux Juifs d'avoir des relations avec les chrétiens, de les employer comme domestiques, d'être leurs médecins, d'occuper des emplois publics, et qui leur prescrivaient de porter des vêtements distincts et de demeurer dans des quartiers spéciaux. À ces anciennes prohibitions, il ajouta un certain nombre de défenses qui étaient nouvelles ou qui, du moins, n'avaient pas été ratifiées jusqu'alors par l'autorité supérieure ecclésiastique. Les Juifs ne pouvaient obtenir aucun grade universitaire et devaient être contraints, même par la violence, d'aller écouter les prédications des convertisseurs ; on résolut également d'enseigner dans les écoles supérieures l'hébreu, le chaldéen (et l'arabe), pour faciliter la conversion des Juifs. On voit par là que le concile de Bâle accepta tous les articles de la bulle de Benoît XIII, quoique ce pape fût mort en état d'hérésie. Ce concile s'occupa également des Juifs convertis. Il prescrivit de se montrer bienveillant à leur égard, mais aussi de les surveiller pour qu'ils ne pussent pas se marier entre eux.

Il est probable que, dans ses délibérations, le concile de Bâle n'eût pas abordé la question juive, complètement étrangère à son. ordre du jour, s'il n'y avait été incité par les apostats Gonzalo et Alfonso de Cartagena, que le roi Don Juan II avait délégués à cette assemblée, où Alfonso était très considéré comme théologien et jurisconsulte. On reconnaît, du reste, l'influence des deux frères dans plusieurs des résolutions votées par le concile, et qui n'avaient de raison d'être qu'autant qu'elles étaient dirigées contre les Juifs d'Espagne. Ainsi, on ne pensait certes pas à l'Allemagne quand on défendit aux Juifs d'occuper une chaire dans une école ; les Juifs allemands n'osaient pas aspirer, à cette époque, à enseigner dans une université.

À la suite des résolutions prises par le concile contre les Juifs, les sentiments de malveillance que les masses leur manifestaient devinrent encore plus intenses, et prirent un caractère particulier de violence à la fin du XVe siècle. Dans les contrées mêmes où la population juive n'avait pas trop souffert jusqu'alors de la haine de l'Église, elle allait bientôt subir les plus douloureuses persécutions. Du reste, le destin paraissait réellement s'acharner contre les malheureux Juifs. À l'heure où les membres du concile de Bâle forgeaient contre eux de nouvelles armes, survint en Allemagne la mort de l'empereur Sigismond (1437). Non pas que ce prince fût pour eux un défenseur bien zélé ; comme il avait de grands besoins d'argent, il les accablait d'impôts de toute sorte. Mais, du moins, ne permettait-il pas qu'on les maltraiter. Son successeur, le duc Albert d'Autriche, était un ennemi implacable des Juifs et des hérétiques, et il les aurait volontiers exterminés tous ensemble si les hussites n'avaient eu de bonnes armes pour se défendre et si les Juifs n'avaient été une source inépuisable de revenus. Mais, sous son règne, on pouvait impunément infliger aux Juifs les avanies les plus humiliantes, et quand le conseil d'Augsbourg décida d'expulser la communauté juive (1439), il s'empressa de ratifier cette résolution inique. On leur accorda un délai de deux ans pour vendre leurs maisons et leurs biens-fonds. Ils furent ensuite tous chassés, et on employa les pierres tumulaires de leur cimetière comme matériaux de construction. Heureusement, Albert II ne régna que deux ans, laissant la couronne à Frédéric III. Ce souverain était bon et équitable, mais faible, et, quoique disposé à protéger les Juifs, il manquait de l'énergie nécessaire pour les défendre efficacement. Ils auraient pourtant eu besoin d'un protecteur puissant à cette époque. Car, à côté de leurs nombreux adversaires, un nouvel ennemi se levait contre eux, plus cruel et plus acharné que tous les autres, le moine franciscain Jean de Capistrano.

Au début de son pontificat, Eugène IV, qui était parvenu à se maintenir pape en dépit de l'hostilité du concile de Bâle, montra des dispositions bienveillantes pour les Juifs. Ainsi, il confirma les privilèges que leur avait accordés son prédécesseur, Martin V, et défendit de les baptiser par contrainte ou de les maltraiter. Mais brusquement il changea à leur égard. Cette volte-face subite était certainement due à l'influence d'Alfonso de Cartagena, évêque de Burgos, qui, au concile de Bâle, avait plaidé avec chaleur la cause du pape Eugène. Seul ce prélat d'origine juive, surnommé par le pape *la joie de l'Espagne et l'honneur du clergé*, était capable d'accuser les Juifs de Castille d'arrogance et de présomption. À la suite de cette intervention, Eugène IV adressa un bref aux évêques de Castille et de Léon (10 août 1442) pour leur dire que les Juifs abusaient, au détriment des croyants, des prérogatives octroyées par les papes, commettaient des actes coupables et contribuaient ainsi à nuire au christianisme. Il prétendait, par conséquent, se trouver dans l'obligation de déclarer nuls et non avenus tous les privilèges qu'ils avaient obtenus de lui, de Martin V et d'autres papes. À cette occasion, Eugène IV remit en vigueur toutes les mesures restrictives promulguées contre les Juifs par le pape Benoît, et qui n'avaient jamais été prises en considération sous le règne de Juan II. Ce bref fut publié dans plusieurs villes de la Castille, à l'insu du roi. C'était là un coup droit porté à Alvaro de Luna, le protecteur des Juifs.

Mais Alvaro était homme à riposter. Il publia, au nom du roi, une pragmatique (du 6 avril 1443) datée d'Arevalo, qui annulait le bref papal. Dans ce document, il déclare que, d'après le droit canon et la législation royale, les Juifs sont autorisés à vivre parmi les chrétiens, et que le roi est vivement irrité des tentatives faites par des audacieux, dans plusieurs villes, pour leur causer du mal, sous prétexte qu'ils forment une classe inférieure. Il est vrai que certaines dispositions canoniques leur interdisent l'accès des dignités et défendent aux chrétiens d'entretenir avec eux des relations amicales, mais on va beaucoup trop loin en cherchant à les isoler complètement et à les éloigner môme des emplois subalternes. Il est permis aux chrétiens de garder les troupeaux des Juifs, de labourer leurs champs et d'avoir avec eux des relations commerciales. À la fin de sa déclaration, le roi défend à tous ses sujets, sous les peines les plus sévères, d'édicter à son insu une mesure quelconque contre les Juifs, et il exprime l'espoir que le pape fera connaître d'une façon claire et précise la conduite que les chrétiens peuvent et doivent tenir à leur égard.

Cette intervention habile d'Alvaro de Luna pour faire échouer leurs desseins irrita vivement le groupe des nouveaux chrétiens qui haïssaient les Juifs, et, dans leur colère, ils complotèrent la mort du ministre castillan. Les événements allaient leur prouver que, malgré leur conversion, eux aussi, comme leurs anciens coreligionnaires, étaient sans cesse en danger. Grisés par leur situation brillante ou leurs richesses, beaucoup d'entre eux montraient un orgueil de parvenu, s'attirant par leur arrogance présomptueuse l'envie et la haine des anciens chrétiens. Ce sentiment de malveillance se fit jour; pour la première fois, à Tolède, où, à la. faveur de troubles, plusieurs nouveaux chrétiens des plus considérables furent tués et attachés à une potence (1449). Alvaro fit semblant de marcher sur Tolède avec le roi pour punir les promoteurs de l'émeute, mais, en réalité, il ne châtia pas les coupables et ne prit aucune mesure pour mieux protéger les nouveaux chrétiens.

Encouragés par la molle attitude d'Alvaro devant ces désordres, les notables chrétiens de Tolède formèrent une ligue pour exclure les nouveaux chrétiens de tout emploi laïque ou ecclésiastique. Son content de ce premier succès, remporté sur ceux qui n'avaient cessé de méditer sa chute, Alvaro dressa contre eux un réquisitoire qui servit à porter des coups terribles, non pas à ceux qui étaient personnellement visés dans cet acte d'accusation, mais à leurs descendants. À son instigation, le roi écrivit, en effet, au pape Nicolas V (1451) que bien des nouveaux chrétiens, laïques et ecclésiastiques, moines et religieuses, pratiquaient en cachette les rites juifs et se moquaient de la religion chrétienne. Ému de ces dénonciations, le pape ordonna, par un bref (1451), à l'évêque d'Osma et aux professeurs dominicains de l'Université de Salamanque, de faire comparaître devant un tribunal spécial les Marranes soupçonnés de *judaïser*. Les inculpés, quelque haute que fût leur situation, fussent-ils même évêques, devaient comparaître devant ce tribunal, se justifier, et, s'ils étaient reconnus coupables, être dépouillés de leurs biens et de leurs dignités et livrés au bras séculier pour être mis à mort.

Grâce à ce bref, Alvaro de Luna était absolument maître de la fortune et de la vie des nouveaux chrétiens. Il suffisait, pour les perdre, d'une apparence de preuve qu'ils avaient observé secrètement des pratiques juives. Le tribunal institué par Nicolas V pour juger les nouveaux chrétiens pouvait déjà faire prévoir l'Inquisition, qui allait soumettre, en Espagne, toute une génération de Marranes à des épreuves telles que jamais peuple ai race n'en avaient subies. Sous l'impulsion de l'effroyable danger qu'Alvaro avait suspendu sur leur tête, les plus influents des Marranes firent un nouvel effort pour amener sa perte. Cette fois, ils réussirent. Le roi Don Juan fit comparaître Alvaro devant un conseil dont plusieurs membres étaient des Marranes. L'un de ceux-ci, Fernando Diaz de Toledo, prononça la sentence de mort contre le chancelier ; ses biens furent confisqués et il fut pendu (1453). C'est ainsi que succomba, sous les efforts réitérés des nouveaux chrétiens, un des protecteurs les plus zélés des Juifs de Castille, au moment où ceux-ci allaient être assaillis de nouveaux orages.

À Eugène IV succéda, en effet, Nicolas V, qui haïssait profondément les Juifs. Il commença par enlever aux Juifs italiens leurs anciens privilèges, confirmés peu auparavant par Martin V, et auxquels le pape Eugène même n'avait pas touché, puis il les soumit, par une nouvelle bulle, à toutes les lois restrictives que son prédécesseur avait édictées contre les Juifs de Castille. Cette bulle, qui remettait en vigueur toutes les dispositions iniques d'Eugène IV, eut pour les Juifs des conséquences particulièrement funestes, parce qu'elle chargea Jean de Capistrano, ennemi implacable des Juifs, ou, à son défaut, les moines franciscains, d'en surveiller la stricte exécution, et que Capistrano s'acquitta de sa tâche avec une férocité inouïe.

La malveillance manifestée par les papes et le concile de Bâle à l'égard des Juifs servait naturellement d'encouragement à tous les ennemis du judaïsme. C'est ainsi que le duc bavarois de Landshut, Louis le Riche, fit arrêter en un seul jour (1450) tous les Juifs de son royaume, enfermant les hommes dans les prisons et les femmes dans les synagogues, et s'emparant de leur argent et de leurs bijoux. Il autorisa les débiteurs chrétiens à ne payer à leurs créanciers juifs que le capital même qu'ils avaient emprunté, déduction faite des intérêts déjà versés. Après une détention d'un mois, les Juifs durent racheter leur vie au prix de 30.000 florins et prendre le chemin de l'exil dans le plus grand dénuement. Le duc Louis aurait infligé volontiers le même traitement à la riche et importante communauté de Ratisbonne, placée sous sa domination. Mais comme il n'avait qu'une autorité limitée sur les Juifs de cette ville, qui, en qualité de bourgeois de Ratisbonne, avaient droit à la protection du conseil de la cité, il dut se contenter de leur imposer une contribution. Il parait qu'à cette époque, bien des Juifs, par crainte ou par nécessité, embrassèrent le christianisme.

Quand on va au fond des choses, il semble qu'on peut expliquer jusqu'à un certain point l'excessive sévérité du droit canon à l'égard des Juifs par la crainte que l'Église éprouvait de voir l'esprit juif agir sur les populations chrétiennes. Ce sentiment, soigneusement dissimulé dans les bulles papales, apparaît clairement dans l'ouvrage d'un cardinal du temps. Ce dignitaire, appelé Nicolas de Cusa (originaire de Cuez, sur la Moselle), poursuivait la chimère de réunir toutes les religions sous la bannière de l'Église et d'en former une religion unique. Il était disposé à sacrifier, dans ce but, les cérémonies du culte chrétien et même à accepter la circoncision ; par contre, il voulait que l'on acceptât le dogme de la Trinité. Mais il craignait, comme il le dit explicitement, que l'attachement obstiné des Juifs au dogme de l'unité de Dieu ne fût un obstacle très grand à la réalisation de son plan. Il exprimait pourtant l'espoir qu'il réussirait à briser l'opposition de cette poignée de récalcitrants, et, au concile provincial de Bamberg (1450-1451), où il assistait comme légat du pape, il proposa un certain nombre de mesures pour triompher de leur résistance. Quoiqu'il eût été déjà prescrit aux Juifs, à plusieurs reprises, de porter des signes distinctifs, il fit décréter une nouvelle fois, par le concile de Bamberg, que les hommes fussent contraints d'attacher un morceau de drap rouge sur leur poitrine et les femmes une bande bleue à leur coiffure (mai 1451). Précaution indispensable, à son sens, pour empêcher tout commerce entre Juifs et chrétiens et soustraire ainsi ces derniers à t'influence des idées juives.

Mais, par une singulière contradiction, l'Église, qui paraissait redouter les divulgations que les Juifs pourraient faire aux chrétiens sur ses points faibles, ne se contentait pas d'avoir augmenté le nombre de ses adeptes de milliers de Marranes, qui avaient dû accepter le baptême en Espagne et pouvaient devenir pour elle un danger, elle ambitionnait de conquérir sans cesse de nouvelles recrues. Aussi encourageait-elle tant qu'elle pouvait l'activité dévorante déployée par Capistrano dans sa campagne de prosélytisme. Ce moine, à la figure émaciée, aux manières grossières, possédait une voix séduisante et une volonté énergique, qui l'aidaient à émouvoir, à passionner, à enrayer, non seulement les masses, mais encore les classes élevées de la population. Comme, un peu auparavant, le dominicain espagnol Vincent Ferrer, de même Capistrano ne trouvait pas sa force de persuasion dans son éloquence, mais dans le timbre mélodieux de sa voix et dans son ardent fanatisme. Il était profondément convaincu qu'avec le sang qu'il avait recueilli du nez de son maître Bernardin de Sienne et avec son capuchon, il pouvait guérir les malades, ressusciter les morts et opérer toute sorte de miracles. Cette conviction, il la faisait pénétrer partout facilement dans l'esprit de la foule, qui racontait partout ses exploits miraculeux. Sa vie austère, sa haine du luxe et de toutes les commodités de l'existence offraient un contraste frappant avec les mœurs molles et relâchées des laïques et des moines du temps et lui valaient l'admiration et le respect du peuple. À sa voix, des milliers d'auditeurs se réunissaient autour de lui, et, à écouter ses prédications latines, ils tressaillaient d'enthousiasme, tout en n'en comprenant pas un mot.

Les papes Eugène IV et Nicolas V songèrent successivement à se servir de l'influence considérable de Capistrano pour consolider le trône pontifical. Sur leur ordre, il prêchait sur l'infaillibilité des papes et recommandait l'extermination des hérétiques et des Turcs ; parfois aussi, il s'élevait contre les jeux les plus innocents et contre les plaisirs mondains. Les papes le laissaient faire, parce que ses diatribes ne les troublaient nullement dans leurs jouissances. Un autre sujet qu'il développait fréquemment, c'était l'incrédulité et l'usure des Juifs. Déjà, quelque temps auparavant, il avait été nommé juge d'inquisition par la reine Jeanne de Naples et autorisé à châtier avec la dernière rigueur les Juifs qui transgresseraient les prescriptions canoniques ou ne porteraient pas le signe distinctif qui leur était imposé.

Partout où Capistrano se rendait en Allemagne, il inspirait aux Juifs la plus grande terreur. Son nom seul les faisait trembler. En Bavière, dans la Silésie, en Moravie et en Autriche, où la lutte contre les hussites avait déjà échauffé les esprits, Capistrano les surexcita encore plus, et comme les hérétiques de la Bohème savaient se défendre avec vaillance, la foule tournait sa fureur contre les Juifs. L'action de ce terrible convertisseur s'étendit avec une grande rapidité, elle rendit plus intense encore le fanatisme des ducs bavarois Louis et Albert, qui, déjà auparavant, avaient expulsé les Juifs de leurs domaines, elle égara même ceux qui, jusqu'alors, s'étaient montrés justes et tolérants. Ainsi, les bourgeois de Ratisbonne, qui avaient eu le courage de protéger leurs concitoyens juifs contre l'iniquité du duc Louis, insérèrent dans le règlement relatif aux sages-femmes, sous l'influence de Capistrano, cet article odieux qu'une sage-femme chrétienne n'avait pas le droit de prêter son concours à une accouchée juive, même pour lui sauver la vie.

Eden ne montre mieux l'action néfaste exercée par Capistrano que la conduite tenue à l'égard des Juifs par un prélat de ce temps avant et après les prédications de ce moine. À son avènement, l'évêque Godefroi, de Wurzbourg, qui était en même temps duc de Franconie, avait accordé par lettres patentes, en son nom et au nom de ses successeurs, un certain nombre de privilèges aux Juifs de sou territoire. Aucun d'entre eux ne pouvait être appelé à comparaître devant un tribunal chrétien, laïque ou ecclésiastique ; tous devaient être jugés par leurs tribunaux spéciaux. Il leur était permis d'émigrer librement, et les partants étaient appuyés par les autorités pour obtenir le payement de leurs créances. Les rabbins (grands-maîtres) de Wurzbourg étaient exempts de tout impôt et avaient le droit de former des élèves à volonté. Le doyen et le chapitre avaient pris l'engagement, *en leur nom et au nom de leurs successeurs au chapitre*, de faire respecter ces privilèges. À tout Juif nouvellement immigré, l'évêque donnait un sauf-conduit particulier.

Quelques années plus tard, après les prédications de Capistran, changement de ton complet ! *Ému des plaintes de ses ouailles*, dit cet évêque, il se voit contraint de prendre des mesures contre les Juifs (1453). Il leur prescrit de vendre tous leurs biens-fonds avant le mois de janvier de l'année suivante et d'émigrer quinze jours après, *de façon qu'il n'y ait plus un seul Juif dans son évêché*. Ordre était donné en même temps aux villes, aux comtes, aux seigneurs et aux juges de faire partir les Juifs.

Ce fut surtout en Silésie que Capistrano se montra digne du titre de **fléau des Hébreux** dont le qualifiaient ses admirateurs. Cette province, dont la moitié appartenait à la Pologne et l'autre moitié à la Bohème, renfermait alors deux communautés importantes, celles de Breslau et de Schweidnitz. Invité par l'évêque Pierre Nowak, de Breslau, à venir reprocher à son clergé sa conduite scandaleuse. Capistrano se rendit dans cette ville, réunit les ecclésiastiques dans l'église, et là, toutes portes closes, il leur fit honte de leurs mœurs déréglées. Ce devoir accompli, il s'éleva avec sa violence habituelle contre les hussites et les Juifs. Sa guerre contre les Juifs qui fut rendue facile, grâce à un bruit qui se répandit à Breslau pendant qu'il y séjournait.

Un des plus riches Juifs de cette ville, nommé Meyer, qui avait de nombreux débiteurs dans la bourgeoisie et la noblesse, fut accusé d'avoir acheté à un paysan une hostie, qu'il aurait ensuite percée et profanée et dont il aurait envoyé une partie aux communautés de Schweidnitz et de Liegnitz. Naturellement, le sang coula de l'hostie ainsi perforée. Cette fable absurde trouva créance auprès des conseillers de Breslau, qui firent incarcérer tous les Juifs de la ville, confisquèrent leurs biens et, ce qui importait surtout aux yeux des meneurs, mirent la main sur leurs titres de créance, d'une valeur d'environ 25.000 florins or de Hongrie (1453). Comme plusieurs de ces malheureux avaient essayé de prendre la fuite, le peuple crut avec plus de conviction encore à cette accusation. Sur l'ordre de

Capistrano, qui dirigeait le procès, plusieurs des inculpés furent mis à la question, et, pour échapper à de nouvelles tortures, avouèrent tout ce qu'on voulait.

À cette accusation vint bientôt s'en ajouter une autre. Par haine contre ses anciens coreligionnaires, une Juive convertie déclara que les Juifs de Breslau avaient brûlé une fois une hostie, et qu'une autre fois ils avaient volé un garçon chrétien, l'avaient engraissé, enfermé et roulé dans un tonneau rempli de pointes acérées, jusqu'à ce qu'il eût rendu l'âme. Les meurtriers avaient alors pris de son sang pour en envoyer aux autres Juifs de la Silésie. Les autorités, encore qu'ils n'eussent fait aucune enquête, crurent à la réalité de ce crime. Trois cent dix-huit Juifs furent arrêtés dans diverses communautés de la Silésie, conduits à Breslau et jugés par Capistrano. De ces inculpés, quarante et un furent brûlés (2 juin 1453) sur le *Salzring*, aujourd'hui le *Blücherplatz*, où demeurait Capistrano. Le rabbin de la communauté conseilla à ses codétenus de se tuer ; lui-même se pendit. Toute la population juive fut expulsée de Breslau ; les enfants âgés de moins de sept ans avaient été arrachés à leurs parents, baptisés et confiés à des chrétiens pour être élevés dans la religion chrétienne.

Toutes ces violences avaient été ordonnées par Capistrano, qui prouva, dans un mémoire savant, au roi Ladislas qu'elles étaient conformes à l'esprit du christianisme. Telle ne paraissait pas être l'opinion de l'honnête greffier municipal Eschenlœr, qui, trop timoré pour se prononcer publiquement sur ces cruautés, consigne cette remarque dans son journal : *De pareils excès sont-ils vraiment prescrits par Dieu ? Je dois m'en rapporter au jugement des docteurs de l'Église.* Mais à ce moment, ces docteurs s'étaient changés en bourreaux. Les biens des Juifs brûlés et chassés furent consacrés à l'érection de l'église des Bernardins. Dans les autres villes de la Silésie, les Juifs subirent le munie sort qu'à Breslau ; les uns furent livrés aux flammes, les autres pillés et chassies.

Sollicité par le conseil de la bourgeoisie de Breslau d'interdire, à l'avenir, l'établissement des Juifs dans jette ville, le jeune roi Ladislas ne se contenta pas de ratifier cette demande, *à la gloire de Dieu et de la foi chrétienne*, mais, en digne fils du cruel Albert II, qui avait chassé les Juifs d'Autriche, il approuva le supplice infligé aux Juifs de Silésie par ces paroles iniques *qu'ils avaient été traités selon leur mérite*. À l'instigation, sans doute, de Capistrano, qui séjourna quelque temps à Olmutz, Ladislas expulsa les Juifs de cette ville ainsi que de Brünn.

Les excitations de Capistrano firent sentir leur action malfaisante jusqu'en Pologne, où elles troublèrent la tranquillité dont les Juifs jouissaient dans ce pays depuis des siècles. La Pologne était devenue, en effet, depuis longtemps, un asile pour les Juifs persécutés d'Allemagne, d'Autriche et de Hongrie, qui y vivaient en sécurité sous la protection des privilèges accordés par le duc Boleslas et ratifiés par le roi Casimir le Grand et ses successeurs. La présence des Juifs était, du reste, très utile à la Pologne, où ils fermaient la classe intermédiaire entre la noblesse et les serfs, s'occupant de commerce, contribuant à la circulation du numéraire et faisant valoir les ressources du pays.

Pendant que Casimir IV, peu de temps après son avènement au trône, résida à Posen, cette ville fut entièrement détruite par un incendie, sauf quelques maisons construites en pierre, et avec aile disparut la charte où se trouvaient énumérés les privilèges accordés aux Juifs un siècle auparavant par Casimir le Grand. Inquiets de la perte d'un document aussi important, des délégués de nombreuses communautés polonaises vinrent demander à Casimir IV de faire établir une nouvelle charte d'après les copies existantes, et, en général, de leur confirmer leurs anciennes prérogatives. Le roi, accédant à leur vœu, leur octroya les privilèges qu'ils sollicitaient de lui (Cracovie, 14 août 1447).

Grâce à ce nouveau statut, dont les dispositions étaient même plus favorables que celles de l'ancien et abolissaient plusieurs lois canoniques, les Juifs de Pologne avaient une situation bien plus satisfaisante que leurs coreligionnaires des autres pays d'Europe. Ainsi, ce statut défend de les citer devant un tribunal ecclésiastique, et, s'ils sont cités, ils peuvent ne pas en tenir compte. Les palatins sont invités à les protéger efficacement contre le clergé et contre Lotit autre agresseur. Défense est faite de porter contre eux une accusation de meurtre rituel ou de profanation d'hostie, parce que *les Juifs ne commettent pas de tels crimes, qui sont interdits par leur religion.* Un chrétien les accuse-t-il d'un pareil acte, il n'est cru que s'il est appuyé par *d'honnêtes témoins juifs du pays et quatre témoins chrétiens, également honnêtes et indigènes.* En tout cas, on ne pourra punir que le coupable, mais nul autre de ses coreligionnaires. Si l'accusateur ne peut pas prouver son dire par le témoignage de personnes véridiques, c'est lui qui sera condamné à mort. Casimir espérait ainsi mettre fin à ces odieuses calomnies de meurtre rituel, qui avaient déjà fait tant de victimes parmi les Juifs. Le roi laissait aussi aux Juifs leur juridiction spéciale. Les procès criminels entre Juifs seuls ou entre Juifs et chrétiens devaient être soumis, non pas aux tribunaux ordinaires, mais à un tribunal, composé du palatin, ou de son suppléant, et de Juifs. Pour les affaires de peu d'importance, les **anciens** (rabbins) de la communauté seuls avaient à en connaître. Ils avaient également le droit de punir d'une amende le refus de comparaître. Ce fut avec l'assentiment des magnats polonais que Casimir accorda ces importants privilèges aux Juifs. Il confirma aussi (1446) les prérogatives que les Caraïtes de Troki, Luzk et autres cilles avaient obtenues, au XIIIe siècle, de Witold, duc de Lithuanie.

Le clergé voyait d'un mauvais œil les Juifs jouir en Pologne d'une existence calme et heureuse, et il résolut d'y faire mettre fin par le roi Casimir. Il y avait alors à la tête du clergé polonais le puissant évêque de Cracovie, le cardinal Zbigniew Olesnizki. Invité par ce prélat à venir prêcher en Pologne contre les hussites, Capistrano se rendit à Cracovie, où il reçut un accueil triomphal du roi et des ecclésiastiques. Pendant toute la durée de son séjour dans cette ville (1453-1454), il ne cessa, avec le concours de l'évêque Zbigniew, d'exciter le roi contre les hussites et les Juifs. Il faisait des remontrances publiques à Casimir, le menaçant de tous les supplices de l'enfer et lui prédisant finalement qu'il serait défait dans sa guerre contre l'ordre des chevaliers de Prusse, s'il ne se décidait à abolir les privilèges des Juifs et à abandonner les hérétiques hussites à la colère des ecclésiastiques.

Dès que les chevaliers prussiens, aidés de leurs collègues d'Allemagne, eurent, en effet, battu l'armée polonaise et obligé Casimir à s'enfuir honteusement du champ de bataille (septembre 1454), le clergé fut maître de la situation. Il répandit le bruit, en Pologne, que cette défaite était un châtiment envoyé par Dieu, pour punir Casimir de sa bienveillance à l'égard des Juifs et des hérétiques. Furieux de son échec, le roi était résolu à recommencer une vigoureuse campagne contre les Prussiens, mais il ne pouvait rien faire sans l'appui de l'évêque Zbigniew. Force lui fut donc de sacrifier les Juifs. Dans tout le pays, des crieurs publics annoncèrent que tous les privilèges des Juifs étaient abolis, *parce que les mécréants ne devaient pas être mieux traités que les adorateurs du Christ, ni les serviteurs plus honorés que les fils de la maison.* Capistrano avait enfin triomphé même en Pologne, où jusqu'alors les Juifs avaient pu vivre tranquilles. Ceux-ci informèrent leurs coreligionnaires d'Allemagne de cette calamité, se lamentant de ce que sur eux aussi le **moine** eût réussi à faire fondre le malheur, et cela dans cette Pologne qui, auparavant, offrait un refuge assuré aux persécutés des autres contrées. Les Juifs d'Allemagne ne pouvaient rien en leur faveur, mais il survint alors un événement qui eut pour eux des conséquences favorables.

Cet événement, qui fit trembler toute la chrétienté, fut la prise de Constantinople (29 mai 1453) par le conquérant turc Mahomet II, et la destruction de l'empire byzantin. Le vainqueur infligea aux vaincus toute sorte d'humiliations, de tourments et de supplices. Mais si l'on songe que depuis Constantin, fondateur de l'empire byzantin, jusqu'au dernier monarque, Constantin Dragossès Paléologue, tous les souverains de Byzance, sauf l'apostat Julien, avaient manifesté un orgueil démesuré, des sentiments de dissimulation et d'hypocrisie, et une ardeur excessive de persécution ; que le peuple et les dignitaires de l'Église et de l'État s'étaient montrés dignes de leurs maîtres ; que c'est dans la législation byzantine que les peuples germains, romans et slaves et les représentants de l'Église avaient puisé ce principe odieux qu'il fallait avilir et même exterminer les Juifs ; si l'on songe à toutes les iniquités accomplies dans cet empire pendant son existence de dix siècles, les souffrances qu'il eut à subir après la défaite peuvent être considérées comme un châtiment mérité.

Après s'être emparé de Constantinople, Mahomet II se disposa à marcher contre d'autres pays européens. La chrétienté courait un grand danger. Le pape Nicolas V, comprenant bien la gravité de la situation, aurait voulu réunir tous les peuples et les princes chrétiens dans une action commune et énergique contre les Turcs. Mais, à ce moment, la papauté n'avait plus son prestige d'autrefois, et quand les légats du pontife parlèrent de croisade à la diète de Ratisbonne, on leur répliqua par ces dures paroles que le pape pas plus que l'empereur ne songeaient sérieusement à organiser une campagne contre les Turcs, mais qu'ils voulaient faire recueillir de l'argent pour le conserver. Capistrano lui-même échoua, quand il prêcha une croisade contre les Turcs ; il ne vit accourir à sa voix que des étudiants, des paysans, des moines mendiants et des gueux.

Il semble vraiment que ce fut par une intervention spéciale de la Providence que se fonda l'empire turc, pour servir d'asile aux malheureux Juifs, au moment même où les persécutions sévissaient contre eux en Europe arec une intensité croissante. Car Mahomet II se montra équitable et bienveillant pour les Juifs, les autorisant à s'établir librement à Constantinople et dans les autres vides, mettant à leur disposition des emplacements particuliers pour y demeurer, et leur permettant d'élever des synagogues et des écoles.

À la tête des communautés juives de Turquie, Mahomet II plaça un grand-rabbin. Ces fonctions furent confiées à un homme pieux, instruit et énergique, *Moïse Capsali*, que le souverain appela à faire partie du divan et honora de son estime, le faisant asseoir à côté du mufti et lui donnant la préséance sur le patriarche grec. Moïse Capsali (né vers 1420 et mort vers 1495) était autorisé par le sultan à exercer une sorte de souveraineté politique sur les Juifs de Turquie. Il faisait la répartition des impôts que les Juifs turcs devaient verser individuellement ou par groupes, dirigeait les encaissements et transmettait les sommes recueillies au Trésor impérial. Il possédait aussi le pouvoir d'infliger des punitions aux membres des communautés et de ratifier la nomination des rabbins. En un mot, il était le chef et représentant officiel du judaïsme turc.

Même le caraïsme se réveilla un instant de sa torpeur, dans l'empire turc, au contact des rabbanites. Les communautés caraïtes de Constantinople et d'Andrinople reçurent de nouvelles recrues, venues de la Crimée, de l'Asie et de la Pologne méridionale. Mais l'ignorance des caraïtes de ce temps était déplorable. Eux à qui leur religion ordonnait d'observer seulement les prescriptions que leur interprétation personnelle leur faisait découvrir dans la Bible, ils accomplissaient maintenant des pratiques qui, à leurs yeux, ne pouvaient avoir d'autre valeur que celle d'avoir été établies par des autorités religieuses du temps passé. Bien plus que les rabbanites, ils s'appuyaient sur la tradition. Les descendants des fiers maîtres des études bibliques n'étaient plus que des élèves médiocres, obligés de recourir au savoir des rabbanites pour comprendre l'Écriture Sainte.

Un autre fait, survenu à cette époque dans la Turquie, montre également combien le caraïsme était resté immobile dans son engourdissement. Un collège caraïte avait déclaré qu'il est permis d'allumer dans la journée du vendredi des lumières pour le vendredi soir, pour que l'on ne soit pas obligé de passer cette soirée de fête dans l'obscurité. Bien que, d'après le principe caraïte, tout particulier puisse s'autoriser de l'interprétation individuelle d'un verset pour abolir un ancien usage ou une ancienne pratique, cette réforme rencontra quand même (vers 1460) une sérieuse opposition. De là, des discussions et des anathèmes. Les caraïtes étaient également encore en désaccord, à cette époque, sur le moment précis où commencent les fêtes. Ces dissentiments étaient un mal héréditaire, pour lequel il n'existait aucun remède. Conscients de leur faiblesse et de leur ignorance, les caraïtes de Turquie eurent, du moins, le mérite de reconnaître la supériorité des rabbanites et de ne plus se déclarer adversaires irréconciliables du judaïsme talmudique.

Un phénomène qui est vraiment surprenant, c'est qu'en dépit de la situation précaire des Juifs d'Allemagne, en dépit *des angoisses, des tourments et des persécutions qui ne leur laissaient pas un instant de répit*, les études talmudiques reprirent dans ce pays un tel essor qu'elles attirèrent des disciples des plus lointaines communautés dans les écoles d'Erfurt, de Nuremberg, de Ratisbonne et de Prague, et que les rabbins formés dans ces établissements étaient partout estimés pour leur savoir. Capsali, chef religieux de la Turquie, avait également reçu son instruction en Allemagne. On retrouvait chez les talmudistes de ce pays la pénétrante perspicacité des tossafistes, jointe à l'érudition solide et étendue des écoles de Ramerupt, de Sens et de Paris. Parmi les représentants les plus éminents de la science talmudique de ce temps, se distinguaient surtout *Jacob Weil* (vers 1375-1455) et *Israël Isserlein* (vers 1400-1460), qui, tous deux, jouirent d'une autorité incontestée auprès de leurs contemporains, et plus tard encore. Tous deux aussi combattirent avec énergie les prétentions exorbitantes de certains rabbins qui, à l'exemple des prêtres chrétiens, voulaient exercer une sorte de domination spirituelle, au détriment de la liberté des communautés.

Mais à côté de ce relèvement intellectuel, que de souffrances et de misères ! Aussi les Juifs d'Allemagne émigrés en Turquie pour échapper aux persécutions éprouvaient-ils un véritable enchantement à la vue de la situation si heureuse de leurs coreligionnaires turcs. Dans ce pays, ni **denier d'or** à payer, ni taxes de la couronne, absorbant parfois le tiers de la fortune, mais liberté de circulation et liberté commerciale. Chacun pouvait disposer de ses biens à sa guise, s'habiller comme il l'entendait, se couvrir de vêtements de soie et d'or. La Turquie où, selon l'expression d'un enthousiaste, *rien ne manquait*, offrait un vaste champ à l'activité des Juifs. *Si nos frères d'Allemagne connaissaient seulement la dixième partie de la prospérité de ce pays*, disaient deux jeunes gens juifs, Kalmann et David, émigrés en Turquie, *ils surmonteraient toutes les difficultés pour venir ici en masse*. Un autre émigré, Isaac Çarfati, envoie aux Juifs de Souabe, des provinces rhénanes, de la Styrie, de la Moravie et de la Hongrie une circulaire où il oppose la sécurité dont la population juive jouit sous la protection du croissant au joug pesant dont elle est accablée dans les pays chrétiens, et il les engage à émigrer en Turquie. Cette description, où l'ombre et la lumière ressortent avec un relief puissant, est faite (vers 1454) dans un style pittoresque et si pétillant de verve qu'il est parfois intraduisible : *On m'a raconté*, dit-il dans ce document, *que nos frères d'Allemagne ont à subir des souffrances plus amères que la mort, sont soumis à des lois iniques, baptisés par contrainte* et expulsés. Quittent-ils un endroit pour échapper à leurs maux, ils sont atteints ailleurs par des maux encore pires. J'entends les clameurs poussées par un peuple arrogant contre mes frères, je le vois lever la main sur eux. Ils souffrent au dedans et au dehors. Chaque jour, on invente autre chose pour leur extorquer de l'argent. Le clergé et les moines, tous ces faux prêtres lancent des imprécations contre ma malheureuse nation et disent : **Nous la persécuterons jusqu'à complète extermination ; que le nom d'Israël disparaisse à jamais !** Leur foi leur paraissait en danger, parce que les Juifs de Jérusalem pouvaient à la rigueur acheter l'église du Saint-Sépulcre. Voilà pourquoi ils ont donné ordre de jeter dans les flots tout Juif embarqué sur un navire chrétien qui fait voile vers l'Orient. Que les saintes communautés d'Allemagne sont maltraitées ! qu'elles sont déchues ! — Mes frères et mes maîtres, et vous tous, mes amis, moi, Isaac Çarfati, originaire de France et né en Allemagne, dont j'ai fréquenté les écoles, je vous annonce que la Turquie est un pays où l'on ne manque de rien. Chacun peut y vivre en sécurité, à l'ombre de son figuier et de sa vigne. Dans les pays chrétiens, si vous habillez vos enfants en bleu ou en rouge, vous exposez leurs corps à être rendus bleus ou rouges par les coups. On vous oblige à vous couvrir de misérables haillons. Pour vous, les jours de la semaine aussi bien que les jours de sabbat et de fête sont tous sombres. Des étrangers seuls jouissent de votre fortune. Quelle satisfaction le Juif fiche a-t-il de ses trésors ? Il ne les conserve que pour son malheur. Un beau jour, ses ennemis inventent une calomnie contre lui et les lui enlèvent. Vous les appelez **vôtres** ; en réalité, c'est à eux qu'ils appartiennent. Ils n'épargnent ni les savants ni les vieillards. Eussent-ils scellé leurs promesses de soixante sceaux, ils n'hésitent pas à les violer. Toujours prêts à vous infliger des amendes et des tortures, et à vous piller, ils ferment vos temples et vos écoles. Israël, pourquoi dors-tu ? Lève-toi et abandonne ce pays maudit.

À la suite de l'appel de Çarfati, bien des Juifs se préparèrent à se rendre en Palestine et en Turquie. Mais les chrétiens ne leur laissèrent même pas la liberté d'échapper à leurs maux; il leur fut défendu d'émigrer.

L'interdiction qui leur fut faite de se rendre en Palestine avait été inspirée par un motif tout spécial. Un pacha avait autorisé les habitants juifs de Jérusalem à construire une synagogue sur une certaine partie de la montagne de Sion. Comme cet emplacement touchait une propriété des franciscains, ou que ceux-ci possédaient sur cet emplacement une chapelle en ruine appelée **chapelle de David**, ils s'en plaignirent au pape, lui disant qu'à la fin les Juifs s'empareraient encore de l'église du Saint-Sépulcre. Immédiatement, le pape publia une bulle pour défendre à tout capitaine de navire chrétien de recevoir des Juifs sur un vaisseau à destination de la Terre Sainte. Et comme c'étaient surtout des vaisseaux vénitiens qui se rendaient alors aux échelles du Levant, il insista auprès du doge pour qu'il recommandât, de son côté, aux navigateurs de Venise de tenir compte de cette bulle. Mais, quand les souverains chrétiens crurent avoir enfin fermé toute issue aux Juifs, comme à un fauve qu'on traque de toutes parts, la Turquie, ainsi qu'on l'a vu plus haut, leur offrit un asile. Avant qu'un demi-siècle fût passé, cet asile dut s'ouvrir pour recevoir une partie des malheureux expulsés de la péninsule ibérique.

Chapitre XIV

Recrudescence de violences à l'égard des Juifs et des Marranes — (1455-1485)

L'Espagne devenait de moins en moins habitable pour les Juifs, en dépit des services considérables qu'ils avaient rendus à ce pays. De tous côtés s'élevaient contre eux d'implacables ennemis. Leur situation paraissait pourtant satisfaisante sous le règne de Don Henri IV (1457-1474), roi de Castille, et de Don Juan II (1450-1479), roi d'Aragon ; mais c'était là le calme trompeur qui précède la tempête. Henri IV, peut-être encore plus indolent que son père, était bon et généreux jusqu'à la prodigalité, pas très soumis à l'Église et peu préoccupé de savoir si les lois canoniques concernant les Juifs leur étaient réellement appliquées. À l'exemple de son père, il abandonna la direction des affaires à un favori, Juan de Pacheco, qui, tout en descendant de la famille juive Ruy Capon, ne craignait pas de faire maltraiter les Juifs s'il y trouvait quelque avantage. Il était heureusement tenu d'entretenir de bonnes relations avec le riche Don Joseph Benveniste et ses fils Don Vidal et Don Abraham, qui, à l'exemple de leur aïeul, nommé autrefois grand-rabbin par Juan II, se préoccupaient avec un zèle louable des intérêts matériels et moraux de leurs frères. Un autre descendant de Juifs, Diego Arias Davila, ministre de la maison royale, qui n'était pas plus scrupuleux que Juan de Pacheco, se permettait même de nommer des Juifs comme sous-fermiers des impôts. Dans les dernières années de sou règne, Don Henri IV éleva à la dignité de grand-rabbin Jacob ibn Nunès, qui était sans doute son médecin ou son favori.

Le roi d'Aragon pouvait encore bien moins se brouiller avec les Juifs riches de son pays, car, étant plus pauvre que sa noblesse, il avait besoin de leur concours. Du reste, il avait un faible pour l'astrologie, et avait appelé auprès de lui quelques astrologues juifs, entre autres le prédicateur Abraham Bibago. Il se faisait également soigner par des médecins juifs, et l'un d'eux, Don Abiatar ibn Crescas Haccohen, le guérit d'une double cataracte. Ce qui prouve avec éclat qu'il se montra bienveillant pour les Juifs de son royaume, c'est qu'à sa mort, plusieurs communautés, en habits de deuil, se réunirent, sous la présidence du médecin Ibn Crescas, pour célébrer un service funèbre en son honneur. Hommes et femmes, cierge en main, chantèrent des psaumes hébreux et des élégies espagnoles.

Encouragée par l'exemple des souverains, la haute noblesse non plus ne tenait nul compte des dispositions canoniques relatives aux Juifs. Elle continuait à employer des médecins juifs, qui avaient ainsi leurs entrées chez les grands et gagnaient leur confiance par leur habileté professionnelle. Comme il existait à cette époque peu de médecins chrétiens, les dignitaires de l'Église eux-mêmes recouraient à des Juifs, en cas de maladie, en dépit des bulles des papes Eugène, Nicolas et Calixte. Ils aimaient trop leur corps pour ne pas enfreindre une défense pontificale quand il s'agissait de leur santé.

Mais les ennemis des Juifs espagnols ne restaient pas inactifs, surtout dans les grandes villes. Pour atteindre leur but, ils eurent recours à un moyen qu'ils avaient vu réussir dans d'autres pays, ils accusèrent les juifs de meurtres rituels. C'est ainsi qu'ils répandirent le bruit qu'aux environs de Salamanque un Juif avait arraché le cœur à un enfant chrétien, et que, dans une autre localité, un Juif avait coupé des morceaux de chair sur le corps d'un enfant. Sous la pression de l'opinion publique, les juges firent emprisonner les inculpés. À la suite d'une enquête sérieuse, ordonnée par le roi, qui connaissait la source et le mobile de ces accusations, le tribunal proclama l'innocence des Juifs. Mais leurs ennemis n'en persistèrent pas moins dans leur dire, accusant les juges de corruption, le roi de partialité, et dénonçant l'intervention des nouveaux chrétiens en faveur de leurs anciens coreligionnaires.

Parmi ces ennemis, se distinguait, par sa violence et son acharnement, un moine franciscain, Alfonso de Espina, prédicateur à Salamanque, qui avait acquis une certaine notoriété en accompagnant comme confesseur le tout-puissant ministre Alvaro de Luna jusqu'au lieu d'exécution. Ce moine attaquait avec virulence les Juifs et leurs protecteurs par la parole et la plume. D'abord, il tonna contre eux du haut de la chaire. Quand il vit que ses prédications n'étaient pas suffisamment efficaces, il écrivit en latin, vers 1459, un libelle haineux contre les hérétiques, les Juifs et les musulmans, sous le titre de Fortalitium fidei, Forteresse de la foi. C'est un ramassis de toutes les absurdités, de toutes les calomnies, de toutes les fables inventées par les ennemis des Juifs. Dans ce réquisitoire, il demande l'extermination pure et simple des hérétiques et des musulmans. Il se montre plus clément à l'égard des Juifs, exigeant seulement, à l'exemple de Duns Scot et de Capistrano, qu'on leur enlève les jeunes enfants pour les élever chrétiennement. Roi, noblesse, clergé, il reproche à tous, avec la plus amère véhémence, leur bienveillance pour les Juifs, et, pour produire une plus profonde impression sur la foule, il affirme que, grâce à la protection du souverain, les Juifs peuvent impunément égorger des enfants chrétiens et profaner des hosties. Un apostat, Pedro de la Caballiera, de l'illustre famille juive Benveniste de la Caballiera, publia également un libelle de ce genre, sous le titre de Colère du Christ contre les Juifs. Ces excitations ne tardèrent pas à produire leur effet. Quand un moine, la croix en main, engagea les habitants de Medina del Campo, près de Valladolid, à égorger la population juive, il fut immédiatement obéi. La foule se rua sur les Juifs, en brûla quelques-uns avec les rouleaux de la Loi, et pilla leurs biens (1461).

Ce fut surtout aux Marranes que s'attaquèrent à cette époque les fanatiques, parce que les nouveaux chrétiens étaient arrivés aux plus hautes situations politiques et ecclésiastiques, jouant un rôle prépondérant dans les cortès et le conseil d'État et occupant des sièges épiscopaux. Alfonso de Espina les accusait d'être restés juifs en secret et de profaner la sainteté de l'Église par leur conduite. C'était là une exagération très grande, et probablement préméditée, que de déclarer que tous les Marranes étaient restés attachés aux croyances de leurs ancêtres et pratiquaient en cachette tes rites juifs. Car précisément ceux des Marranes qui s'efforçaient d'arriver au premier rang éprouvaient, sinon de la haine, du moins une indifférence absolue pour le judaïsme, tandis que ceux qui, au fond du cœur, étaient encore fidèles au culte de leurs pères, vivaient dans une modeste réserve. Mais il importait aux ennemis des Marranes de les impliquer tous dans la même accusation, pour agir avec plus de force sur l'opinion publique et aussi sur le faible roi Henri IV.

On sait que, pour avoir en main une arme contre les Marranes, ses adversaires, Alvaro de Luna avait sollicité du pape une bulle autorisant l'établissement d'un tribunal d'inquisition en Espagne et punissant de mort les nouveaux chrétiens convaincus de pratiquer le judaïsme. Cette bulle, les moines de Salamanque la possédaient, mais elle n'avait pas encore été mise en vigueur. Il s'agissait maintenant d'obtenir du roi la permission de créer ce tribunal. Dans ce but, un prédicateur fanatique vint lancer du haut de la chaire les plus véhémentes imprécations contre les Marranes, reprochant à beaucoup d'entre eux d'avoir même fait circoncire leurs enfants. Pour calmer l'effervescence populaire produite à Madrid par ces prédications contre les Marranes, le roi se vit obligé de faire, remplacer ce moine par un orateur plus modéré. À Tolède, le mécontentement public contre les nouveaux chrétiens se fit jour par des scènes sanglantes. A la faveur de troubles populaires, la foule tua plus de cent trente Marranes ; ceux qui voulurent se défendre furent pendus. Six cents maisons de Marranes furent brûlées.

Mais des maux plus grands encore atteignirent les Juifs et les Marranes après le mariage de l'infante Isabelle, surnommée plus tard la Catholique, avec l'infant Don Ferdinand d'Aragon. Les Juifs et les Marranes ne furent pas tout à fait étrangers à la conclusion de cette union, qui eut des conséquences si malheureuses pour eux et pour l'Espagne. La vraie héritière du trône était l'infante Jeanne, fille du roi Henri IV. Mais, comme son vrai père était un certain Beltran, favori de la reine, le roi, qui avait d'abord reconnu Jeanne comme sa fille, se décida, sur les instances de son entourage, à la désavouer et à désigner sa sœur Isabelle pour lui succéder. Celle-ci, tout en ayant promis de ne se marier qu'avec le consentement de son frère, épousa quand même l'infant Ferdinand, pour qui Henri IV avait toujours ressenti une profonde antipathie. Elle avait été aidée dans l'accomplissement de son projet par un Juif habile et riche, Don Abraham Senior.

Abraham Senior était intervenu dans cette affaire, parce qu'il pensait que le mariage de Ferdinand avec Labelle aurait d'heureuses conséquences pour les Juifs. On racontait, en effet, que la bisaïeule de l'infant Ferdinand était une Juive, Paloma, femme d'une grande beauté, que son bisaïeul Frédéric Henriquez, amiral de Castille, avait séduite et dont il avait eu un fils, qu'il avait reconnu, élevé et fait nommer plus tard à la dignité d'amiral. Ce fils lui-même, enfant d'une Juive, eut une fille, Jeanne Henriquez, qui devint la seconde femme du roi Juan II d'Aragon, et mit au monde l'infant Ferdinand. Comme ce prince avait du sang juif dans les veines, Abraham Senior espérait naturellement qu'il se montrerait bienveillant pour les Juifs. Un Marrane, Don Pedro de la Caballeria le jeune, qui s'appelait autrefois Salomon, aida également à aplanir les difficultés que rencontrait l'union de Ferdinand avec Isabelle, et il offrit à cette dernière, comme cadeau de fiançailles, un magnifique collier et une forte somme d'argent. Enfin, le mariage conclu, Don Abraham réussit à réconcilier le roi avec sa sœur. Pour témoigner sa reconnaissance à Don Abraham, Isabelle lui assura un traitement annuel considérable à prendre sur les revenus de ses propres biens. Les Juifs ne se doutaient pas alors que ce couple royal leur infligerait de si terribles épreuves.

Au début même du règne de Ferdinand et d'Isabelle, des excès se produisirent contre les Juifs. Les habitants de Sepulveda, petite ville située près de Ségovie, accusèrent les Juifs de la localité d'avoir martyrisé et tué un enfant chrétien, pendant la semaine sainte (1471), à l'instigation de leur rabbin, Salomon Pichon. Sur l'ordre de l'évêque, Juan Arias Davila, fils du ministre marrane Diego Arias Davila, huit des accusés, ceux qu'on considérait comme les plus coupables, furent amenés à Ségovie et condamnés les uns à être brûlés, les autres à être pendus ou étranglés. Cette exécution ne parut pas un châtiment suffisant à la population de Sepulveda, qui se jeta sur les Juifs et les tua presque tous sans pitié. La légende de l'enfant martyrisé par les Juifs se répandit rapidement à travers l'Espagne et trouva partout créance.

À Cordoue, ce furent les Marranes qu'on massacra. Il s'était formé (en 1473) dans cette ville une confrérie pieuse, placée sous la protection de la Vierge, et d'où les Marranes étaient exclus. À l'occasion d'une procession organisée par cette confrérie, les maisons et les rues de Cordoue furent décorées de fleurs et de tapis, mais les Marranes ne prirent aucune part à cette fête. Cette abstention était déjà considérée comme outrageante pour la Vierge. Il y eut plus. Par un malheureux hasard, une jeune fille marrane répandit de l'eau dans la rue, pendant la procession, et quelques gouttes de cette eau atteignirent l'image de la Vierge. Aussitôt les Marranes furent accusés d'avoir souillé l'image divine par un liquide malpropre, leurs maisons furent livrées aux flammes et la plupart d'entre eux tués; le reste s'enfuit de la ville.

Les Juifs d'Espagne étaient assez perspicaces et avaient déjà acquis assez d'expérience pour se rendre promptement compte qu'avec le temps, leur situation deviendrait intolérable. Aussi tournèrent-ils leur pensée vers les pays d'Europe où leurs coreligionnaires étaient alors traités avec le plus d'équité, vers l'Italie et la Turquie. En Italie, la population voyait de trop prias les faiblesses de la papauté et du clergé pour s'émouvoir sérieusement des défenses de l'Église et des prêtres. Du reste, les relations commerciales que les républiques de Venise, Florence, Gènes et Pise entretenaient avec le monde entier avaient fait disparaître, en partie, toute étroitesse d'esprit chez les habitants, et élargi les idées. On savait apprécier la fortune et l'intelligence de ceux même qui ne professaient pis le culte catholique. C'est que non seulement les marchands, mais aussi les princes, grands et petits, avaient besoin d'argent pour payer les condottieri et les mercenaires à leur solde. On se montrait donc très tolérant, en Italie, envers les Juifs, qui possédaient de grands capitaux et étaient d'habiles conseillers. Aussi, quand la ville de Ravenne, désireuse d'être rattachée à la république de Venise, lui soumit ses conditions, demanda-t-elle, entre autres, qu'on lui envoyât des Juifs riches pour organiser un mont-de-piété et aider ainsi à soulager la misère de la population.

Dans bien des villes italiennes, les princes ou le sénat dirigeant autorisèrent des Juifs à ouvrir des banques et à faire le commerce d'argent. En 1476, l'archevêque de Mantoue déclara, au nom du pape, qu'il était permis aux Juifs de prêter à intérêt. Yehiel, de Pise, possédait assez de capitaux pour être maître du marché d'argent de Toscane. Les écrivains ecclésiastiques le représentent comme un homme sans cœur, âpre au gain ; c'est une calomnie. Yehiel avait des sentiments généreux et se montrait toujours disposé à venir en aide aux malheureux, en parole et en action. Quand, après s'être emparé des villes africaines d'Arcilla et de Tanger, Alphonse V, roi de Portugal, eut amené dans son royaume des prisonniers juifs parmi les captifs qu'il avait frits, les Juifs de Portugal s'empressèrent de racheter leurs coreligionnaires. Hais les communautés ne disposant pas de ressources suffisantes pour les entretenir jusqu'à ce qu'ils fussent en état de gagner eux-mêmes leur vie, Yehiel, sur la demande d'Abrabanel, recueillit des secours en Italie. D'ailleurs, Yehiel, qui était très versé dans la littérature hébraïque et s'y intéressait beaucoup, entretenait des relations amicales avec Isaac Abrabanel, le dernier homme d'État juif de la péninsule ibérique.

Les médecins juifs étaient également tris considérés en Italie; car on trouvait peu d'habiles médecins chrétiens dans ce pays, quoiqu'il y eût de longue date une école de médecine à Salerne, et, en cas de maladie, les dignitaires de l'Église comme les grands préféraient recourir aux soins de Juifs. Un célèbre médecin juif, Guglielmo (Benjamin) di Portaleone, de Mantoue, après avoir été attaché à la personne du roi Ferdinand, de Naples, et élevé par lui à la dignité de chevalier, entra ensuite au service de Galeazzo Sforza, duc de Milan, et plus tard (en 1479) à celui du duc Ludovic Gonzague. Il devint le chef, en Italie, d'une famille noble et d'une suite d'habiles médecins. Dans ce pays, Juifs et chrétiens entretenaient entre eux les meilleures relations. Ainsi, quand un Juif de Crema, Léon, célébra le mariage de son fils par des fêtes qui se prolongèrent pendant huit jours, de nombreux chrétiens y prirent part, au grand émoi du clergé. On semblait avoir déjà complètement oublié la bulle par laquelle le pape Nicolas V venait d'interdire tout commerce avec les Juifs et défendait de recourir à des médecins juifs. Au lieu de porter les signes distinctifs prescrits par l'Église, les médecins juifs revêtaient une sorte de costume, comme leurs collègues chrétiens, et les Juifs qui fréquentaient les cours portaient des chaînes d'or et d'autres insignes d'honneur.

À cette époque, se passa à la fois en Italie et en Allemagne un fait presque identique, qui, par les conséquences bien différentes qu'il eut dans les deux pays, montre avec éclat combien la situation des Juifs italiens était plus satisfaisante que celle de leurs autres coreligionnaires. À Pavie, une mère de famille, par aversion pour son mari, avait manifesté le désir de se faire baptiser. Elle entra alors dans un couvent, où elle fut catéchisée pour être prête à recevoir le baptême. Mais se repentant brusquement de sa résolution, elle demanda à rester juive. Loin de la punir de son changement d'opinion ou de mettre obstacle à la réalisation de son vœu, l'évêque de Pavie plaida, au contraire, sa cause auprès de son mari et porta témoignage en faveur de sa bonne conduite, afin que le mari, qui était Cohen, ne fût pas contraint, conformément à la loi juive, de la répudier.

Dans la même année, un chantre de Ratisbonne, du nom de Calmann, voulut aussi embrasser le christianisme. Il se rendait souvent à l'église, faisait de fréquentes retraites dans un couvent et alla enfla demeurer chez l'évêque, qui l'instruisit dans la religion chrétienne. Il eut même la pieuse pensée d'accuser ses coreligionnaires de posséder des écrits injurieux pour le christianisme. Hais lui aussi regretta sa démarche, et il profita un jour de l'absence de l'évêque pour s'enfuir de sa demeure et retourner chez les Juifs. Appelé à comparaître devant la cour prévôtale et accusé d'avoir voulu outrager l'Église, Dieu et la Vierge, il fut condamné à mort et noyé.

Il est à remarquer que toutes les fois que les Juifs pouvaient jouir librement de l'air et de la lumière, ils manifestaient de l'intérêt pour la science. En Italie particulièrement, ils s'y sentaient encouragés par le souvenir, encore récent, d'Immanuel et de Leone Romano. Aussi prirent-ils une part active au réveil scientifique et littéraire qui illustra l'époque des Médicis. Des jeunes gens juifs fréquentaient les universités italiennes et montraient un zèle louable pour la haute culture. Ce furent des Juifs italiens qui utilisèrent les premiers l'invention de Gutenberg, établissant des imprimeries à Reggio, Mantoue, Ferrare, Pieva de Sacco, Bologne, Suncino, Iscion et Naples. Pour des motifs spéciaux, ils ne s'intéressaient pas aux arts de la peinture et de la sculpture. Mais plusieurs d'entre eux contribuèrent largement au développement de la science. Deux surtout méritent d'être mentionnés : Messer Léon et Elia del Medigo.

Messer Léon (vers 1430-1490), de Naples, appelé en hébreu Juda ben Yehiel, était à la fois médecin et rabbin à Mantoue. Familiarisé avec la littérature hébraïque, il connaissait également les ouvrages latins et savait apprécier les finesses de style de Cicéron et de Quintilien. Disciple d'Aristote, il commenta quelques écrits de ce philosophe si estimé par la Synagogue et l'Église, et composa une grammaire et un traité de logique, le tout en hébreu. Sa principale œuvre est un traité de rhétorique, Nofét Çoufim, où il indique les règles suivies par les grands écrivains pour donner à leur style de la grâce, de la chaleur et de la force, et où il montre que ces mêmes règles sont observées dans l'Écriture Sainte. Il fut le premier Juif qui eut la témérité de comparer la langue des prophètes et des psaumes avec celle de Cicéron, à une époque où Juifs et chrétiens considéraient une telle comparaison comme un blasphème. Messer Léon était, en général, assez libre dans ses idées, et il blâmait vivement les obscurantistes de vouloir défendre le judaïsme contre toute influence étrangère comme d'une profanation.

Elia del Medigo ou Elia Cretensis (né en 1463 et mort en 1498) descendait d'une famille allemande émigrée dans l'île de Crète ou Candie. C'est la première personnalité vraiment éminente que le judaïsme italien ait produite. D'une intelligence claire et nette, il formait un vif contraste avec les esprits un peu nébuleux de son temps. Ses connaissances étaient très étendues, il avait reçu une sérieuse culture classique, était familiarisé avec la philosophie et écrivait le latin avec une grande facilité. Son bon sens le préserva des exagérations néo-platoniciennes qui égarèrent alors tant d'esprits superficiels en Italie. Par ses traductions comme par ses travaux originaux et son enseignement, il fit connaître à ses contemporains italiens les doctrines des philosophes grecs, juifs et arabes. Il eut comme élève, ami et protecteur le célèbre comte Jean Pic de la Mirandole, à qui il enseigna l'hébreu et la philosophie arabo-aristotélicienne. Le maître juif aurait également pu enseigner à son élève à mettre de la clarté dans ses idées.

Il arriva, à ce moment, qu'à propos d'une question scientifique, les maîtres et les élèves de l'université de Padoue se divisèrent en deux camps et cherchèrent, à la fin, à résoudre le point en litige à coups de rapière. Pour mettre un terme à ces querelles, l'université de Padoue, d'accord avec le sénat de Venise, demanda à Elia del Medigo de faire connaître son avis. Elle savait que des deux côtés on s'inclinerait devant l'érudition et l'impartialité du savant juif. Elia fit des conférences publiques à Padoue sur la question controversée, et ses conclusions furent, en effet, acceptées par toute l'université. À la suite de cet incident, il fut chargé officiellement d'enseigner la philosophie à Padoue et à Florence. Ainsi, la papauté, qui avait promulgué tant de lois humiliantes contre les Juifs d'Espagne, dut tolérer en Italie qu'un Juif réunit autour de sa chaire des élèves chrétiens.

Après avoir acquis las connaissances les plus variées, Pic de la Mirandole, qui était plutôt. un érudit qu'un penseur, désira également se faire initier aux mystères de la Cabale. Il prit pour guide un Juif de Constantinople émigré en Italie, Yohanan Aleman, qui parvint à le convaincre de la haute antiquité et de la profonde sagesse de cette doctrine. Grâce à sa puissance d'assimilation, Pie de la Mirandole se familiarisa rapidement avec les théories cabalistiques, où il crut même trouver une confirmation des vérités du christianisme. Persuadé que la Cabale enseigne les dogmes de la Trinité, de l'incarnation, du péché originel, de la chute des anges, du purgatoire et de l'enfer, il traduisit de l'hébreu en latin plusieurs ouvrages cabalistiques pour mettre cette merveilleuse doctrine à la portée des chrétiens. Parmi les neuf cents propositions qu'à l'âge de vingt-quatre ans, il s'engagea à défendre devant les savants du monde entier, invités par lui à se rendre à Rome à ses frais, se trouvait aussi l'affirmation qu'aucune science ne proclame avec plus d'évidence la divinité du Christ que la magie et la Cabale. Le pape Sixte IV (1471-1484) se prit alors d'un grand amour pour la Cabale et, dans l'intérêt du christianisme, déploya un zèle actif pour faire traduise en latin des écrits cabalistiques.

Loin de partager l'enthousiasme de son ancien élève pour la Cabale, Elia del Medigo eut, au contraire, le courage de manifester ouvertement son dédain pour cette fausse science, d'en montrer l'inanité et d'affirmer qu'on n'en trouve aucune trace dans le Talmud, et que le Zohar, si vénéré par les cabalistes, était l'œuvre, non pas de Simon ben Yohaï, mais d'un falsificateur. Tout en étant un fervent adepte du judaïsme rabbinique, Elia n'acceptait pourtant pas comme vraies toutes les assertions du Talmud. Sollicité par un de ses disciples juifs, Saül Cohen Aschkenazi, de Candie, de montrer à quels signes on reconnaît, selon lui, qu'une religion est vraie, il composa un petit livre, très substantiel, intitulé Examen de la religion, Bekinat Haddat, qui jette un jour lumineux sur l'ensemble de ses conceptions.

Non pas qu'Elia ait exposé des idées neuves dans son Examen de la religion. Les Juifs italiens, en général, n'étaient pas assez vigoureux d'esprit pour pouvoir enrichir le judaïsme de notions nouvelles. Du reste, dans son ouvrage, Elia s'inspire bien plus de la foi que de la raison, et il y cherche plutôt à défendre sa religion qu'à créer du nouveau. Mais son époque est si stérile en productions intellectuelles que les conceptions saines de son esprit apparaissent comme une oasis au milieu du désert. Il eut également le mérite de reconnaître et de dénoncer le caractère étranger des additions et des modifications par lesquelles les cabalistes et les faux philosophes essayèrent de dénaturer la religion juive.

Les idées d'Elia del Medigo, de Messer Léon et, en général, de tous les partisans des spéculations philosophiques, furent vivement combattues en Italie par les rabbins venus d'Allemagne. À cette époque, il se trouvait, en effet, de l'autre côté des Alpes plusieurs rabbins allemands que les persécutions avaient chassés de leur pays. L'empereur Frédéric III, qui régnait alors en Allemagne, ne manifestait pourtant aucune animosité à l'égard des Juifs ; il édicta, au contraire, quelques décrets en leur faveur. Mais pendant les cinquante ans qu'il occupa le trône, il gouverna avec une telle indolence qu'on s'habitua à ne tenir aucun compte de ses ordres, et que les ennemis des Juifs purent accomplir impunément leurs sanglants exploits. De nombreuses villes bannirent leurs Juifs. Parmi les expulsés de Mayence, se trouvèrent deux talmudistes distingués, Juda Menz et Moïse Menz ; le premier émigra à Padoue, où ses coreligionnaires lui confièrent les fonctions de rabbin, et le second resta d'abord en Allemagne, puis se rendit à Posen. D'autres contrées encore de l'Allemagne partirent des rabbins qui allèrent s'établir en Italie, où leur réputation de savants talmudistes leur valut d'être placés comme chefs religieux à la tête des plus importantes communautés. }lais à côté de leur savoir, ils implantèrent en Italie une piété, sincère, il est vrai, mais étroite et quelque peu excessive, croyant de leur devoir de mettre obstacle aux efforts faits par les juifs italiens pour sortir des entraves du moyen âge. Outre Juda Menz, le rabbin le plus considéré de l'Italie était Joseph Colon, qui s'associa à son collègue pour interdire toute spéculation philosophique et toute libre recherche dans le domaine du judaïsme.

La sécurité dont les Juifs jouissaient en Italie et la situation honorable qu'ils y occupaient devaient forcément les signaler au fanatisme haineux des moines. Leur plus implacable ennemi était, à ce moment, le franciscain Bernardin de Feltre, digne élève de Capistrano. Dans ses prédications, il engageait sans cesse les parents à veiller avec soin sur leurs enfants, afin d'empêcher les Juifs de les voler, de les maltraiter ou de les crucifier. À ses yeux, Capistrano, qui avait fait massacrer tant de Juifs, était le modèle du vrai chrétien, tandis qu'il déclarait coupables envers l'Église ceux qui entretiendraient des relations amicales avec la population juive. il admettait bien que le christianisme ordonne de se montrer juste et humain à l'égard des Juifs, parce qu'eux aussi sont des hommes, mais, en réalité, il ne prenait en considération que les dispositions du droit canon interdisant tout commerce avec eux et défendant de prendre part à leurs repas ou de se faire soigner par des médecins juifs.

Dans leur propre intérêt, les nobles et les grands soutenaient les Juifs. Pour se venger d'eux, Bernardin excita la populace contre leurs protégés. Comme il se trouvait parmi les Juifs de riches capitalistes, qui avaient amassé une fortune assez élevée, il qualifiait tous les Juifs, sans exception, de sangsues. Moi, dit-il, qui vis d'aumônes et mange le même pain que les pauvres, je ne peux pas rester un chien silencieux, sans aboyer, quand je vois les Juifs dévorer la moelle des chrétiens. Pourquoi n'aboierais-je pas en l'honneur du Christ ? C'est là un échantillon de son style oratoire. Si la population italienne n'avait pas été déjà douée, à cette époque, d'un robuste bon sens, les prédications violentes de Bernardin auraient eu pour les Juifs d'Italie les mêmes conséquences funestes que celles de Vincent Ferrer, au commencement du siècle, pour les Juifs d'Espagne, et celles de Capistrano pour les communautés allemandes et slaves.

Les souverains également contribuèrent, pour leur part, à rendre vaines les excitations de Bernardin et à faire échouer ses tentatives criminelles. Quand il vint prêcher à Bergame contre les Juifs, Galeazzo, duc de Milan, lui imposa silence. À Florence, et, en général, dans toute la Toscane, le prince et le sénat défendirent énergiquement les Juifs contre ses menées. Il accusa alors ces personnages de s'être laissé acheter pour des sommes considérables par Yehiel, de Pise, et d'autres Juifs riches du pays. Dans sa colère, il alla jusqu'à fomenter des troubles, excitant surtout la jeunesse contre les Juifs ; les autorités lui signifièrent alors l'ordre de quitter Florence et la contrée.

À la fin, ce moine tenace réussit quand même à faire éclater contre les Juifs, sinon en Italie, du moins dans le Tyrol, une persécution sanglante qui s'étendit jusqu'en Allemagne. Il avait remarqué avec un vrai chagrin qu'à Trente les populations juive et chrétienne avaient ensemble les meilleurs rapports, et qu'un habile médecin juif, Tobias, et une Juive très intelligente, Brunetta, étaient surtout très considérés dans les classes élevées de la société. Selon lui, une telle situation était scandaleuse, et il lui semblait indispensable d'y mettre fin. Bientôt les églises de Trente retentirent de ses imprécations contre les Juifs. Aux objections de quelques chrétiens disant que les Juifs de Trente, tout en ne professant pas la vraie religion, étaient pourtant de braves gens, Bernardin répliqua : Vous ne savez pas quel mal vous feront ces braves gens. Avant que le dimanche de Pâques soit passé, vous aurez une preuve manifeste de leur bonté à votre égard. Il pouvait prophétiser à coup sûr, car, de concert avec d'autres moines, il forma un plan vraiment diabolique, qui n'amena pas seulement l'extermination de la communauté de Trente, mais eut aussi de terribles conséquences pour les Juifs d'autres pays. Dans cette circonstance, lui et ses complices furent admirablement servis par le hasard.

Dans la semaine de Pâques (1475), un enfant chrétien d'environ trois ans, nommé Simon, de parents pauvres, se noya à Trente, dans l'Adige, et le cadavre, emporté par l'eau, fut retenu par un barrage, tout juste devant la maison d'un Juif. Pour empêcher toute fausse supposition, le Juif s'empressa d'aller informer l'évêque Hinderbach de cet accident. L'évêque, accompagné de deux personnes notables, se rendit à l'endroit indiqué et fit transporter le cadavre à l'église. Dès qu'ils eurent appris cette nouvelle, Bernardin et d'autres prêtres fanatiques répandirent le bruit que les Juifs avaient martyrisé et tué cet enfant et l'avaient ensuite jeté dans le fleuve. Pour surexciter plus sûrement les passions populaires, ils exposèrent publiquement le corps de l'enfant.

Sur l'ordre de l'évêque Hinderbach, tous les Juifs de Trente furent incarcérés, et on commença aussitôt leur procès. Un médecin, Mathias Tiberinus, consentit à attester que l'enfant avait été assassiné, et un Juif baptisé formula contre ses anciens coreligionnaires les plus odieuses accusations. On répandit aussi le bruit qu'on avait découvert chez un rabbin, Moïse, une lettre, adressée de Saxe, pour réclamer du sana chrétien pour la prochaine Pâque. Bien plus, les inculpés eux-mêmes, soumis à la torture, déclarèrent qu'ils avaient martyrisé Simon et employé son sang pour la fête de Pâque, ajoutant que Brunetta avait fourni les épingles pour percer le corps. La douleur leur faisait avouer tout ce qu'on leur demandait. Un seul des prisonniers, Moïse, supporta courageusement tous les supplices plutôt que de reconnaître ces calomnies comme vraies. Bernardin triompha. Tous les Juifs de Trente furent brillés, et le séjour de cette ville fut interdit pour l'avenir aux Juifs. On dit que le médecin Tobias se donna lui-même la mort. Seuls quatre inculpés acceptèrent le baptême pour avoir la rie sauve.

Encouragés par ce premier succès, l'évêque de Trente, Bernardin et les moines de tout ordre eurent l'idée de se servir du cadavre de Simon pour nuire également aux Juifs des autres contrées. Ils le firent embaumer et le recommandèrent comme une sainte relique à la piété des fidèles. Des milliers de pèlerins allèrent le visiter; il y en eut même qui virent une auréole rayonner autour de ces ossements. À force de le répéter aux autres, les inventeurs de cette lamentable histoire finirent par croire eux-mêmes au martyre de cet enfant, et de toutes les chaires de Trente les dominicains annoncèrent le nouveau miracle et s'élevèrent contre la perversité des Juifs. Deux jurisconsultes de Padoue, venus à Trente pour s'assurer par eux-mêmes de la réalité de l'auréole que tant de pèlerins voyaient briller autour du corps, furent presque tués par la foule, parce qu'ils prétendaient ne rien apercevoir. Dans tous les pays chrétiens informés de cet événement, les Juifs furent de nouveau exposés aux plus grands dangers. En Italie même, ils ne pouvaient plus sortir hors des villes sans risquer d'être assommés par la populace.

À la suite des plaintes des Juifs, menacés dans leurs biens et leurs personnes, le doge Pietro Mocenigo et le sénat de Venise invitèrent le podestat de Padoue à les défendre énergiquement contre toute agression et à interdire les prédications fanatiques des moines. Le doge ajouta même que le prétendu meurtre de l'enfant Simon n'était qu'une pure invention. Le pape Sixte IV, de son côté, refusa de canoniser cet enfant; il fit connaître son refus à toutes les villes d'Italie (1475), et défendit aux chrétiens de considérer Simon comme un saint, avant que cette affaire ne fût éclaircie par une enquête sérieuse. Malgré cette haute intervention, le clergé continua d'organiser des pèlerinages pour aller visiter les ossements du martyr. En Allemagne, surtout, la haine contre les Juifs s'en accrut. À Francfort-sur-le-Main, près du pont qui conduit à Saxenhausen, les bourgeois élevèrent une statue représentant un enfant martyrisé et d'horribles personnages juifs en conversation avec le diable. Sur le piédestal on grava ces deux mauvais vers :

So lang Trient und das Kind wird genannt,
Der Juden Schelmstück bleibt bekannt.[1]

Mais nulle part cette histoire de Trente n'eut pour les Juifs des conséquences aussi terribles qu'à Ratisbonne. La communauté juive de cette ville, une des plus anciennes de l'Allemagne du Sud, se distinguait, non seulement par sa profonde piété, mais aussi par son austère moralité. On ne se rappelait pas, de mémoire d'homme, qu'un Juif indigène de Ratisbonne eût été cité devant la justice pour une action malhonnête. Les Juifs de Ratisbonne étaient, en général, très instruits et particulièrement estimés parmi leurs coreligionnaires d'Allemagne. Depuis de nombreux siècles ils possédaient des privilèges, garantis par lettres patentes, que chaque empereur confirmait à son avènement. On les considérait presque comme bourgeois de la ville, et ils montaient la garde, comme miliciens, en même temps que les chrétiens. C'était à qui les réclamait, parmi les princes de Bavière et les diverses autorités, naturellement pour leur extorquer de l'argent, -et ils étaient devenus pour ainsi dire une pomme de discorde entre l'empereur Frédéric III et le duc de Bavière-Landsberg. D'autres encore, la famille des Kamerauer, le conseil de la ville et naturellement l'évêque prétendaient avoir des droits sur eux, et très souvent le Conseil recevait l'ordre, tantôt d'un côté, tantôt de l'autre, d'emprisonner les Juifs ou leurs administrateurs ou bien encore leur rabbin, — à cette époque c'était le malheureux Israël Bruna, — jusqu'à ce qu'ils se fussent décidés à payer les sommes exigées. Si le Conseil de la ville les protégeait, ce n'était qu'autant que par sa protection il ne faisait courir aucun danger aux bourgeois ou que les Juifs ne portaient pas ombrage, par leur concurrence, aux corporations chrétiennes.

Pour échapper aux vexations et aux exigences tyranniques de leurs différents maîtres, les Juifs de Ratisbonne songèrent alors à se placer sous l'égide de quelque noble ou de quelque guerrier hussite, qui garantit leur sécurité plus efficacement que l'empereur. Car les

---

[1] Tant qu'on parlera de Trente et de l'enfant,
On conservera le souvenir de la coquinerie des Juifs.

hussites, qui s'étaient battus avec une vaillance héroïque dans leur lutte contre les Allemands, inspiraient encore, à cette époque, une crainte salutaire aux catholiques, et surtout au clergé d'Allemagne.

Et certes, à ce moment, les Juifs de Ratisbonne avaient besoin d'un protecteur puissant. De nouveau, un grave péril menaçait leur tranquillité. Un évêque récemment élu, Henri, d'une implacable intolérance, s'entendit avec le duc Louis, autre ennemi des Juifs, pour amener leur ruine ou leur conversion. Pour réaliser leur plan, ils s'assurèrent le concours du pape et de quelques membres influents du Conseil de la bourgeoisie, et eurent recours aux services de deux misérables Juifs renégats. L'un d'eux, Peter Schwarz, publia contre ses anciens coreligionnaires d'odieux réquisitoires, et l'autre, Hans Bayol, dirigea les plus graves accusations contre le vieux rabbin Israël Bruna, affirmant que cet homme lui avait acheté et avait ensuite égorgé un enfant chrétien de sept ans. Cette accusation pouvait entraîner la peine capitale pour Bruna. Du reste, ce rabbin était un de ces malheureux que la destinée se plaît à accabler de ses coups. Quand l'empereur Frédéric réclama les impôts dus à la couronne par la communauté de Ratisbonne, que le duc Louis les revendiqua, de son coté, et que le Conseil de la ville hésita à se prononcer entre les 'deux, l'empereur fit incarcérer Israël Bruna pour qu'il contraignit la communauté, sous peine d'excommunication, à donner au souverain le tiers de ses biens. À peine échappé à ce danger, le pauvre rabbin se voit accusé du meurtre d'un enfant chrétien et d'autres forfaits.

À Ratisbonne, le peuple croyait, en général, à sa culpabilité, et on était tout prêt, sur l'ordre du clergé, à le mettre à mort. Mais le Conseil de la ville craignit d'être rendu responsable de cette exécution, et, pour soustraire Israël Bruna à la fureur populaire, il le fit mettre en prison.

Très inquiète au sujet du dénouement de cette affaire, la communauté juive s'adressa, non seulement à l'empereur, mais aussi à Ladislas, roi de Bohème. Les deux souverains demandèrent avec instance que Bruna fût relâché sans payer aucune amende. Le Conseil était tout disposé à se conformer à leurs ordres, mais il craignait d'irriter l'évêque et la foule. Il eut donc recours au subterfuge suivant. Il fit amener Hans Bayol sur le pont de pierre, où l'attendait le bourreau, et là on l'engagea à dire la vérité avant de mourir. Bayol maintint ses accusations contre les Juifs en général, mais reconnut que Bruna était absolument innocent du meurtre de l'enfant, dont il l'avait incriminé. À la suite de cette rétractation et d'une nouvelle lettre de l'empereur, Bayol fut brûlé et Israël Bruna remis en liberté. Mais Bruna dut prêter serment qu'il ne tirerait jamais vengeance des souffrances qu'on lui avait infligées. Le malheureux vieillard ne songeait certes pas à se venger!

Sur ces entrefaites parvint à Ratisbonne la nouvelle du prétendu meurtre de l'enfant de Trente. L'évêque Henri, tout joyeux qu'une si bonne occasion s'offrît à lui pour persécuter impunément les Juifs et les faire souffrir pour la plus grande gloire du christianisme, demanda instamment au Conseil de Ratisbonne d'intenter un procès criminel à un certain nombre de Juifs de la ville. À la suite d'aveux arrachés par la torture, toute la communauté fut déclarée prisonnière. Jour et nuit, des gardes se tinrent près des quatre portes du quartier juif, ne permettant à personne d'entrer ou de sortir. Les biens de la communauté entière furent confisqués.

L'issue du procès qui, en son temps, causa une profonde sensation, fut aussi désastreuse pour la ville que pour les Juifs, car, dans cette circonstance, l'empereur Frédéric. sortit de son indolence habituelle pour prendre arec énergie la défense des Juifs. Absolument convaincu de la fausseté de l'accusation dirigée contre eux, il fit adresser lettres sur lettres au Conseil de Ratisbonne, lui intimant l'ordre de faire sortir de prison les Juifs incarcérés, de laisser circuler librement les habitants du quartier juif et de rendre à leurs propriétaires les biens confisqués. Et comme le Conseil, par crainte des représailles de l'évêque et du duc, hésitait à obéir à l'empereur, et que, de plus, il fut accusé auprès de ce souverain d'avoir transgressé ses ordres en faisant mettre à mort plusieurs Juifs, Frédéric entra dans une violente colère. Il mit la ville de Ratisbonne au ban de l'empire pour cause de rébellion, et invita les conseillers à venir se justifier devant lui. En même temps, il délégua à Ratisbonne un fonctionnaire impérial pour enlever à la ville la juridiction criminelle et la menacer encore d'autres châtiments.

Déconcerté un instant par l'attitude résolue de Frédéric, le clergé de Ratisbonne espéra modifier les sentiments de l'empereur à l'égard de la population juive en l'impliquant dans de nouvelles inculpations. À ce moment, des Juifs de Passau, accusés d'avoir acheté et profané des hosties; avaient été exécutés sur l'ordre de l'évêque de cette ville. Les uns avaient été condamnés à mourir par le glaive, les autres à être brûlés sur le bûcher, d'autres enfin à avoir les chairs arrachées par des tenailles rougies au feu. En l'honneur de Dieu et de ces exécutions sanglantes, on construisit une nouvelle église au printemps de 1478. Comme un Juif et une Juive de Ratisbonne avaient été également inculpés d'avoir pris part à cette profanation d'hosties et incarcérés, le alerté en informa l'empereur, dans l'espoir d'exciter sa colère contre les Juifs. Mais Frédéric persista dans l'opinion que les Juifs de Ratisbonne étaient innocents, et il défendit de torturer ou de tuer les Juifs détenus pour profanation d'hosties. Il ajouta : Il est de mon droit et de mon honneur de ne plus laisser massacrer la population juive, et comme les bourgeois de Ratisbonne se sont montrés longtemps rebelles à mes ordres, je leur défends de juger dorénavant les Juifs.

À la fin, après de longues résistances, le Conseil dut promettre par écrit de remettre en liberté les Juifs emprisonnés et de n'expulser aucun Juif de la ville à cause de ce procès. En outre, la ville fut condamnée à verser au trésor impérial une amende de huit mille florins et à donner caution pour une amende de dix mille florins, due, on ne sait pourquoi, par les Juifs de Ratisbonne. Par prudence, le Conseil n'en appela pas au pape, parce qu'il savait qu'on était encore plus rapace à la cour pontificale qu'à la cour impériale.

Quand la communauté de Ratisbonne fut informée qu'elle redeviendrait libre si, outre son amende, elle consentait à payer celle de la ville et les frais du procès, elle refusa de souscrire à ces conditions. Comme le faisaient remarquer ses représentants, toute sa fortune n'y suffirait pas. Il faut ajouter que depuis trois ans ils étaient privés de liberté et, par conséquent, n'avaient pu rien faire pour gagner leur vie. Plutôt que d'être complètement réduits à la mendicité, ils préféraient continuer de supporter la détention. lis restèrent donc encore incarcérés pendant deux ans, et ne redevinrent libres qu'après avoir juré qu'eux et leurs biens demeureraient à Ratisbonne (1480).

À cette époque, tous les Juifs de Souabe furent expulses, très probablement à cause du meurtre de l'enfant de Trente. Cet odieux mensonge fut répété jusqu'au XVIIIe siècle, engendrant dans plusieurs contrées des explosions de violences contre les Juifs. Mais nulle part la persécution des Juifs ne présenta, en ce temps, un caractère aussi tragique que dans la péninsule ibérique.

Chapitre XV

Établissement des tribunaux d'Inquisition en Espagne — (1481-1485)

Le mariage d'Isabelle et de Ferdinand avait réalisé un des vœux les plus chers des Espagnols, en réunissant sous un même sceptre les trois pays de Castille, d'Aragon et de Catalogne. Mais leur satisfaction n'était pas complète. Ils étaient troublés dans leur quiétude par la présence des Marranes, fils et petits-fils de Juifs qui, pour sauver leur vie, avaient dû se couvrir du masque du christianisme. Ces Marranes ou nouveaux chrétiens, arrivés aux plus hautes situations dans l'État et l'Église et devenus riches et puissants, avaient contre eux, d'une part, les vrais chrétiens, qui enviaient leur prospérité et leur influence, et, de l'autre, les dominicains, qui ne croyaient pas à la sincérité de leurs convictions et leur reprochaient de saper les fondements de l'Église. Des deux côtés on s'efforçait d'humilier, sinon d'exterminer ces Juifs déguisés. On avait bien essayé, déjà, de les perdre sous le règne du faible Henri IV, mais sans y réussir. Maintenant, avec une reine dévote et fanatique comme Isabelle, le succès paraissait plus assuré.

À Séville, quand le couple royal reçut les hommages de ses sujets, les adversaires des Marranes remarquèrent avec un profond dépit que, malgré les massacres de Tolède, de Cordoue et d'autres villes, les nouveaux chrétiens occupaient encore, en grand nombre, de très hautes charges, et que plusieurs d'entre eux étaient évêques. Il leur semblait que toute la cour fût d'origine juive. Les dominicains recommencèrent donc avec une nouvelle ardeur leurs excitations contre les hérétiques. L'un d'eux, Alfonso de Ojeda, prieur du couvent Saint-Paul de Séville, parla avec horreur à la reine de la perversité des nouveaux chrétiens et de leurs blasphèmes contre le christianisme. Isabelle ajouta foi à toutes ces accusations. On put même lui faire accroire que Dieu ne lui avait donné le pouvoir que pour lui permettre de guérir l'Espagne chrétienne de la lèpre juive. On racontait aussi qu'étant infante, elle avait fait vœu, sous la pression de Thomas de Torquemada, son confesseur, de consacrer sa vie, une fois montée sur le trône, à l'extermination des hérétiques. Le moment était donc favorable pour réaliser l'idée, qui hantait depuis quelque temps l'esprit du clergé, de créer un tribunal chargé de juger les chrétiens **judaïsants** et de faire exécuter les condamnés. Sur les instances de Ferdinand et d'Isabelle, le pape Sixte IV promulgua une bulle (1478) autorisant le couple royal à nommer comme inquisiteurs des ecclésiastiques, qui auraient le pouvoir de juger les hérétiques et les relaps ainsi que leurs protecteurs selon les us et coutumes de la vieille Inquisition, et, ce qui importait surtout au souverain, de confisquer les biens des coupables.

Au début, Isabelle essaya d'obtenir des conversions par la douceur. Sur son invitation, l'archevêque de Séville composa un catéchisme à l'usage des Marranes de son diocèse et destiné à leur enseigner les dogmes, usages et sacrements de l'Église. C'était, tout au moins, une naïveté de croire que l'exposition aride d'un catéchisme aurait raison de l'aversion des Juifs convertis pour le christianisme. Aussi de nombreux Marranes persistèrent-ils, selon l'expression ecclésiastique, dans leur aveuglement, c'est-à-dire dans leur fidélité aux croyances de leurs aïeux. Lorsqu'à cette première déception vint s'ajouter, chez la reine, la colère de voir attaquer les pratiques idolâtres du catholicisme et le caractère despotique du gouvernement dans un opuscule publié par un Juif ou un Marrane, elle se montra beaucoup plus disposée à laisser fonctionner un tribunal d'inquisition.

Avant tout, il fallait réfuter le pamphlet, qui avait produit beaucoup d'effet ; c'est ce que fit (en 1480), par ordre supérieur, Fernando de Talavera, confesseur de la reine. Ensuite, après que la commission nommée par Ferdinand et Isabelle pour rendre compte des dispositions religieuses des Marranes eut déclaré qu'ils s'obstinaient dans leurs erreurs, elle fut chargée de rédiger le règlement du nouveau tribunal. Si des démons s'étaient coalisés pour chercher à tourmenter les hommes et à faire de leur vie une longue suite de souffrances, ils n'auraient pas pu inventer un instrument de torture plus perfectionné que celui que les moines fabriquèrent contre les Marranes. Cet instrument, sous forme de statuts, fut agréé par le couple royal, et le tribunal d'inquisition était créé (1480). Il se composa de deux moines dominicains, Miguel Morillo et Juan de San Martino, et d'assesseurs laïques. Reconnu par le pape Sixte IV, il commença à fonctionner à Séville et aux environs, parce que cette région était directement gouvernée par le souverain, sans l'intermédiaire de cortès, et qu'elle renfermait depuis près d'un siècle un grand nombre de Marranes. Tous les fonctionnaires furent invités par une ordonnance royale à accorder leur entier concours aux inquisiteurs.

Devant l'imminence du danger, les plus influents des Marranes formèrent un complot pour empêcher le fonctionnement de l'Inquisition. On compta parmi les conspirateurs un homme excessivement riche, nommé Diego de Souson, un savant, Juan Fernando Aboulafia, et plusieurs personnes qui étaient à la tête de la police de Séville. Ce complot fut dénoncé par une fille de Souson, qui entretenait secrètement des relations amoureuses avec un chevalier chrétien. À la suite de cette trahison, plusieurs conjurés furent jetés en prison. D'autres arrestations suivirent, et il eut bientôt tant de Marranes arrêtés que les cachots du couvent Saint-Paul en étaient complètement remplis.

Quand l'Inquisition eut été organisée à Séville, bien des nouveaux chrétiens de cette cille se réfugièrent sur le territoire de Medina-Sidonia et de Cadix pour échapper à la persécution, mais là non plus ils ne se trouvèrent pas en sécurité. Car, dès qu'il fut constitué (2 janvier 1481), le tribunal d'inquisition prescrivit, par un édit, à tous les fonctionnaires de livrer les Marranes fugitifs et de mettre leurs biens sous séquestre, menaçant ceux qui ne se conformeraient pas à ses ordres, non seulement de l'excommunication, mais du châtiment même réservé aux hérétiques. Les arrestations furent si nombreuses que le tribunal dut choisir un autre local, plus vaste, pour y juger tous les inculpés. Il alla siéger dans un château du faubourg de Séville appelé **la Tablada**. Plus tard, on inscrivit au portail de cet édifice des versets de la Bible dont le choix seul suffit pour montrer la cruauté des juges : *Lève-toi, Éternel, rends ton jugement ! — Saisissez pour nous des renards.* Tous les fugitifs qu'on arrêtait étaient considérés, sans autre examen, comme des hérétiques.

La chasse aux Marranes fut fructueuse, et le tribunal put ouvrir sa première séance; le gibier ne manquait pas. Six Marranes, qui proclamèrent devant leurs juges leur fidélité au judaïsme ou firent des aveux sous l'action de la torture, furent condamnés à mort et brûlés. À cette première exécution, le prieur Alfonso de Ojeda prononça un sermon plein d'onction. Puis vint le tour des conjurés, et, à leur tête, le riche Souson. Il y eut ensuite, chaque jour, tant de victimes que la ville de Séville fut obligée de mettre à la disposition du tribunal une de ses places pour y entretenir un bûcher en permanence. Cette place reçut le nom de *Quemadero* (fournaise). Ornée de quatre monstrueuses statues de prophètes, elle s'est conservée jusqu'à nos jours, à la honte de l'Espagne et de la chrétienté. Que d'innocentes victimes y furent livrées aux flammes pendant trois siècles !

Avec des paroles mielleuses, qui, sous leur apparente douceur, cachaient la plus méchante hypocrisie, Miguel Morillo et ses collègues engagèrent les Marranes coupables d'avoir **judaïsé** à se présenter spontanément devant le tribunal, dans un délai donné, et à faire sincèrement pénitence de leur faute ; ils auraient alors l'absolution et conserveraient leurs biens. C'était là **l'édit de grâce**. Mais à ceux qui laisseraient passer ce délai sans se dénoncer eux-mêmes, ou qui seraient dénoncés par d'autres comme relaps, on appliquerait dans toute sa rigueur le châtiment réservé aux hérétiques par le droit canon. Bien des Marranes, naïvement confiants dans les promesses des inquisiteurs, allèrent tout contrits leur avouer qu'ils étaient restés secrètement attachés à leur ancienne religion. Mais avant de leur accorder leur pardon, le tribunal exigea que chacun d'eux signalât par leur nom, leur état, leur demeure et d'autres renseignements, les relaps dont il avait connaissance, et qu'il fît ses déclarations sous la foi du serment. C'était les contraindre, au nom de la religion, à se faire délateurs et traîtres ; l'ami devait dénoncer son ami, le frère son frère, le fils son père. Avec de tels procédés, le tribunal était sûr de pouvoir toujours dresser des listes d'hérétiques et alimenter les bûchers.

Après les Marranes, tous les chrétiens espagnols, sans exception, furent invités par les inquisiteurs, sous peine d'excommunication, à leur désigner les hérétiques **judaïsants** qu'ils connaîtraient. Le tribunal faisait ainsi appel aux plus mauvaises passions pour trouver des collaborateurs zélés. La méchanceté, la haine, les vengeances particulières pouvaient facilement se satisfaire grâce à ce système de délations ; les gens cupides dénonçaient pour acquérir des richesses, et les dévots fanatiques pour acquérir leur salut. Pour faciliter ces dénonciations, l'Inquisition énuméra les faits qui constituaient le crime d'hérésie ou d'apostasie. Un Juif converti devenait relaps s'il se permettait de célébrer le sabbat ou un autre jour de fête juive, de circoncire ses enfants, d'observer les lois alimentaires, de couvrir sa table d'un tapis le sabbat, de mettre en ce jour une chemise blanche ou des vêtements plus beaux que d'habitude, ou de s'y abstenir d'allumer du feu. Il était également taxé d'apostasie si on le voyait sortir déchaussé ou demander pardon à un ami le jour de l'Expiation, ou bénir ses enfants en leur imposant les mains sur la tête sans faire le signe de la croix, ou prononcer une formule de bénédiction (*Baraha, Berakha*) sur une coupe de vin et en faire boire aux convives. On devenait surtout suspect en s'abstenant de suivre les usages chrétiens, comme de terminer un psaume sans ajouter : *Gloire au Père, au Fils, etc.*, ou de manger de la viande pendant le carême. Les pratiques les plus innocentes, du moment qu'elles étaient également prescrites par le culte juif, pouvaient être déclarées criminelles. Quelqu'un envoyait-il à un Juif ou recevait-il de lui des cadeaux pendant la fête des Cabanes, ou un mourant se tournait-il du côté du mur au moment d'expirer, ils étaient accusés de judaïser. On voit donc que pour des personnes peu scrupuleuses, il n'était pas difficile d'inculper des Marranes, et le tribunal trouvait toujours quelque prétexte pour condamner pour hérésie les nouveaux chrétiens les plus fermement attachés au christianisme, s'il voulait détruire leur influence ou s'emparer de leurs richesses. Aussi les prisons de l'Inquisition se remplirent-elles rapidement,. car dès les premiers jours il y eut quinze mille arrestations.

Au premier **acte de foi** ou autodafé, les prêtres miséricordieux du Christ inaugurèrent le bûcher par une procession solennelle, qu'ils eurent l'occasion de renouveler des milliers de fois pendant trois siècles. Voici comment on procédait : revêtus d'une robe de bure (*san benito*), sur laquelle était peinte une croix rouge, les condamnés s'avançaient vers le lieu d'exécution, accompagnés d'ecclésiastiques couverts de leurs somptueux ornements, de nobles habillés de noir et portant des bannières, et au milieu des chants d'une foule considérable. Quand ils étaient arrivés près du bûcher, les inquisiteurs leur donnaient lecture de l'arrêt. Joignant l'hypocrisie à la cruauté, le tribunal, pour l'exécution de la sentence, remettait le coupable au juge royal, sous prétexte que l'Église *ne veut pas la mort du pécheur*.

Sur le lieu du supplice, les hérétiques étaient immédiatement livrés aux flammes, ou, s'ils montraient quelque repentir, étranglés au préalable. Le 26 mars, dix-sept victimes furent brûlées sur le Quemadero. Depuis ce jour jusqu'en novembre, on fit monter sur le bûcher, dans le seul district de Séville, près de trois cents personnes. Les morts mêmes n'étaient pas à l'abri de la fureur du Saint-Office. Si des Marranes décédés étaient convaincus d'avoir judaïsé, leurs ossements étaient déterrés et brûlés, et leurs biens enlevés à leurs héritiers et confisqués. C'était le roi qui s'en emparait.

Après avoir été seulement dirigée contre les Marranes, la persécution ne tarda pas à atteindre également les Juifs. On prétendait que c'étaient les Juifs qui, par leur influence, empêchaient les nouveaux chrétiens de professer sincèrement le catholicisme. Aussi le général de l'ordre des Hiéronymites, Alfonso de Oropesa, qui était pourtant loin d'approuver la cruauté des inquisiteurs, affirmait-il par la parole et la plume que les Juifs encourageaient les Marranes à s'obstiner dans leurs hérésies et essayaient même d'attirer d'anciens chrétiens au judaïsme. De différents côtés on exprima alors l'avis d'isoler complètement les Marranes des Juifs. Se conformant à ce désir, le couple royal ordonna que dans l'Andalousie, et particulièrement dans les diocèses de Séville et de Cordoue, où les nouveaux chrétiens se trouvaient en grand nombre, les Juifs fussent expulsés.

À la suite de cet ordre, plusieurs milliers de Juifs, dont les aïeux habitaient peut-être déjà cette région avant l'arrivée des Visigoths et leur conversion au christianisme, en furent implacablement chassés (1482). Plus de quatre mille maisons ayant appartenu à des Juifs restèrent en partie inhabitées. [lors de l'Andalousie même, dans les villes où ils pouvaient s'établir, on leur appliquait avec la dernière rigueur les lois qui leur interdisaient tout commerce avec les chrétiens et les obligeaient à porter des signes distinctifs. Exception n'était faite que pour les médecins juifs, que la population espagnole continuait d'appeler auprès des malades en dépit de toutes les prohibitions. Le temps n'était plus où des Juifs influents pouvaient faire intervenir la cour en faveur de leurs coreligionnaires et adoucir l'effet des lois restrictives.

Pourtant, à cette époque, il y avait à la cour un Juif, Don Abraham Senior, très considéré pour son esprit prudent et fertile en ressources et pour ses richesses, à qui la reine Isabelle, en reconnaissance de ses services, avait accordé une pension viagère. Don Abraham avait, en effet, aidé les souverains catholiques à chasser l'islamisme des territoires qu'il possédait encore dans l'Espagne méridionale en leur procurant les ressources nécessaires à l'entretien de l'armée. Pour récompenser son habileté et son dévouement, et sans tenir compte des défenses du droit canon et de leurs propres ordonnances, Ferdinand et Isabelle le chargèrent d'administrer les finances de l'État et le nommèrent, comme successeur de Jacob Nunès, grand-rabbin des communautés espagnoles. En mainte circonstance, Don Abraham avait montré avec quelle ardeur il s'intéressait au sort de ses coreligionnaires. Mais il ne réussit pas à triompher des sentiments d'intolérance qui animaient la cour, sous l'inspiration de Ferdinand et d'Isabelle.

Les Marranes réfugiés à Rome se plaignirent alors auprès de Sixte IV des procédés arbitraires et horriblement cruels du tribunal d'inquisition. Le pape exprima son mécontentement au couple royal et blâma en termes très sévères la conduite des inquisiteurs. Après avoir déclaré qu'il avait agi sans réflexion en autorisant l'institution d'un tribunal d'inquisition, il ajouta qu'on lui avait rapporté que ce tribunal ne se conformait pas aux règles judiciaires, faisait incarcérer des innocents, appliquait la torture avec une impitoyable férocité, condamnait de bons chrétiens comme hérétiques et s'emparait des biens de leurs héritiers. Par condescendance pour les souverains, faisait-il remarquer, il ne révoquait pas encore les inquisiteurs Morillo et San Martino, mais il était bien résolu, dans le cas où de nouvelles plaintes lui seraient adressées, à les priver de leurs fonctions et à confier le pouvoir inquisitorial aux évêques, comme l'exigeait, du reste, la justice. Sixte IV repoussa également la requête de Ferdinand, qui lui demandait d'autoriser la création de tribunaux d'inquisition dans les autres districts de l'Espagne.

Mais comme le roi connaissait les besoins d'argent du pape, il sut en profiter pour obtenir de lui la permission d'introduire l'Inquisition dans les provinces aragonaises et de nommer comme juge suprême le dominicain Thomas de Torquemada, à qui son fanatisme impitoyable a valu une triste célébrité. Sixte IV, qui était alors particulièrement intéressé à entretenir des relations amicales avec la cour d'Espagne, accorda encore au souverain une autre concession importante. Il arrivait souvent que des Marranes, condamnés comme hérétiques en Espagne, réussissaient à se réfugier à Rome, où la cour pontificale leur accordait l'absolution contre une somme d'argent, en se contentant de leur imposer secrètement une légère pénitence. De cette façon, Ferdinand et Isabelle voyaient échouer les efforts qu'ils faisaient pour exterminer les Marranes, purifier la foi chrétienne et s'approprier la fortune des coupables. Ils demandèrent donc au pape de nommer en Espagne même un juge d'appel pour les procès d'hérésie, afin que les arrêts prononcés par les tribunaux d'inquisition ne pussent plus être mis en discussion en dehors du pays et battus en brèche par toute sorte d'influences. Sixte IV obtempéra à leur désir.

Depuis trois ans que l'Inquisition fonctionnait, plusieurs milliers de Marranes avaient disparu de l'Espagne, brûlés sur les bûchers, oubliés dans les prisons ou échappés du pays. Mais la persécution ne prit un caractère de sauvage férocité qu'à partir du moment où l'Inquisition eut à sa tête un prêtre dont le cœur était fermé à toute compassion et dont chaque parole était un ordre de mort. Il se rencontre parfois des hommes qui vont jusqu'aux conséquences extrêmes d'un principe, bon ou mauvais, et deviennent en quelque sorte la personnification même de ce principe. Torquemada, lui, personnifie l'Inquisition avec son infernale méchanceté, sa sévérité inexorable et sa cruauté sanguinaire. Jusqu'alors, l'action de l'Inquisition avait été limitée à l'Espagne méridionale, aux districts de Séville et de Cadix, à l'Andalousie proprement chrétienne, mais elle n'avait pas pu s'étendre dans les autres provinces de l'Espagne à cause de l'opposition des cortès. Par suite de la cupidité de Ferdinand, qui recevait en partage le patrimoine des victimes, et de la piété fanatique d'Isabelle, cette situation changea. Les souverains nommèrent un inquisiteur général chargé d'instituer des tribunaux partout où il le jugerait nécessaire, de les diriger et de les surveiller, de façon qu'aucun Marrane suspect ne pût se soustraira à son sort et que la population terrorisée renonçât à toute résistance. Ce poste échut à Torquemada. Immédiatement après sa nomination, Torquemada établit trois nouveaux tribunaux dans les villes de Cordoue, Jaén et Villareal, et un autre, un peu plus tard, à Tolède. Dans tous les tribunaux il plaça des dominicains zélés et fanatiques, complètement soumis à sa volonté, et prêts à accomplir, sur son ordre, les plus horribles forfaits avec une parfaite sérénité. C'est surtout sus les bâtiments de l'Inquisition, élevés par Torquemada dans presque toutes les grandes villes de l'Espagne, qu'on aurait pu graver cette inscription placée par Dante à l'entrée de son Enfer : *Vous qui pénétrez ici, laissez dehors toute espérance*. L'Espagne tout entière se remplit d'une affreuse odeur de prisonniers pourrissant au fond des cachots, de cadavres déterrés et de corps carbonisés ; d'un bout du pays à l'autre retentirent les cris d'angoisse des martyrs. Bien des chrétiens, émus d'une profonde pitié, auraient voulu faire cesser ces atrocités, mais les souverains couvraient les bourreaux de leur protection.

Pour affirmer le pouvoir de l'Inquisition dans le royaume d'Aragon et avoir le droit de s'approprier, là aussi, les biens des victimes, Ferdinand ne craignit pas d'abolir les privilèges garantis au pays par lettres patentes depuis un temps immémorial, et en vertu desquels il était défendu de confisquer la fortune d'un Aragonais pour quelque crime que ce fût. Torquemada plaça alors le diocèse de

Saragosse sous la surveillance de deux inquisiteurs, aussi fanatiques que lui, le chanoine Pedro Arbues de Epila et le moine dominicain Gaspard Jouglar. Il rédigea également une sorte de code pour servir de règle aux juges dans les procès d'hérésie et leur permettre de serrer assez le filet tendu à travers toute l'Espagne pour que nul suspect ne pût en échapper.

Un *délai de grâce* d'un mois était accordé à ceux qui se dénonceraient spontanément comme *judaïsants*, mais ils devaient mettre leurs aveux par écrit, répondre en toute franchise aux questions qui leur seraient adressées et désigner les noms de leurs complices et même de ceux qui leur paraîtraient simplement suspects. Les coupables qui ne se feraient connaître qu'après le *délai de grâce* perdraient leurs biens. On leur donnerait l'absolution, mais ils resteraient flétris, ne pourraient jamais occuper un emploi public, ni eux ni leurs descendants, ni porter des vêtements de quelque prix.

Dans sa fureur de persécution, l'Inquisition s'attaquait même à des dignitaires ecclésiastiques. Ainsi, elle cita devant son tribunal un chanoine, Pedro Fernandez de Alcandete, né et élevé dans la religion catholique, qui remplissait les fonctions de trésorier à la cathédrale de Cordoue. Le crime commis par ce chanoine méritait un châtiment exemplaire. D'après l'accusation, il aurait, en effet, porté en secret un nom juif, observé les fêtes juives et mangé du pain azyme pendant Pâque. On lui reprochait aussi d'avoir encouragé des Marranes à rester fidèles au judaïsme. Vraies ou non, ces accusations valurent au chanoine d'être condamné à mort par le tribunal de Cordoue. Il fut brûlé.

Au mois de mai 1485 s'ouvrit le tribunal d'inquisition de Tolède. À la séance d'inauguration, un licencié exalta, dans un sermon, la pieuse entreprise de l'Inquisition, puis on lut la bulle de Sixte IV donnant aux inquisiteurs droit de vie et de mort sur les Espagnols, et on annonça que l'Église punirait de l'excommunication majeure tous ceux qui, en parole ou en acte, manqueraient de respect à l'Inquisition. Ensuite, tous les fonctionnaires royaux promirent par serment sur concours absolu aux pieux tribunaux, puis, pour clore la cérémonie, on adressa un appel à tous les Marranes pour les engager à venir divulguer eux-mêmes leur retour au judaïsme et à faire pénitence de leur péché. On leur accorda un délai de quarante jours pour se dénoncer. Quinze jours se passèrent sans qu'un seul Marrane se présentât.

Tout à coup, le bruit se répandit que les Marranes avaient formé un complot pour tomber sur les inquisiteurs, pendant une procession, et les tuer avec leur suite, composée de nobles et de chevaliers. On ajouta même plus tard que les conjurés étaient résolus à exterminer toute la population chrétienne de Tolède. Il y a là une exagération évidente. Cette conspiration n'était dirigée par aucune personnalité de marque, tous les Marranes influents de Tolède ayant été tués ou réduits à s'enfuir vingt ans auparavant; elle ne pouvait donc pas être bien dangereuse. Un des chefs du complot était un jeune savant, de la Torre, et ses complices étaient des ouvriers. Quand le gouverneur de la ville, Gomez Manrique, en eut connaissance, il fit arrêter et pendre quatre ou cinq des plus coupables. Bien des conjurés parvinrent probablement à s'enfuir. Si le gouverneur avait agi avec rigueur envers tous les Marranes suspects, il eût certainement dépeuplé la ville ; il se contenta de leur imposer une taxe pour contribuer aux frais de la campagne entreprise contre le royaume maure de Grenade.

Leur complot découvert, les Marranes de Tolède furent contraints de se soumettre, c'est-à-dire de se reconnaître coupables d'avoir plus ou moins **judaïsé**, et de demander l'absolution. Pour se rendre compte si leurs aveux et leur repentir étaient sincères, les inquisiteurs exigèrent de chacun d'eux, sous peine d'excommunication, qu'il désignât dans un délai donné les Marranes judaïsants qu'il connaîtrait. Ils convoquèrent également les rabbins du district de Tolède et leur tirent jurer devant la Tura que, dans les synagogues. ils engageraient tous les Juifs, sous menace d'anathème, à dénoncer les nouveaux chrétiens pratiquant les rites juifs. Les Marranes qui ne se dénonçaient pas eux-mêmes dans le délai prescrit ou donnaient de fausses indications étaient jetés dans des cachots, où ils restaient jusqu'à ce que le tribunal les appelât à comparaître devant lui.

Les premières victimes de l'Inquisition, à Tolède, furent trois hommes et trois femmes qu'un malheureux hasard avait fait tomber en son pouvoir. Craignant d'être arrêtés par le tribunal et condamnés à être livrés aux flammes, Sancho de Ciudad, sa femme Marie Diaz, son fils et sa bru, ainsi que Gonzalez de Téba et sa femme, tous Marranes de Villareal qui avaient pratiqué secrètement le judaïsme, s'étaient enfuis à Valence et s'y étaient embarqués pour émigrer. Poussés par une tempête dans un port espagnol, ils furent pris, conduits à Tolède et brûlés.

Cette exécution fut suivie, à Tolède, de beaucoup d'autres. Parmi les nouveaux chrétiens enfermés dans des cachots, à la suite de dénonciations, et soumis à la torture, la plupart se sentaient tellement las de vivre qu'ils déposaient contre eux-mêmes, contre leurs amis et même leurs voisins. Un procès en amenait donc un autre, qui, à son tour, en engendrait de nouveaux, et ainsi les arrestations se multipliaient et les victimes montaient de plus en plus nombreuses sur les bûchers.

Pourtant, dans les royaumes d'Aragon et de Valence, l'Inquisition rencontra au début une sérieuse résistance. Dans l'Aragon surtout, la population, qui tenait à ses privilèges, ne pouvait admettre que les inquisiteurs fussent les maîtres absolus de toutes les vies et de toutes les fortunes. Naturellement, les Marranes haut placés usaient de leur influence pour entretenir le mécontentement des Aragonais. Aussi, quand l'Inquisition fut introduite dans le pays (1485), des émeutes se produisirent ; on les étouffa dans le sang.

Nullement découragés par ce premier échec, les Marranes, appuyés par de hauts fonctionnaires chrétiens, essayèrent d'un autre moyen pour paralyser l'action de l'Inquisition. Dès que celle-ci eut fait exécuter ses premières victimes à Saragosse, ils poussèrent les cortès à protester énergiquement auprès du pape et du roi contre l'institution des tribunaux d'inquisition. À Rome, le succès était presque sûr, car, en y mettant le prix, on pouvait obtenir l'intervention favorable de la cour pontificale. Mais il paraissait plus difficile de convaincre le roi Ferdinand. Et de fait, celui-ci refusa énergiquement de supprimer ces tribunaux. On se décida alors à ourdir une conspiration pour faire disparaître Arbues, grand inquisiteur dans le royaume d'Aragon et digne collègue de Torquemada. Par le meurtre d'Arbues on espérait effrayer l'Inquisition.

À la tête du complot se trouvaient Juan Pedro Sanchez, très considéré, avec ses frères, à la cour royale, un jurisconsulte du nom de Jaime de Montesa, et deux Marranes, Sancho de Paternoy et Louis de Saint-Angel. D'autres hommes influents s'associèrent aux efforts des conjurés, même des fonctionnaires qui avaient prêté serment d'accorder leur concours à l'Inquisition, notamment Francisco de Santa-Fé, fils de l'apostat Lorqui. Un noble, Blasco de Alagan, recueillit les fonds nécessaires à l'entreprise, et Juan de Abadia fut chargé de trouver des hommes disposés à tuer Arbues. Les conspirateurs étaient également soutenus par des personnes notables, d'origine juive, des villes de Saragosse, Tarragone, Calatayud, Huesca et Barbastro.

Un jour qu'avant l'aube (15 sept. 1485) Arbues, une lanterne à la main, se rendait à l'église pour entendre la messe du matin, les conjurés se glissèrent derrière lui et, quand il fut agenouillé, le blessèrent grièvement. On le porta hors de l'église, couvert de sang, et deux jours après il mourut. La nouvelle de cet attentat produisit une profonde émotion à Saragosse. *Au feu les chrétiens judaïsants qui ont assassiné le grand inquisiteur*, criait-on de toutes parts. Tous les Marranes auraient été massacrés sans l'intervention de l'archevêque Alfonso de Aragon, qui parcourut la ville à cheval et conseilla le calme à la population, en lui promettant que les coupables seraient sévèrement châtiés.

Cette conspiration manquée eut pour effet de consolider l'Inquisition en Aragon. Pour Ferdinand et Isabelle, le grand inquisiteur Arbues devint presque un dieu, et plus que jamais ils laissèrent persécuter hérétiques et Marranes. Les dominicains aussi surent exploiter au profit de leur pouvoir le meurtre d'Arbues, qui était venu à propos pour entourer le tribunal d'inquisition de l'auréole du martyre. Tous leurs efforts tendaient maintenant à faire de Pedro Arbues un saint.

Le meurtre d'Arbues fut cruellement vengé. Grâce aux aveux publics faits par un des conspirateurs, Vidal de Uranso, les inquisiteurs connurent les noms de tous ceux qui avaient pris part au complot, et ils les persécutèrent avec un double acharnement, comme hérétiques et comme ennemis du Saint-Office. Une fois arrêtés, les principaux coupables furent traînés à travers les rues de Saragosse, eurent les mains coupées et furent pendus. Plus de trois cents Marranes furent condamnés à être brûlés, et, parmi eux, près de trente hommes et femmes des meilleures familles de la ville. Francisco de Santa-Fé, fils du renégat Jérôme de Santa-Fé, mourut également sur le bûcher.

Le fait suivant montre avec quelle cruauté inexorable et raffinée l'Inquisition poursuivait son œuvre de vengeance. Gaspar de Santa-Cruz, un des conjurés, avait réussi à s'enfuir à Toulouse et y était mort. Après l'avoir brûlé en effigie, les inquisiteurs emprisonnèrent son fils, à qui ils reprochaient d'avoir aidé son père à s'échapper, puis le condamnèrent à se rendre à Toulouse et à faire déterrer et brûler le cadavre de son père par les dominicains de cette ville. Le fils fut assez faible pour exécuter en tout point leurs ordres.

Dans l'Espagne septentrionale aussi, à Lérida, à Barcelone et dans d'autres localités, la population s'opposa vivement à l'introduction de l'Inquisition. Mais la volonté obstinée du roi Ferdinand et le fanatisme implacable de Torquemada eurent raison de toutes les résistances. Dans l'année qui suivit la mort d'Arbues, les inquisiteurs firent leurs débuts à Barcelone et dans l'île de Majorque en livrant deux cents Marranes aux flammes. *La fumée des bûchers*, dit un contemporain juif (Isaac Arama), *monte vers le ciel dans toutes les régions de l'Espagne et jusque dans ses îles. Un tiers des Marranes a été brûlé, un autre tiers est en fuite, errant partout et cherchant à se cacher, et le reste vit dans des transes continuelles, tremblant sans cesse d'être arrêté par l'Inquisition.* Sous l'impulsion puissante des onze tribunaux qui fonctionnaient en Espagne, le nombre des victimes s'accroissait d'année en année, et bientôt ce beau pays ne fut plus qu'un immense brasier, dont les flammes ne tardèrent pas à consumer même de bons et sincères chrétiens. Pendant les treize années où Torquemada régna en maître absolu, plus de deux mille Marranes montèrent sur le bûcher. On estime à dix-sept mille le nombre de ceux qui furent bannis après avoir fait acte de contrition.

CHAPITRE XVI

EXPULSION DES JUIFS D'ESPAGNE ET DU PORTUGAL — (1485-1497)

Après s'être attaquée aux Marranes, l'Inquisition devait forcément étendre ses persécutions jusqu'aux Juifs. Ceux-ci vivaient, en effet, en rapports trop étroits avec les Marranes pour ne pas être atteints également par lei coups qui frappaient leurs anciens coreligionnaires. Leur sympathie était profonde pour ces convertis qui n'étaient chrétiens que de nom, et ils s'efforçaient d'entretenir dans leur cœur l'amour du judaïsme. Même les Marranes nés dans le christianisme étaient instruits dans les rites de leurs pères par les Juifs, qui les convoquaient secrètement aux offices divins, leur remettaient des livres religieux, leur indiquaient les dates des fêtes et des jeûnes, pratiquaient la circoncision sur leurs enfants, leur fournissaient du pain azyme pour Pâque et, pendant toute l'année, de la viande préparée selon la toi juive.

Pour triompher de l'aversion obstinée des Marranes pour te christianisme, Ferdinand et Isabelle prirent le parti de leur interdire rigoureusement tout commerce avec les Juifs, d'abord à Séville, et ensuite dans toute l'Andalousie, où les nouveaux chrétiens se trouvaient en très grand nombre. Mais cette défense n'eut aucun résultat. Au contraire, Juifs et Marranes se sentirent stimulés, par la certitude même du danger qu'ils couraient, à resserrer encore les liens qui les unissaient ; leurs relations étaient seulement devenues plus secrètes et entourées de plus de précautions. Pourtant Torquemada ne recula devant aucun moyen pour rompre ces liens si étroits. Ainsi, il ne craignit pas d'exiger des rabbins de l'aider à tenir éloignés du judaïsme les Marranes qui tenaient absolument à pratiquer cette religion, et de les livrer par leurs délations aux prêtres catholiques, c'est-à-dire au bûcher. Il est bien improbable que les rabbins aient prêté leur concours au grand inquisiteur dans cette circonstance. Une fois que l'Inquisition fut bien convaincue que non seulement les Juifs ne dénonceraient pas les Marranes, mais continueraient à entretenir secrètement des relations avec eux, elle sollicita des rois catholiques l'expulsion de tous les Juifs d'Espagne.

Bien des symptômes faisaient prévoir depuis quelque temps cette expulsion aux Juifs de Castille et d'Aragon. Mais ils éprouvaient pour l'Espagne un amour trop profond pour se décider à s'en séparer sans y être absolument contraints. Du reste, ils ne croyaient pas que la catastrophe fait si proche, car, à plusieurs reprises, Ferdinand et Isabelle les avaient protégés contre des émeutes. Ils pensaient aussi que jamais les chrétiens ne pourraient se passer de leurs services, et enfin ils avaient une confiance sans bornes dans l'influence des favoris juifs sur la cour. Outre Abraham Senior, qui avait aidé efficacement au mariage de Ferdinand et d'Isabelle et jouissait auprès d'eux d'une grande considération, une autre personnalité juive occupait, précisément à cette époque, une haute situation à la cour de Castille : c'était le célèbre *Don Isaac Abrabanel*.

Avec Isaac Abrabanel (né à Lisbonne en 1437 et mort à Venise en 1509) se clôt en Espagne la série des hommes d'État juifs qui usèrent de leur crédit pour le bien de leurs coreligionnaires. Cette série avait commencé avec Hasdaï ibn Schaprout. Don Isaac Abrabanel, qui prétendait descendre de la famille royale de David, se distinguait par la noblesse de ses sentiments, la précocité et la clarté de son intelligence, mais son esprit n'avait ni profondeur, ni ampleur. Sachant juger avec une grande justesse et infiniment de bon sens les événements présents, il n'était pas assez perspicace pour se rendre suffisamment compte de certaines éventualités. Dès sa jeunesse, Abrabanel étudia avec passion le judaïsme, son passé brillant, sa conception de la divinité, et, arrivé à peine à l'âge d'homme, il écrivit un ouvrage pour mettre en lumière la protection spéciale accordée par Dieu à Israël. Mais ses notions philosophiques, il les devait plus à ses lectures qu'à ses méditations.

Ce qu'il possédait surtout à un degré éminent, c'était la connaissance et l'expérience des affaires; il était financier habile et politique avisé. Alphonse V, roi de Portugal, qui savait apprécier son grand mérite, l'appela auprès de lui pour lui confier la direction des finances et lui demander conseil dans les circonstances graves. Par son caractère élevé, sa piété sincère, sa modestie et son désintéressement, Abrabanel conquit l'estime et la sympathie des plus grands seigneurs du royaume. Il entretenait des relations amicales avec le puissant et gracieux duc Fernando de Bragance, qui commandait à une agglomération de plus de cinquante villes, hameaux, forts et châteaux, et disposait de 10.000 fantassins et de 3.000 cavaliers, ainsi qu'avec ses frères, le marquis de 11outemar, connétable de Portugal, et le comte de Faro. Il était aussi très lié avec le savant João Sezira, pour qui la cour avait une grande considération, et qui aimait les Juifs.

Abrabanel décrit lui-même l'existence heureuse qu'il menait en Portugal. *Je vivais tranquille*, dit-il, *dans la maison que j'avais eue eu héritage, dans la belle ville de Lisbonne, où Dieu me combla de ses bénédictions en me rendant riche et honoré. Je disposais de vastes bâtiments et avais arrangé des salles spacieuses. Ma maison était devenue le rendez-vous de sages et de savants. On m'aimait à la cour d'Alphonse, souverain puissant et juste, sous le règne duquel les Juifs étaient libres et heureux. Il m'honorait de son estime, faisait souvent appel à mes services, et, tant qu'il vécut, je fus un des familiers du palais.*

Ce furent les derniers beaux jours des Juifs du Portugal. On codifia bien, sous Alphonse V, pour les appliquer plus facilement, les diverses lois portugaises, qui comprenaient aussi des ordonnances hostiles aux Juifs, d'origine byzantine et wisigothe. Mais le roi, encore mineur au moment où ce recueil fut achevé, n'avait pris aucune part à ce travail, et, de plus, il ne mit en vigueur aucun de ces édits restrictifs. Sous son règne, les Juifs ne portaient aucun signe distinctif en Portugal. Comme les chrétiens, ils sortaient en pourpoint de soie, la dague dorée au côté, montés sur des chevaux ou des mulets magnifiquement harnachés. La plupart des fermiers d'impôts étaient Juifs. Même des dignitaires de l'Église, à en croire les plaintes formulées à ce sujet par les cortès de Lisbonne, chargeaient des Juifs de recueillir les taxes ecclésiastiques. L'organisation autonome des communautés juives, sous la direction d'un grand-rabbin et de sept rabbins provinciaux, fut maintenue par Alphonse V et décrite dans le recueil des lois. On inscrivit également dans ce code que les Juifs ne seraient plus' obligés d'écrire leurs documents spéciaux exclusivement en portugais, comme ils devaient le faire jusqu'alors, mais pourraient aussi les rédiger en hébreu.

À la cour d'Alphonse V, il y eut encore, à côté d'Abrabanel, deux autres favoris juifs, les frères ibn Yahya Negro, fils d'un certain Don David. On rapporte qu'avant de mourir, ce Don David aurait recommandé à ses enfants de transformer la succession qu'il leur laissait en valeurs mobilières, parce que les Juifs du Portugal étaient menacés d'une expulsion prochaine.

À ce moment, un tel événement paraissait encore lointain. Comblé d'honneurs par Alphonse V, Isaac Abrabanel, Selon les termes de son fils Juda Léon, *servait à ses coreligionnaires de bouclier et de rempart, protégeant les faibles contre les violences de leurs adversaires, réparant les brèches et détournant la fureur des féroces lions*. Plein de pitié pour toutes les souffrances, il se montrait surtout compatissant pour ses malheureux coreligionnaires. Quand, après la prise de la ville africaine d'Arzilla, les soldats d'Alphonse V amenèrent en Espagne, parmi leurs nombreux captifs maures, deux cent cinquante Juifs qui furent vendus et dispersés à travers le pays, Abrabanel organisa à Lisbonne un comité de douze membres pour recueillir l'argent nécessaire au rachat de ces prisonniers. Accompagné d'un de ses collègues, il parcourut alors tout le Portugal pour faire affranchir, parfois contre des sommes élevées, tous les esclaves juifs. Une fois libres, ces Juifs et ces Juives de tout âge furent habillés, logés et entretenus jusqu'à ce qu'ils connussent la langue du pays et fussent en état de gagner leur vie.

Dans une autre circonstance encore, Abrabanel montra combien il s'intéressait au sort de ses coreligionnaires. Parmi les délégués envoyés par Alphonse V auprès de Sixte IV pour le féliciter de son élévation au trône pontificat et l'informer de la victoire que le souverain portugais venait de remporter sur les Maures d'Afrique, se trouvait le médecin João Sezira, ami intime d'Abrabanel. Celui-ci fit promettre à Sezira de parler au pape en faveur des Juifs. En même temps il recommanda à son ami italien Yehiel, de Pise, de faire un accueil cordial à João Sezira ainsi qu'à Lopo de Almeida, chef de l'ambassade, et de leur dire que les Juifs italiens étaient reconnaissants à Alphonse V de sa bienveillance pour leurs coreligionnaires du Portugal. Il pensait que de telles paroles flatteraient Alphonse et ses ministres et les engageraient à persister dans leurs sentiments d'équité envers les Juifs portugais.

Abrabanel vivait ainsi heureux avec sa pieuse et vertueuse compagne et ses trois fils bien-aimés, Juda Léon, Isaac et Samuel, quand survinrent des événements politiques qui détruisirent complètement ce bonheur. Alphonse V, son protecteur, mourut et eut pour successeur son fils João II (1481-1495). Celui-ci, plus énergique que son père, était dur et dissimulé. Séduit par la politique de son contemporain Louis XI, roi de France, il essaya, lui aussi, de créer une monarchie absolue en abattant les grands du Portugal. Il commença par le duc Fernando de Bragance, qui, issu de sans royal, était peut-être aussi puissant et certainement plus aimé que le roi.

Pendant qu'il accablait le duc de Bragance de protestations d'amitié, il faisait dresser en secret un réquisitoire où il l'accusait d'avoir conspiré contre lui avec le couple royal d'Espagne, accusation dont aujourd'hui encore on n'a pas pu prouver la réalité. Le duc de Bragance fut emprisonné, jugé comme traître et exécuté (juin 1483), et ses possessions furent ajoutées au domaine royal. Ses frères prirent la fuite. En sa qualité d'ami du duc de Bragance et de ses frères, Isaac Abrabanel fut également impliqué dans l'accusation de trahison, et un jour le roi João lui fit dire de venir se présenter devant lui. Sans rien soupçonner, Abrabanel se rendait à la cour quand un ami inconnu l'accosta, l'informa du danger qu'il courait et lui conseilla de s'enfuir.

Abrabanel suivit ce conseil et, quoique poursuivi par de nombreux cavaliers, arriva sain et sauf en Espagne. De là il écrivit au roi João II en termes très respectueux, mais très fermes, pour protester de son innocence et repousser en même temps les accusations dirigées contre le duc de Bragance. Mais le souverain portugais ne tint nul compte des protestations d'Abrabanel et fit confisquer ses biens ainsi que ceux de son fils Juda Léon, quoique ce dernier, qui était médecin, possédât une fortune toute personnelle. Il permit pourtant à sa femme et à ses enfants d'aller le rejoindre en Castille.

Accueilli par ses coreligionnaires d'Espagne avec des démonstrations de respectueuse estime, Abrabanel eut bientôt réuni autour de lui un grand nombre de savants et de disciples. Il se lia surtout avec le rabbin Isaac Aboab et le fermier général des impôts, Abraham Senior, qui parait même l'avoir associé à ses fonctions dès son arrivée en Espagne. Dans ce pays, il fut pris de scrupule d'avoir délaissé l'étude de la Loi pour les affaires politiques, et, à ses yeux, son malheur était un juste châtiment que lui envoyait la Providence. Aussi s'empressa-t-il, sur les instances de ses nouveaux amis, de se consacrer à l'explication des prophètes historiques, que les commentateurs avaient négligés jusqu'alors sous prétexte qu'ils étaient clairs et faciles à comprendre. Comme il s'en était déjà occupé auparavant, il acheva assez rapidement ce travail.

Personne mieux qu'Abrabanel n'était préparé pour expliquer ces parties historiques de la Bible. Outre qu'il était familiarisé avec la langue hébraïque, il avait l'expérience des affaires et savait l'art compliqué de la politique, connaissances qui sont nécessaires pour bien se rendre compte de la fondation, du développement et de la décadence du royaume d'Israël. Une autre supériorité qu'il avait, c'est qu'il était en état de pouvoir utiliser également les ouvrages des commentateurs chrétiens et qu'il sut en tirer la quintessence. Aussi réussit-il, dans ses commentaires, à éclairer plus d'un point obscur des prophètes historiques. Il sut, en général, donner à son travail un caractère scientifique, mettant de l'ordre dans ces récits et faisant précéder chaque livre d'une introduction lumineuse et d'un sommaire, comme il l'avait vu faire par des auteurs chrétiens. Ses commentaires seraient certainement devenus populaires ou auraient, du moins, mérité de l'être, s'il s'était montré moins prolixe et s'il n'avait pas traité avant chaque chapitre une série de questions souvent inutiles. Il a également le tort de disserter à perte de vue sur des problèmes philosophiques, qu'il expose d'autant plus longuement qu'il les comprend moins.

Dans le domaine de la foi, Abrabanel marcha sur les traces des Nahmanide et des Hasdaï. Jugeant avec sévérité tous ceux qui s'étaient permis de parler librement du judaïsme et de ses dogmes. il déclare hérétiques les recherches d'Albalag et de Narboni et fait l'injure à ces savants de les placer sur le même rang que le peu scrupuleux apostat Alphonse de Valladolid. Il en veut aussi à Lévi ben Gerson, parce que celui-ci n'accepte pas tous les miracles sans examen. À l'exemple de Joseph Yaabéç et des obscurantistes de son temps, il est convaincu que c'est en punition des tendances rationalistes de certains penseurs juifs que ses coreligionnaires d'Espagne sont si durement frappés. Il oublie que les Juifs d'Allemagne, d'une piété presque outrée, et qui ignoraient les spéculations philosophiques, n'ont pas moins souffert que leurs coreligionnaires d'Espagne.

Abrabanel ne put s'adonner que pendant un temps très court à ses travaux littéraires, car bien vite l'écrivain dut de nouveau céder la place à l'homme d'État. Il allait commencer à mettre en lumière le rôle joué par les divers rois de Juda et d'Israël, quand Ferdinand et Isabelle lui confièrent l'administration des finances espagnoles. Pendant les huit ans qu'il occupa ces fonctions (mars 1484-1492), il sut justifier la confiance royale, car pas une seule fois il ne s'attira un reproche. Il est vrai qu'il s'acquitta de sa lourde tâche avec prudence et habileté. Lui-même raconte que ses services lui rapportèrent richesses et honneurs, et qu'il était très estimé à la cour et auprès de la haute noblesse castillane.

Il fallait que le concours d'Abrabanel fût bien nécessaire à l'État pour que les souverains catholiques pussent le garder si longtemps comme trésorier sous les yeux du terrible Torquemada, en dépit des prohibitions canoniques et malgré la défense, fréquemment renouvelée par les cortès, de confier un emploi quelconque à un Juif. Comme à Lisbonne, il fit profiter ses coreligionnaires de sa haute situation, leur servant de **rempart** et les protégeant contre les violences des dominicains. Ce fut certainement à Abrabanel que les Juifs de Castille furent redevables d'avoir été préservés, à ce moment, du châtiment que les inquisiteurs voulurent leur infliger pour l'appui qu'ils avaient prêté aux Marranes.

Mais bientôt un événement survint qui rendit inévitable pour les Juifs d'Espagne la catastrophe finale : ce fut la conquête de Grenade. Pendant dix ans, arec des interruptions plus ou moins longues, les Castillans avaient tenu la campagne contre les Maures de Grenade. Ce pays était habité par un assez grand nombre de Juifs, auxquels étaient venus se joindre beaucoup de Marranes quand l'Inquisition avait commencé d'allumer les bûchers en Espagne. Non pas que leur sort fût bien enviable dans le royaume de Grenade, car là aussi sévissait la haine des Juifs. Mais ils pouvaient, du moins, pratiquer librement leur religion et ne couraient pas continuellement le risque de se voir arrêter et condamner à mort. Un des derniers rois de Grenade eut pour médecin le Juif Isaac Hamon, qui fut influent à la cour et que le peuple estimait beaucoup, comme le prouve le fait suivant. Un jour qu'une querelle s'était élevée entre Maures dans les rues de Grenade, des assistants adjurèrent les combattants, au nom de Mahomet, de se séparer, mais sans succès. Par contre, ils furent écoutés quand ils les prièrent au nom d'Isaac Hamon. Irrités de ce que le nom du médecin juif eût produit plus d'effet sur la foule que celui de Mahomet, des musulmans fanatiques se ruèrent sur les Juifs de Grenade. Ceux-là seuls échappèrent au massacre qui purent se réfugier dans le château fort royal. Pour ne plus exciter la jalousie de la population musulmane, les médecins juifs de Grenade résolurent, après cet événement, de ne plus porter de vêtements de soie et de ne plus sortir à cheval.

Enfin, après une guerre longue et sanglante, le beau royaume de Grenade tomba au pouvoir des Espagnols. Par une convention secrète, signée le 25 novembre 1491, le dernier roi maure, l'insouciant Muley Abou Abdallah (Boabdil) s'engagea envers Ferdinand et Isabelle à leur livrer, dans un délai de deux mois, la ville et le district de Grenade. Abstraction faite de la perte de leur indépendance, les Maures n'eurent pas à subir des conditions, bien dures. Ils pouvaient continuer à pratiquer leur religion, à se faire juger par leurs tribunaux spéciaux et à conserver leurs us et coutumes, avaient le droit d'émigrer et n'étaient assujettis qu'aux impôts qu'ils avaient payés jusqu'alors aux princes maures. On garantissait toute sécurité aux relaps, c'est-à-dire aux Maures convertis (Modejares) qui, par crainte de l'Inquisition, s'étaient enfuis d'Espagne dans le royaume de Grenade et y étaient retournés à l'islamisme. Mêmes garanties pour les Juifs de la villa de Grenade, du quartier Albaicin, des faubourgs et des environs ; l'Inquisition ne devait avoir aucun pouvoir sur eux. Les Marranes étaient libres d'émigrer pendant le premier mois qui suivrait la reddition de la ville ; passé ce délai, ceux qui resteraient pourraient être arrêtés par les inquisiteurs.

Le 2 janvier 1492, Ferdinand et Isabelle, entourés de leurs troupes, firent leur entrée solennelle dans la ville de Grenade, au son des cloches, et la puissance musulmane disparut ainsi à jamais de la péninsule ibérique. Après avoir jeté un triste regard d'adieu, *avec son dernier soupir*, sur son beau royaume, qu'il venait de perdre, Muley Abou Abdallah se retira dans le domaine qu'on lui avait abandonné dans les monts Alpuxarres. Mais, ne pouvant surmonter sa douleur, il partit pour l'Afrique.

Après un laps de temps d'environ huit siècles, l'Espagne tout entière était donc redevenue chrétienne, comme du temps des Visigoths. Ce triomphe du christianisme ne servit en rien l'humanité, mais fut, au contraire, le signal d'atrocités inouïes. Les Juifs furent les premières victimes de la victoire des Espagnols sur les Maures.

C'est que la lutte contre les musulmans de Grenade avait pris peu à peu le caractère d'une vraie guerre sainte, entreprise pour la propagation du christianisme. Aussi la défaite des Maures surexcita-t-elle à un degré élevé le fanatisme des Espagnols, qui ne pouvaient pas comprendre qu'après avoir vaincu les mécréants musulmans, on permit aux Juifs, encore beaucoup plus coupables, de circuler librement en Espagne. Torquemada et ses acolytes s'empressèrent naturellement de profiter de ces dispositions, si propices à leurs desseins, pour multiplier leurs attaques contre les Juifs. Cette fois, leurs accusations furent accueillies avec plus de faveur. Du reste, l'énorme butin que les Espagnols avaient ramassé dans les riches cités du royaume conquis semblait rendre la présence des habiles capitalistes juifs moins indispensable à la prospérité de l'État.

Avant même d'avoir pris complètement possession de Grenade, Ferdinand et Isabelle songèrent déjà à expulser les Juifs d'Espagne. Ils envoyèrent une délégation au pape Innocent VIII pour lui faire connaître leur résolution et lui demander de les appuyer de son exemple en commençant par chasser les Juifs de ses États. Le pape se refusa à donner un tel exemple, et Meschoullam, de Rome, informé de la décision d'Innocent VIII, se hâta d'annoncer cette joyeuse nouvelle aux communautés d'Italie et de Naples. Mais les souverains d'Espagne persistèrent quand même dans leur détermination.

Ce fut par un édit daté du palais de l'Alhambra, du 31 mars 1492, que les **rois catholiques**, Ferdinand et Isabelle, ordonnèrent l'exil de tous les Juifs d'Espagne. Il fut prescrit à ces derniers, sous peine de mort, de quitter dans un délai de quatre mois les territoires de Castille, d'Aragon, de Sicile et de Sardaigne. On leur permettait d'emporter leur avoir, sauf les métaux précieux, le numéraire et certaines marchandises dont l'exportation. était prohibée. Dans les considérants de leur édit, Ferdinand et Isabelle ne reprochaient nullement aux Juifs d'avoir fait de l'usure, ou acquis leurs richesses par des moyens illicites, ou causé des dommages aux chrétiens; ils invoquaient seulement les efforts incessants des Juifs pour faire revenir les Marranes au judaïsme. Les souverains ajoutaient qu'ils auraient dû proscrire plus tôt les Juifs pour leurs menées insidieuses, mais qu'ils espéraient d'abord pouvoir les amener à résipiscence par la douceur, en n'expulsant que les Juifs d'Andalousie et en ne châtiant que les plus coupables d'entre eux. Ils ne s'étaient décidés à les bannir tous d'Espagne qu'après s'être convaincus que, malgré toutes les remontrances, ils continuaient à détourner les Marranes du christianisme et à les entretenir dans les **hérésies juives**. C'était donc pour couper le mal dans sa racine que, d'accord avec les dignitaires de l'Église, les grands et les savants, ils avaient décrété le bannissement de tous les Juifs de leurs États. Le délai de quatre mois écoulé, on confisquerait les biens de tout chrétien qui protégerait ou accueillerait un Juif.

Elle avait donc enfin éclaté, cette effroyable catastrophe, que des esprits clairvoyants avaient prévue depuis longtemps ! Les Juifs d'Espagne étaient donc définitivement condamnés à fuir le pays auquel ils étaient attachés par toutes les fibres de leur cœur, où reposaient leurs aïeux depuis quinze siècles, et dont ils avaient tant contribué à rehausser la grandeur, à augmenter les richesses et à relever la civilisation ! Ils étaient tout étourdis du coup qui les frappait. Abrabanel espérait encore pouvoir détourner ce malheur de ses coreligionnaires. Il se rendit auprès de Ferdinand et d'Isabelle et leur offrit des sommes considérables pour obtenir la révocation de l'arrêt d'exil. Sa demande fut appuyée par des grands d'Espagne, ses amis.

Peut-être Ferdinand, qui avait plus à cœur les intérêts de son trésor que ceux de sa foi, aurait-il accepté la proposition d'Abrabanel. Mais, dès que Torquemada eut appris au palais la démarche du ministre juif, il accourut, à ce qu'on raconte, auprès des rois catholiques, un crucifix à la main, et leur adressa ces paroles véhémentes : *Judas Iscariote vendit le Christ pour trente pièces d'argent. Vos Majestés veulent le vendre pour trois cent mille ducats. Eh bien, le voici, vendez-le.* Impressionnée par ces paroles, peut-être aussi influencée par les conseils de prêtres fanatiques, Isabelle résolut de maintenir l'édit d'expulsion, et, comme elle avait beaucoup d'énergie et de ténacité, elle réussit à faire partager son opinion à son époux. Don Abraham Senior, grand favori de la reine, essaya, après Abrabanel, de s'entremettre auprès d'elle en faveur de ses coreligionnaires, mais en vain. Un membre du conseil royal d'Aragon, Juan de Lucena, dont la dignité équivalait à celle de ministre, insista sur la nécessité de faire exécuter l'arrêt d'exil.

À la fin d'avril (1492), on proclama dans tout le pays, à son de trompe, que les Juifs n'étaient plus autorisés à rester en Espagne que jusqu'à la fin du mois de juillet, pour liquider leurs affaires, et que ceux qui y prolongeraient leur séjour au-delà de ce délai seraient passibles de la peine de mort. Malgré leur désespoir de quitter leur chère patrie et les tombes de leurs aïeux, pour aller au-devant d'un avenir incertain, dans des pays dont ils ne comprenaient pas la langue et dont les habitants se montreraient peut-être à leur égard plus malveillants encore que les Espagnols, les malheureux Juifs étaient bien obligés de s'habituer à la douloureuse pensée de leur prochain exil et de faire leurs préparatifs de départ.

Ils s'aperçurent alors de plus en plus combien était terrible la calamité qui les atteignait. S'ils avaient pu partir avec leurs richesses, comme les Juifs anglais vers la fin du XIIIe siècle et les Juifs français un siècle plus tard, il leur eût été possible de triompher en partie des difficultés qui les attendaient à l'étranger. Mais obligés de transformer leur numéraire en lettres de change, puisqu'il leur était défendu de l'emporter, ils ne purent pas se procurer assez de traites en Espagne, où prédominaient la noblesse et le clergé, et qui, par conséquent, n'avait pas, comme l'Italie, des relations commerciales étendues. Le commerce avait été surtout entre les mains des Juifs et des Marranes, et ceux-ci craignaient, en obligeant leurs anciens coreligionnaires, de s'exposer à la colère de l'Inquisition.

Faute d'acheteurs, les biens-fonds des proscrits se vendaient à des prix dérisoires. À en croire le témoignage d'un contemporain, André Bernaldez, curé de Los Palacios, une maison s'échangeait contre un âne, et un vignoble contre une pièce de drap ou de toile. Pour rendre encore plus difficile aux Juifs la vente de leurs immeubles, Torquemada interdit aux chrétiens tout commerce avec eux. De plus, le roi Ferdinand fit mettre sous séquestre, dans ses États, une partie des propriétés des expulsés pour couvrir leurs dettes et aussi pour donner satisfaction, le cas échéant, aux réclamations des couvents qui prétendraient avoir des droits sur ces biens. C'est ainsi que s'évanouirent en quelque sorte en fumée les richesses considérables des Juifs d'Espagne, qui auraient pu leur être si utiles dans leur détresse.

Quand il vit les Juifs réduits au désespoir, Torquemada ordonna aux dominicains de leur prêcher le christianisme en faisant miroiter devant eux la promesse qu'après leur conversion ils pourraient rester en Espagne. Mais, grâce aux exhortations des rabbins et à la fermeté de leurs propres convictions, les Juifs demeurèrent inébranlables dans leur foi, acceptant leurs souffrances comme une épreuve et se confiant tout entiers en ce Dieu qui, si fréquemment, avait secouru leurs ancêtres. *En face de nos ennemis et de ceux qui nous outragent,* disaient-ils l'un à l'autre, *supportons tout avec courage pour notre religion et la doctrine de nos aïeux. Sachons accepter notre sort avec une vaillante résignation, qu'on nous laisse la vie ou qu'on nous l'ôte, et ne profanons pas l'alliance de notre Dieu. Ne nous laissons pas effrayer, mais marchons sans cesse dans la voie tracée par l'Éternel.*

D'ailleurs, ils savaient bien que le baptême non plus ne les aurait pas protégés contre la fureur sanguinaire des inquisiteurs. Les plus tièdes d'entre les Juifs ne songeaient plus à embrasser le christianisme depuis qu'ils avaient vu pour quels motifs futiles les convertis étaient condamnés au bûcher. Ainsi, une année avant la promulgation de l'édit d'expulsion, dans la seule ville de Séville, trente-deux nouveaux chrétiens avaient été brûlés vivants et seize en effigie, et six cent vingt-cinq avaient été condamnés à une humiliante pénitence. Les Juifs avaient aussi remarqué avec quelle habileté Torquemada dressait ses pièges pour capturer ses victimes. De nombreux Marranes de Séville, de Cordoue et de Jaën s'étaient enfuis dans le royaume de Grenade et y étaient retournés au judaïsme. Après la prise de Grenade, Torquemada leur adressa un appel pressant pour les engager à revenir à l'Église, *toujours indulgente et toujours prête à recevoir dans son giron ceux qui s'adressaient à elle contrits et repentants,* et il leur promit qu'ils seraient traités avec douceur et qu'ils recevraient secrètement l'absolution. Se fiant aux paroles de Torquemada, plusieurs de ces Marranes se rendirent à Tolède, où on leur fit la grâce de les livrer aux flammes.

Aussi, malgré les incitations fallacieuses des dominicains, malgré la grandeur de la calamité qui les atteignait, les Juifs d'Espagne restèrent presque tous fidèles à leur religion. Il n'y eut que quelques rares conversions, principalement dans les familles riches et cultivées, entre autres celles du fermier d'impôts et grand rabbin Abraham Senior, de ses fils et de son gendre. On raconte qu'Abraham Senior ne se décida à accepter le baptisme que le désespoir au cœur et devant la menace faite par la reine, très attachée à son trésorier, qu'elle infligerait encore de plus grands maux aux proscrits s'il ne se faisait pas chrétien. De fait, la joie fut grande à la cour quand on apprit la résolution d'Abraham Senior et de sa famille, et le couple royal lui-même ainsi qu'un cardinal leur servirent de parrains et de marraine. Les convertis prirent le nom de Coronel, et leurs descendants furent élevés plus tard aux plus hautes fonctions de l'État.

Frappés par le même malheur et soumis aux mêmes souffrances, les Juifs d'Espagne manifestèrent les uns pour les autres, au moment de leur expulsion, les plus admirables sentiments de solidarité. Quoique leur fortune fût considérablement diminuée, les plus riches partagèrent fraternellement avec les pauvres, qu'ils empêchèrent ainsi de se laisser séduire par les promesses des convertisseurs, et subvinrent à leurs frais de départ. Accompagné de trente notables, le vieux rabbin Isaac Aboab, ami d'Abrabanel, prit les devants pour aller engager des pourparlers avec João II, roi de Portugal, afin qu'il autorisât l'établissement des exilés espagnols dans son pays ou leur permit de le traverser ; il réussit en partie dans ses négociations.

À mesure que s'approchait la date fatale, les Juifs ressentaient plus profondément la douleur d'être contraints de quitter un pays qu'ils aimaient d'un si ardent amour. Ils déploraient surtout amèrement la nécessité de se séparer à tout jamais des chères tombes de leurs parents. À Ségovie, la communauté juive tout entière passa les trois derniers jours de son séjour en Espagne dans le cimetière, émouvant les chrétiens mêmes par leurs navrantes lamentations. À la fin, ils enlevèrent les pierres tombales, les emportant comme des reliques sacrées ou les confiant à la garde des Marranes.

Au lieu de faire partir les Juifs le 31 juillet, comme ils l'avaient décidé à l'origine, Ferdinand et Isabelle les autorisèrent à rester jusqu'au surlendemain. Par une coïncidence saisissante, leur exode définitif de l'Espagne eut lieu le 9 du mois d'Ab, date douloureuse entre toutes dans l'histoire juive, puisqu'elle rappelait déjà à Israël, entre autres tristes événements, la destruction du temple de Jérusalem. On évalue à trois cent mille le nombre des exilés, qui se dirigèrent, les uns du côté du nord, vers le royaume voisin de Navarre, les autres au sud, pour se rendre en Italie, en Turquie ou en Afrique ; la plus grande partie gagna le Portugal. De crainte que l'un ou l'autre des proscrits, au moment de partir, fût trop épouvanté à l'idée de quitter pour toujours sa patrie et résolût d'acheter au prix d'une apostasie l'autorisation de demeurer en Espagne, plusieurs rabbins, dans l'intention d'étourdir le chagrin des expulsés, prirent avec eux le chemin de l'exil au son du fifre et du tambourin.

Par suite du départ des Juifs, l'Espagne perdit la vingtième partie de ses habitants, et certes la partie la plus industrieuse, la plus laborieuse et la plus cultivée, qui formait la classe moyenne de la population. Grâce à leur activité, les richesses qu'ils créaient circulaient sans cesse à travers le pays, comme le sang dans le corps, pour lui donner la vie. On ne trouvait pas seulement, parmi eux, des capitalistes, des marchands, des laboureurs, des médecins et des savants, mais aussi des ouvriers de tout genre, armuriers, métallurgistes, etc. Ils auraient certainement fait de l'Espagne, après la découverte de l'Amérique, l'État le plus riche, le plus florissant et le plus solide, qui, par suite de son unité, aurait facilement rivalisé avec l'Italie. Torquemada préféra en faire un centre d'atroces cruautés et d'exécutions sanglantes.

Du reste, les chrétiens espagnols ne tardèrent pas à s'apercevoir des effets désastreux de l'expulsion des Juifs. Les petites villes, auxquelles la présence des Juifs donnait auparavant quelque animation, déclinèrent rapidement, au point de devenir de simples hameaux, n'ayant plus le sens de la liberté et subissant sans résistance le joug de plus en plus lourd du despotisme royal et de la tyrannie ecclésiastique. Les nobles, de leur côté, se plaignaient que leurs villes et leurs domaines eussent perdu toute importance, et déclaraient bien haut qu'ils se seraient opposés de toutes leurs forces à l'exécution de l'arrêt d'exil s'ils en avaient pu prévoir les conséquences. Immédiatement après le départ des Juifs, on souffrit surtout du manque de médecins. Pour empêcher les habitants de Vitoria et des environs de devenir la proie des charlatans, des rebouteurs et des exorcistes, les autorités de la ville durent faire venir un médecin de loin et lui assurer un traitement annuel considérable. La proscription des Juifs eut encore bien d'autres inconvénients pour l'Espagne, et tout l'or qu'elle tirait de ses nouvelles possessions américaines ne pouvait pas remplacer l'activité commerciale et industrielle de ceux qu'elle venait de chasser. La foule oublia peu à peu le nom même de ces Juifs qui avaient tant contribué à la grandeur de leur patrie d'adoption, mais ce nom devait forcément se présenter pendant longtemps encore à l'esprit des savants, à cause des nombreux éléments juifs contenus dans la littérature espagnole.

En vertu d'un ordre royal, les écoles, les hôpitaux, et, en général, tous les biens que les Juifs étaient obligés de laisser en Espagne devinrent la propriété du fisc ; les synagogues furent changées en églises ou en couvents. Ainsi, la magnifique synagogue de Tolède, construite aux frais de l'homme d'État juif Don Samuel Allavi, devint une église (*de nuestra Señora de san Benito*) et forme aujourd'hui encore, avec son style mauresque et ses admirables colonnes, un des ornements de la ville.

Il restait pourtant des Juifs en Espagne, mais couverts du masque du christianisme et cachés sous le nom de **nouveaux chrétiens**. Ils prêtèrent leur aide, dans la mesure de leurs moyens, à leurs frères bannis, acceptant d'eux en dépôt de l'or et de l'argent et leur envoyant, à l'occasion, ces métaux précieux par des personnes de confiance, ou leur donnant en compensation des lettres de change sur des places étrangères. Quand le roi en fut informé, il fit rechercher et confisquer ces richesses en dépôt ; il empêchait aussi par tous les moyens le payement des lettres de change. Mais, malgré les difficultés et les dangers, bien des Marranes persistaient dans leur sympathie pour les Juifs et poursuivaient de leur rancune, avec une impitoyable rigueur, ceux qui s'étaient montrés durs pour les malheureux proscrits ; ils les accusaient d'hérésie et les livraient aux inquisiteurs, les frappant ainsi de leurs propres armes. Par contre, ils étaient obligés, eux, pour ne pas trahir leur attachement secret au judaïsme, de manifester extérieurement un zèle plus vif pour la religion chrétienne, prodiguer en toute circonstance les signes de croix, égrener force chapelets et marmotter force patenôtres.

Parfois, devant cette nécessité constante de dissimuler, les sentiments secrets des Marranes faisaient explosion malgré eux, triomphant de leur volonté et se manifestant par des paroles imprudentes. C'est ainsi qu'à Séville, à la vue d'une statue qui devait représenter Jésus et qu'on offrait à l'adoration des fidèles, un Marrane s'écria : *Qu'ils sont malheureux ceux qui se voient condamnés à voir de pareilles choses et à y croire !* De telles manifestations fournissaient à l'Inquisition d'excellents prétextes pour arrêter et juger non seulement le coupable, mais aussi ses proches, ses amis et tous les Marranes qui possédaient quelque fortune. Par la même occasion, on donnait également satisfaction à la foule, dont le spectacle fréquent des exécutions avait émoussé la sensibilité, et qui tenait à assister de temps à autre à ces solennels autodafés. Il n'est donc pas étonnant que dans l'espace de quatorze ans, sous la direction de l'inquisiteur général Thomas de Torquemada (1485-1498), les tribunaux d'inquisition aient livré au moins deux mille Juifs aux flammes.

Torquemada n'ignorait pas que sa cruauté lui avait attiré de nombreuses haines, et il craignait sans cesse pour sa vie. Sur sa table se trouvait une licorne, qui, d'après les croyances superstitieuses du temps, avait le pouvoir d'annuler l'effet des poisons. Quand il sortait, il était escorté d'une garde (familares) composée de cinquante cavaliers et de deux cents fantassins.

Il eut pour successeur Deza. Cet inquisiteur général renchérit sur Torquemada, car sous lui, les bûchers s'élevèrent encore en plus grand nombre. Aux exécutions des Marranes vinrent s'ajouter celles des Morisques restés en Espagne, et, un peu plus tard, celles des partisans du réformateur allemand Luther. Grâce à la férocité sanguinaire du Saint-Office, l'Espagne prit l'aspect d'une grande boucherie humaine. Il arriva alors, ce qui était inévitable, qu'à force de voir partout des suspects, les bourreaux se méfiaient les uns des autres. Deza lui-même fut accusé, à la fin, de pratiquer secrètement les rites juifs.

L'expulsion des Juifs d'Espagne produisit une impression pénible sur presque tous les princes d'Europe, et le Parlement de Paris blâma sévèrement Ferdinand et Isabelle d'avoir proscrit de leur pays une classe de citoyens aussi utiles. Le sultan Bajazet fit cette remarque : *Vous appelez Ferdinand un monarque avisé, lui qui a appauvri son empire et enrichi le mien !*

Parmi les exilés, ceux qui avaient habité la Catalogne et l'Aragon furent relativement plus heureux que leurs compagnons de souffrance, parce qu'ils purent s'établir, au moins pour quelque temps, dans un État voisin, la Navarre. Ils eurent ainsi le temps d'examiner dans quelle contrée ils se rendraient définitivement. C'est que, jusqu'alors, le prince et le peuple de Navarre s'étaient opposés à l'établissement de l'Inquisition dans leur pays. Quand, après le meurtre de l'inquisiteur Arbues, plusieurs Marranes, complices de ce crime, se furent réfugiés en Navarre et furent réclamés par le tribunal d'inquisition, la ville de Tudèle déclara aux émissaires chargés d'arrêter les coupables qu'elle ne permettrait pas à l'Inquisition de s'emparer de personnes à qui elle avait donné asile ; elle ne céda même pas aux menaces de Ferdinand. Il est vrai que d'autres villes de la Navarre se refusèrent à recevoir des proscrits juifs d'Espagne. Le nombre des exilés qui s'établirent en Navarre peut être évalué à douze mille, dont le comte de Lérin accueillit probablement la plus grande partie. Mais ils ne séjournèrent que peu d'années dans ce pays, où ils furent relancés par la haine de Ferdinand. Sur les instances de ce dernier, le roi de Navarre les contraignit à choisir entre l'émigration et le baptême. La plupart se convertirent, parce qu'on ne leur laissa qu'un délai très court pour se décider. Même dans la communauté de Tudèle, si connue pour sa piété, cent quatre-vingts familles acceptèrent le baptême.

D'autres proscrits encore n'eurent pas trop à souffrir de l'arrêt d'expulsion : ce furent ceux qui, considérant dès l'abord la décision du couple royal comme irrévocable, partirent avant l'expiration du délai qu'on leur avait accordé, pour se rendre en Italie, en Afrique ou en Turquie. À ce moment, l'émigration était encore facile, car les Juifs d'Espagne avaient une renommée si grande et la sentence de bannissement avait produit dans l'Europe une telle sensation que les navires affluèrent dans les ports d'Espagne, venus du pays même ou de l'Italie, surtout de Gênes et de Venise, pour se mettre à la disposition des exilés.

Avant leur départ, de nombreux Juifs d'Aragon, de Catalogne et de Valence avaient envoyé des délégués auprès de Ferdinand Ier, roi de Naples, pour lui demander l'autorisation de s'établir dans son pays. Libre de préjugés à l'égard des Juifs et ému de compassion devant la catastrophe qui les frappait, ce souverain leur ouvrit toutes larges les portes de son État. Peut-être aussi espérait-il que leur présence servirait les intérêts matériels et intellectuels de son royaume. Plusieurs milliers de Juifs espagnols débarquèrent donc à Naples et y reçurent un excellent accueil. Leurs coreligionnaires italiens les reçurent en frères, secourant les pauvres qui ne pouvaient pas s'acquitter de leurs frais de voyage et subvenant provisoirement à tous leurs besoins.

Parmi les proscrits espagnols réfugiés à Naples se trouvait également Abrabanel avec sa famille. Dans les premiers temps de son séjour, il vécut retiré, uniquement occupé à commenter les livres historiques de la Bible, travail qu'il avait dû interrompre en Espagne pour se mettre au service de l'État. Mais quand Ferdinand Ier eut appris sa présence à Naples, il le fit appeler pour lui confier un emploi élevé, probablement la direction des finances.

Qu'il le fît de sa propre initiative ou sur les instances d'Abrabanel, le roi de Naples se montra très humain envers les pauvres réfugiés. Ces malheureux étaient frappés sans relâche par la destinée, car ils étaient à peine dans le royaume de Naples depuis six mois, quand la peste éclata parmi eux. Craignant que la foule, affolée, ne les attaquât, le roi les engagea à enterrer leurs morts secrètement, pendant la nuit. Mais lorsque l'épidémie eut redoublé de violence et qu'il ne fut plus possible de tenir la chose cachée, le peuple et la noblesse sollicitèrent de Ferdinand l'expulsion des Juifs. Le roi s'y refusa. On raconte même qu'il menaça d'abdiquer dans le cas où on leur ferait le moindre mal. Il fit établir des baraquements, en dehors de la ville, pour les malades, leur envoya des médecins, et, pendant une année entière, leur prodigua libéralement des secours.

À Pise aussi, les réfugiés espagnols furent accueillis par leurs coreligionnaires avec une grande cordialité. Les fils de Yehiel, de Pise, le vieil ami d'Abrabanel, s'étaient installés au port pour recevoir les émigrants, aider à leur établissement dans la ville même ou les envoyer dans d'autres localités.

Mais tous les autres proscrits, d'après le témoignage même des contemporains, eurent à subir des épreuves inouïes. Ceux qui furent épargnés par la famine et la peste périrent par la main des hommes. Comme le bruit s'était répandu que les proscrits, pour emporter de l'or et de l'argent en dépit de la défense qui leur en était faite, en avaient avalé de grandes quantités, des cannibales les éventraient pour chercher dans leurs entrailles ces trésors cachés. Les capitaines des navires génois, surtout, traitèrent avec une férocité sauvage les malheureux exilés qui s'étaient confiés à leur loyauté. Par cupidité, ou par simple caprice, pour se repaître des souffrances et des cris désespérés des Juifs, ils en précipitèrent un grand nombre dans les flots. Sur les estes de l'Afrique, ils furent torturés et tués par les Berbères, ou persécutés par les convertisseurs chrétiens.

Dans le port de Gênes aussi, ils furent assaillis de maux sans nombre. Il existait alors une loi qui défendait aux Juifs de séjourner dans cette ville pendant plus de trois jours. Or, il arriva que des navires sur lesquels étaient embarqués des exilés espagnols furent contraints de faire escale dans le port de Gênes, pour des réparations urgentes. Les autorités permirent aux Juifs de descendre à terre et de séjourner, non pas dans la ville même, mais près du môle, jusqu'à ce que les navires pussent reprendre la mer. On vit alors débarquer les malheureux Juifs d'Espagne, hâves, décharnés, les yeux profondément enfoncés dans les orbites, plus semblables à des cadavres qu'à des êtres vivants. Poussés par la faim, les enfants se rendaient dans les églises et se faisaient baptiser pour un morceau de pain, et des chrétiens étaient assez durs, non seulement pour accepter de pareilles conversions, mais encore pour se promener parmi les Juifs, la croix dans une main et du pain dans l'autre, et amener, par ce moyen, de nouvelles recrues au christianisme ! Par suite de la difficulté des réparations, le séjour des Juifs se prolongea à Gênes jusque dans le cœur de l'hiver ; les conversions et les souffrances de toute sorte éclaircirent alors de plus en plus leurs rangs. Dans d'autres ports italiens, les exilés ne furent même pas autorisés à descendre quelques heures à terre, soit parce que cette année était précisément une année de disette, soit parce que la peste sévissait parmi eux.

Quand ceux des exilés qui s'étaient arrêtés à Gênes en purent repartir, leur nombre était fortement réduit. Ils se rendirent à Rome. Là, une nouvelle déception, plus amère encore, les attendait. Leurs propres coreligionnaires, par crainte de la concurrence, essayèrent de s'opposer à leur établissement à Rome ; ils offrirent 1.000 ducats au pape Alexandre VI, pour qu'il refusât de recevoir les nouveaux arrivants. Bien qu'en général ce pontife ne péchât pas par excès de scrupules, il fut quand même tellement outré de la dureté des Juifs de Rome pour leurs malheureux coreligionnaires d'Espagne qu'il ordonna de les chasser. La communauté de Rome fut obligée de verser 2.000 ducats pour faire annuler le décret d'expulsion et de laisser les fugitifs espagnols s'établir librement à Rome.

Corfou, Candie, et d'autres îles grecques encore reçurent également un fort contingent de proscrits juifs d'Espagne. Les uns y vinrent de leur plein gré, les autres y furent amenés comme esclaves. Dans la plupart des communautés de ces îles, on fit les plus louables efforts pour secourir les nécessiteux et racheter les esclaves. Pour se procurer les ressources nécessaires, on alla jusqu'à vendre les ornements des synagogues. Elkana Capsali, chef de la communauté de Candie, recueillit avec un zèle infatigable des subsides en faveur de ces malheureux. Des Persans, qui se trouvaient à Corfou lors de l'arrivée des proscrits espagnols, en achetèrent un certain nombre, dans l'espoir que les Juifs de leur pays leur payeraient une forte rançon.

De tous les exilés juifs d'Espagne, les plus heureux furent sans contredit ceux qui purent arriver en Turquie. Le sultan Bajazet II se montra à l'égard des Juifs bien plus humain et plus avisé que tous les princes chrétiens; il comprenait de quelle utilité seraient pour son pays l'intelligence et l'activité des proscrits espagnols. Aussi invita-t-il les fonctionnaires des provinces européennes de son empire à faire bon accueil aux émigrants juifs, leur défendant, sous peine de mort, de les persécuter ou de les molester. Comme la plupart des expulsés arrivaient en Turquie dans un lamentable dénuement, Moise Capsali, le grand-rabbin de Constantinople, parcourut les communautés pour recueillir des secours ; il imposa à tous les membres aisés une taxe *pour le rachat des captifs espagnols*. Il faut ajouter que les Juifs turcs entrèrent avec empressement dans la voie indiquée par leur chef religieux, et vinrent tous, dans la mesure de leurs ressources, au secours de leurs frères d'Espagne. Ceux-ci s'établirent par milliers dans la Turquie, et, avant qu'une génération eût disparu, ils eurent conquis la direction du judaïsme turc et purent faire prévaloir leurs idées, leurs usages et leurs traditions.

En Portugal aussi, les bannis trouvèrent, au début, le calme et la sécurité. Un grand nombre d'entre eux s'étaient décidés à se diriger vers ce pays, voisin de l'Espagne, parce qu'ils espéraient qu'après leur départ la population espagnole apprécierait mieux lei services qu'ils avaient rendus et qu'ils pourraient encore rendre à leur patrie, et que Ferdinand et Isabelle ne tarderaient pas à les rappeler. Au pis-aller, se disaient-ils, ils pourraient toujours s'embarquer en Portugal, pour gagner soit l'Afrique, soit l'Italie. On sait qu'Isaac Aboab et d'autres délégués étaient allés demander au roi João II l'autorisation pour leurs coreligionnaires de s'établir dans ses États. Tout en étant d'avis de les recevoir contre de l'argent, le souverain consulta quand même les membres de son Conseil. Les uns, par pitié pour les Juifs ou par flatterie pour le roi, se montrèrent favorables aux exilés espagnols, mais d'autres protestèrent énergiquement contre leur venue en Portugal. Comme le roi comptait sur les sommes que lui verseraient les émigrants pour pousser avec vigueur la guerre en Afrique, il ne tint nul compte des objections.

Dans leurs pourparlers avec João II, les délégués des exilés espagnols s'étaient d'abord proposé de demander la permission de s'établir définitivement en Portugal. Mais les Juifs portugais eux-mêmes jugèrent que si pareille faveur était accordée à leurs coreligionnaires d'Espagne, elle aurait très probablement des conséquences funestes. Car il y aurait alors en Portugal trop de Juifs, en proportion du nombre d'habitants du pays, et il faudrait craindre que le roi, qui n'était pas bon et n'aimait pas les Juifs, s'avisât un jour d'expulser de son royaume la population juive tout entière. Dans la réunion des notables juifs portugais qui délibérèrent sur cette question, un généreux vieillard, Joseph, de la famille Ibn Yahya, plaida avec une éloquence chaleureuse la cause des exilés espagnols. Mais la majorité était d'avis que ces exilés mettraient en danger tous les Juifs du royaume en restant définitivement dans le pays. Il ne fut donc question, dans l'entrevue des délégués espagnols avec le souverain portugais, que d'un séjour provisoire ; au bout d'un certain temps, les proscrits devaient de nouveau quitter le Portugal pour se rendre dans une autre contrée.

On s'arrêta de part et d'autre aux stipulations suivantes. Tout juif espagnol, riche ou pauvre, à l'exception des nourrissons, payera, comme droit d'entrée en Portugal, une capitation de 8 cruzados or (environ 25 francs), en quatre termes, pour un séjour de huit mois. Les ouvriers seuls, tels que métallurgistes et armuriers, étaient autorisés à s'établir définitivement dans le pays et ne payaient, dans ce cas, que la moitié de la somme imposée aux autres réfugiés. Le roi s'engageait, le délai expiré, à mettre à la disposition des proscrits des navires qui les transporteraient, pour un prix modéré, dans le pays où ils voudraient se rendre. Ceux qui ne pourraient pas prouver qu'ils ont acquitté la taxe de capitation ou seraient trouvés en Portugal, les huit mois écoulés, seraient réduits en esclavage.

Ces conditions arrêtées, un groupe considérable de Juifs espagnols, au nombre d'environ 95.000, passèrent les frontières portugaises et gagnèrent les villes que le souverain leur avait désignées pour leur séjour provisoire. Outre la taxe qu'ils versaient au trésor royal, ils avaient encore à payer un impôt aux bourgeois de ces villes.

Quoique les Juifs fussent relativement peu nombreux dans le petit pays du Portugal avant l'arrivée de leurs coreligionnaires d'Espagne, plusieurs d'entre eux s'y distinguèrent pourtant par leur savoir. João II eut à son service plusieurs médecins juifs. D'autres Juifs étaient d'habiles mathématiciens et d'excellents astronomes. À cette époque, où le Portugal brûlait d'une sorte de fièvre pour aller à la découverte de nouvelles contrées et nouer avec elles des relations commerciales, les mathématiques et l'astronomie, considérées jusqu'alors presque comme des sciences d'amateur, avaient une grande valeur pratique. Pour trouver le chemin des Indes, ce pays de l'or et des épices dont les Portugais rêvaient sans cesse, il fallait, en effet, renoncer au simple cabotage et gagner la haute mer. Mais il n'était pas possible de se lancer en plein Océan, à moins de risquer de s'égarer, si l'on n'avait pas des points de repère sur l'immensité des eaux, et si l'on ne pouvait pas se rendre compte, par la hauteur du soleil et des étoiles, de la direction qu'on suivait. Les hardis navigateurs qui partaient pour la découverte de nouveaux mondes avaient donc besoin de tables astronomiques. On sait que précisément l'astronomie avait été cultivée avec succès par quelques Juifs d'Espagne, et qu'au XIIIe siècle un chantre de Tolède, Isaac (Zag) ibn Sid, avait établi des tables astronomiques, connues sous le nom de **Tables alphonsines**, et adoptées, avec des modifications peu importantes, par les savants compétents de l'Allemagne, de la France, de l'Angleterre et de l'Italie.

Quand le roi João II eut résolu de faire partir du Portugal des navires pour aller à la découverte des Indes par l'océan Atlantique, il convoqua une sorte de congrès astronomique pour rédiger des tables pour les navigateurs. À côté du célèbre astronome allemand Martin de Behaim et du médecin chrétien Rodrigo, siégeaient également à ce congrès deux Juifs, un certain Moïse et Joseph (José) Vecinho ou de Viseu, médecin du roi. Celui-ci utilisa, comme base de ses travaux astronomiques, le calendrier perpétuel ou **les Tables des sept planètes**, ouvrage qu'Abraham Zacuto avait composé pour un évêque de Salamanque. Joseph Vecinho perfectionna également, en collaboration avec deux spécialises chrétiens, l'instrument servant à mesurer la hauteur des astres (l'astrolabe), et si nécessaire à la navigation. Ce fut cet instrument ainsi perfectionné qui aida Vasco de Gama à découvrir la route maritime des Indes par le cap de Bonne-Espérance.

João II prit encore à son service deux autres Juifs, Rabbi Abraham de Béja et Joseph Çapateiro de Lamégo, dont il mit à profit les connaissances géographiques et l'esprit délié pour les envoyer en Asie, où ils devaient transmettre ses communications aux explorateurs qu'il avait chargés de rechercher le pays fabuleux du prêtre Jean. Mais, au fond, il n'avait aucune sympathie pour les Juifs, car dans l'année même où il envoya Joseph Çapateiro et Abraham de Béja en Asie, il nomma une commission d'inquisition, à l'instigation du pape Innocent VIII, pour arrêter les Marranes relaps venus d'Espagne et les condamner au feu ou à la prison perpétuelle. Le sort de ces milliers de Juifs espagnols réfugiés en Portugal était donc bien incertain, puisqu'il dépendait de la bonne volonté d'un monarque, qui était plutôt, pour eux, un ennemi qu'un protecteur.

Mais ces malheureux n'avaient pas seulement les hommes contre eux, la nature aussi leur était contraire. Dès leur arrivée en Portugal, la peste éclata parmi eux et les décima. Comme elle exerça également des ravages parmi les Portugais, ceux-ci accusèrent les Juifs espagnols de l'avoir introduite dans le pays et, par conséquent, reprochèrent au roi d'avoir fait accueil à ces exilés. João II se vit donc obligé d'exiger rigoureusement que tous les réfugiés eussent quitté le Portugal dans le délai fixé.

Conformément aux stipulations, le souverain mit des navires à leur disposition, à des prix modérés, et recommanda aux capitaines de les traiter avec douceur et de les conduire dans les ports qu'eux-mêmes leur désigneraient. Mais une fois en mer, les capitaines des vaisseaux ne se préoccupèrent plus des ordres du roi, et, soit par haine, soit par cupidité, ils réclamèrent des sommes bien supérieures aux prix de transport convenu. En cas de refus, ils promenaient ces malheureux à travers l'Océan jusqu'à ce qu'ils eussent épuisé leurs provisions et fussent obligés d'en acheter auprès des capitaines, qui, naturellement, ne leur en livraient que contre de fortes sommes d'argent. Il y en eut qui furent réduits à donner leurs vêtements en échange d'un morceau de pain. Des femmes et des jeunes filles furent violées par ces bandits sous les yeux de leurs maris et de leurs parents. Plusieurs capitaines jetèrent les pauvres Juifs sur des côtes désertes ou inhospitalières, où ils devinrent la proie de la faim et du désespoir, ou furent emmenés comme esclaves par des Maures.

Un témoin oculaire, le cabaliste Juda ben Jacob Hayyat, rapporte les souffrances que lui et ses compagnons eurent à endurer sur un de ces vaisseaux portugais. Embarqué avec sa femme et deux cent cinquante autres proscrits de tout âge, ils partirent de Lisbonne en hiver (au commencement de 1493) et errèrent pendant quatre mois sur les flots, parce que la peste sévissait parmi eux et qu'aucun port ne voulait les recevoir. Naturellement, les vivres devinrent de plus en plus rares. Par surcroît de malheur, le navire fut capturé par des corsaires de la Biscaye, pillé et conduit dans le port espagnol de Malaga. Là, on ne permit aux Juifs ni de descendre à terre, ai de repartir, ni de se procurer des vivres. Le clergé et les autorités espéraient que la faim les forcerait à accepter le baptême. Et de fait, une centaine d'entre eux, à demi morts d'épuisement, se convertirent. De ceux qui restèrent inébranlables dans leurs croyances, cinquante environ, vieillards, femmes et enfants, périrent de faim, et, parmi eux, la femme de Hayyat. À la fin, émus de pitié devant tant de souffrances, les habitants de Malaga apportèrent aux Juifs du pain et de l'eau.

Lorsque, au bout de deux mois, les survivants furent enfin autorisés à se diriger vers la coite d'Afrique, de nouveaux maux les atteignirent. Accompagnés partout de la peste, ils ne purent entrer dans aucune ville et durent camper en plein champ. Hayyat fut jeté par un musulman dans un cachot plein de serpents et de salamandres, et menacé d'être lapidé s'il ne se convertissait pas à l'islamisme. Resté ferme dans ses convictions en dépit de toutes les souffrances, il fut enfin racheté par les Juifs d'une petite ville et conduit à Fez. Là régnait une telle famine que, pour un morceau d'un mauvais pain, il tournait tous les jours une meule.

En apprenant les mauvais traitements infligés par les capitaines de vaisseau aux émigrants, les autres proscrits qui étaient encore en Portugal eurent peur de s'embarquer. Du reste, beaucoup d'entre eux étaient trop pauvres pour payer le prix de transport. Us remettaient donc leur départ de jour en jour, espérant que le roi leur permettrait peut-être de se fixer dans ses États. Vaine illusion. João II exigea la stricte exécution de la convention. Le délai de huit mois expiré, les retardataires furent donnés ou vendus comme esclaves aux membres de la noblesse (1493).

Ce qu'il y eut de particulièrement cruel dans la conduite du roi, c'est qu'il fit arracher aux parents réduits ainsi en esclavage les enfants de trois à dix ans, pour les envoyer dans les contrées nouvellement découvertes, à l'île de Saint-Thomas, aux îles Perdues ou à l'île des Serpents, et les élever dans le christianisme. En vain les mères éplorées supplièrent le roi de ne pas les séparer de leurs enfants. João resta insensible à leurs cris de désespoir. Une mère, à qui on avait pris sept enfants, se jeta aux pieds du roi, à sa sortie de l'église, implorant de lui la faveur de garder au moins le plus jeune. Mais, selon l'expression d'un chroniqueur, le souverain *la laissa gémir et se lamenter comme une chienne à laquelle on a enlevé ses petits*. Aussi, bien des mères, pour ne pas se séparer de leurs enfants, se jetèrent-elles avec eux dans les flots. Dans l'île de Saint-Thomas, où furent envoyés ces enfants, pullulaient les serpents venimeux et d'autres bêtes malfaisantes ; on y reléguait également les criminels. La plupart des enfants juifs y succombèrent donc bien vite ; beaucoup d'entre eux n'avaient même pas pu supporter les fatigues du voyage et étaient morts en chemin. Peut-être faut-il attribuer ces actes inhumains du roi à la douleur qu'il ressentait d'avoir perdu son unique fils légitime.

Après la mort de João II (fin octobre 1495), Manoël, son cousin, qui lui succéda, sembla vouloir mettre fin aux souffrances des Juifs établis dans son royaume. Informé qu'une partie des exilés espagnols n'étaient restés en Portugal, après le délai convenu, que forcés par les circonstances, il remit en liberté ceux qui avaient été réduits en esclavage. Il refusa même l'argent que, par reconnaissance, les affranchis lui offrirent. Il est vrai qu'en les traitant ainsi avec douceur, il nourrissait l'espoir, d'après son biographe, qu'ils se décideraient plus facilement à se convertir. Il défendit également aux prédicateurs de continuer leurs excitations contre les Juifs.

À sa cour vivait, honoré et respecté, le mathématicien et astronome juif Abraham Zacuto, venu à Lisbonne du nord de l'Espagne ; Manoël l'attacha à sa personne comme astrologue. Mais

Zacuto, tout en ayant des idées assez étroites et en ne sachant pas se préserver des superstitions de son temps, ne se contentait pourtant pas de prédire au roi les événements futurs d'après l'inspection des constellations; il lui rendit d'importants services par ses connaissances astronomiques. Outre ses tables, il composa encore un autre ouvrage astronomique, et, au lieu de l'instrument en bois dont on se servait jusqu'alors pour mesurer les hauteurs .des astres, il en fabriqua un en métal qui fournissait à la navigation des données plus précises.

Malheureusement, le répit accordé aux Juifs par Manoël ne fut que de très courte durée. Dès que le jeune souverain fut monté sur le trône de Portugal, les rois catholiques d'Espagne songèrent à faire de lui un allié en se l'attachant par un mariage. Ils lui firent donc proposer pour femme leur plus jeune fille, Jeanne, que sa jalousie excessive et ses manières de folle devaient rendre .plus tard si célèbre. Manoël était tout disposé à s'apparenter à la famille royale d'Espagne, mais désirait se marier avec une sœur plus âgée de Jeanne, Isabelle II, qui avait épousé peu auparavant l'infant de Portugal et était devenue veuve peu de temps après son mariage.

Fermement décidée, d'abord, à ne pas se remarier, Isabelle modifia sa résolution sur les instances de son confesseur, qui lui fit comprendre de quelle utilité serait pour le christianisme son union avec le roi de Portugal. On espérait, en effet, à la cour d'Espagne, qu'elle interviendrait auprès de son époux pour faire expulser du Portugal les proscrits juifs et musulmans qui s'y étaient réfugiés. Les souverains d'Espagne accordèrent donc à Manoël la main de leur fille Isabelle, à condition qu'il contractât une alliance avec l'Espagne contre Charles VIII, roi de France, et qu'il chassât de son pays tous les Juifs sans exception, indigènes et immigrés.

Manoël hésita d'abord à souscrire à ces deux conditions, car il entretenait les meilleurs rapports avec la France, et il n'ignorait pas quel profit considérable le Portugal tirait des richesses et de l'activité industrieuse des Juifs. Il soumit donc la question des Juifs à ses conseillers les plus prudents parmi les grands. Les avis se partagèrent.

Ce fut Isabelle qui triompha des scrupules du roi, dont la probité avait reculé jusqu'alors devant l'acte cruel et déloyal qu'on réclamait de lui.

Sous l'influence du clergé, ou peut-être par haine personnelle contre le judaïsme, cette princesse en était arrivée à cette conviction que le chagrin qui avait assombri les derniers jours de João II lui avait été infligé en punition du bon accueil qu'il avait fait aux exilés juifs d'Espagne, et elle craignait que son union avec Manoël fût également malheureuse si les Juifs continuaient de demeurer en Portugal. Manoël ne céda pourtant pas tout de suite. Dans son cœur se livra un violent combat. Chasser les Juifs, c'était trahir les promesses qu'il leur avait faites, fouler aux pieds tout sentiment d'humanité et sacrifier les intérêts de l'État ; mais les laisser dans son royaume, c'était renoncer à l'infante espagnole et, par conséquent, à l'espoir de porter un jour la couronne d'Espagne. À la fin, quand sa fiancée, qu'il était allé attendre à la frontière, lui écrivit une lettre pour lui déclarer qu'elle n'entrerait pas en Portugal tant qu'elle risquerait d'y rencontrer les **maudits** Juifs, il se conforma à son désir.

La première conséquence du mariage de Don Manoël avec l'infante Isabelle fut donc le bannissement des Juifs du Portugal. En effet, le contrat de mariage fut signé le 30 novembre 1496, et, dès le 24 du mois suivant, le roi promulgua une loi ordonnant aux Juifs et aux musulmans, sous peine de mort, de se faire chrétiens ou de quitter le Portugal dans un délai donné. Pour apaiser en partie ses scrupules, il se montra d'abord assez bienveillant pour les malheureux que son édit frappait si durement; il leur laissait presque une année, jusqu'en octobre, pour faire leurs préparatifs, et leur désignait trois ports (Lisbonne, Oporto et Setubal) où ils pourraient s'embarquer librement.

Il eût peut-être mieux valu pour les Juifs portugais que le roi n'y mit pas, au commencement, tant de ménagements, car, trompés par cette douceur, ils se disaient que, grâce aux amis qu'ils avaient à la cour, le roi reviendrait sur sa détermination et les laisserait en Portugal. Et comme ils avaient encore devant eux un délai assez long, ils ne hâtèrent pas suffisamment leurs préparatifs de départ, d'autant plus qu'ils étaient autorisés à emporter de l'or et de l'argent. D'ailleurs, l'hiver était une saison peu favorable pour s'embarquer, et beaucoup trouvaient qu'il était préférable d'attendre le printemps. Mais, dans l'intervalle, les sentiments de Manoël se modifièrent à leur égard. D'une part, il était irrité qu'une très faible partie des proscrits se fût seulement décidée à se convertir, et, de l'autre, il voyait avec déplaisir tant de richesses sortir de son royaume avec les Juifs. Il chercha alors le moyen de les garder en Portugal comme chrétiens.

Ayant donc réuni le Conseil d'État, il lui demanda s'il ne serait pas possible de contraindre les Juifs par la violence à accepter le baptême. Le clergé portugais, il faut le dire à son honneur, s'opposa énergiquement à une mesure aussi inique. L'évêque d'Algarve, Fernando Coutinho, invoqua des autorités ecclésiastiques et des bulles papales pour démontrer que l'Église défend d'obliger les Juifs par la force à se faire chrétiens. Devant ces résistances, Manoël, qui tenait beaucoup à empêcher tous ces laborieux Juifs de partir, déclara qu'il ne se préoccupait ni des bulles ni de l'avis des prélats, et qu'il se dirigerait d'après ses propres inspirations.

Sur le conseil d'un apostat juif, Lévi ben Schem Tob, qui portait probablement le nom chrétien d'Antonio et avait publié un factum haineux contre ses anciens coreligionnaires, Manoël fit fermer toutes les synagogues et toutes les écoles et défendit aux Juifs de se réunir les jours de sabbat pour faire leurs prières en commun. Comme ces mesures ne produisirent pas le résultat désiré et que des Juifs courageux, au risque d'encourir les plus rigoureux châtiments, établirent des oratoires dans leurs demeures, le roi, à l'instigation du même renégat, ordonna secrètement (au commencement d'avril 1497) que le dimanche de Pâques on arrachât à leurs parents tous les enfants juifs âgés de moins de quatorze ans, et qu'on les traînât de force aux fonts baptismaux.

Malgré toutes les précautions prises, quelques Juifs furent informés de ce que tramait le roi et prirent leurs mesures pour échapper par la fuite à la *flétrissure du baptême*. Quand Manoël apprit ce fait, il prescrivit qu'on procédât immédiatement au baptême des enfants. Alors se produisirent des scènes déchirantes dans toutes les localités habitées par des Juifs. Les parents s'attachaient désespérément à leurs enfants, qui, de leur côté, se cramponnaient à eux de toutes leurs forces ; on les séparait à coups de lanière. Plutôt que de se laisser enlever leurs enfants, bien des parents les étranglaient dans leurs derniers embrassements ou les précipitaient dans des puits ou des fleuves, et se tuaient ensuite. *J'ai vu de mes propres yeux*, raconte l'évêque Coutinho, *des enfants traînés par les cheveux aux fonts baptismaux, et les pères les accompagner, la tête voilée de deuil, poussant des cris lamentables et protestant jusqu'au pied de l'autel contre ce baptême forcé. J'ai vu bien d'autres cruautés encore.* Les contemporains gardèrent surtout un souvenir douloureux de l'horrible genre de mort choisi, pour lui et ses enfants, par un Juif cultivé et très considéré, Isaac ibn Cahin, pour échapper aux convertisseurs.

Des chrétiens même se prirent de compassion pour ces malheureux, et, sans tenir compte du châtiment auquel ils s'exposaient, cachèrent des enfants juifs dans leurs maisons pour les sauver momentanément. Mais Manoël et sa jeune épouse restèrent sourds aux supplications comme aux gémissements. Après le baptême, les enfants juifs recevaient un nom chrétien et étaient ensuite disséminés dans diverses villes, où on les élevait dans la foi chrétienne. Sur un ordre secret, ou par excès de zèle, les émissaires royaux arrêtaient même des jeunes gens de vingt ans pour les baptiser.

Il est probable que, dans ces tristes circonstances, de nombreux Juifs apostasièrent pour ne pas s'éloigner de leurs enfants. Mais le roi, guidé par l'intérêt bien plus que par la foi, ne se contenta pas de ces conversions, il voulait que, convaincue ou non, toute la population juive de Portugal se fît chrétienne et restât dans le pays. Pour entraver leur émigration, il revint sur l'autorisation qu'il leur avait donnée de s'embarquer dans trois ports, et ne leur permit plus de partir que par Lisbonne. Tous les émigrants durent donc se réunir dans cette dernière ville ; ils y vinrent au nombre d'environ 20.000.

Une fois rassemblés à Lisbonne, ils se heurtèrent contre d'autres difficultés. Le roi, il est vrai, fit mettre des maisons à leur disposition pour y loger, mais, sur son ordre, ils rencontrèrent, pour leur embarquement, tant d'obstacles que le délai passa et que le mois d'octobre arriva sans que la plupart d'entre eux eussent pu partir. Devenu ainsi, par les termes mêmes de la convention, maître absolu de leur liberté et de leur vie, il les fit entasser comme du bétail dans un hangar et leur déclara qu'ils étaient maintenant ses esclaves et que leur sort dépendait de sa seule volonté. Il leur laissait le choix de se faire chrétiens de leur propre gré, avec la perspective de recevoir honneurs et richesses, ou de n'accepter le baptême que par la violence. Comme presque tous s'obstinèrent à rester juifs, il les priva de nourriture pendant trois jours. Mais ni la faim ni la soif ne purent triompher de leur résistance. Pour avoir raison de leur aversion pour le christianisme, Manoël les fit traîner de force à l'église, à l'aide de corde. ou tout simplement par les cheveux ou la barbe. Mais beaucoup de Juifs préférèrent la mort au baptême ; il y en eut qui se tuèrent dans l'église même. Un père couvrit ses enfants de son *talit*, les égorgea et se tua ensuite.

Les Maures aussi furent expulsés, à ce moment, du Portugal, mais on les laissa partir tranquillement, sans les maltraiter, non pas par égard pour eux, mais parce que Manoël craignit que l'un ou l'autre des princes musulmans en Afrique ou en Turquie usât de représailles envers les chrétiens de son pays. Manoël, que quelques historiens ont surnommé **le Grand**, ne se montra si cruel envers les Juifs que parce qu'il savait qu'ils n'avaient pas de défenseur.

Imposée par la contrainte, la conversion au christianisme des Juifs portugais et des réfugiés espagnols n'était pour eux qu'une sorte de masque dont on les obligeait à s'affubler, mais qu'ils se hâtaient de jeter au loin dès que les circonstances le leur permettaient. De ces convertis, plusieurs devinrent plus tard des rabbins considérés, notamment Lévi ben Habib, nommé rabbin de Jérusalem. Réussir, à cette époque, à sauver sa vie sans apostasier, était considéré par les Juifs comme un vrai miracle, un bienfait tout spécial de la Providence. Isaac ben Joseph Caro, de Tolède, qui avait cherché un refuge en Portugal et y avait vu périr tous ses enfants, petits et grands, remercia Dieu de l'avoir protégé sur mer et conduit sain et sauf en Turquie.

Abraham Zacuto aussi, quoique étant ou peut-être parce qu'il était favori, astrologue et chronographe du roi Manoël, vit pendant quelque temps son existence menacée avec celle de son fils Samuel. Après avoir heureusement résisté aux plus dures épreuves, ils parvinrent à sortir du Portugal, furent faits deux fois prisonniers et arrivèrent enfin à Tunis.

Les Juifs restés en Portugal, qui s'étaient soumis au baptême pour ne pas se séparer de leurs enfants ou pour échapper aux tortures, ne se résignèrent pas non plus à demeurer chrétiens. Comme le siège pontifical était alors occupé à Rome par un pape, Alexandre VI, qui, selon un mot très répandu dans la chrétienté, était *capable de vendre les clés du ciel, l'autel et le Christ*, ils envoyèrent auprès de lui, avec une forte somme d'argent, une délégation de sept membres pour lui demander de déclarer nul le baptême qu'on leur avait imposé. Ce pape et le sacré-collège firent aux délégués juifs un accueil encourageant ; le cardinal de Sainte Anastasie leur accorda même sa puissante protection. Mais sur l'ordre du couple royal d'Espagne, l'ambassadeur espagnol Garcilaso mit tout en œuvre pour faire échouer leurs démarches. Ils semblent pourtant avoir obtenu un résultat, car le roi Manoël promulgua (30 mai 1497) un **édit de tolérance** pour protéger pendant vingt ans tous les Juifs baptisés de force contre toute accusation fondée sur la prétendue observance des rites juifs. On voulait leur laisser le temps de se corriger de leurs anciennes habitudes et de s'accoutumer aux pratiques chrétiennes. Ce délai de vingt ans expiré, les procès d'hérésie, d'après le nouvel édit, seraient jugés dans les formes ordinaires, et les biens des condamnés ne seraient pas confisqués, comme en Espagne, mais reviendraient à leurs héritiers. Les médecins et les chirurgiens convertis qui ne comprenaient pas le latin étaient autorisés à étudier leur art dans des livres hébreux. Grâce à ce décret, les nouveaux chrétiens pouvaient observer secrètement, en toute sécurité, les pratiques du judaïsme et s'adonner à l'étude de la littérature talmudique. Nul chrétien portugais n'était, en effet, capable, en ce temps, de distinguer, parmi les ouvrages hébreux, un livre de médecine de tout autre livre.

L'édit de tolérance ne s'appliquait qu'aux Marranes portugais. Par égard pour la cour d'Espagne ou plutôt pour l'infante Isabelle, sa femme, le roi Manoël ordonna l'expulsion de tous les Marranes espagnols. Cette mesure inhumaine lui était, du reste, imposée par une clause de son contrat de mariage (août 1497), en vertu de laquelle toutes les personnes d'origine juive condamnées par l'Inquisition en Espagne, et qui s'étaient réfugiées en Portugal, devaient être chassées dans le délai d'un mois.

Parmi les milliers de Juifs portugais qui s'étaient résignés au sacrifice de leur foi, la plupart n'attendaient qu'une occasion favorable pour émigrer dans un pays où ils seraient libres de retourner au judaïsme. Comme le dit le poète Samuel Usque, les eaux du baptême n'avaient modifié ni leurs croyances ni leurs sentiments. Il y eut même quelques Juifs héroïques, comme Simon Maïmi, probablement le dernier grand rabbin (Arrabi mor) du Portugal, sa femme, ses gendres, et d'autres encore, qui s'obstinèrent à rester ouvertement fidèles à leur religion, en dépit des horribles tortures qu'on leur infligea. Jetés dans un cachot, ils furent emmurés jusqu'au cou et restèrent dans cette position pendant trois jours. Comme ils persistèrent dans leurs croyances, on fit tomber la maçonnerie qui les enveloppait; trois des suppliciés, et parmi eux Maïmi, avaient succombé. Quoiqu'il fût sévèrement défendu d'ensevelir les victimes de ces tortures, que les bourreaux seuls avaient le droit de mettre en terre, deux Marranes risquèrent leur vie pour inhumer le pieux Maïmi dans le cimetière juif, où un certain nombre de Marranes vinrent en cachette célébrer en son honneur une cérémonie funèbre.

Isabelle II, reine de Portugal, qui avait été l'instigatrice de toutes les mesures iniques prises contre les Juifs, mourut le 24 août 1498 en mettant au monde l'héritier du trône d'Espagne et de Portugal. Ce fut probablement après la mort de sa femme que Manoël permit aux rares Juifs restés fermes dans leurs croyances de sortir du pays. Outre Abraham Saba, prédicateur et auteur d'ouvrages cabalistiques, dont les deux enfants furent baptisés de force et retenus en Portugal, il y avait encore, parmi les émigrants, comme personnages connus, Schem Tob Lerma et Jacob Lual. Mais les compagnons de détention de Simon Maïmi ainsi que ses gendres restèrent encore longtemps incarcérés. Sortis de prison, ils furent envoyés à Arzilla, en Afrique, obligés de travailler les jours de sabbat à des ouvrages de retranchement, et, à la fin, subirent le martyre.

Quatre-vingts ans plus tard, l'arrière-petit-fils de Manoël, l'aventureux roi Sébastien, qui conduisit la fleur de la noblesse portugaise en Afrique, à la conquête de nouveaux territoires, perdit son armée dans une seule bataille ; tous les nobles furent tués ou réduits en captivité. Amenés sur les marchés de Fez, les prisonniers, offerts comme esclaves aux descendants des malheureux Juifs si cruellement expulsés du Portugal, s'estimaient heureux s'ils étaient achetés par des Juifs, parce qu'ils connaissaient leurs sentiments de bienveillance et leur cœur compatissant. Ils savaient qu'ils seraient traités par eux avec humanité, quoique leurs aïeux eussent infligé autrefois, en Portugal, tant de souffrances aux pères de leurs nouveaux maîtres.

Chapitre XVII

Pérégrination des Juifs et des Marranes d'Espagne et du Portugal — (1497-1520)

L'expulsion des Juifs d'Espagne inaugure une période nouvelle pour le judaïsme tout entier, car cette catastrophe eut des conséquences désastreuses non seulement pour les proscrits, mais pour les Juifs de tous les pays. Aux yeux de leurs coreligionnaires, les Juifs espagnols ou Sefardim[2] formaient une véritable aristocratie, comprenant même des descendants directs de la famille royale de David. La douleur fut donc générale en Israël quand on apprit que ces Juifs, nobles entre tous, avaient été frappés, eux aussi, et plus durement encore que leurs frères des autres contrées.

Décimés, en effet, par la famine, la peste, les naufrages et les misères de toute sorte, les proscrits espagnols, d'abord au nombre de plusieurs centaines de mille, étaient considérablement réduits. Les débris erraient à l'aventure, avec des figures de spectres, chassés de pays en pays et mendiant leur pain, eux, les princes d'Israël, aux portes de leurs frères. À leur sortie d'Espagne, ils possédaient au moins trente millions de ducats, mais toutes ces; richesses s'étaient comme fondues dans leurs pérégrinations. Ils se trouvaient donc dans le plus grand dénuement, entourés partout d'ennemis contre lesquels l'argent seul aurait pu les protéger. À cette époque, des Juifs d'Allemagne furent

---

[2] En ce temps, le nom biblique de Sefarad désignait l'Espagne, et on, comprenait sous l'appellation de Sefardim tous les Juifs d'Espagne, de Castille, d'Aragon, de Léon de Navarre et de Portugal.

également chassés de quelques villes de l'ouest et de l'est de l'empire. Hais leurs souffrances étaient loin d'égaler celles des Sefardim. Ils n'avaient pas connu, comme ces derniers, les agréments d'une existence. confortable et le bonheur de posséder une patrie, et ils étaient habitués de longue date aux avanies et aux violences.

Cinquante ans après leur bannissement de l'Espagne et du Portugal, les exilés étaient disséminés à travers le monde entier. On en rencontrait un groupe ici, là une famille ou quelques traînards isolés. C'était comme une sorte de migration de peuples se dirigeant vers l'Orient, surtout du côté de la Turquie. On aurait dit qu'ils voulaient se rapprocher de leur ancienne patrie. Mais que de maux ils eurent à endurer et d'obstacles à vaincre avant de retrouver le calme et la sécurité !

Parmi les fugitifs, la famille d'Abrabanel fut très éprouvée. Le chef de la famille, Isaac Abrabanel, que Ferdinand Ier, roi de Naples, et son fils Alphonse avaient nommé à un poste élevé, dut fuir de Naples devant l'invasion française et chercher un refuge, avec son souverain, en Sicile d'abord et ensuite dans l'île de Corfou. Il se fixa définitivement à Monopoli, dans l'Apulie. Complètement ruiné, séparé de sa femme et de ses enfants, il vivait dans la douleur et l'affliction, et ne trouvait quelque consolation que dans l'étude de la Bible.

Son fils aîné, Juda Léon Médigo, était établi à Gênes. Malgré l'existence tourmentée à laquelle il était condamné, malgré son chagrin de s'être vu arracher son fils, élevé en Portugal dans la foi chrétienne, il s'adonnait aux plus hautes spéculations. Il était supérieur à son père par la culture de son esprit et la variété de ses connaissances. Pour gagner sa vie, il professa la médecine et reçut pour cette raison le surnom de Medigo, mais il manifestait une prédilection particulière pour l'astronomie, les mathématiques et la philosophie. Il fut attaché comme médecin au capitaine-général d'Espagne, Gonzalve de Cordoue, conquérant et vice-roi de Naples. Gonzalve ne partageait point la haine de son souverain pour les Juifs. Quand, après la conquête du royaume de Naples (1504), Ferdinand le Catholique se proposa d'expulser les Juifs du pays, Gonzalve combattit ce projet en faisant remarquer qu'ils étaient peu nombreux et que leur départ serait très préjudiciable à l'État, parce qu'ils émigreraient à Venise et y apporteraient leur activité et leurs richesses. Le roi tint compte des conseils de Gonzalve, mais autorisa le Saint-Office à établir un tribunal d'inquisition à Bénévent, pour surveiller les Marranes émigrés d'Espagne et de Portugal.

Le deuxième fils d'Isaac Abrabanel, Isaac II, exerça la médecine à Reggio, d'abord, et ensuite à Venise, où il fut rejoint par son père. Enfin, le plus jeune fils, Samuel, qui devint plus tard le protecteur de ses coreligionnaires, était allé, sur l'ordre de son père, d'Espagne à Salonique pour y fréquenter l'école talmudique, et où il vécut heureux et tranquille.

À Venise, le vieux Abrabanel fut encore une fois amené à s'occuper d'affaires politiques. À l'occasion d'une discussion d'intérêts qui s'était élevée entre la cour de Lisbonne et la république de Venise, et à laquelle il réussit à mettre fin, il sut faire apprécier par quelques sénateurs vénitiens son habileté financière et politique, et fut consulté, dès lors, pour toutes les questions importantes. Mais les péripéties douloureuses de ses nombreuses pérégrinations avaient eu raison de son énergie et de sa vigueur physique, et avant sa soixante-dixième année il était déjà un vieillard débile et caduc. Il est vrai qu'il aurait fallu aux proscrits de la péninsule ibérique un corps d'airain pour ne pas succomber, avant l'âge, aux maux qui les atteignirent.

Pourtant, leur fermeté d'âme resta à la hauteur de leurs souffrances. Ils se montraient presque fiers d'être si malheureux. Dans l'esprit des Juifs sefardim existait, plus ou moins nettement, cette idée qu'ils devaient être particulièrement aimés de Dieu pour qu'il les eût frappés avec tant de rigueur. Aussi, contre toute attente, triomphèrent-ils rapidement du découragement. Dès qu'ils furent un peu remis des coups terribles qui leur avaient été portés, ils marchèrent de nouveau la tête haute. Ils avaient tout perdu, hormis leur fierté et leurs allures castillanes. Bien que la haute culture exit moins d'adeptes parmi eux depuis que le judaïsme s'était laissé envahir par l'esprit étroit et sectaire des ennemis de la science et que l'intolérance les avait exclus de la société chrétienne, ils étaient pourtant encore supérieurs aux Juifs des autres pays par leurs connaissances variées, leur maintien digne, leur langage élégant et orné. Conservant au fond du cœur un profond attachement pour leur ingrate patrie, qui les avait expulsés, ils transplantèrent la langue et les manières espagnoles dans toutes les contrées où ils s'établirent, en Afrique comme dans la Turquie d'Europe, en Syrie et en Palestine comme dans l'Italie et les Flandres. Aussi la langue castillane s'est-elle, conservée parmi leurs descendants, presque dans toute sa pureté, jusqu'à nos jours.

Sous ce rapport, ils formaient un vif contraste avec les Juifs allemands ou Aschkenazim, qui parlaient un jargon corrompu et considéraient presque comme un devoir religieux de vivre séparés des chrétiens. Les Sefardim, au contraire, se mêlaient à la société chrétienne, où ils savaient se faire estimer pour la fermeté et la dignité de leur caractère. Il leur importait d'avoir un extérieur convenable, une tenue soignée, un langage choisi ; dans leurs synagogues, ils avaient une attitude respectueuse. Leurs rabbins prêchaient en espagnol ou en portugais, s'attachant à bien débiter leurs sermons.

Les autres Juifs reconnaissaient la supériorité de leurs coreligionnaires sefardim, dont l'influence ne tardait pas à prévaloir là même où ils se trouvaient en minorité. Durant le siècle qui suivit leur expulsion, ils furent mêlés partout, excepté en Allemagne et en Pologne, à tous les événements de l'histoire juive, les noms de leurs chefs se trouvèrent partout en vedette, et ils fournirent des rabbins, des écrivains, des penseurs et des rêveurs.

Tout le long de la côte de l'Afrique septentrionale et dans la partie habitable de l'intérieur, demeuraient de nombreux Juifs sefardim, qui n'avaient cessé d'y émigrer depuis la sanglante persécution de 1391 jusqu'à l'expulsion définitive des Juifs d'Espagne. Soumis à la tyrannie des petits princes berbères et aux caprices cruels de la population maure, et parfois même contraints de porter des vêtements spéciaux pour se distinguer du reste de la population, les Juifs pouvaient pourtant donner libre cours à leur activité, dans ces contrées, déployer à leur aise toutes les facultés de leur esprit et arriver à des situations élevées. Le souverain du Maroc comptait parmi ses conseillers un Juif qui lui avait rendu d'importants services. À Fez, où se trouvait une communauté juive de cinq mille familles, vivait un Juif d'origine espagnole nommé Samuel Alavensi, que le roi aimait pour son courage et sa grande valeur, et que la population, confiante en son habileté et sa loyauté, plaça à sa tête comme chef. La ville de Tlemcen était habitée en grande partie par des Juifs sefardim. Après la proscription d'Espagne, un des exilés, Jacob Berab, âgé de dix-huit ans (1474-1541), vint se réfugier dans cette ville, où il se distingua bientôt par sa grande activité. Il était peut-être, à cette époque, le rabbin le plus instruit et le plus intelligent, après son collègue allemand, Jacob Polak. Mais s'il avait beaucoup d'admirateurs, il s'était également attiré de nombreuses inimitiés par son entêtement, sa manie d'ergoter et son caractère insupportable.

La communauté d'Alger, qui avait perdu depuis quelque temps de son importance, était alors dirigée par un descendant de réfugiés espagnols de 1391, Simon Duran II, fils de Salomon Duran. De son temps, Simon fut considéré, ainsi que son frère, comme une autorité religieuse. À l'exemple de son père, il manifestait en toute circonstance les sentiments les plus élevés, n'hésitant jamais à risquer sa fortune et sa vie quand il s'agissait de défendre la religion ou la morale ou de venir en aide aux proscrits d'Espagne. Un jour que cinquante de ces malheureux, qui avaient été jetés par un naufrage sur la côte de Séville, incarcérés et retenus en prison pendant deux ans et finalement vendus comme esclaves, arrivèrent à Alger, Simon Duran fit les plus louables efforts pour recueillir dans sa petite communauté la somme de 700 ducats exigée pour leur rançon.

À Tunis aussi, deux sefardim distingués trouvèrent un refuge pendant quelques années : ce furent l'historien et astronome Abraham Zacuto, alors au déclin de la vie, et un homme plus jeune, Moïse Alaschkar. Bien que Zacuto eût dirigé, dans la péninsule ibérique, une école de mathématiques et d'astronomie fréquentée par des élèves chrétiens et musulmans, et eût publié des ouvrages qui étaient beaucoup lus et utilisés, il fut condamné, après l'expulsion des Juifs, à mener la vie errante et misérable de banni et ne put échapper qu'avec peine à la mort. Il semble avoir trouvé un peu de tranquillité à Tunis, où il acheva (en 1504) sa chronique connue sous le nom de Yokasin, et qui est plus célèbre qu'utile. Cet ouvrage se ressent, en effet, de l'âge avancé et de la situation précaire de son auteur, qui manqua, du reste, des documents nécessaires pour écrire une histoire sérieuse. Le Yokasin a pourtant un grand mérite, il réveilla parmi les Juifs le goût des recherches historiques.

Moïse ben Isaac Alaschkar, qui résida à Tunis en même temps que Zacuto, était un talmudiste remarquable, comme son maître Samuel Alvalensi, mort à un âge peu avancé. Esprit juste et ouvert, il défendit Maïmonide et sa philosophie contre les attaques et les anathèmes des obscurantistes, tout en marquant sa prédilection pour la Cabale.

Les succès remportés par les Espagnols dans le nord de l'Afrique semblent avoir engagé Zacuto, Alaschkar et beaucoup d'autres Juifs à quitter Tunis, car ils connaissaient par expérience la cruauté des fanatiques Espagnols et ne voulaient pas s'exposer à tomber entre leurs mains. Zacuto se réfugia en Turquie, où il mourut (avant 1515) probablement peu de temps après son arrivée, et Alaschkar se rendit en Égypte, où ses connaissances étendues et ses richesses lui assurèrent rapidement une situation considérable.

En Égypte, et notamment au Caire, la capitale, se trouvaient également de nombreux fugitifs juifs d'Espagne. Quand les exilés arrivèrent dans ce pays, toutes les communautés juives étaient encore soumises, comme autrefois, à l'autorité d'un juge supérieur ou prince juif (naguid ou reïs). Cette fonction était alors remplie par Isaac Kohen Schalal ou Scholal, homme d'une rare loyauté, très considéré du sultan d'Égypte, et heureux de pouvoir mettre son influence et sa fortune au service des proscrits d'Espagne. Parmi ces derniers, il faut surtout mentionner David ibn Abi Zimra (né vers 1470 et mort vers 1573), élève du mystique Joseph Saragossi, qui s'était fixé au Caire. Instruit, vertueux, riche et chef d'une nombreuse famille, Ibn Abi

Zimra acquit très vite au Caire une situation prépondérante et fut regardé bientôt comme la plus haute autorité religieuse du pays.

Un changement politique survenu en Égypte assura aux Juifs espagnols la suprématie sur leurs coreligionnaires indigènes. Dans une bataille livrée près d'Alep, Sélim Ier, sultan de Constantinople, vainquit le dernier chef des mameluks d'Égypte. À la suite de cette victoire, il s'empara de ce pays ainsi que de la Syrie et de la Palestine, qui en dépendaient (1517), et il organisa l'Égypte de façon qu'elle ne fût plus qu'une simple province turque, gouvernée par un pacha avec le titre de vice-roi. Un Juif d'origine espagnole, Abraham de Castro, fut chargé par Sélim de frapper pour l'Égypte les nouvelles monnaies turques. Grâce à ses richesses, son intelligence et sa générosité, de Castro acquit une grande autorité sur les fonctionnaires turcs et les Juifs d'Égypte. Très charitable, il distribua tous les ans en aumônes une somme de trois mille florins or, et il se préoccupa toujours sérieusement du bien-être de ses coreligionnaires.

Avant la conquête de l'Égypte par les Turcs, les communautés juives de ce pays avaient à leur tête, depuis des siècles, un grand-rabbin qui était investi d'un pouvoir très étendu. Il nommait les rabbins, jugeait en dernière instance les différends qui survenaient entre les Juifs d'Égypte, avait le droit de rejeter ou de ratifier tout nouveau règlement ou toute nouvelle ordonnance, et pouvait même infliger des punitions corporelles aux Juifs soumis à sa juridiction ; un traitement important était attaché à ses! fonctions.

Quand l'Égypte fut devenue province turque, Sélim Ier ou le vice-roi modifia totalement cette organisation. Chaque communauté fut autorisée à nommer elle-même son rabbin et à s'administrer sous sa propre responsabilité. Le dernier grand rabbin d'Égypte, Isaac Schalal, dut se démettre de ses fonctions et partit avec ses richesses pour Jérusalem, où il devint le bienfaiteur de la communauté naissante. La direction religieuse du Caire fut confiée agi proscrit espagnol David ibn Abi Zimra, qui était tenu en telle estime qu'il put abolir sans opposition une vieille coutume, maintenue jusqu'alors à travers les siècles, par suite d'une fidélité exagérée à la tradition. En mémoire de la victoire remportée par le roi syrien Séleucus sur les autres généraux d'Alexandre le Grand, les Juifs de la Babylonie avaient adopté autrefois l'ère des Séleucides. La dynastie des Séleucides était éteinte depuis longtemps, et la Syrie avait été successivement conquise, depuis, par les Romains, les Byzantins, les Musulmans, les Mongols et les Turcs, mais les Juifs babyloniens et, après eux, les Juifs égyptiens avaient continué à recourir à l'ère des Séleucides pour indiquer la date, non seulement des événements historiques, mais aussi des lettres de divorce et autres documents de ce genre. En Palestine et en Europe, la population juive avait pris comme point de départ, pour la chronologie, la destruction de Jérusalem ou la création du monde, mais les Juifs d'Égypte étaient restés si obstinément attachés à l'ère des Séleucides qu'ils déniaient toute validité aux contrats de divorce qui n'étaient pas datés d'après cette ère. David ibn Abi Zimra mit fin à cet usage suranné en introduisant également en Égypte l'habitude de compter les années à partir de la création du monde.

Pendant que David était rabbin du Caire, un grave danger menaça les chefs de la communauté. Achmet Schaïtan (Satan), quatrième vice-roi d'Égypte, conçut le projet de rendre à l'Égypte son indépendance et de se placer à sa tête comme sultan. Après avoir réussi dans la première partie de son entreprise, il ordonna à Abraham de Castro de graver son nom sur les monnaies qu'il frappait. Castro fit semblant de lui obéir et lui demanda de lui faire remettre cet ordre par écrit. Dès qu'il eut cet ordre en sa possession, il quitta furtivement l'Égypte et se rendit à Constantinople, auprès de Soliman II, pour l'informer de la rébellion d'Achmet. Celui-ci, irrité de la dénonciation d'Abraham de Castro, fit saisir quelques Juifs, probablement les amis et les parents du dénonciateur, les jeta en prison et autorisa les mameluks à piller le quartier juif du Caire. Il manda ensuite auprès de lui douze .notables de la communauté et les menaça de les faire tuer avec leurs femmes et leurs enfants s'ils ne lui versaient pas une certaine somme d'argent.

La somme demandée était beaucoup trop considérable pour pouvoir être payée par la communauté. Mais à toutes les supplications Achmet répondait par des menaces de mort. Désespérés, les Juifs organisèrent des prières publiques pour implorer la protection de Dieu. Quand une délégation de la communauté apporta au palais d'Achmet l'argent recueilli, qui formait à peine le dixième de la somme réclamée, le secrétaire intime du prince fit mettre les collecteurs aux fers et leur déclara qu'ils seraient exécutés ce jour même arec tous les autres membres de la communauté, dès que son maître sera sorti du bain. Mais pendant que le pacha était au bain, il fut surpris par un de ses vizirs, Mohammed-bey, et d'autres conjurés, et gravement blessé. Il parvint quand même à s'enfuir du palais, mais fut retrouvé, jeté en prison et décapité. Sur l'ordre de Mohammed-bey, les notables juifs furent remis en liberté. Les Juifs d'Égypte célébrèrent pendant quelque temps le jour où la communauté du Caire fut ainsi sauvée (28 adar 1524) sous le nom de Pourim du Caire.

À la suite de l'immigration de Juifs espagnols et portugais, les communautés juives de Jérusalem et d'autres villes palestiniennes gagnèrent aussi en importance et en considération. Dans l'espace de sept ans (de 1488 à 1495), le nombre des Juifs de Jérusalem s'éleva de soixante-dix à deux cents, et vingt ans plus tard (1495-1521) on y trouva quinze cents. L'aisance augmenta également dans la communauté de Jérusalem avec l'arrivée des émigrants. Vers 1488, presque tous les membres de la communauté étaient dans le- plus grand dénuement ; trente ans plus tard, il n'y avait plus que deux cents environ qui acceptaient l'aumône.

Chose plus importante, les mœurs s'améliorèrent également sous l'influence des Juifs sefardim. Jérusalem ne ressemblait plus à une caverne de brigands, comme au temps où Obadia di Bertinoro y arriva d'Italie et où une administration rapace, sans foi ni scrupules, opprimait et maltraitait les membres de la communauté et les poussait au désespoir ou à l'émigration. Tous étaient, au contraire, animés d'un véritable esprit de conciliation, de concorde et de justice. On y faisait encore montre, il est vrai, d'une piété exagérée, mais cette piété n'était plus associée à une scandaleuse immoralité.

Cette heureuse modification dans les sentiments et les mœurs était due en très grande partie à l'action du prédicateur italien Obadia di Bertinoro, qui, pendant plus de vingt ans, apprit à ses coreligionnaires de Jérusalem, par la parole et l'exemple, à être pieux sincèrement, mais sans ostentation, et à montrer de l'élévation dans la pensée et de la générosité dans les actes. À son arrivée à Jérusalem, il écrivit à un parent : S'il se trouvait dans ce pays un Juif intelligent et capable de diriger un groupe important d'hommes avec modération et douceur, il serait obéi, non seulement des Juifs, mais aussi des musulmans. Il ne prévoyait pas encore, à ce moment, qu'il accomplirait lui-même cette belle mission d'améliorer la situation morale et intellectuelle des Juifs de Jérusalem. Grâce à ses manières affables et à sa profonde bonté, il réussit à désarmer la malveillance et à guérir les plaies dont souffrait la communauté et qu'il avait eu le courage de montrer à nu. Les paroles me font défaut, dit un pèlerin italien de Jérusalem, pour louer convenablement Obadia. Il est l'homme le plus respecté du pays, rien ne se fait que par son ordre, et tous lui obéissent. Quand il prêche, les assistants l'écoutent avec ferveur, dans un silence religieux. Obadia avait été soutenu dans sa noble entreprise par les Juifs de la péninsule ibérique réfugiés à Jérusalem.

On peut sans doute attribuer également à Obadia di Bertinoro et à ses collaborateurs les ordonnances, animées d'un esprit si élevé, que la communauté elle-même s'imposa comme lois permanentes et fit graver sur une table, dans la synagogue. En vertu de ces ordonnances, il était défendu aux Juifs d'acheter des fausses monnaies ou de mettre en circulation celles qui étaient parvenues par hasard entre leurs mains ; il leur était également ordonné de ne pas boire de vin sur la tombe du prophète Samuel. Hommes et femmes avaient, en effet, l'habitude de se rendre pêle-mêle en pèlerinage sur cette tombe, d'y boire en abondance et d'y causer du scandale dans la fumée de l'ivresse.

La communauté de Jérusalem grandit encore en importance, lorsque Isaac Schalal y fut venu d'Égypte avec ses richesses et sa grande expérience.

À Safed, la ville relativement la plus récente de la Palestine, se trouvait également une nombreuse population juive, qui s'accrut peu à peu au point de dépasser à un certain moment celle de la communauté de Jérusalem. À la fin du XVe et au commencement du XVIe siècle, la communauté de Safed ne comptait, il est vrai, qu'environ trois cents familles juives, comprenant des aborigènes (Morisques), des Berbères et des Sefardim. Elle n'avait non plus, à l'origine, de talmudiste instruit dont l'autorité s'imposât et qui pût en prendre la direction. Ce fut un fugitif espagnol, Joseph Saragossi, qui l'organisa et la rendit assez forte pour lui permettre de rivaliser avec la cité sainte.

Expulsé d'Espagne, de la ville de Saragosse, Joseph Saragossi était venu chercher un refuge à Safed. Il fit pour les Juifs de cette ville ce qu'Obadia di Bertinoro avait fait pour ceux de Jérusalem. Doué, lui aussi, des plus belles vertus, affable, bienveillant pour tous, il prêchait sans cesse l'union et la concorde, s'efforçant de faire régner la paix dans les familles et entre les membres de la communauté. Son action bienfaisante se faisait sentir même parmi les Mahométans, qui lui témoignaient de l'affection et du respect. Quand il voulut repartir de Safed, la communauté le retint presque de force et lui assura un traitement annuel, dont les deux tiers étaient payés par le gouverneur musulman de la ville. Joseph Saragossi introduisit à Safed l'étude du Talmud, mais il y implanta également la Cabale.

À Damas, la capitale de la Syrie, s'était formée aussi, à côté de l'ancienne communauté aborigène composée de Juifs arabes, une nouvelle communauté espagnole. Celle-ci comptait, en ce temps, cinq cents familles. Peu de temps après leur arrivée, les réfugiés juifs d'Espagne construisirent à Damas une synagogue monumentale, qu'ils appelèrent khataïb. Leur nombre augmenta tellement qu'ils purent se diviser en plusieurs groupes, selon les districts espagnols dont ils étaient originaires.

Mais la plus grande partie des exilés espagnols se rendit dans la Turquie d'Europe. Quoique les habitants de ce pays n'eussent pas sans cesse à la bouche les grands mots d'amour et de fraternité des hommes, comme les chrétiens, ils accueillirent pourtant les fugitifs avec une cordiale bienveillance, et les sultans Bajazet II, Sélim I et Soliman Ier leur accordèrent les mêmes libertés qu'aux croyants des autres cultes, tels que les Arméniens et les Grecs. Tout joyeux de la sécurité dont ses coreligionnaires jouissaient en Turquie, un poète juif s'écrie dans son enthousiasme : L'Éternel a ouvert pour toi la Turquie, ô Jacob, afin d'y faire disparaître tes souffrances, comme il a autrefois entr'ouvert les flots de la mer pour y noyer les Égyptiens. Là, tu vis en liberté et tu peux pratiquer ouvertement le judaïsme, là… tu peux laisser de côté l'erreur, t'attacher à tes vieilles vérités et négliger des usages contraires aux prescriptions divines, que tes adversaires t'avaient condamné à observer.

Dans les premiers temps de leur séjour en Turquie, les Juifs furent particulièrement heureux, parce qu'on appréciait les services qu'ils rendaient au jeune empire. Les Turcs étaient d'excellents guerriers, mais c'était là leur seule qualité dont l'État pût tirer profit. Quant aux Grecs, aux Arméniens et aux adeptes des autres confessions chrétiennes, les sultans, qui avaient souvent des rapports très tendus avec les puissances chrétiennes, ne pouvaient se fier que médiocrement à eux, ils avaient à craindre d'être trahis. Par contre, ils pouvaient compter sur la fidélité, le dévouement et l'activité des Juifs. Ceux-ci représentaient à la fois la classe marchande et la bourgeoisie de la Turquie. Ils n'avaient pas seulement entre les mains le commerce du gros et du détail, mais exerçaient aussi les professions manuelles et pratiquaient les divers arts. C'est ainsi que les Marranes, qui avaient fui l'Espagne et le Portugal, fabriquaient pour les Turcs des armes à feu, des canons et de la poudre, et leur apprenaient à s'en servir.

On estimait surtout, en Turquie, les médecins juifs, élèves distingués de l'école de Salamanque, que la population préférait, pour leur habileté, leur culture, leur discrétion et leur prudence, à leurs collègues chrétiens et même musulmans. Le sultan Sélim eut pour médecin un Juif espagnol, nommé Joseph Hamon, dont le fils et le petit-fils occupèrent ensuite une situation analogue auprès d'autres sultans. Le fils, Moïse Hamon (né vers 1490 et mort avant 1565), attaché à la personne de Soliman Ier, fut encore plus considéré et plus influent que le père. Très instruit et d'un caractère très ferme, il accompagnait d'habitude le sultan à la guerre. De Perse, où il avait suivi son maître dans une campagne, Moïse Hamon ramena (vers 1535) un savant juif, du nom de Jacob Tous ou Taws, qui avait traduit le Pentateuque en persan. Plus tard, il fit imprimer à ses frais cette traduction persane, avec une version chaldéenne et une version arabe. Moise Hamon mettait au service de ses coreligionnaires et du judaïsme la considération dont il jouissait auprès de son souverain.

La communauté juive de Constantinople, qui s'était accrue considérablement par l'affluence des fugitifs de la péninsule ibérique, était, à cette époque, la plus Importante de l'Europe ; elle comptait près de 30.000 âmes et possédait quarante-quatre synagogues, c'est-à-dire quarante-quatre groupes différents. Les Juifs de la capitale ottomane, comme ceux des autres villes, ne formaient pas, en effet, une association unique, mais étaient divisés, dans chaque localité, en groupes, d'après leurs divers lieux d'origine. Chacune de ces fractions de communauté, pour maintenir son originalité propre, conservait ses traditions, sa liturgie, ses rites, et tenait même à avoir sa synagogue et son collège rabbinique. Elle répartissait elle-même entre ses membres, non seulement les impôts dus pour le culte, les fonctionnaires religieux, la bienfaisance et les écoles, mais aussi les taxes destinées à l'État.

Au début de l'immigration des Juifs espagnols, les indigènes, plus nombreux, avaient le pas sur les nouveaux arrivés. Ainsi, après la mort de Moïse Capsali, dont la valeur, si grande, fut pourtant méconnue, la dignité de grand-rabbin fut confiée à Elia Mizrahi, probablement originaire d'une famille grecque immigrée. Sous le règne des sultans Bajazet et Sélim Ier, et peut-être aussi de Soliman, Elia fut membre du divan, comme son prédécesseur, et représenta officiellement le judaïsme turc. Son érudition talmudique, ses connaissances variées et son caractère ferme et loyal le rendaient, du reste, digne de ces hautes fonctions.

Élève de maîtres allemands, Elia Mizrahi (né vers 1455 et mort vers 1525-1527) était un excellent talmudiste, d'une piété rigoureuse, mais sans se déclarer pourtant ennemi des études profanes. Prompt à la lutte dans sa jeunesse, il s'attaqua aux Caraïtes de la Turquie. Plus tard, quand l'âge eut modéré sa fougue, il se montra plus bienveillant envers ses anciens adversaires et les défendit même contre les obscurantistes. Plusieurs de ces derniers, notamment des membres de la communauté d'Apulie à Constantinople, voulaient, en effet, faire cesser les relations amicales existant entre les Caraïtes et les rabbanites. Ils réunirent donc un jour leur communauté et déclarèrent, un rouleau de la Tora sur le bras, qu'ils excommunieraient tout membre qui enseignerait la Bible, le Talmud ou même des sciences profanes, telles que les mathématiques, l'histoire naturelle, la logique ou la musique, à des Caraïtes jeunes ou vieux. Ils défendirent également aux domestiques rabbanites de servir chez des Caraïtes. Comme ils savaient que la plupart des Juifs de Constantinople blâmaient les mesures qu'ils avaient prises contre les Caraïtes, ils vinrent à la synagogue, le jour où tous les groupes devaient délibérer ensemble sur cette question, avec une populace armée de gourdins pour empêcher leurs adversaires de prendre la parole. Leurs résolutions contre les Caraïtes furent ainsi adoptées en public, malgré l'opposition d'une forte majorité. Mais Elia Mizrahi intervint énergiquement pour annuler leurs délibérations.

Outre leur grand-rabbin, les Juifs de l'empire ottoman avaient encore un représentant politique (kahiya), qui avait accès auprès du sultan et des hauts dignitaires et recevait son investiture de la cour. Sous Soliman, cette fonction fut exercée par Schaltiel, dont les contemporains louaient les sentiments élevés. Quand on connaît le dédain que les Turcs manifestaient autrefois pour les autres croyants, juifs ou chrétiens, l'arbitraire qui régnait dans les administrations des pachas de province, et le fanatisme des chrétiens grecs et bulgares, on ne s'étonnera pas que les Juifs fussent parfois exposés, en Turquie, à des violences ou à des iniquités. Mais le kahiya Schaltiel intervenait chaque fois, et souvent avec succès, en faveur de ses coreligionnaires.

Après Constantinople, c'était Salonique qui renfermait la population juive la plus considérable. Malgré son insalubrité, cette ville avait beaucoup d'attrait pour les émigrants sefardim. On y comptait à l'origine une dizaine de petites communautés, formées presque toutes d'éléments espagnols; plus tard, il y en eut trente-six. Les Juifs formaient la majeure partie des habitants de Salonique. Samuel Usque nomme cette ville une mère en Israël et dit qu'elle renferme des plantes délicieuses et des arbres chargés de beaux fruits, comme on n'en trouve pas présentement sur toute la surface de la terre. Elle est devenue le refuge de la plupart des Juifs expulsés d'Europe et d'autres parties du monde, et elle fait à tous un accueil cordial et affectueux, comme si elle était Jérusalem, notre mère vénérée.

Les Juifs espagnols réussirent très vite à faire prévaloir leur autorité, à Salonique, sur les émigrants des autres pays et mime sur leurs coreligionnaires indigènes. Aussi la langue espagnole devint-elle prédominante parmi les Juifs de cette ville. Le plus célèbre de ces émigrants était certainement Juda Benveniste, petit-fils d'Abraham Benveniste, qui avait pu sauver assez de la fortune paternelle pour se créer une bibliothèque remarquable. Il devint en quelque sorte le porte-drapeau des Juifs espagnols. La science talmudique avait pour représentants, à Salonique, les membres d'une famille Taytasak et Jacob ibn Habib ; ils n'étaient pourtant pas des savants éminents. La philosophie et l'astronomie étaient également cultivées dans cette ville par des fugitifs sefardim, ainsi que la Cabale, qui y avait comme principaux adeptes Joseph Taytasak et Samuel Franco. Avec le temps, Salonique, dans la Turquie d'Europe, et Safed, en Palestine, devinrent des centres importants pour les études cabalistiques.

D'autres fugitifs allèrent s'établir dans l'Asie Mineure, à Amasieh, Brousse, Tria et Tekat, ou dans la Grèce, à Patras, Nègrepont et Thèbes. Les Juifs de cette dernière ville passaient pour être de savants talmudistes. Il se forma également une communauté juive à La Canée, dans l'île de Candie (Crète), qui appartenait alors à la république de Venise. Les deux principales familles de cette communauté étaient celle de Delmedigo, comprenant des enfants et des parents du célèbre philosophe Delmedigo, et celle de Capsali, apparentée à l'ancien grand-rabbin de la Turquie.

Elia Capsali (né vers 1490 et mort vers 1555), membre de cette famille, avait des connaissances historiques très étendues. Quand la peste ravagea Candie (en 1523) et mit toute la population en deuil, il écrivit en hébreu l'histoire de la dynastie turque dans un style vif, attrayant, clair et sobre. À l'histoire turque il entremêla les événements de l'histoire juive, décrivant avec une rare vigueur les souffrantes des exilés d'Espagne, telles que les fugitifs eux-mêmes les lui avaient racontées. En composant cet ouvrage, où il recherche avant tout la vérité, Capsali avait pour but de distraire un instant l'attention de la population de Candie des horreurs de la peste. Mais il a réussi à écrire un livre dans un hébreu excellent, parfaitement approprié à ce genre de composition, qui méritait d'avoir et a eu des imitateurs.

Dans les États italiens, surtout, l'affluence des émigrants juifs fut considérable. Car presque tous ceux qui furent expulsés d'Espagne, de Portugal ou d'Allemagne, se rendirent d'abord en Italie pour s'y établir sous la protection de quelque prince tolérant, ou pour se diriger de là vers la Grèce, la Turquie ou la Palestine. De tous les souverains italiens, les papes d'alors se montrèrent certainement les plus bienveillants envers les Juifs. Alexandre VI, Jules II, Léon X, Clément VII, plus préoccupés de l'affermissement de leur pouvoir temporel que des lois restrictives à appliquer aux Juifs, employèrent même, eux et leurs cardinaux, des médecins juifs, au mépris de la décision du concile de Bâle. Il semble qu'à cette époque troublée, où, surtout depuis Alexandre VI, les empoisonnements furent si fréquents à la cour pontificale, on préférât les médecins juifs parce que, de leur part, papes et cardinaux avaient moins à redouter de se voir verser du poison à la place d'une potion. Ainsi, Alexandre VI eut un médecin juif, Bonet de Latès, venu de Provence, qui avait étudié l'astronomie et fabriqua un anneau astronomique, dont il dédia la description latine au pape. Bonet devint plus tard médecin de Léon X, qui l'aimait beaucoup et tenait grand compte de ses conseils. Enfin, Jules II eut pour médecin le juif Siméon Çarfati.

À côté de ces médecins, il faut encore mentionner Abraham de Balmas (mort en 1521), de Lecce, médecin du cardinal Domenico Grimani, qui s'occupa en même temps de philosophie et composa sur la langue hébraïque un ouvrage qu'un chrétien publia avec une traduction latine ; Juda ou Laudadeus de Blanès, à Pérouse ; Obadia ou Servadeus de Sfurno (né vers 1470 et mort en 1550), établi d'abord à Rome, puis à Bologne, à la fois exégète et philosophe, et qui dédia quelques-uns de ses ouvrages hébreux, avec traduction latine, à Henri II, roi de France. Un autre médecin espagnol, Jacob Mantin (né vers 1490 et mort vers 1549), fut bien supérieur à tous ceux qui viennent d'être nommés. Venu de Tortose en Italie, il se distingua, à la fois par ses connaissances médicales, philosophiques et linguistiques. Outre l'hébreu et l'espagnol, il savait le latin, l'italien et l'arabe, et il traduisit plusieurs ouvrages de médecine et de métaphysique de l'hébreu ou de l'arabe en latin. Un de ces ouvrages philosophiques, traduit de l'arabe, est dédié à Andréas Griti, doge de Venise. Il fut au service d'un pape, de l'ambassadeur de Charles-Quint à Venise et du prince Hercule Gonzague, et jouit auprès de tous ses maîtres d'une grande considération. Mais, grand savant, il avait très mauvais cœur.

Abraham Farissol (né en 1451 et mort vers 1525), originaire d'Avignon, était venu, pour une cause inconnue, peut-être pressé par la misère, s'établir à Ferrare. Jusqu'alors, presque tous les écrivains juifs du moyen âge s'étaient occupés d'astronomie et d'astrologie. Il fut le premier auteur juif qui se consacrât à l'étude de la géographie. Ce furent sans doute la découverte des rivages de l'Afrique australe et des Indes, due aux Portugais, et la découverte de l'Amérique, faite par les Espagnols, qui lui inspirèrent le désir de s'adonner à cette science.

Accueilli avec bienveillance à la cour du duc Hercule d'Este Ier, de Ferrare, un des meilleurs princes de l'Italie, qui rivalisait avec les Médicis pour encourager les artistes et les savants, Farissol, sur l'invitation de son protecteur, soutint à plusieurs reprises des controverses religieuses avec des moines instruits.

Grâce à l'estime conquise par les médecins et les autres savants juifs, de nombreuses villes du nord de l'Italie accueillirent avec bienveillance des réfugiés juifs de la péninsule ibérique et de l'Allemagne, et même des Marranes revenus au judaïsme. Les fugitifs allèrent s'établir de préférence à Rome, Venise, Padoue et Ancône, et c'est dans ces villes qu'après l'extermination de la communauté de Naples se trouvèrent les plus importantes agglomérations juives de l'Italie. Le conseil de la république de Venise manifesta des tendances opposées au sujet des Juifs. D'un côté, les marchands vénitiens n'ignoraient pas que la présente des Juifs serait très utile à la république, et qu'en les maltraitant ils s'exposeraient aux représailles des Juifs de la Turquie. Mais, d'un autre côté, bien des commerçants craignaient la concurrence des Juifs et demandaient leur éloignement. Aussi les Juifs étaient-ils malheureux ou heureux à Venise, selon que l'une ou l'autre de ces tendances triomphait. De toutes les villes italiennes, Venise, la première, enferma ses Juifs (en mars 1516) dans un quartier séparé, appelé ghetto.

En général, l'influence des réfugiés juifs, qu'ils fussent espagnols ou allemands, devint prépondérante dans les communautés italiennes. Les Abrabanel surtout y jouèrent un rôle important. Isaac, le chef de la famille, mourut avant que la situation de ses coreligionnaires fût bien consolidée en Italie. Son fils aîné, Léon Médigo, n'exerça pas non plus une action bien sérieuse. Esprit rêveur et un peu chimérique, il était trop préoccupé de poésie pour condescendre à prêter quelque attention aux choses de ce bas monde. Par contre, Samuel Abrabanel (né en 1473 et mort vers 1550), le plus jeune des trois frères, eut une grande influence sur ses contemporains juifs. Très considéré en Italie, il inspirait à ses coreligionnaires un profond respect. À son retour de l'école talmudique de Salonique, il semble avoir mis au service de Don Pedro de Toledo, vice-roi de Naples, son habileté dans les questions de finances, qu'il avait héritée de son père.

Samuel Abrabanel réussit à acquérir à Naples une fortune considérable, évaluée à 200.000 sequins, qu'il employa à faire le bien. Le poète marrane Samuel Usque parle de lui en termes très élogieux : Il mérite, dit-il, d'être surnommé trismegistos (trois fois grand), car il est grand par la science, la naissance et la fortune. Toujours prêt à consacrer ses richesses à des oeuvres de charité, il dote des orphelins, secourt des indigents et rachète des captifs ; il réunit en lui toutes les qualités requises pour être prophète.

Il était dignement secondé par sa compagne, Benvenida Abrabanela, femme d'élite, pour laquelle les contemporains professaient une véritable vénération. Pieuse et compatissante en même temps que prudente et courageuse, elle était un modèle de bon ton et d'exquise affabilité, qualités qu'on savait mieux apprécier en Italie que dans les autres pays d'Europe. Léonore, deuxième fille du vice-roi Don Pedro, était très liée avec Benvenida, qu'elle continua à fréquenter quand elle fut devenue duchesse de Toscane, et qu'elle appelait du titre d'honneur de mère. Samuel Abrabanel et Benvenida firent de leur maison le rendez-vous des savants juifs du sud de l'Italie ; ils recevaient également de nombreux savants chrétiens.

Comme on voit, les Juifs d'Italie entretenaient encore, à cette époque, des relations amicales avec les chrétiens. Il n'en était pas de même de l'autre côté des Alpes, en Allemagne. Là, les Juifs étaient aussi violemment haïs par la population qu'en Espagne. Ils n'y occupaient pourtant ni emplois élevés, ni brillantes situations à la cour, mais on leur enviait même l'existence misérable qu'ils menaient dans les quartiers spéciaux où ils étaient forcés de s'entasser. Déjà, avant l'expulsion de leurs coreligionnaires d'Espagne, ils avaient été chassés de certaines contrées allemandes, de Cologne, de Mayence, d'Augsbourg, de tout le pays souabe. D'autres régions de l'Allemagne leur furent interdites à l'époque où leurs frères durent quitter la péninsule ibérique.

Il est vrai que l'empereur Frédéric III les protégea tant qu'il put jusqu'à sa mort. Fait très rare en Allemagne, il attacha même à sa personne un médecin juif, le savant Jacob ben Yehiel Louhans, à qui il donna le titre de chevalier. On raconte aussi qu'avant de mourir il recommanda les Juifs à son fils, en lui enjoignant de les défendre contre les odieuses accusations dirigées si fréquemment contre eux, et dont il connaissait la fausseté. Sous le règne de ce fils, devenu empereur sous le nom de Maximilien le Jacob Louhans parait avoir conservé sa situation élevée, car le souverain nomma son parent, Joselin Louhans, de Rosheim, représentant, défenseur et protecteur des Juifs, et lui fit prêter un serment spécial de fidélité.

Malheureusement, l'empereur Maximilien manquait de fermeté. Accessible à toutes les suggestions, il se montrait tantôt bienveillant pour les Juifs, les protégeant contre leurs adversaires, et tantôt il assistait impassible à leur expulsion et à leur humiliation. Parfois même il semblait ajouter foi aux accusations de profanation d'hostie et de meurtre rituel répandues fréquemment, sous son règne, contre les Juifs, par les dominicains, et qui trouvaient plus facilement créance auprès du peuple depuis le prétendu meurtre de Simon, de Trente. Aussi, de son temps, les Juifs d'Allemagne et des régions voisines furent-ils assez souvent chassés, et même maltraités et tués. L'empereur s'appropriait même sans scrupule les biens d,, ceux qui, avec ou sans son assentiment, étaient expulsés du pays.

Dès son avènement au trône, Maximilien avait été sollicité par la bourgeoisie de Nuremberg d'expulser les Juifs de cette ville, à cause de leur conduite licencieuse. On leur reprochait d'accueillir trop facilement parmi eux des Juifs étrangers et d'accroître ainsi leur nombre au-delà du chiffre réglementaire, de prêter à un taux trop élevé, de ruiner les ouvriers par leurs exigences exagérées et souvent mal fondées, et enfin de donner l'hospitalité à des gens sans aveu. Un riche bourgeois de Nuremberg, Antoine Koberger, alla plus loin. Pour répandre dans la classe cultivée, c'est-à-dire parmi ceux qui comprenaient le latin, la croyance que les Juifs blasphémaient Dieu, profanaient des hosties et tuaient des enfants chrétiens, il fit imprimer à ses frais le libelle venimeux du franciscain espagnol Alfonso de Espina.

Enfin, après de longues hésitations et sur les instances de plus en plus pressantes de la bourgeoisie, l'empereur Maximilien, eu égard à la fidélité manifestée de tout temps par la ville de Nuremberg pour la maison impériale, se décida à abolir les privilèges de la communauté juive et à permettre au Conseil de les expulser à une date déterminée, mais exigea que leurs maisons, leurs biens-fonds, leurs synagogues et même leur cimetière devinssent la propriété du fisc impérial. Il autorisa aussi la ville de Nuremberg à ne plus jamais accueillir de Juifs (5 juillet 1498). Le Conseil ne voulut d'abord accorder aux Juifs qu'un délai de quatre mois pour faire leurs préparatifs de départ ; il comptait pourtant parmi ses membres le patricien Willibald Pirkheimer, un des champions futurs de l'humanisme, qui se posait en ami de la justice et de l'humanité. À la suite des sollicitations des malheureux proscrits, ce premier délai fut prolongé de trois mois. Mais ils durent prêter serment, à la synagogue, qu'ils partiraient immanquablement à la date fixée. En effet, le 10 mars 1499, les Juifs de Nuremberg, qui, depuis quelque temps, avaient perdu beaucoup de leur importance, quittèrent la ville. Ils en avaient déjà été chassés une première fois, lors de la peste noire, mais étaient revenus s'y fixer après la disparition de cette épidémie.

D'autres villes impériales chassèrent aussi leurs Juifs à cette. époque, notamment Ulm, Nordlingen, Colmar et Magdebourg.

La communauté juive de Ratisbonne, la plus ancienne alors de l'Allemagne, pouvait également prévoir, d'après bien des symptômes, qu'elle était menacée d'une expulsion prochaine. On se rappelle qu'à la suite de leurs démêlés avec les Juifs de leur ville, qu'ils avaient impliqués dans une affaire de meurtre rituel, les bourgeois de Ratisbonne avaient été humiliés par Frédéric III et condamnés à une forte amende. Au lieu de s'en prendre à eux-mêmes de leur déconvenue et de leur cruelle mortification, ils en accusèrent les Juifs, et les relations cordiales qui avaient existé auparavant entre les habitants juifs et chrétiens firent place, de la part de ces derniers, à une hostilité, sourde d'abord, et bientôt ouverte et implacable. De son côté, le clergé, irrité d'avoir vu échouer ses intrigues contre les Juifs, s'efforçait de surexciter contre eux la haine de la foule et ne cessait de répéter qu'il était indispensable de les chasser. Comme il avait annoncé qu'il ne laisserait pas communier les chrétiens qui leur vendraient des aliments, les meuniers leur refusaient de la farine et les boulangers du pain (1499). Pendant certains jours de la semaine, il leur était interdit d'aller au marché ; à d'autres jours, ils ne pouvaient s'y rendre, pour acheter des vivres, que de telle heure à telle heure. On défendit aux chrétiens, avec menace d'un châtiment rigoureux et en faisant appel à leur respect pour la gloire de Dieu et au sain qu'ils devaient prendre de leur salut, de faire un achat quelconque pour un Juif. En dernier lieu, le conseil délibéra sur l'opportunité de solliciter de Maximilien le bannissement définitif de tous les Juifs de Ratisbonne, sauf vingt-quatre familles. Cette expulsion eut, en effet, lieu quelques années plus tard.

Outre Ratisbonne, il n'existait plus en Allemagne, en ce temps, que deux grandes communautés juives, celle de Francfort-sur-le-Main et celle de Worms, qui, elles aussi, furent fréquemment menacées de proscription.

À Prague également demeuraient de très nombreux Juifs. Mais cette ville ne faisait alors pas partie de l'Allemagne proprement dite, elle se trouvait placée sous l'autorité de Ladislas, qui était à la fois roi de Hongrie et de Bohême. Malheureusement, le sort des Juifs de Bohême ne fut pas meilleur, sous le règne de Ladislas, que celui de leurs coreligionnaires d'Allemagne. Bien des fois, la populace de Prague pilla les habitants juifs de la ville, et la bourgeoisie demanda avec instance leur expulsion. Par contre, la noblesse leur était favorable. Quand un jour, à une diète, il fut question du bannissement des Juifs, l'assemblée décida (1 août 1501) que la couronne de Bohême devrait, au contraire, leur permettre, pour tous les temps, de se fixer dans le pays, et que dans le cas où l'un ou l'autre d'entre eux transgresserait quelque loi, on ne punirait dorénavant que le coupable, et non pas toute la population juive.

Après avoir d'abord ratifié la résolution de la diète, le roi Ladislas, se laissant circonvenir par la bourgeoisie de Prague, autorisa l'expulsion des Juifs et menaça même de bannissement tout chrétien qui interviendrait en leur faveur. Malgré la décision royale, les Juifs, on ne sait par suite de quelle circonstance, purent rester à Prague. Un descendant de la famille des imprimeurs italiens Soncin, Gerson Kohen, créa même dans cette ville une imprimerie hébraïque (vers 1503), la première qui fonctionnât en Allemagne ; il y avait alors déjà des imprimeries hébraïques en Italie depuis environ quarante ans.

Mais, pendant que les imprimeries de l'Italie et de la Turquie publiaient des ouvrages rabbiniques d'auteurs anciens ou contemporains, l'établissement de Gerson Kohen n'imprima, pendant un laps de temps assez long, que des livres de prières. Ce fait prouve que la science talmudique était peu cultivée, à cette époque, à Prague. On ne connaît qu'un seul rabbin remarquable de ce temps, Jacob Polak (né vers 1460 et mort en 1535), établi à Prague, mais venu du dehors. Après son homonyme Jacob Berab, il était le talmudiste le plus profond et le plus érudit de l'époque. Jacob Polak, originaire de Pologne, fut le précurseur de cette école qui déploya plus tard, dans l'enseignement du Talmud, une dialectique d'une subtilité raffinée et quintessenciée, et qui atteignit son apogée en Pologne.

Ce dernier pays, qui comprenait alors également la Lithuanie, offrait à cette époque, comme la Turquie et l'Italie, un refuge sûr aux Juifs expulsés ou persécutés ; il servait surtout d'asile à des Juifs venus d'Allemagne.

Pendant très longtemps, la politique du gouvernement polonais resta favorable aux Juifs. Quand Capistrano était venu en Pologne, ses excitations avaient bien troublé l'harmonie régnant entre Juifs et chrétiens, mais cette réaction n'avait été que passagère. Le roi comme la noblesse savaient que la présence des Juifs était de la plus grande utilité pour l'État, parce que leur industrie et leur activité commerciale pouvaient seules produire les capitaux nécessaires au pays. La ferme des impôts et la distillerie de l'alcool étaient presque entièrement entre les mains des Juifs. Ils ne faisaient pas seulement le négoce, mais s'adonnaient aussi à l'agriculture et exerçaient des professions manuelles. Ils comptaient, il est vrai, 3.200 négociants en gros, contre 500 chrétiens, mais on trouvait parmi eux trois fois plus d'ouvriers, tels que tisserands, orfèvres et forgerons. Régis par le statut si libéral de Casimir IV, ils étaient considérés en général comme des citoyens polonais ; aucun signe apparent ne les distinguait des chrétiens, et ils étaient même autorisés à porter l'épée.

Après la mort de Casimir IV, deux catégories d'ennemis essayèrent de faire modifier la situation si favorable des Juifs polonais. Le clergé, d'abord, voyait dans la liberté dont jouissaient les Juifs un outrage au christianisme, et il s'efforçait naturellement de leur faire imposer la législation restrictive qui leur était appliquée dans des contrées voisines. Ensuite, la classe influente des commerçants allemands, établis depuis longtemps dans le pays, et qui voulaient implanter en Pologne le régime suranné des corporations, les poursuivaient, comme concurrents, de leur jalousie et de leur haine. Grâce à leurs efforts combinés, prêtres et marchands réussirent à agir sur l'esprit de Jean-Albert et d'Alexandre, fils et successeurs de Casimir IV, qui abolirent les privilèges des Juifs, les enfermèrent dans des quartiers spéciaux et les expulsèrent même de quelques villes (1496-1505). Mais, dès l'avènement de Sigismond Ier (1506-1548), les Juifs furent de nouveau traités avec la même équité qu'auparavant. Ils trouvèrent, du reste, en tout temps, un appui efficace auprès de la noblesse polonaise, qui éprouvait une antipathie profonde pour la race germanique et soutenait les Juifs, non seulement parce que son intérêt l'exigeait, mais encore parce qu'elle pouvait les opposer aux Allemands. Aussi, comme les palatins, les voïvodes et, en général, les hauts fonctionnaires polonais étaient choisis dans la noblesse, les lois restrictives édictées contre les Juifs restaient presque toujours lettre morte, au grand scandale du clergé et de la classe des marchands allemands.

Les rabbins polonais servaient alors d'intermédiaires entre la couronne et les Juifs ; ils étaient chargés de recueillir les impôts dus par les communautés et de les verser au Trésor. Du reste, les rabbins des grandes villes étaient nommés ou agréés par le roi, sous le titre d'archirabbins, et chargés d'administrer leurs communautés, de les représenter auprès du pouvoir royal et de juger les affaires civiles. Parfois même, ils avaient le droit de connaître des causes criminelles, d'exclure les coupables de la communauté et même de prononcer contre eux la peine capitale.

Pourtant, dans ce pays qui devint plus tard un centre privilégié pour l'enseignement du Talmud, et où maîtres et disciples se laissèrent totalement absorber par ces études, il ne se rencontra pas un seul rabbin éminent au commencement du XVIe siècle. Ce ne fut qu'après l'immigration de nombreux savants allemands que la science talmudique s'implanta en Pologne. Les familles juives qui affluèrent dans ce pays des provinces rhénanes et de la région du Mein, de la

Bavière, de la Souabe, de la Bohême et de l'Autriche, arrivèrent ruinées sur les bords de la Vistule et du Dniéper, mais elles y apportèrent quand même des biens précieux, qu'elles avaient défendus au prix de leur vie : leurs convictions religieuses, l'austérité de leurs mœurs et leur science talmudique. Chassés de leurs pays d'origine, les talmudistes allemands s'établirent en Pologne, en Lithuanie, dans la Ruthénie, la Volhynie et sur d'autres points encore. Mais des éléments slaves se mêlèrent bientôt à l'enseignement de l'école rabbinique allemande, qui se modifia peu à peu, acquit de l'originalité et devint une école polonaise.

Outre leurs connaissances talmudiques, les fugitifs allemands transplantèrent aussi leur langue en Pologne. Cette langue fut adoptée également par les Juifs indigènes, qui négligèrent peu à peu le polonais et le ruthène, pour ne plus parler que l'allemand. C'est ainsi que les Juifs de la Turquie d'Europe et d'Asie avaient adopté la langue des exilés espagnols réfugiés dans leur pays. On peut même dire qu'à cette époque le judaïsme se divisait en deux .grandes parties : le groupe de langue allemande et le groupe de langue espagnole, et cette division subsista pendant plusieurs siècles. Placés entre ces deux groupes, les Juifs d'Italie comptaient à peine ; encore étaient-ils obligés de comprendre soit l'allemand, soit l'espagnol. Aux yeux des Juifs de Pologne, la langue allemande eut bientôt un caractère presque sacré, ils la vénérèrent autant qua l'hébreu, s'en servant dans le cercle intime de la famille, dans l'école et à la synagogue.

Ce fut dans cette Allemagne, si dure aux Juifs, que se produisit, à cette époque, un événement qui eut un retentissement considérable dans toute la chrétienté et annonça le règne d'un esprit nouveau. Et choie curieuse, cet esprit nouveau, qui allait révolutionner si profondément l'Europe tout entière, se manifesta à propos des Juifs et du Talmud.

Ouvrages déjà parus chez Omnia Veritas

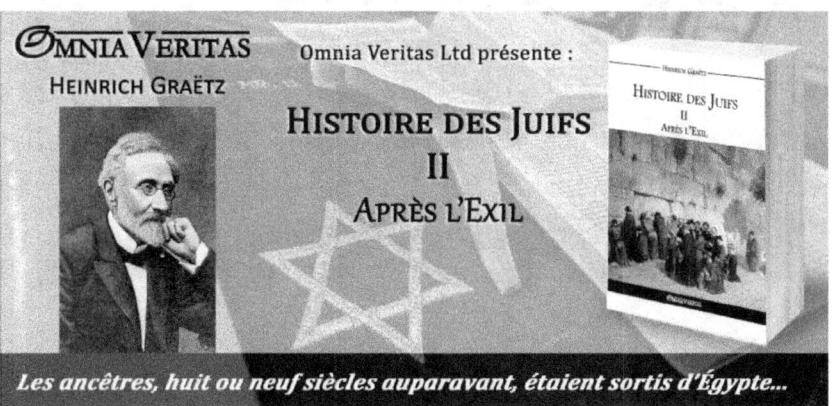

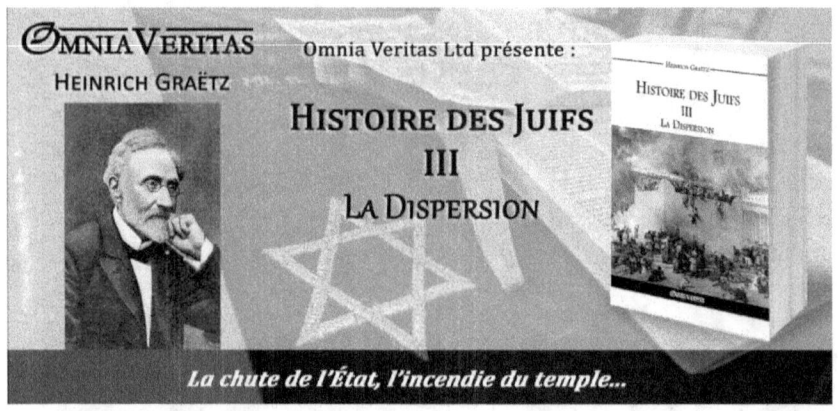

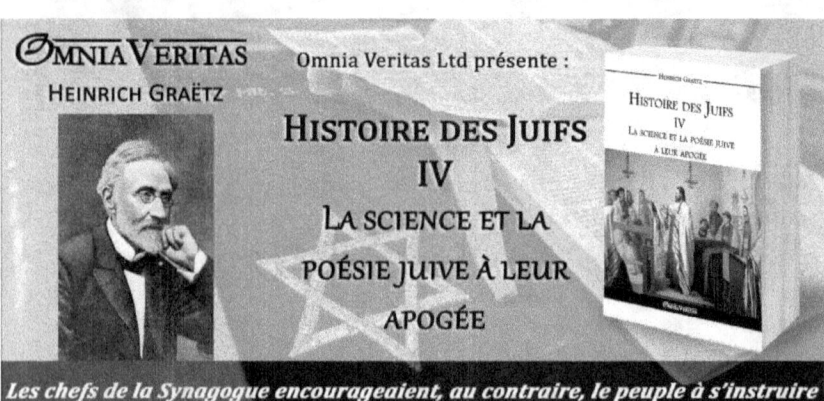

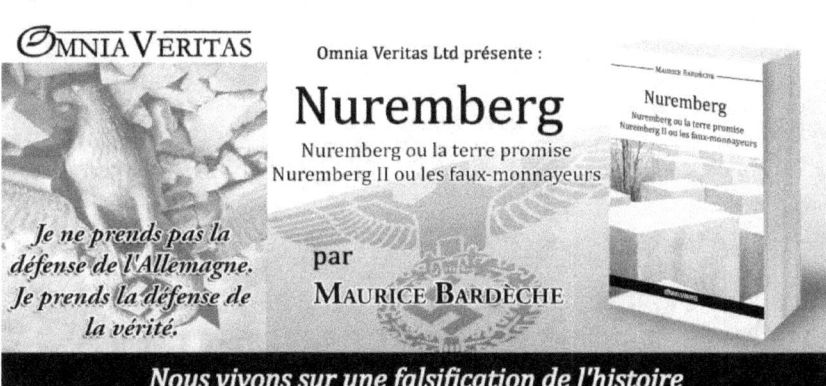

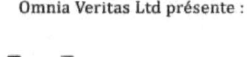

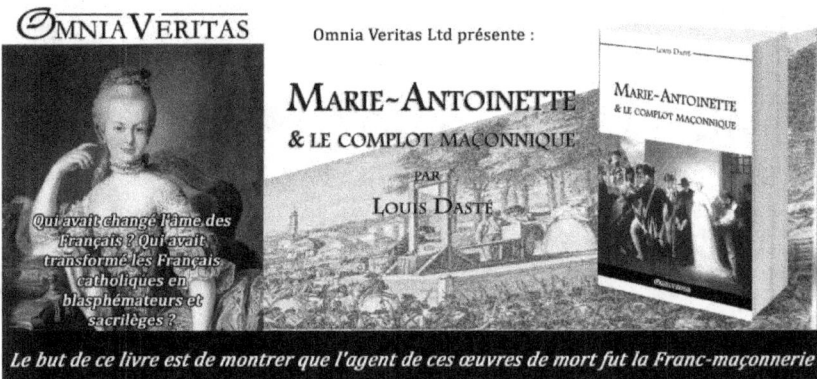

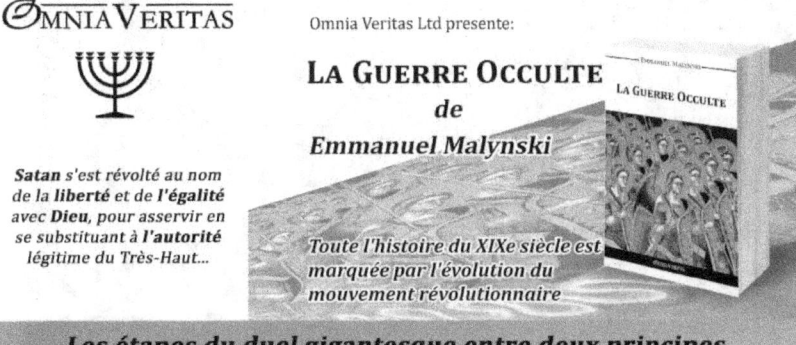

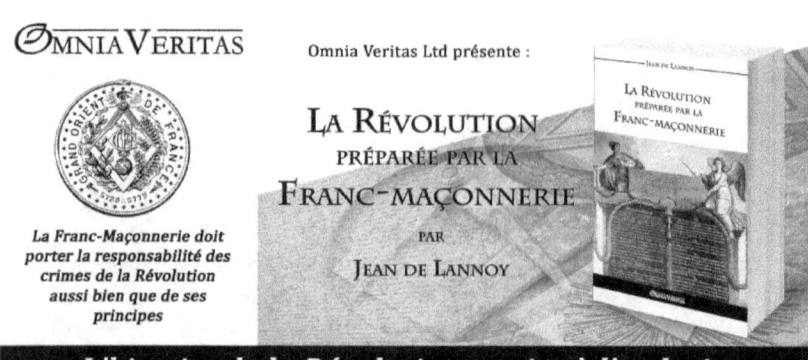

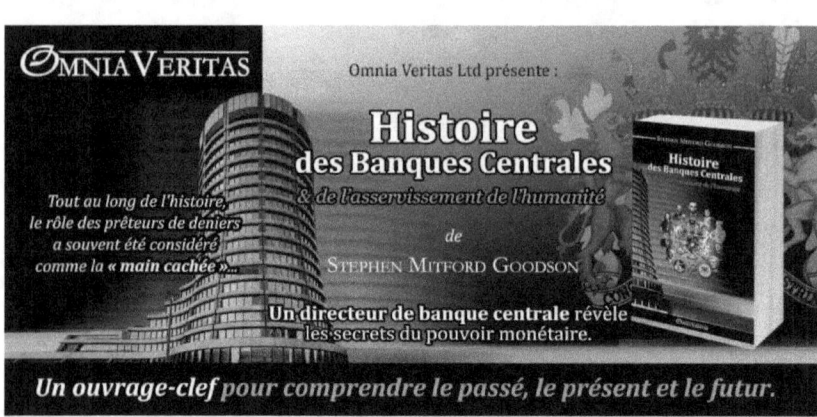

www.omnia-veritas.com

www.ingramcontent.com/pod-product-compliance
Lightning Source LLC
Chambersburg PA
CBHW060314230426
43663CB00009B/1693